JN271899

人権の時代へ

あらたな司法改革の展開に向けて

2010(平成22)年度法友会政策要綱

東京弁護士会法友会

はじめに

時代を動かす理念——無駄な苦闘など存在しない

篠塚 力　法友会政策委員会委員長

1　世界およびわが国の現状

2008（平成20）年秋の米国でのサブプライムローンを原因とする金融破綻を契機に世界同時不況が発生し、未だ二番底割れもささやかれる深刻な経済情勢そして雇用不安から容易には抜け出せない景況が続いている。政治もまた、オバマ大統領の就任後も、アフガン、イラクの政情不安は沈静するどころか、拡大の様相をみせ、北朝鮮、イランにも核拡散の危機も増大し、平和に対する危機も収まるところを知らない。

こうした世界の政治経済が不安定さを増す中で、わが国では、インド洋における自衛隊の給油活動の継続の有無、北朝鮮の核問題と拉致被害問題や米軍基地の移転問題が引き続き、憲法9条の問題を背景とした政治的な争点となり、倒産・解雇・派遣切り、生活保護申請の不受理、賃借人への強制的な立ち退き（追い出し屋）などが社会問題化している。

2　時代を動かす理念

こうした危機的な状況下にあって、わが国おいても、2009（平成21）年8月、戦後初の本格的な政権交代が実現し、肥大化し自己目的化した行政の組織やあり方を是正し、戦後の日本を支配してきた政財官のトライアングルを断ち切ろうとする動きが始まった。

政権交代をもたらした要因は、敢えて誤解をさけずに言えば、小選挙・比例代表制度という選挙制度改革だけではなく、統治の基本としての「脱官僚支配」という理念である。この点は、4年前に自民党が小泉首相のもとで圧勝した衆議院選挙と同じであり、政策課題は変わっても、近時の政治改革、行政改革、そして、司法改革において、共通する理念である。言い方を変えれば、国民が統治の主体として実質化し、民主主義の理念を深化させていくということを意味する。

この時期に、司法においては、2009（平成21）年5月21日、被疑者国選弁護制度の第2段階の実施とともに、裁判員制度が開始した。裁判員候補者の出席率も極めて高く、審理における裁判員の質問も活発であり、審理後の記者会見での発言も極めて前向きである。

市民の司法参加が市民の使命感に支えられて順調に滑り出したものであり、「脱官僚支配」の理念は司法においても、新たな第一歩を踏み出したものと評価したい。

3　わが国司法の現状と課題

裁判員裁判においては、2008（平成20）年12月に開始した被害者参加制度と相まって、国民の刑事司法への関心を高める一方で、経済的な理由や守秘義務の過重さなどで参加したくないという声も未だ少なくないし、本来の目的に逆行するかのように一部に厳罰化が危惧される状況も生まれている。貧困が拡大するなかでその役割が期待されている法テラスの財源も民事扶助、国選弁護ともに未だ十分な状況にはなく、国選弁護に至っては、謄写費用ですら弁護人が負担する部分があり、ケースによっては、報酬額を超える場合すら存在するという不条理な状況を解決できないでいる。

こうした中で、志布志事件、氷見事件、そして、足利事件と続けざまに、冤罪が明らかとなり、非科学的な自白中心主義の捜査、DNA鑑定など「科学的捜査」の信じがたいほどの粗雑さなど、刑事裁判の現状が明らかになった。取調べの全過程の可視は、すでに過去に可視化法案を参議院で可決させた民主党の政権下で現実的な立法過程に入った途端、新たな捜査手法を条件とされるなど阻害要因が直ちに浮上した。

2009（平成21）年9月からは、民法（債権法）の改正の法制審議会での検討が開始され、そのたたき台ともいうべき「債権法改正の基本方針」について、その具体的な内容及びこれを作成した民法（債権法）改正検討委員会のあり方および基本的な考え方についても、極めて批判的な立場を含めて弁護士会で様々な評

価と論議が生まれ，法制審の審議速度に対応するには，会内の議論は未だ必ずしも深化していない。

弁護士過疎や被疑者弁護の第二段階の拡大への対応は，全国的には，未だ十二分な態勢にあるとは言い難いものである一方で，大都市での就職を希望する修習生の法律事務所への就職は，不況の影響もあって困難さを増している。企業内弁護士や任期付公務員への就任は増加傾向にあるものの，未だ，希望者を吸収するに至っていない。

このような現実を背景に，日弁連は2009（平成21）年3月に司法試験合格者数について，その増加度合いをペースダウンすべきことを提案し，2009（平成21）年9月には，司法試験委員会は，新司法試験の合格者数を，前年比22人減の2,043人とし，委員会が合格者の目安として掲げていた「2500〜2900人」を割り込んだ。合格率も前年比5％減の27.6%，初めての3割を割り，法科大学院の教育内容の点検，定員削減や法科大学院の統合も検討されはじめた。

4 無駄な苦闘など存在しない

しかしながら，弁護士，弁護士会が当番弁護士制度を立ち上げてから本格的な被疑者国選弁護制度が始動するまでに司法試験合格者の増大という制度改革を背景にして20年，陪審制度を掲げて裁判員裁判が実現するまでにはその3倍近い時間を要している。民事扶助にしても，日弁連が1952（昭和27）年に法律扶助協会を設立してから，半世紀を経た取組みの末に，法テラスという形態によりながらも，不十分ながらも一定の拡充を獲得してきたものである。国選弁護報酬に至っては，裁判員裁判の導入を契機に60年の時を経て，ようやく一定の改善を見たものである。

この間，政財官の強固なトライアングルの政治が続く中，司法自体がこの国の政治のなかで片隅に追いやられ，さらにその司法界ですら，官僚司法が主導するという強固なその壁のまえで，先人達の取り組みの多くは，個々の裁判で勝利は勝ち得ても，制度改革の多くは繰り返しはね飛ばされ，希望の光も見えず，長く報いられることのない苦闘を続けてきた。今次の改革により，その多くが曲がりなりにも成果を得て，ようやく無駄な苦闘など存在しないことが示されたのである。

法曹人口・法曹養成・法科大学院，民事扶助や債権法改正，取調べの可視化の実現や裁判員の守秘義務の改善あるいは国選弁護報酬の更なる改定についても，真摯に苦闘を厭わず，われわれが叡智を結集してたゆまぬ努力を続けていけば，その突破口は必ず見いだせるものと信じている。

本年度の論考もまた，法友会の政策委員会において，これまでの各課題に対する日弁連および各弁護士会の取り組みを踏まえつつ，現在の到達点および今後の目標を明確にしたものであり，明日の司法を築く礎となることを目指したものである。

多くの読者のご批判を賜り，さらなる深化を図りたい。

目次

はじめに
時代を動かす理念——無駄な苦闘など存在しない　ii

序　司法制度改革の経緯と現状

1　司法制度改革の背景　2
2　司法制度改革の経緯　3
3　司法制度改革の現状　4

第1部　司法改革の到達点と課題

第1　弁護士制度の現状と課題　6

1　弁護士制度改革　6

1）戦後司法改革による「弁護士法」制定の歴史的意義　6
(1) 弁護士法の制定　6
(2) 弁護士の法律専門職としての地位の確立　6
(3) 「市民の司法」を目指すにあたって　7

2）弁護士制度改革の目標・理念　7

3）司法制度改革推進本部と日弁連の対応　7

4）弁護士制度改革実現における課題とその到達点　8
(1) 法曹人口問題　8
(2) ロースクール問題　8
(3) 弁護士の社会的責任（公益性）の実践　8
(4) 弁護士の活動領域の拡大　8
(5) 弁護士へのアクセス拡充　8
(6) 弁護士の執務態勢の強化・専門性の強化　9
(7) 弁護士の国際化／外国人事務弁護士等との提携・協働　9
(8) 弁護士会のあり方　9
(9) 隣接法律専門職種の活用等　10

2　法曹人口問題をめぐる現状と課題　11

1）法曹人口問題の従来の経緯　11
(1) 日弁連の司法改革宣言の意義　11
(2) 政界・経済界からの規制改革・自由競争の要請と日弁連への批難　12
(3) 司法制度改革審議会における議論と経済界・政界の動き　12
(4) 日弁連の対応　13
(5) 現在までの法曹人口の増員の状況　13

2）法曹人口問題に関する現在の課題　13
(1) 司法修習生及び新人弁護士たちの「質」について　13
(2) 新しい法曹養成システムが成熟途上であることについて　14
(3) 法曹人口増員に対応するための司法基盤の整備の遅れについて　14
(4) 司法基盤整備及び法的ニーズの顕在化の遅れ　15
(5) 日弁連の「当面の法曹人口のあり方に関する提言」の公表　15

3）弁護士会のとるべき対応　16
(1) 日弁連としての対応　16
(2) 弁連や単位会レベルでの対応　16
(3) 具体的対応　16

3　法曹養成制度の現状と法科大学院　18

1）法科大学院の設立と新司法試験　18
2）合格率の低迷が法科大学院入学希望者に対してもたらす影響　19
3）法科大学院が抱える課題　19
4）法友会・弁護士会の取組み　20
5）定員削減問題について　20
6）新司法試験について　21
7）予備試験　21
8）司法修習　22
(1) 新司法修習の実施と修習生の数　22
(2) 新司法修習の概要　22
(3) 新司法修習の問題点　23

9）新人弁護士と採用問題　24
(1) 新人弁護士の登録状況と採用問題　24
(2) 新人弁護士採用問題の現状　24
(3) 日弁連等の取組み　25
(4) OJTの充実について　25

4　弁護士へのアクセス拡充　25

1）弁護士へのアクセス保障の必要性と現状　26
(1) 弁護士過疎・偏在対策の歴史　26
(2) 弁護士過疎の現状　26
(3) 過疎，偏在の原因　26

2）法律事務所の必要性と過疎・偏在対策　26
(1) 法律相談センターとの役割分担　26
(2) 日本司法支援センターとの役割分担　26
(3) 弁護士へのアクセス保障のための開設資金援助や定着支援対策　27
(4) ゼロ・ワン地域解消型法律事務所の課題　27
(5) 新たな偏在解消対策　27
(6) 都市型公設事務所等拠点事務所の役割　27
(7) 全会員による支援・人材の確保・経済的支援　28

3）法律相談センターの拡充　28

- (1) 法律相談センターの重要性　28
- (2) 過疎地対策としての法律相談センター　28
- (3) 東京での法律相談センターの現状と課題　29
- (4) 弁護士紹介センターの発足と今後の課題　30

5　弁護士自治の課題　31

1）弁護士自治の維持・強化　31
- (1) 弁護士自治の歴史　31
- (2) 司法制度改革と弁護士自治　32
- (3) 綱紀・懲戒制度の運営　32
- (4) 弁護士自治と司法権　32
- (5) 弁護士自治の維持　32

2）弁護士倫理（弁護士職務基本規程）と今後の課題　33
- (1) 弁護士職務基本規程の制定と運用　33
- (2) 今後の課題　33

3）裁判所の処置請求に対する対応問題　34
- (1)「裁判所の処置請求に対する取扱規定」制定の意義　34
- (2) 処置請求に対しての弁護士会の対処及び調査機関について　35
- (3) 調査機関としての法廷委員会とその諸規則改正について　35
- (4) 処置請求の事例──オウム真理教松本被告弁護団への処置請求　35

4）ゲートキーパー問題　37
- (1) マネー・ローンダリングとFATFによる勧告　37
- (2) わが国におけるマネー・ローンダリング規制の法整備　37
- (3) FATFによる新「40の勧告」の制定　38
- (4) 日本弁護士連合会の対応　38
- (5) 金融庁から警察庁へのFIUの移管と日弁連の対応　38
- (6) 犯罪収益流通防止法案に対する弁護士会の対応と同法律の成立　39
- (7) 今後の情勢と弁護士会に求められている対応　39

5）隣接士業問題と弁護士制度　40
- (1) 隣接士業の概要　40
- (2) 隣接士業問題の本質　40
- (3) 弁護士の法律事務独占との関係　40
- (4) 弁護士自治との関係　40
- (5) 弁護士人口との関係　41
- (6) 司法制度改革審議会意見書（「意見書」）の立場　41
- (7) 隣接士業の権限拡大措置の実施　42
- (8) 司法書士，行政書士，社労士のさらなる権限拡大要求　42
- (9) 司法書士の「制約のない法律相談権」要求の問題性　42
- (10) その他　42

6　弁護士と国際化の課題　43

1）国際化に関する現代的課題　43
- (1) はじめに──国際化への基本的対応　43
- (2) 国際化による弁護士制度・業務への影響　44

2）外国弁護士の国内業務問題　45
- (1) 外弁法改正の経緯　45
- (2) 今後の展望　46

3）国際司法支援　46
- (1) はじめに　46
- (2) 日弁連及び弁護士の法整備支援活動の経緯と展開　47
- (3) 日弁連による支援体制整備　49

4）国際機関への参画　50

第2　刑事司法の到達点と課題　51

1　刑事司法改革の視点　51

1）憲法・刑事訴訟法の理念から乖離した運用　51
2）出発点としての死刑再審無罪4事件　51
3）改革の方向　52
4）司法制度改革審議会意見書，及び，刑事司法改革の法案化について　52

2　裁判員制度の導入　53

1）裁判員制度の開始までの経緯と制度導入の意義　53
- (1) 裁判員制度の開始までの経緯　53
- (2) 意義　53

2）裁判員制度の概要　54
- (1) 対象事件　54
- (2) 合議体の構成　54
- (3) 裁判員・補充裁判員の資格と選任手続　54
- (4) 公判前整理手続　54
- (5) 公判手続　54
- (6) 評議・評決　54
- (7) 罰則　54
- (8) 部分判決制度の導入　55

3）裁判員裁判における審理のあり方　55
- (1) はじめに　55
- (2) 直接主義　口頭主義の徹底　55
- (3) 刑事裁判の基本原則の遵守　55
- (4) わかりやすい裁判　55
- (5) 自白調書の任意性に争いがある場合の審理について　55
- (6) 合意書面（刑訴法327条）の活用　56
- (7) 情状弁護について　56
- (8) 裁判員裁判の審理における被害者参加　56

4）今後の弁護士・弁護士会の活動　56
- (1) 裁判員裁判の検証と3年後の見直しにむけた検討　56
- (2) 弁護士会内の研修体制　57
- (3) 裁判員裁判に対応する弁護体制の構築　57

5）裁判員制度の今後の課題　57
- (1) 部分判決制度と被害者参加制度　57
- (2) 裁判員選任手続　57
- (3) 説示や評議のあり方　58
- (4) 被告人の防御権の観点　58
- (5) 裁判員が参加しやすい環境の整備　59
- (6) 市民向けの広報　59
- (7) 少年逆送事件　59
- (8) 外国人事件　61
- (9) 被害者参加と弁護活動への影響　62
- (10) 量刑データベースの創設への取組み　62
- (11) その他　64

3　公判前整理手続と証拠開示　64

1）公判前整理手続の概要と問題点　64

- (1) 公判前整理手続の目的と対象事件 64
- (2) 公判前整理手続の内容 64
- (3) 主張明示義務・証拠制限規定 65
- (4) 被告人の出席 65
- 2) 証拠開示の概要と問題点 65
    - (1) 証拠開示の目的 65
    - (2) 類型証拠開示 66
    - (3) 主張関連証拠開示 66
    - (4) 証拠開示請求に対する裁判所の裁定 66
- 3) 今後の課題 66
    - (1) この手続に習熟すること 66
    - (2) 幅広い証拠開示を認める裁定決定の獲得 66

4 開示証拠の目的外使用問題 67
- 1) 証拠開示の拡充と適正管理義務・目的外使用の禁止規定との関係 67
- 2) 目的外使用の禁止をめぐる日弁連の活動の経緯 67
- 3) 「開示証拠の複製等の交付等に関する規程」の制定 68
- 4) 今後の課題 68

5 取調べの可視化 69
- 1) 自白偏重の現状 69
- 2) 密室の取調べについての最近の冤罪事件 69
    - (1) 鹿児島志布志事件 69
    - (2) 富山氷見事件 69
- 3) 可視化の必要性と国際的動向 70
- 4) 裁判員制度との関係 70
- 5) 足利事件による教訓 70
- 6) 日弁連の活動 71
- 7) 検察庁による録画の試行とその拡大 71
- 8) 国会の動向 72
- 9) 警察庁の新たな取組み 72
- 10) 今後の取組み 72

6 人質司法の打破と冤罪防止 73
- 1) 勾留・保釈に関する憲法・国際人権法上の5原則と改革課題 73
- 2) 最近の冤罪事件と人質司法の実態 74
- 3) 冤罪防止と充実した裁判員制度実施のために 74
- 4) 最近における運用変化の兆しと弁護人の対応 74
- 5) 実現すべき改革と弁護士会の今後の取組み 74
    - (1) 法改正を求めて 74
    - (2) 国際社会からの勧告の活用を 75
    - (3) 保釈保証保険制度等の導入を 75
    - (4) 保釈請求励行の運動を 75

7 伝聞法則の徹底 75
- 1) 直接主義・口頭主義の徹底 75
- 2) 伝聞法則の厳格化 76

8 接見交通権の確立 77

9 被疑者国選弁護制度の実施と今後の課題 78
- 1) 当番弁護士活動の成果としての被疑者国選弁護制度 78
- 2) 日本司法支援センターの業務と弁護士会の役割 79
- 3) 国選弁護人契約締結，国選弁護人候補指名についての弁護士会関与 79
- 4) 「法律事務取扱規程」の制定と弁護士会関与 79
- 5) 国選弁護人報酬の算定基準について 80
- 6) 当番弁護士制度・被疑者弁護援助制度の存続 80
    - (1) 当番弁護士制度の存続 80
    - (2) 刑事被疑者弁護援助制度の存続 80
    - (3) 当番弁護士，被疑者弁護援助制度の財源 80
- 7) 被疑者，被告人とのアクセスの拡充 81
    - (1) 接見室の増設 81
    - (2) 東京拘置所での夜間・休日接見 81
    - (3) テレビ電話によるアクセス 81
    - (4) ファックスによるアクセス 81
- 8) 国選弁護報酬の水増し請求問題（いわゆる岡山問題） 81
- 9) 被疑者弁護における接見 82
- 10) 今後の課題 82
    - (1) 対応態勢について 82
    - (2) 国選弁護人割当制度の改革 82

10 未決拘禁制度の抜本的改革・日弁連処遇法案実現 83
- 1) 拘禁二法案反対運動の経緯とその後の状況 83
- 2) 「刑事施設及び受刑者の処遇等に関する法律」の成立・施行と今後の課題 83
- 3) 「刑事施設及び受刑者の処遇等に関する法律の一部を改正する法律」の成立・施行 83
- 4) 今後の課題 84

11 共謀罪の創設とその問題点 85
- 1) 共謀罪の提案に至る経緯と共謀罪の概要 85
- 2) 共謀罪の問題点 86
- 3) 法案をめぐる最近の情勢と求められる日弁連及び弁護士会の活動 86

12 検察審査会への取組み 87
- 1) 検察審査会法の改正と施行日 87
- 2) 改正検察審査会の概要 87
    - (1) 検察審査会の議決に基づき公訴が提起される制度及び指定弁護士制度の新設 87
    - (2) 検察審査会が法的な助言を得るための審査補助員制度の新設 88
    - (3) 検察審査会数の見直しと統廃合 88
- 3) 弁護士会に期待されている役割 88

第3 日本司法支援センター 90
1 総合法律支援法成立までの過程 90
  1) 総合法律支援法制定に至る流れ 90
  2) 民事法律扶助法の制定 90
  3) 司法制度改革審議会 90
  4) ひまわり基金の創設 91
  5) 司法制度改革推進本部(「司法ネット」構想) 91
2 業務内容 91
3 組織 91
  1) 組織形態 91
    (1) 最高裁判所の関与 91
    (2) 弁護士業務(特に刑事弁護)の自主性・独立性の確保 91
    (3) 非公務員型の徹底した民間主導型組織 92
    (4) 弁護士自治を堅持 92
  2) 具体的組織 92
    (1) 本部 92
    (2) 地方事務所等 92
    (3) 地域事務所 92
4 今後の課題 93
  1) 組織・運営 93
    (1) 理事等,地方事務所所長人事 93
    (2) 地方事務所の活用問題 93
    (3) 認知度の改善 93
  2) 情報提供業務 93
    (1) CCの受電件数 93
    (2) TA制度 94
    (3) CCと地方事務所との連携 94
    (4) 弁護士会側の受け皿対応 94
  3) 民事法律扶助業務 94
    (1) 民事法律扶助対応の更なる充実 94
    (2) 民事法律扶助制度の更なる改革の必要 95
    (3) 犯罪被害者賠償命令制度への対応 95
    (4) 通訳サービスへの対応 95
  4) 国選弁護関連業務 95
    (1) 2009年体制の整備 95
    (2) 国選弁護報酬増額問題 95
    (3) 国選弁護報酬過大請求問題 95
  5) 司法過疎対策業務 96
    (1) スタッフ弁護士の確保 96
    (2) スタッフ弁護士の処遇 96
    (3) スタッフ弁護士の配置 96
  6) 犯罪被害者支援業務 96
    (1) CCと地方事務所の連携 96
    (2) 精通弁護士の紹介体制の充実 96
    (3) 被害者参加国選制度への対応 96
  7) 法律援助事業 97
    (1) 法律援助事業の委託状況 97
    (2) 弁護士会側の対応体制 97
    (3) 財源の確保 97

第2部 弁護士業務改革の現状と課題

1 弁護士業務改革の今日的課題 100
  1) 司法改革推進上の業務改革の意義 100
  2) 審議会の要請とその実現 100
    (1) 総論 100
    (2) 各論 100
  3) 社会の法的需要に対する供給 102

2 弁護士と法律事務の独占 102
  1) 司法制度改革審議会の弁護士法72条に関する提言とその実現について 102
  2) 隣接専門職種による権限拡大について 103
  3) 行政書士問題について 103
  4) 弁護士会の取組み 104
  5) サービサー問題 104
    (1) サービサー法の成立,施行 104
    (2) サービサー法の改正 104
    (3) サービサー法の再改正問題 105
  6) 信託の活用 106
    (1) 新信託法の意義 106
    (2) 福祉型信託に対する取組み 106
    (3) 遺言信託業務に対する取組み 106

3 法律事務所の多様化と隣接業種との協働 107
  1) 総合的法律・経済関係事務所 107
  2) 法律事務所の複数化 108
  3) 中小企業法律支援センター 108
    (1) その沿革 108
    (2) 設置の目的 109
    (3) 活動計画の概要 109
    (4) 今後の課題 109

4 その他の領域への進出 109
  1) 外部監査人制度への進出 109
    (1) 現状と問題の所在 109
    (2) 弁護士会の取組み 110
    (3) 今後の取組みと提言 110
  2) 会社法上の社外取締役等への進出 111
    (1) 現状と問題の所在 111
    (2) 弁護士会の取組み 112

5 弁護士専門認定制度の意義と課題 112
  1) その必要性と今日的課題 112
  2) 外国の実情 112
  3) 医師における専門性との類似性 113

4）弁護士会での議論の現段階　113

6　専門的知見を要する事件への対応　114
1）長期間を要する審理　114
2）弁護士の研鑽と情報ネットワーク　114
3）専門委員制度の導入と鑑定制度の改善　114
　(1) 専門委員制度の導入　114
　(2) 鑑定制度の改正及び改善　115
　(3) まとめ　115

7　弁護士研修制度の拡充　115
1）研修の必要性と弁護士会の役割　115
2）新規登録弁護士研修　115
3）継続的弁護士研修　116
　(1) 倫理研修　116
　(2) スキルアップ研修　116
　(3) 今後の継続的研修のあり方（研修義務化）について　116
　(4) 今後の研修方法について　117

8　弁護士補助職（パラリーガル）制度　117
1）弁護士補助職（パラリーガル）制度の必要性　117
2）弁護士補助職（パラリーガル）制度の現状　118
　(1) 日弁連の提言　118
　(2) 問題点の集約　118
3）今後の弁護士補助職（パラリーガル）問題のあり方　118

9　弁護士業務のIT化　119
1）弁護士業務におけるパソコン利用の利点　119
2）パソコン利用の業務上の問題点　119
　(1) データ漏洩に関する問題（個人情報保護）　119
　(2) コンピュータウィルス　119
　(3) 電子データの証拠利用　120
　(4) 利用技能習得に関する問題　120
　(5) 弁護士広告問題　120
3）e裁判手続について　120
　(1) アメリカ合衆国連邦裁判所でのe裁判の施行　120
　(2) ファイリング手続　121
　(3) 問題点　121
　(4) e裁判等に関する制度の検討　122

10　弁護士への業務妨害とその対策　122
1）弁護士業務妨害をめぐる最近の情勢　122
2）弁護士業務妨害対策センターの活動状況　122
　(1) アンケートによる実態調査　122
　(2) 積極的対策　122
　(3) センターの設置と運用　123
　(4) 研究活動　123
　(5) 「ハンドブック」の作成配布　123
　(6) 支援要請の実情　123
　(7) 警察との連携　123
3）業務妨害根絶に向けて　123

11　権利保護保険（通称弁護士保険）　124
1）権利保護保険の内容と必要性　124
2）外国及び国内の状況　124
3）日弁連の動き　124
4）制度の現状　125
5）この制度の問題点と育成　125

12　弁護士広告の自由化　126
1）自由化の意味　126
2）解禁後の実態　126
3）これからの問題　127

13　弁護士情報提供制度　127
1）弁護士会の広報としての役割　128
2）個々の弁護士にとっての位置づけ　128
3）今後の課題　128

14　弁護士報酬支払のクレジットカード利用と懲戒問題　129
1）経緯　129
2）日弁連弁護士業務改革委員会でのカード支払いを認める決議　129
3）現在の日弁連の意見　129

15　隣接士業問題　130

第3部　弁護士をめぐる司法諸制度の現状と課題

第1　裁判官制度の現状と課題　132

1　裁判官制度改革の成果と今後の課題　132
1）法曹一元の理念と司法制度改革審議会意見書　132
2）具体的課題の実現状況と今後の課題　133
　(1) 下級裁判所裁判官指名諮問委員会　133
　(2) 地域委員会の課題　134
　(3) 地裁委員会・家裁委員会　134
　(4) 裁判官人事評価制度　134
　(5) 判事補が他の法律専門職を経験する制度の導入　134
　(6) 最高裁判所裁判官の任命に際しての諮問委員会設置　135

2　弁護士任官への取組み　135
1）弁護士任官制度の意義と経緯　135
2）日弁連・東弁の取組み　136
3）弁護士任官状況　136
　(1) 通常任官について　136
　(2) 非常勤裁判官　137
4）法友会の取組み　137
5）今後の課題　137

第2 司法の物的拡充と司法諸施設の改革 ……… 139

1 司法の物的拡充と利用しやすい司法諸施設 139
1）利用しやすい司法の運営／司法ネットの整備とIT基盤の確立 139
2）利用者の立場に立った裁判所の配置と運営／地域志向・国民志向型への脱皮 139
- (1) 裁判所施設の適正配置 139
- (2) 施設のあり方と運用 139

3）検察庁の施設と利用しやすい運営のあり方 139
4）速記官問題 140
- (1) 最高裁による民間委託の録音反訳調書方式の導入方針の提示 140
- (2) 日弁連の対応・指針 140
- (3) 自動反訳システムの導入について 140

2 新宿での現地調停と地域司法 140
1）司法アクセスの充実のために 140
2）簡易裁判所の統廃合 141
3）民事調停規則9条に基づく現地調停 141
4）現地調停の実施状況と今後の課題 141

第4部 民事・商事・行政事件の法制度改革の現状と課題

第1 民事・商事諸制度の現状と課題 144

1 民事訴訟の充実と迅速化 144
1）新民事訴訟法の定着 144
2）審理の充実と弁護士の準備 144
3）計画審理 144
4）文書提出命令 144
5）刑事記録に対する文書提出命令の拡大 144
6）裁判迅速化法 145
7）個人情報保護と民事裁判 145

2 債権法改正 145
1）債権法の改正の動き 145
- (1)「債権法改正の基本方針」の策定 145
- (2) 弁護士会の動き 146

2）基本方針における個別の重要論点の検討 146
- (1) 消費者概念の取込み等 146
- (2) 債務不履行責任 147
- (3) 契約解除 147
- (4) 危険負担の廃止 148
- (5) 事情変更の原則 148
- (6) 瑕疵担保責任 148
- (7) 債権者代位権 148
- (8) 詐害行為取消権 149
- (9) 相殺 149
- (10) 債権時効 150
- (11) 将来債権譲渡 150
- (12) 債権譲渡禁止特約の効力 150
- (13) 債権譲渡対抗要件 151
- (14) 連帯債権・連帯債務 151
- (15) 保証・連帯保証・根保証 151
- (16) 役務提供契約 152

3）民法改正のあるべき方向性について 152

3 土地筆界特定制度への対応 153
1）不動産登記法の改正による制度創設 153
2）境界紛争に関する改革の必要性 153
3）政府における研究 153
4）新制度の法制化 154
5）今後の対応について 154

4 国際民事訴訟 154
1）訴訟と仲裁 154
2）ハーグ国際私法会議における条約案作成作業 155

5 裁判外紛争解決機関（ADR） 155
1）ADRの必要性 155
2）ADR利用促進法の制定 155
3）ADRと弁護士法72条 156
4）ADR機関の評価 156

6 仲裁法 156
1）仲裁法制定 156
2）仲裁法の構成・概要等 156
- (1) 構成 156
- (2) 概要 157

3）これからの課題 157

7 知的財産権紛争解決制度及び知的財産権法制の改革 157
1）改善措置 157
2）日弁連知的財産センター 158
3）実体法の改正 158

8 労働法制に対する改革 159
1）はじめに 159
2）改正労基法の内容と課題 159
3）改正育介休法の内容と課題 159
4）労働者派遣法の改正問題 160
5）労働契約法の積み残し問題 160
6）裁判員休暇問題 160

9 独占禁止法制の改革 161

- 1）競争法の国際化　161
- 2）審判手続の改正　161

10　弁護士による企業の内部統制システム構築・CSR活動推進の支援　162
- 1）内部統制システム構築　162
- 2）企業の社会的責任（CSR）　163

第2　行政に対する司法制度の諸改革　164

1　行政手続の民主化　164
- 1）行政の透明化と市民参加　164
- 2）行政手続法の施行状況　164

2　公務員制度の適正化　165
- 1）実態と問題点　165
- 2）提言　165

3　行政訴訟改革　166
- 1）はじめに　166
- 2）行政事件訴訟法の改正と改正後の運用　166
- 3）積み残し課題に関する改革の具体的方策　167

第5部　人権保障制度の現状と課題

第1　各種権利保障の改革　170

1　犯罪被害者の保護と権利　170
- 1）犯罪被害者支援の必要性　170
- 2）犯罪被害者支援をめぐる立法の経緯　170
- 3）日弁連の取組み　170
- 4）被害者刑事訴訟参加・損害賠償命令等の新制度について　171
  - (1) 被害者参加制度　171
  - (2) 国選被害者参加弁護士制度　172
  - (3) 損害賠償命令制度　172
  - (4) 少年審判傍聴制度　172
  - (5) 民事訴訟における証人・被害者保護制度の導入　172
  - (6) 公判記録の閲覧及び謄写の緩和　172
  - (7) 犯罪被害者等に関する情報の保護　172
- 5）新制度の問題点と今後の取組みについて　173
  - (1) 被害者参加制度について　173
  - (2) 国選被害者参加弁護士制度について　173
  - (3) 損害賠償命令制度について　174
  - (4) 少年審判傍聴制度について　174
  - (5) 裁判員裁判制度について　174
- 6）日本司法支援センターにおける取組み　174

2　冤罪被害者に対する補償　174
- 1）冤罪被害者に対する補償の意義　174
- 2）冤罪被害者に対する補償の現状　175
- 3）被疑者補償法の制定を　175
- 4）非拘禁者補償法の制定を　175
- 5）その他の課題　176

3　子どもの人権　176
- 1）子どもの人権保障の重要性　176
- 2）少年司法制度をめぐる問題　177
  - (1) 少年司法制度の目的　177
  - (2) 2000年「改正」少年法をめぐる問題　177
  - (3) 2007年少年法「改正」　178
  - (4) 少年非行防止法制をめぐる動き　178
  - (5) 2008年「改正」――被害者等の審判傍聴制度の導入　178
  - (6) 全面的国選付添人制度実現へ向けた運動　179
- 3）学校内の子どもの人権　180
  - (1) いじめ　180
  - (2) 体罰　181
  - (3) 教育基本法「改正」　181
- 4）家庭内の子どもの人権――児童虐待　182
  - (1) 児童虐待防止法の成立　182
  - (2) 児童虐待防止法制定による効果と課題　182
  - (3) 児童虐待防止法の改正　182
  - (4) 親権制度の見直し　183
- 5）児童福祉施設内の子どもの人権　183
  - (1) 児童福祉施設の現状　183
  - (2) 施設内虐待　183
- 6）子どもの権利条約　184
- 7）子どもの権利に関する自治体の取組みと条例の制定　184
- 8）子どもの問題専門の法律相談窓口　184
  - (1) 東京弁護士会「子どもの人権110番」　184
  - (2) 子どもの人権110番の拡張　185
  - (3) 民間組織との連携　185
  - (4) 子どもに対する法律援助　185
- 9）民法成年年齢見直しの動き　185
  - (1) 経過　185
  - (2) 立法事実の有無　186
  - (3) 他法への影響　187
  - (4) まとめ　187

4　消費者の人権　188
- 1）消費者の権利の重要性　188
- 2）消費者問題の現状　188
  - (1) 悪質商法　188
  - (2) 深刻な多重債務問題　188
  - (3) ネットによる消費者被害　189
  - (4) 金融商品取引　189
  - (5) 食の安全　189
- 3）消費者庁及び消費者委員会の創設　189
  - (1) 「消費者庁」の設置　189
  - (2) 新組織の位置付け　189

- (3) 消費者安全法　190
- (4) 今後の課題　190
4) 消費者の権利擁護のための諸立法　190
- (1) 消費者基本法　190
- (2) 割賦販売法・特定商取引法改正　190
- (3) 貸金業法及び出資法改正　191
- (4) 金融商品取引法・商品先物取引法　191
- (5) 消費者団体訴訟制度　191
- (6) 債権法改正　191
- (7) 違法収益の吐き出し　191
5) 消費者が主役の社会へ──「消費者市民社会」の実現　191
- (1) 「消費者市民社会」の実現　191
- (2) 消費者教育の実施，充実　192
- (3) ネットワークの構築　192

5 両性の平等と女性の権利　192
1) 基本的視点　192
2) 婚姻制度等の改正　192
- (1) 選択的夫婦別姓　193
- (2) 養育費等の確保　193
- (3) ドメスティック・バイオレンス（DV）　193
- (4) その他の問題　194
3) 女性の労働権　195
- (1) 基本的視点　195
- (2) 男女雇用機会均等法の改正　195
- (3) 労働基準法の改正　196
- (4) パートタイム労働法の改正　197
- (5) 労働者派遣法の改正　197
- (6) 男女共同参画社会への法制度等の整備充実　198
4) 法曹界における性差別　199

6 外国人の人権　200
1) 入管行政の問題　200
- (1) 外国人の出入国・在留に関する管理・監視を強化する体制を構築する動き　200
- (2) 難民問題　202
- (3) 弁護士会の取組み　204
2) 外国人の刑事手続上の問題　206
- (1) はじめに　206
- (2) 身体拘束をめぐる問題点　206
- (3) 通訳人をめぐる問題点　207
- (4) 取調べ過程の可視化の必要性　207
- (5) 今後の方針　208

7 死刑の存廃問題　208
1) 死刑の存廃について　208
2) 死刑をめぐる内外の状況　208
3) わが国の死刑判決及び死刑執行の状況　208
4) わが国の死刑制度に対する国際的評価　209
5) わが国の死刑制度に対する弁護士会の対応　209
6) 今後の取組み　210
7) おわりに　210

8 犯罪報道と人権　211
1) 犯罪報道上の問題点　211
2) 犯罪報道被害の現状　211
3) マスメディアの自主的努力の必要性　211
4) 弁護士・弁護士会の取組み　212

9 警察活動と人権　212
1) 拡大する警察活動について　212
2) 警察活動に対する内部的な統制について　213
3) 警察活動に対する監視・是正のあり方　213

10 民事介入暴力の根絶と被害者の救済　214
1) はじめに　214
2) 民事介入暴力の現状　214
3) 民事介入暴力対策の整備　214
- (1) 民事介入暴力被害者救済センター　214
- (2) 研修会の実施　214
- (3) 他の諸機関との連携　214
4) 今後の課題　214

11 患者の人権（医療と人権）　215
1) 患者中心の医療の確立　215
2) 患者の権利法制定にむけて　215
- (1) インフォームド・コンセント　215
- (2) 診療記録開示請求権　216
- (3) 患者の権利法制定に向けて　216
3) 医療事故の防止と医療被害救済のために　216
- (1) 医療事故防止対策　216
- (2) 医療被害救済の現状と対策　217
4) 医療過誤訴訟改革　217
- (1) 医療過誤訴訟改革の現状　217
- (2) 当事者主義の徹底　217
- (3) 公正中立な鑑定のために　218
- (4) 医療界と法曹界の相互理解の促進　218
5) 弁護士・弁護士会としての取組み　218
- (1) 専門弁護士の養成　218
- (2) 医療部会の委員会化　218
- (3) 裁判外紛争処理手続のより一層の充実　218
6) 脳死・臓器移植　218
- (1) 経緯　218
- (2) 臓器移植法の改正　219
7) 人工生殖と法律問題　219
8) その他の問題──医療体制の整備　220

12 高齢者の人権　220
1) 基本的視点　220
- (1) 高齢者問題の現状　220
- (2) 高齢者の権利擁護と基本的視点　221
2) 成年後見制度の活用　221
3) 高齢者虐待　221
4) 認知症高齢者の医療をめぐる問題点　222

5）消費者被害　222
13　障害者の人権　223
　1）障害者差別禁止法の制定　223
　2）谷間の障害の解消　223
　3）障害者虐待防止法の制定　223
　4）欠格条項の撤廃　224
　5）介護保険制度・支援費制度と障害者　224
　6）権利擁護システムの確立　224
　7）オンブズマン制度・コンプライアンスルールの確立　224
　8）低所得者に対する支援　225
　9）刑事弁護分野における権利擁護　225
14　貧困と人権　225
　1）わが国における「貧困」の拡大の現状　226
　2）わが国の「貧困」の背景と原因　226
　　(1)「貧困」拡大の要因　226
　　(2)各種社会保障制度の実情　226
　3）貧困問題の解決への施策と弁護士の関与　227
　　(1)基本的人権の侵害　227
　　(2)国や地方公共団体に対する働きかけ　227
　　(3)個別事案の救済　227
　　(4)生活保護申請　227
　　(5)「貧困ビジネス」への対応　228
15　環境と人権　228
　1）法制度の立ち後れと環境悪化　228
　2）環境保護の具体的施策　229
　　(1)地域のまちづくりにおける法律家の役割　229
　　(2)地球温暖化防止への弁護士会，弁護士の取組み　230
16　情報公開法　231
　1）情報公開法の成立　232
　2）情報公開の実施状況　232
　3）情報公開法の問題点　232
　　(1)「知る権利」の保障について　232
　　(2)ヴォーン・インデックス手続及びインカメラ審理の導入　232
　4）情報公開法見直しの経緯　233
17　個人情報保護法（自己情報コントロール権の確立）　233
　1）自己情報コントロール権とは　233
　2）個人情報保護関連法の問題点　233
　3）住民基本台帳ネットワークシステム（住基ネット）の問題点　234
　4）自己情報コントロール権の確立に向けて　234

第2　人権保障制度の提言　236
1　国内人権機関の設置　236
　1）国内人権機関設置に向けた国内における動きと国際情勢　236
　2）日弁連のこれまでの取組みと今後の課題　236
　　(1)反対の理事会決議　236
　　(2)最低条件の提示　237
　　(3)制度要綱の公表，法務大臣への提出　237
　　(4)政権交代と民主党法案　237
　　(5)今後の活動　237
2　国際人権条約の活用と個人通報制度の実現に向けて　237
　1）国際人権条約を積極的に活用することの意義　238
　2）第一選択議定書の批准　239
　　(1)第一選択議定書の意義　239
　　(2)各国及び日本の批准状況　239
　　(3)他の条約についての個人通報制度　240
　3）弁護士・弁護士会の取組み　240

第6部　憲法と平和をめぐる現状と課題

1　はじめに　244
2　憲法改正問題　245
　1）各界の動き　245
　　(1)衆参両院の憲法調査会の動き　245
　　(2)政党の動き（護憲・改憲・創憲・加憲）　245
　　(3)財界の動き　246
　　(4)新聞社　246
　　(5)市民の動き　246
　2）憲法改正論に対する対応　246
　　(1)憲法の基本原理と改憲論　246
　　(2)鳥取人権大会宣言　248
　　(3)富山人権大会宣言　248
　　(4)まとめ　249
3　憲法改正手続法（国民投票法）の問題点　249
　1）審議経過の問題点　249
　2）内容の問題点　250
　3）国会法改正部分の問題点　250
　4）今後の対応　250
4　平和主義の理念から問題となる諸立法について　251
　1）憲法上，問題となる諸立法　251
　　(1)周辺事態法など新ガイドライン関連法　251
　　(2)テロ対策特措法から給油新法へ　251
　　(3)イラク特措法　251
　　(4)有事関連立法　251

- (5) 防衛省設置等 251
- (6) 海賊対処法 251
2） 諸立法に対する対応 251
- (1) 諸立法に対する日弁連，弁護士会の対応 251
- (2) テロ対策特措法，イラク特措法に基づく自衛隊の海外派遣について 252
- (3) 有事法制等について 252
- (4) 海賊対処法等について 252
- (5) 今後の立法の動きについて 253

5 首相の靖国神社参拝について 253
6 日の丸・君が代について 254
7 表現の自由に対する抑圧について 255
8 教育基本法改正問題 255
1） 教育基本法「改正」問題への取組みと成果 255
2）「改正」後の課題と取組み 256
- (1) 教育三法改正問題 256
- (2) 全国学力調査に関する問題 256
- (3) 今後の課題 257

9 核兵器廃絶に向けて 257

第7部 弁護士会の機構と運営をめぐる現状と課題

第1 政策実現のための機構と運営 260

1 司法改革の推進と弁護士改革実現のための方策 260
1） 司法改革の取組みと弁護士会のあり方 260
2） 中・長期的展望をもった総合的司法政策の形成 260
- (1) 総合的司法政策の必要 260
- (2) 継続的な調査研究 261
- (3) 政策スタッフの充実強化 261
3） 政策実現のためのプログラムの必要性 261
4） 組織の充実と強化 262
- (1) 財政基盤の確立 262
- (2) 執行体制の強化 262
- (3) 大規模会と中小規模会 262
5） 適切な会内合意のあり方の検討 262
6） 市民との連携と世論の形成 263
- (1) 市民的基盤の強化 263
- (2) 市民向け広報の充実 263
- (3) 世論形成のための迅速・的確な行動 263
7） 立法，行政機関等への働きかけ 264

2 弁護士会運営の透明化 265
1） 司法制度改革審議会の求めるところ 265
2） 弁護士自治との関係 265
3） 東京弁護士会の制度 265
4） 会員にとっての透明化 266

3 日弁連の機構改革と運営改善 266
1） 会長選挙のあり方の検討 266
2） 総会，理事会等のあり方と執行体制の整備 266
3） 日弁連と単位会の関係 267

4 日弁連の財務問題について 267
1） 総論 267
2） 各論 268
- (1) 法曹人口増と財務 268
- (2) 弁護士過疎・偏在対策と財務 269
- (3) 法律援助基金特別会計 269

5 日弁連法務研究財団 270
1） 設立10周年を迎える日弁連法務研究財団 270
2） 財団の組織 270
3） 財団の活動 271
- (1) 研究事業 271
- (2) 法科大学院適性試験事業 271
- (3) 法科大学院の認証評価事業 271
- (4) 法学検定試験・法科大学院既修者試験 271
- (5) 情報収集提供事業 272
- (6) 研修事業 272
- (7) 隣接業種向けの研修・弁護士法5条研修 272
- (8) 紀要・叢書の発行 272
4） 公益法人化と課題 272

6 関東弁護士会連合会の現状と課題 273
1） 関弁連の現状 273
- (1) 関弁連の組織 273
- (2) 2009（平成21）年度の関弁連大会，シンポジウムについて 273
2） 関弁連の課題 273
- (1) 関弁連の位置づけについて 273
- (2) 弁護士過疎・偏在の解消の施策について 273
- (3) 日弁連と関弁連との連携の強化 273
- (4) 関弁連および各種委員会の活性化と広報活動の充実 274
- (5) 隣接都県との協力 274
- (6) 財政基盤の確立 274

第2 東京弁護士会の会運営上の諸問題 275

1 役員問題 275
1） 副会長の人数 275
- (1) 増員論 275
- (2) 減員論 275
- (3) 執行力の強化 275
2） 役員の有給制 275
3） 役員の任期 276

    4）辞任等の緊急事態への備え 276
 2　委員会活動の充実強化 276
 3　事務局体制 277
    1）事務局体制の現状とコンピュータ化 277
    2）今後の課題 278
       (1) 基本的な視点 278
       (2) 窓口業務のオンライン化 278
       (3) サーバーの有効利用 278
       (4) 会員のPC利用への啓蒙 278
       (5) グループウェアの完全導入 279
 4　弁護士会館の今後の課題 279
    1）現状と課題 279
    2）対策 280
    3）維持管理に関する今後の課題 280
 5　会財政の現状と諸問題 281
    1）会財政のさらなる透明化の必要性 281
       (1) 退職給付引当資産 281
       (2) OA刷新事業関連支出 281
       (3) 事業関連費 281
    2）財源確保その他の問題 282
       (1) 一般会計から会館特別会計への繰入額の減額の可否の問題 282
       (2) 八王子旧弁護士会館の存置の可否 282
 6　選挙会規の問題点 282
    1）東弁選挙会規の改正 282
    2）今後の課題 282
       (1) 選挙に関する事項の規約化 282
       (2) 同姓同名の場合 283
       (3) 多摩支部会館での投票の実施について 283
       (4) 公聴会の立候補者参加義務と，東弁ホームページによる公表 283
       (5) 候補者のホームページやメールを使った選挙運動の検討 283
 7　広報の充実 283
    1）弁護士のイメージ戦略 283
       (1) 現在，市民がもっている弁護士に対するイメージとは 283
       (2) 弁護士に対するイメージを変えるべきか 283
       (3) 弁護士に対するイメージをどう変えていくか 283
    2）会員への情報提供 284
       (1) 提供の重要性 284
       (2) 情報提供の現状（会報，ホームページ，メールマガジン，メーリングリスト等） 284

       (3) 情報提供の方策（電子メール，ホームページの利用） 285
 8　福利厚生 285
    1）補償制度の廃止 285
    2）各種保険，協同組合の充実 286
    3）国民健康保険組合 286
    4）健康診断の実施 286
    5）メンタル相談 286
    6）国民年金基金 286
 9　出産・育児支援について 287
    1）出産や育児の負担を抱える弁護士の現状 287
    2）日弁連の取組み 287
    3）弁護士会の取組み 287
    4）出産・育児支援の意義 287
    5）具体的な提言 288
       (1) 実態及び需要の調査・研究 288
       (2) 育児期間中の会費負担の軽減・登録番号の維持 288
       (3) 研修等の際の弁護士会館での一時保育の実施 288
       (4) 保育費用の助成 288
       (5) インターネット配信による研修のさらなる充実 288
    6）求められる育児支援の充実 288
 10　合同図書館の現状と問題点 289
    1）合同図書館職員の専門性について 289
    2）蔵書スペースと図書の別置等について 289
 11　多摩地域における司法サービス 290
    1）多摩地域・島嶼地域の現状 290
       (1) 多摩地域の現状と裁判所 290
       (2) 島嶼地域の現状と裁判所 290
    2）多摩地域における今後の司法及び弁護士会の課題 290
       (1) 多摩地域の司法拠点の複数化 290
       (2) 立川新庁舎の物的設備・人的規模 291
       (3) 八王子の旧弁護士会館の処分・利用問題 291
       (4) 被疑者全件国選制度への対応 291
       (5) 多摩地域における弁護実務修習問題 291
    3）島嶼部偏在対策 292

法友会政策要綱執筆・見直し担当者 293
編集後記 294

序
司法制度改革の経緯と現状

1 司法制度改革の背景

　司法制度の改革は，社会の需要に司法が応えるために，その機能（実務のあり方）を革めようとするものである。戦後司法改革（1948〔昭和23〕年）であろうと，臨時司法制度調査会の意見書（1964〔昭和39〕年）であろうと，司法制度改革審議会の意見（2001〔平成13〕年）であろうと，その点については，異ならない。

　それでは，21世紀冒頭の司法制度改革は社会のいかなるニーズに対応しようとしたのか。実のところ，この問いに対する簡潔な回答はない。当時，司法制度改革を唱道していた人びとの間でも，社会が何を求めているかについての十全な共通認識は生まれていなかったからである。司法制度改革審議会においてもそうである。90年代に圧倒的な影響力を誇示していたネオ・リベラリズム（neo liberalism）の政治経済理論を意識しながらも，多くの審議会委員の立論の基底にあったのは，いずれかといえば，従来型の，福祉国家の政治経済理論であるニュー・リベラリズム（new liberalism）のアプローチであった。それとても支配的な理論とまではいえず，結局，審議会委員ごとの多様な見解が併存していたというのがより実態に近いだろう。当然，社会の要請のとらえ方も完全には一致していなかった。おおかたの了解を得られるところといえば，社会の動的な安定性を保持するための公共的な仕組みの必要性ということになろうか。激動する社会を自動車に喩えるなら，その自動車は窓から人びとを振り落とさんばかりに疾走している。現に振り落とされた人びとを車内へ拾い上げつつ（社会への再包摂），車内での公正な競争と共生，運転の適正さ，他の自動車との競争と協調などを下支えし，助成し，そして，保障する公共的な仕組みを整えなければならない——そうした社会の声である。

　その声はかつては国・行政に向けられていた。それが司法へのニーズとして組み立てられたところに，今回の司法制度改革の特徴がある。なぜ，司法なのか。国の規制から脱して自由な経済活動を求める立場（ネオ・リベラリズムに親和的）は，市場の攪乱者へは，市場そのものの力と事後的な制裁や救済をもって対処せよ，その役割は司法が担うべきだ，と説いた。これに対し，国・行政による人びとの権利保護が不十分であるとの認識をもつ者（ニュー・リベラリズムに親和的）は，司法的救済をとおして，そうした国・行政のあり方を変えるべきだと説いた。これらとは別に，一方での国の公共性の衰退，他方での個人の公共性の未確立という二つの公共性の不全をもって，統合的に克服されるべき本質的な課題ととらえる者（仮に公共主義と呼ぶ）は，公共性の確立のために司法による統御と支援を拡充すべきであるとした。文脈の異なるニーズが，こうして司法のところで交差したのである。

　社会の動的な安定性を保持するための公共的な仕組みとしての司法とはどういうことか。それを考える材料がある。2008（平成20）年秋，「100年に1度」ともいわれる金融危機・経済危機が卒然として世界全域を覆った。それから1年，各国政府の大規模な介入により——個別の金融機関の命運はともかくとして——各国の金融システムはとりあえず瓦解を免れ，経済恐慌も辛うじて回避された。現況は危機の中の小康状態とでもいうべきものである。"自由な企業活動（free enterprise）"の世界が，国の庇護によってようやくその命脈を保っている姿を見せつけられては，さしものネオ・リベラリズムの論者もその声を潜めざるをえない。とはいえ，今回の事態は，つとに指摘されていたネオ・リベラリズムの危うさを実証するものではあるものの，なおネオ・リベラリズムの意義を全否定するに足りる証拠となるものではない。たとえば，「過度の事前規制・調整型社会から事後監視・救済型社会への転換」というスローガンの，「過度の事前規制・調整型社会」を望ましい社会のあり方であると考える向きが多いとは思われない。そして，「過度の事前規制・調整型社会」からの転換に自律的個人の形成が不可欠であることには，ネオ・リベラリズムも，ニュー・リベラリズムも，公共主義も賛同するであろう。問題は，ネオ・リベラリズムが，単に「事前規制・調整」を取り払って「事後監視・救済」の仕組みを整えるだけで正しく豊かで質の高い社会が保証されるかのごとく説いた点にある。正しく豊かで質の高い社会に至るには，「事前」と「事後」の間の過程（プロセス）の適正さが保たれなければならない。「事前規制・調整」に置

換されるべきは，自制的（自律的）な過程の適正さを公共的に支援する社会態勢である。これを「自制的過程・公共支援」というなら，これがあってはじめて「事後監視・救済」も実効性をもちうる。かくして，「自制的過程・公共支援」と「事後監視・救済」の機構を整備・拡充することが，そして，その機構の担い手として司法を位置づけることが，多様な立場の間で了解されたのである。

2 司法制度改革の経緯

　1999（平成11）年7月から審議を開始した司法制度改革審議会は，同年12月21日の「論点整理」において，司法の問題状況を次のとおり整理した。「……『司法は，国民に開かれておらず，遠い存在になっている』，『弁護士も裁判所も敷居が高く，温かみに欠ける』，『司法は分かりにくく国民に利用しづらい制度となっている』，『社会・経済が急速に変化する状況のなかで，迅速性，専門性等の点で，国民の期待に十分応えられてない』，『行政に対するチェック機能を十分果たしていない』等々，司法の機能不全を指摘する声も少なくない。端的にいえば，一般に，我が国の司法（法曹）の具体的な姿・顔が見えにくく，身近で頼りがいのある存在とは受けとめられていない」と。「機能不全」に陥った司法への嘆きは，今般の司法制度改革の前史ともいうべき従来の変革運動の中で繰り返し人びとの口から発せられてきたものである。もっとも，その原因たる疾病の理解は改革を唱える者の中でも必ずしも一致していなかった。ある者は裁判所の官僚制的傾向（官僚性批判）に，またある者は民主主義的な要素の脆弱さ（非民主性批判）に，そして，別の者は司法（法曹）界の権威性・閉鎖性・特権性（ギルド性批判）に，それぞれ主たる重きを置いて司法の問題状況を論った。出されてくる処方箋は，官僚性を払拭し，民主化され，ギルド性を抜け出した司法を志向するものであった。

　官僚性批判や非民主性批判は，政治経済理論としては，ひとしくニュー・リベラリズムに立脚する従来型の司法制度改革論に繋がっていた。両者は，戦前からの大陸法的制度に現行憲法によって英米法的制度が接合されたという日本の司法制度の特色を反映した議論であり，改革の方向づけも，大陸法的制度の洗練化に力点を置くものと英米法的制度への転換に力点を置くものとがあった。総じて改革の相対的な重点は，裁判官および裁判所制度の改革と司法参加の拡充にあったといえよう。

　これに対し，ギルド性批判は，伝統的なプロフェッショナリズムを動揺させながら，社会の需要から司法や法律家を再定義する視点を提供し，ネオ・リベラリズムや公共主義に親和的な見地からの司法改革論と結びついていった。両改革論は，その間に根源的な哲学の相違を抱えてはいたものの，司法制度改革の処方箋においては共同歩調をとることとなった。上述の「自制的過程・公共支援」と「事後監視・救済」のシステムを担うには，司法は，"法廷の内から外へ""事後処理からプロセス支援へ""ルールの適用から創造へ"と変革されなければならず，そのためには，司法全体の機能とその人的資源の拡充が急務であるとされた。

　このように哲学の異なるさまざまな改革論が改革案策定の事業に流入したわけであるが，実現した司法制度改革はパッチワークの代物ではない。それ自身において固有の理念と体系をもつ。改革案として最初に提起されたものと最終的に採択されたものとは大なり小なり異なっている。それでも，「司法制度をより利用しやすく，分かりやすく，頼りがいのあるものとする」「質量ともに豊かなプロフェッションとしての法曹を確保する」「国民が訴訟手続に参加する制度の導入等により司法に対する国民の信頼を高める」の3つの柱からなる司法制度改革審議会の改革メニューは，従来の改革論からも，新しい改革論からも，ともに同意できる——あるいは，少なくとも否定しえない——ものであった。もとより，そのことは，今回の司法制度改革を支えた各々の改革論の基礎にある哲学，たとえば，ニュー・リベラリズム，ネオ・リベラリズム，公共主義の対立が止揚されたことを意味しない。哲学の違いは依然として存在する。それらの改革論の次元での統合は，改革諸施策の総体としての運用をとおして達成されるべき課題となったのである。

3 司法制度改革の現状

　2009（平成21）年5月,「裁判員の参加する刑事裁判に関する法律」が施行され,同年8月から裁判員裁判の審理が始まった。これをもって,2004（平成16）年までに法制度化された司法制度改革の諸施策は,すべて運用の段階に至ったことになる。さまざまな新制度は,前述のとおり,司法制度改革の統合理念のもとで一つの体系をなしている。一つの改革に他の改革が共鳴し,そうして併走する諸々の改革が相乗することにより,総体としての司法の変革が進展するようプランニングされている。

　裁判員制度は,司法制度としては,世間の最大級の注目を浴びながら船出をし,全国各地の裁判所において,一日また一日と,運用実績を蓄えつつある。各種報道に徴する限り,裁判員裁判は,その審理が行われること自体がその地域社会において一つの事件となっている。裁判員制度は,司法と地域住民との関係性を,そして,その新しい審理スタイルは,裁判員裁判ではない刑事裁判の実務をも変えつつあるように思われる。それは法曹とその執務環境そして法曹教育のあり方にも影響を及ぼすものと予想される。

　裁判員制度の実施に伴って見られるこうした現象は一つの改革の進展が他に波及する一例である。その意味で,司法制度改革の現状をとらえるには,総合的かつ動態的な視点が欠かせない。今のところ,司法制度改革は,それぞれの改革施策につき,不可避的ともいえる初期の不具合を収めつつ円滑な運用を保つことによって制度の定着を図る段階にあるといえよう。同時に,現在は,制度の実践をとおして具体的なかたちで見えてきた問題点を分析しその解決策を探る時期でもある。新たな改革課題のための議論も必要であろう。その際に心すべきは,冒頭で述べたように,そもそも司法制度改革は,司法を社会の需要に適合させるものであって,司法の都合に社会を合わせるものではないということである。社会の需要,すなわち,その時代の社会が司法に求めているものを客観的に分析し,それに応えることができるように司法を変えていくことが司法制度改革である。司法制度改革は永続的な事業である。

第1部
司法改革の到達点と課題

第1 弁護士制度の現状と課題

1 弁護士制度改革

> 弁護士会・弁護士の自己改革は，第一次司法改革宣言（1990〔平成2〕年5月）に唱われ，2001〔平成13〕年6月の司法改革に至るまで，公設事務所・法律相談センターの拡充・地域司法計画の策定など不断の努力を続けてきた。そして，意見書において諸々の具体的な制度改革の指針が示された。
> 弁護士制度改革は多方面にわたり，弁護士法の一部改正などにより制度として実現されたが，今後とも司法の一翼を担う弁護士の役割・機能を抜本的に拡充・強化する必要がある。そのためには我々弁護士・弁護士会が法曹の数と質の確保に主体的・積極的な役割を担うと共に法的サービスを利用する国民の側に立って大胆な自己改革を図っていく必要がある。弁護士人口の大幅増員に伴う業務基盤の不安から，とかく内向きの議論に傾きがちな昨今の流れは，弁護士の意識改革，自己改革が道半ばであることを示すとともに，他方調和のとれた司法改革の実現に向けて，新たな道筋を描きながら不断の努力を続けていく必要がある。

1）戦後司法改革による「弁護士法」制定の歴史的意義

（1）弁護士法の制定

新憲法の制定に伴い1949（昭和24）年，新弁護士法が制定された。弁護士法の制定は，次のとおり，内閣，司法省その他行政官庁，裁判所，GHQの強い反対に遭ったにもかかわらず，先輩弁護士の獅子奮迅の活躍によって勝ち取られた。

内閣は政府法案として上程することを拒み議員立法として衆議院に提出され参議院で修正された。しかし，衆議院で再議決され成立した。司法省その他行政庁は，自治を認めること，弁理士・税理士業務を当然行えることに強く反対した。裁判所は憲法77条を根拠に「弁護士に関する事項」は最高裁規則に定めるべきであると主張し法案成立に反対した。GHQは日弁連への強制加入制に難色を示した。

弁護士法による弁護士制度の骨子は次のとおりである。

❶ （弁護士の使命）1条に弁護士の使命が宣明されたこと
❷ （弁護士自治）諸外国に例をみないほぼ完全な自治権が保障されたこと
❸ （強制加入制）全員加入制の全国統一組織として日弁連の設立がなされたこと
❹ （統一試験・統一修習）判検事と弁護士の官民を区別した二元的法曹養成を一元化したこと
❺ （法律事務独占の強化）非弁護士の法律事務の取扱いに関する取締法規を弁護士法の中に規定し法律事務独占を強化したこと。

（2）弁護士の法律専門職としての地位の確立

弁護士の法律事務独占制は1933（昭和8）年の旧弁護士法成立時に「法律事務取扱ノ取締ニ関スル法律」により獲得されたものであり，戦前弁護士の血のにじむような努力の成果である。これにより弁護士の法律専門職としての地位が確立した。

強制加入制は弁護士自治の制度的保障である。強制加入制の前提を欠けば弁護士自治は成り立たない。

日本の弁護士自治及び強制加入制は，米・独・仏などと比較すると極だった特徴をもつ。

日本の弁護士は単位会に入会し同時に日弁連の会員となる。日弁連は各単位会と各弁護士が会員となる（弁護士法47条「弁護士，弁護士法人及び弁護士会は，当然，日本弁護士連合会の会員となる」）。いわば二重の会員資格・強制加入制であり，自治権も二重構造と

なっている。

米・独・仏では日本の単位会にあたる各地弁護士会への強制加入制となっているが（米国は州ごとに異なり任意加入制の州もある），日弁連にあたる全弁護士を会員とする強制加入制の全国的な統一組織はない。米・独では任意加入制の弁護士の全国的組織（米のABA，独のドイツ弁護士協会）はあるが，弁護士の加入率は約50％である（日本弁護士連合会弁護士業務改革委員会21世紀の弁護士像研究プロジェクトチーム『いま弁護士は，そして明日は？』〔エディックス，2004（平成16）年〕290頁以下）。

全弁護士を会員とする全国統一組織である日弁連の存在は，わが国の誇るべき特徴である。

(3) 「市民の司法」を目指すにあたって

弁護士法成立により，弁護士の地位の飛躍的な向上がはかられ，弁護士使命の明示が弁護士の統合理念として機能し，戦後半世紀以上にわたる弁護士活動を支えた制度基盤の確立がなされたといえる。

われわれは四面楚歌の中で弁護士法制定を見事に成し遂げた先輩弁護士の激闘の歴史を忘れてはならない。今次の司法制度改革による「市民の司法」を目指すにあたって，将来のあるべき司法を創り上げる決意で司法改革の成功と改革に伴う諸課題の克服に立ち向かいたい。

2) 弁護士制度改革の目標・理念

司法制度改革審議会意見書（2001〔平成13〕年6月12日。以下「意見書」という。）は，今般の司法改革の理念と方向性について，「法の精神，法の支配がこの国の血となり肉となる，すなわち，『この国』がよって立つべき，自由と公正を核とする法（秩序）が，あまねく国家，社会に浸透し，国民の日常生活において息づくように」することにあるとした。

日弁連は，1990（平成2）年以降，数次に亘って司法改革に関する宣言を行い，法曹一元，陪参審を基軸とする「市民の司法」，「市民のための司法」の実現を目指してきた。意見書が示した司法改革の理念と方向性は，表現の仕方こそ違え（「法の支配の貫徹」と「市民の司法」），日弁連のそれと基を一にするものであって，高く評価し得るものである。

意見書は，法曹の役割について，「司法の運営に直接携わるプロフェッションとしての法曹がいわば『国民生活上の医師』として，各人の置かれた具体的な生活状況ないしニーズに即した法的サービスを提供すること」にあるとした。

そして，弁護士の役割については，「『国民生活上の医師』たる法曹の一員として『基本的人権を擁護し，社会正義を実現する』（弁護士法1条1項）との使命に基づき，法廷の内と外とを問わず，国民にとって『頼もしい権利の護り手』であるとともに『信頼しうる正義の担い手』として，高い質の法的サービスを提供することにある。」とした。

今般の弁護士制度改革は，意見書の理念と方向性に沿って，弁護士の役割・機能を充実・強化するための方策を講じたものと言える。

3) 司法制度改革推進本部と日弁連の対応

意見書の提言する改革を実現するため，2001（平成13）年11月に成立した司法制度改革推進法に基づき，同年12月，内閣に司法制度改革推進本部（以下「推進本部」という）が設置された。そして，推進本部は，同年同月，司法制度改革に必要な法律案の立案等の作業を行うため，学者，実務家，有識者等から成る10の検討会を設け，弁護士制度改革は「法曹制度改革検討会」で検討された（後に知的財産訴訟検討会が設置され，推進本部に設けられた検討会は11となった）。

政府は，2002（平成14）年3月，「司法制度推進計画」（以下「推進計画」という）を閣議決定して，司法改革の全体像を示すとともに，推進本部の設置期限（2004〔平成16〕年11月30日）までの間に行うことを予定するものにつき，措置内容，実施時期，法案の立案等を担当する府省等を明らかにした。

日弁連も，同年同月，推進本部に「日本弁護士連合会司法制度改革推進計画──さらに身近で信頼される弁護士をめざして──」（以下「日弁連推進計画」という）を提出して，意見書が提起した諸改革を，その確実な実現に向け，積極的にこれに取り組む旨宣明し，日弁連が取り組むべき改革諸課題につき，その取組等の内容を明らかにした。

弁護士制度改革は，2003年通常国会において弁護士法の一部改正として成立した。具体的には，❶弁護士の公職就任，営業の自由化、❷弁護士報酬の自由化❸綱紀審査会の新設，❹弁護士法72条但書改正（法律事務の弁護士独占の緩和）、❺特任検事，司法試験

に合格している企業法務担当者，国会議員らへの資格付与などである。

4）弁護士制度改革実現における課題とその到達点

推進本部は，2004（平成16）年11月30日，設置期限満了に伴い解散した。意見書は，弁護士制度改革の柱として，❶弁護士の社会的責任（公益性）の実践、❷弁護士の活動領域の拡大、❸弁護士へのアクセス拡充、❹弁護士の執務態勢の強化、❺専門化の強化、❻弁護士の国際化、❼外国法事務弁護士等との提携・協働、❽弁護士会の在り方、❾隣接法律専門職種の活用等の課題を掲げて，改善の方向と具体的な方策を示していた。

以下，意見書が掲げた弁護士制度改革における課題がどのような形で実現されたかを一瞥することとする（弁護士制度改革の課題については他のテーマで詳細に論じているので，ここでは主要なテーマについて現在における到達点を簡略に紹介するに留める）。

(1) 法曹人口問題

推進計画では，2018（平成30）年には法律家の数が5万人となることを予定し，2010（平成22）年には司法試験の合格者数を年間3,000人程度とすることを目指す，現行司法試験の合格者数を，2002（平成14）年に1,200人程度に，2004（平成16）年に1,500人程度に増加させることとし，法務省において所要の措置を講ずる，としていた。2007（平成19）年には弁護士の就職問題，質の問題等が議論され，弁護士人口問題が表面化し，推進計画の見直しをめぐって大きな争点となっている。2008（平成20）年3月，日弁連は，現状の合格者数（2,100〜2,200人）に当面留め，その間法曹人口増大を支える制度的基盤の充実と法曹養成制度の成熟を目指すと提言した。

(2) ロースクール問題

2002（平成14）年10月開催の臨時国会において，法科大学院関連三法の成立により法科大学院の創設及びこれに伴う所要事項，新司法試験，修習期間等についての法整備がなされ，法科大学院は，予定どおり2004（平成16）年4月から開校した。2005（平成17）年度現在，全国で74校（国立23校，公立2校，私立49校，総定員5,825人）が開校している。ロースクールは，法曹の質を維持しつつ，量的拡大を図ることを目途として構想されたものであり，今回の司法改革の目玉の一つであった。ロースクール修了者に受験資格が付与される新司法試験は2006（平成18）年から始まった。

これまで新60期〜新62期がロースクール卒業生として新司法試験を受験した。弁護士の人口増，新司法試験の合格率の低下もあり，有為の人材が法曹の道を敬遠しないようにしなければならない。

(3) 弁護士の社会的責任（公益性）の実践

意見書では，弁護士の公益活動については，その内容を明確にした上で弁護士の義務として位置付けるべきである，公益活動の内容について，透明性を確保し，国民に対する説明責任を果たすべきである，としていた。日弁連において2004（平成16）年までに所要の取組を行うということになっていた。

東京弁護士会は2003（平成15）年12月16日開催の臨時総会（以下「03.12.16東弁総会」という）において，「公益活動に関する会規」を改正して，公益活動の内容を委員会活動，法律相談活動等に限定したうえ，これを義務化し，義務を履行しない場合に勧告・指導，公表する制度を導入した。

後記「弁護士職務基本規程」には，8条に「弁護士は，その使命にふさわしい公益活動に参加し，実践するよう努める。」との規定が設けられている。

今後，弁護士が自ら積極的に公益活動に参加する施策が必要である。

(4) 弁護士の活動領域の拡大

2003（平成15）年の通常国会において，弁護士法の一部改正等を内容とする「司法制度改革のための裁判所法等の一部を改正する法律」が可決・成立した。この法案の成立により，弁護士法30条は，❶公職の兼職禁止を原則届出制とする，❷常勤の公職在職者の弁護士職務への従事禁止を廃止する，❸営業の許可の制度を届出制にする旨改正された。これに伴い，日弁連は2003（平成15）年11月12日開催の臨時総会において，東京弁護士会は03.12.16東弁総会において，会則・会規について所要の改正を行った。これらの法整備により弁護士業務に対する規制が大幅に緩和された。今後，弁護士が多方面に活躍の場を広げ，公正な社会をつくることに寄与することが期待される。

(5) 弁護士へのアクセス拡充

① 法律相談センター，公設事務所

1999（平成11）年12月の日弁連臨時総会において日弁連ひまわり基金を充実させるため毎月1,000円ずつ5年間，特別会費を徴収することが決議され，法律相談センターへの資金援助，公設事務所の設置，弁護士の定着支援等がなされてきた。その結果，弁護士のゼロワン地区は1996（平成8）年の78カ所から2004（平成16）年には57カ所に減少し，2008年4月，遂にゼロ地区は解消された。また2007年，ゼロワン地区のみならずその外周をカバーすべく，偏在解消の為の経済的支援（5年間で10億円）策を実施し，着々とその成果を挙げている。

　ところで，2004（平成16）年5月，「民事，刑事を問わず，あまねく全国において，法による紛争の解決に必要な情報やサービスが受けられる社会を実現する」ことを基本理念とする総合法律支援法が成立し，2006（平成18）年10月から日本司法支援センターが活動を開始した。同センターは国選弁護，民事法律扶助事業を核としつつ，司法アクセスポイント，司法過疎対策，犯罪被害者支援活動をも行うこととされている。

　② 弁護士報酬規程の透明化・合理化

　弁護士報酬の問題は，前記司法制度改革関連法による弁護士法の改正となって結実した。これに伴い，日弁連の会則・会規，東京弁護士会の会則・会規も所要の改正がなされた（03.11.12日弁連総会，03.12.16東弁総会）。これにより弁護士報酬は自由化され，今後は，個々の弁護士が顧客との信頼関係に基づき，自主的に報酬額を決めることになった。

　③ 弁護士情報の公開

　弁護士情報の公開については，弁護士広告が2000（平成12）年10月から原則自由となったが，日弁連推進計画では情報公開を一層推進することとし，2007（平成19）年11月には，市民がインターネットを通じて取扱業務等から弁護士を探せる弁護士情報提供サービスである「ひまわりサーチ」が全国的に実施された。また2008（平成20）年12月5日の日弁連臨時総会において市民からの懲戒の有無の照会に対し，一定の条件のもと弁護士会が回答する制度が導入された。

(6) 弁護士の執務態勢の強化・専門性の強化

　意見書は，法律事務所の共同化・法人化，専門性の強化，協働化・総合事務所化等を推進するための方策を講じるべきである，弁護士の専門性強化等の見地から，弁護士会による研修の義務化を含め，弁護士の継続教育を充実・実効化すべきであるとしていた。

　この課題については日弁連において所要の取組を行うこととしており，日弁連業改委員会等において検討中である。なお，法人化についてはすでに立法化されており，2002（平成14）年4月1日から施行されている。

(7) 弁護士の国際化／外国人事務弁護士等との提携・協働

　意見書は，

❶ 弁護士が国際化時代の法的需要に十分対応するため，専門性の向上，執務態勢の強化，国際交流の推進，法曹養成段階における国際化の要請への配慮等により，国際化への対応を抜本的に強化すべきである

❷ 日本弁護士と外国法事務弁護士等との提携・協働を積極的に推進する見地から，例えば特定共同事業の要件緩和等を行うべきである

❸ 発展途上国に対する法整備支援を推進すべきである

としている。

　この課題についても日弁連が所要の取組を行うことを日弁連推進計画において明らかにしている。❷に関しては，前記司法改革関連法による弁護士法の一部改正により，弁護士と外弁の共同事業の解禁，外弁による弁護士の雇用禁止の撤廃等の改正がなされ（同法には，外国弁護士による法律事務の取扱いに関する特別措置法の一部改正も含まれている。），すでに施行されている（日弁連は会規等の改正を2004〔平成16〕年11月に行った）。

(8) 弁護士会のあり方

　日弁連推進計画では，❶弁護士会運営の透明化を図るため，必要な態勢の整備をなすこととし，必要な検討を経たうえ，逐次所要の取組を行う，❷弁護士への社会のニーズの変化等に対応し，弁護士倫理の徹底・向上を図るため，その自律的権能を厳正に行使するための態勢の整備を行うこととし，必要な検討を経たうえ，所要の取組を行う（2003〔平成15〕年），❸綱紀・懲戒手続の透明化・迅速化・実効化に関し，必要な検討を経たうえ，所要の取組を行う（2003〔平成15〕年），❹依頼者の利益保護の見地から，弁護士会の苦情処理制度の適正化に関する諸方策については，全国における苦情相談窓口の一層の整備を図るため，所要の取組

を行う（2002〔平成14〕年），❺弁護過誤に対する救済の強化，弁護士賠償責任保険の普及等の方策に関し，逐次所要の取組を行う，としていた。

❸については，司法改革関連法による弁護士法の一部改正，2003（平成15）年11月12日・日弁連総会における関連会則・会規改正により，日弁連に綱紀審査会を新設する等の措置が講じられ，所要の改革が実現した。

❶に関しては，2003（平成15）年11月12日・日弁連総会の会則・会規改正により，日弁連総会及びその議事録が公開されることになった。また2003年末，「日弁連市民会議」が発足し，有識者の意見を会務にとり入れより透明化する試みが実施され，東弁でも翌年市民会議が発足した。

また，❷に関しては，2004（平成16）年11月10日・日弁連総会に「弁護士職務基本規程」が上程され，可決された。これにより弁護士の職務に関する基本的な倫理と職務上の行為規範が整備されることになる。

(9) 隣接法律専門職種の活用等

意見書は，隣接法律専門職種の専門性を活用する見地から，❶司法書士に，信頼性の高い能力担保措置を講じた上で，簡易裁判所の訴訟代理権等を付与すべきである，❷弁理士に，信頼性の高い能力担保措置を講じた上で，特許権等侵害訴訟における訴訟代理権を付与すべきである（弁護士が訴訟代理人となっている事件に限る），❸税理士に，税務訴訟における補佐人として，弁護士である訴訟代理人と共に裁判所に出頭して意見を陳述する権限を付与すべきであると提言していた。

司法書士については，2002（平成14）年4月の司法書士法の改正で，弁理士については，同年同月の弁理士法の改正で，税理士については，2001（平成13）年5月の税理士法改正で，意見書の提言に沿った形でそれぞれに新たな権限が付与された。

推進計画では，❶ADRを含む訴訟手続外の法律事務に関して，隣接法律専門職種等の有する専門性の活用を図ることとし，その関与の在り方を弁護士法72条の見直しの一環として，個別的に検討した上で，遅くとも2004（平成16）年3月までに，所要の措置を講ずる（本部及び関係府省），❷弁護士法72条について，隣接法律専門職種の業務内容や会社形態の多様化などの変化に対応する見地からの企業法務等との関係も含め検討した上で，規制対象となる範囲・態様に関する予測可能性を確保することとし，遅くとも2004（平成16）年3月までに，所要の措置を講ずる（本部及び法務省），❸いわゆるワンストップ・サービス実現のための弁護士と隣接法律専門職種などによる協働の推進について，必要な対応を行う，としていた。

❷に関しては，今般の司法改革関連法による弁護士法の一部改正により，72条ただし書中「法律」の次に「又は他の法律」を加えることになり，一応の決着をみた。

❶に関しては，2004（平成16）年12月，「裁判外紛争解決手続の利用の促進に関する法律」が成立した。同法は，裁判外紛争解決手続について基本理念を定めるとともに，民間事業者が合意による紛争解決の仲介を行う手続（いわゆる調停・あっせん）の業務に関し認証制度を設け，これを利用する紛争当事者の利便の向上を図ることを内容としている。

❸については，未だ検討段階にある。

2 法曹人口問題をめぐる現状と課題

- 日弁連は、「法の支配」を社会の隅々にまで浸透させ、一人一人の市民が自律的存在となって公正で活力のある社会を構築していくための要となる「市民のための司法」を実現することを目指し、司法改革を推進してきた。

　その司法を運営する役割を担う法曹について、質を維持しつつ、市民が必要とする数を確保していくための法曹人口の大幅増加は、司法改革を支える基底的要素であり、司法制度改革審議会意見書および2000（平成12）年11月1日の日弁連臨時総会決議が共に指摘した将来法曹人口5万人規模という指標は、基本的に今後も堅持されるべきである。

- しかしながら、急激な弁護士数の増加が、司法の制度的基盤整備の不十分さ、法科大学院や司法修習制度における新しい法曹養成の未成熟、弁護士会側の受け入れ態勢の遅れ等の要因に伴い、様々な「ひずみ」を生じさせていることも事実である。

　それらの「ひずみ」を解消するためには、「2010（平成22）年には新司法試験の合格者数を年間3000人にする」という司法制度改革審議会意見書の数値目標は現時点では妥当ではなく、合格者増加についてのペースダウンが必要である。

　日弁連は、2009（平成21）年3月18日に「当面の法曹人口のあり方に関する提言」を発表し、法曹人口について「質の維持・向上を図りつつ、市民が必要とする数を確保するべく、法曹人口5万人規模の態勢整備に向けて、引き続き最大限の努力を行う」としながら、司法試験合格者数に関しては「現状の合格者数を目安としつつ、慎重かつ厳格な合格判定によって決定されることが相当である」とし、具体的な数字として「2100人～2200人程度でも、法曹人口は毎年着実に増加していく」と指摘している。

　われわれも、この日弁連の提言に賛同するものであり、弁護士会は、そのような方策について市民の理解を得られるよう、努力すべきである。

- 弁護士人口の増加を、司法改革の理念である「わが国社会における法の支配の確立」に結び付けるためには、実証的な検証に基づく適切な法曹人口政策の策定とともに、弁護士の質を確保し、弁護士増加と司法アクセスの改善に結び付けるための、弁護士会の努力が不可欠である。われわれは、そのための研究と検討および実践を、不断に続けなければならない。

- また、「法の支配」を社会の隅々にまで浸透させるという司法改革の目的を達成し、多くの有為な人材を法曹界に迎え入れるためには、新司法試験の合格者増加により大幅に増加した若い世代の弁護士たちが、質を維持しながら社会のあらゆる分野で存分に活躍できるような制度設計と具体的な諸方策が必要である。

　われわれは、これら若い世代の弁護士たちのための、育成と支援の諸方策の研究・検討と実践についても、不断の努力をすべきである。

1）法曹人口問題の従来の経緯
(1) 日弁連の司法改革宣言の意義

　法曹人口問題について、日弁連が司法改革において目指した趣旨は、あくまで「法の支配」を社会の隅々にまで浸透させるために、その担い手となる法曹を増やさなければならないということであり、裁判官・検

察官を増やすことも当然であるが，市民の最も身近にいるべき法曹である弁護士が，もっと質量共に増えていかなければならないという理念であった。

1990（平成2）年の初めての日弁連の司法改革宣言の時に，「2割司法を打破し国民に身近な開かれた司法をめざすために，司法の容量の拡大が必要」というスローガンが掲げられたが，その趣旨は，「本来，司法や弁護士の助けを借りて解決すべき社会的紛争は数多くあるのに，実際には，近くに弁護士がいない，いても紹介者がいなくて相談できない，何となく敷居が高くて相談しづらい，相談しても小さい事件では引き受けてもらえそうにない，弁護士に依頼する費用が払えない，等の理由で，一部の人しか弁護士に相談したり司法制度を利用した解決ができず（2割司法），多くの紛争が埋もれたまま不当な解決や泣き寝入りを強いられている。そのような，弁護士過疎・弁護士アクセス障害・リーガルエイド等司法援助システムの社会基盤整備の不十分等の要因により法の支配の救済を受けられない人を失くすためには，法曹人口をまずは大幅に増やす必要がある」というものであった。

もちろん，弁護士が増えただけでそれらの問題がすべて解決するわけではなく，特に埋もれた事件の多くが弁護士にとって経済的にペイしない事件であろうことを考えれば，司法援助システムの社会基盤整備の充実は欠くことのできない前提条件ではあるが，それらの条件整備を待つのではなく，並行して，あるいは先んじて，まずは担い手となる法曹・弁護士の数を増やそう，それによって市民の理解と信頼を得て，司法援助システムの社会基盤整備を促そう，というのが，司法改革宣言の本来的な趣旨であった。

(2) 政界・経済界からの規制改革・自由競争の要請と日弁連への批難

しかしながら，1990年代半ばより政界・経済界を中心に巻き起こった規制改革の議論は，別の角度から法曹人口問題を直撃した。すなわち，「日本の法曹人口が少ないのは毎年の司法試験合格者の数を不当に制限しているからで，法曹業界による参入規制であり，この規制を撤廃して法曹人口を大幅に増やし，自由競争によって質を高めユーザーに使いやすいものにすべき」という一方的な意見が，政界・経済界の一部で声高に主張され，これに反対する勢力として日弁連が批判の標的にされたのである。

加えて，日弁連が1994（平成6）年12月の臨時総会で，司法試験合格者について「合格者を相当程度増員すべき」としながら「今後5年間は800名を限度とする」旨の関連決議をしたことが，マスコミ等から「改革つぶし」「既得権益を守るためのカルテル組織」「ギルド化」等と批判を浴びることとなった。日弁連は，翌年の1995（平成7）年11月の臨時総会で1年前の臨時総会決議を変更し，「1999年から合格者を1000名とする」という決議を行ったが，時すでに遅く，同年11月に発表された法曹養成制度等改革協議会意見書では「中期的には合格者は1500名程度」とされ，日弁連の意見は少数意見とされた。そのため，またも日弁連はマスコミ等から「ごね得狙いに反対者の巣窟」「日弁連は自治能力を疑われている」「議論を第三者に任せるべき」と批判される事態となった。

そして，これ以降，法曹人口問題については，もはや法曹三者間だけで協議することは困難な状況となり，1999（平成11）年7月，内閣に「司法制度改革審議会」が設置され（法曹三者から各1名，学者5名，経済界2名，労働界2名，市民団体1名，作家1名の計13名），法曹人口問題は法曹三者の手を離れ，そこで検討され実質的に決定されることとなったのである。

(3) 司法制度改革審議会における議論と経済界・政界の動き

司法制度改革審議会では，法曹人口について，1999（平成11）年11月の審議で「合格者3000人」論が初めて出され，以後はこれを軸に議論されるようになった。

2000年2月の審議では，弁護士会からの委員である中坊公平委員から「あるべき弁護士人口試算」のレポートで5～6万人という数字が示された。

他方，2000（平成12）年4月には経済人らで構成された「司法改革フォーラム」が，「2010年までに法曹人口9万人（合格者は年間9000人が必要）」という提言を発表し，同年5月には自民党・司法制度調査会が意見書で「一定期間内に先進諸国で最も少ないフランス並み（5万人）の法曹人口を目指すべき」と主張，同年7月には民主党が「司法改革意見書」で「法曹人口を10年後（2010年）に5万人にするべき（合格者は年間4000～5000人が必要）」と提言する等，規制改革の大きな流れの中で，経済界・政界からはさらな

る大幅・急激な法曹人口増員の要請が強く出された。

そして，司法制度改革審議会は，2000（平成12）年8月，「フランス並の5〜6万人の弁護士人口を目指すとすれば，年3000人としても実現は2018年になる」として，「年3000人の合格者で概ね一致」と公表するに至った。

(4) 日弁連の対応

このような状況の中で，2000（平成12）年8月29日の司法制度改革審議会における日弁連のプレゼンテーションにおいて，当時の久保井日弁連会長は，合格者年間3,000人について意見を聞かれ，「3000人という数字は日弁連にとって重い数字だが，審議会が国民各層・各界の意向を汲んで出した数字である以上，反対するわけにはいかない。積極的に取り組んでいく」との意見を表明した。

そして，日弁連は，2000（平成12）年11月1日の臨時総会において，「法曹人口については，法曹一元制の実現を期して，憲法と世界人権宣言の基本理念による『法の支配』を社会の隅々にまでゆきわたらせ，社会のさまざまな分野・地域における法的需要を満たすために，国民が必要とする数を，質を維持しながら確保するよう努める」との決議を採択した。

この決議は，日弁連が法曹人口の在り方について「国民が必要とする数を，質を維持しながら確保するよう努める」とした点において，法曹三者の協議を通じて合格者数を決定してきた従前の日弁連の姿勢を大きく転換したものであり，また「年間3000人程度の新規法曹の確保を目指していく」とした司法制度改革審議会のとりまとめを，同会の最終意見に先じて，日弁連としても支持することを意味した点において，社会的にも大きな注目を集めた。

そして，司法制度改革審議会が2001（平成13）年6月の最終意見書において，法曹人口問題につき「法科大学院を含む新たな法曹養成制度の整備の状況等を見定めながら，平成22（2010）年頃には新司法試験の合格者数年間3000人達成を目指すべきである」「このような法曹人口増加の経過により，おおむね平成30（2018）年頃までには，実働法曹人口は5万人規模に達することが見込まれる」と提言したことを受けて，日弁連は「同意見書の改革方針を支持し尊重する」旨の会長談話を公表した。

(5) 現在までの法曹人口の増員の状況

司法制度改革審議会意見書の提言をふまえ，それまで約1,000名だった司法試験合格者は，2002（平成14）年から約1,200人（2002年1,183人，2003年1,170人），2004（平成16）年から約1,500人（2004年1,483人，2005年1,464人）に増加した。法科大学院が創設され，2006（平成18）年から新司法試験が開始されることによって，2006（平成18）年の合格者は1,558人（新試験1,009人，旧試験549人），2007（平成19）年は2,099人（新試験1,851人，旧試験248人），2008（平成20）年は2,209人（新試験2,065人，旧試験144人），2009（平成21）年は2,184人（新試験2,043人，旧試験141人）となった。

また，2006（平成18）年から新旧司法試験の併存期間が始まったことから，新規法曹数の急激な増加が生じた。59期（2004年合格者，2006年度登録）の約1,500人に対し，新旧60期（新試験2006年度合格，旧試験2005年合格，2007年登録）は一気に約2,500人が，また新旧61期（新試験2007年合格，旧試験2006年合格，2008年登録）の新規法曹数は約2,400人が，新規法曹として法曹界に参入することとなり，新旧62期（新試験2008年合格，旧試験2007年合格，2009年登録）は約2,300人と見込まれている。

2）法曹人口問題に関する現在の課題

(1) 司法修習生及び新人弁護士たちの「質」について

司法試験の年間合格者の増加に伴い，司法修習生の考試（いわゆる二回試験）において，2006年の59期以降，100人を超える大量の不合格者が毎年出る事態となっている。また，最高裁の報告書によれば，法科大学院出身・新司法試験合格者が大部分となっている現在の司法研修所の修習生の現状について，「大多数は期待した成果を上げている」としながらも，一方で「実力にばらつきがあり下位層が増加している」「最低限の能力を修得しているとは認めがたい答案がある」「合格者数の増加と関係があるのではないか」と指摘されている。

多数の二回試験不合格者が出たからといって，合格した者までが法的基本知識能力のみならず法曹の質全般に問題があるかのように言うのは根拠のないことであり，新人弁護士たちの法曹としての質に問題が発生しているか否かの判断は，今後数年間の経過観察と検

証を経なければならない。

　しかし、少なくとも現時点において、司法修習生の法的基本知識の修得に懸念が生じているのであれば、そのような法曹養成の現場の声を考慮し、その対策を考える必要がある。

(2) 新しい法曹養成システムが成熟途上であることについて

　法科大学院を中核とする新しい法曹養成制度は、従来の詰め込み主義による法的知識偏重の旧司法試験制度の行き詰まりを打破し、併せて法曹を大幅に増加させながら質を維持するプロセス教育として導入されたものである。そして、この法科大学院においては、「法理論の基礎知識」と「実務法曹としての基礎能力」を修得することが本来求められるのである。

　しかしながら、この制度は、「法曹の質」を担保する制度としては、未だ成熟途上にあると言わざるを得ない。各法科大学院によって指導体制・カリキュラムの内容等の差異が大きく、実務法曹としての基礎能力の修得もままならぬまま、各法科大学院の合格率にも大きな差が生じている。各法科大学院の定員数削減問題が今後どうなるかを含め、あらためて法科大学院の在り方とその成熟度を見定める必要があり、弁護士会としても法科大学院に対する十全な支援とその道筋を示すべきである。

(3) 法曹人口増員に対応するための司法基盤の整備の遅れについて

① 新人弁護士の勤務先採用難とOJT問題

　弁護士の法曹倫理を含む実務法曹としての能力は、法科大学院や司法研修所の教育のみで養われるものではなく、これまでは、勤務弁護士として、あるいは先輩弁護士との事件を通して経験により修得されてきた面が大きい（いわゆるオン・ザ・ジョブ・トレーニング、OJT）。

　ところが、司法試験合格者が2,000人を超え、毎年多数の新人弁護士が誕生するようになった2007年頃から、司法研修所を卒業しても法律事務所への採用が困難となり、やむを得ず最初から独立したり（即独）、他の弁護士事務所に席だけ置かせてもらう（ノキ弁）新人弁護士が少なからず出てきており、今後はその傾向が一層強くなることが予想される。

　日弁連において、様々な対策をとったことなどが奏功し、2008（平成20）年度までは、就職の意思がありながらどの法律事務所にも採用されなかった弁護士数は少数にとどまったが、しかし、いわゆる即独弁護士やノキ弁が東京・大阪などの大規模弁護士会でも生じつつあり、2009年（平成21）年度はさらに厳しい状況が予想されている。

　これまで日弁連等で試みられている、即独立をする新人弁護士のための技術支援としてのeラーニング研修や、支援チューター制度、支援メーリングリスト等の制度は、今後もさらに実践・推進されるべきであるが、それだけでなく、もっとも効率の良いOJTである勤務弁護士としての経験を多くの新人弁護士たちが享受できるような、例えば現在一人事務所の会員が新たに新人の勤務弁護士を採れるようにするための方策を、日弁連は現実問題として検討すべきである。

② 裁判官・検察官の増員

　司法制度改革審議会意見書は、法曹人口増加について、弁護士だけでなく、裁判官・検察官についても大幅に増加させることを提唱していた。弁護士が増加し市民が弁護士に法的紛争の解決を依頼しやすくなっても、司法制度を担う裁判官・検察官が不足していては、司法制度を十分に活用することができないからである。

　ところが、2000〜2007年の増加の経緯を統計で見ると、弁護士は約6,000人増えているのに対し、裁判官は約400人、検察官は約300人しか増えていない。国の司法予算の制約や、物的施設の収容能力等の問題、あるいは弁護士任官が予想以上に少ないという事情があるにせよ、裁判官・検察官の増員がこのように少ない状況では、司法試験の合格者の9割が志望する弁護士だけが増えても、司法制度の実際の利用は進まないという極めて歪んだ司法環境になりかねない。したがって、裁判官や検察官そして職員のさらなる増員を図る必要がある。

③ 国選弁護報酬問題

　被疑者国選事件の完全実施や、裁判員裁判への十分な対応体制の構築のためには、弁護士が均等にそれらを分担しようとすれば、試算では数万人の弁護士が必要となる。実際には、これら刑事事件の対処のためには、相当数のこれを専門的に扱う弁護士が必要となるが、現在の国選弁護費用はまだまだ小額に過ぎる。刑事司法の充実を目指す今次の改革を担う多くの弁護士が十全な刑事弁護の職責を果たすためにも、日弁連は、

さらなる国選弁護報酬の抜本的引き上げの運動を，これまで以上に政府及び関係諸機関に対しするべきである。

(4) 司法基盤整備及び法的ニーズの顕在化の遅れ

① 法律扶助（リーガル・エイド）の脆弱さ

現在の法律扶助の予算金額が，欧米諸国の10分の1以下というような状況では，市民が身近な法律問題についても容易に弁護士を利用することはできない。

市民が司法を身近に利用するためには，法曹人口が増えてアクセスが容易であることももちろん必要であるが，経済力がない人や係争額が小さい事件についても容易に弁護士に依頼して司法制度を利用できるよう，法律扶助の範囲及び予算を飛躍的に拡大させることが必要である。法律扶助事件を専門として経済基盤が成り立つ弁護士が大勢増えてこそ，市民の中の潜在的法的需要を顕在化させることができるものである。

② 市民・事業者等の潜在的法的需要に応えるための体制の整備について

市民や事業者・中小企業等の中に，まだまだ隠れた潜在的法的需要があることは，近年日弁連が行った法的ニーズ調査報告書中の中小企業アンケートや市民アンケートでも明らかである。

しかしながら，法曹人口が増え始めたこの10年間でもさほど民事訴訟の事件数は増加しておらず，そのような潜在的法的需要に我々弁護士が応えられていない実情がある。それら潜在的法的需要に応えるためには，弁護士の数を増加させることはもちろん必要であるが，それだけでは足らず，前述した法律扶助の範囲及び予算の飛躍的拡大以外にも，弁護士の側で，それらを顕在化させ，仕事として受けられる体制作りが必要である。

具体的には，保険会社等とタイアップした権利保護保険の確立と拡充，少額訴訟への弁護士会としての対応（会が窓口となり新人弁護士等に受任してもらうシステム），全国津々浦々で身近な場所で法律相談が受けられる体制の拡充，弁護士情報の開示（「ひまわりサーチ」システムの構築がなされた），費用設定の明確化，弁護士会及び個々の弁護士の広報の充実による「敷居の高さ」の克服，ホームロイヤー制度の普及，等が考えられる。

③ 企業・官公庁等の弁護士需要について

21世紀の弁護士像において，弁護士がこれまでの職域にとどまらず，企業や官庁等にスタッフとして入り，その専門的知識を生かして活躍していくことが展望されており，司法制度改革審議会意見書においても，法曹人口増加の需要として指摘されている。

しかしながら，現状においては，企業・官公庁における組織内弁護士への需要は，最近増加しつつあるものの，まだ予測されたほどの数で伸びてはいない。近時，日弁連・弁護士会は，求人求職情報システムを構築して官庁等に働きかけ，また積極的に中小企業庁・経団連，地方自治体と連携を図って需要提起の着実な成果を挙げているが，その顕在化はまだまだ不十分であり，そのための対応策を打ち出す必要がある。

(5) 日弁連の「当面の法曹人口のあり方に関する提言」の公表

日弁連は，2008（平成20）年7月，「法曹人口問題に関する緊急提言」を公表して，「2010年頃に合格者3,000人程度にするという数値目標にとらわれることなく，法曹の質に十分配慮した慎重かつ厳格な審議がなされるべきである」との表現で，当面の法曹人口増員についてのペースダウンを求める方針を明らかにした。

そして，日弁連内の「法曹人口問題検討会議」の2009（平成21）年2月の意見書を受け，日弁連は，2009（平成21）年3月，あらためて「当面の法曹人口のあり方に関する提言」を公表し，「司法を担う法曹について，質の維持・向上を図りつつ，市民が必要とする数を確保するべく，法曹人口5万人規模の態勢整備に向けて，引き続き最大限の努力を行う」としながら，「新たな法曹養成制度は未だ成熟の途上にあって，新規法曹の質の懸念が各方面から指摘されている」「法曹の質の確保，法的需要の動向，財政措置を含む司法の制度的基盤整備の状況など，司法を取り巻く環境の変化は，この間の弁護士人口増加の状況に比して，当初の想定に沿った進展に至っていない」として，「諸課題の課題・改革にはなお一定の年限が必要とされる状況に鑑みれば，2009（平成21）年度以降数年間は，司法試験合格者数について，現状の合格者数（2007年度は新1851人・旧248人の計2099人，2008年度は新2065人・旧144人の計2209人）を目安としつつ，慎重かつ厳格な合否判定によって決定されることが相当である」と提言している。

なお，これらの提言の影響を受けたものかどうかは

ともかく，2008年の新司法試験合格者数は2,065名，2009年の新司法試験の合格者数も2,043人にとどまっている（司法試験委員会の合格者の目安は，2008年は2,100～2,500名，2009年は2,500～3,000名とされていた）。

3）弁護士会のとるべき対応
(1) 日弁連としての対応
　法曹人口の大幅増加は，今回の司法改革をその人的基盤において支えるものであり，数多くの質の高い法曹を社会に送り出すことを通じてわが国社会に法の支配を確立するという改革理念の正当性は，今日においても何ら失われていない。

　しかしながら，他方で，前述のような諸問題が発生し，急増化のひずみが顕在化しつつあることも事実である。

　このような状況を踏まえるならば，日弁連が推進してきた司法改革の基本を堅持しつつも，急激な弁護士数の増加に伴い懸念されているひずみについて，適切に対処することがやはり必要である。すなわち，2010（平成22）年に新司法試験の合格者数の年間3000人達成を目指すという司法制度改革審議会意見書の方針は，現状のひずみの中においてはもはや適切ではなく，合格者増加については日弁連の「当面の法曹人口のあり方に関する提言」に基づきペースダウンをはかりつつ，これらひずみに対する懸念の解消に全力で努めることが，弁護士会が提案すべき当面の方策として適切と考えられる。弁護士会は，司法の現場を担う専門家の立場から，そのような方策について市民の理解を得られるよう，努力すべきである。

(2) 弁連や単位会レベルでの対応
　これに対し，前述したような現在の「ひずみ」の諸問題への懸念から，中国地方弁護士会連合会，中部弁護士会連合会，東北弁護士会連合会，四国弁護士会連合会，埼玉弁護士会，愛知県弁護士会，仙台弁護士会，兵庫県弁護士会，大阪弁護士会，愛媛弁護士会，千葉弁護士会など弁連，単位会レベルで，2010（平成22）年3,000人の方針の見直しを求め，1,500人あるいは1,000人といった大幅な合格者数削減を求める決議が採択されるなどの状況が生じている。

　これらの諸問題はいずれも重要かつ深刻な問題ではあるが，その解決策として，「大幅な合格者数削減」という結論を性急に弁護士会が主張することは，司法改革の後退を対外的にイメージ付けることになりかねず，法科大学院や受験生たちに与える影響も大きく，市民の理解と共感は得られにくいと思われる。

　いずれにしても，毎年の合格者2,000名としても確実に法曹人口は増加し続け，2023（平成35）年には5万人に達する。しかし，5万人到達後もさらに増え続けることについては，大勢が消極的であろうと考えられる。そうであれば，「ひずみ」として現れる諸問題について解決する方法を検討し実践する一方，5万人到達を見据え，それ以上の増員を抑制する合理的な人口政策（2,000名を削減することも含めて）を早急に検討し，これを市民にアピールしていく必要がある。急減を声高に訴えてもその実現に資するものではなく，説得性のある議論と弁護士側の努力を表裏として，冷静な対応が求められる。

(3) 具体的対応
　また，弁護士会は，法曹人口の大幅増加を通じた司法改革の推進という施策を，増加する弁護士の業務基盤を確保しつつ推進していくため，以下のとおり，適切な検証をふまえた具体的対応を尽くす必要がある。

① 弁護士人口増加の影響に関する検証について

　まず，法曹人口の大幅増加を通じた司法改革の推進という施策が，増加する弁護士の業務基盤を確保しつつ推進していくためには，法曹人口，とりわけ弁護士人口増加による影響の実証的な検証が不可欠である。

　ただし，検証に際しては，弁護士人口を決するのはあくまで市民の視点であり，リーガルサービスに対する需要（ニーズ）と供給のバランスであることを踏まえ，検証とこれに基づく提言を通じて，市民に対しその判断材料を提供するというスタンスに立つことが必要である。

　また，弁護士人口に関する検証は，時間軸の要素をとりいれた継続的なものとして実施する必要がある。なぜなら，ひまわり基金法律事務所や司法過疎地域に配置される，法テラスのいわゆる4号事務所等の例からも明らかなように，法的ニーズは弁護士が供給されることによって顕在化するという特質があり，検証を通じて適正弁護士人口を定量的に明らかにすることは極めて困難と言えるからである。

　いずれにせよ，検証に際しては，どのような事項について，どのような手法で検証するのか，という検証

の全体的な視点が必要であり，日弁連の弁護士業務総合推進センターが2008（平成20）年に公表した報告書は貴重なデータであるが，更にこれをバージョンアップし，継続した検証が必要である。

　②　弁護士人口の増加と弁護士会としての制度的対応策

　他方，弁護士人口の増加に伴い個々の弁護士に生じるおそれのある負の影響を最小限に抑制するとともに，増加する弁護士の質を適切に確保し，弁護士増加を司法アクセスの改善ひいては法の支配の確立に結びつけていくための弁護士会としての制度的な対応が必要である。

　この点についても，就職説明会の実施，就職担当窓口の設置，就職先未定者等に対する相談会の実施，全国採用問題担当者連絡協議会の実施，ひまわり求人求職ナビの開設，経済団体や官公庁・自治体との採用拡大に関する協議や啓蒙活動の実施，即独弁護士を対象とした独立開業支援チューター制度の創設やeラーニングの実施など，短期間の間に様々な方策が日弁連によって実施に移されているが，これら諸制度の一層の充実・発展がはかられる必要がある。

　また，いわゆる社会人経験者については，その能力にもかかわらず，その年齢が就職に不利にはたらく現状にあることから，社会人経験の能力が弁護士業務に付加価値を与える具体例を会員に広く広報するなどの取組みも有益であろう。

　さらには，増加する弁護士と隣接法律職との関係をどのように整理するかは今後の課題であるが，これら隣接法律職の職務分野を基本的に弁護士が担っていく方向で業務を拡大し，他方で，隣接法律職資格と弁護士資格をどのように整理していくかを検討することは，法の支配の確立という観点からも重要な意味を有する。

　このような認識に立ち，専門研修の一層の充実等，これを可能にする具体的な条件整備についても弁護士会として真摯に検討していく必要がある。弁護士会としては，諸外国や隣接法律職の実情等の調査をふまえ，上記諸課題への対応に向けて全力を尽くす必要がある。

　さらに，これら具体的方策とともに，弁護士会は，若手弁護士が将来に対する希望をもてるような，また，多くの有為な人材が弁護士を目指そうという志をもてるような，弁護士人口大幅増加後の弁護士・弁護士会の在り方を具体的に提示する不断の努力をすべきである。

　③　若い世代の弁護士たちの育成・支援のための具体的方策の検討

　②で述べたような制度的対応策を施すとしても，その効果は一朝一夕に現れるものではなく，制度改革の狭間で，特に若い世代において，法曹として十分な経験や能力を取得できる機会に恵まれなかったり，経済的に苦境に陥る弁護士たちも生じ得る。そのような若い世代に対しては，日弁連として，より直接的な育成・支援策を検討することも必要であろう。

　議論されている課題としては，若い世代の会員の弁護士会費（日弁連を含む）の更なる見直し，1人事務所で初めて勤務弁護士を受入れる事務所への財政的支援，若手弁護士の複数事務所による共同雇用のビジネスモデルの作成，会員から募集・集積した事件・仕事の弁護士会による若手弁護士への配布等であり，これらについて前向きに検討・検証することも必要であろう。

3 法曹養成制度の現状と法科大学院

> 新司法試験の合格率の低迷が法科大学院入学希望者に不安を与え，また，法科大学院教育において受験偏重の意識をもたらすなど，法科大学院制度の理念を脅かしかねない状況にある。また，カリキュラム設定の差異等により，法科大学院段階において実施される実務教育の内容に関し，法科大学院間において相違があるとの指摘もある。これらの問題解決のため，法科大学院の定員数の削減などを具体的に検討し，また，実務家教員に対する積極的支援を通じ，あるいは，財団法人日弁連法務研究財団による認証評価作業への協力等によって，法科大学院制度の本来の理念を維持し，プロセスとしての法曹養成制度の中核を担う法科大学院教育の維持，発展に協力すべきである。さらに新司法試験の実施についても，その重要性に鑑み，引き続き積極的に協力，支援すべきである。また，予備試験については法科大学院制度の理念に十分な注意を払った制度設計をすべきである。

1）法科大学院の設立と新司法試験

司法制度改革審議会意見書は，「法科大学院を含む新たな法曹養成制度の整備の状況等を見定めながら，平成22（2010）年ころには新司法試験の合格者数の年間3,000人達成を目指すべきである」と指摘した。また，日弁連も，2000（平成12）年11月１日の臨時総会において，「法曹人口については，法曹一元制の実現を期して，憲法と世界人権宣言の基本理念による『法の支配』を社会の隅々にまでゆきわたらせ，社会のさまざまな分野・地域における法的需要を満たすために，国民が必要とする数を，質を維持しながら確保するよう努める」と決議した。

このような司法制度改革の動きを受けて，2004（平成16）年４月，全国に68校の法科大学院が開校した。現在は74校に増加し，１学年定員も5,795人（2008年〔平成20〕年度）を数える規模になっている。法科大学院は，「法曹の養成のための中核的な教育機関」としての役割が期待され，新司法試験及び司法修習は，「法科大学院における教育との有機的連携の下に」行うべきとされている（法科大学院の教育と司法試験等との連携等に関する法律２条）。また，多様性及び社会経験のある人材を積極的に法曹に迎えるべく，入学者のうちに法学部以外の出身者または社会人経験者の占める割合が3割以上になるように努力義務が課せられている（平成15年文部科学省告示第53号３条）。

こうした努力に基づき，2006（平成16）年から法科大学院の修了生を対象とした新司法試験が実施されており，2006（平成18）年は1,009人，2007（平成19）年は1,851人，2008（平成20）年は2,065人が合格している。2007（平成19）年６月には，法務省司法試験委員会により，新司法試験の2008年以降の合格者数の目安について，2008（平成20）年は2,100から2,500人程度，2009（平成21）年は2,500から2,900人程度，2010（平成22）年は2,900から3,000人程度とする旨が発表された。

しかしながら，一方で，急激な合格者の増加が法曹の質を維持するうえにおいて様々なひずみをもたらしていることが指摘されるようになった。日弁連は，2008（平成20）年７月18日，法曹人口問題に対する緊急提言を採択し，司法改革を推進する立場を堅持しつつも，市民，国民の求める法曹の質を維持する視点から，2010（平成22）年頃に3,000人程度との上記増員数値目標にとらわれることなく，司法試験合格者の決定にあたっては慎重かつ厳格な審議検討を必要とすべきとの提言を行っている。また，法科大学院の再編統合が話題となるなど，法科大学院制度は設立5年目にして，はやくも多くの問題を抱えている状況にある。

このような経緯のなか注目の2009（平成21）年の新司法試験では，合格者数は2,043名であった。2008（平成20）年の合格者数を下回り，上述の司法試験委員会の合格者数の目安についても大きく下回ったこと

となる。

2) 合格率の低迷が法科大学院入学希望者に対してもたらす影響

　現在の法科大学院の定員を前提とすると，仮に合格者枠3,000人を前提としても5割以下の合格率しか達成しえず，当初，7～8割の合格率は維持されるとの予測のもと，報道，周知された内容の実現は不可能な状況にある。したがって，プロセスとしての法曹要請制度の中核として位置づけられた法科大学院について，その修了生の多くが新司法試験に合格できないという事態が現実のものとなっている。現に，2006（平成18）年に48％，2007（平成19）年に40％であった新司法試験の合格率は，2008（平成20）年には33％，2009（平成21）年には27.6％となり，3年連続して低下した。

　このような事態が明らかになるにつれ，法科大学院への入学希望者の間に法科大学院を卒業しても，新司法試験に合格できないのではないかとの不安が広がっている。とりわけ，現在の職を退職してまで法科大学院に入学するか否かを選択する社会人にとっては，この不安は深刻である。初年度（2004〔平成16〕年度），法科大学院への全入学者中に占める社会人の入学状況は48.4％であったが，2005（平成17）年度は37.7％，2006（平成18）年度は33.3％，2007（平成19）年度は32.1％に漸減している（日本弁護士連合会編著『弁護士白書2007年版』〔日本弁護士連合会，2007年〕39頁）。また，法科大学院への全入学者中に占める法学部出身者以外の入学者の比率も同様に漸減しており，初年度（2004〔平成16〕年度）は34.5％であったものが，2005（平成17）年度は29.9％，2006（平成18）年度は28.3％，2007（平成19）年度は26.1％となっている（同白書40頁）。多様性及び社会経験のある人材を積極的に法曹に迎えるという理念の実現が困難になりつつある。

3) 法科大学院が抱える課題

　合格率の低迷がもたらす影響は，法科大学院への入学段階のみならず，入学後の履修状況に影響を与えている。法科大学院生の一部には，日々の法科大学院における授業に不安を感じ，いわゆる受験予備校における受験指導に頼ろうとする意識が生まれている。これは，新しい法曹養成制度が，旧司法試験制度下における受験偏重教育の弊害に対する反省のもとに成り立っている意義を失わせるものである。また，法科大学院における教育関係者の中にも，合格率を高めるために，過度に受験指導を行おうとする傾向が一部に生まれている。2007年度新司法試験においては，ある司法試験考査委員による不適切な行為が問題化したが，ここにも，法科大学院教員に合格率問題が大きな影響を与えている事実が見てとれるのである。

　このような事態に鑑みると問題状況は深刻であり，現在の法科大学院の定員数を維持しながら，法科大学院教育の理念を実現することは困難と言わなければならない。この問題について，法科大学院のあり方を検討する中央教育審議会・特別委員会は，2008（平成20）年9月30日，中間報告を発表した。そこには入学者の定員割れや司法試験の合格率の低迷が続いた場合，各法科大学院に自主的な定員削減や統合を求めることが盛り込まれている。また，毎日新聞が全国の法科大学院を対象に実施したアンケート調査によると，約4割の大学院が全体的な定員の削減を検討すべきと回答している（毎日新聞2008〔平成20〕年9月10日夕刊）。法科大学院の定員削減問題が現実の検討課題となっているのである。

　また，多くの法科大学院が全国に設立された結果，合格率問題とは別に，法科大学院間において，実務科目に関する教育内容に差異があるとの問題提起もなされている。それぞれの法科大学院が独自の特色を有し，多様性を有することは大学教育機関の自主，自律性維持の観点からも重要であるのみならず，多様性ある人材を育てるという観点からも有意義なことである。しかし，一方で，従来の司法研修所における前期修習を不要とするものとして，法科大学院において一定水準の実務教育がなされることが必要とされているのであり，プロセスとしての法曹養成制度の一環として法科大学院制度を位置づける限り，ミニマムスタンダードを確保することも重要である。この点についても真摯な検討が必要である。

　さらには，法科大学院生に対する経済的支援についても留意しなければならない。法科大学院の創設に際しては，「資力の十分でない者が経済的理由から法科大学院に入学することが困難となることのないよう」（司法制度改革審議会意見書69頁），私学助成や奨学

金の拡充が図られた。それでも，授業料は，国立で標準額年額804,000円，私立で1,000,000〜1,500,000円以上となっており（日弁連編著『弁護士白書2007年版』36頁），高額の経済的負担を求められる状況にある。奨学金の利用については，当初予測ほどにその利用率は高くないとの指摘もあるが，これは，新司法試験の合格率が低迷し，法曹になれない可能性が相当程度あるとの状況のなかで返済の見通しのつかない融資（奨学金）は受けられないとの学生心理が働いているものと理解される。奨学金の利用実態をさらに調査し，適切な対応策を検討していく必要がある。

4）法友会・弁護士会の取組み

以上のような法科大学院が抱える課題の克服に関して，われわれ弁護士も積極的に関与すべきである。現在，専任，兼任をあわせると多くの弁護士が実務家教員として法科大学院教育に関与している。2007（平成19）年に日弁連法曹養成対策室が行った調査によれば，全国の法科大学院の専任教員数は1,754人であり，そのうちの実務家教員数は566人（32.3％），さらにそのうちに占める弁護士実務家教員の数は418人（専任教員全体の23.8％，実務家教員の73.9％）とのことである。さらに，専任以外の兼任または非常勤の実務家教員は全国で1,158名にも及んでおり，そのうちの弁護士実務家教員951人とのことである（以上につき，日弁連編著『弁護士白書2007年版』45頁）。

このように多くの弁護士が実務家教員として法科大学院教育に関与している。そのなかには法友会員も多数，参加しており，今後も法友会，弁護士会は多くの有為な人材を実務家教員として確保し提供していくべきである。また，人材の提供のみならず，これらの実務家教員が研究者教員と協同しながら，法科大学院設立の理念を十分に意識した，質の高い授業を行えるような環境の構築にも法友会，弁護士会は努力すべきである。具体的には教育用教材の提供や授業方法検討会の実施など，必要な支援を行っていくことが考えられる。

さらに，現在，財団法人日弁連法務研究財団は第三者評価機関（認証評価機関）として法科大学院に対する評価作業を行っている。認証評価は法科大学院教育における教育水準の確保のために重要な意義を有しており，法科大学院を設置している大学は，少なくとも5年に一度，認証評価機関の評価を受けなければならないとされている。法科大学院制度の課題克服のために第三者評価が果たす役割は極めて重要である。現在，法科大学院の認証機関としての認証を受けているのは日弁連法務研究財団の他，独立行政法人大学評価・学位授与機構と財団法人大学基準協会である。いずれの評価機関にも弁護士が関与しているが，とりわけ，日弁連法務研究財団については弁護士の関与が多い。したがって，日弁連法務研究財団が認証評価作業を行うためには，弁護士の多大な貢献が必要不可欠である。日弁連法務研究財団による認証評価作業が今後も安定的に継続できるよう，法友会，弁護士会は，必要な人員の提供等の努力を引き続き行うべきである。

5）定員削減問題について

前述のとおり法科大学院の定員削減は現実の課題となっている。法科大学院が現在，抱える問題の深刻さを考えるとき，定員問題についての議論はもはや避けることはできない重要な検討課題と思料するものである。しかし，一方で，法科大学院制度創設の趣旨からすれば，司法試験の合格率を定員削減，統合等の基準とすることには慎重な態度が必要であり，安易な合格率偏重の発想は忌避されるべきである。一部に見られるような合格実績が伴わない法科大学院について定員削減や統合化を図るべきとの議論に対しては賛成しえない。法曹に必要な資質としての豊かな人間性や感受性，幅広い教養と専門的知識，柔軟な思考力，さらには国際的視野や語学力等を身につける場であるべき法科大学院そのものが，新司法試験の合格率を高めるためだけに汲々とし，定員削減問題がそれに拍車をかけるようなことはあってはならない。法科大学院の理念を守りながら適切な入学定員数を模索，確定していく作業が必要である。

この問題について，日弁連は2009（平成21）年1月16日，「新しい法曹養成制度の改善方策に関する提言」を発表している。この提言は，法科大学院，司法試験，司法修習，継続研修を見通した，新しい法曹養成制度全体に関する改善方策について提言するものと位置付けられているが，この提言中において，「地域的な適正配置に配慮しつつ，法科大学院の一学年定員を当面4,000名程度にまで大幅削減すること」を打ち出している。また，法科大学院協会も，「初めに一定

数の削減ありき」ではなく，各法科大学院が自主的に教育の質を向上することこそが重要としながらも，教育の質を向上することの一環として定員削減問題を検討すべきとして，2010（平成22）年度入試，遅くても2011（平成23）年度入試に向けて早急に結論を出すことを各法科大学院に求めている（法科大学院協会理事長による2009〔平成21〕年3月24日付「入学定員削減問題に関する所感」）。

このような動きを受けて，2010（平成22）年度入試にあたっては，多くの法科大学院においても定員削減の動きが現実化している。法科大学院協会のまとめによると，一学年の定員総数が現在の5,795人から700人程度，減るとのことである。さらに定員削減を検討している法科大学院もあり，最終的には2011（平成23）年度までに1,000名程度の定員削減になると法科大学院協会はみている（2009〔平成21〕年6月1日朝日新聞）。定員削減の動きはすでに現実化しているが，今後は日弁連や法科大学院協会が指摘するように，地域的な適正配置に配慮し，教育の質の向上を図ることと考慮しながら，さらに検討していくべき問題である。

6）新司法試験について

新司法試験についても，実務との架橋を意識し，出題内容等について工夫すべきである。とりわけ法科大学院教育における教育内容と新司法試験の出題内容に齟齬が生じる事態を招くと，法科大学院生の授業離れを助長する結果となり，法科大学院が抱える前記課題を深刻化させることになる。

なお，現在，弁護士会は新司法試験考査委員として多くの弁護士を推薦している。このような協力は今後も維持すべきである。実務経験が豊富で，かつ，法科大学院教育の内容に精通した人材を新司法試験において積極的に登用することは重要である。法友会，弁護士会は，これらの点を踏まえ，今後の協力のあり方について，さらに検討すべきである。

7）予備試験

2006（平成18）年に初回新司法試験が実施されて以降も，2010（平成22）年までは新旧司法試験が併存する（正確には2010年の旧司法試験の口述試験不合格者に対して2011年も口述試験のみが併存する）。その後，2011（平成23）年からは，旧司法試験が廃止されて予備試験の運用が始まる。

予備試験とは，法科大学院修了者と「同等の学識及びその応用能力並びに法律に関する実務の基礎的素養を有するかどうかを判定することを目的」として実施される試験（司法試験法5条1項）である。法科大学院を修了していなくても，予備試験に合格すれば，新司法試験を受験することができる。

この予備試験は，「経済的事情や既に実社会で十分な経験を積んでいるなどの理由により法科大学院を経由しない者にも，法曹資格取得のための適切な途を確保すべきである。」という司法制度改革審議会の提言を受けて制度化された。しかし，法制上，受験資格が限定されていない（立法技術上限定は困難というのが当時の立法担当者の説明）ことから，法科大学院に在学中の者も，法科大学院修了者も，あるいは法科大学院終了後，3回の受験回数制限内に新司法試験に合格できなかった者も，予備試験を受験することができる。そのため，予備試験は，法科大学院を中核とした新しい法曹養成制度との関係で，厳しい緊張関係をもった制度となっている。

このような予備試験について，日弁連は，あくまでごく例外的な法曹資格取得ルートとして運用されることを求めてきた。

ところが，この間，いわゆる規制改革論者から，法科大学院を修了しないと法曹資格を取得できないということは不合理な規制であるとの観点から，予備試験合格者の新司法試験合格率と，法科大学院を修了して新司法試験を受験する者の合格率とが均衡する程度に予備試験の合格水準を設定すべきであるとの議論がなされ，同趣旨の提言が「規制改革推進のための3ヵ年計画（再改定）」において2009（平成21）年3月31日，閣議決定されている。近時は，予備試験の合格水準は，現在の法科大学院修了者の最低レベルに設定すべきとの議論すら規制改革会議において行われている。

上記議論に基づく運用がなされると，予備試験合格者は相当な多数にのぼることになり，法科大学院制度は崩壊する危険が高い。弁護士会は，法科大学院を中核とする現行法曹養成制度を充実させる見地から，司法制度改革審議会意見書の趣旨にしたがって，予備試験ルートがあくまで例外的なものとして運用されるよう，取り組んでいく必要がある。

8）司法修習

(1) 新司法修習の実施と修習生の数

　2006（平成18）年11月27日から，法科大学院を卒業し新司法試験に合格した991名の新60期に対する新司法修習が開始された。その後，新司法修習における修習生の数は，2年目の新61期で1,812名に，3年目の新62期で2,044名となり，新司法修習開始3年目には，修習生の数は2,000名を超えるものとなった。

　そして，4年目を迎えた2009（平成21）年の新63期の合格者については，司法試験委員会が公表した新司法試験の合格者数の目安が2,500名から2,900名とされていたことから，一挙に3,000名に近い人数となることも予想されたが，新63期の合格者は2,043名となり，前年を若干下回る結果となった。このため，新63期の修習生の数は前年の新62期とほぼ同数程度になると思われる。このような新司法修習における修習生の人数は，日弁連が2009（平成21）年3月18日付け「当面の法曹人口のあり方に関する提言」において提言した「来年度（2009〔平成21〕年度）以降数年間は，司法試験合格者数について，現状の合格者数を目安としつつ，慎重かつ厳格な合否判定によって決定されることが相当である」との内容に沿う結果となった。

　なお，新司法修習と併行して現行司法修習も実施されているため，60期は現行組1,464名を加えると約2,450名，61期は現行組549名を加えると約2,350名，62期は現行組248名を加えると約2,300名，63期は現行組150名を加えると約2,200名に対する司法修習を実施しなければならず，司法修習の現場では，3,000名時代はすでに到来しているというのが実感である。

(2) 新司法修習の概要

　新司法修習において司法修習制度がどのように変わったのか，現行司法修習とともに簡単に説明しておく。

① 修習期間の短縮

　新司法修習の修習期間は1年間（実務修習2カ月間×5＝10カ月間，集合修習2カ月間）となったが，現行司法修習も60期以降，1年4カ月間（前期後期各2カ月間，実務修習3カ月間×4＝1年間）に短縮された。11月末から翌年11月末までが新司法修習（登録は12月）で，4月中旬から翌年8月中旬までが現行司法修習（登録は9月）ということになる。

　なお，現行司法修習は2011（平成23）年の現行65期が最後となり，その後は新司法修習に一本化される。

② 前期修習のない新司法修習

　新司法修習では，修習生は法曹養成に特化した法科大学院において実務導入教育を受けているとの前提から，司法研修所での前期修習は予定されておらず，直ちに実務修習から司法修習を開始することになる。もっとも，新60期では，修習開始に当たり，司法研修所で導入研修（4週間）が実施されたが，翌年の新61期からは，導入研修も廃止され，修習生は，直ちに実務修習から修習を開始することとなった。

③ 出張講義

　新司法修習では前期修習はなく，司法研修所における修習としては，後期修習に該当する集合修習（2カ月間）が実施されるだけである。新60期には導入研修が実施されたが，新61期以降は導入研修も廃止されたため，これに代わるものとして，司法研修所教官が実務修習地に出張して講義をするという出張講義の制度が開始された。

④ 選択型実務修習

　新司法修習では，選択型実務修習というこれまでになかった制度が導入された。分野別実務修習の各分野を一通り修習（2カ月間×4）した後に，修習生各自が，その実情に応じて，主体的にプログラムを選択，設計する実務修習であり，その期間は2カ月間である。修習生は，弁護修習で配属された弁護士事務所をホームグラウンドとし，弁護士会，裁判所，検察庁において用意された修習プログラムの中から修習したいプログラムを選択して修習計画を立てるというものである。分野別実務修習の深化と補完を図るとともに，分野別実務修習では体験できない領域での修習プログラムも用意されている。

⑤ 集合修習

　新司法修習では，現行修習の後期修習に該当するものとして，司法研修所での集合修習が，分野別実務修習が終わった段階で2カ月間実施される。修習生は，この集合修習で初めて修習記録（白表紙）を用いた起案，添削，講評の指導を受けることになる。もっとも，新61期以降は，修習生全員を研修所に集合させることは物理的に不可能であるため，修習生を，8月・9月に集合修習をするA班（東京・大阪・さいたま等の修習組）と，10月・11月に集合修習をするB班（A

班以外の修習組）の二つに分けて実施される。A班が司法研修所で集合修習を受けている間，B班は実務修習地で選択型実務修習を行うことになる。A班，B班の各集合修習が終わった11月後半の段階に，二回試験が実施される。

⑥ クラス編成

新司法修習では，研修所のクラスは，修習地毎に編成されることになった。これまでのように，全国各地に配属された修習生でクラスを編成することは予定されていない。

⑦ 二回試験

二回試験は，新・現行司法修習とも，修習期間の最後の1週間に5科目の筆記試験が実施されることとなり，口述試験は廃止された。新・現行司法修習が併存する間は，二回試験は，現行修習組の8月と，新修習組の11月の2回実施される。なお，60期以降，追試制度は廃止され，二回試験に合格できなかった修習生は，その後に実施される二回試験を再度受験することになる。なお，平成21年度の62期以降，二回試験の受験回数は3回までに制限されることとなった。

(3) 新司法修習の問題点

新司法修習制度は，21世紀の司法を支えるにふさわしい質・数ともに豊かな法曹を養成するとの理念に基づき，法曹養成に特化した法科大学院による法学教育，司法試験との有機的な連携を前提とする「プロセス」としての法曹養成制度としてスタートした。新司法修習は，司法修習生の増加に実効的に対応するために，法科大学院での教育内容を踏まえ，実務修習を中核として位置付け，修習内容を適切に工夫して実施すべきものとされている。その結果，新司法修習では，法科大学院における法理論教育と実務導入教育を前提として，上記 **(2)** のとおり，実務修習（各2カ月間×5）から開始し，その後に司法研修所における集合修習（2カ月間）を実施して最後に二回試験を受けるという1年間の修習期間として構成されている。

このような新司法修習については，従前から，実務修習の各期間が2カ月間では教育期間として短すぎるのではないか，選択型実務修習は二回試験準備期間になってしまうのではないか，3,000名にも達する新司法修習生を実務庁会で受け入れることは困難ではないか等の懸念が指摘されてきた。

そして，現在，新司法修習の実施に伴う問題として，

❶新司法修習における修習生の質が低下しているのではないか，❷修習期間が1年間に短縮され，前期修習も行われなくなったにもかかわらず，法科大学院における法律実務基礎教育の内容が不十分であるため，司法修習（実務修習）に期待される充実した教育を実施することができないのではないかとの点が指摘されている。

しかし，❶の質の点については，現行司法修習時代においても指摘された問題であり，新司法修習生の一部に基礎的な理解や思考能力に欠ける者がいるとしても，そのことを殊更強調して，新司法修習全体を否定的に評価してしまうことは早計であろう。新司法修習の開始に伴い，これまでとは異なる多くの分野から優秀な人材が集まっていることも事実であり，実務修習を担当した個別指導担当者の大半も，新司法修習における修習生について「従前の修習生と遜色はない」と評価しており，質の低下を否定する意見も多い。

❷の点について，新司法修習生の一部に，実務に関する基礎的な知識を欠いた者や，基本的な法文書（訴状や答弁書など）を起案した経験がない者がいることは事実であり，この点は早急に改善すべきであろう。このような事態となった原因としては，法科大学院が負担すべき実務導入教育の内容について，法科大学院関係者と司法修習に関係する法曹関係者の間での認識にギャップがあったこと，さらに，法科大学院側での共通の理解も不十分であったため，法科大学院によって実務基礎教育の内容に大きなバラツキが生じたことなどが考えられる。これを改善するためには，関係者間の協議により，法科大学院が担うべき実務導入教育の内容を明確にするとともに，各法科大学院が共通に到達すべき最低限の目標（いわゆるコア・カリキュラム）を設定するなどの措置を講ずる必要があろう。また，司法修習を担当する法曹関係者も，法科大学院における教育内容を十分に踏まえた上で，新しい時代に即した適切な司法修習のあり方を検討していく必要があろう。

なお，2010（平成22）年11月に採用される新64期の修習生から給与制が廃止され，貸与制に移行することとなっている。この点も，今後の新修習のあり方に大きな影響を及ぼす問題であろう。

9）新人弁護士と採用問題

(1) 新人弁護士の登録状況と採用問題

　司法制度改革の一環として実施されている法曹人口増大政策により，年々，弁護士の新規登録者は増加し，61期については現行・新合計で2,087名が新規登録を行い，うち441名が東京弁護士会に登録している。また，現行62期については，285名のうち，62名が東京弁護士会に登録している。

　新人弁護士の採用問題については，新聞等でも大きく取り上げられるようになっており，法曹界のみならず，裁判員制度がスタートし国民の司法に対する意識が高まる中，世間にとっても関心事となっている。それは，弁護士の採用問題が，OJTによる訓練とスキルの伝承という弁護士の質の問題，弁護士のあり方，ひいては弁護士の利用者である国民の受ける法的サービスのあり方，国民の信頼に関係する重要な問題だからである。

(2) 新人弁護士採用問題の現状

　新人弁護士の採用に関しては，以下のような問題が生じている。

　① 採用先がない

　供給に需要が追いついておらず，法律事務所等に就職したくともできない弁護士が出現している。現行62期については弁護士登録の4カ月前の5月の段階で26％が進路未定であり，同時期の現行61期の就職先未定者が12％だったことと比較すると，就職がより困難となっていることが明らかである。同様に，新62期についても，同じく弁護士登録の4カ月前の8月の時点で19％が進路未定であり，同時期の新61期は13％であったのに比して，未定者の割合が大きくなっている。

　最終的には，ほとんどの弁護士登録希望者が弁護士登録をしているようではあるが，従来の勤務弁護士の他に，事務所内独立採算型弁護士（いわゆる「ノキ弁」）となる者，弁護士登録後即時に自宅等で開業する者，さらには弁護士登録後早期に独立する者もおり，その数は増えていると考えられている。

　企業内弁護士については，年々増加しているが，顧問弁護士で十分であるとの意見も多く，また，新人弁護士ではなく弁護士としての職務経験者を望む企業もあり，新人弁護士に対する企業側の需要が思うように伸びていないのが現状である。

　近時，国会議員の政策担当秘書の需要増が，本稿執筆時（2009年〔平成21年〕9月）における状況としてはあるが，依然需要が供給に追い付かない状況はある。

　② 都市部への集中化傾向

　弁護士数を増やすことにより，地方，特に弁護士過疎地域の弁護士数の増加が期待されていた。

　確かに，従来よりも，地方で就職する新人弁護士は増えており，ひまわり基金法律事務所，法テラスの活動によって，弁護士ゼロ地域が一旦解消されたこともある。

　しかしながら，60期（2,093名）のうち50.6％（1,047名）が東京三会に登録しており，これに大阪を含めると62.7％（1,297名）となり，61期においても2,087名のうち東京三会登録者が51.8％（1,051名），大阪を含めると62.5％（1,275名）であり，新62期（285名）についても，東京三会登録者が48.8％（139名），大阪を含めると60％（171名）であることを見ると，依然，半数以上（しかも6割以上）が大都市部へ集中している傾向が見受けられる。

　近時は，修習地で就職を希望したものの就職できず，東京，大阪などの大都市で就職活動をする者が多いとの指摘もあり，また，同じ都道府県内でも都市部に就職する者が集中している現状にある。しかし，東京，大阪などの大都市での就職も，困難な状況となっていると考えられる。

　③ 就業条件の悪化

　新人弁護士の就業条件をみると，初任給は低下傾向にある。事務所内独立採算型弁護士，弁護士登録後即時に開業をする弁護士のみならず，固定給はあるものの，歩合給との併用との条件で勤務している半独立採用型ともいうべき弁護士も増加傾向にあるといわれており，新人弁護士の経済的状況はますます厳しいものになっていると考えられる。

　このような経済状況の悪化が，非弁提携や弁護士報酬のトラブルなどを生むのではないかとの危惧がある。

　さらには，就職先は決まったものの，当初から固定給，机すらない，というケースもあると言われている。

　④ ミスマッチ

　就職先を見つけるのが困難なため，自分の希望する職務内容や就業条件での就職ができず，就職後早期に

事務所を辞める者，事務所を異動する者が増えているのではないかとの指摘がある。

発展的に事務所を異動することはよいことではある。しかし，事務所内の弁護士との人間関係，就業環境，就業状況との不適合，自分の目指す弁護士業務と実際の業務とのずれにより，精神を病み廃業する者や使用者側弁護士とトラブルになる者が増えるのではないかとの危惧がある。

⑤ OJTの不十分さ

従来の勤務弁護士は，先輩弁護士との仕事を通じて，弁護士としてのスキル，心構え等を学んでいくことができた。しかしながら，開業独立した新人弁護士や事務所内独立採算型の新人弁護士については，先輩弁護士との仕事の場がないあるいは少ないため，仕事を通じてのトレーニングができない。また近時，事務所内の環境により，事務所の先輩弁護士（中には同期の弁護士）とすら十分接することができない環境にある新人弁護士も出てきているようである。

この状況においても，弁護士会等による研修も，新人弁護士の増加により，きめ細やかな研修は困難な状況にある。

(3) 日弁連等の取組み

以上の採用問題に対しては，日弁連がひまわり求人求職ナビ（求人求職情報提供システム）を開設しており，各弁護士会，各連合会においても採用情報説明会などの取り組みが行われている。しかし，企業内弁護士募集企業の参加は微増はしているものの，説明会参加人数に対する採用法律事務所の参加数が極めて少ないなどの状況も生じている。

(4) OJTの充実について

上記のように，従来からの先輩弁護士との仕事を通じてのトレーニングなどのOJTが不十分である状況に加えて，近時は，修習期間の短縮により，実務でのトレーニングが十分とは言えない状態で弁護士登録せざるを得ない状況にあることを踏まえ，日弁連，各弁護士会において，OJTの充実のための制度が様々検討，実施されている。

日弁連等は，早期に独立をする場合の開業支援のため，独立開業支援，としてOJTの充実のための新人弁護士支援制度，eラーニングの導入などを実施している。

東京弁護士会においては，OJTの充実のための制度構築として，登録3年目までの弁護士を対象として，先輩弁護士が主に助言などを行うチュートリアル制度の導入が検討されている。

当会においても，概要，先輩弁護士と新人弁護士が事件を共同受任しトレーニングを行うメンターシップ制度の導入が検討されている。

4 弁護士へのアクセス拡充

> 弁護士は法律事務を独占しており，全国にあまねく，社会の隅々まで法律支援を行うことは弁護士・弁護士会の責務である。特に，弁護士過疎・偏在を解消すること，別項記載の貧困解消への法律支援は喫緊の課題である。ひまわり基金法律事務所の設置，弁護士偏在解消のための経済的支援や，日本司法支援センターにいわゆる4号業務対応地域事務所の増設を働きかけ，過疎・偏在の解消に努めなければならない。
>
> 弁護士偏在解消のための経済的支援によって，既存法律事務所において過疎・偏在地域に独立開業する弁護士を養成し，都市型公設事務所等拠点事務所において同様に弁護士の養成と，都市部の市民に身近に法律支援を行っていくものとする。
>
> 全地裁支部管轄に法律相談センターの開設をめざし，地域住民の法律支援ニーズに応えなければならない。
>
> 以上の施策を総合して全国の，社会の隅々の市民に対し弁護士へのアクセス拡充を一層図ることが必要である。

1）弁護士へのアクセス保障の必要性と現状

(1) 弁護士過疎・偏在対策の歴史

　1964（昭和39）年の臨時司法制度調査会意見書は「弁護士の大都市偏在化を緊急に是正しなければ，国民の法的水準向上はもとより，裁判の適正円滑な運営すら阻害されるおそれがある」と指摘していた。1993（平成5）年の日弁連弁護士業務対策シンポジウムにおいて「弁護士ゼロワンマップ」を公表した。1996（平成8）年の日弁連定期総会において「弁護士過疎地域における法律相談体制の確立に関する宣言」（名古屋宣言）を採択し，すべての地方裁判所支部の管轄区域に法律相談センターの設置することを決めた。さらに1999（平成11）年に，東京弁護士会からの司法改革支援金1億円及び日弁連創立50周年記念事業特別基金からの繰入金等を財源とする「日弁連ひまわり基金」を創設し，同年12月の臨時総会において，公的資金による解決を志向すべきものであるとしつつ，「自らの負担により活動を展開しなければならない」と決議し，弁護士過疎・偏在対策の活動資金に充てるため，全弁護士から特別会費を徴収することにした。2000（平成12）年の定期総会において，司法サービスの全国地域への展開に関する決議を採択し，公設事務所法律相談センターの設置にさらに取り組むことを決めた。2006（平成18）年10月に開業した日本司法支援センターが過疎地における法律事務所（4号事務所）の設置を始めた。2007（平成19）年12月の日弁連臨時総会において，弁護士偏在解消のための経済的支援に関する規程を採択し，弁護士過疎・偏在地域への弁護士定着を促進するとともに，そうした弁護士を養成する拠点事務所の設置に取り組むこととした。

(2) 弁護士過疎の現状

　全国に存在する253ヵ所の地方裁判所の本庁及び支部のうち，その管轄地域に弁護士が0または1人しかいない，いわゆる0〜1地域は，2009年4月1日時点で，ゼロ地域は1ヵ所，ワン地域は15ヵ所の合計16ヵ所存在となった。国選弁護事件，当番弁護事件及び法律扶助事件のいずれかについて，これを受任する弁護士がゼロかワンの地域を基準にしたゼロワン地域は2009（平成21）年4月時点でゼロ地域7ヵ所，ワン地域22ヵ所の合計29ヵ所となっている。

(3) 過疎，偏在の原因

　0〜1地域で弁護士が独力で開業しない原因は次のとおり考えられている。❶経済活動や文化活動が充実している都市部の魅力，❷配偶者や子，親との生活関係，教育環境，❸事件の多様性，❹需要の有無，❺縁故の有無，❻裁判所への距離といった理由があげられる。大型事件は期待できないとも言われる。人口の多少，企業の多少と関係なく多種多様な事件がある。ひまわり基金事務所や法テラス地域事務所の経験からみて，過疎・偏在地域であっても十分魅力はある。

2）法律事務所の必要性と過疎・偏在対策

(1) 法律相談センターとの役割分担

　法律相談センターとの役割分担として次の2点が考えられる。❶弁護士常在の法律事務所を開設するまでの間の法律支援の必要性に応えるため，定期的に法律相談センターにおいて弁護士が交代で相談に当たる必要がある。❷既存の法律事務所の法律支援を補完するため，センターを開設・維持する必要がある。東京三弁護士会において，法律相談センターを増設したほか，大島地域や小笠原地域という離島において法律相談センターを開設し月1回の法律相談を実施している。法友全期会では八丈島で相談会を実施している。ところで，弁護士過疎地域に開設した法律相談センターの課題は，担当弁護士にとって往復の時間と費用が大きすぎるという点である。また，相談から受任，さらに受任後の打合せなど事件遂行上の負担が受任の障害となっている。

(2) 日本司法支援センターとの役割分担

　2006（平成18）年4月から日本司法支援センターが開始し同年10月に業務を開始して，法テラス事務所の常勤スタッフ弁護士は法律扶助の必要な市民の相談や刑事弁護活動を行っている。法テラスではゼロワン地域の4号業務対応地域事務所を2009（平成21）年6月までに19ヵ所設置した。また，実働弁護士が少なく他の地域からの弁護士の応援が困難な事情がある等の地域において，4号業務対応地域事務所の設置を開始し3ヵ所設置した。さらに，巡回法律相談も開始している。実質的法律援助過疎地の解消のために日弁連・弁護士会と法テラスとは連携・協力して，弁護士会の進めるひまわり基金法律事務所を設置できない場合などにおいては，4号業務対応地域事務所の設置に向けて積極的に取り組むことが望まれる。

(3) 弁護士へのアクセス保障のための開設資金援助や定着支援対策

　法律事務の専門家である弁護士は，全国にあまねく，社会の隅々の人々に専門的法律援助を及ぼさなければならない。弁護士は市民の身近にいて必要なときに相談できることが望ましく，それがまさに市民の社会生活上の医師としての役割でもある。

　過疎・偏在地域に弁護士の自力による事務所の開設に委ねることは妥当ではない。弁護士・事務所の過疎・偏在解消のために，日弁連，単位会，連合会は全国各地で法律相談センターの設置やひまわり基金法律事務所の開設を今後も進め，偏在解消のための法律事務所（弁護士）を開設する誘導策を採らなければならない。

　日本司法支援センター（法テラス）にいわゆる4号業務対応地域事務所の設置をさらに求め，協力していかなければならない。

　修習生の修習地の拡散，配属人数の増大は修習地での就職の拡大要因となっており，今後も期待される。

　弁護士人口は増大しており人的な面では上記方策を満たすことは可能である。また，その誘導策は弁護士の自己実現の機会を与える意味を持つ。

(4) ゼロ・ワン地域解消型法律事務所の課題

　2009（平成21）年6月末までに，ひまわり基金事務所は94カ所開設され，2010（平成22）年3月末までに累計で100カ所が開設予定である。東京弁護士会からも多数の若手会員が所長として着任している。この類型の事務所開設の課題は3点ある。

❶　赴任する弁護士の確保と養成の問題がある。新規登録弁護士が増大するに伴い過疎地での法律支援の担い手となる新人弁護士は数多く誕生している。この流れを維持するように受験生や修習生に対する必要性の周知を欠かすことができない。そして，新規登録弁護士に対し多種多様な法律事務を習得させる養成事務所と，ひまわり基金法律事務所や4号業務地域事務所から任期明けに帰還する弁護士を受け入れる法律事務所を確保しなければならない。

❷　事務所開設・運営資金の問題がある。過疎地に赴任を決断した弁護士には開設資金・運営資金についての不安がある。日弁連は2007（平成19）年12月にひまわり基金の設置期間を3年間延長する決議を行い，会員の特別会費を1,500円から1,400円に減額し，2009（平成21）年12月には特別会費を700円に減額して継続して徴収することとした。過疎・偏在地域が解消しても運営資金援助の必要性はなくならないので，何らかの形式で特別会費の徴収は継続していく必要がある。

❸　ゼロ・ワン地域における利益相反の問題である。先んじて相談に訪れた市民は弁護士による支援を受けられるが，相手方は弁護士に委任しにくくなっている。この問題を解消するために複数事務所を実現しなければならない。

(5) 新たな偏在解消対策

　すべての市区町村には必ず2つ以上の法律事務所が必要である。地方自治体の合併があり，合併が推進されることから，日弁連では，当面，弁護士1人当たりの市民人口を3万人以内とする目標を掲げて弁護士偏在解消策を講じることとした。そして，5年間に偏在解消対策地区に200名の弁護士の定着を目指すこととした。そのために10億5000万円を投入する複数の支援策を用意し，全国の連合会に拠点事務所（養成事務所）を10カ所設置するものとした。

　弁護士偏在解消のための経済的支援制度は多様なものがあり，偏在対応弁護士養成支援やそのための事務所開設・拡張支援もあるが，特に偏在対応弁護士独立開業支援補助金の貸付は2009（平成21）年6月末までに2件の利用があった。

　金銭的支援に限らず弁護士法人の支所を利用する方策も考えられ，偏在解消のために支所を設置した弁護士法人名を日弁連や単位会のホームページで紹介するという誘導策の実施も考えるべきである。

(6) 都市型公設事務所等拠点事務所の役割

　都市部においては弁護士も法律事務所も多数存在するが，市民のアクセスが容易かというと必ずしもそうではない。都市部でも偏在解消のため，一般弁護士が受任を避ける事案の相談にあずかるため，弁護士会が資金を出して法律事務所を開設する必要がある。同事務所では地域の市民の相談にあずかるだけでなく，過疎地に赴任する弁護士の養成と任期明け後の帰還受け入れ，被疑者・被告人国選弁護等刑事裁判への集中審理対応，任官弁護士のための受け入れ，判事補・検察官の他職経験の場，リーガルクリニックの実施を担うことが期待される。

　東京弁護士会ではすでに4カ所（池袋，北千住，渋谷，立川）での都市型公設事務所を開設し，一弁，二

弁，大阪，岡山，広島，札幌，仙台，兵庫，横浜の各単位会でも開設した。

以上のことは既存の一般事務所でも可能であり，上記目的・機能をもつ一般事務所が増加して都市型公設事務所の役割を担っていくことが本来の姿である。

(7) 全会員による支援・人材の確保・経済的支援

若手弁護士の過疎解消型事務所に赴任して市民のアクセスを保障しようという意欲は旺盛である。経験豊富な弁護士はこうした若手弁護士に対して多様な支援に努め，これからもその意欲を減殺することなく発展するための協力を惜しんではならない。

札幌弁護士会及び道弁連が開設したすずらん法律事務所では，事務所に常在する指導弁護士を確保することができず，指導担当弁護士制度を創設して新人弁護士の養成を行っている。経験豊富な弁護士が同じ事務所で職務を遂行することが望ましい。このように都市型公設事務所や拠点事務所に常在する中堅以上の弁護士を確保することが重要な課題となっている。

中堅以上の弁護士にとって都市型公設事務所や拠点事務所に赴任することに経済的な課題と任期明けの課題から躊躇する傾向が認められる。こうした課題を解決することや，単位会を超えて人材確保に努力しなければならない。

また，都市型公設事務所や拠点事務所が今以上に公的弁護や小額事件に力を注ぐ事態となれば，運転資金を十分に確保し難いときがくる。経済的支援を用意しておくことを欠かすことができない。

3）法律相談センターの拡充

(1) 法律相談センターの重要性

近時，社会が複雑化，高度化，国際化するにつれて，市民の権利意識が高まり，その法的ニーズが増大し，かつ多様化している。しかし，弁護士と接点を持ち得ない市民が多数存在しているのも事実であり，2000（平成12）年10月には弁護士広告が解禁されたが，他方，2004（平成16）年4月には弁護士報酬規程が廃止され，どうやって弁護士をみつけたらよいか，費用はどのくらいかかるのかなどの市民の不安・困惑が解消されたといえる状況にはない。そこで，いつでも，どこでも，誰でもリーズナブルな費用で，容易に，適切な法律相談が受けられ，必要があればいつでも弁護士の斡旋を受けられるよう法律相談事業を充実させることが，弁護士会にとって重要な課題となる。

また，2004（平成16）年6月に総合法律支援法が公布され，2006（平成18）年4月に弁護士やADR機関の紹介，公的刑事弁護・民事法律扶助，消費者問題等の法律相談など数多くの業務を扱う日本司法支援センター（法テラス）が設立され，同年10月より業務を開始することになった。法テラスは「いつでも，どこでも，だれでも良質な法的サービスを受けられる社会」の実現を目指すものであって，弁護士会が法律相談その他長年にわたって取り組んできた活動と方向性を同じくする。今後弁護士会の法律相談事業は自主性・独立性を保って実施すべきであるが，法テラスと協働して相互に充実させていく必要性がますます増大している。

(2) 過疎地対策としての法律相談センター

日弁連では，1996（平成8）年5月の定期総会で「弁護士過疎地における法律相談体制の確立に関する宣言」を採択して，弁護士過疎地域における常設法律相談所の開設運動を推進し，2009（平成21）年3月末現在，実質的ゼロワン（国選，当番，法律扶助を担当する弁護士が1名以下）支部42カ所のうち，まだ法律相談センターが設置されていないのは27カ所を残すのみとなった（もっとも，法律相談センターの代わりに公設事務所が設置されるなど，法律事務所ゼロの支部〔形式的ゼロワン〕はなくなっている）。また，2001（平成13）年5月に日弁連理事会において「司法サービスの全国展開に関する行動計画」が決議され，❶ゼロワン地域や全ての地方裁判所支部地域への法律相談センターの設置，独立簡裁地域にも可能なかぎりでの法律相談センターの設置，❷弁護士過疎地域への公設事務所の設置（20カ所以上），❸ゼロワン地域への弁護士定着の推進，❹弁護士過疎地域の公設事務所に協力する法律事務所の設置（100カ所以上），の4つの具体的行動目標が掲げられた。その結果，2009（平成21）年3月末現在，日弁連の支援を受けている過疎地型公設事務所開設は累計で93カ所となった（もっとも22カ所過疎地型公設事務所が閉鎖されており，そのうち大多数が一般事務所に転換して，現在，地域に根ざして活動している）。

もっとも，弁護士過疎地域での法律相談センターの運営状況は各単位会や地域の実情により様々であり，とくに財政面で大きな問題を抱えている。そこで，日

弁連は全会員から特別会費を徴収してひまわり基金を設立し，一定の基準を満たした法律相談センターに財政援助をし，場合によっては人的な援助を行い活動している。

東弁では，日弁連委員会の今後の動向に大いに注目し，人的にも財政的にも積極的に協力していくべきであり，具体的には弁護士集中地区として都市型公設事務所を設置し，多数の協力事務所を募るなどして過疎地との連携を図っていくことが期待されている。

(3) 東京での法律相談センターの現状と課題

① 法律相談センターの再編成

東弁では，市民からの法律相談と弁護士の斡旋を行うための法律相談センターが設置され，会館の内外で法律相談を実施してきた。霞が関の会館内相談は，1995（平成7）年に，東京三会が法律扶助協会東京支部と共同して，新会館1階に各相談の振分けを実施する総合受付を設け，扶助協会にその運営を委託してきた。そして，2004（平成16）年8月からは，一弁が開設していたBカウンターを東弁・二弁運営のAカウンターに統合して三会共同で有料相談の窓口を設けて法律相談を実施してきた。

さらに2006（平成18）年10月からの法テラス東京事務所が四谷に開設するのに合わせて，同じ建物に弁護士会相談センター（LC四谷）を開設してLC四谷を法律相談センターの中枢とする再編成を行い，霞が関の会館内には小規模の法律相談機能のみを残すことになった。

ところで，東弁が提供する法律相談サービスの内容としては，一般相談のほかに消費者問題，医療問題，労働事件等があり，事案の特殊性・機動的対応等の要請から特別相談を実施し，また，民事介入暴力センター，子どもの人権救済センター，外国人人権救済センター等で法律相談・事件斡旋を行っている。集団的被害者救済が求められる案件については，関係委員会が中心となって一斉相談が実施されることもある。また，弁護士の紹介を必要とする市民に対しては，弁護士斡旋制度，事件の直受制度，顧問弁護士の紹介制度が設けられてきた。さらに弁護士へのアクセスを容易にするため，2007（平成19）年4月から，弁護士紹介センターが発足したが，弁護士紹介センターについては後記**(4)**で述べる。

LC四谷以外の法律相談センターとしては，クレサラ相談を専門に取り扱う相談センターとして，1998（平成10）年9月に「四谷法律相談センター」を，1999（平成11）年9月に「神田法律相談センター」を，2002（平成14）年3月に離婚・相続等家事問題を取り扱う「家庭法律相談センター」を，2003（平成15）年12月に「錦糸町法律相談センター」をそれぞれ開設した（これらはいずれも東京三会の共同設立である）。さらに，東弁が設けた池袋，北千住，渋谷の各公設事務所に併設してそれぞれ法律相談センターを開設している（これらは東弁単独事業である）。また，前記過疎地対策として，2003（平成15）年6月に三会の共同で「小笠原法律相談センター」を，2004（平成16）年4月に「大島法律相談センター」を開設し，現在隔月1回の法律相談が実施されている。

② 相談活動の充実のために

霞が関における法律相談は，旧会館に比べ市民が利用しやすくなったこともあって，相談件数が大幅に増加し，2004（平成16）年度はAカウンターで1日平均40件代の相談件数があった。LC四谷に法律相談拠点を移した直後は相談件数を伸ばしたが，LC四谷が一般市民へ十分に周知されていないためか，霞が関時代の法律相談の実績に及ばず，相談件数の低減化傾向が続いている。後記③のとおり，法テラスと連携し，法律相談センターの広報を拡充して，相談件数を増加・充実させることが喫緊の課題である。

他方，各地域の常設法律相談センターのうち，錦糸町相談センターでは東京東部地区や千葉方面の需要を吸収し，また，池袋相談センターでは特別相談を実施するなどの努力により，相談件数は増加傾向にある。

そこで，弁護士会は，今後錦糸町センターや池袋センターに見られるよう，地域の身近なところに相談センターを設置し，地域の需要を取り込む必要がある。もっとも，法的サービスの需要や財政面を考慮し，地域にあった規模内容で，法律相談センターを設置することを検討しなければならない。

他方，弁護士会の相談センターを市民に知ってもらうため，各相談センター独自のホームページの作成，広報用パンフレット作成，自治体（その支所も含む）その他の公私の団体への地道な連絡，各自治体のホームページへのリンク等，その広報活動に十分な意を払うべきである。さらに，裁判所の労働訴訟や医療訴訟等の専門部の拡充に伴い労働相談，医療相談など特別

相談や専門相談を拡充し，また，相談担当者や事務局の研修等により，担当者の質の確保をはかり事務局体制を万全にして，今後市民の利用に支障が生じないようにしなければならない。

なお，クレサラ相談については，ヤミ金問題の増加等のため2002（平成14）年度は約2万件に達するほど急増したが，以後減少しつつあった。その後2006（平成18）年9月1日から，相談料の無料化を実施したところ，四谷，神田，錦糸町のいずれの相談センターにおいても，相談件数が前年度比約1.5倍の増加という傾向が続いていた。しかし，2007（平成19）年度半ば頃から，相談件数が低落傾向にある。相談件数低落の原因を見極め，広報を充実させるなど，的確迅速な対応が望まれる。

③ 法テラスとの連携

現状の法律相談件数は全体としては横ばいといえるが，潜在的には法的救済を求める市民はますます増加している。こうした潜在的な法的需要に応えるため，東京では従前より有料無料の別はあるが，法律扶助協会とともに会館内において法律相談を実施し，また，1995（平成7）年より約10年間総合受付を設置して，市民にワンストップの法律相談を提供してきた。

そして，2006（平成18）年4月，日本司法支援センター（法テラス）が設立されて扶助協会の事業が承継され，全国的にアクセスポイント（相談窓口）のネットワーク化が図られ，弁護士会の相談センターも一つのアクセスポイントに位置づけられることになった。弁護士会では，法テラス東京事務所の四谷での開設に合わせて，同じ建物内にLC四谷を設けて，LC四谷に弁護士会法律相談の中枢的機能を担わせ，従前以上に市民にとって身近で利用しやすいワンストップの法律相談を提供することとなった。司法支援センターとの連携を緊密かつ円滑にし，法律相談を一層充実することが求められている。

④ 自治体の法律相談等との連携

区役所等の相談室では常設無料法律相談が行われており，地域に密着し市民が訪問しやすい相談の場として重要な役割を担っているが，行政サービスとしての限界があり，直接受任が制度として禁止されているなど，紛争解決機能まで果たし得ていない。弁護士会も市民へのアクセスの窓口を拡げ，市民サービスの拡充をはかるため，自治体法律相談に積極的かつ主体的に関与していくべきであるが，現在，中央区，葛飾区，板橋区及び大田区以外，自治体の行う法律相談に弁護士会は関与できていない。弁護士会の自治体相談への関与の方法としては，相談担当者を派遣する中央区方式の他に，従前から区民サービスに寄与してきた地区法曹会の役割を尊重して弁護士会が自治体相談に関与する葛飾方式など様々な方式がある。東京三会では1996（平成8）年から葛飾弁護士倶楽部の協力を得て，直接葛飾区の法律相談を担当するようなり，2000（平成12）年4月から相談担当弁護士による直接受任制度が導入された。さらには2006（平成18）年度からは板橋区でも葛飾方式を参考にして弁護士会が自治体相談に関与することになった。その他の区においても相談の実情を踏まえ，弁護士会の自治体相談の方式を探っていくべきである。

また，東弁では，区の法律相談担当職員との交流を目的に，1993（平成5）年以降毎年1回，区の施設を利用して「一斉無料法律相談」を行い，一定の成果をあげており，最近では年に1度，東京三会と区の法律相談担当職員との懇談会が友好的にもたれ，自治体法律相談の実態等につき意義のある意見交換がなされている。

さらに，東京三会は，2003（平成15）年4月から東京都知的財産総合センターに，同年10月から東京都産業労働局貸金業対策室の貸金相談に，それぞれ相談担当者を派遣しており，東京都との連携の動きも出てきている。

また，2004（平成16）年10月には「災害復興まちづくり支援機構」を設け，2005（平成17）年2月には阪神淡路大震災10周年シンポジウムを開催するなど，自治体とのネットワークの構築を図りつつある。

なお，1995（平成7）年から，他の士業と合同で相談会を実施しており，現在「10士業よろず相談会」として毎年実施されている。

(4) 弁護士紹介センターの発足と今後の課題

① 弁護士紹介制度の創設

東京弁護士会は，2007（平成19）年4月から弁護士紹介センターを立ち上げた。弁護士紹介センターでは，外部団体主催の法律相談への弁護士派遣や顧問弁護士紹介制度は従来どおり維持して運営するとともに，新たに，事業者や公共団体等向けの紹介制度（特定部門紹介制度）と特定分野弁護士紹介制度（特定分

野紹介制度）を設けた。

特定部門紹介制度は，❶行政法務部門，❷セクハラ防止部門，❸公益通報部門，❹独禁法部門，❺労働法務部門という専門分野について専門的知識・経験を有する弁護士を紹介する制度を設けて，事業者，地方公共団体等のニーズに応えようとするものである。

特定分野紹介制度は，❶建築紛争分野，❷税務訴訟分野，❸投資・投機的取引分野の特に専門性の高い法律相談について，法律相談センターでの法律相談というプロセスを省略して，専門的知識・経験のある弁護士を紹介して，一般市民，事業者等のニーズに応えようとするものである。

② 弁護士紹介制度に対する評価と今後の課題

急速な社会の複雑化多様化によって，特定の分野について専門的知識・経験を有する弁護士が多数求められている。また，事業者や公共団体等から，特定の部門について法律家による法的処理の必要性が要請されている。他方，弁護士人口に増加に伴い，専門的知見や経験を備えて社会的ニーズに応えようとする弁護士会員が増加している。したがって，弁護士会が，かかる社会のニーズと弁護士会員の要請に応えて，弁護士紹介制度を創設したのは時宜にかなったものと言い得る。

紹介センターでは，上記メニューに加え，2009（平成21）年度までに，特定部門では，❻多重債務防止教育部門，❼中小規模倒産再生部門，❽会社法務部門を，特定分野では，❹高齢者財産管理分野，❺知的財産・ライセンス契約分野，❻インターネット法分野，❼遺言信託分野を立ち上げて，制度の拡充を図っている。

もっとも，弁護士紹介制度はまだ認知度が低く，2008（平成20）年度の実績は特定部門，特定分野ともに申込件数が各100件を若干超える程度であり，速やかに専門的知識・経験のある弁護士を養成して，弁護士紹介制度を充実させるとともに，弁護士紹介センターの広報を充実させて，弁護士紹介制度を一般に周知させて，申込件数の拡大を図るべきである。

5 弁護士自治の課題

1）弁護士自治の維持・強化

> 我々弁護士の使命の実現のために，強制加入制を一内容とする弁護士自治は，堅持し強化しなければならない。国民との対話，より質の高い職務の実践を通し，また，綱紀・懲戒事案の適切な処理，不祥事の根絶によって国民の信頼を維持する努力が必要である。

(1) 弁護士自治の歴史

弁護士自治の意義は，弁護士の資格審査や弁護士の懲戒を弁護士の団体のみが行い，それ以外の弁護士の職務活動や規律についても，裁判所，検察庁または行政庁の監督に服せしめないことをいう。弁護士自治の内容として理論上，❶弁護士会による弁護士資格試験の実施，❷弁護士会による弁護士養成，❸弁護士会による弁護士資格の付与，❹弁護士会による弁護士に対する指導・監督，懲戒，❺弁護士会に対する強制加入があげられる。現行弁護士法は❸ないし❺をほぼ採用している。

わが国における弁護士自治の原則は，戦前において，正当な弁護活動が制限され，国民の人権擁護が十分になされなかった経験に基づき，現行憲法の制定に伴って，人権擁護を十全なものとするために，当時の弁護士達の努力によって獲得されたものである。

このような歴史的経験から，わが国における弁護士自治は，諸外国に比して，より完全な国家権力からの独立性が確保されている。個々の弁護士は業務において弁護士自治の意義を意識する場面が少ないが，歴史的経緯と自治の意義を常に自覚している必要がある。

しかし，現行憲法の国民主権原理の下で，主権者である国民と弁護士自治の関係がいかにあるべきかについては，まさに現実の民主的政治過程のなかで，多様な討議が行われるべきである。我々弁護士としては，国民との対話の中で，国民に対し，弁護士自治の目的

が，基本的人権の擁護という現行憲法の基本原理の実現にあることの理解を求め，さらにより質の高い弁護士業務をたえず実践してこれを裏付ける責任がある。

(2) 司法制度改革と弁護士自治

司法制度改革審議会や司法制度改革推進本部の法曹制度検討会での議論の場でも，弁護士自治の原則そのものを改変すべしとの意見はなかった。司法制度改革そのものが弁護士自治に対する攻撃であるというような見解をとることはできない。人権の保障に逆行する国家権力の介入には断固反対していくべきことは当然であるが，弁護士自治の目的が人権の擁護である以上，制度運用に当たって，人権の主体である市民との対話にはむしろ積極的であるべきである。弁護士及び弁護士会が常に人権の主体であり依頼者である市民の意見に耳を傾けて制度運用を行うべきことは当然のことである。

(3) 綱紀・懲戒制度の運営

1999（平成11）年から2000（平成12）年にかけて，規制改革委員会（現・総合規制改革会議）では，規制緩和の観点から，強制加入制の廃止が議論され，それに関連して，懲戒請求人に対する司法審査請求権の付与，綱紀委員会・懲戒委員会の外部委員の過半数化などの意見が出現した。

最終的に，2003（平成15）年6月の弁護士法改正においては，日弁連綱紀委員会の法定委員会化，綱紀委員会参与員の廃止と外部委員の導入，弁護士以外の者のみによって構成される綱紀審査会を日弁連に設置するなどの内容を柱とする制度改革が行われた。

この間，会内においては，当時の制度は十分に適正な制度であって，なぜそもそも改革が必要なのか，綱紀審査会の結論に拘束力を認めることは仮に限定されたものであっても弁護士自治の原則に反するとの意見も多く出された。しかし，国民の理解を得て旧制度の維持を図ることはできなかった。

議論の前提として忘れてならないことは，不祥事，ことに重大事案が毎年かなりの数で発生し，必ずしも減少の傾向にないこと，処分までの期間が長時間を要しており，事案の増加がこれに拍車をかけているということである。不祥事の根絶に向けた有効な総合的施策を自ら打ち出すことが必要である。

(4) 弁護士自治と司法権

最高裁判決において，弁護士に対する懲戒処分について弁護士会の裁量に委ねられているとする判断が示された（第一小法廷平成18年9月14日判決）。同判決は，「弁護士会の懲戒の制度は，弁護士会の自主性や自律性を重んじ，弁護士会の弁護士に対する指導監督作用の一環として設けられたものである。また，懲戒の可否，程度等の判断においては，懲戒事由の内容，被害の有無や程度，これに対する社会的評価，被処分者に与える影響，弁護士の使命の重要性，職務の社会性等の諸般の事情を総合的に考慮することが必要である。したがって，ある事実関係が『品位を失うべき非行』といった弁護士に対する懲戒事由に該当するかどうか，また，該当するとした場合に懲戒するか否か，懲戒するとしてどのような処分を選択するかについては，弁護士会の合理的な裁量にゆだねられていると解され，弁護士会の裁量権の行使としての懲戒処分は，全く事実の基礎を欠くか，又は社会通念上著しく妥当性を欠き，裁量権の範囲を超え又は裁量権を濫用してされたと認められる場合に限り，違法となるというべきである」としている。

(5) 弁護士自治の維持

弁護士人口の増大による会内部からの崩壊，非行増大を背景とした弁護士自治廃止の声が出るようなことがあってはならない。弁護士自治を維持するために，弁護士と弁護士会の関係の空疎化の防止に努め，同時に，非行防止のための倫理研修に努め，さらに，業務の研鑽によって国民の信頼を確保する努力をしていかなければならない。また，弁護士会は，弁護士法31条1項の指導・監督権限をもとに，懲戒手続を待っていたのでは回復し難い損害の発生を防止することができないなど特段の事情が存在する場合には，弁護士の違法・不当な行為を阻止して（奈良弁護士会事件大阪高裁平成21年7月30日判決），国民の信頼を維持しなければならない。

強制加入制は弁護士自治の要素であり，法曹養成の過程において基本的素養として理解させる努力を継続しなければならない。

2）弁護士倫理（弁護士職務基本規程）と今後の課題

> ・弁護士人口が増加し，弁護士の活動領域が広がり，弁護士の役割がますます高まる中で，社会や国民の信頼を獲得し，弁護士自治をより強固にするために，弁護士職務基本規程の今後の運用が極めて重要となる。
> ・弁護士職務基本規程の今後の運用に関しては，弁護士倫理に関する議論を深化させるとともに，弁護士倫理研修への理解と積極的な協力支援が重要である。

(1) 弁護士職務基本規程の制定と運用

現行の弁護士職務基本規程は，弁護士自らが拠って立つべき倫理規範と行為規範として，2004（平成16）年11月10日の日弁連臨時総会で制定され，2005（平成17）年4月1日から施行された。旧弁護士倫理は，1990（平成2）年3月2日臨時総会決議による「宣明」にすぎなかったが，弁護士職務基本規程は「会規」として制定された。行為規範の点については，会規違反として懲戒事由ともなり得るものとなっている。制定された弁護士職務基本規程は，法友会の意見に概ね沿うものである。

今後，弁護士人口が増加し，弁護士の活動領域が広がり，弁護士の役割がますます高まる。弁護士は，自らのアイデンティティを確立し，矜持と名誉を保ち，社会や国民の信頼を獲得し，弁護士自治をより強固にするために，弁護士職務基本規程の今後の運用が極めて重要となる。

弁護士職務基本規程の運用においては，個々の条項の解釈が明確でないものや新しい問題への対応が問われるもの等もあり，今後の具体的事例の集積を待ったり，さらなる研究・検討を必要としたりする点もある。しかし，弁護士人口が増加する中で，まずは各弁護士が弁護士職務基本規程の内容を熟知し，自らの血や肉とすることが肝要である。弁護士職務基本規程は，弁護士活動に対する制約というよりも，社会や国民の信頼を獲得するための道標であり，弁護士活動の英知の結晶と考えるべきである。

(2) 今後の課題

このような観点からは，弁護士倫理研修が重要となる。日弁連及び各単位会においては，倫理研修への参加を義務付けているが，東弁の倫理研修は，日弁連のみなし認定を受けており，東弁の研修を受講した場合には，日弁連の研修を受講したものとみなされる。

東弁の倫理研修は，新規登録弁護士倫理研修と一般会員倫理研修の2つが設けられている。一般会員倫理研修は，登録後満5年，10年，以降10年ごとの会員が対象である。従前は登録後満30年の会員までが対象であったが，2007（平成19）年3月の規則改正により上限がなくなり，登録後40年，50年，60年の会員も受講が義務となっている。

現在，新規登録弁護士倫理研修と一般会員倫理研修のいずれも，討議による倫理研修が中心となっている。この研修は，弁護士倫理上の問題を含んだ事例につき，参加者が20名程度のグループに分かれて参加者自身の経験等を踏まえて討議する形で行うが，活発な議論がされることを，ミツバチがブンブンと飛び回る様（buzz）に例えて，バズ・セッション方式と呼んでいる。参加者が弁護士倫理を考える格好の機会となっており，すでに10年以上の実績があり，参加者からも高い評価を得ている。なお，一般会員倫理研修では，同時に実践的なセクハラや非弁提携の防止に関する講義も行っている。

しかし，弁護士人口の増加を受け，2008（平成20）年度では，新規登録弁護士倫理研修の参加者合計が467名（出席率92.5％），一般会員倫理研修の参加者合計は560名（出席率83.1％）になり，今後，このような討議による倫理研修を維持するためには，法友会における倫理研修への理解と積極的な協力支援（20名程度のグループでの討議には関連委員会から多数の協議員の派遣が必要）が重要である。

とくに近時はいわゆる即独立弁護士も増加する傾向にある。法科大学院における倫理研修も，新司法試験の必須科目でない上，必ずしも実践を踏まえた十分なトレーニングとは言い難いのが実情と思われ，このような弁護士にとっては，先輩弁護士からの指導助言の機会は乏しく，弁護士倫理を実践的に学ぶ機会としては，弁護士会の倫理研修がほとんど唯一のものともいえる状況にある。

弁護士職務基本規程の施行から数年が経過しているが，これを自らの血や肉とするという点では，問題はこのような新規登録弁護士に限られたものではない。弁護士経験年数と懲戒事例数との有意な関係も必ずしも見られない。弁護士が社会や国民の信頼を獲得するためには，弁護士倫理に関する議論を深化させることに並んで，弁護士倫理に関する弁護士全体のレベルアップも肝要である。

3）裁判所の処置請求に対する対応問題

> ・東京弁護士会では，法廷委員会を処置請求の調査機関とし，必要な規則の改正を行った。
> ・2006（平成18）年9月25日，東京高等裁判所から日本弁護士連合会に対して行われた，オウム真理教（現・Aleph〔アレフ〕）元代表松本智津夫（麻原彰晃）死刑囚の控訴審を担当した弁護人2名に対する処置請求については，裁判所が弁護士の処分などを請求するものでは1989（平成元）年以来20年ぶりのことであり，同時に世間の耳目を集めた大事件であるだけに，今後の日本弁護士連合会の対応が注目されていたが，2007（平成19）年2月に処分せずの決定を出した。
> その後2007（平成19）年3月，東京高等裁判所事務局長名で2人の所属弁護士会に，1970（昭和45）年以来の懲戒請求が申し立てられた。仙台弁護士会及び第二東京弁護士会では懲戒委員会の審査を経て，2008（平成20）年9月，2009（平成21）年7月に当該弁護人2名に対する処分が決定した。

2005（平成17）年11月に施行された改正刑事訴訟法（刑事訴訟法等の一部を改正する法律，平成16年法律第62号）により，法律に根拠をもつ処置請求が制度化された。これを受けて，2006（平成18）年3月3日開催の日本弁護士連合会臨時総会において，刑事訴訟法278条の2第5項，同295条3項，刑事訴訟規則303条に定める処置請求が裁判所より行われた場合の弁護士会及び日本弁護士連合会の会内手続を整備するものとして，「裁判所の処置請求に対する取扱規程」（以下本規定という）の制定が可決された。

なお，可決された「裁判所の処置請求に対する取扱規程」は，2006（平成18）年4月1日に施行されている。

(1)「裁判所の処置請求に対する取扱規定」制定の意義

ここで改めて処置請求に対する取扱規程制定の必要性について言及しておく。

刑事訴訟法改正前から存在した訴訟遅延行為に関する処置請求（刑事訴訟規則303条2項）に加え，2005（平成17）年の改正刑事訴訟法により，法律に根拠のある処置請求が制度化された（刑事訴訟法278条の2第5項及び同第295条1項，2項及び3項）。

従来の処置請求に加え，処置請求が制度化されたことから，今後は裁判所からの処置請求事案が増えることが予想される。その場合，弁護士会としても処置請求の原因となった裁判所の訴訟指揮の適正さを吟味し，処置請求の対象となった当該弁護人の弁護権の擁護について配慮する必要がある。

さらに，処置請求への対処の際の適正手続保障の観点から，調査の公正さや対処結果の適正さに差異が生じないよう，日本弁護士連合会として処置請求に対しての取扱規程を制定しておく必要性がある。

処置請求が行われた場合の対応内容の実質的判断は，各弁護士会の自治・自律によらしめるべきであるが，処置請求に対する全国的に共通かつ適正な手続規定の制定をしないまま放置することは，「処置請求に対し適切な自律的対処をする」と回答を行ってきた弁護士会に対する国民の信頼を損なうおそれもあった。

本規程を制定する際に出された反対意見の中には，公判前整理手続等裁判所の強権的訴訟指揮の容認につながるというものなどがあったが，処置請求に関する法規が存在する以上，その対応を考える必要があり，処置請求に関する法規自体の廃止ないし改正を求めていくのは運動論としてはありうるとしても，処置請求に対応する弁護士会内の規程を制定しないという意見には反対である。

さらには，本規程第9条において，処置または処置しないことについての結果について，裁判所にその旨を文書により通知しなければならず，必要と認めるときは，裁判所の訴訟指揮につき是正を求める意見その他の意見を付することができる（本規定9条2項）とされており，処置請求に対して弁護士会が対応することに積極的な意義がある。すなわち，裁判所の行う処置請求に対応し，その結果について裁判所に通知し，さらには，裁判所の訴訟指揮につき是正を求める意見を付することができると規定されていることは，処置請求に対応する過程において，法廷における裁判所の訴訟指揮権の適正な行使を弁護士会が監視し，行使内容を判断できる機能を有するということであり，かかる機能からすると，処置請求に対する取扱規程を定めることに積極的な意味がある。この意味では，裁判の公開が有する裁判監視機能を補完するものとして位置づけることができるのである。

(2) 処置請求に対しての弁護士会の対処及び調査機関について

処置請求への対処としては，各単位弁護士会に対するものと日本弁護士連合会に対するものと2つの手続がある。各単位弁護士会に処置請求がなされた場合には，原則として各単位弁護士会自らが処置請求に対処するものとし（本規程2条1項），日本弁護士連合会が処置請求に対処することが相当と認めたときには，各単位弁護士会から日本弁護士連合会に事案を送付し，日本弁護士連合会が処置請求に対処するものとした（本規程2条2項，同6条3項）。また，弁護士会は，日本弁護士連合会から事案の送付を受けた際には，処置請求に対処することが定められている（本規程2条3項，同6条1項）。

このうち，日本弁護士連合会が対処する場合には，処置請求に関する処置委員会が行うこととされている（本規程7条）。

ところで，各単位弁護士会が処置請求に対処する場合の調査機関は一律ではなく，各単位弁護士会の定めるところにより常議員会又は弁護士会の役員若しくはいずれかの委員会で調査しなければならず（本規定3条1項），各単位弁護士会において調査機関を定める必要がある（本規定10条）。法友会内では，調査機関として法廷委員会が相当であるとして諸規則改正を求める意見を提出している。

(3) 調査機関としての法廷委員会とその諸規則改正について

法友会が調査機関として法廷委員会が相当であるとした理由は，法廷委員会はその活動目的を「会則第57条に基づき，弁護士の使命を達成するため，法廷等における弁護権の擁護，公平な裁判及び適正な手続の確保を図ることを目的とする」（規則第1条）と定めており，本規程第1条の目的と同一であること，実際にも多数の事件に関して調査等を行い，処置請求が問われる可能性の高い事件について経験を有していることなどからである。

裁判所の処置請求への対応として，法廷委員会を処置請求への対応を行う調査機関とした場合，これに必要な諸規則を改正する必要がある。

東京弁護士会内に法廷委員会が設置されたのは1964（昭和39）年11月9日のことであり，以来，法廷委員会は，期日指定，訴訟指揮・弁護人の辞任，傍聴制限をめぐる裁判所と弁護人が対立した多くの事件に関して調査報告を行っている。

しかしながら，近年の法廷委員会は，持ち込まれる事件の減少に伴い，委員数も数名に止まっている。これでは，事件によっては，処置請求がなされた際に委員数の不足の虞もあり，委員枠の拡大も必要不可欠な案件である。

法廷委員会と同様の機能をもつ日本弁護士連合会の「処置請求に関する調査委員会」については，2006（平成18）年4月1日に施行された処置請求に関する調査委員会規則（平成18年3月16日規則106号。平成18年9月15日，平成19年6月14日に改正）がある。

なお，東京弁護士会は，2005（平成17）年11月7日の常議員会において，本規程を会規で定めることに賛成する旨の意見書を可決し，2006（平成18）年3月3日開催の日本弁護士連合会総会においても会として議案に賛成し，処置請求に対応する調査機関設置の必要性を認めている。

これを踏まえ，東京弁護士会では，2006（平成18）年10月に法廷委員会規則を改正して，処置請求された場合の調査及び情報の収集を行うこと並びに調査に基づく処置についての意見をとりまとめ，会長に報告することを同委員会の職務に加えた。

(4) 処置請求の事例——オウム真理教松本被告弁護団への処置請求

裁判所から弁護士会への処置請求がなされた事例は，本規程制定以前には確認されたもので1952（昭和27）年以降7件あり，この他に処置請求という手続をとらず，裁判所から弁護士会に対し「善処方」を求めるという方法も多くとられてきた。

　本規程制定後の処置請求の事例として，2006（平成18）年9月25日に東京高等裁判所から日本弁護士連合会に対して行われた，オウム真理教（現・宗教団体アーレフ）元代表松本智津夫（麻原彰晃）死刑囚の控訴審を担当した弁護人2名に対する処置請求がある。これは，松本被告弁護団が期限内に控訴趣意書を提出しなかった行為が訴訟の進行を妨害したとして，刑事訴訟規則に基づいて処分を求める処置請求を行ったという事例である。控訴趣意書不提出の結果として，東京高裁は2006（平成18）年3月27日に，控訴趣意書不提出を理由として控訴棄却を決定した。また，最高裁も高裁を支持して特別抗告を退けたため，2006（平成18）年9月15日に，控訴審の公判が開かれないまま，松本死刑囚の刑が確定した。

　処置請求を受けた日本弁護士連合会では，原則として3ヵ月以内に当該弁護士らに対し懲戒手続や勧告，処分しない等の対応を求められる。

　本件は，異なる弁護士会に所属する2名の会員についての案件であり，日本弁護士連合会が自ら対応するものとされ，また，裁判所が弁護士の処分などを請求するものでは1989（平成元）年以来17年ぶりのことであり，同時に世間の耳目を集めた大事件であるだけに，日本弁護士連合会の対応が注目されていた。

　これに対し，日本弁護士連合会は2007（平成19）年2月15日決定で「処置請求は審理中の裁判を迅速に進めるために助言や勧告をする制度で懲戒請求とは異なる。裁判が終わった後に訴訟を遅らせた制裁として請求するのは不適法」として処分しない決定をした。

　東京高裁は，「日弁連は弁護士の遅延行為についての判断を回避した。同様の行為を阻止するためにも処置請求は必要で，今回の判断は極めて遺憾」とし，2007（平成19）年，東京高裁は2人の所属弁護士会に改めて懲戒請求を申し立てる意向を示し，同年3月東京高裁事務局長名で「審理の迅速な進行を妨げ，被告の利益を著しく損なった」として懲戒が申し立てられた。裁判所による懲戒請求は，1970（昭和45）年以来39年ぶりのことであった。

　懲戒を申し立てられた仙台弁護士会綱紀委員会では，2007（平成19）年10月17日に，懲戒委員会の審査に付するのを相当とする旨決議した。同弁護士会綱紀委員会が「期限までに控訴趣意書を提出せず，弁護人の職責に反した」とした「懲戒相当」の議決を受け，同弁護士会懲戒委員会で審査を進めていたが、2008（平成20）年9月24日に，「弁護人としての基本的かつ重大な職務に反するもので，弁護士としての品位を欠いた」とする処分理由のもと，当該弁護士を戒告の懲戒処分にした。なお，当該弁護士は処分を不服として，日本弁護士連合会に審査請求しているようであるが結果はまだ出ていない。

　一方，第二東京弁護士会では，2008（平成20）年5月19日付で同弁護士会綱紀委員会において懲戒相当の決議があり，同弁護士会懲戒委員会で審査を進めていた。その後、2009（平成21）年7月27日付処分として、当該弁護士を業務停止1カ月の懲戒処分とした旨が同年7月30日に報道された。この際の処分理由は，「期限内に控訴趣意書を提出しなかったことは，弁護士としての品位を失うべき非行にあたる」というものある。

4）ゲートキーパー問題

> 2007（平成19）年3月，犯罪による収益の移転防止に関する法律（犯罪収益移転防止法）が成立したが，弁護士会の強い反対運動により，同法には依頼者の疑わしい取引の報告義務は盛り込まれず，本人確認義務と記録保存義務について特定事業者の例に準じて日弁連の会則で定めるところによると規定するにとどまった。
>
> 2007（平成19）年3月に実施されたFATFの相互審査の結果が2008（平成20）年10月に公表されて，弁護士を含む法律専門家については，勧告への不適合（NC，ノン・コンプライアント）という評価が下された。この結果を受けて，今後，警察庁や政府からは，犯罪収益移転防止法を改正して弁護士に依頼者の疑わしい取引の報告義務を課すなどの動きが出ることが予想される。
>
> 日弁連は，2007（平成19）年3月1日に制定（同年7月1日から施行）した「依頼者の身元確認及び記録保存等に関する規程」を会員に周知徹底し，その運用についてのガイドラインを定めるなどしてその適正な運用を図るとともに，法改正の動きに対しては，弁護士会をあげて反対運動を展開するための備えを今から準備しておくべきである。

(1) マネー・ローンダリングとFATFによる勧告

マネー・ローンダリング（Money Laundering,「資金洗浄」）とは，違法な起源の収益の源泉を隠すことを意味しており，例えば，麻薬密売人が麻薬密売代金を偽名で開設した銀行口座に隠匿したり，いくつもの口座に転々と移動させて出所をわからなくするような行為などがその典型とされている。このような行為を放置すると，犯罪収益が将来の犯罪活動に再び使われたりするおそれがあること等から，マネー・ローンダリングの防止が重要な課題となっている。

1989（平成元）年7月，アルシュ・サミットにおける合意により，金融活動作業部会（FATF）が設立され，FATFは1990（平成2）年4月にマネー・ローンダリング対策の国際基準ともいうべき「40の勧告」を提言した。「40の勧告」においては，麻薬新条約の早期批准やマネー・ローンダリングを取り締るための国内法制の整備，顧客の本人確認及び疑わしい取引報告の金融機関への義務づけ等が提言されている。

その後，1995（平成7）年6月のハリファクス・サミットにおいて，国際的な組織犯罪全般を防止する対策として，重大犯罪から得られた収益のマネー・ローンダリングについても防止措置を講じる必要があるとされ，FATFは，「40の勧告」を一部改訂し，マネー・ローンダリング罪成立のための前提犯罪を，従来の薬物犯罪から重大犯罪に拡大すべきだとした。

(2) わが国におけるマネー・ローンダリング規制の法整備

わが国では，前記のような国際的動向を踏まえて，1992（平成4）年7月，「国際的な協力の下に規制薬物に係る不正行為等を助長する行為等の防止を図るための麻薬及び向精神薬取締法等の特例に関する法律」（麻薬特例法）において，金融機関に薬物犯罪収益に関するマネー・ローンダリング情報の届出を義務づける疑わしい取引の届出制度が創設された。

2000（平成12）年2月，「組織的な犯罪の処罰及び犯罪収益の規制等に関する法律」（組織的犯罪処罰法）が施行され，疑わしい取引の届出の対象となる犯罪を，従来の薬物犯罪から一定の重大犯罪に拡大するとともに，マネー・ローンダリング情報を一元的に集約し，整理・分析して捜査機関に提供する権限を，金融庁長官に付与している。

その後，2002（平成14）年6月，「公衆等脅迫目的の犯罪行為のための資金の提供等の処罰に関する法律」が可決・成立し，同法の施行（同年7月2日）に伴って，組織的犯罪処罰法が一部改正され，テロリズムに対する資金供与の疑いがある取引についても疑わしい取引の届出の対象とされている。

2003（平成15）年1月6日，「金融機関等による顧

客等の本人確認等に関する法律」が施行され（同法は，預金口座等の不正利用を防止するため，2004（平成16）年12月に改正され，表題が「金融機関等による顧客等の本人確認等及び預金口座等の不正な利用の防止に関する法律」に改められている），金融機関等による顧客等の本人確認，本人確認記録・取引記録の作成・保存が義務付けられている。

(3) FATFによる新「40の勧告」の制定

FATFは，2001（平成13）年9月11日のアメリカ合衆国における同時多発テロの発生後，テロ資金対策もその活動範囲に加える決定をするとともに，テロ資金対策の国際的な基準というべき「8の特別勧告」を提言した。

また，FATFは，犯罪技術が精巧に複合化してきたことに注目し，これまでの「40の勧告」の再検討を行い，2003（平成15）年6月，非金融業者（不動産業者，貴金属・宝石等取扱業者等）及び職業的専門家（法律家・会計士等）に対する適用を盛り込んだ，新「40の勧告」を制定した。

本勧告は，弁護士や会計士等の職業的専門家が金融取引の窓口（ゲートキーパー）となることに着目して，不動産の売買，依頼者の資産の管理，銀行預金等の口座の管理等の取引を実施する際に，顧客の本人確認義務及び記録の保存義務を負わせるとともに，これらの業務を行う際に，その資金が犯罪収益またはテロ関連であると疑わしい取引について金融監督機関（FIU）に報告する義務を負わせるものである。

日弁連は，本勧告が出される前に，ABA（アメリカ法曹協会）やCCBE（ヨーロッパ法曹協会）など海外の弁護士会と連携し，弁護士に対する適用に強く反対してきた。

このような反対運動の成果として，FATFは，職業的専門家については，守秘義務または依頼者の秘密特権の対象となる状況に関連する情報が得られた場合には報告義務を負わないという例外を認めるとともに，守秘義務の対象についての判断は加盟国に委ね，さらに，疑わしい取引の報告先については，自主規制機関（弁護士の場合には弁護士会）に委ねることもできることを認めていた。

(4) 日本弁護士連合会の対応

日弁連は，かねてから，ゲートキーパー規制に対しては強く反対してきた。日弁連の理事会が承認した2003（平成15）年12月20日付「ゲートキーパー制度に関する今後の日弁連の取り組みについて」は，「日弁連は，弁護士に対し依頼者の疑わしい取引・活動に関する報告義務を課す制度については，今後も，このような制度が市民の弁護士に対する信頼を損ね，司法制度の適正な運営を阻害しかねないという問題があることを広く市民に訴え，その制度化に強く反対する。」とする基本的姿勢を明らかにしていた。

ところが，政府の国際組織犯罪等・国際テロ対策推進本部は，2004（平成16）年12月10日，「テロの未然防止に関する行動計画」を決定し，その中で，「FATF勧告の完全実施に向けた取組み」が掲げられ，その実施についての法整備の必要性を検討することを定めた。

FATFの新「40の勧告」がテロ対策も含んでいたことから，上記行動計画は，FATF勧告の完全実施を掲げ，その結果，弁護士などの専門職を含む非金融機関に対する横並びの法規制がなされる可能性が極めて高まった。

(5) 金融庁から警察庁へのFIUの移管と日弁連の対応

2005（平成17）年7月29日，国際テロ対策推進本部幹事会は，弁護士を含む法律専門家及び非金融機関に対する顧客の本人確認義務，取引記録の保存義務及び疑わしい取引の報告義務とその遵守のための制裁措置の導入について，単一の法律を制定する方針を決めた。

その後，同年11月17日，政府の国際組織犯罪等・国際テロ対策推進本部は，FATF勧告を実施するために必要となる法律の整備について，その法律案の作成は警察庁が行い，施行体制として，疑わしい取引の報告先として，FIU（金融情報機関）としてわが国において金融庁に設置されていた「特定金融情報室」を，組織・人員ごと警察庁に移管すること，FATF勧告を実施するために必要となる法律を2006（平成18）年中に作成し，2007（平成19）年の通常国会に提出することを決定した。

この決定に対し，日弁連は，同年11月18日，「弁護士に対する『疑わしい取引』の報告義務の制度化に関する会長声明」を出し，「警察庁への報告制度は，弁護士・弁護士会の存立基盤である国家権力からの独立性を危うくし，弁護士・弁護士会に対する国民の信頼を損ねるものであり，弁護士制度の根幹をゆるがすも

のである。したがって，日弁連としては，今回の政府決定は到底容認できないものであり，国民各層の理解を得る努力をしつつ，諸外国の弁護士・弁護士会と連携し，反対運動を強力に展開していくことを決意する」との決意を表明した。

これを受けて，全国の弁護士会において，ゲートキーパー問題に対する対策本部を設置して活動を行っている。東京弁護士会においても，2006（平成18）年1月15日にゲートキーパー立法阻止対策本部を設置して，国会議員への要請や広報等の活動を活発に展開してきた。

(6) 犯罪収益流通防止法案に対する弁護士会の対応と同法律の成立

警察庁は，金融機関，非金融機関（クレジットカード業，ファイナンス・リース業，宝石商・貴金属商，宝石商・貴金属商，不動産業），法律・会計等の専門家（公認会計士，行政書士，弁護士，司法書士，税理士）を対象として，テロ資金その他の犯罪収益の流通防止に関する施策の基本を定めること，義務対象事業者の義務を規定すること等により，テロ資金供与防止条約等を的確に実施し及び正当な社会経済活動が犯罪収益の流通に利用されることを防止することを目的とする「犯罪による収益の流通防止に関する法律案」を作成し，2007（平成19）年の第166回通常国会に提出することを計画していた。

その中には，法律・会計等の専門家について，FATFの新「40の勧告」の趣旨に従って，本人確認，取引記録の保存及び疑わしい取引の届出の措置を講ずる責務を有することを定めるとともに，弁護士については，その措置の内容を，他の法律・会計等の専門家の例に準じて，日弁連の会則により定めること，弁護士による疑わしい取引の届出は日弁連に対して行うことなどが規定されようとしていた。

これに対して，日弁連では，FATFの新「40の勧告」のうち，本人確認及び取引記録の保存については，「依頼者に身元確認等に関する規程」を，弁護士職務基本規程の特別規定として新設し，疑わしい取引の届出の措置については，会則等で自主的に定めることについても強く反対することを決めて，与党である自民党や公明党のヒアリングにおいてもその方針を表明した。

日弁連は，2007（平成19）年3月1日，臨時総会において，「依頼者の身元確認及び記録保存等に関する規程」を可決して成立させ，同年7月1日から施行している。この規定は，弁護士職務基本規程の特別法として位置づけられ，違反した場合には懲戒処分も可能な内容となっている。

このような動きを受けて，政府は，「犯罪による収益の移転防止に関する法律案」の提出の段階において，弁護士を含む士業について，「疑わしい取引の報告義務」を課さないことにするとともに，弁護士についての本人確認義務及び記録保存義務については，特定事業者の例に準じて日弁連の会則で定めるところによることとされ，法律で直接規制されることは免れることになった。同法律は2007（平成19）年3月31日に成立した。弁護士等やそれ以外の特定事業者がとるべき各種の義務に係る部分は，2008（平成20）年4月1日から全面的に施行されている。

(7) 今後の情勢と弁護士会に求められている対応

FATFの日本に対する相互審査が2008（平成20）年3月6日から同月21日まで実施され，日介連のヒアリングは同月19日に実施された。

同年10月に公表された対日相互審査報告書において，弁護士を含む職業専門家については，勧告への不適合（NC，ノン・コンプライアント）という評価が下された。日弁連の「依頼者の身元確認及び記録保存等に関する規程」については，非対面取引について日弁連のガイダンスが不十分である，身元確認義務の除外範囲が不明確である，一定の金額以下の取引を除外しているなどが指摘された。

この結果を受けて，今後，警察庁や政府から，「犯罪による収益の移転防止に関する法律」を改正して，弁護士についても，依頼者の疑わしい取引の報告義務を課そうとする動きが出されることが予想される。

しかしながら，依頼者の疑わしい取引の報告義務は，依頼者に告げないで捜査機関でもある警察庁に対して依頼者の秘密情報を提供することが求められる密告義務であり，弁護士と依頼者との信頼関係を根底から破壊するものであって，弁護士にそのような義務を課すことを絶対に認めることはできない。

弁護士会としては，今後の法改正に対する動きに向けて，弁護士がマネー・ローンダリングに関与したり利用されることがないように，弁護士会が自主的かつ実効的に規律している実績を示すことは重要であり，日弁連が定めた「依頼者の身元確認及び記録保存等に

関する規程」を，会員に対して，より周知徹底するとともに，同規定が適正に運用されている状況を作り，依頼者の疑わしい取引の報告義務を日本で導入する立法事実がない状況を作っていくことが求められている。また，FATFから，日弁連の規定について不明確であると指摘された諸点については，今後，日弁連において明確な指針を示して明確にするためガイドラインを作成するなどの作業も求められる。

その上で，弁護士会としては，法改正の動きが起きた際には，依頼者である国民に広く理解を求め，世論を味方につけて，弁護士が依頼者の疑わしい取引の届出を行う制度の法制化を阻止するような強力な反対運動を，弁護士会を挙げて全面的に展開していく必要があり，今からその備えをしておく必要がある。

また，日弁連は，まだこの制度を導入していないABA（アメリカ法曹協会）や，この制度を導入したが制度の廃止を求めて運動しているCCBE（ヨーロッパ弁護士会連合組織）など海外の弁護士会との連携を密にして，FATFの勧告から弁護士に対するゲートキーパー規制を撤回させる運動を強力に推進するように全力を尽くすべきである。

5）隣接士業問題と弁護士制度
(1) 隣接士業の概要

隣接士業とは，一般に公認会計士（18,943人），土地家屋調査士（17,820人），司法書士（19,394人），行政書士（39,846人），社会保険労務士（33,671人），弁理士（7,789人），税理士（71,177人）の7士業を指す（カッコ内は2009〔平成21〕年現在の人口）。

公認会計士，土地家屋調査士の業務は，「法律事務」（弁護士法3条1項）ではない。ただし，筆界をめぐる民事紛争手続の代理に限って「法律事務」に該当する（日弁連調査室『条解弁護士法〔第4版〕』〔弘文堂，2007年〕）。その他の司法書士等5士業の業務は「法律事務」と解されており，弁理士，税理士の業務は弁護士が当然に行うことができると明示され（同法），行政書士，社労士については，弁護士が資格を有する（行政書士法3条，社労士法2条）。司法書士の業務を弁護士が行えることは当然のことと解釈され裁判例も同様である。

国際比較でいえば，欧米諸国では公認会計士と弁理士はほぼ存在するが，他の士業は存在しない。隣接士業が専門別に細分化している例は日本，韓国だけである。

以上から，弁護士人口を国際比較する場合は，専門業務分野が重複しない公認会計士，土地家屋調査士及び諸外国でも一般に存在する弁理士を除いた，司法書士，行政書士，税理士，社労士の人口（合計164,088人）を合算した上で比較する見方もある。

ただし，隣接士業は弁護士と同じ権限を有しない点は留意すべきである。

(2) 隣接士業問題の本質

弁護士と司法書士，行政書士，社労士，弁理士，税理士の各士業との関係をどのように考えるかを包括的に「隣接士業問題」という。

隣接士業問題は，職域問題，業務問題とも関わるが，弁護士の法律事務独占，弁護士自治，法曹人口，司法制度改革とより深く関係する弁護士制度問題であるところにその本質がある。

(3) 弁護士の法律事務独占との関係

弁護士人口の不足時代には問題とならなかったが，弁護士人口の大幅増がはかられたことから，弁護士が業務権限ないし資格を有する5つの隣接士業（司法書士，行政書士，社労士，弁理士，税理士）についても，本来，弁護士がその業務を担うべきではないかとの問題提起がなされている。

わが国では弁護士の法律事務独占制（弁護士法3条，72条）が採用されてはいるが，沿革的には従来から市民への法的サービス提供が司法の担い手たる弁護士と行政補助職としての隣接士業によってなされてきた。弁護士と隣接士業の棲分が成立していた。今次の司法改革における弁護士人口の大幅増加政策は，法的サービス提供の担い手は弁護士であるべきとの考えに基づくが，他方，従来から法的サービス提供の担い手として存在する隣接士業との関係をどのように考えるべきかの問題が顕在化した。

法律事務独占の理念を重視するか，沿革ないし現実を前提とするか，弁護士人口の増加の状況と相まって弁護士会としての政策選択が問われている。

(4) 弁護士自治との関係

弁護士と隣接士業の決定的相異は，行政による指導・監督の有無，すなわち自治権の有無にある。

弁護士自治の根拠については，自治が定められた新弁護士法制定の経過及び立法趣旨から，一般に「弁護

士の使命が法案一条に示された『基本的人権を擁護し，社会正義を実現する。』ことにあるのであれば，時には，裁判所，検察庁その他の国家機関の非違を是正すべき職責を有するものである。それが国家機関によって，その職務の遂行に関して監督を受けるということであっては，十分にその責務を果たすことは困難とならざるをえない道理である。かような弁護士の職能の特殊性に鑑みて，国家機関のいずれからも監督を受けることがあってはならないとの結論となった」（福原忠男『弁護士法』〔第一法規出版、1976年〕28頁）と説明されている。

　行政庁その他国家機関を相手方とする隣接士業の業務については，隣接士業が自治をもたず行政庁の監督を受ける立場にあることから，市民（依頼者）の真の利益を守ることに欠けるのではないかという問題がある。

　税理士（国税庁が監督庁）が特に問題である。税務当局（国家権力）を相手とする業務でありながら自治権を有しないからである。税理士は，戦費調達をはかる目的で戦時立法として税務代理士法（1942〔昭和17〕年）を起源とし，戦後，弁護士法（1949〔昭和24〕年），税理士法（1951〔昭和26〕年）の制定の経過においても，税理士業務は本来，弁護士が行うべき性質のものであるとの議論が展開されている。現在は廃止されているが，税理士の報酬基準は減税額によらず，納税額によっていることにも，依頼者のための専門職というより行政補助職としての性格が色濃くあらわれている。諸外国でも税理士業務は弁護士により担われていることが多い。

　また，近時，行政書士，司法書士等により行政不服審査における代理権付与の立法化要求がなされているが，行政庁の監督を受ける立場の者が行政庁を相手とする業務を行うことは，市民（依頼者）の利益を適正に守れないという原理的・制度的な問題がある。

(5) 弁護士人口との関係

　第1点は弁護士人口の国際比較の論点である。前記(1)のとおり，司法書士，行政書士，社労士，税理士の合計人口は164,088人であり，弁護士人口26,954人（2009〔平成21〕年）を加えると合計191,042人となる。日本人の総人口127,614,000人（2009〔平成21〕年）であるから，弁護士等1人当たりの国民数は約668名となり，アメリカ（281人），イギリス（463人），ドイツ（560人）に次ぐ。フランス（1,363人）の約2分の1である（外国例は2008〔平成20〕年度，日弁連『弁護士白書2008年版』98頁）。司改審意見書は3,000人，5万人の法曹人口の目標数値を立てる際，フランス並みとなることを目指したが隣接士業を含めると弁護士人口は既にフランスの2倍を超えている。

　第2点は，「法の支配」ないし「法的サービス」の担い手の問題である。司法改革の目的を法の支配の徹底と考え，法の支配の担い手は法曹たる弁護士に限り隣接士業は含めるべきでないとの理念から法曹人口に隣接士業を含めない考えがある。この考えからは，隣接士業を法曹人口に含めて国際比較をし法曹人口の増大を抑止しようとする立場を採りながら，隣接士業からの権限拡大要求を否定することは矛盾であるとの批判がある。

　他方，隣接士業による法的サービスの提供の現実があることから，法曹ないし弁護士の適正人口を考える場合に隣接士業人口を含めるべきだとの考えもある。論理的にいえば，仮に，隣接士業を除外して弁護士人口をカウントするのであれば，弁護士は権限・資格を有する隣接士業の業務を担っているのでなければならないはずである。

　第3点は権限の問題である。弁護士は法律事務に関するオールマイティーの権限があるが，隣接士業は一部の専門分野に限られている。隣接士業の存在をもってしては弁護士に代替しえないと主張される。

(6) 司法制度改革審議会意見書（「意見書」）の立場

　弁護士と隣接士業の関係についての意見書の立場をまとめると次のとおりである。

❶　司法の担い手を「法曹」とすると，法曹とは弁護士，判・検事であり，隣接士業は含まれない。ただし，隣接士業は「司法の担い手」ではないが，「法的サービスの担い手」ではある。

❷　法曹人口を考える場合，隣接士業の人口は考慮しない（国際比較で法曹一人当たりの国民数のデータ紹介があるが，隣接士業は含めてない）。

❸　隣接士業団体から要望があり（佐藤幸司外・司法制度改革288頁），隣接士業の活用，そのための権限拡大措置を講じた。

❹　隣接士業の権限拡大措置は，弁護士人口の大幅増員が達成されるまでの間の過渡的・応急的措置である。「当面の法的需要を充足させるための措置」（意

見書87頁）としている。

❺　「弁護士と隣接法律専門職種との関係については，弁護士人口の大幅な増加と諸般の弁護士改革が現実化する将来において，各隣接法律専門職種の制度の趣旨や意義，及び利用者の利便とその権利保護の要請等を踏まえ，法的サービスの担い手の在り方を改めて総合的に検討する必要がある」（同上）。

❻　「弁護士と隣接法律専門職種その他の専門資格者による協働については，依頼者の利便の向上を図る観点から，ワンストップ・サービス（総合的法律経済関係事務所）を積極的に推進し，その実効を上げるための方策を講じるべきである。その際，収支共同型や相互雇用型等の形態などいわゆる異業種間共同事業の容認の可否については，更に検討すべきである」（同上）。

(7) 隣接士業の権限拡大措置の実施

意見書に盛り込まれた隣接士業の権限拡大措置はそのほとんどが実行された。

このことを契機に，隣接士業は更なる権限拡大（＝職域拡大）の立法化要求のロビー活動を活発化させた。なかには，行政書士の不利益行政処分における弁明・聴聞手続代理権の付与など著しく不合理な内容の権限拡大が政治圧力によって実現している。

(8) 司法書士，行政書士，社労士のさらなる権限拡大要求

上記3士業連合会，その政治連盟及び規制改革会議の第3次答申（2008〔平成20〕年3月22日）等は，弁護士が権限がありながら十分に責任を果たしていないこと，市民の利便性，ニーズに応えること，士業間の規制緩和を推進すべきことなどを理由に更なる権限拡大の立法化要求を掲げている。

司法書士の「制約のない法律相談権の確立」，行政書士の「行政不服審査請求についての一般的な代理権付与」，社労士の「簡裁訴訟代理権・労働審判代理権付与」などの要求である。これらの要求はいずれも立法事実を欠き，かつ，能力担保措置を安易に乱用し資格制度を否定するものであり是認できない。

(9) 司法書士の「制約のない法律相談権」要求の問題性

上記権限拡大要求のうち，一例として，司法書士の簡裁代理権の事物管轄（140万円以内）に限定されない民事紛争全般に対する法律相談権要求についてその問題性を指摘する。

そもそも司法書士業務は登記供託の手続代理，裁判所・検察庁等に提出する書類作成及び関連相談に止まる。そこでの法的判断は常識的な法知識に基づく整序的事項に限られる（裁判例）。今次の改革により弁護士の大幅増員が達成されるまでの過度的・応急措置として140万円以内の民事紛争の簡裁訴訟代理権が認められ，これに対応して例外的に裁判外代理権，法律相談権が認められた。簡裁訴訟代理権に変更がない以上，法律相談権の拡大は是認されない。

法律相談権の権限拡大要求の前提に法律相談は「事件受任の前段階にすぎない」との法律相談の意義に対する認識欠如がある。法律相談は弁護士業務の中でも最も基本的な重要業務であり，弁護士としての技量と経験が如実に問われ，相談者の人生の命運にかかわる場合が少なくない。

弁護士会は法律相談の重要性に鑑み組織をあげて全国的な法律相談体制づくりを展開し，全国津々浦々に法律相談センター及びひまわり基金公設事務所を開設その数は約370カ所を超える。地方裁判所の支部単位の弁護士不在地域が50カ所あったものがすでに解消した。弁護士不在の簡裁数も131から94と激減している。これらは弁護士人口の大幅増員（2001〔平成13〕年18,246人→2009〔平成21〕年26,958人）による顕著な成果である。司法書士人口が微増（2000（〔平成12〕年17,075人→2008〔平成20〕年18,877人）であることに照らしても，弁護士の増員達成までの間の過度的・応急措置としてなされた権限拡大の例外措置をさらに増幅させることは今次の司法改革の流れに逆行する要求である。

(10) その他

上記の他にも

❶　認定司法書士制度の廃止問題
❷　認定司法書士の裁判外代理権の範囲についての債権額説と受益説，総額説と個別説の対立
❸　隣接士業による弁護士雇用問題
❹　弁護士法72条の事件性不要説と必要説の対立
❺　弁護士と隣接士業の在り方についての検討

など，いずれも弁護士制度の根幹にかかわる重要な諸問題がある。

6 弁護士と国際化の課題

1) 国際化に関する現代的課題

> わが国の弁護士制度・弁護士業務は，諸外国の法曹制度や国際社会の動向と密接な関係を有するに至っている。われわれは，WTO等における弁護士業務の自由化等の論議や動向を注視しつつ，わが国の弁護士会全体の問題として，わが国の弁護士制度・業務の国際社会における在り方・国際的なルール作りへの対応につき，早急に総合的な対策を講じる必要がある。

(1) はじめに──国際化への基本的対応

従来，弁護士業務の国際化は国内の業務とかけ離れ，主に渉外弁護士の世界の問題であると認識されていた。しかし，今，世界では，外国の弁護士に対する市場の開放，隣接業務との提携の推進など弁護士業務の「自由化」の議論が盛んになされている。また，広告制限・弁護士報酬規制などの弁護士会の内部規則を撤廃し，法律サービス市場に競争原理を導入するべきであるという主張もされている。WTOのGATS交渉では，専門職のライセンスおよび資格の自由化について討議され，同様の議論が米国やEUとの二国間交渉のなかでもされている。さらに，証券取引法や独占禁止法などの「法制度の急激な世界標準化」の流れも感じることができる。

こうした弁護士職に関連する世界における動きは，司法改革の議論の中で，そのままわが国に影響を与えている。

2001（平成13）年6月12日に発表された司法制度改革審議会意見書でも，わが国の法曹も，弁護士が国際化時代の法的需要に十分対応するため，専門性の向上，執務体制の強化，国際交流の推進，法曹養成段階における国際化への要請への配慮等により，国際化への対応を強化すべきであり，また日本弁護士と外国法事務弁護士等との提携・協働を積極的に推進する見地から，特定共同事業の要件緩和等を行うべきであると述べられている。こうした意見は大いに傾聴するに値するもので，弁護士は臆することなく国際化に乗り出すべきである。しかし，他方，グローバルスタンダードが特定の強国のスタンダードとならないように慎重に見極めるべきであり，わが国独自の文化や社会制度にも配慮したバランスのとれた国際化を目指すことが望まれる。

他方，弁護士の「コアバリュー（根源的価値）と直接相克する制度の導入」も実施されている。依頼者の秘密保持義務にかかわるマネーロンダリング規制がその典型であり，現在の法律では弁護士に疑わしい取引の報告義務を課されてはいないが，今後，再度議論される可能性があり，今後の動向を注視する必要がある。さらに，英国では弁護士への苦情の増大を背景に「弁護士団体の自治への警鐘」となるようなクレメンティ報告が政府に提出され，2007（平成19）年には弁護士に対する苦情処理などの機能を弁護士会から独立の機関に移す法律サービス法が成立し，弁護士の懲戒権を弁護士会から独立したリーガル・サービシーズ・ボード（LSB）に帰属させた。

こうした世界及び国内の動きを，間近に感じるときに，私たちが取り組むべきいくつかの課題が見えてくる。

第1に，弁護士業務の国際化に迅速に対応することである。国際社会において弁護士業務の自由化をめぐる流れは，WTO体制の下で急速に進展している。自由化の行き着くところ，相手国で与えられた資格を自動的に自国でも有効なものとして認めるという「相互承認」の原則がとられ，外国で得た弁護士資格をわが国において自動的に認めなければならないという事態になる可能性さえある。現在，WTO交渉はとん挫しているが，交渉が進展することになれば，わが国の弁護士制度・業務に大きな変革を迫ってくることが予測される。他方で，法律サービスはFTA等の二国間の貿易交渉の中でも取り上げられ，FTA交渉で後れをとっているわが国において，法律サービスの面でも却って国際競争力を減殺されてきつつある。われわれはこのような問題に関し弁護士会全体として危機意識を持ち，情報を共有化する必要がある。特に，国際法律

業務や新たな法改正に対応する専門家の養成は急務であり，弁護士会も弁護士継続教育制度の充実などの措置を検討する必要がある。

第2に，弁護士の多様な国際活動の支援を強化することである。外務省などへの任期付き公務員制度の推進，国際機関への就職の斡旋，法整備支援にかかわる弁護士の育成などをさらに充実させていくことが必要である。世界の国々には，未だ法の支配（Rule of Law）が十分機能していない国や貧困問題から司法へのアクセスの実現にほど遠い国も多い。このような中で，日本の弁護士が積極的に国際協力や支援活動に参加し，現場でこれらの実現に貢献することが望まれる。

第3に，弁護士が法の支配に奉仕する存在であることを再確認することである。社会の隅々まで弁護士のサービスが行き渡り，司法へのアクセスが容易になることを実現するために，さらに努力する必要がある。

第4に，情報の収集と効果のある施策を実行するために，外務省・法務省等とも連絡を密にし，弁護士の独自性等の観点から自由化の内容を合理的なものにする努力を展開し，米国法曹協会（ABA），欧州弁護士会評議会（CCBE），国際法曹協会（IBA），ローエイシア等の内外の法曹団体とも協力をはかっていくべきである。

最後に，国際問題が国内問題に直接影響するという意識をもって，弁護士の自治を強化し，弁護士が社会からより信頼されるように努力することが必要である。例えば，事後規制の世の中にあって，弁護士の綱紀懲戒事案や紛議調停事案をどれだけ迅速かつ公正に処理することができるか，が課題である。さらに，弁護士の専門化・多様化のニーズにどれだけ応えることができるか，弁護士会として取り組むべき施策を早急に構築し実施する必要がある。そして，日本司法支援センターを充実，発展させるなどして弁護士の公益活動を推進し，法の支配に奉仕する弁護士がより増えるための取組みも積極的に行う必要がある。

以下，関連する具体的な問題について述べる。

(2) 国際化による弁護士制度・業務への影響

ここでは，国際化のもたらす弁護士制度・業務への影響に関する問題点として，❶世界貿易機構（WTO）等における自由職業サービスの国際的規制緩和の問題，及び❷主に巨大国際会計事務所との提携を問題点とする異業種間共同事業（Multidisciplinary Practiceor Partnership，いわゆるMDP）の問題を取り上げて論じる。

① WTO等における国際的規制緩和

国境を越えたサービス業へのニーズが著しく増加したことから，1986（昭和61）年に始まったGATTウルグアイ・ラウンドでは，従来の関税等の物の取引に関する障壁の撤廃にとどまらず，弁護士業務を含むサービス関連業も自由化交渉の対象に追加し，サービス貿易を国際的な共通ルールで規律するための条約として，GATS（サービス貿易に関する一般協定）が1995（平成7）年1月に発効した。わが国が同年に外弁法を改正して強制的相互主義を任意的相互主義に改めたのは，最恵国待遇を基本とするGATSの原則に合致させるためであった。

サービス貿易を含む貿易を律する法的な拘束力を持つ新たな国際機関である世界貿易機構（WTO）の下で，弁護士業務はGATSに組み込まれ，その自由化交渉はGATSを枠組みとして進められることになった。GATSは多国間条約であるので，WTO加盟国はGATSの改正など新たな協定が締結された場合にはその内容と異なる法令（例えば弁護士法や外弁法など）を改正すべき国際的な義務を負うことになる。このように，WTO体制は，従前のGATT体制と比してその法的重みを著しく増しているといわなければならない。

WTOの現在のラウンドは，2001（平成13）年11月にドーハで開催された閣僚会議で開始が宣言されたドーハ・ラウンドと呼ばれているが，そのドーハ・ラウンドではサービス貿易一般協定（GATS）によるリーガルサービス貿易を含むサービス貿易のいっそうの自由化を求めている。

WTOの自由職業サービス作業部会（WPPS）は，国際化が最も容易な会計サービスの分野から着手し，1997（平成9）年5月に「会計分野の相互承認協定又は取決めの指針」（資格の相互承認ガイドライン）を，1998（平成10）年には，「会計分野の国内規制に関する法律（多角的規律）」を採択した。この規律は現時点では法的拘束力はないが，新ラウンドの終結までに，自由職業サービス全般の規律とともにGATSの一部として法的拘束力のあるものにすることが合意されている。1999（平成11）年4月に開催されたWTOのサービス貿易理事会は，自由職業サービス全体の規律作

成作業を急ぐため，自由職業サービス部会を発展的に解消し，新たに「国内規制作業部会（WPDR）」を設置した。同作業部会はサービス全体に関わる資格要件・手続，免許要件・手続，技術上の基準の規律などを作成する任務が与えられている。したがって，2000（平成12）年からのドーハ・ラウンド終了後には，わが国の弁護士を含む自由職業を拘束する自由職業サービスの国内規制に関する法律が作成される可能性が高い。

新ラウンドは，2005（平成17）年1月に終結する予定であったが，多くの国が反対したことから未だ終結しておらず，2006（平成18）年11月のAPEC首脳によるWTOに関する独立宣言で交渉再開を求めたことを契機に，ラミー事務局長がジュネーブにて事務レベルでの交渉再開を宣言したが，農業問題を中心に妥結にいたらず，現在も交渉中である。

② MDP——巨大国際会計事務所の法律業務への進出

巨大国際会計事務所が本来の会計監査や税務監査からコンサルティングへと範囲を広げ，MDPを通じて，法律サービスの分野に進出し，各国弁護士会にとって大きな脅威となっている。わが国では，弁理士，税理士，司法書士などの隣接業種との異業種提携の動きが見られるが，国際的には巨大国際会計事務所がその組織力・資金力・政治力・ネットワークなどを駆使して次々と弁護士事務所を買収しその傘下におさめ，MDPを通じて法律業務を行うという現象が起きた。

MDPの問題点は，❶弁護士倫理上，弁護士は独立であるべきであるが，大資本を背景とした巨大国際会計事務所との共同化によりこの独立性が損なわれるおそれがあること，❷会計事務所は，透明性の確保から一定の依頼者の業務について開示することを前提とした業務を行うのに対し，弁護士は依頼者の秘密を厳格に守らなければならない義務を負っていること，❸会計事務所の利益相反基準が弁護士のそれより緩やかであり両者はなじまないこと等があげられており，いずれも重要な論点である。また，巨大国際会計事務所が法曹の市場に参入した場合，急激に多くの弁護士を雇用することが予想され，そうした弁護士の雇用市場への影響も懸念されるところである。以上の問題を解決しない限り，MDPを認めることは原則としてできないと考える。ただし，実際に税理士，弁理士および司法書士との事業の共同化を様々な形で行っている弁護士事務所があり，こうした現象には，その認められる範囲を限定するなどの処置が必要である。

もっとも，エンロンなどの一連の会計事務所の不祥事件が起きて以降，MDPに対する規制緩和の動きは下火になっている。

2）外国弁護士の国内業務問題

> 外弁法が2003（平成15）年7月に改正され，❶弁護士と外国法事務弁護士の共同事業（外国法共同事業）の解禁及び❷外国法事務弁護士による弁護士の雇用が認められることになった。同改正法は，2005（平成17）年4月1日に施行され，前年度11月の臨時総会で可決した日本弁護士連合会の会則・会規も施行された。今後は，さらなる自由化に備えて真の弁護士の国際化とその方法を真剣に議論すべきである。

(1) 外弁法改正の経緯

2001（平成13）年6月に発表された司法改革審議会意見書で，「日本弁護士と外国法事務弁護士等との提携・共同を積極的に推進する見地から，例えば特定共同事業の要件緩和等を行うべきである」との意見が提起された。

これ以前にも，例えば2001（平成13）年3月30日に閣議決定された規制改革推進3カ年計画で，日本法及び外国法を含む包括的，総合的な法律サービスを国民・企業が受け得る環境を整備する観点から，外国法事務弁護士と弁護士との包括的・総合的な協力関係に基づく法律サービスがあらゆる事案について提供できるように検討することとされ，2002（平成14）年中に結論を出すこととなっていた。また，2001（平成13）年10月の日米規制改革および競争政策イニシアティブに基づく米国からの要望も，❶外国弁護士と弁

護士との提携の自由化，及び❷外国弁護士による弁護士の雇用解禁に的を絞る内容となり，さらに同時期に出された欧州委員会からの対日規制改革優先提案でも上記❶及び❷を強く求める内容となった。こうした背景が，それまで司法制度改革審議会でそれほど議論されていなかった外弁問題が同審議会意見書に盛り込まれた由縁であると推測できる。

以上の状況下にあって，政府の司法改革推進本部における国際化検討会の議論も2002（平成14）年初頭から始まり，上記の❶及び❷の問題について精力的な議論がなされた。国際化検討会では，渉外的または総合的（M&A，プロジェクトファイナンス，証券化等）な法律サービスを，外弁の専門性を生かしてユーザーに使いやすくすべきであり，また雇用問題については共同事業の緩和は当然に外国法事務弁護士による雇用に結びつくという意見が強かった。日弁連は，当初特定共同事業（外国法事務弁護士事務所と弁護士の事務所を分離して共同化を認めた制度）を行うことのできる事業目的の緩和で臨もうとしたが，その意見が通ることはなく，また外弁による雇用禁止だけは確保しようとしたものの，実現することはなかった。

以上の審議の結果，外弁法の改正案が起案され，同改正案は2003（平成15）年7月18日に成立し，同月25日に公布された。主な改正点は，❶特定共同事業以外の形態による弁護士・外国法事務弁護士の共同事業禁止（外弁法49条2項，49条の2）の解禁，❷外国法事務弁護士による弁護士の雇用禁止（外弁法49条1項）の解禁，❸外国法事務弁護士に許容された職務範囲を超えて法律事務をしてはならない（つまり日本法を扱ってはならない）という規制（外弁法4条）および外国法事務弁護士による弁護士の業務に対する不当関与の禁止（外弁法49条の2第3項）の明文化である。

同改正法は，2005（平成17）年4月1日に施行され，前年度11月の臨時総会で可決した日本弁護士連合会の会則・会規も施行された。改正法が成立する際には，外弁が弁護士との共同事業や弁護士の雇用により日本法などの職務外法律事務を取り扱うことがないように十分配慮すること，という付帯決議が衆参両院でなされており，これに対応する会規の改正が行われた。

これとは別に，弁護士法の改正に伴い，外弁にも公職などへの就任の届出制が認められ，2004（平成16）年4月から実施された。

2009（平成21）年10月1日現在，日弁連に登録している外国法事務弁護士の数は312名である。東京の中堅法律事務所（50〜100名）には上記の外国法共同事業の法律事務所が散見されるようになってきた。

(2) 今後の展望

巨大な資本力のある英米の弁護士事務所のさらなる進出を許容すれば，日本法の益々の英米法化を促進し，国選弁護等の公共的役割を担う日本の弁護士の育成にも問題を生じかねず，ひいては日本の法文化への悪影響も懸念されるところである。これに対して，外国の弁護士事務所のさらなる進出が日本の弁護士の国際競争力を強化するとの意見もある。他方で，英米を中心とした法律業務がわが国で拡大することは，弁護士業務の拡大・専門化の促進につながるとの意見もある。

このような状況の中で，日本法は日本の法曹資格を持っている者だけが携わることができるという資格制度の基本を前提としつつ，秩序ある国際化のもとで，我々弁護士は，本当の意味でわが国の司法作用の向上のための弁護士の国際化を考えなければならない。英米を中心とした弁護士の国際化がすでに日本にも波及している。これを弁護士の質の向上の好機と捉えるか，外国の弁護士に日本の弁護士が席巻されてしまうと考えるか，いずれも個々の弁護士の自覚次第である。

3）国際司法支援

(1) はじめに

1990年代の後半から，発展途上国を中心とする外国へのわが国のODAとして，基本法の起草や法律家の養成といった司法の根幹に対する援助活動が行われてきた。特に2006（平成18）年，2007（平成19）年にカンボジア王国において，日本の支援によって起草された民事訴訟法典と民法典が相次いで同国の国会で承認され，成立するなど，具体的な成果があらわれたことを受けて，法制度整備支援をわが国の海外経済協力の重要分野としてとらえる動きが高まっている。

2008（平成20）年1月30日，第13回海外経済協力会議の合意事項として「我が国法制度整備支援に関する基本的考え方」が策定・公表され，本年2009（平成21）年4月1日付けで基本方針が発表された。

このような動きの中で，日弁連は，わが国の法律家が海外で国際司法支援に積極的に参加する組織と制度

を設計し，1995年から14年間にわたり活発な活動を展開してきた。

(2) 日弁連及び弁護士の法整備支援活動の経緯と展開

① カンボジア王国

日弁連の司法支援活動において，カンボジア王国に関係する同活動が一番長い歴史を有している。また，その支援形態も，JICAのODAプロジェクトに参画するケース，日弁連独自にプロジェクトを提案して資金を得て実施するケースの2類型にわたる。また，その支援内容も，カンボジア王国の民法及び民事訴訟法の立法作業，裁判官，検察官，弁護士等の研修（トレーニング），クメール語文献の資材供与等司法支援全般にわたる。したがって，カンボジア王国への司法支援活動は，日弁連にとって一つのモデルケースとなり得るものである。以下，具体的活動を簡潔に説明する。

(a) JICAプロジェクトへの参画

日弁連では，1996（平成8）年から2000（平成12）年までJICAが主催するカンボジア法律家に対する本邦での研修に講師を派遣し，研修旅行を行う等の協力をしてきた。また，JICAは，1999（平成11）年3月からJICAの重要政策中枢支援の一つである国際司法支援プロジェクトが開始され，同国の民法及び民事訴訟法の起草に協力している。日弁連では，同プロジェクトの国内支援委員会及び事務局に会員を派遣するとともに，カンボジア司法省に対し，これまで5名の会員がJICA長期専門家として赴任している。

(b) カンボジア王国弁護士会に対する協力活動

日弁連では，日弁連独自のNGOプロジェクトの企画・実施を検討している。2000（平成12）年10月にJICAの国際司法支援プロジェクトの一環として現地弁護士を対象に「民事紛争における弁護士の役割」，「法律扶助」，「弁護士倫理」，「刑事弁護上の研修」をテーマにセミナーを開催した。

その経験を踏まえて，2000（平成12）年度から始まったJICAの小規模パートナーシップ事業を申請し，その第1号として承認され，同年7月からプロジェクトが開始された。同プロジェクトは，カンボジア王国弁護士会をカウンターパートとして，弁護士養成セミナーの開催及び法律扶助制度の制度提案を行った。

前者については，上記のようにJICAの重要政策中枢支援プロジェクトで起草されている同国の民事訴訟法の案文を資料として，「民事訴訟における弁護士の役割」をテーマに合計4回のセミナーが実施された。また，同時期にカナダ弁護士会及びリヨン弁護士会がカンボジア王国弁護士の養成プロジェクトを企画していたことから，3弁護士会によるユニークなプロジェクトとなった。

後者は，貧困層への司法サービスの機会保障（access to justice）の視点から，カンボジア王国における法律扶助制度の確立に向けた制度調査及び将来の提言が主たる事業である。現地で東南アジアの弁護士を招聘し，国連人権高等弁務官の地域代表の参加も得て，アジア法律扶助会議を開催し，その結果，カンボジアの法律扶助制度に資金が拠出されるなど一定の成果を得ることができた。

(c) カンボジア弁護士養成

さらに，日弁連は，JICAからの委託事業（開発パートナー事業）として2002（平成14）年9月から3年間にわたる「カンボジア王国弁護士会司法支援プロジェクト」を受託し，中断していた弁護士養成校（正式名称は，「Center for Lawyers Training and Professional Improvement of the Kingdom of Cambodia」）を復活させ，その後のプロジェクト継続期間を合わせた現在に至るまで総勢約220名のカンボジア弁護士を養成した。このプロジェクトでは，日弁連では，カリキュラム・テキスト作りについてすでに助言し，各科目ごとにチューターを配置して技術指導を実施し，学校の運営についても，適宜助言を開始している。例えば，場所の調達でも，日弁連が大学関係者と交渉して側面から支援しており，職員の採用面接にも立ち会った。さらに，入学試験についても，公正な試験の実施方法について助言するとともに，試験当日はオブザーバーを派遣した。それ以外でも，資材の調達など幅広く支援してきた。また，リーガルクリニックを併設し，学生が実際に事件に触れる機会を設けた。また，このプロジェクトでは，カンボジア弁護士の継続教育及びジェンダー・トレーニングも実施した。

さらに，2007（平成19）年12月から，日弁連がJICAから委託を受けて，弁護士養成校の支援を再開し（2010〔平成22〕年6月まで），弁護士に対する民事訴訟法セミナー（継続教育）及び弁護士養成校におけるセミナーを短期専門家派遣により実施するととも

に，同プロジェクト専属の長期専門家1名と密に連携して，効果的な支援を行っている。なお，このプロジェクトでは，3年間で延べ100人程度の弁護士を現地に派遣し，国際司法支援に携わる弁護士の育成にも貢献したといえる。

② ベトナム社会主義共和国

ベトナムの法制度整備に関するJICAの重要中枢技術支援活動でも，同プロジェクトの国内支援委員会に委員を派遣し，またJICA現地長期専門家としてこれまで10年にわたり合計5名の弁護士が勤務している。さらに，同国でのJICA主催のセミナー及び本邦での研修に，多くの弁護士が講師として参加してきた。

ベトナムのプロジェクトも，民法などの立法支援と法曹養成に分かれる。2003（平成15）年末からは，日弁連も参加して法曹養成のプロジェクトも開始されている。また，本年6月に，ベトナム弁護士連合会国（日弁連に匹敵する地方の単位会を統一する国の弁護士）会が設立され，その代表を日本に招聘して研修・交流を行うことが企画されている。

③ ラオス

日弁連では，2000（平成12）年5月に同国に関する司法調査を実施した。その結果も踏まえて以下のような協力活動を実施している。

JICAの同国に対する国際司法支援プロジェクトに協力し，これまで短期及び長期の専門家として会員がそれぞれ1名現地で活動してきた。また，法務総合研究所からの要請によるラオスなどの研修に講師を派遣してきたが，現地の弁護士数はいまだ100名に達しない。日弁連は，今後の同国の弁護士育成に協力できる方途を模索している。

④ モンゴル

モンゴルでは，JICAの弁護士会強化計画プロジェクトが4年間にわたり実施され，合計2名の会員がJICA長期専門家として，現地で勤務してきた。特に，モンゴルの弁護士会の調停センターの支援では，日本での研修を含めてセンターの強化に助言している。また，2007（平成19）年1月には同国で開催された国際人権条約セミナーに会員2名が講師として派遣された。

⑤ インドネシア

インドネシアでは，2007（平成19）年からJICAの和解調停強化支援プロジェクトに会員1名が赴任して，現地の最高裁判所などのカウンターパートと和解調停規則の作成及び調停人の育成プロジェクトを行っている。

⑥ 中国

中国のプロジェクトは2008（平成20）年に開始された。中国の民事訴訟法及び仲裁制度の改善について協力するプロジェクトで，日弁連からは委員を派遣し，また現地にもJICA長期専門家として会員1名が赴任している。

⑦ 個別プロジェクト

日弁連では，2004（平成16）年から毎年海外技術者研修協会（AOTS）の本邦研修事業に応募して，特にアジアの途上国（上記の各国の他，ウズベキスタン，東チモール，インドなど）から法曹を招聘して研修を実施してきた[1]。また，日弁連は，国際法曹協会（IBA）・シンガポール弁護士会・及びJICAとの共催により，2007（平成19）年10月にシンガポールで司法へのアクセスに重点を置いた途上国弁護士会能力強化支援プログラムを実施した。さらに，2008（平成20）年10月には，マレーシア弁護士会との共催で，マレーシアクアラルンプールで，アジア途上国から弁護士を招聘して，「司法アクセスと弁護士会の役割」に関する国際会議を開催し，開催後は日弁連英文ホームページに，各国の司法アクセスに関する資料を掲載した。同会議は，日弁連も関与のもと，今後も継続的な開催が予定されている。

⑧ 日弁連会員による活動

さらに，日弁連の活動とは別に，日弁連の会員が国際司法支援活動に参加している例も多い。

例えば，日本国内でのアジア開発銀行セミナーなどに対する講師派遣の他，これまで日弁連の会員が，国際開発法研究所（「IDLI」）のマニラオフィスで職員として勤務したこともある。また，欧州復興開発銀行（「EBRD」）にはこれまで合計3名の会員がその法務部に勤務し，模範担保法の起草等に関与した。東ティモールに国連ボランティアの一員として長期に滞在し，支援協力活動に従事している会員もいた。JICAのウズベキスタン破産法プロジェクトに現地で専門家

---

1) 2004（平成16）年度は「アジアの競争法」，2005（平成17）年度は「国際仲裁」，2007（平成19）年度は「コーポレートガバナンス」がテーマであった。

として参加した会員もいた。また，カンボジアの総選挙の監視活動に参加した会員もいる。

⑨　今後の展開

日弁連は，今後国際的な法曹団体や各国の法曹団体と国際司法支援の分野でも協力を拡大していくことを検討している。

日弁連は，International Bar Association（「IBA」）の団体会員として，これまで同団体の人権活動に幅広く参加してきた。2007（平成19）年には，紛争解決直後の国々に対する平和構築活動の一環としての国際司法支援活動を実施することを目的として，IBAが助力して設立されたInternational Legal Assistance Consortium (ILAC) の正式団体会員となり，積極的に参加するとともに，2009（平成21）年3月には，国連民主主義基金からの助成資金により，イラクの弁護士に対する国際人権法・人道法のトレーニングプロジェクトをIBAと共に実施した。

また，米国法曹協会（ABA）は，国際司法支援の分野で中東欧司法支援イニシアチブ（CEELI）プロジェクトなど歴史のある活動と充実した組織を有しているが，日弁連ではABAと協議を通じ，同団体が国連開発援助（UNDP）とともに実施するUNDPプロジェクトに積極的に協力してきたが，今後この協力を強化することを検討している。

(3) 日弁連による支援体制整備

日弁連では，上記のような活動の広がりに迅速に対応し，かつ有意で適任の人材を派遣できるように組織・人・資金面での基盤整備を行っている。また，アジア地域の弁護士会との交流を深め，国際司法支援の分野でも有効な協力活動を行う努力もしている。以下，詳述する。

①　国際交流委員会国際司法支援センター

国際交流委員会では，部会としての国際司法支援センターを設置し，国際司法支援に機動的に対応できる組織作りを行っている。同センターには委員・幹事合わせて25名ほどの会員がこの分野での活動に従事し，事務局も設置している[2]。同委員会は，国際的な事項について日弁連執行部を補佐している国際室とも緊密に連携し，日弁連全体でのプロジェクトを実施している。

②　日弁連国際司法支援活動弁護士登録制度

日弁連は，国際司法支援活動に参加する会員のプールとして，1999（平成11）年9月に「国際司法支援活動弁護士登録制度」（「登録制度」）を設立した。日弁連は，数々の会員の派遣に対する要請に応え，より良い支援活動を実施するために，日弁連が情報の基地（ハブ）となって国際司法支援活動に参加する会員間の情報の交流・交換の機会を提供できるように登録制度を設立したのである。

日弁連では，登録制度に登録を希望する会員の登録申込について，データベースに入力した上でこれを管理している。国際司法支援活動に関して，国際機関，諸外国等から会員の推薦の依頼があった場合は，登録された会員に対してその情報を提供して希望者を募るか日弁連が登録者の中から適当な人材を推薦することになる。現在，この登録制度には約150人の会員が登録しており，実際にJICA長期専門家などの派遣に有効に活用されている。今後は，同制度の登録会員を増やすとともに，専門分野ごとの類型化などのより効率的なデータベース化を目指している。

③　国際司法支援に関する研修会

日弁連では，国際司法支援活動に興味がある会員を集め，JICA，国連人権難民高等弁務官事務所から外部講師を招聘し，「国際補償委員会と個人補償」「難民の国際保護」「ODAと法整備」「日弁連の法整備活動」などのテーマで国際司法支援に関する研修会を開催している。今後も，国際司法支援に関するセミナーを継続的に開催し，同活動についての会員理解の浸透と，同活動のさらなる発展に役立てていく予定である。

④　国際協力活動基金

国際司法支援も活動資金がなければ充実した活動はできない。日弁連は，非営利法人であり，会員からの会費でその活動が賄われている以上，国際交流委員会の予算の中でしか活動資金を支弁できない。そこで，先に述べたJICA開発パートナーシップ事業のように外部からの資金を調達する必要がある。そのためには，事業の会計が一般会計とは切り離されて管理され，その処理が透明でなければならない。そこで，日弁連では，2001（平成13）年3月に「国際協力活動基金」を設置し，同基金のもとで国際司法支援活動資金が管

---

2) もっとも弁護士は，日常業務に従事しながらの活動になるので，あくまで委員会の活動はいわゆるプロボノ活動に属する。

理されている。

⑤　アジア弁護士会会長会議（POLA）

アジアにおける弁護士会の会長会議が毎年開かれ，2008（平成20）年で19回目を迎える。第1回及び第10回の会議は日弁連が主催し，同会議の情報センターとしての役割を日弁連が担っている。同会議では，アジアで起こっている法曹界全体の問題について幅広く討議し，人的交流の場ともなっているが，日弁連が国際司法支援を実施する上での情報収集にも役立っている。

4）国際機関への参画

多様な領域への弁護士の参画，業務分野の拡大，国際化，法律専門家としての国際社会への貢献等の観点から，日本の弁護士が国際機関において法律専門家としての役割と活動を積極的に担っていくことが望まれる。

こうした国際機関には，国連の諸機関及び専門機関（国連難民高等弁務官事務所〔UNHCR〕，国連開発計画〔UNDP〕，国連児童基金〔UNICEF〕，国際労働機関〔ILO〕，世界知的所有権機関〔WIPO〕等を含む）や，国際刑事裁判所（ICC），ハーグ国際私法会議，世界貿易機関（WTO），アジア開発銀行，欧州復興開発銀行，経済協力開発機構（OECD）等，多様な機関があり，弁護士が法律専門家として求められる職場やプロジェクトは多い。

これまでにも日弁連の会員弁護士が，こうした国際機関に職員として勤務した例や，専門家としてプロジェクトに関わった例，インターンとしての経験を積んだ例はあるが，その数は極めて少ない。日弁連では，これまでに，全般的な，あるいは分野や対象を絞った国際機関人事情報セミナーの開催を重ね，国際機関での勤務に関心のある弁護士会員，司法修習生，法科大学院生等に，国際機関における法律関連職務や応募の資格，応募の手続き等に関する情報提供を行ってきたほか，ホームページ上に情報提供のためのコーナーを設け，内容の充実を図っている。2008（平成20）年には国際機関での勤務を希望する弁護士のための外務省によるロースター（登録）制度が日弁連との協力により実現した。2009（平成21）年からは，司法修習の選択修習の一環として，国連難民高等弁務官事務所（UNHCR），国際移住機関（IOM），国際協力機構（JICA），外務省による司法修習生の受入れ・研修が始まった。

国際機関への参画については，これまでに実例が少ないこともあり，未だ情報が会員の間で行きわたっていないが，法科大学院制度の導入により多様な経歴を有する新しい法曹が増えてきていることや弁護士の業務の拡大についての意識が高まっている中で，国際機関での勤務に関心を持ち，希望する会員弁護士，司法修習生，法科大学院生も増えてきている。国際機関における勤務やプロジェクトへの参加は，企業内弁護士や任期付公務員等と同様に組織内弁護士として弁護士の多様な職務形態の一種として注目されると同時に，日本の弁護士の国際化，国際競争力の強化という観点からも極めて重要である。

今後，これまでの情報提供に加え，国際機関で勤務やインターンをした経験を有する弁護士のネットワーク化，外務省や法務省，大学との協力連携の強化等を通じ，日本の弁護士の国際機関への参画の拡大に向けて，戦略的な取組みが必要である。

第2 刑事司法の到達点と課題

1 刑事司法改革の視点

> 刑事司法制度は大転換期を迎えている。2009（平成21）年5月から裁判員裁判が開始し，他方2008（平成20）年12月から被害者参加制度も実施された。弁護士・弁護士会は，このような時期に，取調べの可視化，人質司法の打破等の実現に向けて全力を傾注する必要がある。

1）憲法・刑事訴訟法の理念から乖離した運用

　刑事司法の改革を考える上で重要なことは，日本の刑事司法の現実を，憲法，国際人権法そして刑事訴訟法の理念を尺度として，リアルに認識することである。

　日本国憲法は，旧憲法下の刑事司法における人権侵害の深刻な実態に対する反省に基づき，31条から40条に至る世界にも類例をみない審問権・伝聞証拠排除（37条），黙秘権（38条），自白排除（38条）などとして示されている。

　この憲法制定とともに，刑事訴訟法は全面的に改正され，詳細な刑事人権保障規定をおいた。刑事手続における憲法的原則は，適正手続・強制処分法定主義（31条），令状主義（33条，35条），弁護人の援助を受ける権利（34条，37条），被疑者・被告人は，厳格な要件の下ではじめて身体を拘束され，弁護人による援助の下で，検察官と対等の当事者として，公開の法廷における活発な訴訟活動を通じて，裁判所によって有罪・無罪を決せられることとなった。要するに，現行刑事訴訟法は，憲法上の刑事人権保障規定を具体化して，捜査・公判を通じて適正手続を重視し，被疑者・被告人の人権保障を強化したのであって，「無実の1人が苦しむよりも，有罪の10人が逃れるほうがよい」との格言があるが，そのためのシステムを構築しようとしたのである。

　ところが，その後のわが国の刑事訴訟法の運用の実態は，憲法や刑事訴訟法の理念から著しく乖離し，大きく歪められている。すなわち，被疑者は原則的に身体拘束されて，強大な捜査権限を有する捜査機関による取調べの対象とされ，密室での自白の獲得を中心とする捜査が行われて，調書の名の下に多数の書類が作成されたうえ（自白中心主義），検察官の訴追裁量によって起訴・不起訴の選別がなされる。公判段階でも犯罪事実を争えば，長期にわたって身体拘束をされ続け，事実を認めないと身体の自由は回復されない（人質司法）。そして，有罪・無罪はすでに起訴前に決していて，公判は単に捜査書類の追認ないしは引き継ぎの場と化し，公判審理は著しく形骸化してしまった（調書裁判）。まさに，検察官の立場の圧倒的な強大さは，旧刑事訴訟法下の手続と同様の「糾問主義的検察官司法」となって現出した。

2）出発点としての死刑再審無罪4事件

　このような事実を端的に示しているのが，死刑が確定していた4事件について，1983（昭和58）年から1989（平成元）年にかけて再審無罪判決が相次いで言い渡されるという，50数年にわたる戦後刑事司法の汚点ともいうべき衝撃的な事実である。死刑が確定していた4事件について，相次いで何れもが誤判であることが明らかになるという事態は，事件に携わった警察官，検察官，裁判官の個別的な資質や能力にのみ原因を求めるわけにはいかないことを示している。刑事司法のシステムそのものに誤判・冤罪を生み出す構造が存在していたことを示唆するものである。それゆえに，平野龍一博士は，1985（昭和60）年，このような刑事手続の状態を，「わが国の刑事裁判はかなり絶望的である」と診断された。弁護士会としては，この間，当番弁護士制度を創設するなど，かような事態の打開のために努力してきたが，以上に述べたような事態は，その後も何ら改善されていないばかりかむし

ろ悪化している。

なお、2007（平成19）年にも、再審無罪となった富山氷見事件、自白強要の実態が暴かれ、結果として被告人12名全員が無罪となった鹿児島志布志事件、2009（平成21）年にも17年半という長期に渡り拘束を強いられてきた足利事件の再審開始決定がなされ、その構造的欠陥は解消されていないことが実証されている。

3）改革の方向

このようなわが国刑事司法の改革の方向については、国際人権（自由権）規約委員会の度重なる勧告が極めて的確に指摘しているところである。すなわち、この勧告は、被疑者・被告人の身体拘束の適正化を図ること（人質司法の改革）、密室における自白中心の捜査を改善して手続の公正化・透明化を図ること（自白中心主義の改善、取調べ捜査過程の可視化、弁護人の取調立会権）、証拠開示を実現して公判の活性化を図ること（公判審理の形骸化の改善）等の勧告をしている。

新たな時代の捜査・公判手続の第一の課題は、20世紀の負の遺産ともいうべき、身体拘束を利用して自白を採取することを目的とした捜査システムとこれに依存した公判システム（自白中心主義）の克服であり、冤罪を生まないシステムを確立することである。

4）司法制度改革審議会意見書、及び、刑事司法改革の法案化について

司法制度改革審議会意見書は、委員全員一致のとりまとめであるため、「今後、我が国の刑事司法を、国民の期待に応えその信頼を確保しうるものとする」にいう「国民」とは、「被疑者・被告人たる国民」よりも、刑事事件を第三者として見聞きする「一般国民」という意味合いが強く、そのため、意見書の刑事司法制度改革の基調は、全体として、被疑者・被告人の権利・利益を擁護し、弁護権を強化するという方向よりも、社会秩序を維持し国民生活の安全を図るといった面が強調されているという批判もある。

しかし、その提起する制度内容をみると、今後解決されなければならない多くの問題は残されているものの、「裁判員制度」の導入によって、公判のみならず捜査に及ぶ自白中心主義や調書裁判の克服の可能性をもたらし、また、国費による被疑者弁護制度についても、被疑者・被告人を通じた公的弁護制度の枠組みを示すことによって目指すべき制度の実現への大きな前進を遂げたと評価することができる。

その後、司法制度改革推進本部内に設けられた「裁判員制度・刑事検討会」、及び、「公的弁護制度検討会」において法案化に向けて精力的な検討が加えられた。

一方、日弁連では、「裁判員ドラマ」を作成し、全国で裁判員ドラマの上映活動を実施し、また、2003（平成15）年7月に実施された第20回司法シンポジウムにおいて、裁判員制度についてのパネルディスカッションを行うなど、裁判員制度の普及を図ると共に、弁護士会の意見の反映された裁判員制度を実現すべく努力をした。

その結果、司改審意見書を基にし、検討会における検討を踏まえ、2004（平成16）年5月に、裁判員法案及び刑事訴訟法改正法案が可決成立するに至った。

実施に向け、東京では、2005（平成17）年5月以降、継続的に法曹三者において模擬裁判員裁判を実施し、2007（平成19）年度からは、東京地方裁判所の各部において、全員参加型の模擬裁判員裁判を実施するなど、2009（平成21）年5月からの裁判員裁判実施に向けての運用上の問題点を探るなどした。弁護士会では、これらの問題点の検証作業を引き続き行い、裁判員裁判における弁護活動に生かす必要がある。また、2005（平成17）年11月には、公判前整理手続が施行され、その結果、証拠開示請求（類型証拠開示請求、主張関連証拠開示請求）が権利として認められた。弁護士会でも、公判前整理事件の研修や成果の集積を行う等、制度が適切に運用されるよう助力する必要がある。

また、2006（平成18）年5月には、法務大臣より、検察庁におけるの取調べの一部につき録音・録画の施行が行われることが発表された。また、2009（平成21）年度からは、一部の警察署においても、被疑者取調べの一部の録音・録画の試行が行われることとなるなど、取調べの可視化問題にも大きな動きが生じている。加えて、政権交代により実現した民主党政権では、そのマニュフェストに「取り調べの可視化、証拠開示徹底による冤罪防止」を掲げており、可視化実現に向けて絶好の時期を迎えている。この時期を逃すことなく、引き続き、全面的な取調べの可視化実現に向

けての運動を継続すべきである。

これら人質司法の打破，取調べの可視化，自白中心主義の改善，公判審理の形骸化の改善のための作業を行うにあたっては，弁護士会に課せられた役割は大きいものと考える。弁護士会では，引き続き国民を巻き込んだ運動を起こすなどして，よりよい刑事司法改革を実現できるように全力を傾注する必要がある。

2 裁判員制度の導入

> 2009（平成21）年5月21日から，裁判員裁判が開始された。3年後の見直しにむけて，弁護士会は，実際の裁判員裁判を調査，検証し，よりよい裁判員裁判の実現へ向けて積極的な提言をしていくべきである。
>
> 裁判員裁判開始後も継続的に実践的な裁判員裁判における弁護活動の検討と実践的な研修を継続的に行うとともに，裁判員裁判に対応できる弁護士が弁護人となる体制を弁護士会としてより充実させるべきである。
>
> また，裁判員裁判においても被告人の防御権を十分に保障するため，身体拘束の解放，弁護人との接見交通権の運用の改善，量刑データベースの創設等に取り組むべきである。
>
> 加えて，裁判員制度が国民に定着していくためには，市民の理解と協力，そして裁判員制度に対する市民の信頼が必要不可欠であり，それらを得るための広報活動を今後も継続的に行う必要がある。

1）裁判員制度の開始までの経緯と制度導入の意義

(1) 裁判員制度の開始までの経緯

2009（平成21）年5月21日から裁判員裁判がいよいよ始まり，同年8月には東京地裁で第1号事件の審理がなされ，以後全国の裁判所で裁判員裁判が続々と行われている。

裁判員制度は，広く一般の国民から無作為に抽出された者が，裁判官とともに責任を分担しつつ協働し，裁判内容（有罪・無罪の決定及び刑の量定）に主体的，実質的に関与するという制度である。わが国にこのような制度を導入することについては，2001（平成13）年6月に出された司法改革審議会意見書で提言がなされ，その後，内閣に設置された司法制度改革推進本部の「裁判員制度・刑事検討会」において2002（平成14）年6月から具体的制度設計についての本格的な議論が開始された。そして，2004（平成16）年5月21日，「裁判員の参加する刑事裁判に関する法律」（裁判員法）として可決・成立し，2008（平成20）年4月18日，「裁判員の参加する刑事裁判に関する法律」の施行期日を定める政令が公布され，裁判員制度の開始日は2009（平成21）年5月21日と定められた。

(2) 意義

この裁判員制度は，今次の司法改革の重要な柱であった。

裁判員法1条によれば，この制度は「司法に対する国民の理解の増進とその信頼の向上に資する」とされている。裁判員制度の導入は，司法に国民の健全な社会常識を反映させ，かつ，国民に対し，司法の分野における「客体」から「主体」へと意識の変革をもたらすという意味で，わが国の民主主義をより実質化するものとして大きな意義がある。

すなわち，司法の分野においても，国民がその運営に参加し関与するようになれば，司法に対する国民の理解が進み，裁判の過程が国民にわかりやすくなる。その結果，司法はより強固な国民的基盤を得ることになると期待されているのであり，日弁連は裁判員法を「司法に健全な社会常識を反映させる意義を有するに止まらず，わが国の民主主義をより実質化するものとして，歴史的な意義を有するものである」と評価して

いる。

2）裁判員制度の概要

(1) 対象事件

裁判員制度の対象事件は，❶死刑又は無期の懲役若しくは禁固に当たる罪，及び❷法定合議事件であって，故意の犯罪行為により被害者を死亡させた罪に係るものとされ（裁判員の参加する刑事裁判に関する法律〔以下「法」という〕2条1項），重大事件のみを対象としている。ただし，裁判員候補者・裁判員等の生命，身体若しくは財産に危害が加えられるおそれがある等のため裁判員等の出頭確保が困難な場合には，対象事件から除外することができるとされている（法3条）。

(2) 合議体の構成

合議体は，原則として裁判官3人，裁判員6人であるが（法2条2項），公判前整理手続において，公訴事実に争いがなく，事案の内容その他の事情を考慮して適当と認められるものについて，検察官，被告人・弁護人に異議がない場合は，裁判官1人，裁判員4人の合議体とすることができる（法2条3項）。

(3) 裁判員・補充裁判員の資格と選任手続

裁判員の資格は，衆議院議員の選挙権を有する者（法13条）である。この中から，毎年，無作為抽出により裁判員候補者名簿が作成され（法23条），同名簿に搭載された者には通知がなされる（法25条）。2007(平成19)年7月5日に制定された「裁判員の参加する刑事裁判に関する規則」（以下「規則」という）によれば，この通知の際に「調査票」が送付され，欠格事由（法14条）や就職禁止事由（法15条）の有無等について質問がなされ（規則15条），これらに該当する者や辞退事由（法16条）に該当し辞退の申出があった者については裁判員候補者名簿から除外される（法23条）。

その後，各事件ごとに，必要な数の候補者を裁判所に呼び出すが（法27条），通常の事件で呼び出す人数は1件あたり50人程度と想定されてており，呼出状の送付は選任手続期日の6週間前までに発送される（規則19条）。その際には，候補者に対して質問票を送付することができ（法30条），候補者に所定の事項を記載してもらって，裁判員選任手続期日（非公開）においては，裁判長がさらに質問をする（法34条）。そこで，不適格事由（法17, 18条）や辞退事由（法16条）の有無を調査し，さらに，検察官及び弁護人に各4人を限度として理由を示さない不選任の請求（法36条）を認めた上で，さらにくじにより所定の人数の裁判員が選任される。

(4) 公判前整理手続

裁判員制度において，裁判員の負担を考えれば連日的開廷が不可欠であり，これによる集中審理を実現するためには，十分な事前準備が行われることがその前提となる。そこで，第1回公判期日前に公判前整理手続に付すことが必要的とされた（法49条）。

公判前整理手続自体は，改正刑訴法において規定されているところであり，争点整理及び審理計画の策定が行われる。

(5) 公判手続

公判については，裁判官，検察官及び弁護人に対し，「裁判員の負担が過重なものとならないようにしつつ，裁判員がその職責を十分に果たすことができるよう審理を迅速で分かりやすいものとするよう努めなければならない」と規定されている（法51条）。

(6) 評議・評決

評議は，裁判官及び裁判員が行い，裁判員は意見を述べなければならず（法66条），また，裁判官は，裁判員から各自の意見が述べられ，合議体の構成員間で充実した意見交換が行われるように配慮しなければならないとされている（規則45条）。

評決については，裁判官及び裁判員の双方の意見を含む合議体の過半数の意見により（法67条1項），刑の量定について意見が分かれ，その説が各々，裁判官及び裁判員の双方の意見を含む合議体の員数の過半数にならないときは，その合議体の判断は，裁判官及び裁判員の双方の意見を含む合議体の員数の過半数の意見になるまで，被告人に最も不利な意見の数を順次利益な意見の数に加え，その中で最も利益な意見によるとされた（法67条2項）。

ただし，安易に評決を実施してしまい，充実した評議が行われないというような事態は避けなければならず，評決は全員一致を目指すべきあろう。

(7) 罰則

罰則としては，裁判員等に対する請託罪（法77条），裁判員等に対する威迫罪（法78条），裁判員等による秘密漏示罪（法79条），裁判員の氏名等の漏示罪（法80条），裁判員候補者による虚偽記載罪（法81条），

裁判員候補者の不出頭等に対する過料（法83条）が設けられた。

ただし，裁判員等による秘密漏示罪（法79条）については，裁判員制度の充実を考えれば一般の国民が裁判員の経験を知ることに意義が認められることもあり，慎重な対応が必要であろう。

(8) 部分判決制度の導入

2007（平成19）年5月22日，裁判員法が一部改正され，新しく「部分判決制度」が創設された。これは，裁判員の負担の軽減を目的として，同一被告人に対する複数の事件を区分し，区分した事件ごとに有罪・無罪を判断して部分判決をした上，最後の事件を担当する裁判体が併合事件の全体について判決を下すという制度である。なお，事件ごとに代わるのは裁判員だけで，裁判官は交代しない。

3）裁判員裁判における審理のあり方

(1) はじめに

裁判員制度の意義が，前述のように主権者としての国民の司法への主体的参加という点にあることからして，国民が単なる「お客様」に止まるような制度であってはならず，真に主体的意思を持って参加できるように制度設計をしなければならない。そこでは，法的知識がない一般市民でも理解ができる審理であることが必要である。

他方，裁判員の負担を考えれば，従前のような五月雨式の審理は許されず，できる限り集中的に実施すべきであるという要請があり，裁判員裁判を機に従前の刑事裁判の審理のあり方は根本的な変更を迫られる。

(2) 直接主義　口頭主義の徹底

一般市民が理解できる審理となれば，これまでの裁判のように膨大な調書を閲読して心証形成をするという手法は採り得ないことは明らかであり，裁判員が公判廷での審理を目で見て，耳で聞いてわかるものにしなければならない。そのため，公判審理は直接主義，口頭主義を徹底する必要があり，従前の調書裁判を改める運用を確立していく必要がある。

全国で裁判員裁判開始までの間に行われてきた模擬裁判の結果も踏まえて，最高裁判所，東京地裁等でも裁判員裁判の公判審理の基本的方向性が出されているが，裁判所の方針としても，人証中心の証拠調べ，書証は原則全文朗読といった方向性はほぼ実施されている。裁判員にわかりやすい裁判のために，この方向性はより徹底されるべきである。

(3) 刑事裁判の基本原則の遵守

裁判員も刑事裁判の基本原則や刑訴法の基本原則に従わねばならないことはもちろんであり，被告人の権利保障は裁判員裁判においても一歩も後退してはならない。

特に，犯罪事実を認定するには，検察官が合理的疑いを容れない程度に証明しなければならず，裁判所に採用された証拠に基づいてのみ判断しうるという刑事裁判の基本原則については，裁判員裁判の審理において裁判員に十分理解してもらう必要があり，裁判官の説示のほか，弁護人も裁判員に理解してもらえるように工夫する努力が必要である。

(4) わかりやすい裁判

裁判員裁判においては，一般市民である裁判員が理解しやすいように，簡易な表現でわかりやすい言葉で本質を伝えなければならない。

一般市民が理解できないような審理がなされれば，裁判員は積極的に裁判に参加することができず，従来の裁判官による裁判と実質的には変わるところがなくなってしまう。国民の司法参加が形だけのものでなく，国民が主体的に判断に参加するという，真の意味での司法参加を実現するためには，わかりやすい裁判をめざすべきである。

従来使っていた難解な専門用語を用いるべきではないことはもちろん，刑法上，刑訴法上の概念もわかりやすく噛み砕いて説明する必要があり，また，刑罰の意味，量刑の根拠といった根本的な事項についても説明する必要がある。

また，わかりやすい説明のための話法，ツール等についても工夫する必要があり，従前のような，書面を提出して後に読んでもらうという意識ではなく，法廷ですべてを理解してもらう意識で臨むべきである。弁護人としても，冒頭陳述，証拠調べ（証人尋問），被告人質問，弁論，いずれの段階でも，裁判員にわかりやすいものとなるような弁護活動をすべきである。

(5) 自白調書の任意性に争いがある場合の審理について

① 任意性に争いがある場合の審理について，裁判員にとって，被告人の供述調書の任意性の有無という争点は，犯罪事実の存否の審理以上に理解しづらいと

ころであり，よりわかりやすい審理方法が必要とされている。2006（平成18）年6月に東京地裁で行われた模擬裁判では，被告人質問に入る直前に，検察官及び弁護人がそれぞれ任意性の点に絞った主張を行い，その直後に被告人質問を「罪体」→「任意性」の順で行い，その後に取調検事の証人尋問を実施して任意性の判断を行うという方法がとられており，一つの参考となろう。

なお，この問題の根本的な解決方法は，取調べ過程の録画・録音制度導入である。検察庁は，2006（平成18）年7月から一部の検察官取調べについて録音・録画を試験的に実施しているが，現状は検察官の都合の良い場面の録音・録画がなされているだけの極めて不十分なものであり，取調べの全過程の録音・録画を実現する必要がある。

② 任意性に争いがない場合の審理について直接主義・口頭主義を徹底すれば，被告人質問を先行させて被告人の口から事実関係を聞き出し，その後に被告人の供述調書の取調べについての必要性を検討すべきである。仮に，供述調書に記載されている内容が法廷における被告人供述で明らかになれば，裁判所は被告人の自白調書を不必要として却下し，必要性があれば，被告人質問の後に，必要な部分だけを採用して検察官が朗読する，といった運用をすべきである。今後もかかる運用が継続的に行われるか注視する必要がある。

(6) 合意書面（刑訴法327条）の活用

現在の実務で，検察官請求の書証のうち「争いのない事実」については，一部同意をするといった取り扱いがなされてきたが，裁判員裁判においては，争いのない部分を1つの書面にまとめたり，公判での立証に必要のない部分を削除した「合意書面」が作成されれば，裁判員にとってわかりやすいものとなる。合意書面の規定（刑訴法327条）は従前から存在していたものの，実務ではあまり活用されてこなかったが，裁判員裁判ではこれを活用すべきである。検察庁は，合意書面は二次的証拠であり一次証拠の方が証拠価値が高いとして，これには消極的であるが，裁判所は模擬裁判において合意書面の作成を検察官・弁護人に対して積極的に働きかけてきており，今後の実際の裁判員裁判でもそのような方向での運用が望まれる。

(7) 情状弁護について

従来の裁判実務においては，被告人に有利な事情と不利な事情がほぼ固定化されており，裁判官，検察官，弁護人の間ではほぼ共通の理解がなされていた。

ところが，模擬裁判における評議等の場において，裁判員は量刑事情について全く異なる見方をすることがあることが指摘されている。情状については，従来の考え方にとらわれることなく，なぜその事情があることが刑を減軽すべき事情になるのかということまで遡って裁判員の共感が得られるように裁判員を説得していくことが必要である。

実際は，公訴事実には争いがなく，情状のみが争点になる事件が多くを占めると思われるので，情状弁護の在り方については，継続的に検証，研究をしていくべきである。

(8) 裁判員裁判の審理における被害者参加

2007（平成19）年6月20日，被害者参加制度の新設を含む「犯罪被害者等の権利利益の保護を図るための刑訴法等の一部を改正する法律」が成立し，2008（平成20）年12月1日から導入された。これは，犯罪被害者等に対し，法廷において自ら情状に関する事項について尋問をすることや，求刑を含む意見陳述をすることを認めるもので，裁判員法の制定当時には想定していなかった制度である。この制度については，刑事訴訟における検察官と被告人・弁護人との二当事者の構造を変容されるおそれがあることが指摘されているが，特に裁判員裁判においては，犯罪被害者等の意見が過度に重視され，裁判員に求められる証拠に基づく冷静な事実認定や量刑判断に極めて大きな影響を及ぼすことが懸念される。

4）今後の弁護士・弁護士会の活動

(1) 裁判員裁判の検証と3年後の見直しにむけた検討

裁判員法附則9条において，法の施行後3年を経過した時点で，検討を加え，必要があるときは，「所要の措置を講ずるものとする」とされている。

裁判員制度は，様々な意見聴取，議論を経て制度設計がなされたものではあるが，新たに導入された制度であるため，よりよい制度にするには，実際に行われた裁判員裁判を検証し問題点を明らかにした上で，制度内容を変更する等の措置が不可欠である。そして，検証にあたっては，裁判所や検察庁だけでなく，弁護士あるいは弁護士会も独自に調査，検証し，よりよい

制度にするための検討をすることが必要である。そして、その検証、検討結果を法曹三者が持ち寄って検討する機関が必要であり、弁護士会はそのような機関において重要な地位を占めて、よりよい制度にするための提案を積極的にすべきである。

このような検証、検討をするにあたっては、実際の裁判員裁判がどのように行われているかについての情報収集が重要となるが、裁判員に課されている守秘義務がその支障とならないかという懸念もある。守秘義務については、裁判員制度の検証を目的とする場合には守秘義務を課さないなど、検証の支障にならないような方策を設けるべきである。

(2) 弁護士会内の研修体制

裁判員制度においては、公判審理のあり方の変容にともなって、われわれ弁護士の弁護活動も、これまでのものとは異なったものが要求されようになった。弁護士及び弁護士会は、新しい裁判員裁判に対応した弁護活動のあり方について十分な検討を行うとともに、その検討結果を早期に一般の会員に対して伝えて、多くの弁護士が裁判員制度を熟知し、この制度に適応した弁護技術を習得して裁判員裁判における弁護活動を担えるよう取り組む必要がある。また、後述の広報との関係で言えば、広く国民にこの制度を理解してもらうため、一般国民に直接接するわれわれが裁判員制度についての情報発信をできる態勢であることも必要であり、このためにも研修は重要である。

東京弁護士会では、各種の裁判員裁判のための専門講座や裁判員裁判対応弁護士養成講座を行っているが、今後も継続的に行うべきである。そして、実際に裁判員裁判が始まった現状のもとでは、裁判員裁判の検証の成果を踏まえた、最新の情報に基づくものとすべきである。

(3) 裁判員裁判に対応する弁護体制の構築

裁判員裁判において連日的開廷が実施されると、弁護人が1人だけで弁護活動を行うことが困難となる事案がこれまで以上に増加し、複数人で弁護団を組む必要性が高まると予想される。

また、裁判員裁判は従来型の刑事裁判とは異なる弁護活動も要求されることから、弁護団に裁判員裁判に対応しうる弁護人が入る必要がある。

裁判員制度の開始に合わせて、サポート名簿が整備されたが、サポート弁護士の利用を会員に促して充実した弁護態勢を整えるべきである。また、裁判員裁判の場合には基本的に複数の弁護人が就くべきであり、国選弁護人の場合には全件について複数選任の申出を行うべきである。

5) 裁判員制度の今後の課題

(1) 部分判決制度と被害者参加制度

裁判員裁判がスタートする前に、部分判決制度や被害者参加制度といった新たな制度が導入された。いずれもすでに指摘したような問題点を含む制度であり、参加する国民の声にも耳を傾けながら、被告人の防御権の保障という観点から、その改善やあるべき運用について随時提言をしていく必要がある。特に、部分判決制度については、事実認定のみを行う裁判員と事実認定及び量刑判断を行う裁判員との差異が生じ、最後に判決を言い渡す裁判体の裁判員の負担が重くなることや、部分判決では有罪と判断されたが、最後の事件では無罪との結論に達した場合、最後の裁判体は部分判決で有罪とされた件についての量刑判断を行わなければならないといった点、さらに、一般情状の立証をどの裁判体の段階で行うのかなどといった問題点が指摘されており、運営のあり方については、今後十分に検討をする必要があろう。

(2) 裁判員選任手続

裁判員選任手続については、裁判員候補者として呼出を受けた者が「思想信条」を理由として裁判員を辞退できるかにつき、2007（平成19）年10月に発表された裁判員の辞退事由についての政令案では、「裁判員の職務で、精神上の重大な不利益が生ずる場合は認める」とだけ規定された。この案によれば、「精神上の重大な不利益」の有無は個々の裁判官の判断によることになり、かつ、その基準が不明確であることから、選任段階で混乱が生ずるおそれがある。

また、現在、裁判所が想定している裁判員への事前の質問票では、事件関係者との関係の有無や、事件を報道等で知っているか、近親者が同種事件の被害にあったことがあるか、などといった事項につき回答を求めるだけであり、選任手続期日における質問でも、質問票への回答の正確性、予定審理期間のスケジュールの確認、公正な裁判ができない事情があるかどうか、といった点についてだけ質問を行い、1人あたり3〜4分程度しか想定されていない。これでは、検察官や

弁護人が不選任の請求を行う際の判断材料が極めて乏しく，裁判員候補者の外見と直感で判断せざるを得ないことになりかねない。また，特に性犯罪事件では，被害者のプライバシーを守る工夫が必要であり，この点についても検討が必要である。

これら選任手続の問題点を検討し，今後も適切な制度運営がなされるよう働きかけていく必要がある。

(3) 説示や評議のあり方

刑事裁判に参加する以上，裁判員には，無罪推定の原則や，合理的疑いを容れない程度の立証といった刑事訴訟の基本原則が十分に理解されていなければならない。

裁判員法39条は，「裁判長は，裁判員及び補充裁判員に対し，最高裁判所規則の定めるところにより，裁判員及び補充裁判員の権限，義務その他必要な事項を説明するものとする」と規定しており，裁判所はその説明案を公表している。

その説明案の内容自体についての検討が必要であるが，すでに述べたとおり，模擬裁判において裁判員が刑事裁判の基本原則について全く意識していない例が多くみられた。これらの基本原則に基づかない刑事裁判がもし行われるようなことがあれば，被告人の適正な裁判を受ける権利が侵害されるのみならず，裁判員裁判も十分機能しないおそれがある。裁判所に対し，裁判員選任時以外にも証拠調べ開始時，評議開始時などにも重ねて基本原則について説明をするなどして十分裁判員が理解した上で審理，評議に臨めるように説明の徹底を求めるべきであり，弁護人としても，弁論などにおいて，具体的に立証の程度などに言及する必要がある。

また，評議については，これが密室で行われることから，裁判官による裁判員に対する不適切な誘導等がなされないようにするため，予め評議のあり方についての基本的なルールを作成する必要があり，日弁連でも評議の在り方について検討がなされている。評議のあり方についても3年後の見直しに向けて検証すべきであるが，すでに述べたとおり，裁判員の守秘義務を検証目的の場合には解除するなどの方法により，検証の支障にならないようにすべきである。

さらに，量刑資料に関し，裁判所が裁判員対象事件の量刑資料を集積し，それを検察官・弁護人において検索することができる「量刑検索システム」の運用が開始されている。具体的には個々の事件における公判前整理手続において論じられることになろうが，検索の結果得られた資料を裁判員に提示するのか否か，提示するとしてどの部分を提示するのか，そのタイミングはいつにすべきかなどについて，より検討する必要がある。また，弁護士会独自で量刑を集約した検索システムを導入する動きもあり，実際の裁判員裁判において，その必要性が高まれば，弁護士会独自の検索システムの導入を検討する必要があろう。

(4) 被告人の防御権の観点

①　身体拘束からの解放

裁判員制度において連日的開廷を可能ならしめるためには，前述のように公判前整理手続において被告人と弁護人が十分に打ち合わせを行って方針を立て，証拠収集等を行う必要が生ずる。この被告人の防御権を十分に保障するためには，被告人と弁護人が自由に打ち合わせを行えることが不可欠であり，保釈の原則化など勾留制度運用の改革が必要である。

裁判員制度の導入は，公判手続のあり方，証拠開示，取調べの可視化，被告人の身体拘束からの解放など，現在の刑事裁判そのものを大きく変容させる要素を含んでおり，これを機に刑事裁判全体の改革につなげていくことが重要である。

②　接見交通権の実質的保障

人質司法の打破は，裁判員裁判に特有の問題ではなく全ての刑事事件について実現されるべきであるが，裁判員裁判では，対象事件が重大事件に限られていることから，被告人は身体を拘束されている可能性が高い。そして，裁判員裁判で連日的開廷が実施されることを考慮すれば，裁判所における公判の前後や休廷時間における接見が重要となり，夜間・休日の接見も拡充される必要がある。これを受けて東京拘置所における夜間の接見開始，検察庁における電話接見の開始等の制度改革が進められているが，われわれ弁護士・弁護士会は，その活用をするとともに，さらなる改善に取り組むことが必要である。

③　その他

法廷における服装，着席位置，刑務官の位置などが裁判員に多大な影響を与え，事実認定や量刑に影響を与えることは否定できない。法廷における服装については一定の改善が見られたが，裁判員に対して被告人に不利益な印象を与えることのないように，今後も意

見表明を継続して，改善を求めていくべきである。

(5) 裁判員が参加しやすい環境の整備

この制度は，広く国民が参加し，国民全体で支えるものとする必要があり，そのためには，国民が裁判員として参加しやすいように職場などの労働環境を整えるとともに，託児所・介護制度等の充実もはからなければならない。

そして，国民が，司法は自らのものであり主体的に担うものであるという自覚を持って参加するよう裁判員制度に関する理解を深めるため，情報提供や広報活動も積極的に行うことが重要である。

(6) 市民向けの広報

裁判員裁判開始前，一部から，裁判員裁判の実施を延期すべきとの意見が出され，その根拠の一つとして，国民の約8割が裁判員制度の参加には否定的であることが挙げられている。

しかしながら，内閣府政府広報室が2006（平成18）年12月に実施した「裁判員制度に関する特別世論調査」によれば，裁判員制度に「参加したい」が5.6％，「参加してもよい」が15.2％，「あまり参加したくないが，義務であるなら参加せざるを得ない」が44.5％，「義務であっても参加したくない」が33.6％，「わからない」が1.2％となっている。「義務であるなら参加せざるを得ない」と回答した者を含めれば国民の65.3％は参加の意向を示しており，最高裁調査（2008年1月から2月）でも参加意向を示す割合は約6割となっている。

この調査は制度が未だ実施される前になされたものであり，制度実施前の状況においては制度に消極的な意見が出やすい傾向にあることを踏まえれば，最低限の国民の理解は得られているものと考えられる。実際，施行後の裁判員候補者の参加率は8割を超えており，判決後のインタビューにも多くの裁判員が積極的に応じるなど，事前のアンケート結果を凌駕している。

しかし，実施後もこの制度が広く国民的基盤を得て制度として定着していくためには，国民の理解と協力が不可欠であり，国民に対する適切な広報活動は極めて重要である。

また，犯罪報道によって裁判員に予断を生じさせるおそれがあることも懸念されており，犯罪報道のあり方についての提言，具体的な犯罪報道に対する意見表明，積極的に被告人の立場からの報道を求めるなどの活動も広報活動の一環として必要である。

(7) 少年逆送事件

① 問題の所在と少年法の理念

裁判員法は，少年被告人の事件も対象としている。ところが，その場合に生じうる現実的な問題点について，裁判員制度導入を検討した政府の司法制度改革推進本部裁判員制度・刑事検討会では，議論がされていない。

しかし，裁判員制度の運用次第では少年法改正手続を経ずして少年法が「改正」されるおそれがある。すなわち，少年の刑事裁判に関しては少年法上，審理のあり方・処分の内容に関して以下の制度・原則が定められており，これらは刑事訴訟法の特則としての位置を占めているが，裁判員制度の運用次第では，これらの規定が死文化しかねない。

したがって，少年被告人を裁判員制度の下で裁くのであれば，いくつかの規定整備（法律レベルと規則レベルと両方考えられる）と，運用についての法曹三者の合意が必要である。

いうまでもなく少年法の理念は少年の健全育成にあり（法1条），いったん逆送されて刑事裁判を受けることになった少年であっても，「裁判所は，事実審理の結果，少年の被告人を保護処分に付するのが相当であると認めるときは，決定をもって，事件を家庭裁判所に移送しなければならない」（55条）と定められており，改めて家裁の審判で保護処分に付することを可能にしている。これを一般に「55条移送」制度と呼んでいる。仮に，刑罰を科すという選択をする場合であっても，不定期刑の選択が可能である。そして，55条移送がふさわしいのか，あるいは刑罰を科すにしてもどの程度の量刑がふさわしいのかを判断するに当たっては，科学主義の理念に則って，「なるべく，少年，保護者又は関係人の行状，経歴，素質，環境等について，医学，心理学，教育学，社会学その他の専門的智識特に少年鑑別所の鑑別の結果を活用して，これを行うように努めなければならない」（法50条，9条）とされている。これを受けて，刑事訴訟規則277条は，「少年事件の審理については，懇切を旨とし，且つ事案の真相を明らかにするため，家庭裁判所の取り調べた証拠は，つとめてこれを取り調べるようにしなければならない」と規定している。

なお，逆送決定に対しては，不服申立手段が用意さ

れていないことから，逆送後の刑事裁判は事後審としての役割を担い，家裁の判断の違法不当は正さなければならない。そういう点からも，家裁が判断の前提とした社会記録等の資料は，刑事裁判の中でも証拠採用されるべきだといえる。

また，公判審理は，少年のプライバシー，成長発達権，社会復帰権等への配慮をしながら行わなければならない。これは，少年法に端的な規定が置かれているわけではないが，少年法の理念，子どもの権利条約，憲法等から当然に導かれる帰結である。

② 審判の変容のおそれ

裁判員制度が，逆送されなかった大多数の少年保護事件の審判を変容させるおそれがあることも懸念される。

すなわち，家裁での調査結果（社会記録）が，刑事公判において提出され，直接主義・口頭主義にしたがって証拠調べが行われた場合には，調査対象者の高度なプライバシーが公になるおそれがあり，そのおそれがあるとなると，今後他の事件の調査において，学校・児童相談所を含め，関係者が調査に非協力的になることなどが懸念される。

そして，それらの懸念を未然に防止するために，家裁が調査のやり方を変え，幅広い調査をしなくなる，あるいは調査はしても調査票への記載をしない（あくまでも調査官の手控えとして事実上裁判官が情報を入手する）など，社会記録のあり方が変容することが危惧される。それは，ひいては少年審判のあり方を変容させることになってしまうのである。

この危険が，現実化しているという危惧を抱かざるを得ないような，いくつかの動きが裁判所側にあったので，日弁連は，2009（平成21）年5月7日に「少年審判における社会調査のあり方に関する意見書」を発表して警鐘を鳴らした。

③ 少年法の理念を守る裁判員裁判のあり方の模索

以上のとおり，❶刑事訴訟手続の中で少年法の理念を貫徹すること，❷審判手続の中で少年法の理念を貫徹すること，という2つの要請を満たしつつ，裁判員制度の理念を実現するための方策が検討されなければならない。

すなわち，社会記録等の高度にプライバシーを含んだ情報を，公開法廷で明らかにすることなく，どのように主張したり証拠として提示したりしていくのかという問題である。

公訴事実に争いがない事件において，少年被告人の弁護活動の方針は，成人のそれとは異なるものとなるのが一般的である。すなわち，公訴事実を認めている事件においては，弁護活動の第1の目的は55条移送決定を得ることである。そして，成人被告人に対する情状弁護活動と55条移送を目指す弁護活動は異なる。すなわち，55条移送を目指す弁護活動の中に，情状弁護活動は包含されるが，55条移送を目指す弁護活動は，情状弁護活動を超えるものである。

弁護側が，55条移送の要件としての「保護処分相当性」を立証しようとするときに重要なのは，成育歴の中のさまざまな事実が被告人の心にどのような傷（心的外傷と言われるものを含む）を与え，それがその後の被告人の思考パターンや行動傾向に影響を与えたかという事実を明らかにすることである。そのためには，一見，犯行に遠い出来事のように見える成育歴の中の事実も実は重要な意味を持つものとして弁護側立証には欠かせないものであることが多い。

そして，不適切養育の客観的事実が少年の思考パターンや行動傾向にどのような影響を与えたかという点については，法的判断ではなく，また経験則に基づいて裁判所が認定できる問題ではなく，児童精神科医や発達心理学者の知見をもって初めて判断できることであるから，弁護人は，虐待を含む不適切養育により子どもがどのような心的外傷を受けるか，成長発達が阻害されるかということを，鑑別技官による分析と調査官による分析に加えて，専門家を証人として立証しようとする。

このような弁護人の立証活動が，裁判員裁判の下で制限されることがあってはならない。すなわち，「裁判員の負担軽減」のためとして，短期結審に急なあまり，弁護人が要求する専門家証人の採用がされないなど，裁判所の訴訟指揮によって弁護活動が制限されるという問題とともに，公開法廷で明らかにすることが不適切であるために，弁護人が敢えて主張立証を控えざるを得ない事態になるということも懸念されるところである。とくに，保護処分相当性の立証に不可欠な社会記録は，プライバシー等に配慮した形で証拠化できることが必要である。

口頭主義・直接主義の理念も，少年の健全育成（成長発達権保障）という優越する理念の前には，一歩後

退せざるを得ない。公開法廷で関係者のプライバシーに配慮したために，弁護側が必要な主張立証をできなくなってしまうという事態は，少年の実質的な裁判を受ける権利を侵害することになるから容認できない。

したがって，口頭主義の貫徹に例外を設け，裁判員にも書面を読んでもらうことによって，公開法廷で明らかになることを防ぎつつ，裁判員に少年法の理念にしたがった判断に必要な主張や証拠を理解してもらう工夫をするか，裁判の公開原則に例外を設け，傍聴人を退廷させ，場合によっては被告人も退廷させた上で，口頭主義を貫くなどの手当てが必要となる。

いずれにせよ，家裁調査官による社会調査の結果得られたプライバシー情報が，逆送後刑事裁判の運用次第では表にでるかもしれないという不安定な状態では，家裁は一般的に調査を控えることになってしまう。したがって，社会記録の内容が，裁判員は知り得ても，傍聴人には知られないという手当が制度的になされることが不可欠である。法的整備を怠り，法曹三者の良識に委ねられた運用に期待するということでは，確実に少年法の理念の変容をもたらすことは2000（平成12）年少年法「改正」以降の家裁実務において実証済みであることからしても，到底容認できる対応策とはいえない。

　④　今後の取組み

以上述べたとおり，少年の裁判員裁判を実施するには，成人事件とは異なるさまざまな問題が解決されなければならない。そのためには，立法的手当が必要な場面もある。その手当なくして，少年被告人を裁判員裁判の下で裁くことは，本来は避けられなければならなかった。

そして，いかなる立法的手当が必要なのかを見極めるための問題点の洗い出しには，模擬裁判を実施して具体的な検討をすることが不可欠であった。しかし，最高裁は，少年事件を題材とした模擬裁判の実施に消極的であったため，各弁護士会から各地裁への働きかけによって模擬裁判が実現したのは，わずかに東京・大阪（2回）・埼玉の4件だけである。これは決して十分とは言えないが，そのわずかの経験の中でも，現行裁判員法の中で少年法の理念に則った裁判員裁判を実現することは困難であることが判明している。

日弁連は，2008（平成20）年12月19日に「裁判員制度の下での少年逆送事件の審理のあり方に関する意見書」を発表するとともに，論点整理を行い，最高裁に対して，制度開始前の一定の合意に向けた協議の申し入れを行ったが，最高裁は，正式な「協議」の実施は拒否し，単なる意見交換を実施することができただけであった。そして，その意見交換の中で，最高裁は，日弁連が提示したさまざまな問題点について，あくまでも個別の裁判体の判断であるとの姿勢を崩さず，何らの合意をすることはできないまま，裁判員制度が開始した。

そのため，日弁連としては，今後は，少年逆送事件の裁判員制度の見直しに向けて，具体的な立法提言を行う必要がある。しかし，当面は現行法の中で，少年事件も裁かれていくことになる。その中で，完璧とは言えないまでも可及的に少年の権利擁護を図ることができるか否かは，個々の弁護人の訴訟活動にかかっているということになる。そのため，日弁連では「付添人・弁護人を担当するにあたって　Q＆A」を作成して全国に配布した。

しかし，制度上の問題を抱える中で実施される少年の裁判員裁判においては，個々の弁護人の努力ではいかんともし難い点が多々ある。したがって，各弁護士会では，個々の弁護活動の独立を侵害しない形で，弁護人に対して必要な支援を行う方法を検討するとともに，事後には情報を収集して，現行法上の問題点の洗い出しをすることが必要となってくる。

裁判員制度という巨大な制度の前に，一人の少年が犠牲になるということは許されることではない。しかし，日弁連・単位会ともに，この問題に対する取り組みが遅れていたのは否定できない事実である。したがって，日弁連としては，早急に意思統一をして，3年後見直しの時期を待たずに，改正案の提言を行うことが必要である。

(8) 外国人事件

裁判員対象事件で被疑者・被告人が外国人の場合，特に以下の点を注意すべきである。

①　まず，裁判員裁判では，わかりやすい法廷活動が当事者に求められている。そして，審理は連日的開廷による集中審理が予定されているので，裁判員には法廷で見て聞いたことによって，最終的な評議まで行うことになる。そこで，現在は書面中心に行われている裁判が，直接主義・口頭主義によることとなる。必要的に行われる冒頭陳述（法49条，刑訴法316条の

30）や弁論も，書面を読み上げるのではなく，口頭による説得がメインとなることが予想される。そうすると，要通訳事件では，予め書面を法廷通訳人に送付しておいて準備をしておいてもらうという現在の実務運用は，修正を余儀なくされることになる。むしろ，法廷での同時通訳を原則とすべきである。また，通訳人の集中力持続にも限界があるので，複数体制を原則とすべきで，報酬も労力に応じたものにする必要がある。

　② 取調べDVDの開示

2008（平成20）年4月以後，検察庁は裁判員対象事件のうち，自白調書を証拠請求する予定の事件について，取調べの一部録画をする運用をすることとして，2008（平成20）年夏以後，各警察署においても試行が予定されている。

そこで，通訳人の能力に問題があったり，誤訳の可能性がある場合に，取調べ状況のDVDを類型証拠開示請求（刑訴法316条の15第1項7号）により開示させることによって，これらを検証することが可能になった。現在では，取調べ全過程が録画されていないので，問題となっている供述調書が作成された場面そのものが録画されていない場合もあるが，通訳人の能力を判定する極めて有力な資料となりうることは間違いない。必ず，開示請求をすべきである。

　③ 公判段階のチェック・インタープリター（検証通訳）

法廷通訳に誤訳があるかどうかは，後日検証することができない。誤訳があるのであれば，その場その場で指摘しなければ修正不可能である。そこで，チェック・インタープリターを同席させ，誤訳があればその場で修正を図らなければならない。

そのために，弁護人席に補助者として通訳人が同席することを認めさせる必要がある。また，国選弁護事件では，弁護人付添通訳を別途選任する必要がある。

(9) 被害者参加と弁護活動への影響

刑事訴訟法の第二編に「第三節　被害者参加」として，刑訴法316条の33から同39までの規定が新設され，刑事裁判に被害者等が参加することが認められる被害者参加制度が，2008（平成20）年12月1日から施行され，2009（平成21）年5月21日から施行された裁判員裁判においては，全ての事件についてこの制度が適用されている。

被害者参加制度は，これまで，刑事裁判に直接関わることがなかった被害者及びその遺族らが，刑事裁判に直接出席して，立証活動を行ったり，弁論としての意見陳述をすることを認める制度である。

被害者らが，直接，刑事裁判に参加することから，市民が裁判員として参加する裁判員裁判のあり方に対しても，何らかの影響があることを避けられないと考えられる。

日弁連は，2007（平成19）年6月20日に発表した「被害者の参加制度新設に関する会長声明」において，「被害者参加制度は，犯罪被害者等が自ら，被告人や証人に問いただすこと，さらには求刑をも可能とするものである。犯罪被害者等の心情を被告人に伝える手段として，既に認められている意見陳述制度に加えて，さらに，犯罪被害者等による尋問や求刑ができる制度を認めることは，客観的な証拠に基づき真実を明らかにし，被告人に対して適正な量刑を判断するという刑事訴訟の機能を損なうおそれがある。こうした懸念は，一般市民が参加し2009年から施行される裁判員裁判において，より深刻なものとなる」と述べているところであり，裁判員制度への影響に対する懸念を表明していたところである。

すでに始まっている裁判員裁判では，被害者参加がされた事案では，求刑通りか求刑に近い重い刑が言い渡される事案が続いている。

これを「適正化」とみるか「厳罰化」とみるかについては立場によって評価が分かれるところではあるが，被害者参加制度の運用によって，被告人・弁護人の防御権が侵害されることのないように適切かつ慎重な運用がなされることが期待される。

(10) 量刑データベースの創設への取組み

　① 厳罰化と国民の司法参加

世界的な規模で厳罰化の傾向が進み，過剰収容が常態化している。そのため，受刑者に更生のための十分なケアがなされないために再犯率が下がらず，厳罰化は犯罪の抑止につながらないどころか，治安を悪化させるという悪循環が進行している。米国やロシアでは，今や，国民100名に1名が受刑者となり，財政すら圧迫している。米国において，厳罰化の道具とされたのが，「量刑表」である。「量刑表」には，日々の判決結果が反映され，その形式的な基準の当てはめにより，一層の厳罰化を促進したものである。

他方，犯罪学者ニルス・クリスティ氏の指導の下で参審制の導入により，厳罰化から脱することに成功した国がノルウェーである。参審員の参加により，犯罪に至る経過を含めて，市民の視線で検討され，被告人もまた自分たちと同じ普通の人間であり，このような境遇や環境では，私でも，犯罪を犯すかも知れないという判断の下，厳罰化を止めて受刑者を減らして財政上の余裕を生み，「世界一囚人に優しい国」を呼ばれるような受刑者には手厚い社会復帰のためのケアを実施し，再犯率を下げて治安を良くするという好循環を実現している。

私たちは，このノルウェーの成功例に学び，裁判員が人間らしい市民の視線で量刑を考えることができるような弁護を展開しなければならない。

② 裁判員裁判判決文の収集開始

日弁連は，すでに裁判員本部において，裁判員裁判の判決文の収集を開始しており，2009（平成21）年9月からは，日弁連刑事弁護センターも参加して，量刑データベース構築のために裁判員裁判の判決文の収集に取り組むことになった。

③ 基本方針

量刑データベースの方式について，日弁連で検討中であるが，日弁連は，第1段階として，早急に，裁判員裁判対象事件についての独自の量刑データベースの作成に向けた取組みを強化して実施すべきであり，第2段階として，全事件を対象とした量刑データベースの構築を目指すべきである。

第1段階としては，愛知県弁護士会がすでに実施している判決要旨をデータとし，第2段階としては，第1段階の運用実績を見定めて，札幌弁護士会がすでに実施しているアンケート結果をデータとする方式を基本に据えるべきである。なお，いずれの方式も，判決文へのアクセスを可能とするものである。札幌弁護士会は，被疑者国選弁護の対象事件の拡大に際し，新たな担い手となる弁護士からの要請に応じて，全事件についての量刑データを収集するものであり，費用と労力の負担を軽減するために簡略なアンケート結果をデータとしたものである。

いずれの方式も，費用と労力の負担を意識した内容となっており，日弁連としても，当然ながら，日弁連が負担する費用及び弁護士の労力をできるかぎり軽減する方策が求められている。

④ 量刑データベースの必要性

さて，日弁連内においても，裁判員裁判においては，検察官の求刑が基準になって厳罰化が進むことを阻止するために，自白事件においては，弁護人において，積極的に適切な量刑を示すべきであるとの意見が大勢を占めている。さらに，裁判員裁判の1号事件においては，まさに裁判員から，量刑を判断するうえで，検察官だけでなく，弁護人からの量刑も示してほしいとの要望が寄せられた。

弁護人が検察の厳罰化傾向に抗し，裁判員の要望に応えるためには，量刑データベースが不可欠なものと認識されている。

⑤ 弁護人にとっての最高裁データベースの欠点

これに対し，最高裁は，裁判員対象事件に関しては，被疑者段階から弁護人に対し，各裁判所において最高裁が作成した量刑データベースの利用を認めている。

ところが，最高裁の量刑データベースからは，判決文にアクセスできないという欠点がある。そのため検索項目の細分化における評価の誤りの危険がある。後者は，最高裁のデータベースには，「被害者の落ち度」，「被告人の反省」等の検索項目があるが，これを入力する担当裁判体の「評価」が入り，弁護人として原判決記載の具体的な事実摘示を読むことなしには正確な判断ができないおそれがあるという意味であり，端的にいえば，非人間的・形式的な「量刑表」に陥る可能性があるということである。

したがって，日弁連は，最高裁の量刑データベースに対抗する独自の量刑データベースを構築して，裁判員が被告人を同じ人間とみ，弁護人が厳罰化に対抗する基盤を提供すべきである。

⑥ OCRによるデジタル化と全文検索ではなぜ不足か

判決文全文をOCRで読み取って，全文検索をするだけでは，なぜ，不足なのか。裁判員裁判は1年間に3,000件が想定されており，毎年相当数の判例が収集されることになる。全文検索では，あまりに多くの判決にヒットしてしまい，適切な判例にたどり着くのに時間がかかりすぎるおそれがある。

確かにOCRによる読み取り費用は安価である。しかし，民間の判例データベース事業者からの聴き取りによれば，OCRによる読み取りにおいては誤字率が10％程度はあり，その点検と判決文に記載された匿

名処理を外注すると著しいコスト高となりうることが想定されている。

また，既存の判例データベースは，刑事判例においても，そもそも量刑を中心に据えた例はなく，そのため，従前の方式を量刑に拡大するのでは，上記の通り，誤字の点検費用と匿名処理費用がネックとなる。

⑦　今，弁護士会に期待される活動

したがって，裁判員裁判への対応としては，要旨をデータとする愛知県方式を基本にして，判例データベースの事業者の協力を得つつも，日弁連として，展開することが望まれる。

その際，匿名処理も含めた要旨作成の担い手は，各弁護士会である。愛知県弁護士会によれば，的確に検索がされるような用語の選択がされるように要旨の作成基準を策定して，これに基づく作成が行われており，弁護士1名が1カ月に1要旨を作成する程度の負担であり，副次的な効果として，担当弁護士の刑事弁護の知識や能力の向上が図られている。

東京弁護士会においては，裁判員裁判の判決文の収集とともに，刑事専門のパブリック事務所への委託なども視野に入れた対応が求められている。

(11) その他

これら以外にも，裁判員対象事件の範囲は適切かどうか，審理時間は十分か，刑事訴訟法227条による公判前の証人尋問の運用など多くの問題があり，検証をすすめて積極的に提案をしていくべきである。

3　公判前整理手続と証拠開示

> 2005（平成17）年11月1日に施行された改正刑訴法によって，公判前整理手続が導入されたが，その後1年半程度の間は実際に同手続を適用した事件は全国的には少数にとどまっており，特に東京地裁ではその傾向が顕著であった。
>
> しかしながら，2007（平成19）年4月以降，検察庁が「裁判員裁判対象事件の全件につき公判前整理手続の適用を求める」との方針を示した後には，同手続を適用した事件は急速に増加し，相当数の運用事例が積み重ねられてきた。
>
> 公判前整理手続は，裁判員裁判対象事件において必ず実施される手続であるばかりか，その他の事件についても適用されうる手続であることから，その運用如何が実務に与える影響はきわめて大きい。弁護士会としては，その運用が適切になされるよう，今後とも引き続き検討を継続する必要がある。

1）公判前整理手続の概要と問題点

(1) 公判前整理手続の目的と対象事件

公判前整理手続の目的は，充実した公判の審理を継続的，計画的かつ迅速に行うための審理計画を立てるところにある（刑訴法316条の2参照）。

弁護人の立場から言えば，十分な防御権行使をなし得るという意味での「充実した公判の審理」のための準備活動を尽くすことが公判前整理手続の目的である。防御を尽くすことができるだけの準備なくして，単に継続的，計画的かつ迅速な審理計画が策定されたというだけでは，同手続には何の意味もなかったということになりかねない。

裁判員裁判においては，公判前整理手続が必ず実施され（裁判員法49条），裁判員裁判対象事件以外の事件も，公判前整理手続に付されることがありうるから，同手続によるメリットが大きいと判断した場合には，弁護人から裁判所に対して同手続の適用を求めるべきである。なお，事件が公判前整理手続に付された場合には，弁護人・被告人は，防御対象の明確化や，証拠開示請求権の行使による防御準備などの大きなメリットを受けることになるが，反面，重い手続の中で防御方針の早期策定を求められることにもなるから，被告人とのコミュニケーションが難しい事件等では手続負担によるデメリットも生じうる。

(2) 公判前整理手続の内容

公判前整理手続は，通常，公判前整理手続期日ない

し事実上の打合せ期日が指定された上で，書面等の提出期限が定められるという形で進行していく。具体的には次の各点が進行上重要な意味を持つことになろう。

❶ 検察官による証明予定事実記載書面提出・証拠調べ請求，弁護人に対する検察官請求証拠の開示
❷ 類型証拠開示請求
❸ 弁護人による予定主張記載書面提出・証拠調べ請求，検察官請求証拠に対する弁護人の意見
❹ 主張関連証拠開示請求
❺ 審理予定の策定・争点及び証拠の整理の結果確認

弁護人による予定主張記載書面提出・証拠調べ請求，検察官請求証拠に対する弁護人の意見は，いずれも，類型証拠開示が終了した段階で行う（刑訴法316条の16，316条の17）。

しかしながら，裁判所が，類型証拠開示が終了しない時点で予定主張記載書面の提出期限を定めた上で，十分な間隔を置かずに公判前整理手続期日を指定する場合が，時折みられるようである。

弁護人としては，このような場合，類型証拠開示請求権の重要性を強調した上で，開示証拠や予定主張の検討・調査等に必要な準備期間を適切に把握した上で，期日指定や期限設定に対する意見を述べるべきである（刑訴規則217条の5）。

(3) 主張明示義務・証拠制限規定

類型証拠開示が終了すると，弁護人は「証明予定事実その他の公判期日においてすることを予定している事実上及び法律上の主張」を，裁判所及び検察官に対して明示しなければならない（刑訴法316条の17）。

明示すべき予定主張の内容は，具体的には，次のように整理できる。

❶ 証明予定事実（証拠調べ請求によって証明しようとする事実）
❷ それ以外の事実上の主張
ア 積極的な事実を主張する場合（例）
・アリバイなどの重要な間接事実
・任意性を争う根拠となる事実
・正当防衛，責任能力の根拠となる具体的事実
・量刑上重要な事実
イ 検察官の主張事実に対して争点を提示する主張（例）
・主要事実・重要な間接事実を否認する主張

さらに，弁護人は，原則として，整理手続中に必要な証拠調べ請求を終えておく必要がある。公判前整理手続終了後の証拠調べ請求は「やむを得ない事由によって公判前整理手続又は期日間整理手続において請求することができなかったもの」以外は不適法となり，職権による取調べに期待するしかなくなってしまうからである（刑訴法316条の32）。

したがって，弁護人としては，その後の審理状況にかかわらず取調べ請求が必要となると判断した証拠については，「後出し」することなく，公判前整理手続中で全て証拠調べ請求しなければならないし，その証拠によって証明しようとする事実（証明予定事実）に関する主張を明示する義務を負うことになる。

しかしながら，このことは，被告人の供述内容を公判前整理手続中で詳細に明らかにしなければならないことを意味するものではない。具体的な事件においては，被告人には黙秘権が保障されており，黙秘に伴って不利益な取扱いを受けるいわれはないこと，整理手続の目的に照らし，審理予定の策定に必要な範囲で主張内容を明示すれば足りることを念頭に置いて，何を主張するか，どのように主張するかが，検討されなければならない。

なお，戦略上の観点から，主張内容を詳細に明示することもありうることは，言うまでもない。

(4) 被告人の出席

公判前整理手続期日には，検察官・弁護人は必ず出席しなければならないが，被告人は，出席する権利はあるが，その義務はない（刑訴法316条の9）。

そのため，予定主張明示がなされる以前の段階では，被告人が特に出席を希望しないかぎりは，事実上の打合せ期日のみならず，公判前整理手続期日にも，被告人は出席しないという扱いが採られることが多い。

被告人が公判前整理手続期日に出席する場合には，弁護人としては，裁判所が被告人の言い分を直接に問いただし，被告人の発言内容を公判前整理手続調書に記録するという措置を取る可能性のあること（刑訴法316条の12第2項）を，認識しておく必要があろう。

2）証拠開示の概要と問題点

(1) 証拠開示の目的

公判前整理手続における証拠開示請求権は，訴訟指揮権に基づく証拠開示命令とは異なり，きわめて広範

な証拠につき，その開示を求めることに権利性が付与されたものである。

これによって，弁護人は，検察官請求証拠の証明力を判断し，それに対する証拠意見や弾劾の方針を固めて，適切な弁護方針を策定することになる。すなわち，証拠開示請求権は，計画審理のもとで十分な防御権を行使するために不可欠の制度なのであって，弁護人としては，可能な限り幅広い証拠の開示を請求しなければならない（なお，この要請は公訴事実に争いのない事件であっても，基本的に異なることはない）。

(2) 類型証拠開示

類型証拠開示の要件は，❶類型該当性（刑訴法316条の15第1項各号所定の類型に該当すること），❷重要性（特定の検察官請求証拠の証明力を判断するために重要であると認められること），❸相当性（重要性の程度その他の被告人の防御の準備のために当該開示をすることの必要性の程度並びに当該開示によって生ずるおそれのある弊害の内容及び程度を考慮し，相当と認めるとき）の3つである（刑訴法316条の15）。

実務的には，開示対象となる証拠を識別する事項を明らかにした上で，その類型該当性と，特定の検察官請求証拠との関連とを明らかにすれば足りる。
❶ 証拠物
❷ 検証調書ないしそれに準ずる書面
❸ 実況見分調書ないしそれに準ずる書面
❹ 鑑定書ないしそれに準ずる書面
❺ 検察官請求予定証人の供述録取書等
❻ 被告人以外の者の供述録取書等
（その内容が，「検察官が特定の検察官請求証拠により直接証明しようとする事実の有無に関する」ものに限る）
❼ 被告人の供述録取書等
❽ 被告人の取調べ状況報告書

類型証拠開示請求にあたっては，検察官の手持ち証拠の内容を的確に推測した上で，そのうち，類型該当性のあるすべての証拠を抽出することになる。特に，5号，7号，8号に該当する証拠について，開示請求を行わないということがあってはならない。

(3) 主張関連証拠開示

主張関連証拠開示の要件は，❶関連性（被告人が提出した予定主張に関連する証拠であること），❷相当性（関連性の程度その他の被告人の防御の準備のために当該開示をすることの必要性の程度並びに当該開示によって生じるおそれのある弊害の内容及び程度を考慮し，開示が相当と認められること）の2つである（刑訴法316条の20）。

類型該当性のない証拠は，主張関連証拠開示請求の方法で開示を求める他ないことになる。主張関連証拠開示の結果，さらに主張を明確化・具体化したり，逆に，撤回することも想定されていることを念頭に置いて，予定主張の内容を固めるという観点も必要となろう。

(4) 証拠開示請求に対する裁判所の裁定

弁護側の開示請求に検察側が応じない場合には，裁判所に裁定を求めることができる（刑訴法316条の26）。裁定の請求は書面で行わなければならないとされているから（刑訴規則217条の25），検察官に対し一定の証拠の開示を命ずる旨の決定を求める内容の請求書を，裁判所に提出することになる。

裁定決定に対して不服がある場合には，決定から3日以内に即時抗告を申し立てることができ，さらに，即時抗告の決定に対して不服がある場合には，5日以内に特別抗告を申し立てることができる。公判前整理手続における証拠開示請求権の内容は，未だ判例法が形成される途上にあるから，検察官との間で見解の一致を見ない場合には，ためらわず裁定請求すべきであり，さらに，裁判所の決定内容が不合理であると思われる場合には，積極的に即時抗告，特別抗告すべきである。

3）今後の課題

(1) この手続に習熟すること

裁判員裁判においては，裁判員の心に響く弁護活動を行う大前提として，公判前整理手続において適切な弁護方針を策定することが重要である。したがって，裁判員裁判を担う全ての弁護士が，この手続に習熟することができるように，われわれ弁護士会としては，その運用実態を把握するとともに，証拠開示に関する裁定決定例の集積・研究を進めなければならない。

(2) 幅広い証拠開示を認める裁定決定の獲得

最決平成19年12月25日は，「公判前整理手続及び期日間整理手続における証拠開示制度は，争点整理と証拠調べを有効かつ効率的に行うためのものであり，このような証拠開示制度の趣旨にかんがみれば，刑訴

法316条の26第1項の証拠開示命令の対象となる証拠は，必ずしも検察官が現に保管している証拠に限られず，当該事件の捜査の過程で作成され，又は入手した書面等であって，公務員が職務上現に保管し，かつ，検察官において入手が容易なものを含むと解するのが相当である」とのきわめて画期的な判断を示した。

今後も，個々の弁護士が取り組む個別の事件において，防御の観点からの証拠開示の重要性を主張し，証拠開示の対象を幅広いものとする裁定決定を獲得することを通じて，公判前整理手続がより実のあるものとなるよう努めていかなければならない。

4 開示証拠の目的外使用問題

> 開示証拠の使用管理問題の核心である目的外使用禁止規定の解釈について，今後，調査研究を深め，適切な運用基準の策定に努めるべきである。
> 　その際，形式的に目的外使用となる場合であっても，裁判の公開原則の範囲内にある場合，名誉，私生活及び業務の平穏についての具体的な侵害がない場合，具体的な侵害がないとはいえない場合でも被告人の防御権行使における必要性の程度，その他使用の目的及び態様に照らして正当と認められる場合には違法とはならないことに十分留意すべきである。

1) 証拠開示の拡充と適正管理義務・目的外使用の禁止規定との関係

裁判員制度の導入をも見据え，改正刑事訴訟法（2005〔平成17〕年11月1日施行）では，集中審理の実現を目指し，実効的な争点整理と被告人の防御の準備を十全ならしめるため，証拠開示制度が導入された。これにより，検察官手持ち証拠の開示は従前に比し，拡充される。

しかし，この証拠開示の拡充が議論される中では，開示証拠の流出や目的外使用によって，証人威迫や罪証隠滅が誘引されるのではないか，名誉・プライバシーが侵害されるのではないのかとの弊害が具体的に指摘され，また当該事件の審理やその後の捜査活動への支障も強い懸念として提起されていた。

そこで，改正刑訴法は，これら弊害を防止し懸念を払拭する手だてとして，開示証拠について，弁護人の適正管理義務を定めるとともに（刑訴法281条の3），弁護人及び被告人について開示証拠の審理準備目的外の使用を禁止する規定を置いた（同法281条の4）。

2) 目的外使用の禁止をめぐる日弁連の活動の経緯

目的外使用については，当初，弁護人は被告人と同様に，目的外使用罪の適用を全面的に受ける案が提起されていた。しかし，日弁連の強い説得活動により，弁護人については，利得目的で使用した場合を除いて，刑事罰の対象としないことで法案化された（刑訴法281条の5第2項）。これは，弁護士には，国民から負託された弁護士自治のもとでの懲戒制度があり，これに裏打ちされた高い職業倫理を有していることへの信頼が基になっている。また，法案化の段階では，科料の制裁も検討されていたが，これも排斥された。

さらに，日弁連は，改正刑訴法が国会に上程された後にも，会長声明（2004〔平成16〕年4月9日）を出し，正当な理由のある開示証拠の利用については，禁止対象から除外する修正を強く求めて，与野党国会議員に精力的な説得活動を続けた。この間，本林徹前日弁連会長は，退任直後の2004（平成16）年4月6日，自ら衆議院法務委員会での参考人質疑に臨み，開示証拠の目的外使用について，「規制は現行法の範囲」に止めることを強く訴えた。

これらの活動が奏功して，開示された証拠の目的外使用の禁止を定めた刑訴法281条の4に以下の文言を第2項として追加する法案修正が与野党共同提案にて成立した。「前項の規定に違反した場合の措置については，被告人の防御権を踏まえ，複製等の内容，行為

の目的及び態様，関係人の名誉，その私生活又は業務の平穏を害されているかどうか，当該複製等に係る証明が公判期日において取り調べられたものであるかどうか，その取調べの方法その他の事情を考慮するものとする」。

日弁連執行部は，この第2項が追加修正された意義について，次の3点を挙げている（2004〔平成16〕年8月「第159回国会成立の司法改革関連法に対するコメント」）。

第1は，禁止規定に違反した場合，すなわち開示証拠を「審理の準備」以外に使用した場合の措置についても「被告人の防御権」を踏まえるべきとされたことは，被告人の防御に必要な開示証拠の使用は「審理の準備」だけに限定されないことを法律も認めたものと評価できる。

第2に，「関係人の名誉，その私生活又は業務の平穏を害されているかどうか」を考慮すべきとされたことは，関係人の名誉等を害さない場合には，実質的違法性がない場合があることを法律自体が認めたものと解することができる。

第3に，「当該複製等に係る証拠が公判期日において取り調べられたものであるかどうか」や「その取調べの方法」を考慮すべきとされたことは，裁判公開原則の趣旨からも，公判廷で取調べられた証拠の利用については，相応の配慮がなされるべきことを確認したものといえる。

3）「開示証拠の複製等の交付等に関する規程」の制定

検察官から開示された証拠についての適正管理義務（刑訴法281条の3）は，❶審理準備目的による被告人への事件記録の差し入れまでも禁止することになるのか，❷審理準備目的のために交付した事件記録が流出した結果，第三者の名誉・プライバシーを侵害した場合，あるいはその流出が証人威迫や罪証隠滅などの違法行為に使われた場合の責任はどうなるのかについて定かでないままでは，弁護活動の萎縮につながる。

もとより，開示された記録が適切に取り扱われないという事態は，国民の不信を招き，改正刑訴法のもとで導入された証拠開示制度の円滑な運用に支障を来す要因となる。

しかし，2004（平成16）年11月の日弁連臨時総会で成立した弁護士職務基本規程18条は，「弁護士は，事件記録を保管又は廃棄するに際しては，秘密及びプライバシーに関する情報が漏れないように注意しなければならない。」と定めるのみで，事件記録の「利用」や「使用」については直接言及していない。

そこで，審理準備等目的で証拠の複製等を交付する場合の遵守すべき注意義務を具体的に規定し，証拠開示制度を十全に機能させるとともに弁護活動の萎縮を防止することが必要となる。このような考えに基づいて，日弁連では，2006（平成18）年3月3日の臨時総会において，「開示証拠の複製等の交付等に関する規程」を制定した。

4）今後の課題

開示証拠の使用管理問題については，目的外使用といわれる範疇について，すなわち，被告人の防御権，弁護人の弁護権，弁護士の職務行為，弁護士研修，法曹養成及び学術・言論活動等が不当に制限されるのではないのか，これが最大の問題であった。したがって，今後も引き続き，目的外使用禁止規定の解釈についての調査研究を深め，早急に，適切な運用基準の策定に努めるべきである。

その際，日弁連の取組みの成果として，国会審議の場において，「被告人の防御権を踏まえ，複製等の内容，行為の目的及び態様，関係人の名誉，その私生活又は業務の平穏を害されているかどうか，当該複製等に係る証明が公判期日において取り調べられたものであるかどうか，その取調べの方法その他の事情を考慮するものとする」との修正が与野党の共同提案により成立したことの意義を十分に斟酌すべきである。

特に，目的外使用禁止規定に抵触するか否かの解釈に当たっては，形式的に目的外使用となる場合であっても，複製等の内容が裁判の公開原則（憲法37条1項，同法82条，刑訴法47条但書，同法53条）の範囲内にある場合，名誉，私生活及び業務の平穏についての具体的侵害がない場合，具体的侵害がないとは言えない場合でも被告人の防御権行使における必要性の程度，その他使用の目的及び態様に照らして正当と認められる場合には，違法とはならないことに，十分，留意すべきである。

5 取調べの可視化

> 弁護士会は，可及的速やかに，取調べの全過程を録画・録音する「取調べの可視化」を立法によって実現するべく，集中的かつ重点的に取り組むべきである。取調べの全過程の可視化が実現するまでの間，弁護人は，警察や検察に対しては，全件について取調べの全過程を録画・録音することを申し入れ，全件について「被疑者ノート」を被疑者に差し入れるとともに，自白を強要する取調べが行われた場合には，検察官については決裁官に対する申入れ，警察官については取調べ監督官に対する苦情申出を行う弁護活動を実践すべきである。
> 警察や検察による取調べの一部の録画がなされた場合には，弁護人は，その全ての事件において証拠開示を請求し，公判においては自白の任意性・信用性を徹底的に争うべきであり，検察官から一部録画のDVDが証拠請求された場合には不同意又は異議を述べて証拠として採用されないようにするための弁護活動を実践すべきである。

1）自白偏重の現状

これまで，わが国の刑事司法において，「自白」が偏重されてきた。捜査において，被疑者の取調べが重視されるのは，「自白」を獲得するためである。しかしながら，執拗な被疑者の取調べを行って「自白」獲得を目指すことの危険性に思いを致さなければならない。

これまで，捜査機関は，自白が「証拠の女王」であるとして「自白」の獲得に血道をあげ，検察においても，警察による虚偽自白のチェック機能がほとんど機能していなかったことが明らかとなっている。

とりわけ，わが国には，世界に類例をみない，いわゆる「代用監獄」（刑事被拘禁者処遇法の制定により，法律上は，この言葉自体は廃止されているが実態はほとんど変わっていない）に留置され，24時間，捜査官による完全な支配下に置いて自白が強要される構造となっており，それが虚偽自白を生んでいると考えられる。

過去の冤罪事件の経験からすれば，いわゆる「代用監獄」に身体拘束された者は，たとえ無実であっても，過酷な取調べを受ければ虚偽の自白をすることがありうるという事実を正面から受け止める必要がある。

なお，最近では，鹿児島志布志事件のように，任意の取調べにおいても虚偽自白をさせられる事例も明らかとなっている。

2）密室の取調べについての最近の冤罪事件

密室の取調べによって自白が強要された冤罪事件は，最近でも発生している。

(1) 鹿児島志布志事件

2003（平成15）年に発生した鹿児島志布志町での選挙違反事件について，2007（平成19）年2月，鹿児島地方裁判所が，被告人の12名全員に無罪判決を言い渡した事例において，存在しなかったと認定された選挙違反について，任意の取調べ段階から，警察による激しい自白強要があったことが知られている（日弁連製作のドキュメンタリー映画「つくられる自白～志布志の悲劇」）。

(2) 富山氷見事件

2002（平成14）年に富山県氷見市で発生した強姦・同未遂事件について，警察の任意の取調べを受けた被疑者が，警察から家族が見放しているなどの虚偽の事実を告げられるなどして心理的圧迫を加えて自白を強要されたために虚偽の自白をさせられ，その後，被疑者が逮捕されて，裁判所の勾留質問においていったんは否認したものの，その後の取調べにおいても，警察から自白を強要されて虚偽自白を継続し，同年11月7日に富山地裁高岡支部は懲役3年の実刑判決を言い渡し，約2年2カ月間，刑務所に服役した後，仮釈放された。その後，2006（平成18）年11月に真犯人が犯行を自供したことから無実が明らかとなり，検察官が再審請求をして，富山地裁高岡支部は2007（平成

19）年4月12日に再審開始決定をし，同年10月10日に無罪判決を言い渡し，検察官が，即日，上訴権を放棄して，無罪が確定している。

このように，密室での取調べにおける自白の強要は，現在も行われているのである。

3）可視化の必要性と国際的動向

このような状況を打開するためには，取調べの全過程を録画・録音する「取調べの可視化」を実現することが必要不可欠である。

国際社会からも，わが国に対して，「取調べの可視化」が求められている。

1998（平成10）年11月，国際人権（自由権）規約委員会は，その最終見解において，「委員会は，刑事裁判における多数の有罪判決が自白に基づいてなされているという事実に深い懸念を有する。圧迫による自白が引き出される可能性を排除するため，委員会は，警察の留置場すなわち代用監獄における被疑者の取調べが厳格に監視され，また電気的な方法により記録されることを強く勧告する」と述べている。

2004（平成16）年1月には，世界最大の法律家団体である国際法曹協会（IBA）が，日本国政府に対し，被疑者取調べにつき録画・録音による記録制度の導入を検討し，海外の調査を速やかに行うことを提言している。

最近では，2007（平成19）年5月18日，国連の拷問禁止委員会は，「警察拘禁ないし代用監獄における被拘禁者の取調べが，全取調べの電子的記録及びビデオ録画などにより，体系的に監視されるべきである」と勧告している。

また，国連の国際人権（自由権）規約委員会は，2008（平成20）年10月31日，国連の市民的及び政治的権利に関する国際規約の実施状況に関する第5回日本政府報告書に対する総括所見を発表したが，取調べの全過程のビデオ録画を勧告している。

弁護人の立会いを含む「取調べの可視化」は，欧米では，イギリス，オーストラリア，イタリア，アメリカの一部の州などで実施されており，東アジアにおいても，台湾においては2000（平成12）年から，韓国においても，2008（平成20）年1月から，それぞれ，取調べの録音・録画と弁護人立会いが実現している。

4）裁判員制度との関係

司法改革に伴う刑訴法改正の際に新設された刑事訴訟規則198条の4は，「検察官は，被告人又は被告人以外の者の供述に関し，その取調べの状況を立証しようとするときは，できる限り，取調べの状況を記録した書面その他の取調べ状況に関する資料を用いるなどして，迅速かつ的確な立証に努めなければならない」と規定して，取調べの状況の立証を客観的な資料で立証することを求めている。

裁判員制度においては，市民にわかりやすい審理が求められるとともに，できるだけ明瞭な証拠提出を心がけ，裁判員に過大な負担をかけないことが求められる。

これまでのように，自白の任意性・信用性をめぐって，取調べをした捜査官に対する長時間にわたる証人調べと長時間の被告人質問を行っても水掛け論になるだけであるし，実際にもその実施は困難である。そのような事態を避けるためには，取調べの全過程の録画・録音をする以上の最善の方法は考えられない。

5）足利事件による教訓

1990（平成2）年に栃木県足利市で発生した幼児誘拐殺人事件において，被害者の下着に残された犯人のDNA型と一致したとして，栃木県警は，菅家利和さんに任意同行を求め，科学捜査で証拠が挙がっているとして自白を強要し，菅谷さんは，嘘の自白をさせられて，逮捕・起訴された。これが足利事件である。

菅家さんは，第一審の最終段階から否認に転じたが，第一審の宇都宮地裁も，控訴審の東京高裁もDNA鑑定と自白の信用性を認め，2000（平成12）年には最高裁もDNA型の再鑑定を求める弁護側の主張を無視して上告を棄却し，無期懲役が確定した。

2002（平成14）年，菅家さんの弁護団は，独自に行ったDNAの再鑑定結果を元に宇都宮地裁に再審を請求したが，2008（平成20）年12月，同地裁は弁護側の再鑑定結果を信用できないとし，新たに再鑑定を行うこともなく請求を棄却した。その抗告審において，東京高裁が命じた再鑑定の結果，犯人のDNA型と菅家さんのDNA型は一致しないことが判明し，検察庁は当時のDNA鑑定の誤りを認め，2009（平成21）年6月，菅家さんは服役中であった千葉刑務所から17年ぶりに釈放された。2009（平成21）年10月21日か

ら，宇都宮地裁において再審公判が開かれ，無罪判決が言い渡されることが確実である。

足利事件では，犯人のDNA型と菅家さんのDNA型は一致せず，菅谷さんは客観的に犯人でないにもかかわらず，自白をさせられていたことが明らかになった事件であり，菅谷さんは，釈放後，集会などで，「私と同じ冤罪を作らないため，全面的に可視化してもらいたい」と訴えている。

6）日弁連の活動

日弁連は，かねてから，一貫して，取調べの全過程の録画・録音を提言してきた。2003（平成15）年7月14日付「取調べの可視化についての意見書」を理事会で承認し，同年10月17日には，日弁連人権擁護大会において「被疑者取調べ全過程の録画・録音による取調べ可視化を求める決議」を採択し，その後，2007（平成19）年5月25日の日弁連定期総会において「取調べの可視化（録画・録音）を求める決議」をそれぞれ採択している。

日弁連は，会員に対して，捜査機関に対して可視化を要請し，被疑者に「被疑者ノート」を差し入れ，自白の任意性・信用性を徹底的に争うための弁護技術についての特別研修を実施している。

2009（平成21）年4月には，会員に向けに，「被疑者ノート活用マニュアル（改訂版）」，「取調べの可視化申入書（モデル案）活用マニュアル（裁判員裁判対応）」及び「取調べ一部録画事案弁護活動マニュアル」を発行している。

7）検察庁による録画の試行とその拡大

2006（平成18）年5月，法務大臣及び最高検次長検事が，裁判員対象事件について，検察官による被疑者の取調べの録音・録画の試行を実施することを発表し，同年8月以降，東京地方検察庁において試行が開始され，2007（平成19）年3月からは，横浜など比較的規模の大きい13の地方検察庁にも機材を配備して，2007（平成19）年12月末までに，全国で170件の取調べの録音・録画が実施されている（最高検察庁「取調べの録音・録画の試行の検証について」平成20年3月）。

最高検察庁は，さらに，2008（平成20）年4月から2009（平成21）年3月まで，一部の例外を除いて，裁判員対象事件であって，自白調書を証拠調請求することが見込まれる事件において，さらに録音・録画の範囲を拡大して試行し，2009（平成21）年4月からは正式に実施されている。

また，最高検察庁は，同年5月1日付で，「取調べに当たっての一層の配慮について」及び「取調べに関する不満等の把握とこれに対する対応について」と題する通達を公表し，深夜や長時間連続しての取調べを避けることや，被疑者・弁護人から決裁官に対して取調べに関する申入れがなされたときに所要の調査を行って必要な措置を講じるなどを決めている。

しかしながら，検察庁による取調べの録音・録画の試行は，自白調書による立証を行う事件について，検察官による任意性・信用性についての効果的・効率的な立証を行うための手段として位置づけられている。そのため，録音・録画されるのは，取調べの全過程ではなく，そのごく一部に過ぎないし，すでに作成された自白調書に関して，自白の動機・経過，取調べの状況，自白調書の作成過程等について，検察官の質問に被疑者が答える場面を録音・録画する場合も含まれており（これを「レビュー方式」と呼んでいる），取調べですらない場面が録音・録画されている。被疑事実を否認している事件については全く録画されることはないし，否認から自白に転じて自白調書が作成された場合にも，検察官が録画するのは自白調書が作成されて以降に限られていることなど，検察庁による録音・録画の試行は極めて不十分であるとともに，むしろ有害ですらある。

なお，このようにして録音・録画されたDVDが，検察官から証拠請求された事案においては，その証拠価値を認めて証拠採用した裁判例もあるが，そのようなDVDの内容から検察官が誘導的な取調べをしていると認めて自白の任意性を否定した裁判例（大阪地裁平成19年11月14日決定・判例タイムズ1266号85頁）や，自白調書の信用性が争われた事案において，真意に基づく自主的で積極的な供述か，検察官に迎合してなされた供述かは，そのDVD自体からは定かではないなどとして，自白の信用性の裏付けにならないと判断した裁判例（佐賀地裁平成20年7月8日決定・公刊物未登載。ただし，控訴審において破棄されている）などが現れており，裁判所において，検察庁による録音・録画の試行の不十分さを認める判断が示されるよ

うになっている。

8）国会の動向

これまで，衆議院・参議院の法務委員会において，裁判の迅速化に関する法律案（2003〔平成15〕年），刑事訴訟法等の一部を改正する法律案（2004〔平成16〕年），刑事施設及び受刑者の処遇等に関する法律の一部を改正する法律案（2006〔平成18〕年）を可決した際の附帯決議において，何度も取調べの可視化の検討を求めている。

野党であった民主党は，これまでも，弁護人の立会いと取調べの可視化を求める法案を議員立法として衆議院に何度か提出したが，審議未了により廃案となっていた。

2007（平成19）年7月の参議院議員選挙において，民主党など野党が参議院議員の多数を占める状況になった状況を受けて，民主党は，第168回臨時国会の会期である同年12月26日に，被疑者の供述及び取調べの状況の全ての映像及び音声を記録媒体に記録しなければならないとする刑事訴訟法改正案を議員立法として提出し，第169回通常国会の会期中である2008（平成20）年6月4日に参議院において可決されたが，与党が圧倒的多数を占める衆議院において審議未了で廃案となっている。

その後，2009（平成21）年8月の衆議院議員選挙において，民主党が308議席を獲得して第一党となり，政権交代がなされ，鳩山内閣が発足した。

民主党は，選挙前に，「裁判で自白の任意性について争いになった際に検証できるよう，取り調べの全過程を録音・録画することを捜査当局に義務付ける」ことをマニフェストに掲げており，千葉景子法務大臣は，政府提案の法案として提出したいとの考えを表明している。

もっとも，中井国家公安委員長は，就任後，取調べの可視化と同時に，おとり捜査や司法取引など新たな捜査手法の導入が必要であることを表明しており，今後の政府内の調整が注目される。

9）警察庁の新たな取組み

国家公安委員会は，2007（平成19）年11月，警察による取調べに対する国民の不安が払拭されないとして，「警察捜査における取調べの適正化について」により，警察庁に対して，取調べの適正化を求めた。

これを受けて，警察庁は，同年12月，「警察捜査における取調べの適正化に関する有識者懇談会」を立ち上げ，2008（平成20）年1月，「警察捜査における適正化指針」を策定し，管理部門による取調べ監督制度や苦情申出制度などの新設を決めた（その内容は，平成20年4月3日国会公安委員会規則第4号「被疑者取調べ適正化のための監督に関する規則」として成文化されている）。

その後，2008（平成20）年3月14日，与党である自民党司法制度調査会の「新時代の捜査のあり方プロジェクトチーム」や公明党法務部会の「これからの捜査のあり方検討会」が，それぞれ，警察による取調べの録音・録画の試行を求める提言をまとめたことを受けて，警察庁は，それまで強く録音・録画を拒んでいた姿勢を一変させ，検察庁における試行を参考に，2009（平成21）年度から，全国の警察署において，被疑者の取調べの一部の録音・録画の試行を行うことを決めた。

2008（平成20）年9月1日から，警視庁，大阪府警，神奈川県警，埼玉県警，千葉県警などで試行が開始され，2009（平成21）年4月から，全国の警察において本格的に実施されている。

10）今後の取組み

裁判員制度の実施を目前に控えて，刑事司法は大きく改革しようとしており，刑事裁判に裁判員として参加する国民の中からは，特に，密室の取調べにおける自白の強要に基づく冤罪事件の根絶を求める声が大きくなっている。

前述したとおり，日弁連は，2007（平成19）年5月25日，第58回定期総会において，「取調べの可視化（録画・録音）を求める決議」を採択し，「裁判員制度の実施を目前に控え，速やかに，取調べの全過程を録画・録音する立法措置を講じることが必要である」とし，

❶ 国に対し，裁判員制度の実施を目前に控え，速やかに，被疑者取調べの全過程を録画・録音し，これを欠くときは，証拠能力を否定する法律を整備すること

❷ 検事総長，警察庁長官に対し，上記❶の法制化がなされるまでの間，各捜査機関の捜査実務において，

被疑者又は弁護人がこれを求めたときは，即時に被疑者取調べ全過程の録画・録音を実施することを求めている。

また，日弁連は，2009（平成21）年11月6日，第52回人権擁護大会において，「取調べの可視化を求める宣言——刑事訴訟法施行60年と裁判員制度の実施をふまえて——」を採択し，「捜査・取調べの適正化を図り，裁判員裁判が本来の目的を十全に果たしていくためにも，一日も早い取調べの可視化の実現が不可欠である」として，

❶ 国に対し，一日も早く，任意取調べを含む被疑者取調べの全過程を録画し，これを欠くときは，自白・不利益事実承認の証拠能力を否定する法律を整備すること

❷ 検事総長及び警察庁長官に対し，前記❶の法制化がなされるまでの間，各捜査機関の捜査実務において，被疑者または弁護人がこれを求めたときは，即時に被疑者取調べの全過程の録画を実施することを求めて，被疑者取調べ全過程の録画による可視化を直ちに実現させるため，全力を挙げて取り組む姿勢を明らかにしている。

これらの決議を踏まえて，弁護士会としては，検察庁や警察における取調べの一部の録音・録画では不十分であるばかりか，そのようなDVDが法廷で再生されることによって裁判員に誤解を与えるおそれがあるという点でむしろ有害であることを広く訴えて，可及的速やかに，取調べの全過程の録画・録音（可視化）が立法によって実現するように，政府や国会議員や市民への働きかけをより強化し，集中的かつ重点的に取り組むべきである。

それが実現するまでの間，弁護人は，警察や検察に対して，全件について取調べの全過程を録画・録音することを申し入れ，全件について「被疑者ノート」を被疑者に差し入れるとともに，自白を強要する取調べが行われた場合には，検察官については決裁官に対する申入れ，警察官については取調べ監督官に対する苦情申出を行う弁護活動を実践すべきである。

警察や検察による取調べの一部の録画が試行された場合には，弁護人は，その全ての事件で証拠開示を請求し，録画されたDVDを謄写し，公判においては自白の任意性・信用性を徹底的に争うべきであり，検察官から一部録画のDVDが証拠請求された場合には不同意又は異議を述べて証拠として採用されないような弁護活動を実践すべきである。

弁護士会としては，そのような弁護活動を支援するための情報提供や研修を積極的に実施していくべきである。

6　人質司法の打破と冤罪防止

> 冤罪を防止するとともに，争点整理を実効あらしめ，裁判員制度を充実したものにするために，刑事司法における取調べの可視化と並ぶ2大課題として，「人質司法」の打破に全力で取り組み，これを実現すべきである。

1）勾留・保釈に関する憲法・国際人権法上の5原則と改革課題

勾留・保釈に関する憲法・国際人権法上の原則として，

❶ 無罪推定の原則（憲法31条が保障していると解されるし，国際人権（自由権）規約14条2項が直接規定している）

❷ 身体不拘束の原則（同規約9条3項）

❸ 比例原則（憲法34条が定める「正当な理由」を満たすためには，達成されるべき目的（裁判権・刑罰執行権）とそのために取られる手段（勾留）との間に，合理的な比例関係が存在する必要がある）

❹ 最終手段としての拘束の原則（「社会内処遇措置のための国際連合最低基準規則」（東京ルール。1990〔平成2〕年国連総会で採択。同規則は，公判前抑留の代替措置が法律上規定されることも前提にしている）

❺ 身体拘束の合理性を争う手段の保障の原則（国際

人権〔自由権〕規約9条4項）
をあげることができる。

2）最近の冤罪事件と人質司法の実態

　2007（平成19）年2月，鹿児島地裁は，公職選挙違反事件である志布志事件につき，12名の被告人全員に対して無罪判決を言い渡した。同判決は検察官が控訴を断念して確定したが，同事件は，冤罪であるばかりか，事件そのものが存在しなかったことが判明している。ところが12名の被告人中，実に6名もの被告人が虚偽自白をし，6名中の3名は，保釈になるまで，公判でも虚偽自白を維持し，保釈後になってようやく否認に転じている。

　このような虚偽自白がなされた原因の一つは，人質司法にある。長期勾留の威嚇の下で虚偽の自白をした被告人は，比較的早い時期に保釈が認められているのに対し，否認を貫いた被告人は，いずれもが長期にわたる身体拘束を受けた。供与者とされた被告人は，1年1カ月もの間勾留され，8回にわたってなされた保釈請求のいずれもが退けられている。

　かような実態は，志布志事件に特有のものではない。現刑訴法下における保釈率は，当初は50％内外で推移したものの，その後長期低落を続け，2003（平成15）年には地裁での保釈率が12.6％という，権利保釈が存在しなかった旧刑訴法下にほぼ等しい数値にまで低下した。しかも，第1回公判期日前の保釈はなかなか認められず，さらに，およそ3分の2の被告人が身体拘束を受けたまま判決を受け，判決は無罪・執行猶予・罰金等でありながら，判決時まで身体拘束を受け続けた被告人が毎年3万人弱にも及ぶ状況が続いたのである。先に掲げた無罪推定の原則をはじめとする5原則に反する事態が恒常化してきたのである。

3）冤罪防止と充実した裁判員制度実施のために

　虚偽の自白による冤罪を防止するには，勾留・保釈制度を改革し，人質司法を打破することが必要である。

　また，被疑者・被告人の身体拘束は，弁護側の十全な事前準備の最大の障碍であって，争点整理を実効あらしめ，集中審理を実現し，裁判員制度を充実したものにするには，被告人の身体拘束が解かれていることが極めて重要であり，権利保釈の対象外犯罪を限定し，人質司法を改革することが必要である。

4）最近における運用変化の兆しと弁護人の対応

　最近になって，かような実態が変化する兆しがみられるようになった。低下を続けた保釈率（以下の数値はいずれも地裁についてのものである）は，2004（平成16）年から上昇に転じ，2008（平成20）年には15.6％となっている。2003（平成15）年には51.8％であった保釈許可率は，2008（平成20）年には59.3％へと上昇した。保釈の時期をみると，2008（平成20）年の第1回公判期日前の保釈人員の全保釈人員に対する割合は，72.5％（2007〔平成19〕年は67.5％）であり，自白事件では75.3％，否認事件では40.2％であった。公判前整理手続導入の影響もあろうが，全体でも，自白・否認別でも，その割合は，顕著に高まっている。

　これに対し，2008（平成20）年における保釈請求率は，前年と同じ27.7％にとどまった。戦後最低であった2003（平成15）年の24.9％から上昇に転じ，2006（平成18）年には29.0％となったものの，停滞状態にある。この保釈請求率との相関関係にあることが指摘されてきた国選弁護人選任率は，2008（平成20）年には戦後最高の77.3％に達した。しかし，この間の国選弁護人選任率の上昇にもかかわらず，保釈請求率は上昇・停滞状態にあり，それは，国選弁護事件も含め，弁護人の保釈請求への取組みが強まっていることを意味しよう。今後もこのような傾向をより拡大するための弁護人の活動が期待されている。

5）実現すべき改革と弁護士会の今後の取組み

(1) 法改正を求めて

　日弁連は，2007（平成19）年9月，「勾留・保釈制度改革に関する意見書」及び「勾留・保釈制度改革に関する緊急提言」を公表し，さらに，この2つの意見書と一体となるものとして，2009（平成21）年7月，「出頭等確保措置導入についての提言」を公表した。この3つの意見書は，「人質司法」を脱却するために，短期的課題として，次の5点の実現を求めている。

❶　起訴前保釈制度の創設
❷　刑訴法89条1号の改正（権利保釈の対象外犯罪

の限定)

❸ 同法89条4号の改正（削除または権利保釈除外事由の厳格化）

❹ 同法89条5号の改正（同前）

❺ 出頭等確保措置の創設（従前「未決勾留の代替制度」と呼ばれていた制度であり，勾留と「在宅」の間の中間的な形態として，行動の自由に対する一定の制限を課す制度である）

2006（平成18）年7月，法務大臣が法制審議会に対して「保釈の在り方など」や「未決勾留の代替制度」を含む被収容人員の適正化に関する諮問をなし，同審議会は，「被収容者人員適正化方策に関する部会」を設置して同部会において審議が行われている。保釈運用の若干の改善にとどめることなく，これをさらに促進し，抜本的に改革するには，法改正を求めていかなければならない。

(2) 国際社会からの勧告の活用を

他方，国際社会からは，起訴前保釈を求める勧告が相次いでなされている。

2007（平成19）年5月，国連拷問禁止委員会の日本国政府に対する勧告は，起訴前の保釈制度が存在しないことについて懸念を表明し，公判前段階における拘禁の代替措置の採用について考慮することを勧告し，1年以内の返答を求めている（現時点では未回答である）。

また，2008（平成20）年10月，国連の国際人権（自由権）規約委員会は，国連の市民的及び政治的権利に関する国際規約の実施状況に関する第5回日本政府報告書に対する総括所見を発表したが，その中で自由権規約14条の完全な実施として起訴前保釈制度の導入を勧告している。

これらの国際社会からの勧告を生かし，日弁連や弁護士会は，法改正を求める活動を積極的に展開すべきである。

(3) 保釈保証保険制度等の導入を

最高裁が近年公表したところによると，私選事件における保釈率は，2004（平成16）年の41.9％を底に，2008（平成20）年には50.1％に，国選事件におけるそれは，2004（平成16）年の3.1％を底に，2008（平成20）年には5.7％に，それぞれ上昇している。

いずれも上昇してはいるものの，依然として，私選事件と国選事件ではおよそ10倍の開きがある。そして，その原因が，被告人の資力と高額な保釈金にあることは疑いがない。韓国には，保釈保証保険制度があり，これは，例えば100万円の保釈金の場合に，6,400円の保険金を支払えば保険会社が保証する制度であり，保釈金納付条件付の保釈（なお，韓国での保釈は，保釈金の納付が不可欠の条件ではない）の場合の多くにこの保険制度が利用されている。わが国への同様の制度の導入，あるいは弁護士協同組合等による保釈金立替制度の導入などにつき，本格的に検討を進める必要がある。

(4) 保釈請求励行の運動を

保釈の運用の改善については，何よりも刑事弁護の現場での積極的な弁護活動が不可欠である。現行の保釈制度の運用への弁護人の諦めからくる保釈請求件数の減少が，今日の事態をもたらした副次的な原因であったことも否定できない。運用・制度の改革，そして保釈保証保険制度の導入など保釈請求を容易にする環境の整備に努めつつ，具体的な事件において，弁護人は，保釈請求等を積極的かつ果敢に実践する必要があり，日弁連は，そのような運動の提起とそれに対する支援や情報提供を，随時，具体的に行っていくべきである。

7 伝聞法則の徹底

> 直接主義・口頭主義を徹底するために，裁判員制度実施後も，伝聞法則の厳格化につき，引続き取り組むべきである。

1) 直接主義・口頭主義の徹底

司法制度改革推進本部の裁判員制度・刑事検討会事務局が作成した裁判員制度についてのいわゆる「たたき台」は，「以下に述べる諸点を含め，迅速で，かつ，

裁判員に分かりやすく、その実質的関与を可能とする証拠調べの在り方について検討し、必要な措置を講ずるものとする」とし、

❶ 証拠調べは、裁判員が理解しやすいよう、争点に集中し、厳選された証拠によって行わなければならないものとすること
❷ 専ら量刑に関わる証拠の取調べは、公訴事実の存否に関する証拠の取調べと区別して行わなければならないものとすること
❸ 証拠書類は、立証対象事実が明確にわかりやすく記載されたものとすること
❹ 供述証拠の信用性等については、その作成状況を含めて、裁判員が理解しやすく、的確な判断をすることができるような立証を行うこと
❺ 第1回公判期日前の裁判官による証人尋問の活用を拡充すること
❻ 迅速で、裁判員にわかりやすい審理が行われるよう、訴訟指揮を行うこと

などの諸点をあげている。

これらは、いずれも直接主義・口頭主義を目指すものと評価できるが、改正刑訴法に取り入れられたのは❺の点（刑訴法227条の改正）のみであり、その余の点については、その趣旨が刑訴規則の改正に盛り込まれた。裁判員裁判においては、公判廷において調べられる証拠や証言をその場で見て、聞いて心証を形成する「公判中心」の直接主義・口頭主義に基づく審理を実施することとなる。

2）伝聞法則の厳格化

しかし、直接主義・口頭主義を徹底するために必要な伝聞法則の厳格化については、刑訴法改正では、取り上げられなかった。

もともと、改革審意見書は、「伝聞法則等の運用の現状については異なった捉え方があるが、運用を誤った結果として書証の取調べが裁判の中心を占めるようなことがあれば、公判審理における直接主義・口頭主義を後退させ、伝聞法則の形骸化を招くこととなりかねない。この問題の核心は争いのある事件につき、直接主義・口頭主義の精神を踏まえ公判廷での審理をどれだけ充実・活性化できるかということにある」と述べていたのであって、刑訴法が定める伝聞法則の例外そのものを見直すことまでは、視野に入っていなかったとも考えられる。

しかしながら、わが国の刑事裁判の調書裁判といわれる現状は、伝聞法則の大幅な例外を認める現行の刑訴法それ自体によってもたらされたのであって、伝聞禁止の原則と例外との逆転した運用を改めるには、伝聞法則を厳格化する刑訴法の改正が不可欠だというべきである。

特に、現行の刑訴法は、検察官面前調書につき、いわゆる相反供述の場合に証拠能力を与えている（同法321条1項2号後段）が、この規定こそが、捜査を肥大化させ、被疑者の人権侵害をもたらしてきたが、この規定は、調書裁判の元凶であって、削除されるべきである。

また、現行の刑訴法は、特信性の存在を条件に、被告人の供述調書に証拠能力を認めている（同法322条1項）。

この規定の運用については、司法研究報告書「裁判員制度の下における大型否認事件の審理の在り方」（法曹会、2008年）において、特信性の判断は、裁判員法上、裁判官の権限に属するが、信用性の判断と不可分の関係にあることから、裁判員も心証形成することは不可欠であり、その関係で、特信性の判断については、外部的付随事情に純化して判断する方向は避けられず、当該承認が共犯者の場合には、その供述を録音・録画（DVD化）する等の取調べ状況に関する客観的な証拠を確保することが求められるなどと述べられている（同書94頁以下）。

これ自体は注目すべき見解であるが、それでも、検察官面前調書が採用されて、誤った事実認定に利用されるおそれが完全になくなるとは言えないのであるから、自白偏重の裁判を抜本的に改革するためには、この規定は法改正により全面的に削除されるべきである。

弁護士会としては、裁判員制度が実施された後も、その運用状況を見守り、直接主義・口頭主義をより徹底するために、伝聞法則の厳格化について、引続き重要な課題として取り組む必要がある。

8 接見交通権の確立

> 接見交通権を確立するために，大法廷判決の壁を打ち破るに足る違憲論を再構築し，国際人権法を梃子として刑訴法39条3項そのものの削除を求める運動を推進するとともに，接見妨害に対しては看過することなく国賠訴訟を提起して闘うべきである。
>
> 今後も，日弁連及び弁護士会は，接見交通権確立のための取組みを強化していくべきである。

憲法34条，37条が保障している被疑者・被告人の弁護人選任権とは，弁護人の援助を受ける権利にほかならない。被疑者・被告人には，まさに援助が必要なその時にこそ，弁護人の実質的な援助が与えられなければならない。

この弁護人の援助を受ける権利の中核的権利である接見交通権については，いわゆる一般的指定制度によって組織的・継続的な接見妨害がなされてきたが，日弁連は，早くからこの問題に取り組み，国賠訴訟の全国での積極的提起とその勝訴判決を背景として，法務省との直接協議によって，「面会切符制」の廃止など一定の改善を実現した。

しかし，他方で，最高裁は，浅井・若松の両事件判決において，「取調べ予定」を理由に接見指定ができるとするなど現状追認に終始し，さらに，1999（平成11）年3月24日の安藤・斎藤事件大法廷判決において，「接見交通権の行使と捜査権の行使との間に合理的な調整を図らなければならない」などの理由で，刑訴法39条3項違憲論を退けるに至っている。

国連の規約人権委員会は，日本政府の第4回定期報告書につき，1998（平成10）年11月，「最終見解」を採択し，「刑事訴訟法39条3項のもとでは弁護人へのアクセスが厳しく制限され」ていることを指摘し，これを直ちに改革するよう勧告したが，大法廷判決はこの勧告に逆行する内容に終始したのである。

被疑者には，取調中であったり，取調べの予定がある場合にこそ，弁護人の援助が必要なのであって，わが国の現状は，未だ憲法，国際人権法の保障する弁護人の援助を受ける権利とはかけ離れた状況にある。

違憲論を再構築するとともに，「捜査の必要」を理由に接見制限を認める刑訴法39条3項自体を削除する法改正を求めて運動を再展開する必要がある。

また，接見交通権を確立するためには，妨害行為を看過することなく，国賠訴訟を積極的に提起すべきである。法友会は，会員が3日間にわたり接見することができなかった事案や取調中でもないにもかかわらず接見指定された事案について，法友会の会員を中心に約150名の弁護団を組織し，1997（平成9）年4月，国を被告として国賠訴訟を提起し（伯母・児玉接見国賠訴訟），間近で確実な捜査の必要がある場合であっても検察官に接見申出をした弁護人との間で「調整義務」があり，この調整義務違反があるとして賠償を命ずる判決（一審・2000〔平成12〕年12月25日，控訴審・2002〔平成14〕年3月27日）を得るなどのめざましい成果をあげている。

最近では，公職選挙法違反についての鹿児島志布志事件において，捜査機関が，被疑者と弁護人の接見の都度，その直後に接見内容を聞き出し，これを供述調書化して刑事公判に合計76通もの供述調書を証拠請求したという信じがたい接見交通権侵害の事案について，鹿児島県弁護士会所属の弁護士10名と宮崎県弁護士会所属の弁護士1名が国賠訴訟を提起し，鹿児島地方裁判所は，2008（平成20）年3月24日，54通の供述調書について違法に弁護人固有の接見交通権を侵害したと認めて，合計550万円の支払を命じ，国と県が控訴を断念して同判決は確定している。

今後，裁判員制度が実施されるようになると，これまで以上に，被疑者と弁護人との間の円滑な接見が強く要請されるようになる。

この関係で，最高検察庁は，2008（平成20）年4月3日に「検察における取調べ適正確保方策について」と題する文書を公表し，同年5月1日にそれを具体化する「取調べの適正を確保するための逮捕・勾留中の被疑者と弁護人等との間の接見に関する一層の配慮に

ついて（依命通達）」（最高検企第206号）を発したことは注目に値する。

この通達の「2　検察官の取調べ中に被疑者から弁護人等と接見したい旨の申出があった場合の措置について」において，（被疑者からの）「当該申出があった旨を直ちに弁護人等に連絡することとされたい」とされ，「3　検察官が取調べ中の被疑者又は取調べのために検察庁に押送された被疑者について弁護人等から接見の申出があった場合の対応について」において，「(1)申出があった時点において現に取調べ中でない場合には，直ちに接見の機会を与えるよう配慮することとされたい。(2)申出があった時点において現に取調べ中の場合であっても，できる限り早期に接見の機会を与えるようにし，遅くとも，直近の食事又は休憩の際に接見の機会を与えるように配慮することとされたい」とされている（なお，同年5月1日付の「取調べに当たっての一層の配慮について（依命通達）」では，「少なくとも4時間ごとに休憩時間をとるよう努める」ことが明記されている）。

そして，接見の申出及びこれに対してとった措置を記録にとどめ，当該書面を，事件記録に編綴することとされており，当該書面が証拠開示の対象にもなることが明記されている。

この通達は，いわゆる内田第2次国賠事件についての最高裁平成12年6月13日第三小法廷判決（民集54巻5号1635頁）が示した内容を通達で一般化したという点において，従来よりも迅速に接見を認めようとするものであり，弁護人においては，この通達を熟知して活用すべきである（これらの通達は日弁連の会員用ホームページにおいて公開されている）。

裁判員制度との関係では，連日的開廷となるために，拘置所における休日・夜間接見の保障，裁判所構内接見の拡充が不可欠であり，被疑者国選弁護制度実施との関係では電話接見の導入が不可欠である（電話による外部交通及び一部の夜間接見はすでに試行されている）。

接見交通権を確立し，実効性あるものにするためには，今後も，日弁連及び弁護士会は，従来からの取組みをさらに強化していく必要がある。

9　被疑者国選弁護制度の実施と今後の課題

> 2009（平成21）年5月21日，被疑者国選弁護は第2段階を迎えた。対象事件数が飛躍的に増大した。従来は，国選弁護，刑事弁護といえば，主に被告人弁護を意味していた。これからは，国選弁護，刑事弁護のスタンダードが被疑者弁護に代わる。多くの被疑者に，国選弁護人の援助を受ける権利が与えられ，われわれ弁護士は，被疑者段階から弁護する機会が与えられた。被疑者弁護の充実なくしては，刑事弁護を語れない時代になった。
>
> われわれは，被疑者国選の実現を，弁護士及び弁護士会の努力の成果と評価するとともに，増大した事件数を担いきることが肝要である。そのためには，弁護士偏在問題の解消に務め，被疑者国選弁護制度の運用状況を不断に検証しながら，❶国選弁護報酬基準の抜本的改革，❷契約弁護士（ジュディケア弁護士）をいかに増やすか，❸スタッフ弁護士の確保，❹電話によるアクセスの全国的実施及び拘置所における夜間・休日接見の全面的実現などの諸課題に精力的に取り組むべきである。

1）当番弁護士活動の成果としての被疑者国選弁護制度

被疑者国選弁護制度は，戦後の新刑事訴訟法制定の過程において，すでに実現すべき課題として捉えられていた。その後，現行憲法の解釈論としても位置づけられ，日弁連をはじめ多くの先人が長年にわたってそ

の導入を強く訴えてきた。これを実現することは，われわれ法曹に課せられた責務であるとの認識が拡がり，弁護士会は，当番弁護士制度を発足させ，17年間余にわたって実績を積み重ね，制度を定着・発展させてきた。

この当番弁護士制度には，国民世論の大きな支援が寄せられ，それが原動力となって，刑訴法が改正された。2006（平成18）年10月，いわゆる法定合議事件に見合う事件につき被疑者国選弁護制度が導入されるに至った。そして，その対象事件の範囲は，2009（平成21）年5月21日以降，いわゆる必要的弁護事件に拡大された。その件数は，年間約10万件にも上ると試算されている。

われわれは，このことを，当番弁護士活動を含むこれまでの運動の輝かしい成果として率直に評価すべきである。そして，われわれは，そのことに自信と誇りを持ちながら，被疑者弁護制度をともに担いきる責務がある。

2）日本司法支援センターの業務と弁護士会の役割

前記の刑訴法改正と併せて，総合法律支援法が成立し，日本司法支援センター（以下，「支援センター」という）が2006（平成18）年4月に設立され，その業務が同年10月から開始された。

同法は，国選弁護関係では，「迅速かつ確実に国選弁護人の選任が行われる態勢の確保」（同法5条）を図ることを目的としている。そのために，支援センターは，以下の業務を行う。

❶ 弁護士と，国選弁護人契約を締結し，国選弁護人の候補者を確保する。
❷ 裁判所等からの求めに応じて，国選弁護人契約弁護士の中から，国選弁護人の候補を指名し，裁判所等に通知する。
❸ 法律事務取扱規程を定めて，国選弁護人の業務の基準を定め，それに違反した場合の措置を行う。
❹ 国選弁護人の報酬の算定と支払いを行う。

かような支援センターの業務に関し，弁護士会は，「連携の確保及び強化」（同法7条）をなすとともに，支援センターに対し支援（同法10条）をなすべきものと位置付けられている。

弁護士会は，それ以上に，これら支援センターの業務によって，国選弁護活動の自主性，独立性が侵されることがないように不断に監視し続けなければならない。

3）国選弁護人契約締結，国選弁護人候補指名についての弁護士会関与

弁護士会として弁護活動の自主性・独立性を確保していくためには，支援センターが国選弁護契約を締結する弁護士を恣意的に選別してはならないし，指名通知する国選弁護人候補について，支援センターは弁護士会の推薦を尊重するという運用を確立する必要がある。

かような観点から，例えば東京では，東京三弁護士会は，支援センター東京地方事務所及び東京地裁・高裁・最高裁等との間で，国選弁護人の指名基準等につき精力的な協議を行い，以下の合意に達した。

❶ 一般国選弁護人契約の締結については，弁護士会がその推薦する会員についてのみ申込のとりまとめを行い，東京地方事務所は弁護士会の意見を尊重する。
❷ 国選弁護人候補者の指名・通知用名簿については，東京三弁護士会が作成し，東京地方事務所はこれを尊重して指名・通知をする。
❸ 指名・通知用名簿での指名が困難ないわゆる特別案件事件等については，東京地方事務所が別途東京三弁護士会に対し推薦を求めて対処する。

この合意に基づき，現にそのように運用されており，今後ともこのような方式を維持していかねばならない。

4）「法律事務取扱規程」の制定と弁護士会関与

法律事務取扱規程は，弁護活動における行為規範を含むことになり，支援センターが契約解除等をなす際の基準にもなる。

弁護士会は，刑事弁護活動全般に通じる弁護士職務基本規程をすでに制定している。国選弁護であろうと私選弁護であろうと，弁護活動に関する規範は同一であるはずである。したがって，支援センターが定める法律事務取扱規程は，弁護士職務基本規程と同じ内容でなければならない。これを踏まえ，法律事務取扱規程においては，弁護士職務基本規程をベースに，一般

的な倫理規定や受任に関する規定など契約弁護士等に対する適用になじまないものを除く23項目の基準が制定された。

また、規範自体は同一であるとしても、その適用を支援センターが独自に行うとなれば、解釈上、規範が二重化するおそれがある。そうなっては、支援センターが第2の日弁連化することにもなりかねない。そこで、支援センターが定める「契約弁護士等がその契約に違反した場合の措置に関する事項」につき、例えば、東京三弁護士会と東京地方事務所との協定では、東京地方事務所が契約弁護士の所属する弁護士会に事実の調査を委嘱し、意見を求め、東京地方事務所は、東京三弁護士会の調査結果及び意見を尊重することが合意されている。

5) 国選弁護人報酬の算定基準について

国選弁護人報酬の算定基準については、報酬制度の改革等によって充実した弁護活動の提供が確保される仕組みを創るという視点が重要である。

弁護活動に対する介入は、直接的な介入のみならず、報酬決定を通じての介入もありうる。そして、かつての国選弁護報酬は、低額であるのみならず、定額であった。いかに熱心な活動が行われても、また、いかに手抜きであろうとも報酬に反映することは少なかった。実際には手抜き方向でのコントロールが働いていたことをリアルに認識する必要がある。適正な報酬が支払われることなくしては、弁護活動の自主性・独立性は損なわれ、充実した弁護活動の提供が確保されないのである。

弁護士会としては、労力に応じた報酬、明確な算定基準、報酬の増額を目標に取り組んできた。しかし、国選弁護報酬の額が「低額」であることは、根本的には改善されていない。

国選弁護報酬が、法律事務所の経営維持の観点から適正と言える金額に増額すること（つまり、ボランティア活動ではなく、業務と評価できるまで高めること）が、国選弁護人候補者の人数確保のためにも喫緊の課題である。

さらには、謄写費用の支払いが不十分であること、釈放後の活動に対する評価がないこと、交通費の考え方が硬直的であること、など、実際に実務を運用してみると、報酬基準には様々な問題が指摘されている。

予算という枠組みがあるとはいえ、熱心な弁護活動が報われる報酬基準とするために、さらに交渉を続けていかなければならない。また、会員各自は、問題事例を数多く報告することにより、改善への後押しをお願いしたい。

6) 当番弁護士制度・被疑者弁護援助制度の存続

(1) 当番弁護士制度の存続

改正刑訴法31条の2は、全ての被告人・被疑者を対象に、弁護士会に対する私選弁護人の「選任申出」制度を創設した。さらに、同法36条の3及び37条の3は、資力が基準額以上の国選弁護対象事件の被疑者及び任意的弁護事件の被告人は、予め「選任申出」を行っておくことを、国選弁護人選任請求を行うための要件としている。

これを踏まえ、当番弁護士制度は、改正刑訴法の「弁護士会に対する弁護人選任申出」に対応する役割をも担う制度として位置付け直され、存続させることとされた。今や当番弁護士制度は、被疑者国選弁護制度を運用する上で不可欠な制度となっている。

(2) 刑事被疑者弁護援助制度の存続

2009（平成21）年5月21日に被疑者国選の対象事件が拡大されたことの反射的効果として、刑事被疑者弁護援助制度の必要性は相対的に小さくなったと言うことができる。しかし、被疑者国選制度は、逮捕段階には使えない、法定刑の制限がある、という限界があり、その不十分な部分を補っていく必要がある。つまりは、身体拘束を受けた全ての被疑者に対して国選弁護制度が認められるまで、その役割を終えることはない。

法律扶助協会によって運用されてきた被疑者援助制度については、法律扶助協会解散後も、支援センターへの一括委託方式で存続させることとなった。

(3) 当番弁護士，被疑者弁護援助制度の財源

支援センター発足以前は、当番弁護士等緊急財政基金（以下、「当番基金」という）、法律扶助協会の自主財産及び贖罪寄付等が財源となっていた。当番基金の財源となる日弁連の特別会費については、2006（平成18）年12月の総会において、とりあえず被疑者国選弁護制度の第2段階がスタートする2009（平成21）年5月まで延長された。

2009（平成21）年5月，被疑者国選の第2段階がスタートすることで，当番基金の目的の大きな部分が達成されたと評価可能なこと，被疑者国選の拡大の裏面として被疑者援助事件が減少すると想定されることから，当番基金は，廃止された。その代わり，今後は，少年保護事件付添援助制度の利用が拡大すると想定されていることから，新たに，少年保護事件に対する予算措置を主軸にした「少年・刑事特別基金」が創設された。当番基金のノウハウを受け継ぎ，少年付添援助を中心に，当番弁護士制度，刑事被疑者援助の財源として，支えていくことになった。

7）被疑者，被告人とのアクセスの拡充

被疑者国選が拡充されるに従い，弁護人と被疑者との接見の回数は飛躍的に増加することが見込まれる。また，裁判員裁判を見据えると，被告人との接見の重要性が顕著となる。弁護人と被疑者，被告人とのアクセスを拡充する要請が高まっていると言える。

(1) 接見室の増設

弁護人が警察等に赴いたところ，一般接見や，他の弁護人の接見と重なってしまい，無駄な待機時間を強いられることは少なくない。複数の接見室を用意している警察署は少ない。接見室の増設が望まれる。

他方，弁護士会は代用監獄の廃止を求めており，警察の接見室の増設を求めることには原理的な疑問がある。さはさりながら，目の前の被疑者，被告人とのアクセスを充実させるためにやむを得ないものとして，日弁連を通じて警察庁に接見室の増設を申し入れている。

しかし，警察も予算の問題等があり，警察署の増改築等の機会に逐次対応するとの回答のみで，実際の増設は進んでいない。さらに増設を求めて活動をするべきである。

(2) 東京拘置所での夜間・休日接見

拘置所での接見は，原則として平日昼間しか認められず，弁護活動に支障を生じることもあった。2007（平成19）年6月1日より，公判期日等の5日前から，夜間や休日に接見が可能となった。また，2009（平成21）年7月27日より，面会受付時間が午後4時50分までと，延長された。より一層の拡大が望まれる。

なお，八王子拘置支所が，立川拘置所に移転し，収容人数も格段に増えた。今後の運用を見届ける必要がある。

(3) テレビ電話によるアクセス

被疑者・被告人から接見希望があり，実際に接見に赴いてみると，金魚に餌をやってほしい，等の簡易な連絡事項に過ぎない場合もある。これらについては，実際に拘置所に赴くことなく被疑者・被告人とアクセスできれば，弁護人の負担を軽減することができる。

東京では，2009（平成20年）4月16日から，東京拘置所との間でのテレビ電話による外部交通が「試行」されている。弁護士は，東京地検記録閲覧室（15階）または，法テラス東京事務所（四谷3階）から，東京拘置所に収容された未決の被拘禁者とテレビ電話で連絡をとることができる。

これは正規の接見ではない。拘置所側では個室が用意されるが，弁護士側での秘密は保持されない。弁護方針に関する打合せ等は，テレビ電話によることなく，現実の対面による接見をすることが望まれる。

また，予約制であること，時間が20分に制限されていること，弁護人側のアクセスポイントが限定されていることなど，必ずしも使い勝手の良いものではない。「試行」ではあるが，今後の本格実施に向けて，改善が望まれる。

(4) ファックスによるアクセス

日弁連と法務省は，刑事施設の未決拘禁者から弁護人へのアクセス方法として，ファックス連絡について申し合わせ，条件が整った弁護士会から実施することとされている。

すでに，2008（平成20）年5月15日現在で，高知弁護士会をはじめ8弁護士会で実施されている。東京でも，2009（平成21）年10月から実施されることとなった。

しかしながら，法務省と申し合わせたファックス連絡は，刑事施設から弁護士会にファックス送信され，弁護士会から各弁護士に転送する方法のため，迂遠であること，弁護士からの返信は週1回に限られていることなど，利便性・即時性に欠ける。実施状況を踏まえつつ，法務省と再調整を図ることも含めて，検討していく必要がある。

8）国選弁護報酬の水増し請求問題（いわゆる岡山問題）

岡山のある弁護士が，被疑者国選弁護事件で，支援

センターに接見回数を水増しして報告し、国選弁護報酬を不正に受給したという事件が起こった。支援センターは、2009（平成21）年2月、当該弁護士を詐欺罪で刑事告訴し、岡山弁護士会は、同年8月3日付けで業務停止2年の懲戒処分を下した。

当該弁護士は、水増し件数も多く意図的な請求と考えられる。意図的であれば犯罪行為であるし、意図的でない場合であっても、不当請求は許されないことである。

支援センターは、2009（平成21）年8月3日から、警察署での接見の際に、複写式の接見申込書を利用して、接見したことの疎明資料とし、接見回数を正しく報告するシステムを開始した。なお、この接見疎明資料の扱いは、同年12月1日から、拘置所、刑務所、少年鑑別所での接見についても試行され、2010（平成22）年2月から正式に採用される予定である。

会員においては、接見回数を事件記録等に正しく記載し、報告書作成の際に誤謬がないよう励行しなければならないし、弁護士会としては、会員に正確な請求を促進するとともに、疎明資料の利用を周知させなければならない。

9）被疑者弁護における接見

被疑者弁護では、スピーディな弁護活動が求められる。

一方で、被疑者国選弁護人の報酬は、接見回数を基準に算定される。法テラスへの終結報告書には接見期日、回数を記載することとなっている。

この報告を検討すると、初回接見が数日遅れる事例や、そもそも被疑者段階で接見を一度もしていない事例（被疑者国選報酬はゼロになる）が散見される。

折角法制度化された被疑者国選を活かすも殺すも、弁護人の活動次第である。

弁護士会としては、初回接見（なるべく早く行くこと）の重要性を啓蒙し、必要な回数の接見が確保されるよう研修と広報が必要である。

10）今後の課題
(1) 対応態勢について

2009（平成21）年から開始された第2段階では、年間10万件が見込まれている。これに不足なく対応するには、日弁連規模で考えたときは弁護士偏在の解消が望まれる。東京に限定しても、多摩地域の弁護士数の不足を、23区の弁護士が補う必要がある。国選弁護を担う弁護士数の確保については、国選弁護報酬基準の抜本的改革、契約弁護士（ジュディケア弁護士）の裾野拡大、スタッフ弁護士の確保、等が求められる。その他、国選弁護活動を効率よく行うための整備として、全国で8カ所しかない電話によるアクセスの全国的実施、拘置所における夜間・休日の接見の全面的実現などの課題につき、精力的に取り組んでいく必要がある。

(2) 国選弁護人割当制度の改革

東京三会独自の課題としては、東京三弁護士会が作成した国選弁護人名簿により、司法支援センター東京地方事務所がなす指名打診の方式をどうするのかという課題がある。

「被告人国選」の指名方法として、いわゆる「自由選択制」が取られている。この方式は、弁護士が事件を選ぶことを認めるもので、滞留事件が生じやすいなどの問題点も指摘される。2009（平成21年）5月以降の指名の方法として、自由選択制を取りやめることも検討されたが、被疑者国選が増大することに連動して、「被告人段階から新しく国選弁護人を選任する」数が大幅に減少することが想定される。件数が少なくなる前提で、自由選択方式が残されることとなった。

また、「被疑者国選」の指名方法としては、待機制が採用され、事件ごとに、待機している弁護士に電話連絡をして（指名打診）、承諾を得てから指名していた。ところが、被疑者国選の事件数が10倍にも増加すると、1件ごとに電話等で指名打診する事務量は膨大となる。そこで、被疑者国選にも自由選択制を取り入れて、事務の合理化を図ることとなった。

これらの指名方法が、どのように運用されるのか、迅速な指名通知に支障はないか、事件ごとに適切な弁護士を指名できているか、その他、弁護活動の自主性、独立性に対する問題はないか等について、弁護士会は継続的に検証を続けていかなければならない。

10 未決拘禁制度の抜本的改革・日弁連処遇法案実現

> 2007(平成19)年6月1日,「刑事収容施設及び被収容者等の処遇に関する法律」が施行され,旧監獄法の全面改正が行われたが,日弁連は,今後,日弁連の総会決議や刑事拘禁制度改革実現本部長の「刑事収容者処遇法『5年後見直し』に向けての方針」に基づいて,未決拘禁制度の抜本的改革と「代用監獄」の廃止を目指して,さらに国民を巻き込んだ運動を進めるべきである。

1) 拘禁二法案反対運動の経緯とその後の状況

　刑事被拘禁者の処遇の領域は,物質的にも精神的にも社会の最も遅れた分野に属し,社会の後進性と矛盾を最も典型的な形で示す縮図であって,その改善を図ることは弁護士及び弁護士会の社会的使命である。

　このような立場から,日弁連は監獄法改正問題に早くから取り組み,1982(昭和57)年4月,国会に提出された刑事施設法案,留置施設法案(いわゆる拘禁二法案)に対して,冤罪の温床である代用監獄を恒久化させ,「管理運営上の支障」を理由に弁護人との接見交通を制限し,規律秩序と保安の強化を進めるものであるとして,「拘禁二法案対策本部」を設置して全会的な反対運動を展開し,3度にわたって同法案が廃案となる事態をもたらした。

　日弁連は,1992(平成4)年2月,国連人権原則をはじめとする国際人権法を指針とし,代用監獄の2000(平成12)年までの廃止や第三者機関としての刑務審査会の設置,外国人被拘禁者の権利保護をめぐる諸規定の新設等を特徴とする「刑事被拘禁者の処遇に関する法律案」(刑事処遇法案)を公表し,司法制度改革審議会においても,代用監獄廃止の問題等を積極的に提起してきたが,同審議会の意見書においても一顧だにされていなかった。

　ところが,2001(平成13)年から2002(平成14)年にかけて,名古屋刑務所で,刑務官らが受刑者を制圧し,革手錠を使用して保護房に収容したところ,受刑者が死傷した事件が3件発生していたことが発覚した。刑務官の受刑者に対する暴行致死事件発覚を契機として,法務省は,2003(平成15)年4月,行刑改革会議を設置し,同年12月には,受刑者処遇に関する改革案が同会議の意見書として取りまとめられた。

2) 「刑事施設及び受刑者の処遇等に関する法律」の成立・施行と今後の課題

　これを受けて,政府は,受刑者処遇のみならず,未決,代用監獄をも含めた法案を,次期通常国会に提出するとの意向を示し,日弁連の申入れにより,日弁連,法務省,警察庁の三者による協議会が設置され,協議が行われた。

　その結果,受刑者処遇と代用監獄制度のあり方を含む未決拘禁者等に関する部分を分離して,先に受刑者処遇に関する法改正を行うことで日弁連,法務省,警察庁の三者が合意し,2005(平成17)年5月18日,監獄法の一部を改正する「刑事施設及び受刑者の処遇等に関する法律」(受刑者処遇法)が成立し,2006(平成18)年5月24日から施行されている。

　これにより,受刑者の処遇について,監獄法制定以来100年ぶりに一定の改善が図られることになった。特に,刑事施設視察委員会が新設された点は評価できる。

3) 「刑事施設及び受刑者の処遇等に関する法律の一部を改正する法律」の成立・施行

　受刑者処遇法が成立した後,日弁連の要求を受けて,法務省と警察庁は,2005(平成17)年12月6日から2006(平成18)年2月2日まで,「未決拘禁者の処遇等に関する有識者会議」を設置して議論を行い,「未決拘禁者の処遇等に関する提言」がまとめられた。

　それを踏まえて,2006(平成18)年3月,国会に「刑事施設及び受刑者の処遇等に関する法律の一部を改正する法律案」が上程され(受刑者処遇法の改正という形式を取っている),同年6月22日,同法案が成立し(以下「被拘禁者処遇法」という),未決拘禁者及び死刑確定者の処遇等について,監獄法制定以来100年ぶ

りに一定の改善が図られることになった。

被拘禁者処遇法は，2007（平成19）年6月1日に「刑事収容施設及び被収容者等の処遇に関する法律」として施行された。

同法は，留置施設視察委員会の設置を定め，拘置所における弁護人の夜間・休日接見への道も開き，死刑確定者の処遇について「心情の安定」を理由とする外部交通の相手方の制限を取り払うなど一定の改善が図られた。

しかしながら，同法は，いわゆる「代用監獄」問題の解決を先送りする内容となっている。

具体的には，「都道府県警察に，留置施設を設置する」（同法14条1項）として警察留置施設の設置根拠を規定するとともに，被逮捕者及び被勾留者を「刑事施設に収容することに代えて，留置施設に留置することができる」（同法15条1項）と規定して，「代用監獄」である留置施設への代替収容を認めており，「代用監獄」制度の現状を追認する内容となっている。

4）今後の課題

現在においても，捜査機関の手元で被疑者の身体拘束を行う「代用監獄」が取調べに利用され，自白の強要がなされて，冤罪や人権侵害が繰り返し惹起されている。最近明らかとなった富山氷見事件においても，冤罪であるにもかかわらず，「代用監獄」における取調べで虚偽自白がなされ，その自白に基づいて実刑判決を受けて服役までするに至っている。

「代用監獄」制度は，捜査と拘禁の分離を求める国際人権基準に違反し，国内外から厳しい批判に晒されてきており，廃止されるべきものである。

国連の拷問禁止委員会は，2007（平成19）年5月18日，日本政府報告書に対する最終見解の中で，「当委員会は，代用監獄制度の広範かつ組織的な利用について深刻に懸念する。逮捕された者が裁判所の前に出頭した以後も，起訴に至るまで長期間拘束されるため，拘禁及び取調べに関する不十分な手続保障と相まって，彼らの権利侵害の可能性が高まり，無罪推定の原則，黙秘権，被疑者の防御権などの事実上の無視につながりうることになっている」と指摘し，「代用監獄」を中心とするわが国の未決拘禁制度を厳しく批判した。

国連の国際人権（自由権）規約委員会は，2008（平成20）年10月31日，国連の市民的及び政治的権利に関する国際規約の実施状況に関する第5回日本政府報告書に対する総括所見を発表したが，その中で，代用監獄制度の廃止を勧告するだけでなく，刑事施設視察委員会，留置施設視察委員会及び刑事施設の被収容者の不服審査に関する調査検討会の制度について独立性と権限を強化すること，死刑確定者を例外なく独居拘禁とする体制を緩和すること，保護房拘禁の最長時間を制限し事前の医師の診察を必要とすること，分類上の判断に基づいて審査の申請のできない独居拘禁を継続しないように勧告している。

未決被拘禁者処遇法の成立にあたって，衆議院及び参議院の両院の法務委員会の附帯決議は，代用監獄に収容する例を漸減することの「実現に向けて，関係当局は更なる努力を怠らないこと」とされたが，これを文言だけに終わらせないようにしなければならない。

日弁連は，2006（平成18）年5月26日に開催された第57回定時総会において，「引き続き未決拘禁制度の抜本的改革と代用監獄の廃止を求め，刑事司法の総合的改革に取り組む決議」を行っている。その決議では，以下の4点を含め，「代用監獄」制度の廃止とともに，未決拘禁制度の抜本的改革を含む刑事司法手続の総合的改革に取り組む決意を表明している。

❶ 未決勾留の代替制度の導入を含む過剰拘禁対策
❷ 取調べの可視化
❸ 取調べの時間制限など取調べ規制を含む捜査の在り方の見直し
❹ 勾留・保釈要件の見直し，起訴前保釈制度の導入など「人質司法」の見直し

また，日弁連は，2009（平成21）年11月6日，第52回人権擁護大会において，「取調べの可視化を求める宣言——刑事訴訟法施行60年と裁判員制度の実施をふまえて——」を採択し，代用監獄制度の廃止等とともに取調べの可視化を求める宣言を採択している。

被拘禁者処遇法附則41条は，「政府は，施行日から5年以内に，この法律の施行の状況について検討を加え，必要があると認めるときは，その結果に基づいて所要の措置を講ずるものとする」との見直し規定を定めている。

日弁連では，2009（平成21）年9月4日，刑事拘禁制度改革実現本部長名で，「刑事収容者処遇法『5年後見直し』に向けての方針」を全国の本部宛に通知

し，その中で，「行刑改革会議提言のレベルにまで法改正する」，「法の規定を切り縮める規則，訓令通達を法のレベルまで改正させる」，「これに反する運用を根絶する規定を作る」，「さらに進んで，日弁連・刑事処遇法案のレベルの実現をめざす」ことを目標として，具体的な検討を呼びかけている。

日弁連は，今後，上記の総会決議や，上記の「刑事収容者処遇法『5年後見直し』に向けての方針」に基づいて，未決拘禁制度の抜本的改革と「代用監獄」の廃止を目指して，国民をも巻き込んだ強力な運動を組織し展開していくべきである。

11 共謀罪の創設とその問題点

> 共謀罪は，適用される団体が極めて曖昧である上に，共謀しただけで直ちに犯罪が成立するとされていることから，その構成要件は広汎かつ不明確であり，600以上もの犯罪について共謀罪が新設されることは，近代刑法における行為処罰の原則を否定するものであるから，日弁連及び弁護士会は，市民に呼びかけるとともに，政府に働きかけて，共謀罪法案が二度と提案されないように，反対運動を展開すべきである。

1）共謀罪の提案に至る経緯と共謀罪の概要

政府は，2000（平成12）年12月，国連越境組織犯罪防止条約（United Nations Conventionagainst TransnationalOrganized Crime）に署名している。

同条約は，越境的な組織犯罪が近年急速に複雑化・深刻化してきたことを背景として，これに効果的に対処するためには，各国が自国の刑事司法制度を整備し，強化するのみならず，国際社会全体が協力して取り組むことが不可欠であるとの認識を踏まえて，越境的な組織犯罪を防止し，これと戦うための協力を促進する国際的な法的枠組みを規定している。2003（平成15）年5月には，国会において同条約を批准することが承認されている。

政府は，同条約の締結に伴い必要となる罰則の新設等，所要の法整備を行うためであるとして，第156回通常国会に「犯罪の国際化及び組織化に対処するための刑法等の一部を改正する法律案」を提出した。

国連越境組織犯罪防止条約5条1項は，「金銭的利益その他の物質的利益を得ることに直接又は間接に関連する目的のため重大な犯罪を行うことを一又は二以上の者と合意すること」及び「組織的な犯罪集団が関与する重大な犯罪の実行を組織し，指示し，ほう助し，教唆し若しくは援助し又はこれについて相談すること」を犯罪とするために必要な立法その他の措置をとることを締約国に求めており，上記法案は，組織的な犯罪の処罰及び犯罪収益の規制等に関する法律6条の2として，「団体の活動として，当該行為を実行するための組織により行われるものの遂行を共謀」することを犯罪として処罰すると定め，死刑又は無期若しくは長期10年を超える懲役若しくは禁錮の刑が定められている罪の共謀については5年以下の懲役又は禁錮，長期4年以上10年以下の懲役又は禁錮の刑が定められている罪の共謀については2年以下の懲役又は禁錮に処する旨を規定している。

その後，衆議院の解散に伴って廃案となり，第159回通常国会に，「犯罪の国際化及び組織化並びに情報処理の高度化に対処するための刑法等の一部を改正する法律案」として再上程された。

その後，長らく審議入りせず，第162回通常国会の会期中に，衆議院法務委員会において実質審議入りしたが，衆議院解散のために再度廃案となった。

第163回特別国会に，「犯罪の国際化及び組織化並びに情報処理の高度化に対処するための刑法等の一部を改正する法律案」として3たび上程しており，衆議院法務委員会において実質審議入りしたが成立しないで継続審議となり，2006（平成18）年の第164回通常国会においても実質審議が行われ，与党側は何度も強行採決をしようとしたが，野党の強い反対と圧倒的な世論の前に強行できず，第165回臨時国会に継続審議となった。同国会においても，実質審議入りするこ

とができないまま，2007（平成19）年1月25日に召集される第166回通常国会に継続審議となり同国会でも実質審議をしないまま，第167回臨時国会に継続審議となり，以後，各国会の会期ごとに何の審議もしないまま継続となっていたが，第171回通常国会において解散のため，廃案となった。

2）共謀罪の問題点

政府が提案している共謀罪の構成要件は，「組織的な犯罪集団」の関与を求めておらず，単に「団体」と規定するだけであるために，共謀罪が適用される団体が極めて曖昧である上に，共謀しただけで直ちに犯罪が成立するとされていることから，その構成要件は広汎かつ不明確であり，刑法の人権保障機能の観点から到底容認することはできない。

近代刑法においては，法益侵害の結果を発生させた既遂犯を処罰するのが原則であり，実行に着手したが結果が発生しなかった未遂犯は例外的に処罰され，法益が重大な場合にさらに例外的に予備罪が処罰されることになっている。

ところが，共謀罪は，予備罪よりもはるかに以前の合意の段階で犯罪が成立するとされ，長期4年以上の全ての犯罪が前提犯罪となることから，現行法上600以上もの犯罪について共謀罪が成立しうることになり，未遂犯や予備罪による処罰がなされない犯罪であっても共謀罪は成立しうるという逆転現象まで生ずることになってしまう。これは，現行法体系を崩すものであるとともに，近代刑法における行為処罰の原則を否定するものと言わなければならない。

しかも，アメリカ合衆国の一部の州で認められている顕示行為（overtact）すら要件としないで，合意だけで犯罪が成立することになると，人と人のコミュニケーションそれ自体が犯罪とされることになり，表現の自由や内心の自由を侵害するおそれもある。

2006（平成18）年の通常国会においては，与党と野党とが政府案に対する修正協議を行い，それに基づいて，与党は，❶対象となる団体を組織的な犯罪集団（組織的な犯罪集団の活動等の意思決定に基づく行為であって，その効果又はこれによる利益が当該集団に属するもの）に限定すること，❷過失犯など，共謀罪の対象となりえないものを対象犯罪から除外すること，❸単なる「謀議」ではなく，「具体的な謀議」に限定すること，❹処罰条件として「共謀した者のいずれかによりその共謀に係る犯罪の実行に必要な準備その他の行為が行われた場合」を追加すること，❺その処罰条件を満たさなければ逮捕・勾留を認めないことなどを盛り込んだ修正案をまとめている。

与党の修正案は，適用範囲をある程度限定しようとしている姿勢は見られるものの，予備罪よりも遙かに以前の合意の段階で犯罪が成立するという基本的な枠組みには変更はなく，近代刑法における行為処罰の原則を否定する立法であるという点では政府案と根本的な違いはない。

加えて，最近の日弁連による調査の結果，国連越境組織犯罪防止条約を批准した国の中で，同条約を批准するために，日本のように600以上もの共謀罪を新設した国は存在しないことなどが判明したことを踏まえ，日弁連の理事会は，2006（平成18）年9月14日に「共謀罪新設に関する意見書」を採択し，この意見書において「政府と与党が導入を主張している共謀罪の規定は，我が国の刑事法体系の基本原則に矛盾し，基本的人権の保障と深刻な対立を引き起こすおそれが高い。さらに，導入の根拠とされている国連越境組織犯罪防止条約の批准にも，この導入は不可欠とは言い得ない。よって，共謀罪の立法は認めることができない」として，改めて共謀罪新設に反対する姿勢を鮮明にしている。

3）法案をめぐる最近の情勢と求められる日弁連及び弁護士会の活動

2007（平成19）年2月27日，自民党の「条約刑法検討に関する小委員会」は，政府案の修正案要綱をまとめ，共謀罪の名称を「テロ等謀議罪」に変更するとともに，対象犯罪を長期4年以上の全て罪としていたのを，テロ犯罪，薬物犯罪，銃器犯罪，密入国・人身取引犯罪，組織犯罪の5分野に限定し，対象犯罪を600超からその4分の1以下に絞り込む内容であるとされるが，自民党としての正式な案とはされなかった。

2008（平成20）年6月11日から13日まで，東京でG8司法・内務大臣会議が開催され，その総括宣言の中で，「国際組織犯罪防止条約及び付属議定書，国連腐敗防止条約，13のテロ防止関連条約及び付属議定書，サイバー犯罪条約—を批准し，全面的に実施することが不可欠である。我々は，これらの批准及び実施

を促進する上で，G8のリーダーシップが重要であることを，改めて確認する」との内容が盛り込まれ，鳩山邦夫法務大臣（当時）は，同年6月17日の閣議後の記者会見において，「次期臨時国会で国内法が成立するように努力をします」旨を述べた。

その後も，政府は，共謀罪法案の成立を目指す考えを持っていたが，野党であった民主党や社民党の反対もあり，国会での審議はほとんど行われないままで，2009（平成21）年7月の衆議院の解散により，共謀罪の新設を含む「犯罪の国際化及び組織化並びに情報処理の高度化に対処するための刑法等の一部を改正する法律案」は廃案となった。

その後，2009（平成21）年8月の衆議院議員選挙において，民主党が308議席を獲得して第一党となり，政権交代がなされ，鳩山由紀夫内閣が発足した。

民主党は，選挙前に，「共謀罪を導入することなく国連組織犯罪防止条約の批准手続きを進めます」とマニフェストに掲げていた。

日弁連及び弁護士会は，政府に対し，民主党のマニフェストを実行することを求めるとともに，市民に対しても働きかけ，もう二度と政府として共謀罪の新設を内容とする組織犯罪処罰法の改正案を提出することがないように，反対運動を展開すべきである。

12 検察審査会への取組み

> 公訴権行使により直裁に民意を反映させ，公訴権行使をより一層適正なものとし，ひいては，司法に対する国民の理解と信頼を深めるために，検察審査会法が改正され，2009（平成21）年5月21日から施行されている。
>
> 改正検察審査会法は，弁護士が，審査補助員や指定弁護士として，検察審査会の審査や活動に深く関わることを予定しており，弁護士会がその候補者を推薦することが予定されている。
>
> 検察審査会は全く新しい分野であるが，市民の弁護士に対する信頼を勝ち得る場として極めて重要であるから，弁護士会としては，会内での広報や研修に全力で取り組むとともに，検察審査会や裁判所からの推薦依頼に対して，適任の候補者を速やかに推薦できるような推薦態勢やその支援態勢を早急に確立しなければならない。

1) 検察審査会法の改正と施行日

司法制度改革審議会意見書（2001〔平成13〕年6月12日）は「刑事司法制度の改革」の一つとして，「公訴権の在り方に民意をより直裁に反映させていくことも重要である」として「検察審査会の組織，権限，手続の在り方や起訴，訴訟追行の主体等について十分な検討を行った上で，検察審査会の一定の議決に対して法的拘束力を付与する制度を導入すべきである」との提言を行っていた。

これを受けて，司法制度改革推進本部の裁判員制度・刑事検討会において検討がなされ，検察審査会法の改正案が2004（平成16）年3月に第159回国会に提出され，同年5月21日に参議院で可決されて成立し，同月28日に公布され，それから5年以内に施行されることになった。改正検察審査会法は，裁判員の関与する刑事裁判に関する法律と同じく，2009（平成21）年5月21日から施行されている。

なお，検察審査会法は，2007（平成19）年5月17日，検察審査員及び補充員の選定手続等の整備や不利益取扱いの禁止規定の新設等の改正案が成立し，この改正案は同年5月30日に公布とともに施行されている。

2) 改正検察審査会の概要

弁護士との関係で重要な改正は，次の3点である。

(1) 検察審査会の議決に基づき公訴が提起される制度及び指定弁護士制度の新設

公訴権行使により直裁な民意を反映させ，公訴権行使をより一層適正なものとし，ひいては司法に対する

国民の理解と信頼を深める趣旨で導入された制度である。

検察審査会が，第1段階の審査において起訴議決をしたのに対し，検察官が，当該事件について，再度不起訴処分をしたとき又は一定の期間（原則として3カ月）内に公訴を提起しなかったときは，当該検察審査会は第2段階の審査を開始しなければならず，その審査において，改めて起訴を相当と認めるときは，8人以上の多数により，起訴をすべき旨の議決（起訴議決）をする。起訴議決があると，裁判所は検察官の職務を行う弁護士が指定され（これを「指定弁護士」という），この指定弁護士が，起訴議決に基づいて公訴を提起し，その維持に当たることになる。

公務員の職権濫用等の罪について告訴又は告発した者が，検察官による不起訴等の処分に不服がある場合に，裁判所に審判に付することを請求することができ，裁判所が審判に付する旨の決定をした場合は，対象たる公務員につき公訴が提起されたものとみなされ，裁判所はその事件について公訴の維持にあたる者を弁護士の中から指定して，公判維持等の検察官の職務を行うことになっている（刑訴法266条2号，267条，268条1項）。

改正検察審査会法による起訴議決がなされる場合と付審判事件とでは，犯罪の種類に限定がなく，裁判所から指定される指定弁護士が公訴の提起を行う（起訴状を作成して地方裁判所に提出する）という点が異なっている。

(2) 検察審査会が法的な助言を得るための審査補助員制度の新設

検察審査会の権限が強化されることに伴い，検察審査会の審査が一層充実し，適正なものとなるよう，検察審査会が法的な助言を得るために審査補助員を弁護士の中から委嘱することができる制度が新設された。

検察審査会は，審査を行うに当たり，法律に関する専門的な知見を補う必要がある場合には，弁護士の中から事件ごとに1人，審査補助員を委嘱することができる（任意的委嘱）。ただし，起訴議決を行う第2段階の審査には，審査補助員は必ず委嘱しなければならないことになっている（必要的委嘱）。

審査補助員は，検察審査会長の指揮監督の下，❶当該事件に関係する法令及びその解釈を説明すること，❷当該事件の事実上及び法律上の問題点を整理し，並びに当該問題点に関する証拠を整理すること，❸当該事件の審査に関して法的見地から必要な助言を行うという各職務を行うことになっている。

日弁連と法務省，最高裁との協議により，審査補助員の委嘱に際しては，弁護士会への推薦依頼を受けて，弁護士会が適任の弁護士を審査補助員として推薦することになっている。

(3) 検察審査会数の見直しと統廃合

改正前は，検察審査会の数は200を下ってはならず，かつ，各地方裁判所の管轄区域内に少なくとも1カ所置かなければならないとされていたが，都市部の検察審査会と地方の検察審査会とでは事件数に著しい差が生じており，一部の大都市では審査期間が長期になっていることなどの理由から，それぞれの検察審査会の取り扱う事件数が適正なものとなるよう，この規定が撤廃された。

2009（平成20）年1月21日，最高裁は，全国の検察審査会のうち事件受理数の少ない50会を廃止して近隣の審査会と統合する一方，多忙な大都市に計14会増設する統廃合を決定した。東京では，これまで東京地裁本庁に2会があったが，本庁に6会，支部に1会が置かれる形で大幅に増設されることになっている。

3） 弁護士会に期待されている役割

これまで弁護士は検察審査会とは全く無縁の存在であったが，改正検察審査会法においては，審査補助員及び指定弁護士という形で検察審査会の審理やその活動に大きく関わることが予定されている。

都市部で事件数も多く，7会に増設される東京地区においては，東京三会が協力して，ある程度の数の審査補助員及び指定弁護士を推薦できる名簿及び態勢がすでに作られているが，今後も，新人弁護士に対する研修等を実施して，検察審査会や裁判所から推薦要請があればすぐに対応できる態勢を整備することが早急に求められている。

検察審査会への関与は，弁護士にとって全く新たな分野であるが，市民の弁護士に対する信頼を勝ち得る場として極めて重要であるから，弁護士会としては，会内での広報や研修に全力で取り組み，推薦態勢を確立していくべきである。

すなわち，検察審査会から審査補助員，裁判所から

指定弁護士の推薦依頼があれば，弁護士会としては，これらの推薦依頼に速やかに応えられるように，一定の数の候補者を募って推薦名簿を作成し，審査補助員や指定弁護士のための研修を実施するなどして（日弁連は「審査補助員・指定弁護士Q&A」や「改正検察審査会法対応・審査補助員・指定弁護士のためのマニュアル」を作成・配布している），改正検察審査会法が予定し期待している適任の弁護士を養成し，推薦する態勢を早急に作ることが求められている。

すでに，地方においては，審査補助員の推薦要請があり，弁護士会が推薦して審査補助員を推薦する事案が現れており，審査補助員が参加して検察審査会が不起訴不当を決議した事例も現れている。

日弁連では，2010（平成22）年2月に，審査補助員の経験者や候補者を集めた経験交流集会を予定しており，今後は，審査補助員の職務のあり方について，その経験や知識を広く共有できるようにすることも必要である。

また，遠くない将来，指定弁護士の推薦依頼が来ることも予想されるから，弁護士会においては，その推薦態勢や支援についても準備を進める必要がある。

第3 日本司法支援センター

1 総合法律支援法成立までの過程

> 日本司法支援センター（法テラス）が2006年（平成18）年4月に設立され，同年10月から業務を開始し，2009年（平成21）年10月に業務開始から4年目に入った。この間，比較的大きなトラブルもなく，業務開始の初年度でほぼ業務執行体制を整え，一定の成果を挙げつつある。
> しかし，国選弁護報酬の抜本的増額や民事法律扶助予算の先進諸国並の予算確保等の法テラス予算の充実や法テラスの組織，人事及び業務に関する法的サービスのクオリティーを向上させるための諸施策等に対しては今後も充実に努めてゆく必要がある。

1） 総合法律支援法制定に至る流れ

2004（平成16）年通常国会において成立した「総合法律支援法」は，「民事，刑事を問わず，あまねく全国において，法による紛争の解決に必要な情報やサービスの提供が受けられる社会を実現すること」を基本理念（同法2条）に据え，国民に対する民事・刑事を問わずに総合的な，国による法律支援業務を定めたものであって，これは，以下の経過を経た，司法改革・扶助改革の到達点と言えるものであって，法科大学院及び裁判員制度とともに平成の三大司法改革の一つとして位置づけられ，国民の日常生活に最も大きな影響を持つ改革であると言える。

2） 民事法律扶助法の制定

2000（平成12）年4月に，民事法律扶助法が制定され，財団法人法律扶助協会を指定法人とする民事法律扶助事業が開始された。

この民事法律扶助法は，1993（平成5）年5月，日弁連の法律扶助制度の抜本的改革の提言を受けて設置された「法律扶助制度研究会」が1998（平成10）年3月に提出した報告書に基づき制定されたものであったが，この時に，日弁連が求めた「民事刑事を含む双方法律扶助構想」は受け入れられず，刑事（被疑者）弁護については「別の場で協議を進める」ものとされた。

ただし，財団法人法律扶助協会が行ってきた刑事被疑者弁護援助及び少年保護事件付添援助等の事業を自主事業として同協会が継続して行い，これらを一元的に担うことは確保された。

3） 司法制度改革審議会

民事法律扶助法の制定後，日弁連はこれを法律扶助制度の第一次改革と位置づけ，民事法律扶助の対象層の拡大，利用者の負担軽減，刑事・少年への国庫補助の実現等抜本的な改革を第二次改革として司法制度改革審議会を通じてその実現を目指した。

その結果，司法制度改革審議会意見書には，民事法律扶助制度については「対象事件・対象者の範囲，利用者負担の在り方，運営主体の在り方について，更に総合的・体系的な検討を加えた上で，いっそう充実すべきである」との記載がなされ，刑事被疑者弁護については，「被疑者に対する公的弁護制度を導入し，被疑者段階と被告人段階とを通じ一貫した弁護体制を整備すべきである。公的弁護制度の運営主体は，公正中立な機関として，適切な仕組みにより，その運営のために公的資金を導入すべきである」との記載がなされるに至った。

さらに，同意見書は，司法の利用相談窓口・情報提供に関して「現在裁判や裁判外の紛争処理手段（ADR）など紛争解決手続に関する総合情報をワンストップで取得することが出来る相談窓口（アクセス・ポイント）が十分に用意されていない」旨を指摘した上で，「司

法の利用相談窓口（アクセス・ポイント）を裁判所，弁護士会，地方公共団体等において充実させ，ホームページ等を活用したネットワーク化の促進による，各種の裁判外紛争解決手段（ADR），法律相談，法律扶助制度を含む司法に関する総合的な情報提供を強化すべき」との提言を行った。

4）ひまわり基金の創設

一方，弁護士に対するアクセスを確保するための，弁護士過疎対策として，日弁連は1996（平成8年）5月「弁護士過疎地における法律相談体制の確立に関する宣言」を採択し，2000（平成12）年1月にひまわり基金を設置し，弁護士過疎地における法律相談センター及び公設事務所の設置を行い，弁護士過疎地対策を進めてきた。

5）司法制度改革推進本部（「司法ネット」構想）

司法制度改革審議会意見書を受け，司法制度改革推進本部においては，これらの要請を実現する「司法ネット」構想を策定し，その中核となる運営主体を新たに設けることが了承された。

「司法ネット」とは，「民事・刑事を問わず，国民が全国どこでも法律上のトラブルの解決に必要な情報やサービスの提供が受けられるような総合法律支援の体制」であり，その業務の柱は「①相談窓口（アクセスポイント），②民事法律扶助，③公的刑事弁護，④司法過疎対策及び⑤犯罪被害者支援」とすること，運営主体については「公正中立で，運営責任の明確性及び経営内容の透明性が図られ，かつ，提供するサービスの質及び効率の向上を図る仕組みを備えた法人とする」こと，「独立行政法人の枠組みに従いつつ，運営主体の行う業務が司法に密接に関わるものであること等を踏まえた適切な組織形態とする」こと，「運営主体は契約関係にある弁護士の個別の弁護活動・訴訟活動について，指揮命令できないものとする」こと，「運営主体による業務の運営に関し，特に公正かつ中立な判断を確保する必要がある事項を審議するため，有識者等から成る機関をおくこと」などが確認された。

2 業務内容

総合法律支援法に基づき，同法に定める法律支援に関する事業の運営主体として設立されるのが，日本司法支援センター（愛称「法テラス」）であって，日本司法支援センターは，❶情報提供（アクセスポイント）・連携，❷民事法律扶助，❸国選弁護，❹司法過疎対策，❺犯罪被害者援助を主たる本来業務とし（同法30条1項），そのほかに，業務方法書に定めるところにより，国，地方公共団体その他の営利を目的としない法人等からの委託を受けた業務を行うことができるものとされる（同条2項）。

3 組織

1）組織形態

日本司法支援センターは独立行政法人の枠組みの中で設立される法人であって，法務大臣の監督を受ける。

しかしながら，日本司法支援センターの組織においては，以下のとおり，随所に組織及び業務の独立性・中立性を確保するための配慮がなされている。

(1) 最高裁判所の関与

理事長・監事の任免，業務方法書，中期目標，中期計画の認可にあたっては，法務大臣は最高裁判所の意見を聞かなければならない等（同法24条3項，26条4項，34条3項，40条3項，41条3項），純粋な独立行政法人というよりは，司法法人的な色彩が加えられた組織形態となっている。

(2) 弁護士業務（特に刑事弁護）の自主性・独立性の確保

総合法律支援法上は，「弁護士……の職務の特性に常に配慮しなければならない」（同法12条），「（弁護士の）職務の特性に配慮して判断すべき事項について

審議させるため，審査委員会」を設置する（同法29条），「契約弁護士等は，……独立してその職務を行う」（同法33条1項）等の定めがなされ，弁護活動の自主性・独立性の確保が制度的に担保されている。

(3) 非公務員型の徹底した民間主導型組織

日本司法支援センター職員は，全て非公務員であり，理事長・理事への裁判官，検察官及び任命前2年間これらの者であった者の就任は禁止されている（同法24条1項括弧書き，同条4項）。

(4) 弁護士自治を堅持

現在全国50の地方裁判所本庁所在地には，地方事務所が設置されているが，全ての地方事務所長に弁護士が就任しており，弁護士・弁護士会の自治は運営上も確保されるよう人的な担保がなされている。

なお，日本司法支援センターに対する日弁連の関与に関しても，総合法律支援法の国会審議の過程において，法律上最高裁判所の意見を聞く場面における日弁連の関与につき配慮がなされる旨の法務大臣答弁がなされ確認されている。

さらには，これまでの法律扶助協会の指定法人型では，予算の範囲内で事業費の一部を補助できるのみであって，管理運営費の国費負担はなしえず，国費投入の拡大のためには指定法人型を脱却する必要があったところ，行政改革の一環としての行政改革大綱に基づき，国費投入を前提とする運営主体としては，独立行政法人の枠組み以外には想定しがたい現状が存することも，独立行政法人の組織形態が選択された理由の一つである。

こうした事情を総合考慮するならば，日本司法支援センターの組織形態は，積極的に評価しうるものと言えるが，弁護活動の自主性・独立性を確保するためにも，今後も運用面における自主性・独立性の確保を浸透させてゆく必要があろう。

2）具体的組織

(1) 本部

日本司法支援センターは，東京に本部組織を設置し，理事長には2008（平成20）年4月から寺井一弘元日弁連事務総長が就任している。また，常勤理事2名，非常勤理事2名のうち，非常勤理事として加毛修元日弁連副会長が就任しており，理事待遇の事業企画本部長には藤井範弘元法律扶助協会専務理事が，常勤の事務局長には，田中晴雄元日弁連事務次長が就任しているほか，事務局次長，課長職にも，何人かの弁護士が就任している。

また「業務の運営に関し特に弁護士……の職務に配慮して判断すべき事項について審議」する審査委員会が設置されることとなっている（同法29条）が，日弁連会長の推薦する弁護士2人が審査委員として任命されている（同条2項）。

(2) 地方事務所等

日本司法支援センターは，全国50カ所の地方裁判所本庁所在地に地方事務所を設置し，さらに必要に応じて支部（扶助と国選の管理業務を行うフル規格），出張所（扶助業務の管理業務を行う）が設置され，地方事務所の所長には，全ての地方事務所において弁護士が就任している。

(3) 地域事務所

日本司法支援センターには，弁護士過疎地にスタッフ弁護士を配置する法律事務所としての性格を有する地域事務所が設置されている。

日本司法支援センターが設置する地域事務所としては，日本司法支援センターが有償法律サービス提供業務（同法30条1項4号業務）を行うことができる地域に設置される「4号業務対応地域事務所」と，4号業務対象地域外において弁護士数の不足などの事情により，国選弁護事件や民事法律扶助事件に迅速・確実に対応することが困難な地域に設置される「国選・扶助対応地域事務所」（有償法律サービス業務の提供はできない）の2種類の地域事務所がある。

2009（平成21）年6月現在において，全国で30の地域事務所が存在し，うち4号業務対応地域事務所が22カ所，国選・扶助対応地域事務所が3カ所（他に地方事務所及び支部に設置されているものが41カ所）設置されている。あまねく全国において，法による紛争の解決に必要な情報やサービスの提供が受けられる社会を実現するという総合法律支援法の基本理念からしても，今後漸次地域事務所を日本各地に設置し，司法過疎の解消を図ってゆくことが望まれる。

一方，日弁連もひまわり基金による公設事務所の設置を継続しており，また，司法支援センターの運営が弁護士等との連携の下でこれを補完することに意を用いなければならないとされている（同法32条3項）ことからも，ひまわり基金による公設事務所の設置活

動は今後も継続されるべきものであり，両者の司法過疎対策があいまって，速やかな司法過疎の解消がなされるよう，両者が連携・協力のもとで効率的な配置を行うことが必要である。

2008（平成20）年6月には，いったん弁護士ゼロ地域が解消され，一定の効果は出ているものの，さらにワン地域の解消等に向けた取組みは今後も必要とされる。

また，地域事務所の設置は，常勤のスタッフ弁護士の配置が不可欠の前提となることから，地域事務所の設置・継続のためには，地域事務所の設置数に見合ったスタッフ弁護士の供給が必要となる。したがって，日本司法支援センターにおける司法過疎対策実施のためにも，弁護士会はスタッフ弁護士の確保・供給の努力を怠ってはならない。

4 今後の課題

> 日本司法支援センター（法テラス）が2006（平成18）年4月に設立され，同年10月から業務を開始し，2009（平成21）年10月に業務開始から4年目に入った。この間，比較的大きなトラブルもなく，業務開始の初年度でほぼ業務執行態勢を整え，一定の成果を挙げつつある。
> しかし，以下に述べるように，法テラスの組織，人事及び業務に関する法的サービスのクオリティーを向上させるための諸施策等に対しては今後的確に実現してゆく必要がある。

1）組織・運営

(1) 理事等，地方事務所所長人事

法テラス本部には，弁護士から理事長1名，理事1名，事業企画本部長1名が就任している他，事務局長1名，事務次長1名等も就任している。また，全地方事務所（50カ所）の所長には全て弁護士が就任し法テラスの運営の適正化に貢献してきているところであるが，今後も，業務の適切な遂行の上では，これらの役職者を弁護士から選出してゆかなければならない。

(2) 地方事務所の活用問題

現状の法テラスの運営においては，予算の配分，情報提供の方法，具体的業務の手法など効率性を追求する必要から本部を中心とした画一的な管理，運営の色彩が目立つものといえる。地域の状況を生かし，地域の利用者の視点に立脚したきめ細かい運営を指向するためには，地方事務所が自主性や独自性を発揮しうる余地を増やして，地方事務所を活用してゆくことが必要となる。

そのためには，地方事務所が独自の事業，企画，研修等を実施できるよう，地方事務所長に権限と予算を付与すべきであるとともに，地方事務所の活動が活性化できるよう，職員や地方事務所長，副所長，支部長，副支部長等の待遇改善も検討してゆくべきである。

(3) 認知度の改善

法テラスが2008（平成20）年2月に実施した認知度調査によれば，「全く知らないが」77.4％で，「名前も知っているし，業務内容もある程度知っている」はわずか3.3％（「実際に利用したことがある」を加えても3.9％）であった。2009（平成21）年度においては，これまでの広報予算を倍増させ，テレビコマーシャル等も行うなど，認知度の向上に努め，ある程度の成果を上げつつあるが，依然として，認知度向上が，今後の課題であることは変わらない。

2）情報提供業務

(1) CCの受電件数

法テラスのコールセンター（以下CCという）の受電件数は，2008（平成20）年度には271,000件（月間平均約22,000件）程度で推移していたところ，2009（平成21）年6月には，電話件数で月間34,576件を記録し，開業当初の受電件数を超える件数を記録し，以後もほぼ前年度比20％増程度の伸びを記録し

ており，法テラスのコールセンターにおける情報提供業務に対する認知が広まってきたことが伺える。

一方，昨年CCの移転を行い，CC規模の縮小を図ったところ，本年度の受電件数等の伸びによって，そのキャパを超えつつあるという事態も発生しており，今後の受電件数等の伸びに応じた対応能力の増強が求められている。

(2) TA制度

CC内にテレフォンアドヴァイザー（TA）として2名の弁護士を常駐させて，オペレーター（OP）では対応困難な電話に対して5分を目安に弁護士が対応して情報提供業務を行っている。この制度は利用者に好評で，CC内の恒常的サービスとして位置づけられてきている。ただし，情報提供と法律相談との境界の判断は極めて難しい問題を内包している上，一部には制度趣旨を理解しないまま長時間の法律相談に至っているTAも散見されるなど，TA側の質の向上も検討課題ではある。

一方，TA制度を一歩進めて，利用者の利便性向上のために，電話による法律相談を実施できないかとの議論も出てきているところであるが，CC業務において法律相談を実施することは，総合法律支援法の改正が必要な事項と思われることや，電話での無料法律相談を実施する場合のリスクや他の法律相談事業への影響をも見極めた上で，慎重な検討を要するものと言える。

(3) CCと地方事務所との連携

法テラスの開業当初から，CCにおける情報提供業務と地方事務所における情報提供業務のあり方，役割分担については，必ずしも統一的な認識が得られないまま，今日まできているところがあって，この点に関する議論を尽くしてゆく必要がある。当初からの制度設計として地方事務所の負担軽減としての「前裁き」機能をCCに担わせることは必要であるとしても，地域における細かな関係機関情報を有する地方事務所の情報をも活用した情報提供が可能となるよう，全国から電話を受けるCCと地方事務所と連携させて相互補完関係をもつ情報提供体制を構築してゆく必要がある。

(4) 弁護士会側の受け皿対応

弁護士会側においても，CCが紹介しやすい体制（専門相談の充実等）作りを推進し，法テラスの情報提供業務との有機的連携関係を構築してゆく必要がある。

3）民事法律扶助業務

(1) 民事法律扶助対応の更なる充実

民事法律扶助業務を担う契約弁護士は，2009（平成21）年3月現在，約10,400名（契約司法書士は約3,900名）に達し，援助開始決定数も2007（平成19）年度は85,543件となり，法律扶助協会時代の2005（平成17）年度実績59,957件と比較して約1.4倍（対前年比116％増）の伸びを示しており，さらに，法律相談援助は約1.9倍（対前年比約121％増）の伸びを示している。

これは，2008（平成20）年度，法テラスと日弁連との連携のもと，法律相談援助の資力要件確認の簡素化や一斉法律相談の実施等を通じた民事法律扶助の利用促進を行ったことの成果であり，こうした活動を通じて，多くの地域で民事法律扶助制度利用の基盤が整ってきたものと言える。さらに本年度においては経済情勢の悪化による失業，所得水準の対価等の事情も伴い，民事法律扶助の利用が増えており，2009（平成21）年度4～8月までの実績で，代理援助決定数においてすでに41,785件（対前年同期比134.1％）に達している。

法律扶助の援助が必要とされる者に対して，この制度が積極的に利用されてゆくことは好ましいことで，今後も民事法律扶助制度の利用促進を図ってゆくべきところであるが，一方において，急激な利用増加に伴い，2009（平成21）年度は民事法律扶助予算の欠乏が懸念される事態に至っている。民事法律扶助予算は，国選弁護報酬とは異なり，義務的経費とはされていないため，予算超過の場合には，以後の援助決定ができない事態も想定されるところであるが，そうした事態を回避するめには，総量規制を行う等してせっかく伸びてきた民事法律扶助の利用体制の芽を摘むようなことは行うべきではなく，補正予算等を含めた財政対応を行い，全ての民事法律扶助を求める者に対して，扶助を行ってゆく体制を堅持する必要がある。

他方全国的には，申込みから相談まで3週間近く待たされたりするなど民事法律扶助の相談体制が未だ十分に整備されていない地域も存在し，その体制整備を進め，今後も民事法律扶助制度の利用促進を図ってゆく必要がある。

(2) 民事法律扶助制度の更なる改革の必要

2002（平成14）年の司法制度改革推進計画において，民事扶助制度については，「対象事件・対象者の範囲，利用者負担の在り方，運営主体の在り方等につき更に総合的・体系的な検討を加えた上で，一層充実することとし，本部設置期限までに，所要の措置を講ずる」ものとされていたにもかかわらず，一切の検討がなされないまま，今日を迎えるに至っている。

諸外国に例を見ない給付制の見直しをはじめ，資力基準の緩和，対象事件範囲の拡大，さらには，民事法律扶助予算自体の増額等，事後規制社会化を迎えた社会的インフラとしての民事法律扶助制度拡充の必要は極めて高いものであり，「総合的・体系的」な検討を加える議論とともに，立法改正を視野に入れた運動展開が必要となる。

具体的には，運用における改善としては，生活保護受給者のクレサラ案件についての原則償還免除の実施や資力基準審査の簡素化等が改善の方向が示されてきているところであるが，長年言われ続けている，立替援助制度の改正についても今後は具体的な検討項目として検討を始めてゆく時期に来ているものと言える。

(3) 犯罪被害者賠償命令制度への対応

刑事裁判所が，犯罪被害者等から被告人に対する損害賠償請求の申立てがあったときに，刑事事件について有罪の言渡しをした後，当該賠償請求について審理・決定をする犯罪被害者賠償命令制度が，2008（平成20）年12月から実施され，犯罪被害者等及び被告人に資力に乏しい場合の弁護士報酬については民事法律扶助による援助によって賄われることとなっている。

(4) 通訳サービスへの対応

民事法律扶助の法律相談について，日本語を母国語としない相談者が通訳を要する場合であっても，通訳人の手配や通訳費用の支出がなされない仕組みとなっていたのに対し，日弁連が通訳費用の支出と通訳人が付される仕組みを整備することを求めてきていたところ，2008（平成20）年10月より全国10カ所において通訳サービス提供の試行が開始されている。今後，全国的な本格運用に入れるよう通訳サービスの制度周知及び利用促進に努めてゆく必要がある。

4）国選弁護関連業務

(1) 2009年体制の整備

2009年5月から被疑者国選弁護が必要的弁護事件にまで拡大され，裁判員制度が開始され，以後被疑者国選件数は全体で前年比約10倍程度の件数が発生している。この歴史的な転換に備えるべく各弁護士会においては，その対応体制の整備を行ってきたところであるが，現在のところ，大きな支障なく推移してきているものであるが，今後もその対応体制が維持できるよう，体制整備に努めてゆく必要がある。

(2) 国選弁護報酬増額問題

国選弁護業務が法テラスに移行することに伴い改定された国選弁護報酬基準については，実質的な報酬切り下げの結果を発生させる事態ともなり，報酬基準の改定交渉を行ってきたところ，2008（平成20）年9月からは，従前3段階となっていた定額基礎報酬方式を改め，第1回期日から立会時間に応じた加算がなされる方式に改められ，地裁・単独・整理なし事件で1回結審したケースで従前7万円であった報酬が8万2800円となるなど，当座，従前の報酬水準に戻す程度の改訂は実現された。

さらに，2009年（平成21年）5月21日からの裁判員裁判の国選弁護報酬の基準が定められ，モデルケースとして審理日数2日・単独選任の案件で36万円程度，審理日数5日・複数選任の事例で71万円程度の弁護報酬となる報酬基準が実現された。また，被疑者国選弁護においても，❶初回接見加算の増額，❷多数回接見加算の対象回数の変更，❸要通訳事件加算の新設，❹示談加算の算定方法の改善及び減刑嘆願書取得加算の新設等の改訂が実現し一定の成果を得るに至っている。

しかしながら，謄写費用の実費支給や，継続減算の問題解消等積み残しとなった問題も存在するとともに，示談を条件に釈放された場合にその後に行った示談が示談加算の対象とならない等新たな不合理も現れている。また，新設改訂後の報酬額そのものが，必ずしも満足のゆく報酬額と言い切れるものではないことも確かで，今後も継続的に報酬基準問題に取り組んでゆく必要がある。

(3) 国選弁護報酬過大請求問題

2008年（平成20年）に岡山弁護士会会員による被疑者国選弁護報酬につき事実と異なる接見回数に基づく過大請求がなされていたことが発覚し，その再発防止策として2009年（平成21年）8月3日以降，接

見の疎明資料として接見資料用紙の提出が必要となった（接見資料用紙は，面会簿の下に重ね合わせて記入する複写式となっている）。

また，その後法テラスが実施したサンプル調査によれば，さらに8名の弁護士につき合計14件の過大請求（過小請求も5件）存在することが判明している。法テラス側では，さらなる追加調査を行う見込みであり確認件数は今後も増大する可能性がある。

この事態は，国選弁護報酬の体系，ひいては，弁護士に対する国民の信頼自体を揺るがすことにもなりかねず，今後こうした自体が発生しないよう会員個人が自覚を新たにすることが求められる。

5）司法過疎対策業務

(1) スタッフ弁護士の確保

スタッフ弁護士は，2008（平成20）年までに84名が配置され，2009（平成21）年には60名が配置予定（さらに62期内定者59名）となっているが，さらなる確保が急務である。法科大学院生に対するアピール等周知対象の拡大も図ってゆく必要がある。

他方，単に数を確保することのみに走るのではなく，スタッフ弁護士の質を確保するための選抜，研修等の体制については，現在日弁連が実施している選考，推薦の体制や毎月年間を通して行う集合研修など今後も充実させてゆく必要があり，法テラス側にも研修費支出など一定の負担を求めてゆくことも検討されなければならない。

(2) スタッフ弁護士の処遇

スタッフ弁護士の給与，事務職員，備品購入，弁護士会費負担等については，スタッフ弁護士の初配属後徐々に改善されてきているところではあるが，多くの点でさらなる改善が求められているところであって，現場で奮闘しているスタッフ弁護士の意見を汲み上げ，きめ細かな対応を求めてゆく必要がある。

(3) スタッフ弁護士の配置

スタッフ弁護士の配置場所は，これまで2009年体制に備えて，❶刑事弁護態勢を整備する必要のある地域（地方事務所の本庁，支部，扶助国選対応地域）と，❷過疎対策の必要のある実働弁護士ゼロ・ワン地域（いわゆる4号地域）であった。

スタッフ弁護士の配置にあたっては，❶❷の候補地の中でより優先度の高い地域から，スタッフ弁護士の希望と配置先弁護士会の意向を調整しつつ，赴任地を決定してきた。特に配属先弁護士会に受入れの意向がない場合，これまではスタッフ弁護士の数が限られていたこともあり，配置しない方向で対応してきた。

しかしながら，今後2009年対応態勢を整備することは，弁護士・弁護士会にとっては喫緊の課題であり，整備の必要のある地域については，地元弁護士会との調整を図りつつもスタッフ弁護士の配置は積極的に検討してゆかなければならない。

また，地域によって法的サービスを享受できない状態を早急に解消すべきであり，ひまわり基金法律事務所の設置，特別定着支援制度，弁護士法人支援を活用しつつ，これらが望めない過疎地では，スタッフ弁護士の配置を積極的に進めることにより，わが国においてゼロ地域解消に引き続きワン地域を2乃至3年以内に解消するよう目指すべきである。

6）犯罪被害者支援業務

(1) CCと地方事務所の連携

関係機関の地域的特性の強い犯罪被害者支援業務においては，地方事務所における関係機関とのネットワークを構築し，CCで受けた案件を，地方事務所に回して，きめ細かい関係機関紹介を行う試みを行っている。こうした試みを全国的に展開しさらに充実させてゆくことが求められている。

(2) 精通弁護士の紹介体制の充実

業務開始当初，とりあえず整えた精通弁護士の紹介体制も，ようやく人的に対応可能な状況となりつつあるが，今後は，犯罪被害の種別（exDV，児童虐待等）に応じた専門弁護士を紹介できる体制を構築してゆくことが必要である。

(3) 被害者参加国選制度への対応

2008（平成20）年12月から，犯罪被害者の参加制度が実施され，同時に資力に乏しい（被害者参加人の資力から犯罪行為を原因として選定請求の日から3ヵ月以内に支出することとなると認められる費用の額を差し引いた額が150万円未満である場合）犯罪被害者参加人については，国の費用で，国選参加弁護士が付される制度が実施されている。

また，国選被害者参加制度は，犯罪被害者に対する弁護士の支援行為のうちの公判への出席，検察官権限への意見，情状証人質問，被告人質問，事実法律適用

意見の5項目の法廷行為に限定された制度であるため，犯罪被害者に対する弁護士の他の支援行為（マスコミ対応，示談交渉等）の有償性並びに日弁連が委託する法律援助事業との関連が検討課題となっている。

7）法律援助事業

(1) 法律援助事業の委託状況

法律援助事業とは，総合法律支援法30条2項に基づき，日本弁護士連合会が法テラスに対して業務を委託している事業で，被疑者弁護援助，少年付添援助その他の人権救済事業であって，財団法人法律扶助協会が自主事業として行っていた事業を総称するものである。

法律援助事業については，2007（平成19）年10月1日をもって，日弁連から法テラスに業務委託がなされている（法テラス側では「委託援助事業」と称されている）。

(2) 弁護士会側の対応体制

法律援助事業は2009（平成21）年度実績においては，経済状況の悪化も手伝い，飛躍的に件数を伸ばしてきている。一方，未だ，全国的には対応体制が整っていない地域も多く地域的な偏りがある。法律援助事業を法テラスに委託した趣旨には，将来的な法テラスの本来事業化を目指すという目的も存在することからすれば，全国的な対応体制を構築してゆくことが今後求められてくるものと言える。

(3) 財源の確保

法テラスへの委託事業の事業費は，委託側が委託費として負担することになるところ，法律援助事業の委託費用の財源としては，被疑者弁護援助及び少年保護事件付添援助については，日弁連の当番弁護士等緊急財政基金（当番基金，2009〔平成21〕年6月以降は「少年・刑事財政基金」）で，その他の援助制度については従前法律扶助協会になされていた贖罪寄付で賄われている。

当番基金については，被疑者国選の対象事件が，2009（平成21）年度から大幅拡大されたことから，その目的の大きな部分を達成したことになる。しかし，全件国選付添人制度の実現まで財源手当を今後とも継続する必要があるため，日弁連は，2008（平成20）年12月5日の臨時総会で，2009（平成21）年6月からこれらの財源確保を主な目的とする少年・刑事財政基金を新設し，月額3,100円の特別会費を徴収することとした。

贖罪寄付については，単位会が受け入れた寄付については日弁連と基本的に折半することとして，日弁連の委託財源に充てることを予定しており，この方式は今後共継続してゆくことが必要であるが，2009（平成21）年実績においても，現在予算額を下回るペースとなっている。

現在，法律援助事業においては，今般の経済情勢の悪化に伴い，生活保護に関する高齢者，障害者及びホームレス等に対する法律援助の利用件数が急増しており，今後も利用件数が伸びてゆくことが見込まれる。こうした事情を前提に日弁連が試算したところによれば，年間5～8億の事業費及び事務費が必要と考えられる一方，贖罪寄付は平成20年度は1億3269万円に止まる等大幅に減少しており，その他の寄付等の減少も加えると，確実性のある寄付額としては年額で1億5000万円程度が見込まれるにすぎない状況となっている。したがって，年間3億5000万円～6億5000万円の投入がこの法律援助事業の継続のために必要となってきている。

これまでは，財団法人法律扶助協会から引き継いだ資産によってその穴埋めが行われてきたところではあるが，日弁連のシュミレーションによれば，それも2009（平成21）年度でほぼ枯渇する見込みで，次年度以降においては，早急に財政的な手当が必要となっている。

長期的視点においては，これらの事業の本来事業化を図ることによって，国費での運営に切り替えて行くことを検討すべきではあるが，短期的な課題としては，特別会費の徴収をも含めて，法律援助事業の財政基盤確立の為の方策を早急に固める必要がある。

第2部
弁護士業務改革の現状と課題

1 弁護士業務改革の今日的課題

- 司法制度改革審議会の意見が，司法改革の基本は弁護士にあることを明確にしている点からも，弁護士制度改革や弁護士業務改革が，必然的に必要となることを意識しなければならない。弁護士業務改革も，このような観点からの意識を常に持ちつつ推進していくべきである。
- 国民の法的需要に対する供給がなされるよう，弁護士の業務制限の緩和，弁護士の質の向上，アクセス障害の除去，公設事務所の設置，法律扶助・権利保護保険など弁護士費用に関する対策を充実し，実質的な国民の裁判を受ける権利を保障すべきである。
- 国民に対して，法治主義（法の支配）の重要性の意識喚起，法教育の実施に努力し，社会に法治主義（法の支配）を根付かせる努力をしていくべきである。

1）司法改革推進上の業務改革の意義

法友会の政策として，従来から弁護士の使命としての「基本的人権の擁護」及び「社会正義の実現」を掲げ，そのための具体的方策を考えてきた。しかし，2001（平成13）年6月に公表された司法制度改革審議会の意見書は，弁護士の使命を上記のものにとどめることなく，司法全体のあり方に関わる大きな問題としてとらえ，健全な司法を実現するための弁護士の業務改革を要請した。その後，司法制度改革推進本部（2001〔平成13〕年12月から2004〔平成16〕年11月まで）が設置され，現在までその意見書の内容がその組織を通じてほとんど実現されている。

そこで，同審議会の意見書での弁護士業務に対する要請を以下にまとめ，最終的に司法制度改革推進本部でどのように実現がなされたのかをまとめた。今後とも弁護士，弁護士会，そして法友会としては，どのように制度の改革を見守っていくべきか，その是正を含め検討すべきである。少なくとも，現状はここでの議論以上に問題が発展し，司法に携わっている職業従事者の問題に留まらず，行政職に携わっている職業従事者の職域問題として政治に対する圧力が問題視されている状況が見受けられ，国民のための司法が実現できるような方向性を示しているかが問題視されるからである。

2）審議会の要請とその実現

(1) 総論

① 法曹は，いわば「国民の社会生活上の医師」として，国民の置かれた具体的な生活状況ないしニーズに即した法的サービスを提供することを役割とすることが必要。

② 司法制度改革の3本柱である「国民の期待に応える司法制度」「司法制度を支える法曹のあり方」「国民的基盤の確立」を実現するためには，主体としての弁護士がその改革を支えるべきであり，そのためにはさらに弁護士の業務を含めた全般的な弁護士に関する改革がなされなくてはならない。

(2) 各論

① 弁護士の社会的責任の実践

国民の社会生活，企業の経済活動におけるパートナーとなるべく資質・能力の向上，国民とのコミュニケーションの確保に努めなければならない。同時に，「信頼しうる正義の担い手」として通常の職務を超え，「公共性の空間」において正義の実現に責任を負うという社会的責任を自覚すべきである。そのため，プロボノ活動，国民の法的サービスへのアクセスの保障，公務（裁判官，検察官）への就任，後継者養成への関与などで貢献すべきである。

〈実現内容〉弁護士から裁判官への登用の増加，民事調停官・家事調停官の創設，日本司法支援センターの創設など。

② 弁護士の活動領域の拡大

当時の弁護士法30条での公務就任の制限，営業許可を届出制にし，自由化すべきであり，活動領域の拡

大に伴う弁護士倫理のあり方を検討し，弁護士倫理の遵守を確保すべきである。

〈実現内容〉弁護士法30条の制限を届出制に改正，弁護士会における弁護士職務規程の新規創設など。

③　弁護士へのアクセス拡充

法律相談センターなどの設置の推進をし，弁護士へのアクセスを拡充すべきであり，地域の司法サービスを拡充する見地から，国又は地方公共団体の財政的負担を含めた制度運営を検討すべきである。

〈実現内容〉日本司法支援センターの創設，弁護士会の公設事務所の開設，法律相談センターの充実化，保険による弁護士費用を実現化した日弁連リーガルアクセスセンター，国・自治体・民間会社等の組織内での弁護士の活動を容易にする制度設計など。

④　弁護士報酬は，透明化・合理化を進めるためにも，報酬情報の開示，報酬契約書の義務化，報酬説明義務などを徹底すべきである。

〈実現内容〉弁護士法から弁護士会の報酬規定の整備義務を削除し，報酬を自由化した。弁護士会の規定で，報酬契約書の義務化，報酬説明義務化，報酬情報の開示を定める。報酬情報としては，日弁連では，事案ごとの報酬アンケートの結果を公表し，報酬の目途に役立たせている。

⑤　弁護士の専門分野，実績も広告対象として認めるよう検討し，弁護士の情報開示を一層進めるべきである。

〈実現内容〉東京弁護士会では，弁護士の情報提供制度が創設され，日弁連でも「ひまわりサーチ」という名称で弁護士情報提供サービスが開始され，HPでの閲覧が可能となっている。専門分野に関しては，東弁で専門認定制度を創設すべきとの意見をまとめたが，日弁連では，研修制度等の整備が十分ではない現段階では時期尚早との結果となった。現在，日弁連をはじめとして専門研修が数多く実行されるようになっている。

⑥　弁護士の執務体制の強化

法律事務所の共同化・法人化，共同化・総合事務所化への推進，専門性強化のために研修の義務化，継続的教育を実行化すべきである。

〈実現内容〉弁護士法の改正により，弁護士法人の設立が可能となった。専門性強化のための研修は，行政法関係，税務関係，知的所有権関係，労働関係等について東弁で開始され，日弁連でも開始されている。継続教育面では，東弁では倫理研修を義務化している。東弁でも日弁連でも，忙しい弁護士のためにインターネットを通じた研修ができるようになっている。

⑦　弁護士の国際化，外国法事務弁護士等との提携・共同

国際化時代の法的需要への対応のため，専門性の向上，執務体制の強化，国際交流の推進，法曹養成段階での国際化への対応，外国法事務弁護士との特定共同事業の要件緩和，発展途上国への法整備支援の推進をすべきである。

〈実現内容〉弁護士法，外国弁護士特別措置法の改正により，弁護士と外弁との共同事業が解禁され，外国法共同事業を認め，その範囲での報酬分配を認め，外弁による日本の弁護士の雇傭を認めるなどの改正がなされた。

⑧　隣接法律専門職種の活用

司法書士，弁理士への一定の範囲での一定の能力担保措置を条件とし，訴訟代理権の付与，税理士の訴訟における意見陳述権，行政書士，社会保険労務士，土地家屋調査士などの隣接法律専門職種については，その専門性を活用する必要性，その実績が明らかになった段階での訴訟への関与の仕方を検討すべきである。

〈実現内容〉司法書士への簡裁訴訟代理権の付与，弁理士の弁護士との共同での代理権付与など。

⑨　ワンストップ・サービスの実現のため，弁護士と隣接法律専門職とが協働するための方策を講じるべきである。

〈実現内容〉協働できる事務所の設置を可能とする解釈は，もともと存在するが，各種の業種の特色による制限を踏まえた上での，協働化がどう進められるかの議論を進め，その協働化を進めることができるようになった。

⑩　企業法務などの位置付け

司法試験合格後，企業など民間で一定の実務経験を経た者に対しては，法曹資格を与えるための具体的条件を含めた制度整備をすべきである。

〈実現内容〉弁護士法の改正により，司法試験合格した後，❶国会議員となった者，❷官として又は民間にあって一定の法律業務に携わっていた者に対して，日弁連の研修を経た上で，法務大臣の認定を受けることにより弁護士資格が認定される制度となった。

⑪ 特任検事，副検事，簡易裁判所判事の経験者の専門性の活用の検討。特任検事への法曹資格付与のための制度整備をすべきである。

〈実現内容〉特任検事に対しては，弁護士法の改正により，司法試験の合格者ではないものの，日弁連の研修を受けることにより，法務大臣の認定で，弁護士資格が認定されることとなった。

3）社会の法的需要に対する供給

審議会意見書による弁護士の法的需要は，多岐にわたっている。社会生活上の医師としてのいわば医師における家庭医又は診療所のような範囲から，会社の専門的な法的要請に応える部分，国際取引又は国際関係における範囲など多くの分野での需要に応えることをも期待されている。しかし，これらの需要は，社会が要請するものであり，将来的な需要について現代の弁護士が対応することは難しい面もあることが意識されなくてはならないであろう。つまり，法的な需要と供給の問題は，社会の意識の変化と弁護士の業務改革とがバランスよく進んでいかなければならないことを意味している。

現代の日本の社会自体が，法を守ることが経済的にも大事なこととして意識されなくては，正当な意味での弁護士需要は増加しない。法を守らないことが，経済的に節約になる社会では，法の支配は貫徹されず，弁護士の需要も拡大しない。

その意味で，我々弁護士が率先して法を守ることが，経済的にも大事であることを自覚して法律業務を遂行し，社会に対する提言をしていくなどの努力が必要である。その努力として，弁護士の業務制限の緩和，質の向上としての専門家養成など業務上の改革を進めるべきである。その上で，行政機関，立法機関，地方自治体，企業，団体等における弁護士の活動が容易になるよう，法制度の準備をしていくべきである。

2　弁護士と法律事務の独占

> 今次の司法改革の一環として，弁護士法72条にかかわる懸案の問題について所要の措置が採られたが，同条にかかわる問題はこれで全て決着がついたわけではなく，隣接法律専門職種の更なる権限拡大問題等，様々な問題が起きている。これらの問題は弁護士制度の根幹に関わる問題であり，全ての弁護士は弁護士法72条にかかわる問題に関心を持ち，より活発な議論を展開することが望まれる。
> 　近い将来，サービサー法が改正され，サービサーの取扱債権が拡大される見込みである。この問題も，弁護士法の根幹を揺るがしかねない問題を含んでおり，活発な議論が望まれる。

1）司法制度改革審議会の弁護士法72条に関する提言とその実現について

弁護士法72条は，弁護士による法律事務の独占を規定している。弁護士が法律事務を独占するからには，弁護士は国民各層の法的ニーズに対し良質のサービスを満遍なく提供する責務を負っていると言うべきである。

しかしながら，弁護士がその責務を十全に果たしているとは言い難い。今回の司法改革の原点は正にこの点にあったと言ってよい。こうした観点から，2001（平成13）年6月に公表された司法制度改革審議会の意見書（以下「意見書」という）は，弁護士人口の大幅な増加や諸般の弁護士改革がなされるべきことを求めているが，その達成には相当の年月を要することから，利用者の視点から，当面の法的需要を充足させるための措置を講じる必要があるとして，72条の見直し問題について，❶隣接専門業種に関する権限拡大，❷ADR[1]等における隣接専門職種の活用，❸弁護士法72条の規制内容の明確化，❹総合的法律経済関係事務所（ワンストップサービス），法律事務所の複数化，国際化等について所要の措置を講ずべきことを求めていた。

❶にかかわる措置としては，意見書の提言に沿った形で司法書士法，弁理士法，税理士法の改正がなされ

た。

❷に関しては，2004（平成16）年10月，「裁判外紛争解決手続の利用の促進に関する法律案」が閣議決定され，同年12月，可決・成立し，同法（いわゆるADR基本法）[2]の成立により，弁護士以外の者がADRの実施主体となる道が開かれ，その後，司法書士会，社会保険労務士会，土地家屋調査士会などがADRを立ち上げている。

❸に関しては，2003（平成15）年，弁護士法72条但書につき「この法律に別段の定めがある場合はこの限りではない」とあるのを「この法律及び他の法律に別段の定めがある場合はこの限りではない」との法改正がなされた。

また，同年12月8日開催の第24回法曹制度検討会において，法務省が「グループ企業間の法律事務の取扱いと弁護士法72条の関係について」と題する書面を提出し，同条の「その他一般の法律事件」につき，いわゆる「事件性必要説」を相当とするとの見解を明らかにした。同検討会は，これにより同条の規制範囲が相当程度明確になったと評価し，上記企業法務の問題について更に検討することはしないこととした。

❹に関しては，日弁連と法務省により「外国弁護士制度研究会」が設置され，外国弁護士の法人化，これに関し外国人弁護士と日本人弁護士との混合法人の可否，法律事務所の複数化などについて検討している。同研究会の第1回は2008（平成20）年6月6日に開催され，2009（平成21）年8月には「中間とりまとめ」が公表された。❹に関する上記以外の課題については，これまで特にこれといった措置は採られていない。なお，上記❶ないし❸についての詳細は『法友会政策要綱2007（平成17）年度版』40頁以下を参照して戴きたい。

本稿では，以下，弁護士による法律事務の独占にかかわる最近の議論状況について言及することとする。

2）隣接専門職種による権限拡大について

司法書士については，2002（平成14）年4月の司法書士法の改正で，弁理士については，同年同月の弁理士法の改正で，税理士については，2001（平成13）年5月の税理士法改正で，意見書の提言に沿った形でそれぞれに新たな権限が付与されたことは前述のとおりであるが，隣接専門職種による権限拡大問題はこれで終止符が打たれたわけではない（この問題は，これにとどまらず，現在混迷化しているというのが実情である）。

司法書士会では，家裁事件への代理権，執行事件に関する代理範囲の拡大，簡裁の事物管轄の拡大，地裁事件についての訴訟外活動の正当化主張活動が主張されるようになり，弁護士人口問題に関しては明確に司法書士業務を保護するために弁護士の増加を抑制すべきという声明を出すに至っている。行政書士会においては，行政事件の代理権獲得活動が盛んとなり，その一部として2008（平成20）年1月には，官公署に提出する書類の作成・提出代理に加えて，その際の聴聞又は弁明の代理権を獲得するに至っている。社会保険労務士会においても2005（平成17）年の手続代理を実質代理に変更，訴訟における一定範囲の労働事件の代理権獲得運動が盛んになっている。弁理士会も，一定の代理業務を獲得しているが，2007（平成19）年には，特定の不正競争侵害訴訟に対する訴訟代理権の拡大が認められるに至っている。

3）行政書士問題について

隣接専門職種が権限拡大運動を展開していることは上述のとおりであるが，行政書士にかかわる非弁事案が近時大きな問題になっているので，ここで言及しておくこととする。

2001（平成13）年の行政書士法の改正で，「行政書士が作成できる契約その他に関する書類を代理人として作成すること」ができることになった（同法1条の3・2号）。同号は，書類作成代理について規定したものと解されるが，東京都立大学名誉教授・兼子仁著『新版行政書士法コンメンタール』（北樹出版、2005年）は，同号は，弁護士法72条は事件性を要件としているとの前提に立ち，事件性のない案件については，行政書士も同号の業務に付帯する「契約締結代理」を法

1）ADR（Alternative Dispute Resolution）：裁判外紛争処理とは，判決などの裁判によらない紛争解決方法を指し，民事調停・家事調停，訴訟上の和解，仲裁及び行政機関や民間機関による和解，あっせんなどを意味する。このうち，（民事）調停や訴訟上の和解は，民事訴訟手続に付随する手続として裁判所において行われるが，紛争解決の作用面に着目して，ADRに分類されることが多い。裁判による解決が法を基準として行われるのと比較すると，ADRは，必ずしも法に拘束されず，紛争の実情に即し，条理にかなった解決を目指す点に特徴がある。
2）「裁判外紛争解決手続の利用の促進に関する法律」の概要については，『法友会政策要綱2005年度版』176頁参照。

定外業務としてなすことができるとする（同著40頁）。それ故，遺産分割協議において，相続人間に紛争状態があれば，代理介入できないが，助言説得を含めて相続人間の合意形成をリードし，分割協議をまとめる代理行為は合法であって，そうした場合，両当事者や複数当事者の代理を務めて契約書・協議書を作成することも民法108条の双方代理禁止に触れないものと解されるとし，東京地裁平成5年4月22日判決もこれと同旨であるとしている。

また，同著は，行政書士は，法律相談を行うことはできないが，法規相談はできるとする。弁護士法74条2項は，「弁護士でない者は，利益を得る目的で，法律相談……を取り扱う旨の標示又は記載をしてはならない」と定めているが，ここにいう「法律相談」は，同法72条の「法律事件」に関するそれで，法的紛争問題にかかわり一方当事者に有利な法解釈等の照会を主とするものと解されるとし，一般人に対して現行法規がどうなっているかという「法的知識」を教示するレベルの「法規相談」とは区別されるという。

近時，行政書士，行政書士会がホームページ等で自らを「まちの法律家」と称し，「法律相談」を取り扱う旨の宣伝を行っており，ときに事件受任も行っていると聞くが，上記兼子教授の著書はこれに理論的根拠を与えているようである。

しかしながら，同著の立場に立ったとしても，紛争性のある事案に行政書士が関与してはならないはずであるが，行政書士がホームページなどを使って依頼者を誘引した上，明らかに紛争性のある事案について事件受任している事例が多数存在しており，東京弁護士会，愛知県弁護士会，横浜弁護士会等は，悪質な事案について警告を発するなどの措置を講じている。さらに進んで告発に踏み切った弁護士会（大阪弁護士会，東京三会）もあり，今後の成り行きが注目される。

4）弁護士会の取組み

上記行政書士の業務範囲の問題の他にも，2006（平成18）年7月施行の「競争の導入による公共サービスの改革に関する法律（市場化テスト法）」の問題などもある。同法に基づき国税徴収事業，公立病院の医療費未収金の回収事業，地方自治体の租税債権や貸付債権の収納事業，公営住宅の滞納家賃の徴収事業等を一般事業者に開放することが政府において検討されている。日弁連としては，こうした弁護士法72条をめぐる様々な問題に的確に対処していく必要がある。

こうした観点から，2005（平成17）年1月，日弁連は，理事会決議を以て「法的サービス推進本部」を組織した。同本部は，弁護士による法的サービスの拡充を図るとともに，弁護士法72条等の問題に関し，情報の収集，整理及び分析を行い，日弁連の関係委員会並びに弁護士会及び弁護士等との情報の共有化を図りつつ，同条に係わる問題を適切に処理することを目的とし（弁護士の法的サービス推進本部設置要綱2条），日弁連会長，同副会長，理事及び会長が指名する弁護士である会員をもって構成する（同3条1項）とされている。

また，日弁連業務改革委員会は，同年2月，同委員会内に72条検討チームを発足させ，弁護士法72条に関する問題を総合的，多角的に検討することとした。前述した行政書士会に対する申入書の提出は，日弁連の上記新組織での検討を経た上，日弁連理事会での議を経て実施されたものである。なお，「法的サービス推進本部」は2007（平成19）年3月16日「業際・非弁問題等対策本部」に改組された。

法友会においては，弁護士法72条は，隣接専門職種との問題と理解し，既に決着済みと考えている向きがある。同条をめぐる問題は弁護士制度の根幹に関わる事柄であり，法友会においてもこの問題に真剣に取り組む必要がある。

5）サービサー問題

(1) サービサー法の成立，施行

民間サービサー制度の創設を内容とする債権管理回収業に関する特別措置法（以下「サービサー法」という）が1998（平成10）年10月12日に成立し，1999（平成11）年2月1日同法施行令および施行規則とともに施行された。

サービサー法2条2項は，サービサーが行う債権回収業の定義として「弁護士以外の者が委託を受けて法律事件に関する特定金銭債権の管理及び回収を行う営業または他人から譲り受けて訴訟，調停，和解その他の手段によって管理及び回収を行う営業をいう」としているので，弁護士法72条，73条の禁止がこの法律の適用領域では例外的に容認されることとなった。

(2) サービサー法の改正

2001（平成13）年6月13日，サービサー法が改正され（同年9月1日施行），サービサーが取り扱える債権の範囲を大幅に拡大すると共に利息制限法の制限を超える利息または賠償額の支払の約定が付着している債権の履行の要求に関する行為規制が緩和された。

すなわち，取扱い債権の範囲につき，それまで銀行等の金融機関の貸付債権等に限定されていたが，❶いわゆる貸金業法上の登録をしている貸金業者であれば，その有する貸付債権は全て特定金銭債権とする，❷いわゆる資産流動化法上の特定資産である金銭債権等，流動化対象資産となっている金銭債権を広く特定金銭債権とする，❸法的倒産手続中の者が有する金銭債権等を特定金銭債権とする，として大幅に拡張されることになった。また，従来は利息制限法の制限を超える利息または賠償額の支払いの約定が付着している債権の履行の要求は，たとえ利息を含まない元本のみの履行の要求であってもこれを禁じる旨の業務規制をかけていたが，改正サービサー法は，「当該制限額を超える利息または賠償額の支払を要求してはならない」と規定することにより，制限利息に引き直せば，元利金を含めて請求することを許容することを明らかにした。

(3) サービサー法の再改正問題

2000（平成12）年10月に発足した業界団体である全国サービサー協会（以下「協会」という）は，2004（平成15）年8月，取扱債権の拡大を中心とするサービサー法改正を求める要望書を法務省その他の関係機関に提出した。これを受けて日弁連は，同法の改正問題が本格化するとの認識のもと，同年11月，日弁連会長を本部長とするサービサー法改正問題対策本部（以下「対策本部」という）を設置するとともに，上記改正要望に反対するとの意見書を作成して法務省等に提出した。

その後，協会と対策本部との約2年間にわたる多数回の協議（法務省もオブザーバーとして参加）を経て，拡大する取扱債権について基本的に双方が合意に達した。これを踏まえて，自民党は，2006（平成18）年度の臨時国会にサービサー法改正案を上程すべく，同年10月にワーキングチームを組織し，協会，日弁連等の関係諸団体に対してヒヤリングを行った。これにより，改正内容はほぼ固まり，法務省において改正案を策定したが，その内容は次のとおりである。

❶ サービサーの取扱債権（特定金銭債権）の拡大

前回の改正で，サービサーは法的倒産者が有する金銭債権を扱うことができるようになったが，今回の改正で，法的倒産者に対する金銭債権を，債務者側の同意または行為規制を要件に扱うことができるようにする。また，法的倒産に至らない任意整理中の債務者が有する債権についても，弁護士が債務者の代理人として関与していることなどを要件として扱えるようにする。現行法の取扱債権に準ずる債権を特定した上，これを取り扱うことができるようにする。

❷ サービサーの取扱債権に関する政令委任の範囲の拡大

政令委任の範囲を拡大し，法で規定する特定金銭債権と同様の経済的性質を有する金銭債権について，法改正によらないでも，特定金銭債権とすることができるようにする。ただし，白紙委任とならないよう一定の要件を付するものとする。

❸ サービサーが市場化テスト法に基づいて行う業務の明確化

将来，市場化テスト法に基づいて民間事業者が行うことが可能となる公共サービス実施業務であって，金銭債権の管理または回収を行うものについては，当然にサービサーの業務範囲とする。

法務省は，2006（平成18）年度の臨時国会に改正案を上程する方向で準備を進めていたが，結局，国会審議の優先順位の関係から上記国会に改正案は上程されず，今日に至るも上程には至っていない。サービサー協会からすれば，日弁連との協議も整い，自民党との調整も終わりながら，待たされている状況にあるが，上記のとおり，改正が延び延びになっていることから，今後，取扱債権をネガティブリスト方式（特定の債権以外は扱えるものとする方式）にするなどの全面的改正に切り替えてくる可能性がある。自民党の中にもネガティブリスト方式に賛同する有力議員もあり，そうなれば，サービサー法が弁護士法の特例であるという現行法の枠組みが崩壊することになる。今般の改正問題について，法友会では，ほとんど議論されていない。弁護士制度の根幹を揺るがしかねない大きな問題であることを考えると，法友会においてもこの問題に今後とも注視を怠ることなく，真剣に議論する必要がある。

6）信託の活用
(1) 新信託法の意義
　2007（平成19）年9月30日，85年ぶりに抜本的に改正された新信託法が施行された。新信託法は旧信託法には存在しなかった事業信託，自己信託，目的信託等，新しい制度を導入し，多様な社会経済のニーズに応えようとしており，改正により信託の利用可能性が拡大した。

　資産を保有している個人が，自らの意思に沿った財産管理や財産承継を行うことができるようにするためには，相談を受けた弁護士が信託を利用した財産管理及び財産承継の方法について適切に助言し，あるいは弁護士が受託者として財産管理及び財産承継の役割を担うことができる環境を整備する必要があり，弁護士会が環境整備のための適切な取組みをすることが必要とされている。

(2) 福祉型信託に対する取組み
　新信託法の下，民事信託の分野で積極的な利用が期待されているのが，病弱であったり，判断能力が減退した高齢者や障害者等の社会的弱者の財産を管理する目的での信託の利用であり，また世代間の円滑な財産移転のための信託の活用である。これらの場面においては，関係当事者の利害対立や紛争が潜在することが多いことから，弁護士が，紛争の予防・解決並びに財産の管理保全及び円滑な財産移転のためのツールとして信託を有効に利用する役割を担うべきである。

　2004（平成16）年12月に改正された信託業法は，信託業の担い手を拡大し，金融機関以外の者が信託業を行うことを可能としたが，改正信託業法の下においても，信託業の担い手は株式会社を基本とすることが適当とされた。他方で，改正信託業法には，「政府は，この法律の施行後三年以内に，この法律の施行の状況について検討を加え，必要があると認めるときは，その結果に基づいて所用の措置を講ずるものとする」(附則第124条)という規定が置かれ，改正信託業法の審議過程において「次期法改正に際しては，来るべき超高齢社会をより暮らしやすい社会とするため，高齢者や障害者の生活を支援する福祉型の信託等を含め，幅広く検討を行うこと」という附帯決議が行われた。

　この附帯決議を受けて，金融審議会金融分科会第二部会により取りまとめられて2008（平成20）年2月8日に公表された「中間論点整理――平成16年改正後の信託業法の施行状況及び福祉型の信託について――」において，福祉型信託の担い手として，議論の中で「福祉事業や後見業務を行う公益法人，NPO法人，社会福祉法人等がふさわしいのではないか」という意見が出されたこと，また，参入形態として，弁護士等個人による受託を認めるべきとの考え方と，継続性・安定性の確保等の観点から法人に限られるべきとの考え方の双方があることが紹介されている。

　弁護士が福祉型信託の担い手として信託を活用できるようにするため，弁護士会が信託業法の改正を含めた適正な制度構築に取り組むことが期待されている。

(3) 遺言信託業務に対する取組み
　遺言信託業務とは，一般に信託銀行による遺言書の作成，遺言の執行，遺言整理等，相続関連業務への取り組みを指すものであり，遺言「信託」という言葉が用いられているが遺言による信託を意味するものではない。

　遺言信託業務と呼ばれる遺言書の作成及び執行は，法的な専門知識が必要とされる業務であり，本来弁護士が，遺言によって自らの意思に従った財産承継を実現させることを望む個人の要望に応えることが期待される分野である。しかしながら，わが国においては現状では信託銀行がこれに取り組んでおり，これまで，遺言書の作成を望む個人が弁護士にアクセスすることを容易にするための組織的な取組が行われてこなかった。

　弁護士が遺言書の作成及び執行業務を多くの一般市民に対して提供する取組については，日弁連法的サービス企画推進センターの遺言信託プロジェクトチームが検討を進めてきた。その成果として，同プロジェクトチームのメンバーが2008（平成20）年5月に設立した特定非営利活動法人遺言・相続リーガルネットワークが，多くの一般市民に対して遺言書の作成及び執行業務を提供するための活動を始めている。

　同法人は，遺言書の作成を希望する一般市民が弁護士による法律相談を受けることができるようにするために，各弁護士会と連携して，遺言書の作成を望む個人が弁護士に容易にアクセスすることができる環境を整備することを目指している。日弁連及び各弁護士会は，同法人と連携，協力して，遺言書の作成を望む個人が弁護士にアクセスしやすい環境を整えるべきである。

また，弁護士が，遺言書の作成及び執行の業務を行うにあたっては，新信託法に定められた後継ぎ遺贈と類似の効果を持つ受益者連続信託（受益者の死亡により，その受益者の有する受益権が消滅し，他の者が新たな受益権を取得する旨の定めのある信託。信託法91条），死因贈与と類似の機能を持つ委託者の死亡の時に受益権を取得する旨の定めのある信託（信託法90条）などを必要に応じて利用することが求められる。日弁連及び各弁護士会は，遺言による信託の利用に関する研究を進めるのと同時に，会員向けの研修を実施する必要がある。

3 法律事務所の多様化と隣接業種との協働

> 多様なニーズに対応するため，隣接業種との協働は不可欠である。その協力関係を構築するため，また隣接業種との共同事務所のあり方について，積極的な検討を行うべきであり，その検討として弁護士の義務と権利とがどのように維持できるシステムができるかを重要課題として考えるべきである。
> さらに一定の条件のもとで，弁護士法人に認めた支店など複数事務所の設置容認を検討すべきである。

1）総合的法律・経済関係事務所

弁護士が，司法書士，税理士，弁理士等の隣接業種と協働して業務を遂行することは，業際分野の処理能力の向上等，有用なことであり，その協働を一歩進めた隣接業種との共同事務所は，ワンストップ・サービスとして依頼者の側からみても有用である。

また，政府は，「現行法上も，弁護士，公認会計士，税理士，弁理士等の専門資格者が一つの事務所を共用し，一定の協力関係の下に依頼者のニーズに応じたサービスを提供することは基本的に可能である」としている。この見解は，1997（平成9）年の日弁連の第10回業対シンポジウムでの結論と同様，経費共同事務所は認め，弁護士法72条・27条の関係で，隣接業種との収入共同事務所は認めていないというのが一般的な理解である。

現在の問題は，さらに進んで収入共同事務所を立法論として認めるか否かという点である。ワンストップ・サービスの問題だけであれば，経費共同でも対応できるのであるが，より効率性・統一性の高い経営形態である収入共同＝パートナーシップをあえて認めない理由は薄い。

しかし，近年，巨大会計事務所の弁護士雇用を利用した様々な違法問題，コンプライアンスが守られない状況が出てくるに従い，共同事務所における倫理規範の確立等については，最重要課題として議論が尽くされなければならないであろう。弁護士が仕事をする上で守らなくてはならない最大の点は，弁護士法1条の基本的人権の擁護と社会正義の実現であり，この内容は弁護士の義務であり，かつ弁護士の権利であることが最大限尊重されなければならない。共同事務所においても同様にこの様な義務と権利が意識されなければならない。現実の問題として，弁護士以外の職種においてこのような義務と権利が確保される状況又はシステムになっているかは，疑問なしとはいえず，このような現実の問題を放置したまま他業種との収入共同事務所の構築はあり得ない。弁護士の国民からの信頼の基礎は何かを再度考えることにより，他業種との協働の問題をより現実的なものとするために，整備すべき課題を再検討すべき時期に来ているものと思われる。

また仮に収入共同を認める場合の，立法上の手法も検討する必要がある。たとえば，外国法事務弁護士と同様な手法による特定共同事業という方法も考えられるが，その場合の隣接業種の範囲なども慎重に検討する必要があるであろう。

このような外国弁護士との協働のあり方，他業種との協働のあり方は，問題点は共通しているのであり，単なる協働化への技術的な問題点のみを議論するのではなく協働化問題に潜む弁護士倫理の希薄化と弁護士

の本質を侵害される危険性をどのように回避し，その回避を担保できるシステム作りができるかが，問題とされなければならない。

東京弁護士会業務改革委員会では，2006（平成18）年に隣接士業との共同事務所経営に関するガイドラインを作成した。その内容は，基本的には，行政機関から監督される士業と行政機関と独立した監督機関を持つ弁護士との倫理感，行動様式，国民に対する義務のあり方の違いを明確にしたものであり，弁護士が隣接士業を雇用する場合には全て弁護士への責任として処理されるが故に問題とならないことが，弁護士が雇用しない場合には問題が生じる場合が多いことを指摘し，その回避方法を論じている。この問題の根本は，司法権に関する職務内容を基本とする弁護士と原則として行政に関する手続代理を行う行政補助職との目的の違いにある。司法権の独立にはそれなりの理由があるように，行政庁の監督下にある士業が司法権に属する業務を行うことが制度として妥当なのかどうかという判断によるものであろう。現在世界的に，企業及び個人の行動様式の倫理性が求められている時代において，その助言者としての弁護士の独立性の問題が議論され，弁護士倫理が問題となっている現段階では，総合的・経済関係事務所問題は当面の間，弁護士の経営による事務所であるとして進めることが原則と考えるべきであろう。

2）法律事務所の複数化

現在，弁護士法20条3項は複数事務所の設営を禁止している。

その立法趣旨は，❶弁護士間の過当競争の防止と弁護士の品位の保持，❷非弁活動の温床の防止，❸弁護士会の指導連絡監督権の確保，の3点にあるといわれている。

しかるに，政府の規制緩和3計画をはじめとして，弁護士間の競争制限規定を撤廃しようという動きや，弁護士偏在の解消策として複数化を容認する意見がある。

現在は，立法当時と背景事情が異なり，問題点とされている過当競争の防止という弁護士側の論拠は薄弱化している。かえって，競争の過度の規制は，依頼者の側から，弁護士業務の適正な発展のための創意・工夫を喪失させているとの批判があり，過当競争防止だけでは複数事務所を禁止する正当な理由となり得ないであろう。

また弁護士が，一定時間，支店的な支事務所に在所することが可能であれば，その時間は法律相談等の業務が可能であるから，複数事務所の容認は，アクセスポイントを増加させ，日弁連の掲げる司法改革の理念に沿うものという積極的な評価をすべきであろう。

非弁の問題は，支事務所における事務職員による弁護士不在中の非弁活動の危険性を指摘しているものと思われるが，別途手だて（現在，パラリーガル制度等を考えることにより，事務職員としてどこまで法律事務に携わることが許されるのかという側面でも議論がなされている）を尽くすべきであり，国民のためとの視点を忘れず，解決策を考えるべきである。問題点としての弁護士会の指導・連絡は，技術的に解決することが可能である。

以上より，弁護士法20条3項を改正して複数事務所の設立を認め，併せて弊害防止措置を講ずるべきである。

3）中小企業法律支援センター

2009（平成21）年11月の理事会により，日弁連において中小企業法律支援センター（通称「ひまわり中小企業センター」）の発足が承認された。2010（平成22）年4月の正式活動を始めるに当たり，それまでの期間準備活動を行うことが決定した。

（1）その沿革

日弁連の弁護士業務改革委員会においては，日本における経済活動を支えている中小企業に対する法律的な援助がなければ，日本経済の健全な発達は見込めないという認識のもとにその援助機関を弁護士会内に組織すべきだという意見が相当以前から強く主張されていた。しかし，中小企業を援助することとその従業員への援助を比較すれば，従業員を優先すべきだとの意見が相当強く，その組織化は難しい状況にあった。

そのような状況が2008（平成20）年3月に日弁連の「中小企業の弁護士ニーズ全国調査報告書」で報告され，中小企業には膨大な法的需要があり，これを満たすだけの弁護士の法的サービスの供給がされていないことが判明したことを契機として，中小企業への弁護士の法的サービスの供給策が真剣に議論され始めた。同センターは，中小企業への法的サービスを緊急

に提供する必要性が高いとの認識のもとに，業務改革員会の予定を1年前倒しして，2009（平成21）年から発足することとなった。

(2) 設置の目的

同センターは，中小企業による弁護士の広範な法的サービスの利用を促進するとともに弁護士が組織的・全国的に法的サービスの提供ができるような体制を整え，中小企業の事業活動を法的に支援することにより，法化社会の実現に寄与することを目的とする。

その目的実現のために，次の4つの基本方針を定める。

❶ 中小企業のニーズに応えることを徹底的に追求する。
❷ 中小企業の弁護士とのアクセス障碍の解消を目指す。
❸ 弁護士の中小企業法務問題への対応能力を高め，実践的なスキルを身につけた弁護士の育成を図る。
❹ 組織的かつ全国的な対応ができる体制整備を目指す。

(3) 活動計画の概要

日弁連では，弁護士と中小企業のアクセス障碍の原因となっている意識の改革，弁護士の職務内容の広報，弁護士の研修，専門家団体や業界団体などとの連携企画，電話相談窓口の設置などが構想されている。なお，これらの活動は，中小企業庁の活動と共通するものがあり，その協働も検討する。

単位会では，その担当者を委員としなければならないとして，日弁連との協働を図る体制を目指している。

さらに単位会独自で電話相談を受ける体制，地域の業界団体等の連携関係の構築が求められている。また，単位会独自の広報・研修を考えた取組みが期待をされている。

具体的には，2010（平成22）年4月にはコールセンターの運営を開始する計画である。それによる法律相談，事件依頼に関する受任体制作りの準備が求められている。

(4) 今後の課題

日弁連レベルでは，コールセンターの立ち上げ等に努力を要するが，単位会ではそのセンターの担当者の配置が求められており，その質と量の確保が求められている。そのことがこの計画の成否の鍵を握っているともいえよう。

また，中小企業団体及び中小企業を扱う公的機関との協働関係をどのように構築するのかが大きな問題となる。

日弁連リーガルアクセスセンターの保険による弁護士費用の負担が中小企業団体にも普及するような制度の構築を目指している。この発展がどのようになるかが，弁護士費用というアクセス障碍を取り除くために重要となるであろう。

なお，同センターの設置を決めた日弁連の2009（平成21）年11月の理事会では，同センターが実施する中小企業向けの半年間の無料法律相談の必要性に疑問を呈する意見もあり，日弁連は，さらに同センターの意義について理解を深める努力が求められているといえよう。

4 その他の領域への進出

> 弁護士は，社会の様々な分野に法の支配の理念を確立すべく努力すべきであり，それが業務の拡大にもつながる。地方公共団体の外部監査人や会社での社外取締役等担うべき分野を積極的に開拓すべきである。

1）外部監査人制度への進出

(1) 現状と問題の所在

1999（平成11）年度より，主要な地方公共団体（以下「自治体」という）における外部監査人による外部監査制度がスタートした。2008（平成20）年度外部監査の対象となっている自治体は11，2009（平成21）年度は119で実施されている（都道府県，政令指定都市，中核市〔人口30万人以上で市議会及び都道府県議会の議決を経て，政令で指定された市〕等では義務的、その他の自治体は任意）。

監査は自治体の行政事務が法令規則等に基づいて適正に行われているか否かをチェックするものである。

従来，不適法または不正な行為を早期かつ容易に発見するという趣旨で，監査人は内部事情に通じた自治体に身分を有する監査委員とその補助的な事務を行う監査事務局とによって遂行されてきた。

しかし，近年，監査委員による監査の形骸化，行政の不正を是正する機能の欠如等の指摘がなされ，監査制度の抜本的な改革を求める声が強くなり，そのような背景や地方分権を求める気運の高まりとも相まって外部監査制度が発足したのである。

外部監査制度には，包括外部監査（地方自治法252条の27第2項）と個別外部監査（同法252条の39～43）とがあり，包括外部監査は，地方自治法2条14項（組織，運営の合理化等），15項（法令遵守義務）の趣旨を全うすべく，行政事務の全般にわたって外部監査人の監査を受けるとともに監査結果の報告を受けることを内容とし，個別外部監査は，自治体の長，議会あるいは住民からの個別の請求に基づき実施される監査である。

また，監査人の監査業務を助けこれを補助する者として補助者の制度も併せて定められた。

外部監査制度は，自治体の監査制度を真に実効性あるものにするための改革として評価されるべきものと言えるが，監査人そのものに人を得なければ制度も絵に書いた餅となることが明らかである。制度に魂を入れるためには有為の人材を供給することが不可欠である。外部監査人による監査の実績が重ねられつつある現在，引き続き，関係各方面における努力が求められるところである。

(2) 弁護士会の取組み

日弁連は，外部監査制度の導入をいち早く評価し，外部監査人として弁護士を各自治体に送り出すための施策を積極的に推進すべく，日弁連として外部監査人を推薦すべく，1998（平成10）年4月，次のとおりの外部監査人の推薦基準を策定した（2001〔平成13〕年8月一部改定）。すなわち，

❶ 司法修習生の修習を終えた後，弁護士，裁判官もしくは検察官又はこれらに準ずる法律実務家として，通算して10年以上の法律実務家の経験がある者

❷ 当連合会が主催する外部監査人実務研修会の所定の過程を終了した者，又は当連合会会長が地方公共団体の行政運営につき特に識見があると認めた者

❸ 外部監査人就任時に，当該地方公共団体の顧問弁護士もしくはこれに準ずる者でない者，又は当該地方公共団体の代理人，もしくは相手方とする事件の代理人でない者

という基準である。

また，日弁連は，前記推薦基準に基づき，制度発足以来，外部監査人候補者名簿を作り，名簿登録のための外部監査人実務研修会を各地で実施してきている。さらに，外部監査人として活躍されている会員を招いての交流会も適宜開催している。

2009（平成21）年度，外部監査人たる弁護士は10名（鳥取県，岡山県，徳島県，沖縄県，新潟市，名古屋市，堺市，岡山市，豊田市，目黒区）である（補助者は未集計、2008〔平成20〕年度包括外部名監査の通信簿別表1）。

ちなみに，2008（平成20）年度の外部監査人は、弁護士11名、公認会計士99名，税理士5名、公認会計士兼税理士3名であった。なお、補助者は全663名中弁護士は45名であった（2008〔平成20〕年度包括外部名監査の通信簿6頁）。

(3) 今後の取組みと提言

行政の透明性，公正さを維持確保するための方策の一つとして，外部監査人のなす監査は今後益々重要度を増しこそすれ，その意義が減少することはないと考えられる。特に，地方分権の下，推進された基礎的自治体の大規模化（従前，約3,300あった自治体が，1,700程度になった）が図られるとともに，近年も引き続き自治体の不祥事が相次いでいるという事態を見るとき，外部監査の果たすべき役割は格段に重要な意味を有することとなったものである。

そして，そのような外部監査人に求められる資質としては，法律による行政とそれに基づく行政のシステムをよく理解し，財務・会計に関する知識経験を有するなど，一定程度専門家としての知識経験を有することが求められ，そのような観点からすれば，弁護士は，公認会計士とともに外部監査人としてもっともふさわしい職種であると考えられる。また，そのような観点の下，実際に外部監査人に就任した弁護士の具体的な監査について，高い評価が与えられているという実績も表れている。

行政の透明性，地方分権の推進が強く求められている現在，包括外部監査は大規模自治体ばかりでなく中

小の規模の自治体にも活用されるような仕組みが考えられることが望ましく，このような観点から日弁連は，2007（平成19）年の業務改革シンポジウムにおいて中小規模の自治体向けの外部監査の仕組みを提案している。

いずれにしても，弁護士及び弁護士会は，外部監査人としての人材の最も有力な供給源としての機能を果たすべきことが期待されているというべきであり，より一層多くの人材を供給し，外部監査制度を支える役割を担っていくべきである。

2）会社法上の社外取締役等への進出
(1) 現状と問題の所在
① 社外取締役制度の現状

2007（平成19）年5月1日，2006（平成18）年7月26日に公布された「会社法」および「会社法の施行に伴う関係法律の整備等に関する法律」が施行された。その改正では，機関設計の大幅な多様化が図られ，取締役は1人でもよいとされ（もちろん2人以上置いてもよい），社外取締役の制度については，概ね従来の制度が踏襲された。

すなわち，新法においても社外取締役の定義は，❶当該会社又はその子会社の業務執行取締役若しくは執行役又は支配人その他の使用人でなく，❷かつ，過去に当該株式会社又はその小会社の業務執行取締役若しくは執行役又は支配人その他の使用人になったことがないものをいうとされている。（会社法2条15号）

また，会社に対する損害賠償についても，社外取締役は，職務執行の対価として受け，又は会社から受けるべき財産上の利益の1年間当たりの額を省令で定めた方法により計算される額の2倍を限度として責任を負う（会社法425条1項1号ハ。ちなみに，代表取締役又は代表執行役は6倍，その他は4倍）。

社外取締役は業務の内容に精通していないことが通常であり，このような取締役が他の常勤の取締役と同一の責任を負うとしたのでは社外取締役のなり手がいないのではないかという配慮に基づく規定である。

② 社外監査役について

1993（平成5）年の商法改正において，監査役の機能を充実強化すべく，任期を1年伸張するとともに大会社にあっては社外監査役の選任が義務づけられ，2001（平成13）年の改正では，任期は4年とされ，大会社においては資格要件が厳格化された社外監査役を半数以上とすることが義務づけられた。また，社外取締役同様，その責任を軽減する制度も設けられた。

新会社法においても，監査役を置くことを定めた会社，監査役を置かなければならない会社（取締役会設置会社，会計監査人設置会社）のうちの大会社については，2001（平成13）年の改正法施行後の商法特例法を踏襲している。

③ 委員会設置会社

新会社法においても，委員会設置会社の制度が踏襲されたが，重要財産委員会の制度は廃止された。その代わり，取締役会設置会社で，取締役が6名以上，そのうち1人以上が社外取締役である会社では，予め選任された3名の取締役の決議によって重要財産の処分等の決議（会社法362条）を行うことができるという特別取締役の制度が定められた（会社法373条）。

ただし，旧法と同じく委員会等設置会社を選択する会社では，特別取締役の制度は使えないとされている。

委員会設置会社とは，定款に基づき監査委員会（取締役ないし執行役の職務の執行の監査，会計監査人の選任・解任等），報酬委員会（取締役・執行役の報酬の決定，報酬額等の決定），指名委員会（取締役の選任及び解任に関する議案等の決定），及び1人以上の執行役を設置している会社をいう（会社法400条〜）。委員会を設置した会社では，監査役を置くことはできず，1人又は2人以上の執行役を置かなければならない（ただし，取締役が執行役を兼ねることはできる）。各委員会は取締役3人以上で構成され，そのうち，過半数は社外取締役でなければならないとされている。

④ 現状と問題の所在

2001（平成13）年，2002（平成14）年度にわたる商法改正では，弁護士が社外取締役に就任することの一般的な義務化は見送られたが，サービサーの稼働とも相まって弁護士たる社外取締役は増加傾向にある。ちなみに，日弁連が2006（平成18）年4月に行った上場会社1700社余りに対して行ったアンケート調査では，回答数541社のうち，社外取締役がいると答えた会社は21社（3.9％）であった。

近年，企業経営ないし企業活動の適正化ないし社会的責任（CSR），コンプライアンス維持の要請はますます強まってきていると言える。弁護士たる社外取締役ないし監査役は，そのような場面で有用な役割を果

たしうると考えられるが，そのことが一般的な認識となっているとはなお言い難い実情にある。

(2) 弁護士会の取組み

日弁連においては，この間，企業活動における不祥事を踏まえ，2001（平成13）年11月開催の業務改革シンポジウム（於広島），CSRに関する研究会に継続的に取り組んできており，企業活動への関与の方策を探るべく検討している。弁護士の職責上，社外取締役，社外監査役等として有効に機能すべき能力を備えているとの考えの下，多くの企業に有為の人材を供給すべく，商工会議所，経団連等の経済団体との間における懇談を開催してきている。

弁護士は，社会生活上の医師としての役割を果たすべきものとされており，企業活動に対しても，社外取締役，社外監査役としてこれまで以上に積極的に関与していくべきである。会社法に施行を機会に実績を検証しつつ，多くの弁護士が社外取締役，社外監査役として参画できるような仕組み作りも含めて，弁護士会としてより積極的な施策を講じることが必要である。

5　弁護士専門認定制度の意義と課題

> 弁護士専門認定制度をどの様な範囲で，どのように認定すべきか等の問題が解決されていないが，国民の需要に適合した専門認定制度が制度化されるべく，検討し，努力をすべきである。

1）その必要性と今日的課題

弁護士を利用する国民からの意見として，紛争を抱えている事件をどの弁護士がやってくれるのか，その事件に関して専門家としての弁護士がいるのか，個々の弁護士はどのような分野を専門としているのか，など余りにも弁護士に関する情報が少なく，アクセス出来ないという不満が聞かれる。

この不満の内容には，2つの意味が込められているものと考えられる。1つは，まさに特定の分野における専門家としての弁護士を知りたいという需要である。もう1つは，専門家ではなくても，紛争を抱えている問題について取り扱ってくれる弁護士がいるかどうかを知りたいという需要である。前者が，専門認定制度の必要性につながるものであり，後者が，取り扱い業務の内容についての情報を提供すべきという必要性である。

東京弁護士会では，主としてこの後者の要望に応えるべく弁護士情報提供制度を2000（平成12）年10月1日から発足させている。この制度では，前者の専門性をも多少加味する制度として，その登録時に「要経験分野」という分野を設け，ある一定の経験等がなければ，その分野への登録はできないような制限を加えている。その点で，専門性に対する国民の需要に応えようとしたものである（第2部「13　弁護士情報提供制度」を参照）。

弁護士専門認定制度は，以上の必要性とともに，広告問題とも密接に関係している。広告が自由化しても，未だ専門家の認定制度がないため特定分野での専門家という広告内容が認められないからである。広告も，国民に対する重要な情報源であることを考えると，弁護士会の広報だけではなく，個々の弁護士がその専門分野についての広告をできるようにすべき時がきていると考えるべきである。特に，先進国の中でこうした制度がないのは日本だけである点も国際的な状況としては考慮しなければならないであろう。

2）外国の実情

米国ではベイツ判決以後広告が自由化されたが，そこで「〇〇専門家」という表示が氾濫し，このような広告から利用者が惑わされることのないよう弁護士会が中心となって，専門家表示に一定の要件を定めるようになった。この要件を満足させるものとして，専門認定制度が定着していったのである。現在，各州がその専門認定資格を任意団体又は弁護士会に定めるが，その認定要件の内容は，一定の研修への参加，実務経験，取り扱い事件の集中度等となっている。特に

特徴的なのは、消費者の保護のための制度としてこの制度が発展していったという経緯である。

ドイツでは、労働裁判所、行政裁判所、社会保障関連の裁判所等の特別裁判所の発達とともに、それに対応できる弁護士を専門家として認定し、労働法、租税法、社会保障法、行政法、家族法、刑事法、倒産法の分野として認定するようになっている。しかし、現代では、さらに細かい分類に移行しようとしている。その認定機関は、任意団体の弁護士協会である。

イギリスでは、法律扶助の発達により、税金によって法律事務を行う者は、一定の資格を要するということで、ローソサイエティが認定する。分野として、人身障害、医療過誤、都市計画、支払い不能、精神衛生、子の監護、家族法の分野がある。

フランスでは、1991（平成3）年11月27日のデクレにより専門家の呼称が認められ、身分法、刑事法、不動産法、農事法、環境法、公法、知的財産法、商事法、会社法、租税法、社会法、経済法、執行法、EC共同体法、国際関係法の分野がある。いずれも4年の実務経験でその後試験を受けるというもので、各法律分野の支配的な人物が、その分野を支配するという動機が強いと批判されている。

3) 医師における専門性との類似性

日本の医師に対する専門性についても、上記の弁護士に対する需要と同様なものがある。開業医においては、従来から皮膚科、産婦人科、小児科などの広告などが各医師の判断により自由になされてきていた。いわば、医師における取り扱い業務の広告が自由になされていたことを意味するものである。しかし、近年になり、医師にも専門性が求められるようになり、各分野での学会を中心として「認定医」制度が採られるようになってきている。この認定の要件は、各学会により異なるが、多くは、特定分野での実務研修と試験が要件とされている。その意味で医師の世界でも、一部を除いて統一的な専門性制度はできていないのであるが、統一的な信頼性のある専門性認定のシステムを作ろうとする状況は存在し、そのような方向に向けての議論がなされているようである。

4) 弁護士会での議論の現段階

東京弁護士会の業務改革委員会は、東弁での仮案として2001（平成13）年に「法律研究部に3年在籍して5人以上の部員の承認を得たもの又は弁護士情報提供システムの要経験分野に登録して3年を経験して、同じ分野で5人以上の承認を得たもの」に専門認定するとの検討案を作成し、2002（平成14）年には、第2次試案として、「原則5年の経験年数、事件数、研修の履行等を条件とした専門認定制度」を提案している。

どのような分野が、専門分野として需要があるかに関しては、東弁の研究部の存在及び現在東弁が弁護士の情報提供制度において「要経験分野」として情報提供している分野が、参考となる。

次の問題として、どのような認定基準で行うかであるが、医師の世界での要件、外国の制度などから考えられるものとして、❶実務経験年数、❷専門分野での経験、❸継続研修、❹同僚評価、❺試験、❻面接、❼調査書等がある。日本では経験年数等の量評価は難しく、継続研修によるものは容易で効果的であり、同僚評価や試験は誰がやるかという困難な問題がある。

この問題は、日弁連業務改革委員会でもプロジェクトチームが発足しているが、同チームでは「普通の弁護士がやる分野は、差別化反対」という議論があるために、会内のとりまとめが難しい状況にあるが、全国の単位会の意見を集約し、2005（平成17）年9月に次の通りの答申書を提出している。

○弁護士の専門性の強化方策と「専門認定制度」の検討及び弁護士会による弁護士情報の公開開示の方策に対する答申

弁護士の専門性の強化方策と「専門認定制度」の検討及び弁護士会による弁護士情報の公開開示の方策につき、以下の通り答申する。
1. 弁護士の専門性の強化方策としての「弁護士専門認定制度」の導入は、時期尚早と考える。
2. 市民、社会の専門性の要求に応え、更に将来の専門認定制度創設のために「専門登録制度」の導入について具体的な検討をすべきである。
3. 弁護士個人の広告による専門性表示に関しては、弁護士広告が自由化になり4年半以上経過しても低調である現状に鑑み、従前のガイドラインは維持するものの、専門登録制度、専門研修制度

の進捗状況を勘案して，将来における緩和の方向を検討すべきである。

4．弁護士会広報としての弁護士情報の提供につき，大半の弁護士会が名簿情報程度にとどまっている現状は不十分であるので，取扱業務，得意分野等の情報提供を積極的に推し進めるべきである。

5．更に，日弁連は各単位会に対し，市民に対する弁護士情報の提供をより一層促進する為に，以下のアクションプログラムを提案する。

　1年目　全国の単位会がホームページを開設して弁護士情報の提供を行う。

　2年目　各単位会の会員の少なくとも5割が取扱分野を登録するように働きかける。（但し，大単位会は3割。）

　3年目　取扱分野の登録につき，各単位会の8割を目標とする。（大単位会については5割。）

　専門分野登録や専門研修受講認定などの専門分野に関する諸制度を立ち上げる。

日弁連では，以上の議論を踏まえて，2007（平成19）年12月から愛称「ひまわりサーチ」として弁護士情報提供サービスを実施している。

6　専門的知見を要する事件への対応

- 医事・建築紛争事件については，われわれ弁護士が専門的知見の獲得に努めるのは当然であるが，専門家との提携や情報交換のための組織造りなど，専門的知見を補うための制度構築についても研究していかなければならない。
- 専門委員制度の導入や鑑定制度の改善については，裁判所の中立・公平性を損なわないための研究・提言を行う必要がある。

1）長期間を要する審理

医事・建築紛争事件は，近時，増加傾向にあるものの，通常の民事訴訟事件よりも平均審理期間が長く，国民の批判がみられるところである。このように医事・建築紛争事件の審理に長期間を要する理由としては，主に，❶弁護士や裁判所の専門的知見の不足とそれに起因して争点整理に時間がかかること，❷証拠の偏在等，❸鑑定人の選定及び鑑定作業に長時間を要すること，❹感情的対立が指摘されている。

2）弁護士の研鑽と情報ネットワーク

われわれは，このような指摘，特に❶につき謙虚に耳を傾け，自ら専門的知見の獲得に努めなければならない。

ただ，個々の弁護士の努力には自ずと限界があるから，専門家との提携や情報交換のための組織造りなど，弁護士の専門的知見を補うための制度構築についても併せ研究し，提言していかなければならない。具体的には，日弁連，単位ブロック又は単位会で，各分野に造詣の深い弁護士によるバックアップ制度，事件協力が可能な医師・建築士等の名簿作成などを進めるべきである。

3）専門委員制度の導入と鑑定制度の改善

(1) 専門委員制度の導入

2003（平成15）年改正法により，適正・迅速な裁判を実現するため，裁判所は，争点証拠整理又は訴訟手続の進行に関し必要な事項の協議をするに当たり，訴訟関係を明瞭にし，又は訴訟手続の円滑な進行を図るため必要があると認めるときは，決定で，専門的な知見に基づく説明を聴くために専門委員を手続に関与させることができるようになった（民訴法92条の2）。争点証拠整理手続及び証拠調べ期日の関与については，「当事者の意見を聴いて」（民訴法92条の2第1項，2項前文），証拠調べ時の発問及び和解期日の関与については，「当事者の同意を得て」（同項後文，3項）がそれぞれ要件となっている。

この制度の運用に当たっては，専門委員任せの裁

とならないよう，専門委員の選任方法及び関与の仕方に十分配慮する必要がある。とりわけ，医療過誤訴訟の分野については，この制度の立法化に対し，専門委員の非中立性，非公平性に対する強い危惧が指摘されたことを思い起こす必要がある。われわれ弁護士としては，この制度の運用に当たり，適切に「意見」や「同意」を述べられるよう，ひきつづき十分な研究を迫られている。また，弁護士は代理人として，専門委員に対し求めるものが，訴訟関係を明瞭にし，又は訴訟手続の円滑な進行を図る範囲を超えないように，各訴訟において確認していくべきである。

(2) 鑑定制度の改正及び改善

2003（平成15）年改正法により，鑑定人質問は，いわゆる説明会方式，すなわち，まず鑑定人が意見を述べたうえで，その後に裁判長，鑑定申出当事者，相手方当事者の順で行う方式が採用された（民訴法215条の2）。従来の交互尋問方式の運用では，鑑定人となった専門家に対する配慮に乏しかったことを改善しようとするものであるが，当事者の質問権に対する制約とならないような運用が必要である。

司法制度改革審議会最終意見書は，適切な鑑定人を選任し，これを引き受けてもらうことが困難であること，鑑定自体に長期間を要していることといった問題点を指摘し，鑑定制度の改善を唱え，その具体的な方策として，鑑定人名簿の整備，専門家団体との連携，最高裁判所による医事関係訴訟委員会・建築関係訴訟委員会の新設などを挙げた。そして，最高裁判所も，医事関係訴訟委員会及び建築関係訴訟委員会を発足させた。

われわれも実務的な視点から，鑑定制度の改革案を提言していくほか，委員に選任された弁護士をバックアップし，各委員会における審議が実り多いものになるように努めていかなければならない。また，今後とも，鑑定の質の向上にむけて，例えば，鑑定人の推薦過程の一層の透明化をはかること，また，鑑定を行うことが独立した業績となるしくみを検討すること，そのなかで，鑑定結果が社会内又は医学界内で共有化されるようなしくみを検討することなどが必要であろう。

(3) まとめ

通常の民事訴訟事件同様に，集中証拠調べの実施等，計画的かつ充実した訴訟の進行の中で上記❶❷及び❸をどのように位置づけるかが研究されなければならない。

7　弁護士研修制度の拡充

> 弁護士の増加や活動分野の拡がりにともない，業務の質的向上がますます重要な課題となっており，さらに新規登録弁護士研修が実施され，弁護士研修の充実・拡充が求められている。弁護士会は，日弁連や日弁連法務研究財団の研修事業と連携をとりつつ，新規登録弁護士研修から専門研修まで各種研修プログラムを充実させ，多数の会員が継続的に研修に参加できる体制を整備していく必要がある。

1）研修の必要性と弁護士会の役割

弁護士は法律専門職として高い識見を持ち，すべての法律分野に精通していなければならない。そして，多様化する社会のニーズに応えていくためには，弁護士自身の不断の研鑽が不可欠である。

弁護士会は弁護士研修制度を整備・拡充して会員の研鑽を援助し，新しい時代にふさわしい弁護士を育成する義務がある。東京弁護士会の研修制度は，参加が会則上の義務である倫理研修のほか，新入会員研修・新規登録弁護士向け基礎講座・春及び秋の研修講座・集中講座の4種類の研修プログラムと17の法律研究部（休部2つ）の活動を柱として質量共に充実した内容となっており，数回の連続講座となる専門講座も開催されている。

2）新規登録弁護士研修

新規登録会員に対しては，新規登録会員研修として，国選弁護，当番弁護法律相談の実務研修と少人数討論

方式による倫理研修を実施してきたが，2000（平成12）年10月からは日弁連の「新規登録弁護士研修ガイドライン」に基づき，会則上義務化された新規登録弁護士研修が実施されている。日弁連主催の集合研修が行われた後，東京弁護士会主催の新規登録会員研修が行われ，同研修はより充実してきた。今後は，日弁連と連携しつつ，さらに効果的な研修プログラムの編成に努めるべきである。日弁連は，新規登録弁護士の増大時代にも対応できる研修充実策として，2008（平成20）年3月より，パソコン上でいつでもどこでも受講することができるeラーニング研修を開始した。また，2008（平成20年）年1月より契約書の作成方法等新規登録会員向け基礎講座も開催し，研修の充実を図っている。

ただし，新規登録会員数の急速な増大に伴い，研修場所の確保，実務型研修にあっては事件の確保，担当弁護士の確保等が困難となっており，上記の現行の修習システム（とりわけ刑事弁護，法律相談等の実務型の修習）の維持が困難となりつつあり，この点は早急に検討が必要な課題である。

3）継続的弁護士研修
(1) 倫理研修

会則義務となった倫理研修は，期別小グループによる討論形式により実施され，一定の成果をあげているが，会員の高度の倫理感を培うために倫理事例の研究と研修資料の作成蓄積に努めるなど，よりよい倫理研修をめざす具体的施策を進めるべきである。

弁護士倫理は弁護士の存在基盤をなすものであり，弁護士が弁護士業務を行ううえで不可欠なものである。かかる認識に基づき，すでに倫理研修は義務化されているが，弁護士倫理の重要性に照らすと，研修義務の懈怠に対しては，重い制裁を科すべきである。

現代的課題としては，たとえばIT分野をはじめ，既存の法律に照らして適法性が判然としないビジネスモデルが多数現れており，法改正も頻繁にある。グレーゾーンが立法化により違法化することがあるが，一方で違法視されていた事項が社会の承認を受けて適法化することもある。かような社会の変化のスピードを前提にして，弁護士のアドバイスや意見書がどういうときに倫理コードに触れるのかという点について踏み込んで研修することを要する。

倫理研修は一定期間ごとに参加することに価値があるので，できるかぎり参加義務の履行を猶予するべきではない。そこで，留学等の理由で物理的に参加できない者に対してはレポートを課す等の代替措置を施すべきであり，猶予は代替措置を履行することすらできない者に限ることを要する。

(2) スキルアップ研修
① 一般研修

東京弁護士会は，春季・秋季各6回づつ（1回2時間），弁護士研修講座を開催しており，新法の解説，実務の動向，新たな法律問題等，実務に直結するテーマを幅広く取り上げている。今後，弁護士大増員時代を迎え，研修の質及び量のさらに充実が求められる。

② 専門研修

今後，法的問題や紛争がより多様化，複雑化，専門化することは間違いない。また，離婚，相続，交通事故等一般の弁護士が取り扱う分野でも，その専門の弁護士に依頼したいという市民の要請がある。そこで，専門研修の充実は，重大な課題である。

東京弁護士会は，集中講座を春季および秋季にそれぞれ1回ずつ開催して成果をあげている（土曜日実施・3単位・合計6時間）。また，2001（平成13）年から，専門弁護士養成連続講座（現在の名称は「専門講座」）を開催している。これまで，工業所有権訴訟，会社法改正，不動産取引等に関する講義を行い，いずれも多数の参加者に支えられ好評である。今後も他の分野についても，同講座を開催すべきである（ただし，連続講座はテーマがある程度限定されてくることは否めず，また，講義のテーマ・講師は法律研究部が差配していることから，法律研究部への過度の負担となる危険を内包するものであり，今後の同講座の開催方法については検討が必要となっている）。また，より充実した専門研修とするために，今までの研修テーマ・出席人数などを分析しているところ，広く会員の意見を募って，的確なテーマを選択したうえで，会内外から優れた講師を招聘するようにすべきである。また，法務研究財団の実施する専門家養成コースへの参加を積極的に奨励するなどして，学者・研究者・隣接専門職・企業法務従事者との交流を深めて，会員各自専門分野におけるスキルの向上に努めるべきである。

(3) 今後の継続的研修のあり方（研修義務化）について

一定数の一般研修や専門研修の受講義務を課すべきとの考え方があり，すでにその実施を開始した単位会もある。

たしかに，弁護士大増員時代を迎え，弁護士の知識，スキルを一定のレベルに保つことは不可欠であり，継続研修はこの要請に応える可能性を有している。しかし，「継続的研修」が市民の信頼確保のための単なるアドバルーンになってはならない。そこで導入にあたっては，以下の各点に留意し，導入及びその内容を検討すべきである。

❶ 今後，弁護士業務はますます多様化することが予想されるが，各弁護士に対して研修義務を課すためには，その前提として，必要かつ十分な研修メニューを用意することが不可欠である。自らの業務に関係ない研修の受講を強制され，これを拒絶したら懲戒されるといった事態を回避しなければならない。

❷ 東京弁護士会の多様な研修は，講師，法律研究部等の自発的な活動に支えられており，講義内容を細かく指定することにより，興味深い講義が減少してしまう可能性がある。

❸ そもそも真の知識・スキルは，強制されて取得できるものではない。

(4) 今後の研修方法について

講義方式のほか，少人数・ゼミ形式で事例を研究したり，起案提出・添削するといった方式も検討すべきである。また，OJTとして指導担当弁護士について特定分野の訴訟に代理人として加えてもらい実践で専門技能を身につける方式等も検討に値する。

講義を電磁的記録化し，何時でもどこでも視聴できる体制（ライブ配信，オンデマンド配信等を含む）を構築すべきである。この点は，新規会員数が急速に増大していることに照らし，緊急を要する課題である。コンテンツ作製にあたっては図式・レジュメ等を充実させ，会場に足を運ぶよりも魅力的なものを目指すことを要する。さらに，講義自体を電磁的記録化を前提に構成することが求められている。この点，日弁連においては既に導入しているeラーニング方式（パソコン上でいつでもどこでも受講することができる方法）の導入も検討すべきである。

8 弁護士補助職（パラリーガル）制度

> 弁護士による法律事務の独占は，国民の権利保護のために存在するものであるが，国民が安いコストで迅速な法律事務の提供を受けるためには，弁護士事務所において，弁護士だけではなく，弁護士の行う法律事務を手助けする職務が必要不可欠である。その手助けをする事務所職員に，一定の能力が保証されるのであれば，弁護士事務所においても，その保証された人材を配置することにより，法律事務の効率化を計ることができるため，コスト計算上も，コストを抑えた法律事務を国民に提供することができる。この人材として弁護士補助職（パラリーガル）の制度を発足及び発展するための体制作りに弁護士会が努力をしていくべきである。

1) 弁護士補助職（パラリーガル）制度の必要性

パラリーガル（Paralegal）とは，アメリカで発達したものであり，1960年代には，職業として確立していたと言われている。日本では，弁護士補助職，弁護士事務職などといわれ，アメリカと同様にその必要性が認識されているものの，通常の事務職員と区別した形でのパラリーガルを認識している事務所はごく少数であると思われる。日本では，パラリーガルができる仕事は何なのか，仕事はどのようにしなければならないのか，など疑問が多く，制度として確立するためには，議論すべき点が多い。

しかし，法律事務所職員中，弁護士の職務を補助しているという事務職員の実態は存在するのであり，弁護士がすべきとされている事務の補助をする職員が，優秀であればあるほど，弁護士は法律事務をやりやす

くなり，かつ，弁護士が本来しなければならない事項に時間を割くことができるようになる。これにより，国民に対する法律事務の質の向上が図られ，かつ，法律事務のコストを低減できることは，全ての弁護士が経験しているといって良い事実である。

このような事務職員を如何に確保するか，如何にそのような事務職員として教育していけるかの問題が，弁護士補助職（パラリーガル）の本質である。

2）弁護士補助職（パラリーガル）制度の現状

アメリカにおいては，職業として認知されており，その呼称の確立，教育の確立，それに携わる機関の確立がなされている。

日弁連においても，この弁護士補助職の法律事務所における重要性を認識し，今まで，様々な努力をしてきている。しかし，その制度としての確立は，不明なまま推移しており，この制度の確立のために何が問題となっているのかを意識しなければならないであろう。

(1) 日弁連の提言

日弁連の「法律職に関する調査委員会」が，1987（昭和62）年12月に答申した「弁護士事務職制度」で提案している弁護士事務職の制度とは，弁護士会が，研修制度を持ち，日弁連で認定試験を行うというものであり，その認定された事務職が行う職務内容は，全て弁護士の指示及び監督下であることが前提である。

その後，さまざまな議論を経て，2005（平成17）年6月に，日弁連弁護士業務改革委員会がまとめた提言は次のとおりである。

> 提言の趣旨
> 　日本弁護士連合会及び各弁護士会は，下記の提言の内容に基づき，弁護士補助者たる事務職員の資質と能力の健全な育成に資するため，弁護士補助職認定制度を創設する方向で具体的作業を始められたい。
> 提言内容
> （弁護士補助職認定制度の基本構想）
> 1　日本弁護士連合会は，法律事務所に雇用されている事務職員に対し，研修及び能力判定試験を実施する。
> 2　日本弁護士連合会は，上記能力判定試験合格者を合格者名簿に登載する。
> 3　合格者名簿に登載された事務職員は，その雇用弁護士と共同して，雇用弁護士の所属弁護士会に対し，登録の申請をし，弁護士会は，一定の欠格事由がないときは，当該事務職員を弁護士補助職認定名簿に登録する。
> 4　弁護士補助職認定名簿に登録された者は，「日本弁護士連合会認定弁護士補助職」の称号を使用することができる。
> 5　認定弁護士補助職が欠格事由に該当したとき，雇用弁護士と雇用関係が終了したときなどは，称号を使用することができないものとする。

この提言は，弁護士補助職として認定されたとしても，その業務の範囲は，通常の事務職員と同じであることが大前提とされている。したがって，この提案は，事務職員の知識・技術の向上を目指した研修を中心にした制度と考えてよいものである。

(2) 問題点の集約

1987（昭和62）年12月以降，各単位会でもこの制度の問題点を議論しているが，集約された問題点は，次のとおりである。

❶ 弁護士以外の非弁活動を助長するおそれがある。特に，昨今は，サラ金などの整理事案における弁護士の非弁業者との提携事案が多く現れ，その弊害除去が必要である。

❷ 能力を判断できる基準を作成することになれば，その能力に対する待遇が他の事務所に比べ劣る場合は，他の事務所，法律事務所以外に人材が流出してしまい，折角事務所で教育したことが事務所のためにならない結果の出ることが予想される。現在の法律事務所は，一般企業に比べそのような人材を引き留めるだけの経済力を持っていない。

3）今後の弁護士補助職（パラリーガル）問題のあり方

弁護士補助職の制度は，制度を構築する上での教育，認定試験などの存在が予定されているが，その人材に適する者は，法律事務所だけではなく，裁判所には書記官，検察庁には検察事務官，企業には法務部職員などとして存在し，人材の流動化にも資することが期待

される。いずれにせよ，目的は，弁護士事務所の法律事務の効率化であり，かつ，コストの削減である。弁護士が全ての法律事務をしていたのでは，事務所の効率化も図れず，その法律事務にかかるコストの低減化も図れないことになる。

弁護士補助職制度に欠点は存在するものと思われるが，その欠点が出ないよう努力することでこの制度の発足・発展を期待すべきである。現在，上記の日弁連業務改革委員会案に基づき，2008年度から能力認定試験の受験資格となる研修が発足し，その研修を終えた者を対象に2009（平成21）年9月7日に能力認定試験を行った。受験者2,132名，合格者1,552名であった。今後，制度として発足した以上は、よりよい運用が行われることを期待したい。

9 弁護士業務のIT化

> 弁護士会は，パソコンの利用技術・基礎知識・活用方法を全ての弁護士，事務職員に対し提供する場を設けるべきである。また，各弁護士は，個人情報の管理の重要性，データ管理の重要性を認識し，データ漏洩がなされないような事務所のパソコンシステムの構築に，今まで以上に努めなければならない。

1） 弁護士業務におけるパソコン利用の利点

弁護士業務にとってパソコンは圧倒的普及度を見せている。ハードウェアも，複数台を保有している事務所ではLANを利用し，インターネットも常時接続するのが当たり前になりつつある。その一方で，パソコンは日進月歩に高性能化し，様々な問題点をはらむようになった。当たり前の文具として無意識に使うことから危険性も増してきているのである。

2） パソコン利用の業務上の問題点

(1) データ漏洩に関する問題（個人情報保護）

2005（平成17）年4月1日より個人情報の保護に関する法律が施行された。われわれ法曹は，刑法上の守秘義務まで課されていることからも明らかなように，類型的にも他者の高度な秘密を知りうる立場にあり，その扱うデータはおよそ全てが他人の名誉や財産にかかわる高度な秘密情報としての個人情報と言っても過言ではない。

しかしながら，多くの法律事務所が，情報の管理という点では未だ旧態依然とした方法によって行っている印象もある。かように情報管理自体が旧態依然としているままで，取扱い情報の電子データ化がなされると，悪意あるウィルス等に攻撃された場合には，データの滅失どころか，データが第三者へ流出する危険性が極めて高まっている。

これらの防御策は，技術的な対策もさることながら，その前提意識として，個人情報の管理の重要性，データ管理の重要性を個々の弁護士単位に認識をし，データ漏洩がなされないような事務所パソコンシステムの構築に今まで以上に留意する積極的意識の涵養が急務である。法律事務所にとって最低限必要なプライバシーポリシーのあり方を検討してゆくべきである。

(2) コンピュータウィルス

コンピュータウィルスの予防は，パソコン利用者には常識になっている。高度な個人情報を扱う法律事務所では，外部にデータ漏洩したり，不本意にデータ消去しないために，ウィルス対策は最重要点項目である。ウィルスチェックソフトを初期導入するだけでなく，導入したウィルスチェックソフトのバージョンアップを日々心がけなければ効果は半減してしまうことを啓蒙すべきである。このバージョンアップは極めて重要であるので，実施しない場合にはインターネットを利用してはならないと言っても過言ではない。

近年，弁護士同志でのメーリングリストが普及して有効活用されているが，ウィルスはメールの添付ファイルやHTMLファイルを通じて蔓延してゆく。ただ最近のウィルスは，大概が送信者を詐称しているため，ウィルスメールの送信者がウィルスに感染しているわけではないことも多い。パソコンに疎くとも，ウィルスの基本的知識は涵養しておくべきであろう。

(3) 電子データの証拠利用

　パソコンの普及によって，これまでアナログデータによって流通していたさまざまなデータや事象が，電子化されるようになった。これは訴訟活動に対しても影響を及ぼしている。現時点でもすでに，デジタルカメラによって撮影した写真や電子メールの内容を，立証手段として法廷に提出している弁護士が少なからず現れている。電子データはアナログデータと異なって，素人によっても改ざんは容易であるため，電子データを立証手段として法廷に提出する場合の議論が必要となろう。これは議論のみによって解決できる問題ではなく，現時点における弁護士の提出方法や工夫などの積み重ねという実績に負うところも大きいはずである。電子データも証拠価値があることを前提として，これらに対する理解を深めてゆくことが必要になろう。

(4) 利用技能習得に関する問題

　パソコンを仕事以外に趣味として利用している弁護士にとって，習熟は比較的容易である。しかしながらかような弁護士は少数であって，やはり難しいものと考えている弁護士が多数であろう。そして難しいものと考えて敬遠しているうちは，効果的に利用することもできない。パソコンを導入してはみたものの，相変わらず手書きで書類を起案して事務職員にパソコンで清書してもらうといった利用形態である。

　しかしパソコンは，電卓と同じ文房具的感覚で利用すべきものであり，弁護士自身もパソコンの画面に向かってキーボードを叩き，事務所内の全員がデータ共有できる環境を作っていかなくてはならない。このため，事務職員はもとより，弁護士自身もパソコン技能の習熟に努める必要がある。この習熟には，本を読んだり，知り合いに教えを乞うたり，パソコン教室に通うなどの方法が考えられるが，その一歩が踏み出せないために未だ入り口の段階で足踏みしている弁護士が多いように見受けられる。

　また，本やパソコン教室では，パソコンの一般的な操作方法は学べても，それを弁護士業務にどう生かしてゆくかという点を直裁に教えてくれるものではない。そこで，パソコンの利用技能・基礎知識・活用方法を，事務職員を含め弁護士全員に対して提供できるような場が必要であり，かかる場の提供を弁護士会の役割として拡充すべきである。

(5) 弁護士広告問題

　弁護士広告のために最も手軽に利用されているメディアがホームページである。手軽であるがゆえに，会則・会規（東京弁護士会「弁護士の業務広告の調査及び措置に関する規則」等。以下「弁護士広告規則」と言う）を遵守できていないホームページも僅かながら存在する。パソコンを使ってホームページという現代のマスメディアに弁護士広告という形で情報発信ができる以上，弁護士広告規則等の会則・会規の理解を深めた上で行うことは当然の前提である。のみならず，ホームページによる情報発信が，市民に対していかなる意味を持つのか，いかなる影響力を持つのかという点についても十分理解したうえで行うべきである。

　また弁護士広告解禁と相俟って，広告を隠れ蓑にした新手の非弁提携事案も登場するようになった。当然のことながら，これらは実態を解明した上で会則・会規違反があれば厳として取り締まらなくてはならないが，取り締まる側の弁護士会が，ホームページやパソコンに対する理解を十分しておかなくては，巧妙な非弁提携事案に対して対抗するすべもない。弁護士会が効果的な活動を行うためにも，会務に関わる弁護士それぞれが，パソコンやインターネットに対する理解を深めてゆく必要があろう。

3) e裁判手続について

(1) アメリカ合衆国連邦裁判所でのe裁判の施行

　アメリカ合衆国では2005（平成17）年4月から「e裁判所」の施行をしている。その内容は，おおよそ次のような内容であった[1]。

　① 事件管理システムの導入

　この点は，日本の裁判所や法律事務所に置いてでも一般的に行われているものと思われるが，事件の進行

---

1) アメリカ調査報告書（日本弁護士連合会第14回弁護士業務改革シンポジウム運営委員会の2005年10月7日編集発行の『弁護士業務改革シンポジウム報告書』添付CD-ROM，第3分科会　第3部e裁判所構想の展望　第2アメリカ調査報告書　第1グループ報告書　(1)面談記録の(10)）では，日弁連の調査団が，2005年7月15日に連邦裁判所管理局（Administrative Office of the US Courts）を訪問し，その施行までのシステムの内容に関して調査をした内容を記載している。ちなみに，アメリカ合衆国では，2005年4月から連邦裁判所でこのe裁判の形態が行われており，Case Management System（事件管理システム），Electronic Document System（電子的文書管理システム）とE-Access（電子的情報提供・情報公開）といった訴状等の文書等が電子化・オンライン化され，その内容が電子的に公開されている。1996年オハイオ北部地区連邦裁判所でパイロットプロジェクトとしてCase ManagementとElectric Case Filingを行い，その成功により全米への展開が開始された。

等をコンピューターのシステムで管理していくというものである。

② 電子的文書管理

裁判における準備書面等の書面をコンピューターシステム上に保管し，管理していくものである。

③ 電子的情報提供と情報公開

裁判所の管理するコンピューターに保管されている電子的な情報を一般的に国民へ情報として公開し，その情報をコンピューター上又はそのコンピューターからプリントした紙で国民へ提供している。

e 裁判所とは，この様なシステムを利用して裁判官，当事者の代理人たる弁護士が裁判所に行かなくとも裁判所において一定の訴訟行為ができることを意味している。弁護士は，裁判所においてeメール上の一定のアドレスの指定を受け，そのアドレスを利用して，準備書面を裁判所にeメールで送付する。相手方弁護士もその裁判所に送られた準備書面を法律事務所の自分のパソコンで閲覧する。そして，その準備書面に対する反論も同じように裁判所にeメールで送付する。このようにして争点整理を行っていくのであるが，その間の当事者の弁護士がやりとりをしている電子的な文章は，情報公開されているために，誰でもその内容を見ることができる。通常の日本における争点整理手続はほとんどこのシステムにより行われる。通常の書証は，電子化されたものをe裁判システム上で送付し，原本は送付した弁護士が所持しているという。証拠開示手続においては，紙の資料を交付するという運用である[2]。

(2) ファイリング手続

弁護士が裁判所に電子ファイルを提出する具体的な流れは次のとおりとなっている。

❶ ワープロソフトによりデータを作成する。この際，押印に変わるものとして，電子署名（氏名の前に「s/」をタイプするだけ）を使用する。

❷ Adobe社のPDF Writerを用い，PDF化して保存する。

❸ 対象とする裁判所のWebページにアクセスする。

❹ ID・パスワードを入力してログインする。

❺ 該当する訴訟種別（民事，刑事など），提出する文書種別（訴状など）を選択する。

❻ 対象となる事件番号を入力する。

❼ 対象となる当事者（原告／被告）を選択する（弁護士ごとに担当している全てのクライアントが表示され，そこから選択する）。

❽ 提出するPDFファイルを指定する。

❾ ドケット（訴訟事件一覧表）のプレビュー内容を確認し，問題なければ登録を実行する。

❿ 文書がシステムに正しく登録されると，画面上に受領書が表示され，それと同時に全ての関係者に対し，文書が新規登録された旨を示すeメールが送信される。また，同時にドケット（訴訟事件一覧表）が作成され，裁判所で受理された正式な文書として認められる。ドケットには提出された各文書ファイルへのハイパーリンクが表示され，詳細を容易に閲覧できる。

(3) 問題点

① 本人確認の電子署名

日本の電子署名法のような厳格で安全性を重視するが，費用が莫大に必要な方式は採用していない。現状は，IDとパスワードによる本人確認作業を行っており，実験段階から現在までそれで問題は起こっていないというのが，簡単な電子署名にしている理由であった。

② e裁判の徹底の難しさ

本人訴訟等の紙による訴訟の受付もしており，完全なe裁判所の実現は難しい。ただ，紙による訴訟が提起されたときは裁判所職員がPDF化して，少なくともeファイリングができるようにしている。

③ 裁判の公開原則に対する考え方

そもそも合衆国では，事件における原告や被告の名前を匿名にするという文化が強くない。事件名自体原告被告の名前であることが多い。e裁判の普及は，誰でも裁判所にアクセスすれば，準備書面等を見ることができるということとなり，プライバシーに関する保護をどう考えるのか，裁判の公開原則とどのようにバランスを取るべきなのかが前面に出てくるように思われる。アメリカの弁護士も今までそれほど気をつけなかった依頼者のプライバシー的な内容に関する主張，依頼会社の秘密に属するような主張を記載する際に大きな注意を払うようになったということである。

---

[2] 事件によっては，電子化するようにしているとのことであった。例えば，エンロン事件は，大量の文書が発生するために電子化したとのことである。

(4) e裁判等に関する制度の検討

合衆国でe裁判が普及することにより，弁護士が事務所にいながら裁判手続の内の争点整理的なものに関して行うことができることとなる。この裁判の特色は，過疎地であっても弁護士の裁判手続が可能になるということであり，過疎地対策の強力な手段となり得るし，紙媒体での資料の多さとファイリングのし易さに長所がある。日本では，この裁判手続は，論じられてもいない段階であるが，日本でのe裁判所のあり方に関してはそろそろ議論を始めてもよい時期であろうと思われる。

なお，参考であるが，法廷でのテクノロジーに関して合衆国では，次のようなシステムが進んでいる。

❶ 電話会議システム，テレビ会議システム（遠隔地での証人尋問など）
❷ 遠隔同時通訳（合衆国では特殊少数言語も多く，通訳会社との電話会議で同時通訳による証人尋問が行われている）
❸ プロジェクター，スクリーン，大型モニターといった設備が裁判所の法廷に相当普及している。
❹ 法廷でのヘッドホンシステムが普及しており，難聴者なども陪審員を行えるし，難聴の傍聴人も裁判を理解することが可能である。

10 弁護士への業務妨害とその対策

> 増加，悪化する弁護士業務妨害を根絶するため，東京弁護士会弁護士業務妨害対策センターの活動をより充実させ，バックアップしていかなければならない。

1）弁護士業務妨害をめぐる最近の情勢

坂本堤弁護士一家事件，渡辺興安弁護士殺害事件，岡村弁護士夫人殺害事件などは言うに及ばず，2007（平成19）年9月には，大阪の法律事務所にて女性事務員が殺害されるという深刻な事件が発生した。弁護士・家族・事務員などの「命」に係わる重大かつ悪質な業務妨害事件が近時続発したこともあって，日弁連をはじめ全国各単位弁護士会の業務妨害対策への取組みが活発化している。

日弁連は，弁護士業務妨害対策委員会において，各単位会に向け，業務妨害対策のための組織作りや活動の基本モデルを作り，さらに全会員向けに対策マニュアルを作成している。東京弁護士会でもそれらに呼応し，1998（平成10）年4月，弁護士業務妨害対策特別委員会を発足させ，同時に「弁護士業務妨害対策センター」をスタートさせた。

2）弁護士業務妨害対策センターの活動状況

(1) アンケートによる実態調査

1997（平成9）年に実施された東弁全会員のアンケートによって，弁護士に対する業務妨害はすでに多数発生しており，決して特殊なことではなく，誰にでも起き得ること，その妨害の形態が多種多様であることなどが明らかとなった。のみならず，これまでは弁護士会として対策が皆無に近かったことも浮き彫りにされた。

それら妨害行為にあった弁護士が採った具体的対策としては，警察への通報・刑事告訴・仮処分申立等が一般的であり，複数弁護士での対応なども一定の効果が認められている。その反面，弁護士会は全く頼りにならない存在であった。

(2) 積極的対策

以上のような実態への反省から，最近では各地で弁護士会による具体的対策が講じられつつある。派遣弁護士制度や，弁護士会として仮処分申立てをする，弁護士会の名前で警告を発するなど，弁護士会が主体的に動くケースが見られるようになってきた。

そのような情勢を踏まえ，東弁では，1998（平成10）年4月に「弁護士業務妨害対策特別委員会」を発足し，「弁護士業務妨害対策センター」（以下「センター」と言う）を設置した。

これは，弁護士業務妨害を個々の弁護士個人の問題として押しつけるのではなく，「弁護士会」が動いてこそ効果的かつ抜本的対策になるのだとの共通認識か

ら，より積極的に「弁護士会」自体が動けるシステムを作るべきであると判断されたものである。

(3) センターの設置と運用
① 組織

30名の支援弁護士を一般会員から募集し，名簿を作成する。

② 活動の流れ

弁護士会事務局に窓口を設置し，被害を受けている（おそれのある）弁護士からの支援要請を受け付ける。

担当委員が事情聴取をし，委員会に報告。委員会で支援の必要性および方法について検討する。ただし，緊急を要する場合には，委員会には事後報告とし，正副委員長の協議により迅速な支援対応ができるようにする。

センターが行う支援の内容としては，❶対策ノウハウの提供，❷支援弁護士の派遣，❸委員会ないし弁護士会の名で妨害者に通告・勧告・警告，❹仮処分その他の法的手続，❺警察その他関係機関との連携，❻広報などがある。

支援活動の費用負担は原則として，支援要請弁護士の負担とする。金額については委員会の審査を受けるものとする。

(4) 研究活動

業務妨害の中でも，暴力団や右翼団体など民事介入暴力と共通するものについては，ノウハウもほぼ固まっている。他方，昨今問題とされているのは，精神的あるいは人格的障害者による妨害にどう対処したらよいかという点である。業務妨害対策特別委員会では，精神分析学の専門家を招いてシンポジウムを開くなどし，精神的・人格的障害者に対する接し方のノウハウを研究している。

また事務所襲撃型の業務妨害では，弁護士だけでなく，事務員も被害者になる可能性があるので，事務所のセキュリティ・弁護士と事務員との連携・事務員の対処法等の研究及び情報提供もしている。

(5) 「ハンドブック」の作成配布

業務妨害対策特別委員会では，2002（平成14）年3月，様々な妨害形態を分類し，分析して，それぞれに適切な対策ノウハウをまとめた『弁護士業務妨害対策ハンドブック』を作成し，東弁全会員に配布した。2007年10月には，改訂版を発行配布した。

(6) 支援要請の実情

被害を受けている弁護士からセンターに対する支援要請は，毎年確実に増加している。事件の相手方や依頼者からの脅迫行為，つきまとい，嫌がらせ，インターネットでの誹謗中傷，不当な高額賠償請求，濫訴的懲戒請求等々，その妨害形態は多様化している。しかし，実際の妨害の件数に比して，支援要請に及ぶのはごく一部であり，大半は被害を受けながらも堪え忍ぶか，自ら対処しているものと推察される。それが，卑劣な妨害に屈していることの表れでないことを願うばかりである。

またセンターの存在を知らないことや，弁護士が自ら支援を求めることを「恥」と考える風潮にも一因があるように思われる。

(7) 警察との連携

2009（平成21）年9月にクレオで開催されたシンポジウムには、警視庁組織犯罪対策第3課の参加を得て、弁護士業務妨害に関する協力体制が作られることとなった。凶悪事件が増加する昨今、警察との緊密な連携は不可欠である。

3) 業務妨害根絶に向けて

弁護士業務妨害対策システムが，実効性あるものになるためには，一般会員の理解と協力にかかっている。

法友会としても，東弁の活動を全面的にバックアップしていかなければならない。例えば，支援弁護士名簿への積極的登録，情報提供等々である。

最大単位会たる東弁としては全国に範を示すべく，積極的かつ具体的に活動を推進していかなければならない。日弁連のバックアップ，東京地裁における仮処分決定の蓄積，警察庁・警視庁との連携，マスコミによる広報宣伝等々，東弁の果たすべき役割は極めて大きい。

卑劣な業務妨害を根絶し，正当な弁護士業務を守り，人権擁護と社会正義の実現という使命を全うするために，東弁全体が一丸となり断固として闘うという姿勢を世に明示していかなければならない。

11 権利保護保険（通称弁護士保険）

> 権利保護保険は、事件解決に必要な経済的側面を補填する制度の一つとして、重要かつ必要な制度である。しかし、現状は問題点も抱えており、この問題点を市民の利便性の観点から解決しながら、制度の発展を図るべきである。特に、本制度が目的とする中間的な所得層が弁護士費用を気にせずに弁護士依頼ができる制度を目指し、弁護士会としての弁護士紹介体制をよりよいものに組織作りしていくべきである。

1）権利保護保険の内容と必要性

権利保護保険とは、市民が法的な紛争に遭遇した場合に、それを解決するために必要な費用を保険金として支払うというものである。したがって、この保険の利用者は保険料を支払うことが必要であるが、現実に法的な紛争に巻き込まれたときに必要となる費用と比べて低廉な保険料支払いでまかなえる点に長所がある。

弁護士として法的紛争にかかわっていると、現在の法体系の中で解決するための費用は社会生活の中では、多額な出費であることは事実であろうし、費用をかければ良い解決方法を見い出す可能性が高まることも現実である。従って、この現状を市民の目で見れば、解決のための費用をどのように用意をするかが、大きな問題となるのである。この問題を解決する一つの方法として、この保険の必要性が肯定される。

2）外国及び国内の状況

この保険を検討した日弁連業務改革委員会の検討グループが参考としたドイツ、アメリカ等の保険を見ても、その国の紛争解決方法に合わせた保険制度でなくては利用しやすいものとはならないことが理解できる。ドイツは、弁護士費用自体が訴訟物の価格を基準として法定化されており、その弁護士報酬制度を前提としている。アメリカでは、共済制度に近い制度となっている。日本においても、日本の法体系、紛争解決方法に合わせた保険制度を考えなくてはならないと思われる。

日本国内においては、従来から株主代表訴訟向け保険、PL保険、そして自動車損害賠償保険の内容の一つとして、弁護士費用を保険金として支払う損害保険が存在している。しかし、これら特殊な分野における法的紛争以外については、弁護士費用を含めた紛争解決費用を支払うことのできる保険は存在しなかった。

3）日弁連の動き

日弁連としては、以上の通りの国内の状況を考え、❶弁護士費用を含めた紛争解決費用を保険で支払える制度の社会的必要性を満足させること、❷費用負担の問題が解消されても紛争解決ができるわけではなくその費用負担の問題と具体的な事件を弁護士が受任する仕組みが関連しなくては妥当な紛争解決とはならないこと、を念頭に置き、損害保険会社との協議を約2年間続けた。

1999（平成11）年11月に日弁連理事会のこの制度創設の承認を経て、2000（平成12）年7月には日弁連と損害保険会社との協定書の締結が初めてなされ、同時に日弁連内に「日弁連リーガル・アクセス・センター」（通称日弁連LAC）が設置された。現在は、このセンターが制度の発展維持と保険会社との協議を続けている。

この組織が目的としているのは、ドイツの制度である。ちなみに、ドイツでは国民全体の2割から3割程度は法律扶助制度を利用することにより弁護士費用を支払い、6割程度が権利保護保険利用者、その他の国民は高額所得者であり、費用を気にせず弁護士に依頼できる層だとの報告を受けている。

したがって、ほとんどの中間的な所得層の国民がこの保険に加入しなくては、生活そのものが不安であるという現象を来しているとのことである。反面、弁護士は、費用のことを気にせずに少額事件を含め、事件に取り組めるとのことである。

4) 制度の現状

2008（平成20）年8月段階で，日弁連と協定している損害保険会社は7社となり，その保険の販売実績と弁護士紹介依頼件数は正比例して伸びている。

年度	保険契約件数	弁護士紹介依頼件数
2000年度	7,397	0
2001年度	11,488	3
2002年度	27,228	6
2003年度	288,842	15
2004年度	437,270	62
2005年度	933,272	189
2006年度	4,438,126	682
2007年度	5,857,847	2,023
2008年度	6,563,649	3,565

このような急速な伸びを示している状況は，国民のニーズにあった保険だということができ，今後の進展が期待されている状況にある。

5) この制度の問題点と育成

一般的な法的紛争解決費用に関する保険は日本でも初めてであり，弁護士としても，社会に生じる紛争解決のためには将来的な発展を応援すべきである。しかし，この制度は，弁護士会が関与することを含め初めての試みである点を多く含み，制度の持つ問題点も意識した上での発展でなくてはならず，問題点を議論しておく必要性は大きい。この制度の問題点を意識しつつ，販売がなされ始めた権利保護保険の発展を国民にとって利便性のあるものとして育て上げていくよう，弁護士会としても，積極的にその普及に協力していくべきである。

① 弁護士会での報酬規定が廃止されたために，この保険制度の安定には，この制度のための報酬基準を決める必要性があるところ，現在，旧日弁連報酬基準を基礎として基準が決められている。依頼された弁護士がこの点を理解した上で事件処理をすることが重要である。特に，保険金として支払われる弁護士報酬の額の妥当性は，問題となりうるのであり，保険会社と日弁連との協議を続ける必要性の一つがここに存在する。

この制度の少額事件対応はよくできていると思われる。訴額基準では弁護士報酬が安すぎるという欠点があったが，時間制報酬制度による報酬請求により原則60万円までできる制度となり，国民の少額事件における泣き寝入り防止に役立つことが期待できる。例えば，訴額が10万円の事件でも弁護士報酬は60万円までは必要であれば保険金として支払われるということである。ただ，ほとんどの弁護士が時間制弁護士報酬制度に慣れていないための問題点が現出している。

② 権利保護保険の内容はあくまで保険会社の商品開発の問題であり，全体として保険会社の開発姿勢に依拠しなくてはならない。このことは，解決費用としてどのような事件の費用に限定されるかは全て保険契約の内容の問題となることを意味し，その保険の内容が，国民にとって利便性のあるものとなるか否かは，保険会社間での自由競争原理での発展を望まざるを得ない。

なお，ドイツでは，法的安定性を害されたことが保険事故につながるとの理論により，多くの事件に適用されているといわれている。

③ 日弁連と損保会社との協定書は，弁護士会が，保険会社及び保険契約者に対して「適正な弁護士」を紹介する努力義務を負っている。弁護士会として，この適正な弁護士を確保する対策をいかにして確保できるかは重要な問題であり，その名簿作成を急いでいるが，弁護士の供給体制を整えるためには多くの解決しなければならない問題が山積している。特に弁護士過疎地域での弁護士紹介は難しく，この弁護士の供給は，弁護士の業務拡大にもつながることを意識すれば，今後の重要課題となろう。

④ 東弁のこの制度に対する姿勢は，規則でその紹介を受ける弁護士名簿を100名と制限している点，弁護士紹介だけであるのに弁護士報酬の納付金がある点，少額事件でも弁護士報酬が60万円まで支払えるように制度設計されているにもかかわらず，東弁の法律相談センターの審査基準によりその報酬額が多すぎるとの理由で認められないなど検討課題がある。

⑤ 保険事故か否かを判断するのは，保険会社であり，その判断の妥当性を担保する手段がどのように採られるかが問題である。

⑥ 保険商品の内容，販売方法，運営方法については，日弁連も協議に加わることが予定されているが，

この協議の実効性を確保するための方策を常に考えていくべきである。

⑦ 保険で支払われる解決費用に，今後拡大することが予想される裁判外紛争処理機関での費用がどの範囲で含まれるかが問題である。その費用が含まれるような体制づくりに持って行くべきであろう。

12　弁護士広告の自由化

> 現在弁護士広告は自由化され，不適切な広告に関して日弁連の会規で禁止されている。非弁提携広告等問題事例も危惧されるところであるが，弁護士の業務拡大のためにインターネット広告を含め適正な広告を積極的に活用することが望まれる。

1) 自由化の意味

2000（平成12）年3月24日，日弁連は，それまで原則禁止であった「弁護士の業務の広告に関する規程」を廃止し，広告を原則自由とする「弁護士の業務広告に関する規程」を会規として採択し，同年10月1日から施行された。

上記廃止された1987（昭和62）年採択の規程も，それまで全面禁止であったものを一部解除したものであるが，市民やマスコミからの批判，規制緩和に関する政治的圧力，弁護士内部からインターネットの時代に広告媒体の制限は妥当ではないとの批判が出たことから，全面解禁としたものである。しかし，広告の本質が依頼者の誘引行為であることから，誘引目的と他の法益とのバランスをとる必要性があり，依頼者である国民への広告による弊害を防ぐべきとの考えから，一定の広告は例外的に禁止するスタイルをとっている。

規程で禁止される広告の類型は，❶事実に合致しない広告，❷誤導又は誤認のおそれのある広告，❸誇大又は過度な期待を抱かせる広告，❹特定の弁護士・外国法事務弁護士・法律事務所又は外国法事務弁護士事務所と比較した広告，❺法令に違反する広告又は日弁連若しくは所属弁護士会の会則，会規に違反する広告，❻弁護士の品位又は信用を損なうおそれのある広告，の6種類である。

規程で禁止される広告事項は，❶訴訟の勝訴率，❷顧問先又は依頼者，❸受任中の事件，❹過去に取扱い又は関与した事件の4種類であるが，この内で❷〜❹については依頼者の書面による同意がある場合には許される。なお，抽象化された記載なら，書面による同意は必要ないと考えられる。

規程で禁止される広告方法は，❶訪問又は電話による広告，❷特定の事件の勧誘広告（ただし公益上の必要がある場合には許される），❸有価物等供与である。また，第三者が行う抵触広告への協力が禁止され，広告弁護士の表示・広告であることの表示・広告の保存が義務づけられる。

これら広告規程の解説及び運用指針については，日弁連弁護士業務の広告問題ワーキンググループ編の『弁護士広告――業務広告規定の解説――』（商事法務研究会）に詳しく記述されており，広告をしようとする弁護士は，この本を熟読し，違反のない広告に気を付けるべきであろう。なお，同運用指針は，その後の日弁連の報酬規定から報酬基準が廃止されたこと，弁護士法人設立が可能となったこと，弁護士倫理が見直され，新たに弁護士の職務基本規程として制定されたこと，インターネット広告の普及による問題が生じていることから，一部が改正されている（2006〔平成18〕年3月16日一部改正，同年4月1日施行）。

2) 解禁後の実態

解禁6カ月後に開かれた全国業務改革委員長会議での報告によると，東京以外の地区の弁護士は，解禁後も殆ど広告をせず，東京地区では，インターネットによる広告，とくに，ホームページによる広告とDM（ダイレクトメール），週刊誌，電車内広告，テレビなどを媒体とするサラ金整理に関する広告が目立っている。これらの全国的な広告は，各地の単位会との軋轢

を生むもととなっているが，今後の健全なバランスのとれた発達を望みたい。

サラ金以外の弁護士広告が増えない理由としては，❶広告費用がかかることに躊躇すること，❷新たな依頼者の誘引を必要とするほど顧客に困っていないこと，❸広告は不特定多数に対して行われるため，素性の知れない依頼者が来ることに対する不安があること，❹効果的な広告方法の選択に迷っていること，などがある。しかし，弁護士広告を専ら新規顧客誘引のための広告として消極的にイメージするのはもはや古く，従前の依頼者に対するイメージアップや弁護士全体と利用者の距離を縮めるための手段として積極的に捉えるべきである。

ところで，広告の表示内容は，優位性の訴求であり，優位性には，価格によるものと，品質によるものがある。上記の日弁連ワーキンググループでは，解禁後，例えば「当事務所はM&Aを得意とし，こういった実績があります」「当事務所は，医療過誤に対応できる体制をとり，カルテの判読，検査データの分析，投与された医薬品の副作用等のご相談に応じます」「当事務所は相続に関してあらゆる分野――税務，登記，遺産分割，遺言を扱い，あなたの問題を総合的にバックアップするスタッフを揃えています」等の品質優位の広告が多数出るものと予想したが，その数は少ない。しかし，広告の自由化は，その対象領域を飛躍的に拡大させ，業務の専門化を可能にする。専門分野を必要とする依頼者の要望に応えるためにも，専門分野の表示は有用な情報である。ただ，現状では，専門分野の表示を許すと誤導のおそれが強いとして，その表示を抑制している。なお，2007（平成19）年11月1日から始まった日弁連の弁護士情報提供サービス（ひまわりサーチ）では，重点取扱業務として特に重点的に取り扱っている業務を載せることを認めている。

3）これからの問題

今後広告媒体として発展する可能性があるのが，インターネットを利用した広告であろうと推測されるが，インターネットでの広告は新しい技術とともに発達している問題であるために，どのような問題が出てくるのか予想のつかない点が問題であろう。

例えば，ホームページによる広告では，料金低廉とか，最も信頼できる弁護士とかの誤導誤認のおそれがあるもの，責任弁護士名や所属弁護士会の表示がないものは問題である。また，弁護士がモール（ネット上の商店街）で，このモールにアクセスした者には一定額以上の景品をつけるのは広告規程8条違反の疑いがある。さらに，バナー広告（特定のホームページにアクセスさせるようにするため，他人のホームページに設置した画像入りのリンクボタン）においては，自分のホームページに第三者のバナーを貼らせると非弁提携の問題が生じる可能性がある。

さらに，弁護士会では弁護士報酬基準が廃止されたことにより，個々の弁護士の報酬に対する情報の開示を期待しているが，広告として誤解のないような広告を期待したい。

もう1つの問題として，弁護士人口の増大により，広告の誘引競争が増える結果，タウンページの広告を大きくしたり，ホームページが検索上優位になるシステムを利用する傾向があり，いずれも費用がかかる。広告が司法へのアクセスとして市民のためになれば，それはそれでメリットなのであるが，あまり広告にお金をかけすぎて，経営に無理が生じないようバランス感覚が重要になってくるであろう。

なお，広告ではなく日弁連の行う広報であるが，弁護士の取扱い分野やその事務所地図を検索できるひまわりサーチに関していえば，2009（平成21）年10月1日現在で東弁の登録者は371名であり，いかにも少ない。会員のさらなる登録が望まれる。

13 弁護士情報提供制度

> 日弁連および東京弁護士会が実施している弁護士情報提供制度は，弁護士が国民に対して，その取り扱い業務等の情報を開示する制度であるが，この開示は，弁護士の国民に対する義務であることを自覚し，全ての弁護士が，業務を含めた弁護士情報を開示する制度として発展させなければならない。

1）弁護士会の広報としての役割

　国民が、弁護士にアクセスをする際に弁護士に関する情報がなくては、どのような弁護士に連絡をしたらよいのかもわからない。その意味で、個々の弁護士の情報提供は、国民にとっては重要な情報源である。そして、国家の制度として、弁護士に法律事務を独占させているのであるから、弁護士としては、どのような法律事務を扱うのかに関する情報提供を国民に対して行うことは、義務である。この観点から、各単位弁護士会の中には、弁護士の情報を開示するために、小冊子を作る、本を作るなどしている会が存在する。この要請は、東京であっても同様であり、その情報開示方法について、検討を重ねてきている。特に東京においては、小冊子を作るにしても、地方単位会と比べると多数の弁護士が存在し、その費用も莫大となることが予想され、この点が問題とされていたのである。

　東京弁護士会では、このような情報提供は、弁護士会の広報として重要であることを認識し、約10年にわたり検討をしてきている。業務改革委員会において、実験的にFAX情報提供制度を立ち上げ、その利用度を勘案して、制度の発展を期待したのである。

　そして、経費問題等を解決して2000（平成12）年10月1日から、現在の東京弁護士会のホームページ（http://www.toben.or.jp/）に、東弁所属の全弁護士の名前と事務所が明示され、取扱い分野の情報提供を了解した弁護士に関しては取扱分野も明示した情報提供制度が掲載されることとなった。この制度は、国民の好評を得ている。好評の理由は、自分の頼みたい事件の分野の弁護士に関する情報が従来全くなかったのに、一般分野35分野、要経験分野22分野（この登録には、一定の経験要件が存在する）を検索すると必要な弁護士の情報（写真や地図、かかわった判例等）が出てくるからで、これで自分の医療過誤の事件をやってくれる弁護士をやっとみつけたという国民が出てきている。国民だけではなく、弁護士にとっても、この事件は他の弁護士にやって貰おうと思ったとき、従来は誰に頼んだらよいかわからなかったが、これによってそうした利用も可能になるという利便性をも有しているものなのである。

2）個々の弁護士にとっての位置づけ

　今までの弁護士業務の多くは、知人を介して頼まれる事件を何でもやっていたため、専門化の必要もなく、どの分野でも対処できる体制を採ることが必要とされてきていたものと思われる。

　しかし、この制度を利用することで、ある特定の事件の依頼を集中させることが可能となり、その分野の専門家として対処することにより事務所を維持することもできる可能性を有している。

　その意味で、広報でありながらも、各弁護士の広告的な側面も否定できないのであり、その面の効果もあると考えられる。ただ、広報と広告との区別は、明確にすべきであり、その本質的な違いを常に意識し、弁護士会の広報が、各弁護士の広告にならないよう注意をすべきである。

　弁護士会の広報は、個々の弁護士自らの取扱分野についての情報公開が、国民に対する弁護士の義務であるとの考えに発端があることを個々の弁護士に浸透させるべきである。東京弁護士会では、取扱業務を明示する弁護士が増えないことから、従来取扱業務掲載には登録料や弁護士過誤保険に入ることが条件となっていることが情報開示の阻害要因となっていると推定し、その条件を撤廃し、その増加を目指している。

3）今後の課題

　弁護士が情報提供を拒んでいる最大の理由は、見ず知らずの人からアクセスされることを嫌う傾向、現在の事件数で手一杯であり、事件の相談があっても受けられない、というものである。しかし、このような理由を登録しない理由とすることは、法律事務を独占的にゆだねられている弁護士資格に付随する国民に対する義務感の希薄化であると思われる。

　このような現状を打開すべく、情報開示が国民に対する義務であることの意識の改革、阻害要因の除去を検討すべきである。要は、弁護士各人が、自分が責任をもって行うことができる分野の情報提供を国民に向けて公表する意識をどの様にして持ってもらうかという実現に向けた具体策が強く必要な段階にあり、個々の弁護士の意識改革こそ必要があろう。同時に、現在の事件数で手一杯という弁護士に無理を強いるのも合理性を欠くので、需要の多い分野については、研修等を通じて、より多くの会員に新規の専門分野を手がけるように働きかけるべきである。本会としてもその方向で努力をすべきである。

2006（平成18）年7月から日弁連においても同様な問題意識から、全国の弁護士の情報提供をどのように行うべきかを検討した結果、同年12月から「ひまわりサーチ」という名称で弁護士情報提供サービスが開始されている。その結果、現在は日弁連と東弁の各々の情報提供制度が併存している状況にある。将来的には、それが統合される方向にするのか、東弁の制度を特色ある、独自性のある制度として考えるのか、検討していく必要があろう。

なお、この「ひまわりサーチ」への東弁会員の登録も極端に少ない状況にあるため、その登録自体も弁護士の義務という意識で推進していくべきものであろう。

14 弁護士報酬支払のクレジットカード利用と懲戒問題

1）経緯

1992（平成4）年当時の日弁連会長名で、「弁護士がクレジットカード会社と加盟店契約を締結することについての見解」と題するカード利用に関しては自粛すべきであるとの要請が単位会会長宛てに出されている。これは、当時はそのカード利用料金が、そのカード利用額の1割を超えるなどの率であったために、主として弁護士報酬の一部を金融会社が取得することが非弁提携を禁じた弁護士法に違反するおそれがあったからである。これ以降、ほとんどの弁護士はこの自粛要請を守ってきているが、社会の変化により、その是非をめぐり議論が再燃してきたものである。

2）日弁連弁護士業務改革委員会でのカード支払いを認める決議

クレジットカードの利用が社会に浸透して、その後、自治体、公共料金、医療機関、他士業の報酬等の支払いもカードでできる時代となり、利用者の利便性の観点から非弁提携禁止の意義が再検討を求められてきた。2002（平成14）年に第一東京弁護士会がカード利用を認めるべきとの意見書を出したことを皮切りに、その後の検討により、特に、インターネットでの法律相談は、過疎地の依頼者に質の高い相談を容易にしており、その相談費用はカード決済以外には、考えがたく、カード利用の必要性を明らかにした。同委員会では、問題点を検討した上で、カード会社との協議を重ねながら、カード手数料を3％以内とするとの約束をとりつけ、2006（平成18）年6月に弁護士会は弁護士のカード利用を否定できない旨の意見書を提出した。

3）現在の日弁連の意見

以上の業務改革委員会の意見書をもとに日弁連内での議論がなされ、消費者委員会の強い反対に一定の配慮をしつつ、日弁連は、2009（平成21）年3月30日に「弁護士報酬等のクレジットカード決済の問題点について（要請）」という文書を全会員宛てに出した。その意味するところは、原則としては、カード会社と契約すること自体が懲戒処分の対象となるものではないが、しかしながら、他の要因が重なり合った場合には懲戒処分の対象となりうるというものである。その要因の例として、次の3つが挙げられている。

❶ カード会社がカード会員に対して加盟店としての一般的な紹介を超え、積極的に弁護士を紹介する場合

❷ 依頼を受けた法律事務に関して弁護士と依頼者間での紛争が生じ、依頼者がカード会社への支払いを停止又は拒絶したり、立替金返還を要求したりする場合に、法律事務の内容をカード会社に開示する場合

❸ 任意整理、法的整理等の依頼を受けた場合に、依頼者が当該カード会社に対する立替金の支払いができなくなることが見込まれるにもかかわらず、当該事件の報酬をカードを利用して決済させた場合

日弁連では、さらにガイドラインを設定している。したがって、今後はこのガイドラインに沿った運用の実態を絶えず検証しつつ、利用者の利便性の向上と弁護士業務の健全性の調和を図っていくべきである。

15　隣接士業問題

> 現在、隣接士業が行っている法的サービスについても、法曹たる弁護士が担っていくべき分野があるものと考えられる。一例として、成年後見業務への更なる進出も考慮すべきである。
> このほか、隣接士業が現在行っている法的サービスについて、弁護士業務改革の観点から、一つ一つ検証し、弁護士が担っていく分野があるかの検討が必要である。

「隣接士業問題と弁護士制度」については、別稿にて記載したとおりであるが、本稿では、主に弁護士業務改革の観点から隣接士業問題を考えたい。

本問題を考えるにあたっては、今次の弁護士人口の大幅増により、弁護士が業務権限ないし資格を有する5つの隣接士業（司法書士、行政書士、社会保険労務士、弁理士、税理士）が行っている法的サービスについても、本来、弁護士がその業務を担うべきではないか、また、この様な分野へ法曹たる弁護士が進出することにより、法の支配の徹底を図ることができ、ひいては弁護士業務の拡大にも繋がるのではないか、という点を考慮すべきである。

一例として、成年後見人推薦体制について検討する。

この点、日本司法書士連合会（日司連）では、会をあげて成年後見人推薦制度に取り組み、日司連とは別の組織である「社団法人成年後見センター・リーガルサポート」を立ち上げ、家庭裁判所から成年後見人の推薦依頼に対応するシステムを構築している。若手司法書士からの聞き取り調査によれば、成年後見業務は、若手司法書士にとって業務の柱の一つとなっているということである。

高齢化社会を踏まえ、成年後見業務については社会の需要も見込まれ、現に親族以外の第三者を成年後見人に推薦する必要のある事件が増加している。法律専門家集団としての弁護士会においても、より多くの後見人候補者を養成し、成年後見人として輩出していくべきである。ちなみに、大阪弁護士会では、成年後見人推薦名簿登載数は700人を超える人数であるが、東京弁護士会の名簿登載数は137人という人数に留まっているとのことである。

ただ、成年後見業務は、被後見人の身上監護面を含めその生活一切を引き受けるという非常に重い業務である。そのため、単に業務拡大という観点のみならず、きちんとした継続研修を義務付けたり、家裁へ提出する家裁へ提出する後見事務報告書の写しを弁護士会にも提出し、その業務内容を弁護士会も確認するなど慎重な体制づくりが要請される。

そのためには、弁護士会でも専従の事務局職員を配置するほか、経験豊富な弁護士を嘱託として配置するなどして、本腰を入れて取り組む必要がある（以上の点については、「第5部、12（高齢者の人権）　2）成年後見制度の活用」欄参照のこと）。

成年後見業務一つをとっても、弁護士の業務範囲拡大のための取り組みは簡単なことではない。しかし、隣接士業が現在行っている法的サービスについて、本来、法曹たる弁護士が担うべき業務も多々あるのではないかと考えられる。この様な観点に立って、隣接士業の問題を弁護士業務改革の観点からも、一つ一つ検証し、進出すべきと考える分野については、果敢に業務拡大に取り組むべきである。

第3部
弁護士をめぐる司法諸制度の現状と課題

第1 裁判官制度の現状と課題

1 裁判官制度改革の成果と今後の課題

- 下級裁判所裁判官指名諮問委員会（以下「中央の委員会」という）

  審議内容を十分に国民に公開するため，議事要旨の匿名方式を顕名方式に改め，審議内容をできる限り具体的に公表し，審議日数・審議時間の確保，前任地照会の一般化，候補者面接の実施，不適格の場合のより具体的な理由開示等がなされるよう改善が必要である。

  法曹外の委員の選任について，できるだけ多方面の意見を積極的に聴取して適任者を選任すべきである。

  弁護士・弁護士会は，積極評価・消極評価を含めて，会員が具体的で大量の裁判官情報を委員会に提供するよう広報活動と支援活動を積極的に行う必要が有り，特に，後記人事評価制度との関連性を強め，人事評価資料の活用を図るべきである。

- 裁判官人事評価制度

  裁判官の職務行為に対する評価は，市民の司法に相応しい裁判官を確保するために必要な弁護士の責務であるとの自覚の下で，積極的な情報提供を呼びかけるための諸策を講じるべきである。

- 地域委員会

  地域委員会は主体的に情報収集し，外部情報を取り入れ，積極的に意見を付して中央の委員会に報告すべきである。

- 地裁委員会・家裁委員会

  市民委員の多様性，知恵と意欲が広く裁判所運営に反映されるよう，弁護士が市民委員と協働する必要がある。

- 他職経験制度

  できるだけ多くの判事補・検察官を法律事務所に受け入れ，市民のための法律家として活動させ，その知見を2年後の裁判官・検察官としての職務に活用できるよう，多数の法律事務所の確保が急務である。

- 最高裁判所裁判官任命手続

  任命手続の透明化・民主化を図り，もって資質に富んだ最高裁判所裁判官を選任し，かつ国民審査において充実した検討資料を提供できるようにするために，任命に関する諮問機関設置などの制度を検討すべきである。

1）法曹一元の理念と司法制度改革審議会意見書

司法制度改革審議会意見書（以下，「審議会意見書」という）は，我々が強く求めてきた法曹一元制度の提言には至らなかったが，国民の信頼を高めることによる司法基盤の強化を図るため，判事補が判事の主たる給源である現状を改め，弁護士任官の積極的な推進，判事補がその身分を離れて弁護士などの法律専門家としての経験を積む制度の導入，特例判事補の計画的・段階的解消等，裁判官の給源を多様化・多元化すること，裁判官の任命手続や人事制度の透明性・客観性を確保する方策の導入，判事の増員等，官僚裁判官制度

から国民的基盤を持つ司法への転換を求める提言であると評価できる。この提言を後退させることなくさらに具体化し、これらの課題に対する我々の真摯かつ積極的な取組みと市民の理解によってこそ、法曹一元の実現へとつなげることができる。

2）具体的課題の実現状況と今後の課題

(1) 下級裁判所裁判官指名諮問委員会

① 中央の委員会

裁判官の指名過程を透明化し、国民の意思を反映させるため、2003（平成15）年5月1日、最高裁判所に下級裁判所裁判官指名諮問委員会（中央の委員会）が設置された。

委員の構成は、11名中法曹は5名（弁護士は2名）、非法曹は過半数の6名である。

中央の委員会の制度の概要は、すべての任官希望者（再任を含む）の適否について最高裁から諮問を受け、最高裁と下記地域委員会から提供される資料・情報に基づいて適否の判断をして最高裁に対して理由を付して意見を述べることである。最高裁が中央の委員会と意見を異にした場合は、その理由を中央の委員会に通知するほか、指名を不適とされた任官希望者に対して理由を明らかにする等の説明責任がある。

② 地域委員会

中央の委員会の設置と同時に8高裁ごとに地域委員会が設置された。地域委員会制度の概要は、中央の委員会の求めがない場合でも任官希望者に対する情報を収集する独自の権限を持ち、各地域の裁判所内外の情報を収集してこれを取り纏め、中央の委員会に意見を付して報告する制度である。地域委員会の委員の構成は、委員5名中法曹3名、非法曹2名、東京地域委員会はその倍数であり、第1分科会が東京三会を、第2分科会がその他の関弁連所属単位会をその担当とし、第1分科会には現在第二東京弁護士会所属の弁護士が委員に加わっている。

③ 中央の委員会の審議結果

2003年度	再任期	弁護士任官	56期	
合計数	181	11	109	
適	175	7	101	
不適	6	2	8	
取下げ		2		
2004年度	再任期	弁護士任官	57期	
合計数	179	4	115	
適	175	2	108	
不適	4	2	7	
取下げ		0		
2005年度	再任期	弁護士任官	58期	
合計数	189	10	133	
適	185	7	124	
不適	4	1	9	
取下げ		2		
2006年度	再任期	弁護士任官	59期	
合計数	193	5	123	
適	189	3	115	
不適	4	2	8	
取り下げ		2		
2007年度	再任期	弁護士任官	60期（現）	60期（新）
合計数	205	12	58	67
適	202	6	52	66
不適	3	6	6	1
取下げ				
2008年度	再任期	弁護士任官	61期（現）	61期（新）
合計数	166	11	25	78
適	162	8	24	75
不適	4	3	1	3
取下げ				

以上につき、最高裁の指名は、中央の委員会の審議結果と異なることはなかった。

④ 委員会制度の意義

委員会制度の意義としては、❶最高裁事務総局の事実上の専権事項と見られていた指名過程が密室性から開放され、透明化が促進され、❷不当な新任・再任拒否をされる人事が困難化し、❸裁判官の質の確保が期待でき、❹人事評価の透明化への相乗効果があり、❺外部情報による民意の反映が可能となった、という5点がある。

⑤ 課題

審議会意見書が掲げる指名過程の3原則は、第1に国民の意思が十分反映され、第2に正確かつ十分な資料・情報に基づき、第3に実質的な選考判断ができる運用を図ることである。

中央の委員会発足後、7年を迎える現在、主要な課題として、まず、第1に、指名過程の透明化に関して、審議内容を十分に国民に公開するため、議事要旨の匿名方式を顕名方式に改め、審議内容をできる限り具体的に公表し、審議日数・審議時間の確保、候補者面接の実施、不適格の場合のより具体的な理由開示等がな

されるよう改善が必要である。

第2に，国民の意思の反映に関して，法曹外の委員の選任について，できるだけ多方面の意見を積極的に聴取して適任者を選任すべきである。

第3に，委員会の運用面で，裁判所外からのいわゆる外部情報の提供を量・質とも飛躍的に充実すべきである。外部情報の不足を打開するには，我々が，裁判官の質を向上させることは弁護士・弁護士会の責務であるとの意識を強く持ち，会員に制度の趣旨を周知させ，受任事件の裁判官の氏名の把握は勿論のこと，裁判官の動向に関心を持ち，積極評価・消極評価を含めて，具体的で大量の裁判官情報を委員会に提供する等，生成途上の制度を自らの努力で育ててゆく取組みが極めて重要である。事実，委員会の審議において，弁護士からの情報が具体的で客観性があれば重要な検討資料として活用されている。これと同時に，委員会側でも，外部情報の充実のために主体的に取り組む必要があり，弁護士会が会員弁護士に対して行っている地域委員会への情報提供の協力依頼等の取組みを弁護士会の組織的関与として非難するのではなく，委員会と弁護士会との相互理解を深めつつ，この制度を発展させていかなければならない。また，転勤まもない再任候補者については前任地の弁護士会にも情報提供照会が不可欠であり，更に情報収集期間を3カ月程度は確保すべきである（現在は毎年10月の約1カ月程度）などの課題がある。

なお，東京弁護士会では，会員による上記情報提供を手助けするため，2003（平成15）年度より裁判官選考検討委員会が設置され，各種広報活動の他，報告書提出の取次を行ったりしている。

(2) 地域委員会の課題

地域委員会は，中央の委員会とは独自の権限に基づく，さらなる資料収集，調査活動等が期待されている。地域委員会の権限・機能が，制度の趣旨に反して，運営上，中央の委員会の下請機関化してはならず，地域委員会は主体的に情報収集し，外部情報を取り入れ，積極的に意見を付して中央の委員会に報告すべきである。

(3) 地裁委員会・家裁委員会

裁判所運営について，広く国民の意見等を反映させるため，2003（平成15）年8月1日，従前の家裁委員会を改組し，地裁に新たに地裁委員会を設置した。15人以内の委員の過半数は非法曹で構成されるが，これら市民委員の多様性，知恵と意欲が広く裁判所運営に反映されるよう，弁護士が市民委員と協働する必要がある。

(4) 裁判官人事評価制度

裁判官の人事評価について，裁判官の独立に配慮しつつ，評価権者及び評価基準を明確化・透明化し，評価のための判断資料を充実・明確化し，評価内容の本人開示と不服申立手続を設けるなどの人事評価制度が，2004（平成16）年4月1日に発足した。多角的に情報を把握して評価に反映させるため，裁判所に裁判所外部からの情報を受け付ける窓口を設置している。また，評価権者（所属裁判所の長）が情報提供者を特定できない方法で評価本人と面接して意見を聴くことが制度として定められた。

この制度は，裁判官の日常の職務内容の改善に役立つ重要な制度であるにも拘わらず，上記 (1) の裁判官の指名過程への情報提供と同様，制度ないし制度の時代的意義が十分知られておらず，提供される情報が量・質とも圧倒的に不足しており，現在はモニター制度などを設けて義務的な形での情報提供も呼びかけている。また，この制度によって裁判所の人事評価権者に提出された情報は，再任に際しての重要な資料として裁判所内部でも利用されており，再任期裁判官に関する情報収集と連携した取組みが有効であり，日常的な情報収集とその提供のための継続的な活動が必要となっている。

(5) 判事補が他の法律専門職を経験する制度の導入

2005（平成17）年4月から，意見書の提言に基づき，多様で豊かな知識・経験を備えた判事を確保するため，原則としてすべての判事補にその身分を離れて裁判官の職務以外の多様な法律専門家としての経験を積ませる制度が発足した。任官10年以内の検察官についても同様である。

その一環として，判事補及び検事の弁護士職務経験に関する法律が制定されている。法律施行後，2005（平成17）年度は判事補10名，検事3名，2006（平成18）年度は判事補10名，検事5名，2007（平成19）年度は判事補10名，検事5名，2008（平成20）年度は判事補10名，検事5名を受け入れたに過ぎず，また一般事件を取り扱う事務所への受入れが極めて少ない。裁判官・検察官の資質・能力の向上に寄与するこ

とは弁護士の責務である。できるだけ多くの判事補・検察官を法律事務所に受け入れ，市民のための法律家として活動させ，その知見を2年後の裁判官・検察官としての職務に活用できるよう，多数の法律事務所の確保が急務である。

(6) 最高裁判所裁判官の任命に際しての諮問委員会設置

現在の最高裁判所裁判官の内閣における任命手続はブラックボックスの中にあるといってよく，これに関連した制度としては，日弁連会長が会員の中から最高裁判所裁判官候補者を最高裁判所に推薦する際に諮問する推薦諮問委員会制度がある程度である。

かつて日弁連は，「最高裁判所裁判官任命諮問委員会制度要綱」（1955〔昭和30〕年12月）や「最高裁判所裁判官任命諮問委員会の設置に関する立案（案）」（1974〔昭和49〕年9月）を建議し，法曹三者以外の学識経験者も加えた委員会において最高裁判所裁判官候補者の資質等を検討して内閣に答申することを提案していたが，これは下級裁判所裁判官の任命手続において先に制度化されたということができる。

また，国民審査の対象となる最高裁判官についての情報がほとんど知られていない原因の一つは，最高裁判官の選任過程が国民に透明でないことにあると指摘されている。

さらに，司法制度改革審議会意見書も，最高裁判官の選任過程の透明性・客観性を確保するための適切な措置や，国民審査の実効化を図るための措置について，検討すべきであるとしており，任命諮問委員会制度のような，選任過程の透明性・客観性を確保する措置を検討する必要がある。

2　弁護士任官への取組み

> ・弁護士任官の推進
> 　全国の年間任官者数は日弁連が目標とした当面年間30名をかなり下回った人数で危機的な任官状況であり，今後弁護士会や各会派などでも強力に推進運動をする必要がある。裁判官の大幅な増員を訴えている弁護士会としては，その給源の一つとして弁護士任官を提言してきたことからも全会挙げて多くの弁護士任官者の輩出に向けた対策を図らなければならない。
> 　指名諮問委員会発足後，2004（平成16）年4月での採用において任官候補者11名のうち2名が不適格，2名が取下，同年10月には候補者3名中2名が不適格，さらに2006（平成18）年には，3名中1名を採用し，1名を不採用，1名を留保とされるなど，弁護士会の適格性選考委員会での調査，推薦結果との間で齟齬を生じている。指名諮問委員会の選考の在り方など，弁護士会としても十分状況分析と対策を図るべきである。
> ・非常勤裁判官制度
> 　非常勤裁判官から通常任官への推進を図るには調停官の職務，権限を拡大させる必要がある。実施庁の拡大のため，弁護士会は積極的に推進すべきである。報酬問題の解決も制度の推進の面から欠かせない。

1）弁護士任官制度の意義と経緯

弁護士任官推進は裁判官制度改革における一つの重要課題である。

1991（平成3）年から始まった法曹三者の合意による弁護士任官制度は，市民感覚豊かで人権感覚に富む弁護士が任官することにより法曹一元の実現に向けた制度として，これまで弁護士会は，さまざまな運動をなしてきた。

このような状況のもと，司法制度改革審議会は2001（平成13）年3月に日弁連に対して，日弁連と最高裁が協調関係を保ちつつ，弁護士任官を推進するための体制を整備する方策や判事補の他職経験の一つ

として弁護士への就職を支援するための方策を含め，「実効性のある具体的な措置」を明らかにするよう求め，その結果，2001（平成13）年12月に協議が取りまとめられ，日弁連の推薦手続，最高裁の採用手続，弁護士任官推進のための環境整備方策が示され，また2002（平成14）年8月には非常勤裁判官制度の創設についての取りまとめがなされた。

なお弁護士任官の応募資格は，次のとおりとなっている。

【応募資格】
・裁判官任官
　弁護士経験5年以上（ただし当面3年以上も可）。年齢55歳位まで。
　裁判官として5年以上勤務できる者。
・検察官任官
　弁護士経験3年から15年程度。年齢55歳位まで。
　検事として3年以上勤務できる者。

【俸給】
・裁判官，検察官とも，法曹としての経験年齢が考慮される。

【任地】
・裁判官の初任地は，任官希望者本人の希望，家族状況，充員状況等を考慮して決定し，その後は同期の裁判官の例に準ずる。検察官は，地方検察庁(支部を含む)の他，法務本省内部部局(訟務検事等)も対象となる。

2）日弁連・東弁の取組み

日弁連では2002（平成14）年5月24日の定期総会において新制度のもとで弁護士任官推進をアピールするため弁護士任官適格者選考委員会の設置と任官者の取組みなどを呼びかける決議をし，また2002（平成14）年11月15日に開催された第19回司法シンポジウムでは「裁判官制度改革の実践——弁護士任官と判事補の他の法律専門職経験を中心に——国民の目線で判断できる優れた裁判官を安定的に確保出来る準備を整えました」と宣言して32名の任官希望者が確保できたことを報告したが，その後の任官者数の伸び悩みを打開すべく，2004（平成16）年5月28日の定期総会では「弁護士任官を全会挙げて強力に進める決議」を宣言し，また2005（平成17）年6月24日には「21世紀の裁判所のあり方——市民が求める裁判官——」をテーマとして第21回司法シンポジウムが開かれ，弁護士任官問題を取り上げて任官推進をアピールしてきた。

さらに日弁連では全国各地でブロック大会や全国担当者会議を開催し，任官推進のための取組や運動をしている。

なお，日弁連では当面の任官者の目標数を年間30名としている。

東弁では任官に際しての障碍要因の解消は弁護士個人レベルの努力では克服困難な問題があり，より抜本的な基盤整備を弁護士会が推進すべきであるとして，2001（平成13）年10月に任官推進のための基金制度を導入するとともに，任官候補者の受入れや事件の引継等に協力できる任官推進事務所の設立運営についての規則を制定した。と同時に任官希望者の募集から任官候補者として選考し，推薦する手続も確立し，2002（平成14）年1月から日弁連と最高裁の協議とりまとめ結果による新制度の下で任官希望者の募集を開始した。

そして2002年6月には，東弁の支援のもとに全国ではじめての弁護士任官推進を掲げた公設事務所として池袋に東京パブリック法律事務所が開設され，弁護士任官推進のための具体的な対策がなされ，同事務所では，すでに任官候補者を受け入れて任官者を送り出すなどの実績をあげている。

3）弁護士任官状況

(1) 通常任官について

2002（平成14）年以後の弁護士任官者の実績は次のとおりである。

2002（平成14）年度	5名（東弁2名・法友会出身1名）
2003（平成15）年度	10名（東弁3名・法友会出身2名）
2004（平成16）年度	8名（東弁1名・法友会出身1名）
2005（平成17）年度	4名（東弁1名・法友会出身1名）
2006（平成18）年度	5名（東弁1名・法友会出身1名）
2007（平成19）年度	5名（東弁2名・法友会出身0名）
2008（平成20）年度	4名（東弁2名・法友会出身0名）
2009（平成21）年度	6名（東弁1名．法友会出身0名）

以上8年間の任官者47名のうち法友会出身者は6名である。

上記のように全国の年間任官者数は日弁連が目標とした当面年間30名をかなり下回った人数で危機的な

任官状況であり，今後弁護士会や各会派などでも強力に推進運動をする必要がある。特に法友会からここ3年間任官者を出していない状況であり，早急に対策をとるべきである。

(2) 非常勤裁判官

調停の活性化と通常任官への橋渡しを目標とした非常勤裁判官（民事・家事調停官）制度は2004（平成16）年1月から実施されたが，これまでの実施状況は次のとおりである。

・2004（平成16）年1月任官者

民事調停官21名（内訳，東京7名〔法友会1〕・横浜2名・大阪3名・京都2名・名古屋3名・福岡県2名・札幌2名）

家事調停官8名（内訳，東京5名・大阪3名）

・2004（平成16）年10月任官者

民事調停官20名（内訳，東京10名〔法友会3〕・大阪4名・京都1名・名古屋2名・福岡県2名・札幌2名）

家事調停官8名（内訳，東京2名〔法友会1〕・横浜2名・大阪2名・京都1名・札幌1名）

・2005（平成17）年10月任官者

民事調停官　22名（内訳，東京8名〔法友会2〕・さいたま1名・千葉2名・大阪3名・神戸3名・広島2名・仙台2名・高松1名）

家事調停官　11名（内訳，東京1名〔法友会1〕・横浜1名・さいたま2名・大阪1名・京都1名・名古屋3名・福岡県1名・札幌1名）

・2006（平成18）年10月任官者

民事調停官37名（内訳，東京10名〔法友会1〕・横浜3名・埼玉1名・千葉1名・大阪8名・兵庫県2名・愛知県4名・広島1名・福岡県2名・山口県1名・仙台1名・札幌2名・香川県1名）

家事調停官21名（内訳，東京6名〔法友会1〕・横浜3名・埼玉1名・大阪5名・兵庫県1名・愛知県2名・岐阜県1名・福岡県1名・仙台1名）

・2007（平成19）年10月任官者

民事調停官12名（内訳，東京5名〔法友会1〕・大阪3名・兵庫県1名・広島1名・仙台1名・香川県1名）

家事調停官　5名（内訳，大阪1名・愛知県1名・福岡県1名・札幌1名・栃木県1名）

・2008（平成20）年10月任官

民事調停官34名（内訳，東京9名〔法友会3〕・大阪9名〔京都簡裁，堺含む〕・京都1名・兵庫2名・愛知6名・福岡3名・仙台1名・札幌2名・横浜1名）

家事調停官　17名（内訳・東京8名・大阪4名・京都1名・愛知2名・広島1名・札幌1名）

・2009（平成21）年10月任官

民事調停官14名（内訳，東京8名〔法友会2〕・大阪2名・神戸2名・広島1名・仙台1名）

家事調停官8名（内訳・東京1名・横浜2名・京都1名・岐阜県1名・愛知2名・札幌1名）

4) 法友会の取組み

法友会では弁護士任官の危機的な状況を打開するために親密な人間関係のある会派の役割を生かして，積極的に弁護士任官に取り組むべきであることから2004（平成16）年7月に「弁護士任官に関する宣言」をし，「法友会弁護士任官推進本部」を設置したが，その後活動が休止状況となったものの，平成20年度から政策委員会の中に弁護士任官推進部会を設置して弁護士任官推進に向けた活動をなしてきた。

そして任官候補者に相応しい人材の発掘については各部内の所属会員の詳細な情報を得るネットワークづくりをすることが不可欠であって，今後はそういった情報からわれわれが多くの優れた人材を推薦し，輩出していくべきであろう。

また弁護士任官の大幅な増加を実現とするためには，より一層の基盤整備の拡充を図ること，推薦手続をより一層信頼性のあるものにする努力が必要である。特にこれまでの任官希望者が申込から採用不採用決定まであまりにも長時間事務所の閉鎖や事件引継問題を抱えるなど不安定な状況におかれ，そのために任官を断念しかねないケースも生じている。こういった問題の解決策としては，支援事務所づくりや公設事務所を利用するほか，法友会でも任官候補者に対しての支援策として各事務所が，例えば事件の引継に協力するとか，事務所の閉鎖に伴う事務職員の受入などについてより具体的な支援策を講ずることが必要である。

5) 今後の課題

弁護士任官者の選考にあたっては，各ブロックの弁護士連合会及び東京三会に弁護士任官適格者選考委員会が設置されて任官候補者の調査並びに選考審査を実施してきたが，その後2003（平成15）年5月に最高裁に下級裁判所裁判官指名諮問委員会，各高裁所在

地に地域委員会が設置されて弁護士任官者を含むすべての下級裁判所裁判官の氏名の適否について諮問を行うことになったので，弁護士任官者の調査，選考機能について，いわば弁護士会内に設置された選考委員会と重複するのではないかといった問題が生じ，弁護士会の選考委員会の存在については，任官にふさわしい候補者を推薦する機能に特化すべきであることとなった。

また指名諮問委員会発足後の2004（平成16）年4月での採用において，任官候補者11名のうち2名が不適格，2名が取下げ，そして同年10月には候補者3名中2名が不適格とされた点，さらに2006（平成18）年には，3名中1名を採用し，1名を不採用，1名を留保とした点については，弁護士会の適格性選考委員会での調査，推薦結果との関係で問題があり，特に指名諮問委員会の選考人事に不透明性や候補者との面談など，なお改善をすべき点が多いといわざるを得ない。また再三の不採用問題が任官候補者に与える萎縮効果は少なくないといわれている。これについては弁護士会としても十分状況分析と対策を図るべきである。

また2006（平成18）年4月には，2名の非常勤裁判官が通常任官者に採用されたが，今後の通常任官者の増加へのルートとして非常勤裁判官出身者も重要な供給源となる。

非常勤裁判官制度における今後の課題として「権限の拡大」「実施庁，採用人数の拡大」「報酬問題」などがある。非常勤裁判官から通常任官への推進を図るには調停官の職務，権限を拡大させる必要があると指摘されており，また実施庁の拡大についても弁護士会は積極的に推進すべきと提言している。

例えば家事調停官は調停について家事調停官と同等の権限を認めていることから調停が不調により終了した場合調停官の役割も終了することになる。これを審判にまで権限を拡大する点が問題となっている。この点は制度そのものの変更といった根本問題もあって，なお十分な検討が必要であるとともに，調停官の調停主宰の現状から果たして今以上に権限を拡大した場合に対処できるかについては現状調査と検討が必要であろう。また実施庁の拡大についても例えば3期募集の際に関弁連管内で新しく千葉，埼玉での非常勤裁判官募集がなされたが，これについて募集者の発掘に難航したといった状況があるので，弁護士会としても十分な応募者対策等をとっていく必要があろう。

法友会においては，早急に任官する場合に予想される障碍事由について広く会員からの意見を聴くことやそのための適切な対策を構築すること，そして通常，非常勤を問わず法友会出身の任官者との間で任官動機や任官後の勤務，生活状況などについて懇談会等を開催することや各部からの候補者の発掘のための情報交換を密にする。また通常任官のルートとして非常勤裁判官制度は重要であり，この点から非常勤裁判官候補者の発掘に全力をあげるなどして任官の推進運動を強力にすすめるべきである。

第2 司法の物的拡充と司法諸施設の改革

1 司法の物的拡充と利用しやすい司法諸施設

> 国民が利用しやすい司法の運営を目指して，総合的な情報提供システムの確立，IT基盤の確立などを行うべきである。

1) 利用しやすい司法の運営／司法ネットの整備とIT基盤の確立

裁判所は，自らまた日本司法支援センターや弁護士会や自治体等他の機関と協力して，国民が利用しやすい司法の運営を行うべきである。

第1に，司法制度改革審議会の意見でも指摘され，司法制度改革推進本部で具体化された日本司法支援センターの情報提供業務と連繋して，国民が身近な所で法律相談，法律扶助，裁判手続，ADRに関する総合的な情報提供を受けることができるシステムを確立することが必要である。そのためには，市役所等の公共機関，弁護士会，裁判所，消費生活センター等の相談窓口を充実させ，総合的な情報提供とこれに基づき，国民が主体的にそれぞれの事案に適した適切な紛争解決機関・解決方法あるいは紛争予防の方法を選択できるようにし，各窓口の連携をネットワークを強化し，さらなる充実を図るべきである。

第2に，国民がITを利用して司法を活用できる基盤を整備すべきである。判例情報の迅速な公開やITを利用した訴訟関係書類の提出や交換等，国においても，民間と協力して，司法分野においても，国民の利用と参加を促進するIT基盤の強化のための戦略的な投資を行うべきである。

2) 利用者の立場に立った裁判所の配置と運営／地域志向・国民志向型への脱皮

(1) 裁判所施設の適正配置

かつて適正配置の名の下に，地・家裁支部の統廃合や簡裁統廃合の政策が進められ，各地の自治体などから反対の声が上がった。

市民に身近で利用しやすい裁判所施設が存在することは，市民が権利を実現し，市民と司法の距離を縮める上で極めて重要であり，裁判所は，その配置についても地域の意向を十分に配慮しなければならない。さらに，地域住民への司法サービスの充実の観点に立って，弁護士会側から，裁判所の新設を含む新たな裁判所の適正配置策を提言していく必要がある。

少額事件手続を取り扱う裁判機関については，利用者に便利な区・市役所など公共施設の一角の利用などを検討すべきである。

(2) 施設のあり方と運用

裁判所庁舎の新設・改築，庁舎・法廷の構造と施設のあり方及び運用方法についても，地元弁護士会や地域の意向を十分に反映する必要がある。

裁判所は，裁判所庁舎の新改築につき，基本設計が固まる前に，弁護士会に構想を開示して協議を行うことなどをルール化すべきである。弁護士会は，裁判ウォッチングなどの活動と連携し，市民の声を反映した利用しやすいものとなるよう提言を行うべきである。

裁判所は，地域住民が利用しやすい曜日，時間帯に裁判や調停ができるような態勢を整備することである。特に，家事，労働，少額事件等については，その必要性が高い。

3) 検察庁の施設と利用しやすい運営のあり方

検察庁の施設の配置や構造そして運営方法も，効率的な検挙や取調べの便宜のために行われた感があるが，国民のための司法の実現と国民の参加と法曹の人的基盤の拡充を前提とするものに転換し，国民が信頼を高め利用しやすい検察庁の施設の配置やあり方が求められる。

告訴や告発等の利用，あるいは弁護士や家族の接見を容易にする工夫，さらには取調べの適正さを高める

ための国民参加のあり方を検討し，これらの要請を満たす施設の増設や改築，検察官の支部への配置や告訴，告発等を受けやすくするための工夫，夜間や休日における受付の拡大等を検討していくべきである。

4）速記官問題

(1) 最高裁による民間委託の録音反訳調書方式の導入方針の提示

最高裁は，1996（平成8）年6月から12月までの間，全国9地裁本庁，6支部において，録音反訳方式での実験を行い，民間委託による録音反訳方式は裁判上利用することが可能であることが実証的に確認されたとし，1997（平成9）年1月に民間委託による録音反訳方式の実施と1998（平成10）年4月以降の速記官の養成停止の方針を決定した。

(2) 日弁連の対応・指針

日弁連は，最高裁の実験について，正確性及び秘密保持の点において疑問を呈する一方，書記官による要領調書の多くを逐語訳に転換していくことが重要であるとの認識を示し，1997（平成9）年2月に「民間委託の録音反訳方式の導入と速記官養成停止等に関する意見書」をとりまとめた。

要旨は次のとおりである。

❶ 日弁連は，逐語録調書の作成を飛躍的に拡大するとともに，現行速記官制度を維持しつつ，すべての裁判所・支部において，必要な逐語録調書の作成が可能な体制を早急に整えることが重要であると考える。

❷ 民間委託による録音反訳方式の導入については，速記による供述録取を補充する措置と位置付け，録音反訳調書の正確性，必要な秘密保持，全体としての逐語録調書の確実な増加の確保及び裁判所の費用による調書作成の保障などを条件として，前向きに対応すべきである。

❸ 日弁連は，最高裁事務総局が明らかにした1998（平成10）年4月以降の速記官の養成を停止するとの方針案に反対する。

(3) 自動反訳システムの導入について

最高裁は，2006（平成18）年10月，尋問の自動反訳システムの導入に向けた協力依頼を各地の弁護士会に要請した。対象を刑事裁判における尋問に限定したことからも，連続的開廷のために即日の反訳調書が必要となる裁判員制度の実施に向けた準備と考えられた。

しかしながら，音声の自動反訳システムは，未だ開発途上の技術であることを考慮すると，少なくとも裁判員制度に関しては，速記官による即日の速記録作成を行うべきである。

2　新宿での現地調停と地域司法

> 我々は，裁判所には一定の人的・物的施設が必要であるという固定観念を捨て，新宿での現地調停実施の理念を生かし，司法が利用する市民の側にアクセスしていく，いわば「移動する」裁判所の設置を含め検討し，多くの過疎地域に地域の実情にあった裁判所の設置を推進していくよう努力すべきである。

1）司法アクセスの充実のために

最高裁は，これまで裁判所自体が自ら保有する場所又は他の国家機関から提供を受けた場所に裁判所を設置してきた。しかし，司法制度改革審議会意見書は，裁判所の設置場所について国民のニーズを考慮すべきとした（意見書33頁）。当然のことではあるが，裁判所の設置場所については，司法アクセスの充実の観点から利用者である市民の視点を第一として判断しなければならない。

しかも，ここ数年，弁護士会はいわゆる弁護士過疎地域にも法的サービスを充実させるため多くの公設事務所を設置してきた。もちろん，市民の目的は法律相談そのものではなく紛争の解決である。そのため，地域的移動を伴わず，紛争解決機関である裁判所が卑近な場所に存在することが司法アクセスの充実に資することはいうまでもない。

2）簡易裁判所の統廃合

ところが，1989（平成元）年，裁判所は，利用率の減少を理由に全国の簡易裁判所を統廃合し，2001（平成13）年には都内に4カ所あった簡易裁判所分室も令状発付業務以外にほとんど利用されていないことを理由として廃止し，調停部門を霞ヶ関から墨田に移転するとの意向を示した。

確かに，分室での調停はほとんど実施されていないうえ，人的・事務的資源の集中化による経済的メリットを考えると裁判所の意向も理解できるが，都区内の人口重心が西に移動していることなど「市民が利用しやすい裁判所」という視点から弁護士会は都区内に複数とりわけ都区内の西地区に裁判所が存在すべきであるとの問題提起を行った。

3）民事調停規則9条に基づく現地調停

裁判所は，近時の予算の窮迫状態を考えると安易に新たな裁判所施設を設けることには躊躇を覚えるとの見解を維持し，交渉は3年以上にも及んだが，結果として，民事調停規則9条に基づく現地調停を実施するという形態で，新宿で現地調停を行うこととなった。

民事調停規則9条は，事件処理に相応しい場所で調停することを認めるとともに，市民の便宜を考え調停場所を選定できることを認める規定である。弁護士会は，同規定の趣旨により出張型の裁判所を認めるべきである旨述べたところ，裁判所も弁護士会の意見に賛意を示し一挙に新宿に出張型の調停を実現できる運びとなった。

そのため，2008（平成20）年4月1日，東京都，新宿区など行政機関の協力はもとより都議会の積極的働きかけにより，新宿区歌舞伎町に法テラスが開業し，その中の一部を裁判所に週1回程度貸与することによって，2009（平成21）年1月から調停が実施されている。

4）現地調停の実施状況と今後の課題

しかし，2009（平成21）年7月末までで利用件数が7件と伸び悩んでおり，今後，利用促進のための諸方策を実施する必要がある。裁判所も利用促進のため，広報，運営方法について鋭意協力する姿勢を示しており，利用件数増加を市民にもっとアピールする方法を検討すべきである。そして今後，全国各地に点在する法テラスはもとより公民館，郵便局，市役所などの行政機関などでも週1回程度，裁判を開設することができれば，司法過疎地といわれる地域でも裁判が開設されるという新たな展望が開けることとなる。

特に，過疎地の公設事務所に依頼した住民が訴訟を提起しようとすれば裁判所の存在する遠隔地まで行かなければならず，そのため断念するという事態も改善される可能性がある。

また，ADRは債務名義がないことから利用率が低いとの指摘もあるが，ADR機関へ裁判所に出張してもらうことによってADRに事実上債務名義を付与する方向性も可能になる。

勿論，裁判所側は新宿での現地調停は2年間行う例外的・試行的な制度であって全国に普及させることまで考えていないとしている。

しかし，我々は，裁判所には一定の人的・物的施設が必要であるという固定観念を捨て，新宿での現地調停実施の理念を生かし，司法が利用する市民の側にアクセスしていく，いわば「移動する」裁判所の設置を含め検討し，多くの過疎地域に地域の実情にあった裁判所の設置を推進していくよう努力すべきである。

第4部
民事・商事・行政事件の法制度改革の現状と課題

第1 民事・商事諸制度の現状と課題

1 民事訴訟の充実と迅速化

> 弁護士は，民事訴訟の審理の充実と迅速化のために，提訴前の証拠収集等の準備に際して現行制度を十分理解して活用すべきである。また，各制度の欠点に対しての改善・改正を働きかけるべきである。

1）新民事訴訟法の定着

1996（平成8）年に改正された現行民事訴訟法の運用も定着してきた。争点を整理し，証拠を絞り，集中して審理するという方法が定着してきた。

また，訴状に重要な間接事実を記載することや，陳述書の活用なども実務で定着している。

ここでは，1996（平成8）年以降の改正や立法をふまえ，民事訴訟についての問題点等を指摘する。

2）審理の充実と弁護士の準備

審理を充実させるには，弁護士の事前準備が重要であることはいうまでもない。

そのために，事実の聞き取りと証拠の収集が重要である。また，提訴前予告通知やそれに伴い利用できる提訴前の証拠収集を行うことを検討すべきであろう。提訴前予告通知制度は，あまり活用されていないが，積極的に活用することにより，無駄な訴訟にエネルギーを割かなくてすむという当事者の利益を図ることが可能となる。

提訴後の当事者照会もその効果に疑問があるとして活用されているとはいえない。しかし本来は当事者照会もこれにより争点を整理し，証拠の有無等を確認し，その後の裁判（ないしは紛争解決）を迅速に勧めるための制度であり、裁判を受ける権利の実効性を確保するためにももっと活用されてよい制度である。

ところで当事者照会と同じく，提訴前の照会についても効果に疑問があると考えられているといえる。しかし，これらの制度を積極的に弁護士が利用していくことにより成熟した制度となりうるのであり，紛争解決にかけるエネルギーの有効活用のためにも，提訴前の証拠収集などに取り組んでいく必要がある。

3）計画審理

審理計画が取り入れられ，この制度は，ある程度類型化が可能な専門訴訟などでは有効であることは否定されない。

しかし，計画を立てる段階で弁護士が実現可能な計画であるのかを十分にチェックしておかないと，実際には弁護士ひいては当事者に対して負担となる計画を立てられる可能性がある。

制度としての有効性は認められるとはいえ，当事者の利益の実現のために弁護士が意見を言わなければならない。裁判所の審理計画が当事者の権利の実現を妨げるようなことがあってはならない。

4）文書提出命令

文書提出命令の活用も民事訴訟の課題である。

公正な裁判を実現するためには，当事者の主張を裏付ける証拠である文書を相手方当事者が所持している場合であっても，その取調べが必要な場合があり，その活用が求められている。相手方弁護士として，依頼者との関係で任意に提出することに躊躇を覚える場合においても，文書提出命令の申立てがなされたことにより，提出にあたり，依頼者を説得しやすくなるという効用もある。

5）刑事記録に対する文書提出命令の拡大

現行法では刑事事件の処分に影響するということで刑事記録は文書提出義務の対象外とされている。しかし，刑事処分のために民事裁判が進行を止める理由は乏しいし，刑事処分に影響があるとも思えず，示談により，刑事処分も速やかに進行するという場合もあり，

刑事記録であっても文書提出義務の範囲内であるとする立法を行うよう，日弁連は引き続き働きかけを続けるべきである。

6）裁判迅速化法

裁判迅速化法立法以前も，大部分の訴訟は，解決までに1年かかっていなかった。長期化する紛争は長期化するだけの意味のあるものであったといえる（社会的に重要な意味を持つ問題や，専門的な鑑定などに時間が必要であるものなど）。

その意味で裁判迅速化法にはそもそも立法事実がないのではないかという意味で法律の存在自体に疑問がある。

また，裁判所が時間をかける必要がある事件に対しても訴訟進行を早めようとする場合には，当事者の利益，ひいては裁判を受ける権利そのものにも影響を及ぼすことも問題である。

裁判迅速化法の必要性の検討を弁護士会は独自に行い，真に審理に必要な時間はどのくらいなのかということを明確にアピールしていくべきである。

7）個人情報保護と民事裁判

住民票や戸籍謄本の取り寄せ等で役所が個人情報保護法を誤解したのか，弁護士の職務請求に対しての対応を誤っている例が見られる。一部では戸籍謄本等の取り寄せの依頼があったことを該当者に連絡するとの運用まで見られる。これは訴え提起を準備していることがそのまま相手方に伝わることになりかねず，財産の保全等に支障をきたす可能性すら認められる。

この問題については，弁護士が適切に処理をしていることを理解してもらい，当事者が秘匿したいことを秘匿した上で，情報収集が可能となるように働きかけをしていく必要がある。弁護士会として行政への働きかけを行う必要が認められる。

弁護士会照会についても，公私の団体からの回答が個人情報保護法の関係で十分ではないという実態がある。もともと公私の団体の回答は十分なものではなかったが，個人情報保護法施行後は個人情報であるという理由での回答拒否が行われている。

これらの状況は，個人情報保護法の理解が徹底していないという側面もあるが，弁護士に対してであれば回答してもよい，という感覚を醸成しきれていないという点にも問題があろう。一部では銀行等の責任を認める裁判例があるが、いまだ十分ではない。

弁護士が照会制度を活用して争点を把握し，訴訟を提起するか否かを判断し，立証の準備を進め，充実かつ迅速な審理を行おうというものである。それだけの重要性を持つ制度であることの理解を求めることが必要である。また，弁護士であれば個人情報を悪用しない，という信頼をより強固なものとするように弁護士自身が自覚をしていかねばならない。

2 債権法改正

1）債権法の改正の動き

(1)「債権法改正の基本方針」の策定

周知のとおり，民法，特に債権法の改正が2009（平成21）年10月28日に法制審議会に諮問され，今後の審議において，2009（平成21）年4月29日に発表された民法（債権法）改正検討委員会（以下「改正委員会」という）が作成した「債権法改正の基本方針」（以下「基本方針」という）が改正案の有力資料となるのではないか，と言われている。そして，法制審議会での議論は期間が2～3年を予定しているとも言われており，基本法たる民法の大改正を行うのに議論の時間が必ずしも十分ではない。

しかも，有力資料といわれる「基本方針」は，2006（平成18）年10月に内田貴東京大学大学院法学政治学研究科教授（当時。なお，内田氏は2007〔平成19〕年10月東京大学を退職し，法務省経済関係民刑基本法整備推進本部参与に就任した）をはじめとした東京大学及び京都大学出身の民法学者を中心にする私的な団体とされる改正委員会の作成であり，法務省から審議官等が一部参加している以外に，弁護士等の法律実務家や，企業法務担当者などは一切参加していない。

このような動きに対して，民法学者の中からも批判が出ており，改正委員会のメンバーとならなかった者を中心として活発な活動がなされている。2005（平

成17）年11月加藤雅信上智大学教授（当時）が「民法改正研究会（以下「加藤グループ」という）」を立ち上げ，2009（平成21）年1月，「日本民法典財産法改正試案（以下「改正試案」という）」を判例タイムズ1281号に発表した。加藤グループは改正試案を叩き台として，弁護士などの実務家と現在活発な検討を行っている。他方，2007（平成19）年春には民法学者椿寿夫を中心に民法改正に関する共同研究が開始され，2008（平成20）年8月にその成果として「民法改正を考える」（日本評論社）が出版された。また，金山直樹慶應義塾大学教授を中心にしたグループが2008（平成20）年9月，現行法のリノベーションした形で消滅時効制度の現代化を図る提案をし，「消滅時効法の現状と改正提言」（別冊NBL122号）を刊行した。

(2) 弁護士会の動き

これに対して，これまでの弁護士会の動きは十分に活発ではなかったが，2008（平成20）年12月に東京弁護士会から法務省及び改正委員会に対して現行実務に配慮してより慎重な検討を促す意見書が提出された。また，2009（平成21）年4月には法友全期会債権法改正プロジェクトチームから『民法改正を知っていますか？』（民事法研究会）が出版され，法曹に対して啓蒙が図られた。さらに，大阪弁護士会は「基本方針」に対する意見書を発表している。

法友会においても，2009（平成21）年7月11日の旅行総会で債権法改正に関する決議を採択した。

その決議では，

「民法は，市民生活や企業活動などのあらゆる法律関係の中心的存在であり，一般市民及び企業にとって，公平で，理解しやすく，使いやすいものでなければならない。

ところが今般，その民法（債権法）について，平成18年10月より民事法学者の一部有志や法務省民事局の職員らにより構成された民法（債権法）改正検討委員会で改正についての検討がなされ，本年4月29日に『債権法改正の基本方針』（以下『基本方針』という。）が公表された。そして，この『基本方針』が，今秋にも始まるとされる民法改正の法制審議会において原案になるのではないか，と言われている。

しかしながら，民法（債権法）改正を検討するのであれば，日々の業務において市民や企業に接しながら幅広く民法を活用し，かつ判例の形成にも主導的な役割を果たしてきた弁護士及び弁護士会の意見も十分反映されるべきであるのに，『基本方針』は弁護士など実務家の意見が全く考慮されていない。また，民法（債権法）検討委員会には民事法学者の一部のみしか参加が許されておらず，学者の間でもオープンな討議が全くなされていない。

民法（債権法）の重要性を考えれば，その改正のためには幅広い立場からの意見聴取や検討が必要であり，その意味で上記『基本方針』は，未だ検討が不十分であると言わざるを得ない」。

「我々は，『基本方針』に沿った民法（債権法）の抜本的な改正の動きに対し，日本弁護士連合会が，民法典を適用・運用する弁護士を代表して，拙速な改正をせず，弁護士を含む法律実務家と民法及び関連法の研究者，法務省らで充分な協議を重ね，納得のいく原案を練ってから法制審議会に民法（債権法）改正の諮問するよう働きかける事を強く要望する。また，法制審議会においても広く市民の意見を反映しつつ十分な討議がなされる必要があることを確認し，あわせて我々自身もこの問題を真剣に検討していくべきであることを確認するものである」として，今回の債権法改正の流れについて警鐘を鳴らしている。

ところが，「基本方針」とそれをめぐる民法学会及び法曹実務の動きが急激となっている中，2009（平成21）年10月に債権法改正を法制審議会に諮問し，同年11月下旬に専門部会を立ち上げ，2012（平成24）年2月ころに答申案を取り纏める段取であると報道されている（日本経済新聞2009〔平成21〕年10月4日刊）。このように法制審議会での本格的な議論が開始されるにあたり，有力資料のひとつと目される「基本方針」の内容を検討した上で，その内容を吟味し提言することは，実務家の意見を債権法改正に反映させるために極めて重要である。

以下，基本方針における個別の重要論点を検討した上で，債権法改正が真に必要なのかを検討する。

2) 基本方針における個別の重要論点の検討
(1) 消費者概念の取込み等

「基本方針」では，民法に規定される「人」を具体化・多様化し，「人」のなかに「消費者」を規定し，その消費者に対する特別な保護の法制度を創設してい

る。これは，消費者保護に関する既存の法制度を民法に取り込むものであり，これによって消費者保護に関する知識，理解が深まることが期待される反面，民法の一部になることで機動的な制度の改定が難しくなること，所管官庁に混乱が生じること，必ずしも既存の消費者保護法制のすべてが取り込まれているわけではないことなど，マイナス面も多く考えられる。

また，一般法である民法では具体的な業界や業者に対する規制を行いにくく，幅は広いが中身が薄い規制になりやすいとも考えられる。

したがって，消費者保護をよりいっそう推進するためには，民法に法制度の一部を取り込むよりも，消費者基本法を制定して一元化すべきではないかと考える。

また，たとえば不実表示の規定の債権法への一般法化については，従前の詐欺，錯誤に加えて法律行為の効力を否定するものであり，より簡易に契約の拘束力から脱出できる術を与えることになるが，それ故に簡単に契約を取り消されないように契約関係に入る前に慎重に時間をかけて調査することが必要となる。しかし，これでは業者間における迅速な取引に足枷をする結果になりかねない。また，一般法化することにより立場の弱い事業者が立場の強い事業者から簡単に契約を取り消されるといった濫用事例も想定される。よって不実表示規定は消費者契約法に限定することに合理性がある。仮に不実表示を一般法化するとすれば，詐欺，錯誤，不実表示の適用範囲を明確にする形で規定がなされるべきである。

一方，約款規制については，中小事業者の保護にも関わり，また，諸外国に消費者保護法だけでなく民法に約款規制を取り入れる例も多いので，民法に規制を置くことは必ずしも消費者保護を薄めることにはならないものと考える。また，「基本方針」は契約の拘束力を重視する視点で種々の改正提案をしていることから，契約重視の弊害是正として約款規制が一般法に規定されることには意味がある。ただし，不当条項リストを政令に委任するのは避けるべきであり，別紙にまとめるなどの工夫が必要である。

(2) 債務不履行責任

「基本方針」は，債務不履行責任について「過失責任主義」を放棄し，契約上履行障害リスクを引き受けているかどうかで決しようとしている。

しかし，このような契約上のリスクの引き受けの有無で判断した方が良いとの実務的な要請が挙がっている事実は見あたらない。また，過失責任主義に基づく責任分配については判例の蓄積があり，結論の予測も可能だが，新しい制度では当面，予測可能性が低くなる。改正委員会では，過失責任による判断と契約上のリスクの引き受けによる判断で大きく変わるところはないとの説明がなされており，また，裁判官が公平なリスク分配を考える上での説明の方法が変わるだけとの考え方もあるが，条文の文言が変わる以上，いずれ現在の判例から乖離していくはずであるとの指摘もある。

確かに不法行為における過失責任と契約違反についての過失責任を同列に論じるべきではなく，契約上の責任は契約当事者の合理的意思解釈に基づいて判断されるべきという考え方は傾聴に値するが，過失責任主義に基づく従来の司法判断に構造的な不満が特になかったことも事実である。

ウイーン売買条約やヨーロッパ統一法原則との整合性を強調する見解もあるが，国際取引の実務ではウイーン売買条約を適用しないことを契約内容に盛り込む例が多く，またヨーロッパにあってもドイツは債務法の改正（債務法現代化法の制定）においても契約責任の過失責任主義を維持している。

さらに，契約上のリスクの引受けとなれば，当然のごとく契約条項に少しでも有利な内容を盛り込むことが求められるが，この点で契約における力関係により，不利な契約を押しつけられる個人や中小事業主が生じる可能性がある。この点「基本方針」では約款規制や事情変更の原則，その他信義則による調整がなされることを予定しているが，それがうまく機能するかは不明確といわざるを得ない。また，過失責任としないことで，債務不履行に対する倫理観が欠如するのではないかという懸念もある。

以上から，今回，債権法を改正するとしても，債務不履行責任における過失責任主義を放棄するかどうかについては，さらに慎重な検討を要する。

(3) 契約解除

「基本方針」は，契約解除について，催告解除と無催告解除の二元的構成を維持するが，債務不履行責任の判断において過失責任主義を放棄したので，無催告解除について「債務者に帰責事由ある履行不能」を前

提とせず，「重大な不履行」があったときに契約を解除できるという規定を提案している。

しかし，「重大な」という評価を含む概念をうまく使えるか，疑問がある。

重大性の有無と過失の有無は内容を異にするので，従来の解除の可否の判断と異なる結論になる可能性も高い。そして，契約書に「重大な不履行」に該当する事由を書き込むことも考えられ，契約当事者の力の差が解除の場面でも影響する可能性もある。これは不当条項の議論にもつながっていく問題になる。

また，催告解除について，「基本方針」は，事業者間で結ばれた契約については催告期間内に履行がないことを「重大な不履行」と推定し，それ以外の場合は解除に際して催告期間内の不履行が重大な不履行であることの立証を求めるが，このような差異を設けることに合理的な理由があるかについては，なお検討を要する。

そもそも，従来の（過失責任主義を前提とした）履行不能，履行遅滞という考え方にはそれなりの明確性があったが，「基本方針」の示す「重大な不履行」は明確性に欠けるように思われる。

契約解除は債務不履行責任の捉え方と密接に関連するが，「基本方針」の提案には疑問が残る。

(4) 危険負担の廃止

「基本方針」は危険負担の制度の廃止を提案している。これは，契約解除に相手方の故意・過失を問わないので，解除に一元化できることによる。

しかし，解除というプロセスを経ずに一定の場合に債務が消滅することを認める意味で，危険負担制度を存続させる意味があるのではないかとも思われる。

そもそも一般私人までもが，契約の拘束を逃れるためには意思表示が必ず必要となると考えることが合理的であるとは考えがたい。なお，ドイツでは，2002（平成14）年1月1日施行の「債務法の現代化に関する法律」で大改正が行われたが，改正後も解除と危険負担を併存させている。

それゆえ契約解除の要件をどう解するかにもよるが，契約解除に相手方の故意・過失を問わないから危険負担制度は不要であると短絡的に判断するべきではない。

(5) 事情変更の原則

「基本方針」は事情変更の原則を明文化し，一定の場合に再交渉義務，さらに裁判所の判断による契約解除や契約内容の改訂を認めることなどを提案している。

従来，信義則の一類型として事情変更の原則が裁判上問題となるケースもあったが，明文化すれば認められやすくなる可能性がある。これにより，経済的な強者が弱者に対して契約内容の変更の圧力をかけてくる可能性もあるが，弱者が和解を求める根拠となる場合もあり得る。

少なくとも，事情変更の原則を明文化し，再交渉義務まで認めることは妥当ではないかと考える。ただ，契約解除まで条文上可能とすべきかは慎重に議論すべきである。

(6) 瑕疵担保責任

「基本方針」の提案は，債務不履行や契約解除における過失責任主義を放棄し，危険負担制度を不要とするものなので，瑕疵担保責任についても債務不履行責任の一環と位置づけられる。そして，売買の規定の中に代金減額請求，契約解除，損害賠償などの，債務不履行責任の一般論から一義的に導けない効果を規定する。その場合，適用要件として「隠れた」瑕疵であることは必要なく，瑕疵について買主の善意・悪意を問わない。

これらは瑕疵担保責任だけを取り出して議論しても，他の制度と整合しなくなる可能性があるが，買主側が瑕疵を知ったときから「契約の性質に従い合理的期間内」に売主に瑕疵の存在を通知する義務を課している点については，理論的に合理的とも思えるが，現実には「合理的期間内」かどうかが争いになり，瑕疵担保責任が使いにくくなる可能性があるので，検討が必要と考える。

なお，「基本方針」では，目的物受領時ないしは受領後に瑕疵を知った場合に売主に通知しなければ救済されないとしているが，これでは買主が契約締結時において瑕疵について悪意の場合にも受領時に通知をすれば救済を受け得ることになる。このような結論になることについて問題視する意見もある。

(7) 債権者代位権

「基本方針」は，債権者代位権について，制度を維持しつつ，本来型と転用型の2つの類型を明文化し，転用型では無資力要件を不要としつつ，代位権者が相殺等により事実上の優先弁済を受けることを禁じた。

これについては、まず無資力要件の定め方が「その負担する債務をその有する財産を持って完済することができないとき」となっているものを、少なくとも「弁済期を徒過した債務」に限らないと適用場面が広くなりすぎる危険がある。

そして事実上の優先弁済を完全に封じてしまうことが、債権者のインセンティブを阻害し、結果的に資産隠しをする者を逃してしまうことにならないか懸念がある。社会正義の回復の観点からも、努力した債権者への一定の優先弁済は認めるべきではないかと考える。

また、たとえば株主代表訴訟にも和解の規定があるように、債権者代位権についても、一定の要件を定めて代位権者が第三債務者と和解することも規定すべきではないかと考える。

さらに、転用型については、明文の枠にはめることで、これまで実務上、代位権に依拠して法創造的に工夫されてきた社会的弱者の被害救済機能が今後は弱まるのではないかという懸念もある。

(8) 詐害行為取消権

「基本方針」は、詐害行為取消権を責任財産保全の制度に特化し、債権者間の公平を害する偏頗弁済行為については（両論併記ではあるが）、詐害行為取消権の範囲から除外し、倒産法上の否認権行使に委ねようとしている。

その一方で、従来から判例が一定限度認めてきた事実上の優先弁済機能に限定を加え、他方で取り消し得る権利の範囲については取消権者の債権の範囲に限定しないこととしている。

しかし、詐害行為取消権と倒産法上の否認権では制度趣旨も行使主体も異なるし、法律自体も異なるので、「基本方針」が想定するような制度の分担は必ずしもうまく機能するとは限らない。むしろ、制度相互間で漏れが生じ、不公平な結果を容認せざるを得なくなる恐れもある。そして、両制度の行使主体が異なるのだから、事実上、機能が重複することがあっても、特段の問題が生じるとは思えない。

したがって、従来どおり、詐害行為取消権に詐害的な優先的満足行為の排除の機能も持たせるべきである。

また、事実上の優先弁済の制限についても、「基本方針」の提案する一定期間の相殺禁止は、取消権行使者と他の債権者との公平とインセンティブの確保の調整方法としては、合理的な考え方と評価しうるが、弁護士費用の償還請求権を第一順位にしつつ、取消権行使の範囲を取消権行使者の債権の範囲に限らないままでは、優先的に取得される弁護士報酬について紛争が生じる恐れがあるので再考が必要である。

さらに、取消権行使者が訴訟上の和解をすることも認められるべきであり、その観点からも、取消権行使の範囲は行使者の債権の範囲に限るべきであると考える。

ただ、一方で、このように詐害行為取消権が個別債権者の事実上の回収手段となることをあらかじめ容認しつつ、債権者間の公平をはかろうとする改正に対し、純粋に総債権者のための責任財産保全の制度に特化する考え方もありうる。この場合には、（民事執行法等の改正も含めて）責任説への制度的な転換を検討するべきではないかと考える。

(9) 相殺

「基本方針」は、相殺について、相殺適状時に遡及するとの従来の制度を改め、相殺意思表示の時に効力が生じることを提案している。

たしかに、相殺適状の時がいつなのかの判断、またはそれに関する紛争を回避する意味では、意思表示の時に相殺の効力が生じる方が簡便ではある。しかし一方で、相殺適状後も金銭債権の金利が発生しつづけるので、対等額で相殺できる債権に金利の差がある場合、従来と異なる状況が生じる。例えば消費者金融で一社に複数の債務が認定される場合、片方の過払金債権ともう一方の金銭債務を過払金債権発生時にさかのぼって相殺することができなくなると、債務者の金利負担が増える。銀行の貸金について、期限の利益喪失後に銀行が預金債権と相殺する場合も、銀行の貸金債権の金利の方が預金利息より高いので、銀行に有利となる。

それゆえ、相殺の遡及効を廃止することについては、このような金利負担状況の変動について、十分な検討をしたうえで判断すべきである。

また、「基本方針」は、いわゆる差押えと相殺についての無制限説に限定を加え、相殺する自動債権と受動債権がいずれも継続的取引に基づく債権債務である時に限って「差押・仮差押えによって相殺適状となる（期限の利益を喪失する）場合でも相殺できる」ものとしている。

商取引である銀行取引は，銀行取引約款を結ばない場合（住宅ローンなど）でも継続的取引と認められると解されるが，その他のケースで混乱が生じる可能性もある。この改正は，差押債権者に差押可能な範囲を拡大させるものとなるが，長年の安定した無制限説の実務を変更してまで差押債権者の利益を図る必要があるのか，慎重に検討する必要がある。

(10) 債権時効

「基本方針」は，不動産賃借権をのぞく債権について，債権時効という独自の時効制度を設け，権利を行使できるときから10年，債権発生原因及び債務者を知ったときから3年ないし5年，短期消滅時効制度を廃止し，商法上の短期消滅時効制度も廃止が望ましいとする提案をしている。また，「合意による時効期間」も設定できることとしている。

また，人格的利益の侵害については，債権を行使しうるときから30年，債権発生原因及び債務者を知ったときから5年ないし10年という時効期間が提案され，不法行為の時効の規定（民法724条）は撤廃されるとしている。

さらに，「協議の合意による債権時効期間の進行の停止」という新しい時効停止事由も提案されている。

たしかに，民法上の短期消滅時効には現代の取引に適合しないものも多い。しかし労働法制の短期消滅時効は残り，消費者保護の見地から短期消滅時効が望ましい場合もある。短期消滅時効を廃止するとしても，もう少し詳細に検討する必要がある。

また，時効に主観的要件を加えた点も，契約上の債権であれば多くの場合主観的要件を満たすので，結果的に民法上の債権の時効期間が大幅に短縮されることになる。科学技術の進歩等により証拠の散逸といった事態も起こりにくくなっている現在，これほど時効期間を短くする必要があるのか，慎重な検討が必要である。

合意による時効期間の定めについては，一定の限度は設けられているものの，契約当事者の力関係が有利不利を左右し，中小事業者に不利となりやすい点も懸念される。

そして，協議の合意による時効の停止については，たとえば弁護士が関与する場合，どの時点から「協議の合意」に該当するかが不明確であり，最終的には裁判所が「協議の合意」を判断することとなるが，これが新たな争点となる可能性もあり，定義の明確化が必要である。

(11) 将来債権譲渡

「基本方針」は，将来債権の譲渡について譲渡可能とする明文規定をおき，さらに将来債権が譲渡された場合には，その後，当該将来債権を生じさせる譲渡人の地位を承継したものに対しても，その譲渡の効力を対抗することができるとの規定も提案している。

将来債権の譲渡が可能であることは，従来から判例が認めており，その譲渡の範囲が専ら問題とされてきた。「基本方針」はこの点について具体的な言及をしておらず，これまでの学説判例を変更するものではないとしている。

しかし，将来債権譲渡が可能であることを明文で規定する以上，その範囲についても何らかの基準が示されるべきである。この点は，譲渡する債権の種類等により譲渡に合理性がある「将来債権」の範囲が異なってくるので，一律に期間を定めることは困難であるが，基準が難しければ「濫用防止規定」を作るなど，何らかの検討がなされるべきである。

また，将来債権譲渡の対抗要件具備も債権譲渡登記により可能となるが，例えば建物の将来の賃料債権の譲渡と抵当権の物上代位（これはある意味で無制限の将来債権担保となる）との関係，債権譲渡に劣後する抵当権者による競売の場合の建物買受人と将来賃料債権譲受人の関係など，将来債権譲渡と担保物権，あるいは物権移転との関係について，より詳細な規定が必要ではある。

(12) 債権譲渡禁止特約の効力

「基本方針」は，債権譲渡禁止特約があっても特約に違反してなされた債権譲渡の効力は妨げられないとしつつ，債務者が特約を持って債権譲受人に対抗できることとしている。ただし，債務者が譲渡を承認したとき，譲受人が特約に善意かつ無重過失のとき，さらに債権譲渡人に倒産手続が開始した場合は特約を持って譲受人に対抗できないこととされている。

この点で実務上最も大きな影響を受けるのが，倒産手続開始の場合である。たとえば商社などが取引先に対する売掛債権を担保するため，その取引先の将来の売掛債権について集合債権譲渡担保を取る場合があるが，その対象たる売掛債権に譲渡禁止特約がある場合には，譲渡担保が実行されず，破産管財人の手に譲渡

禁止特約付き売掛債権が残り，これが労働債権や無担保債権の支払い原資となる場合がある。しかし，倒産手続開始の場合に譲渡禁止特約を債務者に対抗できなくなれば，集合債権譲渡担保権者が対象債権のすべてを取得してしまう。

その反面，そのような担保価値があればこそ与信ができるという効果もあるが，それでも倒産手続開始時に譲渡禁止特約を対抗できなくすることが妥当なのか，疑問もある。

この点，金融機関からも，典型的な譲渡禁止特約付き債権である預金債権が譲渡対象とされ，預金者が破産した場合には譲受人から預金払い戻しの請求を受けることになる点に懸念が表明されている。

(13) 債権譲渡対抗要件

「基本方針」は，金銭債権の債権譲渡の第三者対抗要件を登記制度に一元化し，非金銭債権の譲渡については譲渡契約書に確定日付を付することを対抗要件としている。また，債務者に対する権利行使要件として，金銭債権の場合には登記時効証明書の写しの送付，非金銭債権については確定日付ある譲渡契約書の写しの送付を規定している。その一方で，譲渡人が債務者に対する債権譲渡通知をした場合には，譲受人は債務者に対して権利行使ができる（第三者対抗要件はない）こととされている。

従来，債権譲渡対抗要件は債務者をインフォメーションセンターとするものであったが，債務者には債権譲受予定者に対して債権の存在を問われて告知する義務はなく，インフォメーションセンターとしての機能は限定的であった。また，内容証明郵便による確定日付ある通知は二重の譲渡通知の同時到達の問題が生じることがあった。

これに対し，債権譲渡登記制度は，すでに法人の金銭債権について動産及び債権譲渡登記特例法で規定されているところ，債務者の個人情報保護に配慮しつつ債権の所在について債権譲受予定者が調査可能な制度となっており，また登記の番号で先後関係が明確なため，二重譲渡の問題が起こらないなど，制度としては優れていることは明らかである。

しかしながら，現在，法人の金銭債権について債権譲渡登記が可能でありながら，現実の利用は多数の債権をまとめて証券化する場合や集合債権譲渡担保の場合，さらには債務者行方不明の場合の第三者対抗要件具備，債務者不特定の将来債権（主として建物賃料債権）譲渡の第三者対抗要件具備など，特殊な分野でしか使用されていない。これは，内容証明郵便よりも登記の費用が高く，また，使い勝手が悪いからに他ならない。さらに，個人についても債権譲渡登記制度を取る場合，譲渡人の特定のため，改姓した場合にも追跡可能なように，一種の国民総背番号制が必要となってくる。

したがって，債権譲渡登記制度を安価で使いやすいものに改良し，一種の国民総背番号制（年金番号利用など）が容認されるなど，債権譲渡登記制度一本化のための基盤整備が必要であり，それなくして強引に一本化すれば重大な混乱を招くことに成りかねない。

それゆえ，基盤整備が実現するまで，現在の動産および債権譲渡登記特例法による登記制度と確定日付ある通知制度を併存させ，将来，債権譲渡登記を利用するケースが多数を占めるようになったところで，登記制度に一本化する改正を再び議論するべきであると考える。

(14) 連帯債権・連帯債務

「基本方針」は連帯債務に対応する連帯債権という概念を明文化し，さらに連帯債権，連帯債務について絶対効をほぼ撤廃する改正を提案している。

従来，連帯債務の絶対効とされてきた請求，相殺，免除，時効について，原則として相対効とし，連帯債務者相互間に協働関係がある場合にのみ絶対効を認めている。すなわち，従来の不真正連帯債務が連帯債務の原則となる。

この点は，実務上，連帯債務の絶対効がなくなることに抵抗感は少ない。むしろ，連帯債務者の一人との債務弁済交渉などが行いやすくなる面もある。

ただ，「協働関係」という新たな概念が明確でなく，そもそも「協働関係」がある場合に絶対効を認める必要があるかどうかも含めて，慎重に検討すべきである。

(15) 保証・連帯保証・根保証

保証については，実務上ほとんどが連帯保証であることから，連帯保証を原則形態とすべきとの見解も多いが，「基本方針」は通常の保証を原則形態とした。そして，検索の抗弁権を撤廃し，債務者と保証人との間で契約する保証引受契約を創設した。

ただし，事業者がその経済事業の範囲内で保証したときは，自動的に連帯保証とされる。そして，数人の

保証人があるときは，分別の利益を認めず，各保証人が連帯して保証することとなった。

また，根保証については元本・利息・損害金等の全部にかかる極度額の定めを必要としている。

実務上はほとんどの保証が連帯保証なので，事業者について自動的に連帯保証と認定されるとしても事実上の混乱は少ないが，債権者の適時執行義務によって保証人を保護する反面，保証人の事前求償権を廃止し，なおかつ連帯保証の場合に適時執行義務を排除しているので，連帯保証人の保護が薄くなってしまったところが問題である。

(16) 役務提供契約

「基本方針」は，契約各論中に「役務提供契約」という項目を設け，委任，請負，雇用などの役務提供を内容とする契約の総則的規定と位置づけた。その一方で，これらの典型契約に含まれない役務提供を内容とする契約については，この役務提供契約の規定が具体的な根拠規定であるとした。

役務提供契約では役務提供義務の基本的内容，報酬請求の方式，解除を含む終了の方式などが定められている。

そして報酬については「事業者が経済事業の範囲内において相手方のために役務を提供することを約したときは，相手方はそれに対して相当な報酬を支払うことを約したものと推定する」と規定した。

役務提供契約については，このような「中二階」的な規定を設ける意味がどれだけあるか，また報酬推定規定はたとえば消費者がサービスと思って受けた役務に突然報酬を請求される場合が考えられることなどから，より慎重な議論が必要である。

また，下請人からの注文者に対する直接請求を認めるケースなども，一定規模のゼネコンの孫請が本来対象となるべきものであり，民法に取り入れると個人の注文者に下請人から請求が直接されるようになる。たとえば一戸建ての住宅建築など，現代社会では請負契約でも下請人の存在が認められるものが著しく多岐にわたっており，下請人から直接注文者に対し請求ができるとすれば支払先について大きく混乱が生じる可能性がある。このような規定は下請法などの特別法において別途規定するべきであり，一般法たる民法に規定するべきものではない。

さらに，「基本方針」では約款または消費者契約中の条項を信義則に反する不当条項（無効）と判断する場合に，同種の契約について任意規定があればその内容を考慮して判断するとしているので，典型契約の規定は同種の他の契約類型にも影響を及ぼすことを考慮して，慎重に検討すべきである。

3) 民法改正のあるべき方向性について

これまでの各規定の検討をふまえると，「基本方針」に示される内容の民法改正は，今，本当に必要とされているのか，疑問を持たざるを得ない。

制定から110年になる民法が，判例の集積により，条文を見ただけで正確な解釈ができず，わかりにくくなっていることは事実であり，判例を取り入れた改正は必要である。また，司法改革の観点から，市民にわかりやすい民法を作る必要性も理解できなくはない。

しかし，民法を含めて，法は分かりやすさそれ自体を主目的とするものではなく，市民の権利を保護することが主目的なのであり，その目的を達するための一つの手段が分かりやすさなのである。

そして，「基本方針」は条文数が多く，「基本方針」の内容は現行民法よりも場合分けが進んでいるとはいえ，相当に高度な内容が含まれており，「市民が読んで分かる」というほどやさしいものにはなっていない。

さらに改正委員会には，日本の現行民法をはじめとする多数の国々の民法が，ヨーロッパ諸国の民法を学んで作られてきたことに対して，現在のヨーロッパにおける債権法共通化の潮流をふまえつつ，それを発展させてアジアから世界に債権法を発信していく，つまりは，「基本方針」を前提とした債権法を国際標準の一つの形にしていくことまで考えているようであるが，市民の立場からは，過去の膨大な判例による安定的な運用を捨ててまで，債権法の国際共通化に進む必要性が考えにくい。

一方で，たとえば「人」概念の多様化や，債務不履行責任から過失責任主義を排除するなど，現行法と全く異なる制度が導入されるため，過去の判例が参照できず，当分の間，法律実務家であっても条文適用について予測が立ちにくくなってしまい，混乱が生じると思われる。

ことに，「基本方針」の考え方は，契約の拘束力を中心とした法制度が構築されていることが前提となっているようであるが，契約の拘束力を重視することは，

契約に何を盛り込むか，盛り込む能力と立場を持っているかで結論が左右され過ぎる恐れがある。この点，「基本方針」では消費者概念の導入，約款規制，不当条項リストの導入などにより格差の是正を試みるが，消費者はともかく，中小事業者は極めて不利な立場に置かれることが想像される。そして，消費者についても，民法典で消費者保護を図るよりも，労働者保護の法制度のように，特別法によって定める方が制度の作り込み，改訂に便利であり，より消費者保護に資するのではないかと思われる。

以上から，「基本方針」の中に示唆に富む提案が多数あることは認めつつも，全体として，「基本方針」が今回の民法改正の基軸として取り入れられることについては慎重な検討を要すべきである。当意見書に指摘した問題を充分にふまえ，市民にわかりやすく，かつ民法のこれまでの連続性を維持して法的安定性を損わない改正とすべきである。

ことに，今回の改正は債権法を中心とし，物権法を含む民放全体の体系的整合性を充分に検証されていないものであり，その意味からも，大多数の納得が得られる，緊急にして必要な範囲にとどめるべきである。

3 土地筆界特定制度への対応

> 筆界特定制度は，不動産登記法の改正により成立したが，制度上弁護士・弁護士会の協力が必要である。この制度が，健全に発展するためには，弁護士会としての研修，調査委員の選任を弁護士会としての制度として確立していく方策を採るべきである。

1) 不動産登記法の改正による制度創設

2005（平成17）年4月6日不動産登記法の一部改正が成立し，土地筆界特定制度が創設され，同時に司法書士法と土地家屋調査士法が一部改正され，筆界特定制度における代理業務等に関する規定が盛り込まれた。

2) 境界紛争に関する改革の必要性

改正がなされる以前の境界紛争の解決システムは，法的には裁判所での境界の確定の裁判がない限り，終局的な解決とならず，事実上の筆界を定める手続である表示登記上の地図訂正手続もその関係者全員の承諾がない限り，事実上訂正ができない状況にあった。その意味では，筆界を確定するための制度としての機能は十分発揮されているという状況ではなかった。そのために，土地取引のための筆界の特定，開発行為を行うための筆界の特定に関しては，時間と費用が必要な状態であり，必ずしも経済の実態に即した制度となっていないという批判がなされていた。

さらに，筆界確定の裁判においても，訴訟構造自体は当事者主義訴訟であるために，裁判官が証拠にできるのは当事者の提出した証拠に限定されるために，筆界を定めることができる資料が必ずしも収集できないにもかかわらず，判決をしなければならないという状態が予想され，国民の信頼に足りる判決を下すだけの前提条件が整備されていないという状況も指摘されていた。

このような現状から，国民に役立つ筆界を決めるための制度の必要性が言われ続けていたのである。

3) 政府における研究

平成10年研究として「裁判外境界紛争解決制度に関する調査・研究（中間）報告書」を発表した。ここでは，現行の法律上の問題点，実務上の問題点を多角的に検討し，委員会制度を経由した法務局長による行政処分としての境界確定処分を想定した新制度を提案した。

平成11年研究は，この中間報告を前提として，更にその新制度の内容を具体的に検討し，諸外国の法制度の研究を踏まえ，新たな制度を平成11年度に「裁判外境界紛争解決制度に関する調査・研究報告書」として，所有権境と公法上の筆界とを峻別し，その筆界

を定める制度として法務局長による形成力のある筆界の形成を行う行政処分とする新制度をより精緻に提案をしたのである。

平成16年研究は，その後，2003（平成15）年6月に都市再生本部（都市再生特別措置法3条に基づき内閣におかれた機関）から，「民活と各省連携による地籍整備の推進」との方針が出され，法務局が境界の確定等に関与し正式な地図とするための法整備の必要性が指摘されたことから，法務局の地図の整備事業を念頭に置いた境界の紛争を含めた整備の制度がより求められることから行われた研究であった。翌2004（平成16）年6月「新たな土地境界確定制度の創設に関する要綱案」を発表し，境界確定委員会による調査・意見書提出により制度が実質的に運用される案が出された。この案は，境界確定登記官を新たに設け，その登記官が行政処分として筆界の確定をする制度である点は最終案と同じであった。

4）新制度の法制化

その後，この新制度の内容をめぐり，パブリックコメントを広く募集し，日本弁護士連合会，日本土地家屋調査士会連合会などの意見を参考としたうえで，今回の制度を成立させたのである。

原案である要綱案から大きく変更されたのは，筆界特定登記官の筆界の判断は，筆界に関する裁判所での判決に抵触する範囲で効力を失うとした点で裁判制度による筆界確定と行政機関による筆界特定との調整を図ったという点である。理由としては，憲法上の保証である国民の裁判を受ける権利を侵害しないことと境界確定を裁判制度だけに任せては土地取引の活性化にとって問題があるという点を調整し，裁判制度を侵害しない程度で行政機関での筆界確定制度を創設したものと考えてよいであろう。

5）今後の対応について

研究会の成果でも理解できるが，今まで裁判による境界確定訴訟制度しかなかったことから，改正の必要性があったことは認めるべきであろう。新たな，制度は行政による一つの「筆界特定」制度であるが，専門家としての筆界調査委員が必ず任命される。この調査委員には，基本的に土地家屋調査士と弁護士が予定されている。地図訂正の専門家と境界紛争を手がけてきている専門家が一種のプレ裁判としての手続きに関与すべきというものである。その意味では，この調査委員の選任は弁護士会が責任を持って行っていくべきであり，その選任方法の検討，調査員への研修制度など弁護士会がなすべきことは多い。

国民の土地に対する境界争いに密接に関係する筆界特定制度が健全に発展するよう弁護士会として，協力体制を組むべきである。

4　国際民事訴訟

> 1998（平成10）年施行の新民事訴訟法の立法過程において，国際裁判管轄，国際的訴訟競合，国際民事訴訟に的確に対処するために改正すべき点が検討事項とされたが，いずれも将来の検討課題として手付かずのまま見送られた経緯がある。
>
> ハーグ国際私法会議で「民事及び商事に関する国際裁判管轄及び外国判決の承認執行に関する条約」について，その一分野である裁判所の選択合意に関して2004（平成16）年には作業部会草案が作成され，2005（平成17）年の外交会議で採択された。現在，法制審議会において国際裁判管轄の問題を討議している。

1）訴訟と仲裁

経済のグローバル化とともに，国際的な紛争も益々増加している。そのような国際的紛争を解決する効果的手段として国際商事仲裁の制度が発展充実して今日に至っているのであるが，仲裁は当事者の仲裁に付することの合意が前提であって，相手方との間に契約上，あるいは紛争発生後の当事者間での仲裁合意がなければ，仲裁を利用しようと思っても利用できない。そこ

で，国境を超えた民事裁判手続を利用できる制度の確立が国際的民事紛争の解決に不可欠である。

わが国をみるに，1998（平成10）年1月施行の新民事訴訟法においても，国際管轄等国際民事訴訟手続は将来の作業として全面的に見送られ，実務上は送達手続や証拠調べについてのハーグ条約，一部の国との二国間条約で個別に対応しており，判例も少なく，法的安定性を欠いているのが実状である。

2）ハーグ国際私法会議における条約案作成作業

国際私法の統一を目的としてオランダ政府が呼びかけて設立されたハーグ国際私法会議は，1883（明治16）年9月に第1回会議が開かれてから100年以上の歴史があり，日本も1904（明治37）年に加盟した国際機関である。このハーグ会議で現在検討されているのが「民事及び商事に関する国際裁判管轄及び外国判決の承認執行に関する条約案」である。加盟国間の意見がまとまらず，2001（平成13）年の外交会議において討議が行われたが多くの課題が持ち越しとなったが，各国の合意が得られる分野から交渉を進めていくこととなり，その一分野である裁判所の選択合意に関して2004（平成16）年には作業部会草案が作成され，2005（平成17）年の外交会議で採択された。現在，法制審議会において国際裁判管轄の問題を討議している。われわれ弁護士は今後国際的な法律実務と無関係ではいられなくなると考えられ，弁護士会としても来るべき民事訴訟法の改正をも視野に入れた幅広い検討を今後も継続して行い，積極的に意見表明すべきである。

5　裁判外紛争解決機関（ADR）

> ADR基本法の成立後に各種のADR機関が設置され，紛争解決に参加しているが，その質および処理件数などは多様である。弁護士会は，仲裁センターなどのADR手続をさらに強化して，簡易・迅速・低廉という特徴を生かした紛争解決に尽力すべきである。

1）ADRの必要性

司法制度改革審議会意見書は，ADRの存在意義として，「社会で生起する紛争には，その大小，種類などにおいて様々なものがあるが，事案の性格や当事者の事情に応じた多様な紛争解決方法を整備することは，司法を国民に近いものとし，紛争の深刻化を防止する上で大きな意義を有する。裁判外の紛争解決手段（ADR）は，厳格な裁判手続と異なり，利用者の自主性を活かした解決，プライバシーや営業秘密を保持した非公開での解決，簡易・迅速で廉価な解決，多様な分野の専門家の知見を活かしたきめ細かな解決，法律上の権利義務の存否にとどまらない実情に沿った解決を図ることなど，柔軟な対応も必要である」と述べている。

確かに，社会生活上生じる様々なトラブルの解決手段として，多様な制度が用意されていることは，市民に多様な法的解決場を提供するという意味で，重要である。また，市民がどのような紛争解決手段を選択するかは，トラブルの深刻化の程度と費用負担能力等の複合的要因によって決定されるのであるが，その選択の結果によって法的解決とかけ離れた，もしくは当事者の意図と異なった解決がなされることのないこと，すなわち，法の支配を貫徹することがADRの存在意義である。

2）ADR利用促進法の制定

2004（平成16）年12月1日，ADR基本法ともいうべき「裁判外紛争解決手法の利用の促進に関する法律」が公布され，2007（平成19）年施行された。この法律は，第1章・総則，第2章・認証紛争解決手続の業務（法務大臣の認証，基準，欠格事由など），第3章・認証紛争解決手続の利用に係る特例（時効の中断，訴訟手続きの中止，調停前置に関する特則），第4章・雑則，第5章・罰則，附則によって構成されている。

また，ADR基本法で時効中断，訴訟手続の中止，調停の前置に関する特則などの法的効果が与えられることになった。

認証機関が法務大臣となっていることから，現存する弁護士会が行っている，あっせん・仲裁センター等が果たして認証を受けることができるかという問題が今後生じる。法務省の政省令やガイドラインを見きわめる必要があろう。

3）ADRと弁護士法72条

ADR基本法制定後は，様々なADR機関が創設されることが予想される。しかも，弁護士が主宰者とならない形態も法律上は可能である。

しかし，それらのADR機関が市民の法的権利を十分に擁護するものであるかなど検討する必要がある。

また，主宰者の他に，隣接専門職種について，ADR手続代理権をどのように認めるかの問題があるが，これについては個別の各士業法で立法的解決が図られた。

すなわち，隣接法律専門職種については，❶認定司法書士に一定の範囲で仲裁手続の代理権，筆界特定手続の代理権が認められ，❷弁理士の仲裁代理業務が調停，あっせんを含む裁判外紛争手続についてのものであることを明確化し，ADR手続代理業務の対象に著作物に関する権利に関する事件が追加され，❸特定社会保険労務士に，一定の公的ADRにおける代理権と一定の民間紛争解決手続においては紛争価額が60万円以下の単独の，紛争価額60万円を超える場合は弁護士と共同の条件で代理権が認められ，❹土地家屋調査士には筆界特定手続の単独代理権が，認定土地家屋調査士には一定の民間紛争解決手続において弁護士と共同の条件で代理権が認められた。

4）ADR機関の評価

ADR機関として，海運集会所の仲裁（TOMAC），国際商事仲裁協会（JCAA），日本商品先物取引相談センター，日本知的財産仲裁センター，独立法人国民生活センター，財団法人家電製品PLセンター，境界問題相談センター，建設工事紛争審査会，財団法人交通事故処理センターなど，多くのADR機関がADRを実施しているが，その程度において様々である。

弁護士会には，2008（平成20）年9月現在で29の仲裁センター（25弁護士会）が設置されている。2007（平成19）年度の申立件数は1,039件，受理件数は1,033件で，解決事件数は429件である。解決事件は，ほとんどが和解・あっせんによるもので，仲裁によるものは，11件とわずか2.6％である。東京三弁護士会で実施されている医療ADRは，医療過誤等の専門性のあるADRを積極的に実施し，評価されている。

6 仲裁法

> 仲裁法の成立後も，国内・国際の両案件ともに仲裁手続による紛争解決件数が少ない状態である。迅速性，専門性，秘密性などの利便を広報して，その利用を促進すべきであり，また，仲裁センターが未設置の単位会に対しては，市民に利用しやすい仲裁センターの開設を促すべきである。

1）仲裁法制定

仲裁法の制定は，社会の複雑化・多様化，国際化が進展する中で，紛争について多様な解決制度を整備する必要があるという認識の下に行われることになった。その中で，特に，共通の手続や価値観のない国際紛争にあっては仲裁による紛争解決が実効性のある迅速な解決手段でありながら，旧仲裁法は，現代社会経済状況に適合しないばかりでなく，国連の国際商取引法委員会で検討され，各国で採用されているモデル法（アンシトラル）とも内容的にかけ離れていたため，2003（平成15）年8月1日に公布され，2004（平成16）年3月1日に施行された。

2）仲裁法の構成・概要等

(1) 構成

仲裁法は，総則，仲裁合意，仲裁人，仲裁廷の特別

の権限，仲裁手続の開始及び仲裁手続における審理，仲裁判断の終了，仲裁判断の取消し，仲裁判断の承認及び執行決定，雑則，罰則の10章55条及び附則22条で構成されている。

(2) 概要

仲裁法案提案理由説明書によれば，この概要は，

❶ 仲裁合意は，明確化の観点から書面によるものとするとともに，通信手段の発達を踏まえて，電子メールによることも認めた

❷ 仲裁人選定手続や仲裁人の権限をめぐって手続が停滞しないための規定を設け，手続自体についても当事者の自主性を尊重しながら，合意が成立しない場合には国際的標準に従った内容の規定を置いた

❸ 仲裁判断書の記載内容を定め，取消事由等についても国際的標準に従って整備し，仲裁判断の取消し及び執行の許可については迅速な対応をするため決定手続とした

と説明されている。

ところで，この仲裁法にあっては，当分の間，(i)消費者と事業者との間に成立した仲裁合意は消費者が解除できること，(ii)個別労働関係紛争を対象とした仲裁合意は無効とするという重要な規定が附則におかれている。

このような仲裁合意に関する規定が附則に置かれたのは，検討会の議論で手続法は万人に適用されるべきであり，個別契約の修正は消費者契約法等で行うべきであるという立場と，当事者間に圧倒的な力の差がある場合には仲裁法でも手当をすべきであるという立場の違いがあり，この両者の議論の到達点として，付則に「当分の間」という期間限定を付して特則をおくことでこの問題を解決したことによるものである。

なお，個別労働関係紛争については，労働検討会で早急に結論を出すということで，無効とされた。

個別労働紛争事件については，すでに労働審判など裁判よりも迅速で柔軟な手続が法定化され実施されており，また労働契約法（2008〔平成20〕年3月1日施行）でも仲裁については触れていない。したがって，未だ仲裁法附則の規定が効果を有しているといえる。

3) これからの課題

仲裁法の制定を契機として，これまでわが国の紛争解決制度として利用されることがほとんどなかった仲裁制度が改めて脚光を浴びることになり，この制度が活用される可能性が高い。

他方，消費者との関係で議論されたように，業者が設営する仲裁機関等で適正な仲裁判断がなされるかという問題を含んでいることも事実である。

そこで，今まで（あっせん）仲裁センターを開設して迅速な紛争解決を行ってきた単位弁護士会では，仲裁制度の有用性を市民に認識してもらうために仲裁について広報するとともに，未設置の単位弁護士会では，市民が利用しやすいように仲裁センターの開設を促進する必要があると考える。

多くの紛争は，中立な専門家が仲裁にはいることで解決すると考えられる。裁判所の調停も可能であるが，必ずしも弁護士のような法律家やそれ以外の専門家が調停人となっておらず，かえって紛争が長期化する場合もある。弁護士会の仲裁センターは，専門性のある弁護士を仲裁人にすることで，効果的な仲裁を実施することができるものと期待できる。

7　知的財産権紛争解決制度及び知的財産権法制の改革

> 知的財産権紛争については，迅速性と専門性が企業活動の側面から要請されており，この要請に応えるためにも，裁判制度の改善，弁護士の態勢の改善及び紛争解決方法としての裁判外紛争解決機関の充実と信用性を高めることに努力すべきである。
>
> 知的財産権法制の改革もこれらと並行して行うことが必要である。

1) 改善措置

訴訟における計画審理の実施により迅速化が図られてきたこと及び知的財産権訴訟を扱う専門部の体制強化がなされてきたことは，前年度までの要綱に記載の

とおりである。

訴訟制度・運用の改善と並行して裁判外紛争解決機関（ADR）の活用が重要事項である。

日本知的財産仲裁センター（日本弁護士会と日本弁理士会が共同運営するADR。本部は東京にある）は知的財産に関する紛争の解決のための調停，仲裁等を行なっている。同センターが扱う紛争処理には，JPドメイン名の登録者と第三者との間の紛争の裁定が含まれる。同センターの支部・支所は，高裁所在地全てに置かれている（最新では，2009〔平成21〕年3月に四国支所が設立された）。

特許権，実用新案権，回路配置利用権又はプログラムの著作物についての著作者の権利に関する訴え（以下「特許権等に関する訴え」という）の第一審の管轄は東京地裁及び大阪地裁に専属する（民事訴訟法6条）。この専属管轄規定の導入にあたっては，東京，大阪以外の地方の裁判所における知的財産権訴訟の積み重ねによるその地方における知財に関する法的知識の浸透及び知財の活用促進の機会を奪うとの理由で反対する意見もあったが，特許権等に関する訴えの専門性の高さから，結局は東京地裁及び大阪地裁の専門部にこれらの訴訟を集中させることになったのである。上記の日本知的財産仲裁センターの支部・支所は，東京地方裁判所及び大阪地方裁判所に特許権等に関する訴えを提起することが困難な当事者に，訴訟に代わる紛争解決手段を提供するものである。

2005（平成17）年1月に成立した裁判外紛争解決手続の利用の促進に関する法律（ADR法）は，民間の紛争解決機関を対象とする国の認証制度の創設，時効中断効等について定めている。

2）日弁連知的財産センター

知的財産に関する国家戦略に対応して，2002（平成14）年6月22日の理事会により，日弁連に，日弁連会長を本部長とする知的財産政策推進本部が設置された。

知的財産政策推進本部の目的は，知的財産に関する国家戦略に対応して，主にその司法関連事項（知的財産権に関する紛争処理手続，知的財産関連の法曹養成問題，弁護士研修等）について，政府や関連諸団体と協議・交流し，政策を提言するとともに，知的財産関連の法曹養成等，自らが実現すべき課題について積極的に取り組むことである（知的財産政策推進本部設置要綱）。

同推進本部は，内閣に設置された司法制度改革推進本部の知的財産訴訟検討会に対するバックアップ（委員の派遣等）を行ってきた。

2009（平成21）年6月1日から，日弁連知的財産政策推進本部と日弁連知的財産制度委員会が統合され，日弁連知的財産センターとなった。

3）実体法の改正

前年度要綱において述べたとおり，包括的ライセンシーの事業活動保護を目的とする特定通常実施権登録制度が創設された（産業活力再生特別措置法等の一部を改正する法律〔2007年（平成19）年4月27日成立〕）。特許法は通常実施権の登録の規定（特許法99条）を有するが，実際上は通常実施権を付与されたライセンシーがライセンサーにその登録を求めることが困難な場合が多いため，特許法上の通常実施権登録制度を補完するものとして上記の特定通常実施権登録制度が創設されたのである。特許庁は特定通常実施権登録制度に係る登録申請書の受付けを2008（平成20）年10月1日に開始した。

以上のほか，特許法等の一部を改正する法律（平成20年法律第16号。以下「特許法等改正法」という）により，特許を受ける権利を有する者は，その特許を受ける権利に基づいて取得すべき特許権について，（イ）仮専用実施権を設定すること，及び（ロ）他人に仮通常実施権を許諾することができることとなり，さらに，これらの仮専用実施権及び仮通常実施権の登録制度が創設され，また，不服審判請求期間が30日以内から3月以内に拡大された。

さらに，特許法等改正法により，現行の特許権・実用新案権に係る通常実施権の登録事項のうち，秘匿要望が強い登録事項（❶ライセンシーの氏名等，❷通常実施権の範囲）の開示が一定の利害関係人に対してのみ認められることとなった。

著作権法については，権利制限の一般規定（日本版フェアユース規定）の導入が検討されている。

8 労働法制に対する改革

> 近時，労働法制にとって，「ワークライフバランス（仕事と生活の調和）」が欠かせない背景事情となってきている。労働時間法制を含め，今後は労働者にとって「仕事と家庭との調和」を図るためにベストな内容を模索していく必要があることを念頭に，種々の法改正や労働契約法，労働審判法等の近時の立法のよりよい運用に向けて努力していかねばならない。

1) はじめに

2008（平成20）年～2009（平成21）年に国会で成立した主要な労働関連法と言えば，2008（平成20）年12月5日成立・同月12日公布・2010（平成22）年4月1日施行の運びとなった労働基準法の一部を改正する法律（以下「改正労基法」という）と2009（平成21）年6月24日成立・7月1日公布・一部を除き2010（平成22）年7月1日までに施行予定となっている育児・介護休業法の一部を改正する法律（以下「改正育介休法」という）が挙げられる。

まず，前者は，「長時間にわたり労働する労働者の割合が高い水準で推移していること等に対応し，労働以外の生活のための時間を確保しながら働くことができるようにするため，一定の時間を超える時間外労働について割増賃金の率を引き上げるとともに，年次有給休暇について一定の範囲で時間を単位として取得できることとする等の必要がある」ことが，後者は，出産を機会に離職する女性が多く，男性の休業取得率が低いこと等がそれぞれの立法理由となっている。

いずれの改正も，「ワークライフバランス（WLB）」（仕事と生活の調和）という考え方が，国民的なコンセンサスを得られる状況の中，まさにWLBを実践するべくなされたと言っても過言ではない。前者は，時間外労働の割増率をアップさせることで時間外労働を減らし，有給を取り易くすることで，労働者の仕事の負担を減らし家庭での生活時間の確保をし易くすると思われるし，後者は，女性労働者の離職の機会を減らし，男性労働者の休業取得率をアップさせることで，家庭における育児や介護への男女共同参画の機会を増やすことにつながると思われるのである。

2) 改正労基法の内容と課題

主な改正内容は以下のとおりである。
❶ 時間外労働の削減と割増賃金の割増率の引き上げ（有給の代替休暇付与精算）
❷ 年次有給休暇制度の見直し（時間単位年休の許容）

❶は，使用者が1カ月につき60時間を超えて時間外労働をさせた場合の割増率を50％以上とし，使用者が，労使協定で，この割増賃金を支払うべき労働者に対して，この割増賃金の支払いに代えて通常の労働の賃金が支払われる休暇（年次有給休暇を除く）を与えることを定めた場合，当該労働者がこの休暇を取得したら，この割増賃金を支払う必要はないとするものである。❷については，労使協定により，時間を単位として有給を与えることできる労働者の範囲と対象となる有給休暇の日数（5日以内）を定めた場合は，労働者が有給を時間単位で請求したら，時間を単位とした有給を与えることができることとなった。

いずれも施行までまだ時間があるが，❶については制度の周知徹底を図り代替休暇付与による精算を通じ労働者のWLBをより徹底する必要があるし，❷については，このような制度を導入すべきかどうかの企業内の検証を急ぎ，導入する場合は，それに応じた就業規則の改定等も不可欠となろう。

3) 改正育介休法の内容と課題

わが国の合計特殊出生率（女性1人が生涯に生む子どもの平均数）は，過去最低だった2005（平成17）年（1.26）から3年続けて上昇したとはいえ，2008（平成20）年においても1.37に留まっており，人口を維持できる基準とされる2.07には遠く及ばない状況であり，少子高齢化の状況はまったく変わっていない。そのような中で，今回の改正は，少子化対策の観点か

ら，労働者が男女ともに子育てをしながら働き続けることができる雇用環境を整備する目的で行われたのであり，主な内容は以下のとおりである。
❶　子育て期間中の働き方の見直し
❷　父親も子育てができる働き方の実現
❸　仕事と介護の両立支援
❹　実効性の確保

　❶は，事業主は，3歳に満たない子を養育する労働者について，短時間勤務制度を設け，そのような労働者が請求した場合は所定外労働を免除しなければならず，さらに，子の看護休暇制度が拡充され，小学校就学前の子が2人以上の場合は付与日数を年10日とした。❷は，父母がともに育児休業を取得する場合，育児休業取得可能期間を，子が1歳から1歳2カ月に達するまでに延長し，父親が出産後8週間以内に育児休業を取得した場合，再度，育児休業の取得が可能となり，労使協定による専業主婦（夫）の育児休業取得除外規定を廃止した。❸については，介護のための短期の休暇制度を設け，要介護状態の対象家族が1人であれば年5日，2人以上であれば年10日とした。❹は，紛争解決の援助制度と調停制度を設け，勧告に従わない場合の公表制度及び報告を求めた場合に報告をせず，または虚偽の報告をした者に対する過料を設けた。

　2010（平成22）年7月までの施行に備え，これらの制度が「絵に書いた餅」にならないよう，特に男性労働者が育児休業を取得しやすいような職場環境作りを徹底する必要が高いといわざるを得ない。

4）労働者派遣法の改正問題

　相次ぐ不祥事や事件により，労働分野における規制緩和の象徴ともいえる「労働者派遣法」の見直しに向けた動きが加速化しつつある。労使間で主な対立となっているのは，❶登録型派遣の肯否，❷日雇い派遣の肯否，❸派遣期間制限の肯否，❹派遣対象業種の制限の撤廃の可否，❺雇用契約申込義務の撤廃，❻マージン規制等である。規制強化を求める労働側は，❶や❷は否定し，❸❹❺については，その存続を求め，❻は肯定しているが，さらなる規制緩和を求める経営側と真っ向から意見が対立し，厚労省労働政策審議会職業安定分科会の部会での議論は，2007（平成19）年12月に中断を余儀なくされたが，学識者による「今後の労働者派遣制度の在り方に関する研究会」で制度見直しに向けた検討が開始され，同年7月に報告がなされ，これをもとにして，同部会での議論がスタートしている。研究会報告によれば，制度見直しの基本的視点として「常用雇用代替防止を前提とし，臨時的・一時的な労働力供給システム」として現行制度を位置づけた上で「労働者保護や雇用の安定を図ること」と明記した。これは，規制緩和路線から規制強化路線に舵をきったことを意味しており，❶は肯定し❷は否定し，❸や❺はこれを肯定する方向を示している。ただし，❷については，日雇い労働の受給ニーズの存在も否定できないことから，「日雇いの直接雇用をあっせんする職業紹介事業を整備する」として，その受け皿の必要性につき触れている。

　今後の政治状況を睨みながら，その立法の動向には注視する必要がある。

5）労働契約法の積み残し問題

　2008（平成20）年3月1日に施行された「労働契約法」に関しては，立法自体が自己目的的に優先され，その内容が，労使間の現下の妥協の産物であったため，きわめて不備が目立つと言わざるを得ない。したがって，特に，❶配置転換（特に転居を伴う転勤），❷転籍，❸休職，❹服務規律，❺昇進，昇格，降格，❻労働者の付随的義務（兼業禁止・競業避止・秘密保持），❼使用者の付随的義務（職場環境配慮・個人情報保護），❽労働者の損害賠償責任（留学研修費用の返還等），❾雇用関係終了に絡む問題等に関しては，「小さく生んで大きく育てる」ことを期待して，今後の立法・行政の動きに注視する必要があろう。

6）裁判員休暇問題

　2009（平成21）年5月からスタートした裁判員制度に伴い，企業に不可避的に発生した裁判員休暇問題については，労基法7条（公民権行使の保障）と裁判員法100条（不利益取扱いの禁止）に留意した取扱いが不可欠である。

　現在のところ，現場での混乱の報告は特に見聞きしていないが，実務的には，有給とするか無給とするか，裁判員法によって支給される日当との関係（控除を認めるか否か），雇用形態の違いによる適用関係，裁判員となる本人と職場に向けたフォロー策等で引き続き肝要である。

9 独占禁止法制の改革

- 2009（平成20）年6月3日，独占禁止法改正法が成立した。排除型私的独占，優越的地位の濫用，不当廉売等の一部の不公正な取引方法について課徴金の適用対象とすること，カルテル，談合等において主導的役割を果たした事業者に対する課徴金の算定率5割増しとすること，課徴金納付命令等に係る除斥期間（違反行為終了から命令可能な期間）を3年から5年へ延長すること，課徴金減免制度の適用対象事業者数を3社から5社に拡大すること，不当な取引制限の罪に関する懲役刑の上限を現在の3年以下から5年以下に引き上げること，企業結合規制について，株式所有に関する事後報告制を事前届出制に改めること等が主要な改正内容である。
- 今後，審判手続に係る規定について，全面にわたって見直すものとし，2009（平成21）年度中に検討を加え，その結果に基づいて所要の措置を講ずるものとすることが確認された。現行の審判制度に対しては審判官の独立が十分でないとの批判が寄せられており，審判手続の改正が期待される。

1）競争法の国際化

最大の改正事項は，課徴金の対象となる違反行為について，不当な取引制限（カルテル）だけでなく，市場支配力をもつ事業者が競争者の事業活動や新規参入を不当に困難にさせる排除型私的独占や，大規模小売業者が指定した商品を納入業者に購入させたり協賛金の支払いや手伝い店員の派遣を強要したりする優越的地位の濫用などにまで拡大したことである。欧米先進諸国においては，多額の行政制裁金を課すことにより競争政策を実現する潮流にあり，日本においても違反行為に対する抑止力が働くことが期待できる。つまり，これまでの排除措置命令に加えて課徴金の納付を命じられることになれば，企業としては経済的な損失を被るだけでなく，役員に対する株主代表訴訟等も増加することが予想され，競争法遵守に対する意識も必然的に高まるものと考えられる。

また，今回の改正は，企業結合規制等においても，日本の競争法を国際的水準，グローバルスタンダードと比較して遜色ないものにしていく狙いがある。すなわち，企業結合規制に関して，諸外国では株式取得が事前届出になっていることにあわせ，これまで日本では事後報告になっていたことを事前届出制に改めたものである。また，刑事罰の引上げや，カルテル・談合等で主導的役割を果たした事業者に対する課徴金の割増し，除斥期間の延長，排除型私的独占への課徴金の適用等についても，欧州委員会の高額な制裁金といった諸外国で行われている法運用の実態に近付けたものである。

2）審判手続の改正

今回の改正においては，審判手続について2009（平成21）年度中に検討を行い，所要の措置を講ずるものと規定しているが，衆参議院の附帯決議は共に，現行制度を存続することや，2005（平成17）年改正以前の事前審判へ戻すことがないように制度を抜本的に変更することを要求している。

これまでの議論では，内閣官房長官の私的懇談会として設置された独占禁止法基本問題懇談会において，旧法下で採用されていた事前審査型審判方式，現行法下で採用されている不服審査型審判方式，地方裁判所に直接取消訴訟を提起する方式の比較がなされ，事前審査型審判方式が妥当であるとの結論が出された。これに対し，日弁連は審判と裁判の選択性を提唱した。すなわち，被処分者は，現行法の方式の下で公取委に審判を申し立て，不服審査を受けるか又は課徴金が課される重大事件については，地方裁判所へ直ちに取消訴訟を提起する選択制を採用すべきであるとしている。また，仮に選択制を採らない場合にも，手続の迅速化と適正手続を確保する観点から，審判手続が1年を経過しても審決がないときは，直接地方裁判所に提

訴することを許す制度を検討すべきであるともしている。

今後の議論の行方につき，公取委の事務総長は「平成17年以前の姿にそのまま戻したり，現行制度を一切変えないということは，選択肢としてはあり得ないだろうと思っております。そういう面では，当然，附帯決議の内容を踏まえて，審判制度の見直し作業を行っていきたいと考えております」とコメントしており，審判制度につき何らかの変更が加えられることはほぼ間違いない状況である。現行の不服審査型審判方式では，公取委の行政処分に対して同じ委員会に対して不服を申し立てなければならず，直ちに司法救済を求めることができない上，その結論を覆すことは事実上不可能である。適正手続を保証する観点からも日弁連が提唱する選択制が真摯に検討されることを期待するものである。

10　弁護士による企業の内部統制システム構築・CSR活動推進の支援

> 日弁連の主導により，弁護士が企業の内部統制システム構築およびCSR活動推進を支援する仕組みを導入すべきである。
> 　内部統制システム構築に関しては，内部統制構築・検証に取り組む弁護士主体のNPOと協働すべきである。
> 　CSR活動推進に関しては，日弁連が「企業の社会的責任（CSR）ガイドライン」の公表を継続すべきである。

1）内部統制システム構築

2006（平成18）年5月から施行された会社法では，取締役会を設置する大会社に対して，業務の適正を確保するために必要な体制，すなわち内部統制システムを中心としたコーポレート・ガバナンス体制の構築を求め，取締役会でその概要を決定し，事業報告に決定内容を記載する義務が課された。しかも，同施行規則では企業集団における業務の適正確保についての報告も求められており，経営の健全化や透明化に向けた取り組みは大会社のみにとどまっていてはならず，ひろく日本の企業社会全体に浸透していくことが望まれる。しかし，そもそも良いコーポレート・ガバナンスに唯一無二の形はなく，しかも，日本の社会では，企業及び指導的立場にある専門家がともに暗中模索の段階にあり，踏襲すべき手本（モデル）や最善行動（ベストプラクティス）も不足しており，経営者がコーポレート・ガバナンスの質的向上を実現することは容易ではない。

この分野には，監査法人系コンサルティング業者やIT業者が進出している。しかし，内部統制システムはリーガルマターであることから，弁護士が活躍すべき分野である。そこで，2005（平成17）年7月，弁護士，研究者，企業法務関係者，政治家，検察官が一同に会して「企業の内部統制システム認証研究会」を立ち上げ，日弁連法務研究財団の助成のもと内部統制システムの構築・支援の仕組みの研究を開始した。同研究会では，弁護士，会社法制の研究者及び企業の実務経験者を人的母体として企業内部における体制構築の指導者の養成，理論面・実務面の指導，統制状況の評価等の専門的支援を合理的な費用で提供する第三者組織の設立の検討を重ねてきた。その成果はNPO「内部統制システム・検証機構」として結実した。

今般，日弁連において，NPO「内部統制システム構築支援・検証機構」と協働する構想が具体化している。同機構が提供するサービスは，大きくは，❶内部統制システム構築マニュアルの提供，❷研修会（社長・担当役員対象，システム構築責任者・担当者・内部監査人対象），❸検証・指導（弁護士と企業実務経験者のペアが企業に赴いてドキュメントをチェックするほか，役員らにインタビューして内部統制が機能しているかを検証し，検証にもとづきアドバイスする）の3種を計画している。いずれも廉価で提供する予定である。さらに，同機構では，検証サービス等から収集したデータにもとづいて内部統制の基準化・標準化の研

究を行うほか，検証・指導方法を研究する。また，サービス提供の前提となる検証員を育成するほか，弁護士向け内部統制構築にかかる研修会を実施し，さらに機構に寄せられた個別的案件を会員に取り次ぐこととし，業務拡大の契機としたい。

日弁連は，「内部統制システム構築支援・検証機構」を通じて，企業コンプライアンスに貢献し，法の支配を拡げ，弁護士の業務拡大に繋げるべきである。

2）企業の社会的責任（CSR）

CSR（Corporate Social Responsibility）は，法令遵守を当然の前提としたうえで，自然環境および社会の持続可能性を追及すべく，企業がその事業の中でどのような貢献をなしうるかを考え，行動し，それによって社会からの信頼を勝ち得ることによってその企業価値を高め，結果的に企業自身の持続可能性も保たれるという考え方である。この考え方は，もともと欧州における移民問題，失業問題，企業による環境破壊が端緒となり発展したものであり，そのメインテーマは労働問題，人権問題，環境問題であることから，本来的に法律家が活躍できるフィールドである。

現在，多くの企業が，CSR報告書を作成し公表している。我が国では，自然環境保護が先行していたが，人権，労働，消費者の権利などの社会的項目の重みが増している。これら，社会的項目は，我々弁護士が得意にする分野である。そこで，企業のCSR推進は，弁護士の新た活動フィールドになるはずである。

日弁連は，CSR推進のために2008（平成20）年3月に「企業の社会的責任（CSR）ガイドライン」を公表した。また，弁護士主体の日本CSR普及協会も設立されたところである。今後は，これらの活動をバックアップするとともに，個々の弁護士ならではの視点で、CSR経営による企業倫理の確立に寄与するべきである。

第2 行政に対する司法制度の諸改革

1 行政手続の民主化

> 司法の行政に対するチェック機能の強化，市民の迅速な権利救済，行政の適正化の確保のために，政策の決定から実施，評価に至る全行政活動について，民主化ルール（情報の透明化と市民参加手続きの保障）を徹底させるべく，弁護士会及び弁護士は，行政手続法，行政不服審査法及び行政訴訟法の実践的解釈並びに積極的な活用を行うとともに，立法措置を要求すべきである。

1) 行政の透明化と市民参加

行政は一義的には立法府（国会）においてコントロールされる。そして，行政は，立法府のコントロールの下にあることによって，民主的正当性を獲得する。

しかしながら，国家の統治機能において，行政の定義は，通常，国家統治機能から立法機能と司法機能を除いたもの（控除説）と定義されるほど，行政の守備範囲は広い。

したがって，現代における行政の役割は法律の執行に限定されるわけではなく，積極的な役割を期待されているが，その結果として，行政活動のかなりの部分について，立法府（そして司法）のコントロールが及びにくくなるという現象が生じる。

近年における行政改革の基本的な流れは，「官」から「民」へ，といった行政の役割の縮小・市場原理の導入であったように思えるが，「リーマンショック」，「かんぽの宿問題」「派遣切り」「格差社会の出現」などの問題から，再び，「大きな政府」への回帰への動きも存在し，現在，明確な方向性が見出せない状況にあるようにも思える。

このような中で，2009（平成21）年8月30日の総選挙において「官僚依存からの脱却・政治主導」を掲げる民主党が大勝し，政権交代が行われた。このことは，国民は，一定の政府の役割を期待しながらも，既存の官僚，すなわち行政に対する強い不信を示した結果であろう。

言うまでもなく，環境，医療・衛生，雇用，社会福祉，消費者保護等の政策分野における行政の役割は大きいといわざるを得ない。もっとも，これらの問題に対する対策は，今後さらに加速する高齢化・少子化や現在の財政状況に鑑み，従来のような「ばら撒き」「後世代付回し」は許されず，現在の市民にとって，新たな負担を生じ，今までの利便を失うものとならざるを得ない。

ある政策の実施によって，国民に新たな負担を課し，今までの利益を奪う以上，行政においては，独善的な順位付けは許されず，行政主体自体がその信頼を獲得・回復し，かつ政策決定とその遂行に関し，市民との議論と説得による行政の民主化が必要となる。

政権交替によって，「政治」の立場が強くなることはあるにしても，市民自身が課題の設定，政策立案，政策実施，政策評価の各段階において意見表明をし，関与していくシステムが不可欠なのであり，その前提として市民が政策の全過程において，充分な情報にアクセスでき，自由かつ公正な機会における意見の表明の場が不可欠となってくる。

弁護士及び弁護士会として，行政手続法，政策評価法，情報公開法，行政不服審査法，行政訴訟法等既存の法制度の意義と問題点を把握しつつ，創造的にその活用を図るためにも，行政訴訟・国家賠償訴訟，その他不服審査手続やパブリックコメント等の事前手続において，国民の議論を提供する形で積極的に関与し，かつこれらの法制度を充実・発展させることが要請される。

2) 行政手続法の施行状況

行政手続法は，行政運営における公正の確保と透明性の向上を図り，国民の権利利益の保護に資すること

を目的とし，1994（平成６）年10月１日，施行された。

その内容は，行政活動のうち，申請に対する処分（許認可等），不利益処分，行政指導，届出を対象とするものである。

もっとも，上記の行政活動以外の，例えば行政計画，行政立法等は対象外とされているし，行政処分の相手方（名宛人）に対する透明性，手続参加を目的としたものであって，一般市民に対する透明性や手続的保障は基本的には枠外であることに留意しなければならない。

いずれにしても行政手続法は，一定の限界はあるが，従来の行政法学や裁判実務によって積み重ねられた理論を基礎に，行政手続における市民の権利を明らかにしたものであり，その法の精神はあらゆる行政活動の指針とならなければならない。

昨年度の政策要綱において，すでに紹介したところではあるが，2005（平成17）年３月31日現在の申請に対する処分に係る審査基準及び標準処理期間の設定，不利益処分に係る処分基準の設定，2002（平成14）年度から2004（平成16）年度の行政指導における書面の交付状況及び行政指導の公表実績を調査した結果（これ以後，新しい結果は公表されていない）は，申請に対する処分に関する審査基準の設定は84.6％，標準処理日数の設定は71.4％，不利益処分に関する処分基準の設定は71.2％である。表面的には一応の整備は図られ，安定的な運用がなされているとも見られなくはないところであるが，前述の行政の民主化により，行政手続法の趣旨を行政のあらゆる活動に生かしていかなければならない。

2　公務員制度の適正化

> 公務員の汚職その他不適切な行為の防止のためには，個々の公務員の自覚や行政内部の監督体制の強化等のみでは，特に組織ぐるみの違法行為に対しては無力である。
> したがって，市民が主体的にその責任を追及でき，司法審査を及ぼすため，実効性のあるオンブズマン制度や納税者訴訟等を創設すべきである。

1）実態と問題点

現実の行政を担うのは，キャリア，ノンキャリアを含めた公務員という生身の人間である。しかしながら，社会保険庁における組織的な年金記録改ざん，官製談合事件，居酒屋タクシー，裏金問題，闇専従問題，退職後の渡り問題等多くの不祥事が露見し，国民の不信を招いた。そしてこれらのスキャンダルは，単に公務員一個人の資質の問題と退けるわけにはいかず，構造的・組織的な問題であると認識されている。

そのような認識に立てば，単に個人としての処罰や賠償を求めることは当然ではあるにしても，十分ではなく，また単に個々の「倫理」の問題ととらえるとの認識も当を得ていないことになる。

しかしながら，このような問題に対する，行政当局の動きは極めて緩慢であると言わざるを得ない。国家公務員倫理法も上記のような組織的構造的な行為については無力であると言わざるを得ないし，さらに言えば，厚い身分保障がむしろこのような事態を温存させているのではないかとも思える。

今回の政権交代も，このような公務員の私利私欲から出たとしか思えない不祥事，そしてこれに対し何らの有効性のあるコントロールができない政権に対し，国民は，政権交代によって，公務員組織の刷新を願ったものともいえる。

2）提言

組織ぐるみの違法行為については，公務員個人の倫理に依拠するものとしては内部告発制度の充実という施策も考えられるが，自ずと限度があり，市民による民主的コントロールが不可欠である。むしろ，生身の人間が構成する組織体として，一定の違法行為は，不可避的な病理現象として発生するという認識の下，そ

の対策を講じるべきである。

その対策としては，内部監査制度の充実，外部監査制度の充実，内部告発制度，入札制度などの改善，官民の人事交流等により，日常的かつ制度的にモニタリング体制を構築し，行政過程を透明化することによって，違法行為をリアルタイムで発見し即時に対応できる体制を構築するとともに，そのような体制による抑止力を機能させることであり，さらに市民自らの手による責任追及が可能となるものとしなければならない。

したがって，組織ぐるみの違法行為については，市民参加により，市民が主体的にその責任を追及できる体制を構築すべきであり，法的実効性を伴ったオンブズマン制度，納税者訴訟等の制度を創設すべきである。

3　行政訴訟改革

> ・新たな行政訴訟制度が改正法の趣旨にしたがって積極的に運用されるよう，国民及び弁護士はチェックを怠ってはならない。
> ・その意味で，2005（平成17）年の改正は第一歩に過ぎず，数多くの積み残し課題について，第二ステージの改革を確実に確保する必要がある。
> ・行政手続法の整備（行政立法，行政計画，公共事業手続，行政契約等），行政型ADRの整備・改革，行政訴訟改革を真に実現するための個別行政実体法の改正等が検討されるべきである。
> ・行政不服審査制度の抜本的な改革を実現しなければならない。

1）はじめに

「法の支配」の理念が貫徹されるためには，行政手続の民主化とともに，行政主体（国，公共団体等）と国民との間に生じた様々な不都合に対し，国民が積極的にかかわり，これを是正していく是正訴訟の方向が追求されなければならない。こうした方向の最後の砦ともいうべきわが国の行政事件訴訟法を，市民の権利を実効的に保障する制度へと改革していくには，法律の更なる整備とともに，行政訴訟の担い手である法曹の資質・意識の改善を図るべきである。

2）行政事件訴訟法の改正と改正後の運用

2004（平成16）年6月，行政事件訴訟法（以下「行訴法」という）が42年ぶりに改正され，国民の救済範囲の拡大（原告適格の拡大，義務付け訴訟の法定，当事者訴訟としての確認訴訟の活用など），訴訟における審理の充実，促進（裁判所の釈明処分として資料の提出制度など），行政訴訟を利用しやすくするための方策（抗告訴訟における被告適格の簡明化，国家を被告とする抗告訴訟について，管轄裁判所を原告住所地を管轄する高裁所在地管轄内の地裁に拡大，出訴機関を6カ月に延長，処分にあたっての被告，出訴期間，審査請求前置，裁決主張についての教示），本案判決前における仮の救済制度の新設など多くの前進があった。

今まで，行政訴訟を提起しても，第1回期日に至るまで被告たる行政庁側からどのような答弁がされるのか，いわゆる門前払いとなるのではないかと戦々恐々としていた実情からみれば，一定の前進がなされたことは事実である。

現に，在外投票違憲判決（平成17年9月14日最高裁大法廷判決）は投票権という明確な権利に関するものではあるが，確認訴訟の可能性を広げた改正法の趣旨に沿った判決であった。また，小田急事件判決（平成17年12月7日最高裁大法廷判決）は原告適格について，もんじゅ判決以来の判断枠組みを維持しつつも，行訴法9条2項の解釈を通じて広く関係法令の規定を参照するとともに個別的利益を比較的緩やかに認定し，原告適格を拡大した。さらに，遠州鉄道上島駅周辺の区画整理事業計画の処分性に関する最高裁判決（平成20年9月10日）は，「計画の決定は一般的抽象的な『青写真』にすぎず，訴えの対象にはならない」

と判示した昭和41年2月23日のいわゆる「青写真判決」を42年ぶりに変更し，事業計画段階での取消しの可能性を認めた。また，下級審においても，例えば障害児である子について就園不許可処分を受けた保護者により申し立てられた町立幼稚園への就園許可について仮の義務付けが認容され確定した事案（徳島地裁平成17年6月7日決定・判例自治270号48頁）のように，厳格な解釈が懸念された「償うことの出来ない損害を避けるため緊急の必要があること」という仮の義務付け（行訴法37条の5第1項）の要件について，極めて常識的に判断し，改正行訴法の趣旨を裁判所が十分に受け止めて改正法を活用した画期的決定などが現れている。他方で，例えば，差止訴訟については，下級審レベルで「重大な損害」要件を不相当に厳格に解釈する傾向があり（大阪地裁平成18年2月22日判決・判タ1221号238頁など），このような立場が確立すれば，ごく一部の例外を除いて差止訴訟を利用できないことになりかねない。また，医療法（改正前）7条に基づく開設許可のされた病院の付近において医療施設を開設し医療行為をする医療法人等は，同許可の取消訴訟の原告適格を有しないとする平成19年10月19日最高裁判決についても議論の余地があろう。

こうして，改正法は一定の評価に値するものであるが，その成否は今後の解釈運用に委ねられている面が大きい。国民の権利利益の救済の拡大という改正の趣旨や衆参両院の附帯決議を踏まえた積極的な解釈・運用がなされることが期待されるが，万一，要件の不当に厳格な解釈等により改正の趣旨が実現されない場合，例えば義務付け訴訟が十分に活用されない，執行停止の運用も従来のままである，といった事態が生じるおそれもないとはいえない。

あるいはまた，処分概念の拡張は，かえって排他性と出訴期間というタガをはめる危険性があり，権利の実効的な救済の見地から問題が生じる可能性もある。

「法の支配」の理念は，国民主権の担い手たる国民が，行政主体との様々なかかわりの中で，例えば計画段階はもとより，その後の具体的処分についても，いわば全ての段階において，単に政治的に意見を述べるだけでなく，法的に是正する権限を持ってこそ達成されるものである。

そこで，附則50条を踏まえることはもちろん，新たな行政訴訟制度が改正法の趣旨にしたがって積極的な運用がされるよう，国民及び弁護士はチェックを怠ってはならない。

3）積み残し課題に関する改革の具体的方策

今次行政事件訴訟法の改正は，時間的制約の下で行われた最低限の第一次改革に過ぎない。

まず留意すべきことは，多数の論点が，今次改正の対象にはならなかったものの，それは「改正をする必要がない」というわけではないことである。

例えば，裁量審査（法30条）については，義務付け訴訟の規定（法37条の2第5項）にそのまま援用されているが，改正の必要がないと判断されて残されたというわけではない。

そもそも行政訴訟改革は，行政改革の総仕上げとも言われる巨大な課題であった。したがって，第二ステージの改革を確実に確保する必要がある。なお，参議院法務委員会の附帯決議は，「政府は，適正な行政活動を確保して国民の権利利益を救済する観点から，行政訴訟制度を実質的に機能させるために，個別行政実体法や行政手続，行政による裁判外の紛争解決・権利救済手続も視野に入れつつ，所要の体制の下で，必要な改革を継続すること」としている。

訴訟制度についてのさらなる改革としては，少なくとも目的規定・解釈指針の法定，訴訟対象の拡大，訴え提起手数料の合理化（同一処分を争う場合には，原告数にかかわらず訴え提起の手数料を同額とする等），弁護士報酬の片面的敗訴者負担制度の導入（行政訴訟の公益性に鑑み勝訴原告の弁護士費用を行政側敗訴の場合にのみ負担させる制度），民事訴訟との関係の整理，団体訴訟制度の導入（環境保全，消費者保護分野等において公益性を有する団体に訴権を付与する制度），納税者訴訟の導入（国レベルの公金支出をチェックする制度），行政訴訟に国民の健全な常識を反映させる陪・参審制ないし裁判員制度の導入等が検討されるべきであろう。

さらに，「法の支配」の理念が真に実現されるためには，法律の条文の改正に止まらず，制度を担う法曹はもとより，国民の意識改革も必要である。

手っ取り早く法曹に限っていえば，いかに法律を変更して間口や証拠収集権限を広げたところで，行政裁量という最大の難関について，裁判所・裁判官が従前どおり消極的な判断に終始するのであれば，事態は何

ら改善されず，結局は機能不全に陥ってしまう。

現在の行政訴訟をめぐる問題の根元は，裁判所が行政と企業を含めた国民との中間に位置せず，著しく行政寄りのポジションをとっているところにある。このような指向は，任官後の最高裁の人事統制，市民生活から距離を置いた日常生活，最高裁判例に沿った事件処理，判検交流による訟務検事または行政庁への出向などの経験によって強まっていくものと思われる。これは，日本におけるキャリア裁判官制の弊害である。行政訴訟の真の改革には，法曹一元，陪・参審制の導入などによる，裁判体の質的な変革が必要不可欠である。この点は，司法制度改革審議会の意見書では言及されていないが，行政訴訟本来の機能を取り戻すためには，最も重要な改革すべき点である。

さらに，当該裁判体に，行政に対する司法的抑制を積極化することが，憲法上求められたあるべき姿であるという意識を高めさせるには，訴訟活動を通じて，当事者の立場から裁判体を監視し，意見を述べていくことが必要である。そのため，行政訴訟を担うことが出来る弁護士を育成することも，行政訴訟改革のためには不可欠な要素である。

また，そもそも社会的紛争の解決を訴訟（司法ルート）に委ねることの社会的コストは大きく，基本的なスタンスとしては，事前の適正手続と合意形成にこそ力が注がれねばならない。

その意味で，行政手続法の整備（行政立法，行政計画，公共事業手続，行政契約等），行政型ADRの整備・改革，行政訴訟改革を真に実現するための個別行政実体法の改正等が検討されるべきであろう。

以下の行政不服審査法の改正に併せて，2008（平成20）年，「一定の行政処分を求める制度」「違法な行政指導等の中止を求める制度」を追加する行政手続法の改正案が国会に提出されている。

また，総務省では，2005（平成17）年秋から行政不服審査法の改正のための取組みを開始し，総務省行政不服審査制度検討会（座長：小早川光郎東京大学教授）による2007（平成19）年7月の最終報告（以下「最終報告」という）を経て，2008（平成20）年の国会に改正法案が提出されている。これは手続保障のレベルが低い現行の「異議申立て」を「審査請求」に一元化し，手続保障のレベルを向上させる等をねらったものであるが，審理の客観性，公正性の確保，迅速化等が改革の前提となる。

行政訴訟改革は，司法改革の一内容として位置づけられてはいるが，実際には司法権の枠内にとどまる議論ではなく，権力分立及び国民と権力との関係という国家の根本を変更する作業であり，21世紀のこの国のあり方を左右する重要課題である。技術的でわかりにくい地味な議論ではあるが，行政訴訟制度の第二ステージにおける改革は，行政訴訟制度を先進諸外国の水準に近づける作業である。国民及び弁護士がこの課題に関心を持ち，積極的に発言していくことが求められている。

第 **5** 部

人権保障制度の現状と課題

第1 各種権利保障の改革

1 犯罪被害者の保護と権利

> 犯罪被害者の保護と権利の拡充に向けて，弁護士会は今後も積極的に活動していくべきである。
> ただし，新しく創設された犯罪被害者の刑事訴訟参加・損害賠償命令制度等については，被疑者・被告人の権利保障が損なわれることのないよう，その運用は慎重に行なわれるべきであり，制度の不断の検証も必要である。
> また，日本司法支援センターにおける犯罪被害者の法律相談等の充実に向け，全国レベルでの調整が必要である。

1）犯罪被害者支援の必要性

犯罪は，社会が背負っていかなければならない宿命的な苦難である。特に現代社会では，自由の代償としてもたらされる貧富の差などの社会的不平等が拡大し，それが犯罪の増加につながっている一面がある。それゆえ，犯罪者の更生とともに，犯罪被害者の被害回復は，社会全体が担っていかなければならない課題である。

われわれ弁護士及び弁護士会も，犯罪の被害者やその遺族・家族の保護と権利の拡充に向けて，積極的に活動していくべきである。

2）犯罪被害者支援をめぐる立法の経緯

1981（昭和56）年，犯罪被害者給付法が施行された。しかし，基本的に犯罪被害者に対し国が見舞金を支給するという考え方に立っており，給付対象も故意の生命・身体に対する犯罪に限られ，欧米に比べると，内容は質量ともに貧弱であった。

2000（平成12）年，犯罪被害者保護二法（「刑事訴訟法及び検察審査の一部を改正する法律」「犯罪被害者等の保護を図るための刑事手続に付随する措置に関する法律」）が制定・施行された。これによって，❶性犯罪の告訴期間の撤廃，❷ビデオリンク方式による証人尋問の導入，❸証人尋問の際の証人の遮蔽物，❹証人尋問の際の付添人，❺被害者等の傍聴に対する配慮，❻被害者等による公判記録の閲覧謄写，❼公判手続における被害者による意見の陳述，❽民事上の和解（示談合意）を記載した公判調書の執行力付与（刑事和解），が認められ，ここにおいて，犯罪被害者は，「支援を受け保護されるべき存在」としてようやく認知されるに至った。しかし，権利性が付与されていないなど，支援や保護の内容や程度は未だ十分ではなかった。2004（平成16）年4月，犯罪被害者等基本法が施行され，「すべての犯罪被害者について個人の尊厳が重んぜられ，その尊厳にふさわしい処遇を保障される権利を有すること」が基本理念として定められた。そこでは，国・地方公共団体や民間団体の連携の下，犯罪被害者のための施策を総合的かつ計画的に推進し，犯罪被害者の権利や利益の保護を図ることが目的とされた。

そして，2005（平成17）年12月に閣議決定された犯罪被害者基本計画の中で，❶損害賠償請求に関し，刑事手続の成果を利用する制度を新たに導入する方向での検討及び実施，❷公判記録の閲覧・謄写の範囲拡大に向けた検討及び施策の実施，❸犯罪被害者等に関する情報の保護，❹犯罪被害者等が刑事裁判に直接関与することのできる制度の検討及び施策の実施，❺民事訴訟におけるビデオリンク等の導入が挙げられ，法制審議会の審議の結果，2007（平成17）年2月に同会の答申が出された。

3）日弁連の取組み

日弁連は，2003（平成15）年10月17日の人権擁護大会において，

❶ 犯罪被害者について，個人の尊厳の保障・プライバシーの尊重を基本理念とし，情報提供を受け，被害回復と支援を求めること等を権利と位置づけ，かつ，国及び地方公共団体が支援の責務を負うことを明記した犯罪被害者基本法を制定すること
❷ 生命・身体に対する被害を受けた犯罪被害者が，十分な経済的支援を受けられる制度を整備すること
❸ 多様な犯罪被害者支援活動を推進するための民間支援組織の重要性に鑑み，財政面を含めその活動を援助すること
❹ 殺人等の重大事件の犯罪被害者が，捜査機関・裁判所・メディアに対する対応等に関し，弁護士の支援を受け，その費用について公的援助を受けることを可能とする制度を創設すること
❺ 捜査機関が犯罪被害者の訴えを真摯に受け止めて適切に対応するよう，警察官・検察官に対する教育・研修を徹底するとともに，犯罪被害者に関する捜査機関の施策の改善のために立法等必要な措置をとること
等の施策をとることを国に求める決議をした。

弁護士会としては，犯罪被害者基本法が制定（2004〔平成16〕年4月）されたことも受けて，犯罪の被害者やその遺族・家族の保護と権利の拡充に向けての活動を，今後もさらに積極的に推進していく必要がある。ただし，従来から議論のあった被害者の刑事訴訟参加制度や損害賠償命令等については，被告人の防御権の障害となるおそれがあることから，日弁連はこれまで導入に反対してきた。しかし，2007（平成19）年に新法で遂にこれらの制度が導入され，弁護士会も新制度を前提にした対応が求められている。

4）被害者刑事訴訟参加・損害賠償命令等の新制度について

2007（平成19）年6月20日，法制審議会答申を踏まえた「犯罪被害者等の権利利益の保護を図るための刑事訴訟法等の一部を改正する法律」が国会で成立し（同月27日公布），2008（平成20）年12月1日より，以下の新制度が導入されるに至った。

(1) 被害者参加制度

❶ 犯罪の被害者等もしくはその法定代理人は，裁判所の許可決定により，刑事訴訟手続に被害者参加人として参加できる（刑訴法316条の33）。あらかじめ検察官に申し出，検察官から意見を付して裁判所に通知する。

対象となる犯罪は，「故意の犯罪行為により人を死傷させた罪」「強制猥褻，強姦，準強制猥褻・準強姦」「業務上過失致死傷等」「逮捕・監禁」「略取，誘拐及び人身売買」の各犯罪及びその未遂罪。

手続としては，被害者側からあらかじめ検察官に申し出，検察官から意見を付して裁判所に通知する。裁判所は，被告人または弁護人の意見を聴いて，犯罪の性質・被告人との関係・その他の事情を考慮し，相当と認めるときは許可を決定する。

❷ 公判期日は被害者参加人に通知しなければならず，被害者参加人またはその委託を受けた弁護士は，公判期日に出席することができる（刑訴法316条の34）。

❸ 被害者参加人またはその委託を受けた弁護士は，検察官の権限の行使に関し意見を述べることができ，かつ，検察官は被害者に対し説明義務を負う（刑訴法316条の35）。

❹ 被害者参加人またはその委託を受けた弁護士は，情状に関する事項（犯罪事実に関するものを除く）についての証人の供述の証明力を争うために必要な事項について，裁判所の許可決定により，証人を尋問することができる（刑訴法316条の36）。

手続としては，検察官の尋問が終わった後直ちに，尋問事項を明らかにして検察官に申出する。検察官は，当該事項について自ら尋問する場合を除き，意見を付して裁判所に通知する。裁判所は，被告人または弁護人の意見を聴き，審理の状況・申出に係る尋問事項の内容・申出をした者の数・その他の事情を考慮し，相当と認めるときは許可を決定する。

❺ 被害者参加人またはその委託を受けた弁護士は，裁判所の許可決定により，被告人に質問を発することができる（刑訴法316条の37）。

手続としては，予め質問をする事項を明らかにして，検察官に申出する。検察官は，当該事項について自ら供述を求める場合を除き，意見を付して裁判所に通知する。裁判所は，被告人または弁護人の意見を聴き，被害者論告すなわち刑訴法316条の38の意見陳述をするために必要があると認める場合であって，審理の状況・申出に係る質問事項の内容・申出をした者の数・その他の事情を考慮し，相当と認めるときは許可を決

定する。被害者論告は，訴因の範囲で行うべきものであるから(刑訴法316条の38第1項)，被告人に対する質問もその範囲に限定される。

❻ 被害者参加人またはその委託を受けた弁護士は，裁判所の許可決定により，公判期日において，事実又は法律の適用について，訴因として特定された事実の範囲内で，求刑も含めて，検察官の意見陳述の後に，意見を陳述することができる（刑訴法316条の38）。

手続としては，予め陳述する意見の要旨を明らかにして，検察官に申出する。検察官は，意見を付して裁判所に通知する。裁判所は，審理の状況・申出をした者の数・その他の事情を考慮し，相当と認めるときは，許可を決定する。

❼ 被害者参加人が公判期日または公判準備に出席する場合，裁判所の決定により，付添人が付いたり，被告人から見えないよう遮蔽措置をとることができる（刑訴法316条の39）。

(2) 国選被害者参加弁護士制度

上記のとおり，被害者参加人は，刑事裁判手続への参加が認められた場合，自らの代わりに弁護士に委託して被害者参加人としての活動をすることができるが，資力の乏しい被害者参加人のために，委託する弁護士の報酬・費用を国が負担する国選被害者参加弁護士制度も，2008（平成20）年12月1日より同時に施行されることとなった。

手続としては，資力のない被害者は，日本司法支援センター（法テラス）に国選被害者参加弁護士の選定を求めることができ，法テラスが弁護士会から提供された名簿に基づき候補者となる弁護士を被害者に紹介し（複数），被害者の方で選任した者が国選被害者参加弁護士となることになる。

(3) 損害賠償命令制度

対象となった刑事被告事件の被害者等が，刑事被告事件に係る訴因として特定された事実を原因として，不法行為に基づく損害賠償請求を，刑事被告事件を担当する裁判所に提起することができ，当該裁判所が民事の審理を行なって損倍賠償命令の可否を審理・決定する制度であり，被害者参加制度と同時に導入される。

対象となる犯罪は，被害者参加手続の対象事件のうち，業務上過失致死傷罪及び重過失致死傷罪を除外した事件となる。

申立権者は，これらの罪の刑事被告事件の被害者及び一般承継人であり，申立ては，当該刑事被告事件の係属する地方裁判所に対し，その刑事被告事件の弁論終結までに，書面を提出して行う。

審理は，口頭弁論もしくは審尋形式で，刑事被告事件の終局裁判の告知がなされてから行い，有罪の言渡しがあった場合には，原則として直ちに，損害賠償命令の申立てについての審理期日が開かれなければならず，特別の事情がある場合を除き，4回以内の審理期日で終結しなければならない。

当事者は，損害賠償命令の決定について裁判所に異議の申立てをすることができる。適法な異議の申立てがあったときは，決定は効力を失い，管轄の地方裁判所または簡易裁判所に通常の訴えの提起があったものとみなす。

(4) 少年審判傍聴制度

少年による「故意による死亡事件又は死亡でなくても生命に重大な危険を及ぼした事件」について，被害者又はその遺族から申出があり家庭裁判所が許可した場合は，その被害者又は遺族は少年審判を傍聴することができることとなった。

ただし，家庭裁判所は許可の決定に際しては少年の弁護士付添人の意見を聞くことが必要とされ，弁護士付添人がないときは国選付添人を付することを要するとされている。その場合，その国選付添人は，傍聴の当否に関する意見を述べるだけでなく，付添人として審判終了まで付添人活動を行うこととなる。

また，被害者は，傍聴の有無にかかわらず，家庭裁判所に対して少年審判の状況の説明を求めることが認められ，家庭裁判所の書記官または調査官から説明を受けることになる。

(5) 民事訴訟における証人・被害者保護制度の導入

刑事訴訟法において認められてきた証人尋問時における付添人・遮蔽措置・ビデオリンク方式による尋問が，新たに民事訴訟の証人尋問及び当事者尋問においても導入されることとなった。

(6) 公判記録の閲覧及び謄写の緩和

これまでは，損害賠償請求を行うため必要な場合等に限定されていたが，この要件が緩和され，犯罪被害者等については原則として閲覧・謄写が認められることとなった。

(7) 犯罪被害者等に関する情報の保護

これまでも裁判所の訴訟指揮に基づき実務上行われてきたが，今回の新法で，特定の事件（性犯罪等）について，被害者を特定させることとなる事項（氏名，住所等）を，裁判所において非公開の決定を行うことができることとされた。

また，新法で，検察官が弁護人に対し，証拠開示に当たり，被害者を特定する事項について，被告人その他の者に知られないようにすることを求めることができることとされた（被告人の防御に関し必要がある場合は除外）。

5）新制度の問題点と今後の取組みについて
(1) 被害者参加制度について

従前の刑事訴訟手続では，犯罪被害者等は事情聴取の対象及び公判証人としてしか存在を認められず，そのために「事件の内容や手続の進行について十分な情報が提供されない」あるいは「検察官の訴訟活動について意見を述べる機会がないため，自らの思いが刑事手続に十分に反映されない」等の思いが犯罪被害者等の側に根強くあった。新法の被害者刑事訴訟参加や損害賠償命令等の新制度は，これら犯罪被害者等の思いを反映するものとして出てきたものであり，犯罪被害者等の精神的救済を考えるとき，それらの要望を一概に否定することはできない。

しかしながら，刑事裁判手続は，無罪推定を受けている被疑者・被告人の基本的人権を擁護しつつ，事案の真相を明らかにし，刑罰法令を適正かつ迅速に適用実現することを目的とするものであり（刑訴法1条），無罪推定を受けている被疑者・被告人のための適正手続保障こそが最優先課題で，犯罪被害者等の精神的救済のために，被疑者・被告人の権利保護が些かでも疎かにされるようなことがあってはならない。

上記の観点から鑑みるとき，法定された被害者参加制度が，少なくとも，被告人及び弁護人が無罪を主張し争う事件についてまで，裁判官の判断で被害者が参加できることになっていることは，極めて疑問である。被告人及び弁護人が，罪体事実そのものを否認し，あるいは違法性阻却もしくは責任能力の有無という法律判断を争って無罪を主張しているときに，その事件の被害者と主張する者の参加を認めるということは，被告人の有罪推定をするに等しい結果になりかねない。

例えば，被害者と主張する者の狂言であって犯罪事実そのものがないことを主張したり，被害者と主張する者自身が加害者であるとして正当防衛を主張して無罪を争う場合に，その被害者と主張する者を「証人」以上に「被害者」と認定して刑事手続参加を認めることは，すでにその段階で裁判所が被告人の有罪推定の予断を表明していることに等しい。また，実際に犯罪があり被害者がいたとしても，犯人ではない（人違い）であることを主張して無罪を主張している場合や，心神喪失や心神耗弱等の責任能力を争って無罪もしくは刑の減軽を主張している場合に，被害者の刑事手続参加を認めることも，その被告人の有罪推定の心証を裁判官・裁判員に招きかねない。

したがって，弁護士会としては，少なくとも被告人・弁護人が無罪を主張している場合には被害者参加を認めない方向での制度の見直しを検討・提言すべきであるし，現行法の下においては，運用においてそのような場合には被害者参加を認めないよう裁判所に働きかけるべきである（個々の弁護士が個別の事件においてそのように主張すべきであることは言うまでもない）。

また，被告人及び弁護人が有罪を認め情状のみを主張する事件においても，被害者参加人が，情状証人や被告人に対して感情的に激烈な質問や意見陳述をし，証人や被告人を萎縮させることがないよう，運用においては慎重な配慮が必要であり，弁護士会としてそのような運用を心がけるべきことを，裁判所に働きかけるべきである。

本来，「犯罪被害者の権利」と「被疑者・被告人の権利」は，対立概念で捉えられるべきものではない。われわれ弁護士及び弁護士会は，憲法で保障された被疑者・被告人の権利保障との整合性に配慮しながら，犯罪被害者の精神的救済をどのような形で権利として認めていくべきかを，これからも模索していかなければならない。

(2) 国選被害者参加弁護士制度について

被害者参加制度そのものには疑問な点は多々あるが，それでも制度が立法府によって法定された以上，われわれ弁護士としてもこれに対応していかなければならない。特に，国選被害者参加弁護士制度については，法で資力の乏しい被害者の救済制度として認められた以上，弁護士会としても，必要な数の国選弁護士を提供できるよう制度を整えなければならない。

東京弁護士会は，2008（平成20）年10月27日の臨

時総会において「国選被害者参加弁護士候補者推薦に関する会規」を制定し，同年11月の常議員会において「国選被害者参加弁護士候補者推薦に関する規則」を制定した。

しかし，われわれ弁護士が犯罪被害者と接する場合には，不用意な言葉等で二次的な加害者にならないよう細心の注意が必要であり，また被害者参加制度を適正に運用していくためにも，国選被害者参加弁護士となるためには一定の研修が必要である。弁護士会としては，どのような研修が必要であるのか常に研究・研鑽して，これを会員に提供していくべきである。

(3) 損害賠償命令制度について

このような附帯私訴的な簡易の損害賠償請求訴訟の制度自体，被告人にとって不利益で問題があることは，これまで弁護士会が指摘したとおりであり，今後は実際の運用を検証し，見直しも含めて弁護士会で引き続き提言していくべきである。

のみならず，国選被害者参加弁護士制度との関係では，国選被害者参加弁護士はあくまで刑事事件手続のみの制度であり，そのまま損害賠償命令における被害者の代理人にはなれず，あらためて選任が必要という手続の煩雑さの問題があるが，被告人の国選弁護人も同様であり，いずれも民事扶助の適用が可能とされているので，権利を形骸化させてはならない。

(4) 少年審判傍聴制度について

この制度が，少年審判において少年に重大な影響を及ぼしかねないことは明らかであり，その運用においては慎重な対応が望まれる。詳しくは，「子どもの人権」の稿を参照されたい。

(5) 裁判員裁判制度について

裁判員制度は，裁判員に選任された市民の経験と良識を信頼して実施されるものであり，被害者の発言によって裁判員がある程度影響を受けることはあり得るとしても，徒にそれだけを強調して被害者参加制度を裁判員制度にとってマイナスなものと評価することは，妥当とは思われない。

しかし，例えば性犯罪の裁判員裁判において，被害者のプライバシーを守るために，検察官が予め被害者に裁判員候補者の名簿を開示するようなことは，現行法上は疑問である（検察官，弁護人，被告人には，裁判員候補者の氏名に関する守秘義務があるが，被害者には現行法上は守秘義務がない）。性犯罪における被害者のプライバシー保護が，裁判員選定の段階でも要請されることは理解できるが，その方法は立法的解決がなされるべきであり，「被害者のため」という言葉で安易な運用をすべきではない。

6) 日本司法支援センターにおける取組み

2006（平成18）年にスタートした日本司法支援センター（以下「支援センター」という）において，その業務のうちに犯罪被害者支援業務も盛り込まれた。

2004（平成16）年5月に成立した総合法律支援法には，情報・資料の提供，被害者支援に「精通している弁護士を紹介」すること等が明文化されている（同法30条1項5号）。

しかし，単なる情報提供や弁護士の紹介では，実質的には現在と比べて，被害者支援が推進されるものではない。財団法人法律扶助協会が自主事業として行ってきた犯罪被害者法律援助が，扶助協会の解散により司法支援センターに継承されているが，弁護士会としてもこれに積極的に協力し，犯罪被害者の法律相談等の充実に向け，全国レベルで調整をしていくべきである。

2 冤罪被害者に対する補償

> 冤罪被害者に対する十全な補償をなすことは，捜査権，訴追権そして刑罰権を行使する国の責務であり，被疑者補償法及び非拘禁者補償法を早期に制定すべきである。

1) 冤罪被害者に対する補償の意義

冤罪を防止することは，刑事司法に課せられた重大な使命であり，今後ともこれを防止するための改革がなされなければならない。しかし，他方で刑事司法は，

捜査権，訴追権の行使を誤り冤罪をもたらす危険を常に孕んでおり，その危険を免れることはできない。そうだとすれば，冤罪に対する十全な補償をなすことが不可欠であり，これなしには，刑事司法の正当性を維持し，信頼性を確保することができない。冤罪被害者に対する補償制度を整えることは，国の使命である。

憲法40条が「何人も，抑留又は拘禁された後，無罪の裁判を受けたときは，法律の定めるところにより，国にその補償を求めることができる」と規定しているのも，そのような趣旨に理解されるべきである。

また，犯罪被害者については，近年，国による補償が図られるとともに，刑事手続への被害者参加などの施策もとられてきた。これに対し，冤罪被害者に対する補償は，旧態依然とした状況にあり，早急に整備を図る必要がある。

その課題として，被疑者補償法及び非拘禁者補償法の制定の2つがあり，早急にこれらを実現すべきである。

2）冤罪被害者に対する補償の現状

憲法40条の規定とその趣旨に基づき，次のとおり刑事補償に関する立法がなされてきた。

❶ 刑事補償法は，「もし免訴又は公訴棄却の裁判をすべき事由がなかったならば無罪の裁判を受けるべきものと認められる充分な事由があるとき」（同法25条1項）についても，無罪の裁判と同様に，補償を請求することができるとする。

❷ 1976（昭和51）年の刑訴法改正によって，無罪の判決が確定したときは，被告人であった者に，その裁判に要した費用を補償する「費用補償制度」が創設された。

❸ 1992（平成4）年，「少年の保護事件に係る補償に関する法律」が制定され，審判に付すべき少年に犯罪その他の非行が認められなかった場合にも補償を行うこととされた。

❹ 1957（昭和32）年，法務大臣訓令として被疑者補償規程が定められ，未決の抑留又は拘禁を受けた後，不起訴処分となった場合，罪を犯さなかったと認めるに足りる十分な事由があるときは，刑事補償法と同様の補償を行うこととした。

3）被疑者補償法の制定を

刑事補償法による補償が権利性を付与された請求権であって，裁判所の決定により補償額が決定され，この決定に対しては即時抗告も可能であるのに対し，被疑者補償規程による補償の申出は，検察官の職権発動を促すものに過ぎず，権利性がないものと解釈されており，検察官がなした補償をしないとの裁定は，行政不服審査法による審査にも服さないとされている。

そのため，国会においては，幾度となくこの被疑者補償の問題が審議されており，法案が提出されたことも幾度もあったが，成立するには至っていない。

実際にも，「罪を犯さなかったと認めるに足りる十分な事由があるとき」との被疑者補償規程による補償の要件に該当することを疑う余地のない事案であるのに，検察官が補償をしない旨の裁定をしたという事案が生じている。

2008（平成20）年12月，日弁連は，「被疑者補償法の制定を求める意見書」を公表した。同意見書は，被疑者補償請求権として構成すること及び補償をしないとの裁定に処分性を付与することについては，起訴便宜主義等の見直しをも視野に入れなければならないところから，今後の検討に委ねることとしたが，被疑者補償法をもって，検察官の補償をしないとの裁定の性質に応じた不服申立ての制度を創設することとし，その審査機関を検察審査会とすること，を提案している。

この被疑者補償法の早期制定を図るべきである。

4）非拘禁者補償法の制定を

現行刑事補償法においては，無罪の裁判を受けた者が，刑訴法等によって未決の抑留又は拘禁を受けた場合には，国に対して抑留又は拘禁による補償を請求することができるとされているのに対し，非拘束期間中については，補償の対象外となっており，刑事訴追を受けて無罪の裁判が確定した場合であっても，身体拘束を受けなかった者や身体拘束を受けなかった期間については何らの補償もされていない。

しかし，身体拘束を受けずあるいは保釈等になった場合であっても，訴追を受けた者は，公務員であればその意に反して休職とすることができるとされており，その場合，原則として給与は支給されないし，民間企業に勤務する場合においても休職処分に付された

り，事実上，退職を余儀なくされる場合も多く見られるなど，様々な不利益を受け，有形無形の圧迫や制約を受けることとなるのであって，これらの被害に対する定型的補償をなすのは，国の責務だというべきである。

　無罪判決が確定したものの非拘束の被告人であったために刑事補償が受けられなかった最近の例として，いわゆる「名古屋刑務所革手錠事件」の刑務官のケースがある。

　日弁連は，この問題を含む課題につき，1965（昭和40）年，「刑事補償法及び刑事訴訟法改正案」を策定して公表し，その後，費用補償制度が実現しているが，非拘禁者補償の制度は未だ実現していない。そこで，2009（平成21）年3月，あらためて，「非拘禁者に対する刑事補償制度を求める意見書」を公表した。その早期実現を求めるべきである。

5）その他の課題

　刑事補償全般の課題として，補償額の下限の引き上げの問題がある。刑事補償法制定当時は，補償額が「200円以上400円以下」と定められており，上限は下限の2倍であったが，1980（昭和55）年改正以降，下限は1,000円のまま現在まで据え置かれ，他方，上限はその後も引き上げが行われたため，現在は，1,000円以上12,500円となっており，上限は下限の12.5倍に達している。今後こうした課題についても検討がなされるべきである。

3　子どもの人権

> ・子どもをめぐる立法・法改正に際しては，子どもの権利条約の趣旨に立ち返り，子どもは人権の主体であることを再確認して，子どもの人権が真に保障される制度を作るべきであり，日弁連及び弁護士会は，子どもの権利基本法の制定へ向けた提言を含めた積極的な提言を行なうべきである。
> ・全面的国選付添人制度の実現のため，全国の弁護士会が実施している「当番付添人制度（＝全件付添人制度）」を，早急に，身体拘束事件全件を対象とする制度に拡充した上で，社会に対して，国選付添人制度の必要性をアピールするための運動を展開すべきである。
> ・家庭・学校・施設・地域など社会のあらゆる場で，子どもの人権保障が全うされるよう，弁護士・弁護士会としては子どもに対する法的支援をいっそう進めるべきである。

1）子どもの人権保障の重要性

　子どもは，明日の社会を生きていかなければならない。この世に生を受けた以上，みな等しく人格的価値を尊重され，それぞれの特性に応じた成長発達が保障されるべき存在である。成長の過程で人間としての尊厳と成長発達する権利を十分に保障されてこなかった子どもは，子ども時代に非行などの問題行動という形でSOSを発することもあれば，大人になってから，犯罪に走ることもあり，また，心の病に罹って長期間苦しむ者も多い。子どもの人権が保障され，成長発達することができて初めて，将来，子どもが大人になった時に，他者の人権を尊重することのできる人間になれるのである。

　また，子どもは大人社会の鏡でもある。したがって，子どもの人権保障は，大人の人権保障達成度の尺度でもある。

　ところが，日本においては，子どもの権利条約が批准されて発効（1994〔平成6〕年5月22日）した後においても，子どもは「保護の客体」であるという意識が根強く，一人の「人権主体」として扱うという視点が欠けている。子どもは，一人一人が人権の享有主体であり，とくに「子ども期」に特有の人権として「成長発達権」「意見表明権」（憲法13条等）が保障されなければならないということを再確認する必要があろ

う。

そのためには、子どもの権利基本法を制定し、子どもが権利の主体であること、成長発達権と意見表明権を有することを明記した上で、具体的な立法や行政の中で生かしていくことが必要であり、政権交代を踏まえ、日弁連としての真剣な取組みが求められる。

2）少年司法制度をめぐる問題
(1) 少年司法制度の目的

少年司法制度の理念・目的は、少年の健全育成であり（少年法1条）、非行に陥った少年に対しても、応報的な観点から厳罰を下すというのではなく、教育・福祉・医療などを含めた総合的な見地からの対応がなされなければならない。なお、「健全育成」という言葉は、少年を権利の主体として見るのではなく、保護の客体と見るニュアンスがあるため、最近では、少年司法制度の理念を、少年の成長発達権保障という観点から捉え直すべきであるという考えが現代的にはもはや常識である。

少年の健全育成（成長発達権保障）とは、少年が未来に開かれた可能性を秘めており、試行錯誤を繰り返しながら成長してゆく過程にあることを前提とし、教育的配慮及び対応によって、非行に陥った少年が再び非行に走ることなく、自らの力で立ち直り生きてゆくことを支援することに他ならない。少年は、経験・学習を積み重ねながら、日々成長して人格を形成していくが、この過程は、人間存在の根本に連なるものとして、国家・社会などがみだりに干渉すべきでない憲法上の権利（憲法13条、25条、26条など）であるというべきである。

もとより、試行錯誤の過程において非行に走った少年に対しては何らかの支援が必要である。そして、その支援としての少年審判手続及び保護処分は、少年自身や被害者、家族・関係者などの人間の尊厳、基本的人権の尊重などについて、少年を啓発するものでなければならない（子どもの権利条約40条参照）。

このような視点からすれば、少年に対する保護処分は、刑罰でもなければ社会防衛処分でもないのであり、少年の成長発達権を援助するものでなければならない。

(2) 2000年「改正」少年法をめぐる問題

2000（平成12）年11月に「改正」された少年法は、2001（平成13）年4月1日から施行されて7年近くが経過した。この改正は、少年審判手続における事実認定の困難さ、被害者への配慮不足など、改正前少年法の不都合な点を正すという要請もあった。しかし、同時に、たまたま世間の耳目を集めた神戸須磨事件、「17歳の少年」による犯行などに対する社会のヒステリックな感情を背景に、あたかも、少年非行が急増・凶悪化しているという誤った情報が垂れ流され、「少年非行が急増・凶悪化しているのは少年法が甘いせいだ」という、実証的な研究を欠く議論が展開されて、少年法は改正された。

しかし、付添人活動を日々続けている弁護士の実感としては、少年非行の要因はさまざまであるものの、成育過程の中の負の体験が大きな影響を及ぼしていることが多く、厳罰化・刑罰化では少年犯罪を予防することはできず、必要なのは教育や福祉や医療であるということは明らかである。日弁連では、2001（平成13）年11月に行われた第44回人権擁護大会シンポジウムにおいて、「少年犯罪の背景・要因と教育改革を考える――とどいていますか、子どもの声が――」と題する分科会を開催した。これに先立ち、全国の弁護士に依頼して、罪を犯した少年（487人）とその保護者（425人）から聴き取りアンケートを行い、担当した付添人弁護士（555人）の見解を併せて回収し、分析を行った。その結果、非行を犯した少年の約6割に、被虐待体験があったことが明らかになった。

改正論議の中で危惧されていたことであるが、家庭裁判所の運用が、保護主義の理念を捨て、刑事裁判化していくのではないかという点については、付添人活動の中での実感として、裁判官や調査官の変質・変容を指摘する声が多い。事実認定の適正という改正法の趣旨に反する安易な検察官関与がなされたという事例や、少年法の理念に反する逆送事例なども報告されているところであり、弁護士・弁護士会としては、今後も少年法の適正な運用を担保するために眼を光らせていかねばならない。

なお、改正法施行後5年間の運用状況は、裁定合議事件が170人、検察官関与事件が97人（うち国選付添人が選任されたのは25人）、原則逆送対象事件が349人（そのうち、原則どおり逆送されたのは195人）となっている（数字は、2001〔平成13〕年4月1日から2006〔平成18〕年3月末日までに全国の家庭裁判

所において終局決定のあった人員の合計)。

このような状況を踏まえて,日弁連は,2006(平成18)年3月に,「『改正』少年法・5年後見直しに関する意見書」を公表し,逆送可能年齢を16歳に戻すべきとする意見などを述べた。しかし,いったん「改正」された法律を元に戻すことは容易ではなく,逆に,さらなる「改正」の動きが進むこととなった。

(3) 2007年少年法「改正」

政府は,2005(平成17)年3月1日,「少年法等の一部を改正する法律案」(以下「『改正』法案」という)を閣議決定し,同日付けで国会に提出した。

「改正」法案は,❶触法少年及びぐ犯少年に対する警察の調査権限の拡大強化,❷少年院送致年齢の下限撤廃,❸保護観察中の遵守事項を守らない少年に対する施設収容処分などを内容とするものであった。

少年法の対象となる少年の中でも,とりわけ刑事責任能力年齢に達しない触法少年の健全育成・更生を図るためには,司法的処遇より福祉的処遇がふさわしいのであって,法案は,触法少年の実態と処遇のあり方について児童福祉の現場の声を踏まえていないものであった。そもそも,触法少年による凶悪事件は決して「相次いで」はおらず,また,現行法上対応できないような不都合も生じていないにもかかわらず,法改正をすることは,立法事実を欠いている。

にもかかわらず,この「改正」がなされれば,児童相談所の調査機能や児童自立支援施設の「育てなおし」機能を大きく後退させ,保護観察制度の根底を揺るがすことになるため,日弁連をはじめ全国のすべての単位会が,これに反対する会長声明を発表し,単位会・日弁連挙げて反対運動に取り組んだ。

その甲斐あって,「改正」法案も実質的な審議が始まらないまま,廃案・継続審議を繰り返したが,2007(平成19)年の通常国会において,ついに実質審議入りした。そして,同年5月に,衆議院で,日弁連の意見を取り入れていくつかの修正が施された上で可決され,参議院では,調査の可視化の検討など8項目の付帯決議をつけて可決成立した。

成立してしまった以上,弁護士・弁護士会は,せめて参議院付帯決議を実質化するための運動を今後も続けていかなければならない。

(4) 少年非行防止法制をめぐる動き

その後,国会で削除された警察の調査権限に関する条文を事実上復活させようとする少年警察活動規則の「改正」案が公表されたものの,日弁連から与党への強い働きかけにより,これを阻止した。

もっとも,その背景には,少年非行防止のために警察が積極的に関与すべしという政策選択の流れがあるといえる。すなわち,警察庁「少年非行防止法制に関する研究会」は,2004(平成16)年8月,「少年非行防止法制の在り方について(中間報告)」を発表した。これは,政府の「青少年育成施策大綱」(2003〔平成15〕年12月・青少年育成推進本部)及び「犯罪に強い社会の実現のための行動計画」(2003〔平成15〕年12月・犯罪対策閣僚会議)を受けて検討されたものである。

少年の非行防止のための対策が必要であることは,弁護士・弁護士会としても否定するものではないが,上記の中間報告等は,いずれも警察中心の非行防止政策を指向するものである。すなわち,地域社会が警察権力の拡大を受け容れて「監視」型の社会を作っていく方向性を示している。監視と威嚇による非行防止は本来のあるべき姿ではなく,少年個々の人格を尊重し,成長発達を支援することによって非行防止を図るべきである。

弁護士・弁護士会としては,豊富な付添人活動の経験等に基づき,あるべき非行防止法制について積極的な提言を行っていくべきであろう。

(5) 2008年「改正」——被害者等の審判傍聴制度の導入

2008(平成20)年6月,少年審判への被害者傍聴制度の導入を柱とする少年法改正がなされた。法務大臣が,2007(平成19)年11月に,被害者等や遺族の審判傍聴を認めることなどを盛り込んだ少年法の改正案要綱を法制審議会に諮問したのを受け,日弁連は同月,審判傍聴規定の新設に反対する「犯罪被害者等の少年審判への関与に関する意見書」を発表し,その後,一貫して政府提出の法案に反対の姿勢を貫いてきた。また,全国49の単位会が,法案に反対ないし問題点を指摘する会長声明を発表した。東京弁護士会は,その運動をリードし,国会議員やマスコミに対し,被害者等の審判傍聴がもたらす弊害を訴えてきた。

このような日弁連・単位会の運動の成果があって,国会では,民主党の修正案を与党がすべて受け容れる形で,❶被害者等による審判傍聴を許す要件として,

「少年の健全な育成を妨げるおそれがなく相当と認めるとき」を加える，❷12歳未満の少年の事件は，傍聴対象から除外する，❸家庭裁判所は，審判の傍聴を許すには，あらかじめ，弁護士付添人の意見を聴かなければならず，弁護士付添人がついていないときは弁護士付添人を付さなければならない，などの修正が加えられた。

とはいえ，少年審判のあり方の抜本的な変更である以上，保護・教育の優先をうたった少年審判手続の理念が変容するおそれは払拭できない。今後は，「少年の健全な育成を妨げるおそれがない」と言えるかどうかが正しく認定され，適切な審判運営がされるよう，現場での実践が重要となってくる。そのためには，傍聴の可否について意見を述べる権限を与えられた付添人の役割が大きい。付添人活動を担う弁護士は，少年法の理念を正しく理解して適切な審判運営を実現すべく活動することが，これまで以上に望まれるといえよう。

しかし，現実には，審判傍聴を不許可とすることが立法者意思に合致するはずの事案において，裁判所は付添人の反対にもかかわらず遺族の傍聴を許可し，糾弾的な審判運営がされたという事例の報告がされている。その他にも，裁判官が被害者等を意識した質問に偏するために，少年の成育歴を振り返り，受容的な働きかけをしたうえで更生につなげるという審判の教育的な役割が発揮されなくなっているという報告が多数ある。

日弁連としては，事例集積を踏まえ，運用面での最高裁との協議をする必要があるのはもちろんのこと，裁判官の裁量による審判運営に期待できないようであれば，制度見直しへ向けた提言も必要となってくる。

(6) 全面的国選付添人制度実現へ向けた運動

少年事件に付添人を付する必要性は，成人の刑事事件の弁護人選任の必要性に勝るとも劣らない。この必要性は，2000（平成12）年の少年法「改正」により，ますます強まった。

ところが，少年法は，少年及び保護者に付添人選任権を認めるが，資力のない少年に実質的に付添人選任権を保障する制度にはなっていなかった。2000（平成12）年改正少年法は，検察官関与のある事件について国選付添人制度を規定したが，検察官関与のない通常の事件について，付添人選任権を保障するものではなかった。

そこで，少年の付添人選任権を実質的に保障するため，福岡県弁護士会は，2001（平成13）年2月より，当番付添人制度（身柄全件付添人制度）を発足させ，目覚しい成果を上げている。これは，いわば当番弁護士制度の少年版というもので，弁護士・弁護士会が「身銭を切って」法律扶助協会の援助制度（当時）を利用し，家庭裁判所の協力も得て作り上げた制度である。

その後，全国の弁護士会が，その必要性は認識して導入に向けた検討を続けながらも，会内事情等により，なかなか後に続くことができなかった（一部に，年齢等で制限を設けて導入に至った単位会はある）。

法友会・法友全期会は，2003（平成15）年7月，「当番付添人制度実現を提言する決議」を行い，2004（平成16）年4月からの東京での当番付添人制度実現に向けてさまざまな取組みを行った。

そのような後押しの中，東京三弁護士会では，これまで委員会レベルで行ってきた協議を発展させ，2003（平成15）年9月，「身体拘束少年事件全件付添人制度導入協議会」を発足させ，三会の足並みを揃えるべく努力を続けた。また，東京家庭裁判所，法律扶助協会，法務省・鑑別所とも鋭意協議を続け，各会の会内合意形成にも時間を掛けた。

そして，東京弁護士会では，2004（平成16）年7月28日の臨時総会において財政的手当てを行い，2004（平成16）年10月より，東京家裁本庁の事件について当番付添人制度を発足させ，多摩支部では，2005（平成17）年4月より制度実施に至った。なお，多摩支部での制度実施のためには，多摩支部会員だけでこれを担っていくことは困難なため，本会会員が「応援」に行くことが不可欠であった。そのため，法友会・法友全期会を挙げて，多摩支部の少年当番弁護士名簿に登録する運動を進めた結果，ようやく人的対応能力が整った。

このような運動の成果は，2007（平成19）年「改正」少年法の唯一評価できる点として，検察官関与を前提としない国選付添人制度の創設という形で現れた。

しかし，国選付添人選任の対象となるのは，❶故意の犯罪行為により被害者が死亡した事件，❷死刑又は無期若しくは短期2年以上の懲役若しくは禁錮に当たる罪の事件，❸被害者等が審判傍聴の申出をした事件，に限定されるうえ，裁判所の裁量的選任であるために，

実際に国選付添人が選任される事件は，身体拘束事件全件のうちのわずかに過ぎないと予想される。それ以外は，従前どおり，少年保護事件付添援助制度（以下「援助制度」という）を使った私選付添人として活動することが必要となってくる。

このままだと，2009（平成21）年に被疑者国選弁護事件の対象が必要的弁護事件に拡大した後は，被疑者国選弁護人が選任された少年について，その弁護人が，家裁送致後には少年から去って行ってしまうという不合理な事態になりかねない。国選付添人選任の対象事件を，少なくとも身体拘束事件全件に広げるためにも，各弁護士会が，独自に当番付添人制度（全件付添人制度）を発足させ，人的対応能力を示すとともに，少年が付添人の援助を受けることが，少年の権利保障の観点はもちろん，少年の更生にも不可欠の役割を果たすという実績を示すことが必要になってきている。

日弁連は，2007（平成19）年11月の人権擁護大会で「全面的な国選付添人制度の実現を求める決議」を採択したとおり，少なくとも身体拘束事件については全件につき国選付添人が選任されるような制度の実現を目指して，引き続き社会の理解を求めるための運動をするとともに，弁護士の人的対応体制を整備し，全単位会で全件付添人制度（当番付添人制度）を立ち上げることが必要である。日弁連は，2009（平成21）年3月，全面的国選付添人制度実現本部を立ち上げ，制度実現へ向けた内外への働きかけを本格的に開始した。同年11月に，旭川弁護士会が対象事件の制限のない当番付添人制度の実現にこぎつけ，これをもって，全単位会で当番付添人制度を実施するという目標を達成した。ただし，単位会の中には，対象事件を年齢や罪種で限定しているところもあり，これでは国に対して全面的国選付添人制度の実現を要求することとの整合性がとれない。各単位会においては，よりいっそう，制度充実のための努力が必要である。

そして，全国で全件付添人制度（当番付添人制度）を実現・維持していくためには，援助制度の充実・継続が不可欠であり，そのための財政的な手当てを講じることが必要である。そこで，日弁連は2007（平成19）年10月より，少年保護事件付添援助事業を含めた各種法律援助事業を，法テラスに委託して実施することとした。少年保護事件付添援助制度の主要な財源は，これまで（2009〔平成21〕年5月まで）は，当番弁護士等緊急財政基金であった。しかし，この基金を支える特別会費徴収の目的が被疑者国選弁護制度の実現に向けた時限的なものであったことに鑑みると，今後は，少年保護事件付添援助事業の財源とすることを主目的とした基金を作ることがふさわしい。そこで，法友会・法友全期会は，2008（平成20）年7月，「少年保護事件付添援助制度等を維持・発展させるための財源手当を求める決議」を行い，新しい基金の創設を推進してきた。その結果，2008（平成20）年12月の日弁連臨時総会において，「少年・刑事財政基金」の創設とそのための特別会費徴収（1人当たり1カ月3,100円）が決まった。今後は，全面的国選付添人制度実現へ向けて，世論や国会に働きかける運動が必要となってくる。

なお，少年・刑事財政基金を財源とする少年保護事件付添援助事業の援助内容は，謄写費用の援助がされないなど，十分とは言い難い。そのため，東京三弁護士会では，日弁連の基準で定められた援助額の他に，独自財源をもって，さまざまな上乗せ・横出し加算を行っている。少年事件を担っていくことが期待される若手の経済的負担感を少しでも解消し，質量ともに充実した付添人活動を提供することが弁護士会の役割であるという認識に基づく政策的な制度設計である。しかし，小規模単位会が独自の上乗せ・横出し加算を実現することは容易ではない。したがって，日弁連レベルで，援助額の増額や援助費目の見直しを漸次行い，全面的な国選付添人制度の実現へ向けて，全件付添人制度の全国実施を推進ないし後押しする必要がある。

3）学校内の子どもの人権
(1) いじめ

相変わらず，いじめを苦にした自殺事件が発生するなど，いじめ問題は後を絶たない。特に2006（平成18）年には，いじめ自殺がマスコミを通じて表面化し，問題が社会問題化した。近年は，携帯電話やネット産業の普及に伴って，携帯メールやサイトを利用したいじめが横行するようになり，いじめの態様が見えにくく，陰湿化していると見られている。

いじめを発見した場合に，教師は，その場限りの叱責に終わることなく，いじめる側，傍観者を含むクラス全体で，いじめが人権侵害であることを理解させるように，地道な取組を続けなければならない。そして，

保護者，校長・教頭を巻き込んだ取組も必要になる。いじめる側を叱っただけでは，「チクッた」ということで被害者が逆恨みされ，いじめはかえって陰湿化し，教師の目の届かないところで執拗に繰り返され，被害者が，二度と声を上げることができなくなってしまう。

なお，いじめ問題に対応するときには，いじめる側が，実は家庭で虐待を受けていたり，過去のいじめの被害者であったり，教師から体罰を受けていたり，その子自身が深刻な問題を抱えている可能性が高いことを頭に置きつつ対応することが必要となる。そして，いじめる側にも適切な援助をするのでなければ，問題の根本的な解決にならないことが多い。

したがって，相談を受けた弁護士としては，場当たり的な対応ではなく，いじめの背景をも視野に入れて対応する必要がある一方，いじめられている子どもを非難するようなこと（「あなたも悪いところがあったんじゃないの」など）は決して言ってはならない。また，被害者を励ましたつもりが，かえって追い込んでしまうこともある。このように，いじめ相談については，弁護士の側でも特殊な知識・素養が必要なので，弁護士会としても継続的な研修制度の充実に努めるべきである。

2006（平成18）年に，いじめ自殺が社会問題化した際には，東京弁護士会は，いち早く「いじめられて苦しんでいるあなたへ，いじめの加害者となっているあなたへ」という会長声明を公表し，子どもの人権110番の電話回線を増設して特別相談体制を組んだ。

社会問題に対しては，時機を逃さずに弁護士会としての役割を果たすことが必要であり，会としての迅速な対応が望まれる。

(2) 体罰

体罰は，学校教育法11条で厳に禁止されているにもかかわらず，各地の弁護士会が実施している子どもの人権相談などでは，依然として，体罰に関する相談が多数ある。これは，学校・教師・保護者・地域に依然として体罰容認の意識が残っていることが原因であると思われる。

体罰ではないが，最近，教師によるわいせつ行為が明るみになることが増えた。従前，泣き寝入りしていた子どもたちが声を上げ始めたのか，わいせつ行為そのものが増加傾向にあるのか，即断はできないが，加害者となった教師に対して厳しい処分を行うとともに，被害者となった子どもに対する精神的ケアが不可欠である。

また，男性教師が女子生徒の下着検査をするという不適切な指導を行っているという相談例などもあり，学校教育の現場での人権感覚はいまだ乏しいと言わざるを得ない。人権感覚を養うための研修制度の充実が不可欠である。

(3) 教育基本法「改正」

2003（平成15）年3月，文部科学省・中央教育審議会は，「新しい時代にふさわしい教育基本法と教育振興基本計画の在り方について（答申）」を発表した。その後のさまざまな政治情勢の中で，法案確定までに紆余曲折があったが，教育基本法改正を公約に掲げる安倍政権の下で，政府は，2006（平成18）年4月，国会に教育基本法改正法案を上程し，同年12月，与党の賛成多数で改正された。

これを受けて，同年6月には，学校教育法，地方教育行政組織法，教育職員免許法などの教育関係三法「改正」法が，多くの問題を先送りしたまま成立した。

「改正」論議の背景には，学校教育において，子どもたちが学ぶことへの意欲を減退させ，いじめ・校内暴力・学級崩壊などの現象が見られ，不登校の子どもや中途退学者の人数が増加するなどの，いわゆる「問題状況」が生じていることがあった。そして，この「問題状況」が，憲法や教育基本法に基づく教育理念や教育実践によるものであるという議論がされて，教育基本法の見直しを志向する結論が導かれた。

しかし，教育の現場におけるさまざまな子どもの人権侵害を見聞きしてきた弁護士の実感からすれば，「問題状況」の改善のためには，まず，教育現場において，子どもたちの権利を真に保障し，その尊厳を確保することこそが必要なのであって，改正法の目指す方向は誤っていると言うべきである。

日弁連は，2002（平成14）年9月に「教育基本法の在り方に関する中教審への諮問及び中教審での議論に対する意見書」を公表したのをはじめ，2006（平成18）年2月に「国会内に教育基本法調査会の設置を求める提言」を，同年9月には「教育基本法改正法案についての意見」を公表し，法案の問題点を指摘するとともに慎重審議を求めてきた。

しかし，日弁連の意見には反する「改正」がなされたことにより，今後は，弁護士・弁護士会としては，

教育実践の中で，教育改革が子どもの個人の尊厳に立脚し，真に子どもの学習権・成長発達権等の人権保障に資する方向に進むよう，積極的な運動を行っていかなければならない。

なお，教育現場では，教育基本法の「改正」を先取りする形で，「愛国心」教育が強化され，愛国心を通知表で評価する自治体も現れた。とくに東京都では，国旗掲揚・国家斉唱時の起立を強制する動きが強まっており，子どもの思想・良心の自由の侵害が問題になっているので，監視が必要である。

4）家庭内の子どもの人権──児童虐待

(1) 児童虐待防止法の成立

2000（平成12）年5月，児童虐待防止法が与野党一致の議員立法として成立した。児童虐待の定義を明確に定め，虐待の禁止を法定して，国及び地方公共団体に児童虐待の早期発見及び被虐待児の迅速かつ適切な保護を義務づけ，守秘義務を負う医者や弁護士などが児童相談所に虐待通告した場合は守秘義務違反を問われないと定められるとともに（もっとも，虐待親から「子どもを殴ってしまうがどうしたらよいか」などの相談を受けた弁護士については，守秘義務が優先するのではないかとの議論がある），虐待を行った者は，たとえ親権者であっても刑法上の責任を免れないこと，児童相談所長等は，児童を保護した後，保護者の面会又は通信を制限することができることなどを明文で定めた。

この内容そのものは，とくに新しい制度や権限を創設したものではなく，従来，通達により，児童福祉法や民法，刑法の解釈・運用の中で実施してきた児童虐待に関わる制度について，明文で定めて明確な法的根拠を与えたというにすぎない。一方で，例えば，子どもがいる建物への立入調査をするに際して，鍵を破壊することは可能かという従来から解釈が分かれる問題について，この権限を認める規定は置かれなかったことなど，大きな問題の解決が先送りされた。

(2) 児童虐待防止法制定による効果と課題

しかし，児童虐待の防止そのものを目的として児童虐待防止法が成立したことは，社会に虐待問題を周知させ，その防止に向けて社会全体で取り組む原動力になるという意味で，喜ぶべき第一歩であった。実際，児童相談所の虐待受理件数は急増し，2000（平成12）年度に全国の児童相談所が受付けた相談は約19,000件，2001（平成13）年度は約25,000件だったものが，その後毎年増加し，2007（平成19）年度は初めて4万件を超えた（厚生労働省調べ）。

ところが，児童虐待の通告先である児童相談所は，人的・物的手当てがほとんどできておらず，十分な対応ができていないという現状である。児童相談所の人的・物的設備の充実が望まれるとともに，被虐待児救出のためには，民間の専門機関とも協力する必要があると言える。

また，弁護士の積極的な関与も期待される。例えば，被虐待児を児童福祉施設に措置するに際して，児童福祉法は，保護者の同意によることを原則としており（27条4項），同意が得られない場合（保護者の「意に反（する）」場合）は，家庭裁判所の承認を要することとなっている（28条）。児童相談所が家庭裁判所に施設入所承認審判の申立をするに際しては，弁護士の助力なくしては難しい事例も多い。そのため，各地の弁護士が，児童相談所の代理人として活動するようになってきており，大阪や横浜に続いて，2004（平成16）年度からは東京でも，各児童相談所の非常勤弁護士として弁護士が関与する仕組みができた。

(3) 児童虐待防止法の改正

児童虐待防止法は，成立から3年後の2003（平成15）年に見直されることになっていたところ，この見直しに向けて，日弁連は，同年5月に「児童虐待防止法制における子どもの人権保障と法的介入に関する意見書」を発表するなど，積極的な意見を述べてきた。

そして，2004（平成16）年4月，児童虐待防止法が改正された。しかし，改正法は，前進はあったもののなお不十分であった。

ところで，児童虐待防止法制をめぐっては，ともすると「子どもの救済」を思うあまり，冷静な法的議論に欠けることがある。例えば，改正が間近に迫った2004（平成16）年初めには，虐待が疑われる家庭への警察の立入調査権を認めようという議論が一部政治家の中から起こってきた。そのため，裁判所の令状発布を要件としない限り，家屋内への強制立入は令状主義に反し憲法違反になりかねないとして，弁護士有志が再考を求める意見書を発表した。真に子どもの人権保障を全うするためには，法律家としての冷静な目による意見提言が不可欠であり，弁護士・弁護士会の果

たすべき役割は大きい。

2006（平成18）年に、2度目の法律改正が行われ、「この法律は、児童虐待が児童の人権を著しく侵害」するものであるとの文言が第1条に盛り込まれたことは、法律が、子どもが人権の主体であることを明示したという意味で画期的であった。

そして、ついに2007（平成19）年の改正では、裁判所の令状による強制立入りの制度が規定されることになった。

(4) 親権制度の見直し

現行民法の親権制度は、さまざまな問題があるが、とくに虐待を受けた子どもの保護の場面では、親権制度の見直しの必要性が言われていたところ、2009（平成21）年6月、法務省が「児童虐待防止のための親権制度研究会」を設置し、いよいよ親権制度の見直しに向けて動き始めた。

日弁連は、従前から、親権制度の見直しについてさまざまな提言を行ってきたが、改めて、2009（平成21）年9月、「児童虐待防止のための親権制度見直しに関する意見書」をまとめた。そこでは、親権の一部停止・一時停止など、目的に応じた柔軟な制度の創設を提言している。また、親子分離に際して司法審査を導入することや、子どもの代理人制度を創設することを提言している。司法審査の導入については、最高裁の抵抗も予想されるところであるが、虐待を受けた子どもをより良く保護するために必要な制度的手当は、人的・物的対応態勢を整えることとセットで速やかに行われるべきである。

5）児童福祉施設内の子どもの人権

(1) 児童福祉施設の現状

被虐待児の受け皿である児童養護施設等の児童福祉施設は、現在、危機に瀕していると言っても過言ではない。なぜならば、処遇が困難な被虐待児の入所が増加しているにもかかわらず、政府の定める「児童福祉施設最低基準」による人的・物的水準はあまりに低位であり、しかも、従来、最低基準を上回る基準を定めていた東京都では、逆に職員の定員が削減されているのが現状である。とくに、心理職員の配置が不十分なため、心に深い傷を負った子どもたちに対して、適切なケアを行うことができないことは大きな問題である。

(2) 施設内虐待

また、児童養護施設等における体罰・虐待等は後を絶たない。もっとも児童養護施設等の閉鎖性と、中にいる子どもたちが声を上げる術を持たないことから、問題が公になることは少なく、施設内虐待の実情把握は容易ではない。

しかし、千葉県の恩寵園における虐待は、園長らの刑事事件（有罪が確定）にまで発展した。一方、元園児らが、元園長・施設・千葉県に対して損害賠償請求を求めていた事件において、2007（平成19）年12月、千葉地方裁判所は、千葉県に対し、元園児らに対する損害賠償を命じた。

また、2002（平成14）年9月には、茨城県の筑波愛児園を相手に、東京弁護士会に人権救済申立がされ、東京弁護士会では、同年11月、同園における十数年にわたる虐待行為を認定し、施設に対して警告を、監督権限を持つ東京都と茨城県に対して勧告を行った。

その他にも、全国で複数の施設での体罰・虐待の事実が明らかになっている。

家庭の中で虐待を受けてきた子どもたちが、施設でも虐待を受けるというのは悲劇である。これを防止するための一つの方策として、外部の目が入ることが不可欠であるところ、一部施設の中には、オンブズパーソンを受け容れているところもあるが、問題のある施設ほど、外部の人間を入れたがらないという傾向がある。

東京都では、社会福祉事業団が運営する旧都立の児童養護施設において、2000（平成12）年10月から半年の試行期間を経て、2001（平成13）年4月からオンブズパーソン（正式名称は「サービス点検調整委員」）制度が導入されたものの、東京都の児童福祉行政の方針により、この制度は、2002年（平成14）年度をもって終了してしまった。

弁護士が社会の隅々にまで入っていくべしという司法制度改革の流れからしても、児童福祉施設のオンブズパーソンも弁護士が担うことが必要になってくるというべきであり、弁護士・弁護士会としては、オンブズパーソン制度の必要性を説いて制度の創設を行政に働きかけるとともに、適切な人材を、責任を持って送り込んで行くべく、人材の要請が望まれる。

6）子どもの権利条約

1994（平成6）年，日本は子どもの権利条約を批准した。子どもの権利条約44条1項に基づき，各国政府は，国連子どもの権利委員会に対して，同条約の実現状況を定期的に報告すべき義務を負っている。1998（平成10）年5月に行われた第1回政府報告書審査に基づき，同年6月，国連子どもの権利委員会は，日本政府に対して22項目にわたる懸念を表明して，これに対する課題を勧告する最終見解を採択した。その中には，裁判所がその判決の中で子どもの権利条約を直接適用しないのが通例であること，子どもの権利の実施を監視するための権限をもった独立機関が存在しないこと，権利の完全な主体としての子どもという概念について広く普及し促進するためにとられた措置が不十分であること，NGOなど市民社会の知識と専門性が適切に活用されていないことなどがある。

ところが，2001（平成13）年11月，日本政府が国連子どもの権利委員会に提出した日本政府第2回定期報告書（政府報告書）は，子どもの権利委員会の最終見解を極めて軽視した内容となっている。また，政府報告書は，各省庁の報告の寄せ集めに過ぎず，統一的視点を欠いており，その作成方法は，日弁連をはじめとする国内のNGOの関与が極めて不十分であった。

この政府報告書を踏まえ，日弁連は，カウンターレポートとして「子どもの権利条約に基づく第2回日本政府報告に関する日本弁護士連合会の報告書」を作成し，2003（平成15）年6月，これを国連子どもの権利委員会に提出した。

国連子どもの権利委員会は，2004（平成16）年1月28日，日本政府第2回定期報告書の本審査を行い，同月30日に，最終見解が採択された。最終見解の内容は，日弁連のカウンターレポートも十分に反映され，日本政府の取組みが不十分であることを指摘し，今後の改善を勧告するものであった。

しかし，その後も，日本政府は最終見解を無視した施策を続け，2008（平成20）年4月に，予定より2年遅れて第3回政府報告書を提出した。これを受けて，日弁連は，2009（平成21）年7月，カウンターレポートとして「子どもの権利条約に基づく第3回日本政府報告に関する日本弁護士連合会の報告書」を作成した。。

弁護士・弁護士会としては，最終見解を踏まえて，子どもの権利条約を社会の隅々にまで浸透させるための地道な活動を今後も行なっていかなければならない。とくに，司法手続の中で子どもの権利条約が生かされることがほとんどないことは問題であり，司法関係者の意識改革が必要であり，そのためには弁護士活動の中での実践の積み重ねという地道な努力が不可欠であろう。

7）子どもの権利に関する自治体の取組みと条例の制定

子どもの人権救済に関わるオンブズパーソンは，全国的な制度としては整備されていないが，自治体レベルでは，兵庫県川西市（1999〔平成11〕年），神奈川県川崎市（2000〔平成12〕年），埼玉県（2002〔平成14〕年）などで実現している。

東京都では，子どもの権利擁護に関する権限を有する第三者機関の設置に向けて，1998（平成10）年11月から，「子どもの権利擁護委員会」による子どもの権利擁護システムが試行的にスタートした。財政難や子どもの「権利」に対する反発等さまざまな障害が発生して，しばしば廃止の危機がささやかれたが，2004（平成16）年4月から，「子どもの権利擁護委員会」は形式的には廃止するものの，東京都福祉局子ども家庭部が所管する「子どもの権利擁護専門相談事業」として，「子どもの権利擁護専門員」が従前とほとんど変わらない権利擁護活動を本格実施することになった。ただし，あくまでも福祉局の策定する要綱に基づいて実施される事業であり，子どもの権利条例制定の目途は立っていない。専門員が子どもの権利擁護活動を全うするためには，行政からの独立性確保が必須であり，行政に対する権限規定が明文化されることが不可欠である。

弁護士・弁護士会としては，全国の自治体で子どもの権利条例が制定され，子どもの人権の特殊性に配慮した，独立し，かつ十分な権限を有する人権救済機関が作られるよう，条例制定段階から積極的に提言を行う必要があろう。

8）子どもの問題専門の法律相談窓口

(1) 東京弁護士会「子どもの人権110番」

東京弁護士会では，1986（昭和61）年より，子どもの人権救済センターを設置し，子どもの問題専門の

法律相談窓口として、電話相談と面接相談をいずれも無料で実施してきた。

ここ数年は、年間600件前後の相談がある。必ずしも一般に（とくに子どもたちに）、その存在が周知されていないので、広報のあり方に課題が残るものの、着実な実績を残している。

ただ、平日の午後1時30分から4時30分までしか相談業務を実施していなかったため、日中、学校に行っている子ども本人からはアクセスしにくいのではないかとか、仕事をしている大人からの相談も難しいのではないかという問題点が指摘されていた。

(2) 子どもの人権110番の拡張

2004（平成16）年6月から、都市型公設事務所である東京パブリック法律事務所の全面的な協力を得て、同事務所内で、平日の午後5時から8時までの夜間相談（電話・面接とも）と土曜日相談（午後1時から4時）を実施することになった。

相談件数は倍増の勢いであり、夜間・休日の法律相談業務を実施することの重要性が明らかとなった。

社会の中の「弱者」の中でも一番の弱者である子どもがアクセスしやすい法律相談窓口を設置・拡充することは、全国の弁護士会で取り組むべき大きな課題であろう。

(3) 民間組織との連携

子どもの人権110番に寄せられる相談のうち、少なからぬ相談が、「今夜泊まる場所もない子ども」に関するものである。子どものための一時的な居場所（避難場所）作りは、子どもの人権110番の相談担当者の長年の願いであった。

そこで、2004（平成16）年6月、子どもの人権110番の相談活動に携わってきた弁護士が中心となって、NPO法人カリヨン子どもセンターを設立し、子どものためのシェルターを開設した（2008〔平成20〕年3月に社会福祉法人カリヨン子どもセンターとなった）。そして、東京弁護士会子どもの人権救済センターとカリヨン子どもセンターとの連携システムを作り、子どもの人権110番の相談担当者が、子どもの緊急な保護が必要と判断した場合には、カリヨン子どもセンターが運営するシェルターへ保護することが可能となった。

子どもの人権保障を全うするためには、単に相談活動を行うだけでなく、実際に子どもを救済するための受け皿が必要であり、弁護士会とNPO法人の連携として、各地の弁護士会からも注目されているところである。

弁護士・弁護士会は、各種民間組織と連携しながら、子どものための相談活動・人権擁護活動を実効あらしめるべく、新しい取組みが求められていると言えよう。

(4) 子どもに対する法律援助

これらの活動に対する弁護士費用は、日弁連が法テラスに委託した各種人権救済関連自主事業の一つである「子どもに対する法律援助制度」を使うことになる。

従前、法律扶助協会東京都支部の独自事業として行われていたものが全国に広まることとなったものであるが、それに伴い、従前の援助対象が削られてしまったり、申込手続が子どもの特性に対する配慮を欠いたものとなったりしているという難点もある。

そのため、制度の柔軟な運用や援助対象の拡大を図るなど、子どもの人権救済活動に当たる弁護士の経済的負担を軽減することにより、活動の担い手を拡充し、ひいては、これまで法的救済の埒外に置かれていた子どもたちが広く弁護士の援助を受けられるような仕組みを作るべきである。

9）民法成年年齢見直しの動き
(1) 経過

2007（平成19）年5月に成立した日本国憲法の改正手続に関する法律（国民投票法）が、国民投票の投票権者の範囲を18歳以上と定めるとともに、「選挙権を有する者の年齢を定める公職選挙法と、成年年齢を定める民法その他の法令の規定について検討を加え、必要な法制上の措置を講ずるものとする」と規定したことを受け、2008（平成20）年2月、法務大臣は、法制審議会に民法成年年齢引下げの是非を答申した。

この経過からも明らかなとおり、民法成年年齢の引下げの是非が問われることになったのは、それ自体として、引下げを必要とする立法事実があったということではなく、あくまでも国民投票法に引きずられたものである。しかし、国民投票の投票年齢や選挙年齢の引下げと民法の成年年齢を、必ずしも一致させる必要はない。諸外国でも、成年年齢と選挙年齢が一致していない（成年年齢の方が高い）国は3分の1近くある。

したがって、民法成年年齢の引下げ自体にそれを必要とする立法事実があるのか、また、逆に、引き下げ

ることによる弊害はないのか，という点が慎重に検討されなければならない。

この点，日弁連は，多角的な検討を行った結果，2008（平成20）年10月21日付けで「民法の成年年齢引下げの是非についての意見書」を発表し，「現時点での引下げには慎重であるべき」としていた。

そして，法制審民法成年年齢部会における検討を経て，2009（平成21）年10月28日，法制審議会は「現時点で直ちに成年年齢の引下げの法整備を行うことは相当ではない」としながらも，将来的には「民法の成年年齢を18歳に引き下げるのが適当である」とする答申を行った。ただし，答申は，引下げを可とする条件として，かなり高いハードルを設けている。すなわち，「民法の成年年齢の引下げの法整備を行うには，若年者の自立を促すような施策や消費者被害の拡大のおそれ等の問題点の解決に資する施策が実現されることが必要である。現在，関係府省庁においてこれらの施策の実現に向け，鋭意取組が進められているが，民法の成年年齢の引下げの法整備は，これらの施策の効果が十分に発揮され，それが国民の意識として現われた段階において，速やかに行うのが相当である」としている。

しかし，この答申についての報道は，「時期は国会判断」として，あたかも答申が，国会にフリーハンドで引下げ時期の判断を委ねたかのように誤解を与えるものとなっている。しかし，これはミスリーディングである。時期の目安について，答申は，断定はしていないがヒントを示している。それは，「自立した大人」になるために必要な消費者教育や法教育が，2008（平成20）年に改訂された新学習指導要領下で実効的に行われたとした場合，小学校入学時点からその教育を受けてきた子どもが，2022（平成34）年にようやく18歳に達するということである。

にもかかわらず，答申の結論部分だけが独り歩きして，答申が条件としているさまざまな法整備をしないままに，ただ民法成年年齢を引き下げるということがないように，日弁連・弁護士会としては，監視の目を光らせる必要がある。

(2) 立法事実の有無

そもそも，民法改正の必要があるのか否かも，国民的議論が必要な大問題である。

まずは，今，民法の成年年齢を引き下げる必要があるのか否かが検討されなければならない。とくに，18歳をもって成人と扱うことが，当の18，19歳の「子ども」にとって，メリットがあるのかないのか，一番の利害関係を有する子どもたちの意見も聞きながら法律改正を進めることが，子どもの意見表明権の保障の観点からは重要である。そして，仮に，引下げをするのであれば，法律改正までに，18歳までの間に子どもの成長発達権が真に保障され，18歳に達すれば大人として扱うのがふさわしいといえる施策を実現することが必要である。

引下げの意義について，答申は「現在の日本社会は，急速に少子高齢化が進行しているところ，我が国の将来を担う若年者には，社会・経済において，積極的な役割を果たすことが期待されている。民法の成年年齢を20歳から18歳に引き下げることは，18歳，19歳の者を『大人』として扱い，社会への参加時期を早めることを意味する」とする。しかし，この年齢の者に「期待する」ということは，結局，年金や介護保険料など社会保障費の負担を18歳からさせるという負担ばかりを押し付けるということになりかねない。少子高齢化という国家・社会の都合で，成年年齢を引き下げるということは，子どもの権利，とりわけ，子どもの成長発達権を無視するものと言わざるを得ない。少子高齢化が進むならば，数少ない子どもたちを，心身が十分に成熟するまで，ゆっくりと大切に育てることこそが，成長発達権の保障という観点からは必要である。これに対し，今は「子ども」とされている18，19歳の者に権利を与えるということであれば，それは良いことではないかという意見もある。しかし，子どもが人権や権利の享有主体であることは，現代社会ではむしろ当然であり，わが国においては，子どもの権利保障に欠ける実情があること自体が間違っている。現在の日本社会の中で，子どもが大人と比べて不利に扱われていることが，民法の成年年齢の問題だとすることは間違っている。したがって，このことは民法成年年齢引下げの立法事実とは言えない。

問題は，18，19歳の子どもに契約締結能力がないとされているために，社会生活上「困る」という事態が実際にあるのかということであろう。あるのは事実であるが，それは，親から虐待を受けて親元から逃げ，10代で一人暮らしをして自立を目指そうとする場合など，限られたケースではないか。このように，

親による適切な親権行使を期待できないケースにおいては，子どもは，生活の基盤であるアパートの賃貸借契約をすることもできないし，今や生活必需品である携帯電話の契約をすることもできない。こういう子どもたちにとっては，現行民法の行為能力の制限と親権制度は障害になっている。そこで，現在，成年年齢の問題とは別に，虐待と絡んだ親権制度の見直し問題についての検討が進められている。児童福祉が絡む問題なので，福祉制度を踏まえた総合的な対策が必要であり，そちらでの検討に任せる方がよい。なぜなら，幼い頃から，虐待などの不適切な養育を受けてきた子どもは，心身の成長発達が遅く，社会適応能力が未熟であることが多く，18，19歳で自立しろと言われても，無理なことが多いからである。18歳になって児童福祉法の保護の対象から外れ，児童養護施設から出され，アパートで独り暮らしを始めても，十分な収入を得ることは難しく，生活が立ち行かなくなる子は多い。そういう子どもは，もしも，民法の成年年齢が引き下げられて，自由に契約ができる状態だとしたら，消費者金融から借金を重ねて破滅への道を歩むことになりかねない。すなわち，「子ども」のためとして18，19歳の者に完全な行為能力を認めることによって，かえって，その年齢の者の利益を害する結果となってしまうことは避けなければならない。

一方，親権者が適切な親権行使をしている多くの家庭では，子どもに契約締結能力がないことによる不都合はまず考えられない。そもそも，現行法上，小遣いの範囲では子どもは自由に契約締結ができるし，営業を許されている場合にも行為能力が認められているので，現実の経済生活の中で，子どもに行為能力がなくて困るという事態はあまり考えられない。例えば，18歳で自立してアパートを借りたいという場合には，親権者の同意を得れば良いだけのことであり，行為能力がないから不利益を被るということはないのである。すなわち，健全な家庭では，親権者が，子どもにとって必要な契約締結の同意を拒むということは考えにくく，子どもに行為能力がないことによる現実的な弊害はまず考えられない。

むしろ，成年年齢引下げにより，18歳，19歳の者の消費者被害が拡大する可能性がある。また，成年年齢を引き下げると，離婚後の未成年の子の養育費の支払の終期は，現状より早まることになる。すなわち，養育費は未成熟子に対する監護費用の分担であると考えられており，成年に達した後は打ち切られることになる。他方，成年に達した子自身が大学に進学した場合の学費等を扶養料として親に請求することは，法律上可能であるが，実務上の困難があるとみられている。したがって，このような問題についても法制度の整備がないままでは，子どもの不利益になる。

以上より，現状では，民法，成年年齢引下げによる弊害が大きく，これを引き下げなければならない理由が見出せない。

(3) 他法への影響

しかも，民法が改正されると，他の法律への影響が懸念される。

この点，法制審は，敢えて他の法律の年齢引下げの是非は検討しないという態度をとり，「民法の成年年齢の引下げは，未成年者飲酒禁止法や少年法等の年齢の引下げを含意するものではない」と明記されている。しかし，一般的には，民法で「大人」であるとされた以上，責任を自覚し，罪を犯せばその責任も大人として負うべきであるという方向に思考が進みやすいであろう。民法と連動して他の法律も改正しようという動きになりやすい。

とくに問題となるのは，頻繁な「改正」にさらされている少年法である。もし，少年法の対象年齢が引き下げられるとどうなるか。今は少年として扱われている者のうち30〜40％は，成人として扱われて刑事手続に乗せられることになる。しかし，刑事司法の分野に携わる者ならほぼ共通の認識であろうが，20代前半の若年成年の多くは，まだ「子ども」である。若くして罪を犯す者は，親から虐待を受けた経験をもつなど，成育歴が悪いために精神的に未熟な者が多い。わが国の少年法は，世界的にも極めてよく機能していると評価されているが，18，19歳の年長少年がこの対象から外れると，早くに犯罪の芽を摘むことが難しくなり，社会全体にとっても不利益となることが大いに懸念される。

民法を変えるということは，それに留まらない多大な影響を及ぼすということを無視はできない。

(4) まとめ

以上より，まずは民法成年年齢引下げの必要があるのかについて，引下げによる「子ども」のメリットが弊害を上回るのかを慎重に検討した上，仮に，引下げ

を必要とする場合には，法制審の答申を正しく理解した上で，必要な諸政策の整備を行い，さらに国民の間で「18歳から大人である」という認識が共有されるに至った後に，引下げを実行するという手順を踏む必要がある。そのために，日弁連・弁護士会は，国会が拙速に走ることのないよう，積極的な働き掛けをする必要がある。

4 消費者の人権

> 消費者問題は，現代社会における事業者と消費者間の不平等な力関係の下で生じる。弁護士会は，社会的弱者の立場にある消費者サイドに立ち，次のような活動をすべきである。
> ・消費者の権利擁護のための立法措置及び行政措置が適切に実現されるよう，監視・研究・提言の活動を積極的に行う。特に，消費者を主役とする行政が行われるために創設された消費者庁及び消費者委員会が，当初の目的どおり機能して，消費者被害の予防や被害の迅速な救済に資する行政システムが実現するよう提言や運動を展開する。
> ・消費者が批判的な精神を持って主張し行動し社会参加する「消費者市民社会」を実現させるために，そのような精神を涵養し，ひいては被害を予防できる「消費者教育」の実施及び充実を図る。

1）消費者の権利の重要性

消費者問題は，今日の大量生産，大量販売による大衆消費社会の中で，事業者と消費者という不平等な力関係の下で生じる。現代社会において，市民生活と生存を基本的に保障するためには，この生産，流通，消費の構造が健全に機能することが必要である。ここに，消費者保護の必要が生じ，「消費者の権利」確立の必要が生じる。

アメリカでは，1963（昭和38）年のケネディ教書において，❶安全であることの権利，❷知らされる権利，❸選択できる権利，❹意思を反映させる権利の4つの権利が消費者の権利として宣言された。このような視点は，今日の我が国における消費者の権利を考える上にも非常に重要であり，後述のとおり，2004（平成16）年に改正された消費者基本法において，「消費者の権利」が明記され，その重要性が確認されるところとなった。

2）消費者問題の現状

消費者の権利の重要性が認識されて来ているにもかかわらず，消費者被害は後を絶たず，ますます複雑化・多様化している。

(1) 悪質商法

悪質商法は相変わらず形を変えて，消費者被害をもたらしている。

「モニター商法」や「内職商法」等の増加のほか，アポイントメント商法や資格商法，マルチ商法なども後を絶たない。悪質リフォーム問題，悪質な呉服販売や悪質電話リースなどの被害も見られる。判断力が低下した高齢者をターゲットとする悪質商法では，繰り返し被害に遭っているケースも少なくない。

また，悪質販売店からクレジットで商品を購入したために，クレジット会社との関係でトラブルになる件も依然として多く見られる。クレジット会社による加盟店管理が不十分なために悪質商法被害が拡大している例も見られる。

(2) 深刻な多重債務問題

深刻な多重債務問題は依然として存在し，裁判所への自己破産申立て件数は減少してきているものの，依然，全国で年間10数万件に及んでいる。貸金業法の改正により金利の引き下げが決まってはいるが，消費者金融や信販会社による高金利・過剰融資・過酷な取立という体質は大きくは改善されていない。最近は特に不安定な雇用状況や世界的な不況の影響から，深刻

な貧困問題も発生し，多くの低所得者が多重債務に陥り，そこから抜け出せない状況となっている。

整理屋や紹介屋と提携する弁護士も未だに活動して債務者を食い物にしており，弁護士会もその根絶に向けて一層の努力が必要である。

後記のとおり，「みなし弁済」について消費者金融業者に極めて厳しい最高裁判例が出されて過払金請求事件が急増し，また，出資法・貸金業法の改正により金利が引き下げになるなど，業者にとっては従前のような収益を上げにくい状況になっている。また，政府も「多重債務問題改善プログラム」を立ち上げて，問題解決に向けて具体的に取り組むなど，問題が改善される動きもあり，弁護士会もこれらの動きを主導する必要がある。

(3) ネットによる消費者被害

携帯電話やインターネットの普及によるネットによる消費者被害は急増している。十分な法整備ができていないことや，そもそも匿名性などの特徴を持つため，被害救済は困難である。電子消費者契約法など一部法律も制定されているが，さらに十分な消費者保護が行える法制度の整備が急がれる。

(4) 金融商品取引

金融商品取引についての消費者被害も深刻である。金融ビッグバン以降，金融商品についての規制緩和が進んできたが，一方の消費者保護法制は極めて不十分であり，自己責任の名の下に大きな消費者被害が生まれている状況である。

「ロコ・ロンドン」やCFD取引と言った貴金属の価格指標と連動した差金決済取引や海外先物取引・海外先物オプション，事業への投資の形態をとる商法など，詐欺的商法による被害が後を絶たない。特に，電話や訪問による勧誘で高齢者が被害を受けている事件が極めて多い。

(5) 食の安全

輸入冷凍ギョウザの毒物混入事件や事故米流通事件など食の安全を脅かす事件が起き，行政の不十分な対応が露呈している。また，こんにゃくゼリーによる窒息死事件のように法の隙間によって規制が不十分なことから起きた事件や，欠陥エレベーターやシュレッダー事件，産地偽装問題など安全と表示の問題が多発し，大きな社会問題となっている。

3）消費者庁及び消費者委員会の創設

(1)「消費者庁」の設置

上記のとおり多くの消費者問題が発生し，特に消費者に身近な食の安全や製品の安全が脅かされたにもかかわらず，行政が産業育成省庁の視点から対応したり，縦割り行政の弊害によって迅速な対応がなされなかったりしたため，消費者行政の一元化の必要性が強く認識されることとなった。そして，2007（平成19）年9月に発足した自民党の福田政権下で「消費者庁」設置構想が持ち上がり，2008（平成20）年6月27日には「消費者行政推進基本計画」（以下「基本計画」）が閣議決定され，「消費者生活者の視点に立つ行政への転換」という副題が示す目的を達成するために，「消費者を主役とする政府の舵取り役」としての消費者行政を一元化する新組織が創設される方向となった。

その後，福田首相が退任する直前の2008（平成20）年9月に消費者庁関連三法が臨時国会に提出され，政局の影響から法案の成立が大幅に遅れたが，野党も含めた審議が重ねられ，ついに2009（平成21）年5月29日，全会一致にて同法案は成立した。

そして，同年9月1日，「消費者庁」が新しい省庁としてスタートするとともに，民間委員から構成される監視組織「消費者委員会」も発足している。

(2) 新組織の位置付け

消費者庁関連三法の立法趣旨を表す上記基本計画では，新組織の創設を，消費者基本法の理念である「消費者の利益の擁護及び増進」「消費者の権利の尊重及びその自立の支援」の観点から積極的に見直すという意味で，行政の「パラダイム（価値規範）転換」の拠点であり，真の意味での「行政の改革」のための拠点であると位置付けている。

さらに基本計画は，新組織は強力な権限を持ち消費者行政の司令塔的役割を果たすべきものとするとともに，消費者側にも意識改革を促し，この改革が「消費者市民社会」というべきものの構築に向けた画期的第一歩として位置付けられるべきものとしている。

そして，実際に発足した消費者庁は，従来の縦割り行政の枠組みを超えて消費者の権利擁護の立場から基本的な施策を行う組織であり，他の省庁が所轄していた29本もの法律の移管を受け，一元的な相談窓口を設置したり，情報の集約，さらには消費者被害の防止措置を行う組織となっている。

また，消費者庁や他の省庁を監視する組織として，民間委員から構成される「消費者委員会」も組織され，消費者のための施策実現のために重要な地位を占めている。

(3) 消費者安全法

さらに消費者庁関連三法の一つである消費者安全法は，事故情報の収集と提供について定め，また，どこも所轄しない「すきま事案」について消費者庁が勧告などの権限を発動することが定められている。

実際に起きる消費者被害において，消費者安全法が実行されるかについて，弁護士会は常に注目し，実行されていなければ意見を述べるなどの活動をすべきである。

(4) 今後の課題

「消費者庁」を設置して消費者行政を一元化すべきということは，日弁連や弁護士会にとって20年以上前からの悲願であったが，今般，「消費者庁」という形で達成された。このこと自体，大変画期的なことであるが，今後重要なことは，消費者庁が形だけでなく内容的にも真に消費者のための組織として活動していくことである。また，民間委員で構成される消費者委員会は，単なる審議会などではなく，消費者庁や他の省庁を監視する役割を担う実働的な委員会である。残念ながら消費者庁も消費者委員会も質量ともに十分な人員を確保するに至っていない。

弁護士会は，消費者庁が実質的に消費者の権利擁護のために活動することを監視するほか，人材供給を含めてバックアップする運動を展開していくべきである。

4）消費者の権利擁護のための諸立法

上記のとおり，消費者庁が発足し，消費者行政は歴史的転換点を迎えているが，消費者被害の救済や防止のため，近時，多くの消費者関連法が制定・改正されており，今後も頻繁に立法がなされると考えられる。弁護士会は，次々と発生する消費者問題に適切に対応するための立法の提言を，タイムリーに行っていくべきである。

以下，最近の主な立法の動きについて触れる。

(1) 消費者基本法

同法は「消費者政策の憲法」と言われている法律で，近時の消費者問題の状況や事業者との格差を踏まえて，2004（平成16）年に，1968（昭和43）年に制定されて以降初めて改正された（「消費者保護基本法」から改称）。

同法は消費者と事業者との間の情報の質及び量並びに交渉力等の格差にかんがみて，消費者の権利の尊重とその自立支援を基本理念と定め，国と地方公共団体，事業者の責務を明らかにし，施策の基本的事項を定めることとしている。そして，基本理念の中で消費者の権利として，❶国民の消費生活における基本的な需要が満たされ，❷健全な生活環境が確保される中で，❸安全の確保，❹選択の機会の確保，❺必要な情報の提供，❻教育の機会の確保，❼意見の反映，❽被害の救済がなされることを明示した。さらに，基本的施策の列挙を充実させ，近時問題となっている消費者契約の適正化等については条文を新設するなどした。

同法が掲げる消費者の権利が真に実現されるよう具体的な施策を盛り込んだ「消費者基本計画」が策定されており，同計画は間もなく5年間の期間が満了するが，実現度を検証した上で，次の計画が策定されるべきである。

(2) 割賦販売法・特定商取引法改正

悪質商法の横行とクレジットによる被害拡大を防止するため，特定商取引法と割賦販売法の改正作業が行われてきたが，2008（平成20）年に画期的な改正がなされた。

同改正では，過量販売解除権や個別式クレジットについての既払金返還義務，適正与信義務や過剰与信防止義務，指定商品制の廃止，通信販売の返品特約など極めて重要な制度が法定された。

特に悪質商法の個別クレジットについて，登録制が導入されたほか，不実告知などがなされた場合には販売契約だけでなくクレジット契約も取り消せることでクレジット会社に対する既払金返還請求が可能とされたことの意味は大きい。悪質商法はクレジットとセットとなることで被害を拡大させてきたが，その背景にはクレジット会社が既払金の返還義務を負わないという点があった。この点が改正されたことや適正与信義務が課せられたことによって，クレジット会社は販売業者との加盟店契約について常に注意を尽くすことになり，悪質商法による被害が減っていくことが期待される。

同法は，2009（平成21）年12月1日に施行されるが，

改正の趣旨に従って被害防止・救済がなされるように業者の運用を監視する必要がある。

(3) 貸金業法及び出資法改正

貸金業法43条のみなし弁済について最高裁は、業者側に極めて厳しい判決を立て続けに出したが（最判平成16年2月20日、同平成18年1月13日、同19日など）、これらの判例の流れを受けて2006（平成18）年12月に出資法の改正がなされ、出資法金利が見直されることとなり、いわゆる「グレーゾーン」が廃止されることとなった。さらに貸金業法も大幅な改正がなされ、みなし弁済制度の廃止のほか、業務規制の強化、過剰融資規制などが盛り込まれた。

改正の過程では業者側による巻き返しも強かったが、市民が反対の動きを示し、弁護士会もこれを主導して消費者側に有利な改正が勝ち取られている。

上記金利見直しの施行時期は2009（平成21）年内とされてきたが、施行時期がずれ込む方向となっている。上記のとおり金利引き下げ運動を主導した弁護士会とすると、一日でも早い完全施行を求めるための活動を継続して行うべきである。

(4) 金融商品取引法・商品先物取引法

証券取引法が改正されて「金融商品取引法」となり、2007（平成19）年9月30日から施行された。同法により広範な金融商品について横断的な規制がなされることとなった。業者に対する行為規制も盛り込まれ、一定の消費者保護に資する内容となっている。同法の改正に伴い、金融商品販売法も改正され、消費者保護が強化されている。

また、最近の海外先物による被害が多い現状に対処するため、商品取引所法が改正され「商品先物取引法」と改称し、規制が強化された（未施行）。

前述のとおり、金融商品関係の電話勧誘や訪問販売等による被害は多く、法規制強化で被害が減少することが期待されるが、今後、不招請勧誘の禁止などの実現によって投資被害が撲滅するよう弁護士会は活動していくべきである。

(5) 消費者団体訴訟制度

2006（平成18）年に消費者契約法が改正され、消費者被害についての消費者団体による団体訴権制度が立法化され、2007（平成19）年に施行となった。この制度は、消費者団体が消費者全体の利益のために、不当条項・不当な勧誘行為についての差止を求めて提訴するというものであり、消費者被害の未然防止・拡大防止に極めて有効な手段である。

さらに、2008（平成20）年の改正によって、特定商取引法違反や不当景品表示法違反についても消費者団体訴訟が定められた。同制度が今後有効な手段として運用されるかどうか、注目していく必要がある。

今後は、消費者団体が、消費者被害の損害賠償請求についても訴権を有する制度が導入されるよう検討されるべきである。

(6) 債権法改正

別項で記載があるとおり、民法の債権法改正の動きが急である。

債権法改正試案では、消費者契約法の内容をそのまま民法に入れ込む案が有力である。しかし、消費者契約法が安易に民法に組み込まれると、消費者契約法が事業者と消費者の力の格差から消費者を保護しようとした精神が忘れられかねないし、また、機動的に改正ができなくなるという懸念もあるところであって、安易な改正はなされるべきではない。

その他個別の条項には消費者に関わるものも多く、債権法改正においても消費者保護が十分に図られるように弁護士会は注意していくべきである。

(7) 違法収益の吐き出し

悪質業者から違法収益を吐き出させる制度の創設の動きもある。違法な収益を吐き出させることで「やり得」を許さず、正義を実現するという他に将来の被害防止についても有効といえる。

また、消費者被害は少額の被害者が多数発生する傾向が強いため、違法収益を吐き出させて被害者に分配する制度ができれば多くの被害者が救済される。

現に、振り込め詐欺被害については、利用された口座の凍結と被害者への支払いについてのルールを定めた「犯罪利用預金口座等に係る資金による被害回復分配金の支払等に関する法律」が2007（平成19）年に成立し、2008（平成20）年に施行されている。

今後、違法収益吐き出し制度の具体化に向けて、提言をしていく必要がある。

5) 消費者が主役の社会へ——「消費者市民社会」の実現

(1) 「消費者市民社会」の実現

上記のとおり、消費者庁が発足して消費者行政も大

転換期を迎え，消費者問題関係の立法も活発化しているが，さらに市民側が「消費者市民社会」を目指すことで，安全で公正な社会が実現できると考えられる。

「消費者市民社会」とは，「個人が，消費者・生活者としての役割において，社会問題，多様性，世界情勢，将来世代の状況などを考慮することによって，社会の発展と改善に積極的に参加する社会」であり（平成20年版「国民生活白書」），批判的な視点を持って社会変革に参加することによって，よりよい社会が実現できるというものである。

この考えは，北欧で浸透しつつある，Consumer Citizenshipという考えに基づいており，今後，わが国でも実現が期待されるべきものであって，2009年の日弁連人権大会・第3分科会のテーマは「安全で公正な社会を消費者の力で実現しよう——消費者市民社会の確立を目指して——」というものであった。消費者被害に直接接する弁護士としても，消費者被害が少なくなるよう「消費者市民社会」の実現を呼びかけていくべきである。

(2) 消費者教育の実施，充実

上記の「消費者市民社会」における消費者の自覚のためには，充実した消費者教育が必要である。

わが国ではそもそも具体的な被害防止のための消費者教育も十分に行われていない実情があるが，被害予防のための消費者教育とならんで，消費者市民教育も実施されるべきである。

現行の学習指導要領では，消費者教育に充てられる時間数はあまりに少ない。学習指導要領の改訂も含めて，消費者被害の実態を知っている弁護士がさまざまな提言を行っていくことが重要である。

(3) ネットワークの構築

また，「消費者市民社会」では消費者が連帯して行動をすることも極めて重要であり，個々の消費者のみならず，消費者団体や弁護士会などがネットワークを構築し，消費者の権利擁護のための制度確立のために運動を展開することが目指されるべきである。

5 両性の平等と女性の権利

> - 女性であるがゆえのあらゆる差別的取り扱いを禁止し，また，性別に基づく差別の可能性を包含する法律は改正していくべきであり，両性の実質的平等を実現させなくてはならない。
> - 選択的夫婦別姓等の婚姻制度の改正を実現し，養育費等の確保に関する法的整備を図るべきである。
> - ドメスティック・バイオレンス（DV）対策を国，公共団体に呼びかけるとともに弁護士会側も相談・事件受任体制を整備し，DV被害への対応をしなければならない。

1）基本的視点

憲法は，性別に基づく差別を禁止し（14条1項），家族生活における個人の尊厳と両性の平等を定めている（24条）。しかし，現実には，社会生活上さまざまな場面で，女性であるという理由で，多くの女性が男性と異なる差別を受け，被害を被っている。女性であるが故のあらゆる差別的取り扱いを禁止し，また，性別に基づく差別の可能性を包含する法律は改正していくべきであり，両性の実質的平等を実現させなくてはならない。

2）婚姻制度等の改正

法制審議会民事法部会は，1994（平成6）年7月にまとめた「婚姻制度等に関する民法改正要綱試案」をもとに，1995（平成7）年9月，「婚姻・離婚制度の見直しに関する中間報告」を発表した。その内容は，❶夫婦の姓については，婚姻時に夫婦同姓か別姓かを選び，子の姓については婚姻時に予め決めさせる形の「選択的夫婦別姓」を認める，❷婚姻適齢を男女とも18歳に統一する，❸女性の再婚禁止期間を100日に短縮する，❹非嫡出子の法定相続分を嫡出子と同等とする，❺「5年以上の別居」を離婚原因とする等である。

法制審議会は，1996（平成8）年2月，上記中間報告におおむね沿う形で法律改正案要綱を法務大臣に提出したが，法務大臣は，社会の情勢上国会への提出を断念した。なお，1998年（平成10）6月に衆議院の有志議員が議員立法で夫婦別姓等を柱とする民法一部改正案を提案し，その後継続審議となったが，結局は1999（平成11）年8月審議未了で廃案となり，現在に至っている。

(1) 選択的夫婦別姓

選択的夫婦別姓についていえば，氏名は個の表象であり，個人の人格の重要な一部であって，個人の人格権の一内容を構成する（最高裁昭和63年2月16日判決）。しかし，現行民法750条の夫婦同姓の規定は，婚姻に際して姓を変更したくない者に対しても姓の変更を強いることになり，氏名権を侵害している，との議論が強く主張されている。わが国において，改姓する者のほとんどは女性であり，改姓によって多くの女性が社会生活上さまざまな不利益を受けている。夫婦の姓を同等に尊重し，両性の実質的平等を実現するためには，同姓・別姓の選択の自由を認める選択的夫婦別姓の導入が必要である。

なお，2008（平成20）年10月，10年ぶりに発表された国際人権（自由権）規約委員会による日本政府に対する「最終見解」は，民法における差別的規定（女性の再婚禁止期間，婚姻年齢における男女差別）の改正，婚外子差別規定の削除を具体的に勧告している。

このような国際的潮流に鑑み，個人の尊厳と両性の実質的平等を実現すべく，婚姻制度の改正を積極的に提言していくべきである（1996〔平成8〕年10月25日，日弁連「選択的夫婦別姓導入並びに非嫡出子差別撤廃の民法改正に関する決議」，2002（平成14）年4月20日，日弁連「選択的夫婦別姓制度を導入する民法改正案の今国会上程を求める会長声明」）。なお，2006（平成18）年12月の選択的夫婦別姓についての内閣府による世論調査によれば，賛成36.6％，反対35.0％と，両者がほぼ同じ割合となっている。

(2) 養育費等の確保

離婚または別居中の養育費や扶養を請求するのは，自力で十分な収入を確保できない女性，子どもを引き取っている女性がほとんどである。このような実態を考えると，養育費等の確保は女性や子どもの生活に直結する重大な問題である。しかし，養育費等の支払いに関する法的制度は，離婚や別居中の女性や子どもを保護するにはあまりにも不十分であるとの批判があった。

このような批判をふまえて，2004（平成16）年4月1日に施行された民事執行法の一部改正により，養育費の支払いが履行されない場合，将来分も含めて相手方の給与等の継続的収入を差し押さえることができるようになった。このため，給与からの天引きという方法で養育費を受け取ることが可能になったが，相手方が自営業者の場合には継続的な収入があるかどうかが問題となり，この点は今後の検討が必要になろう。また，法務省は，離婚した配偶者が養育費を払わない場合，制裁金を課す制度を導入することを検討している（2003〔平成15〕年9月3日付朝日新聞朝刊）。

以上のように，最近になってようやく，養育費の確保のための制度が整備されつつあるが，これらの新しい制度が真に女性や子どものために運用されているか，見守っていく必要がある。そして，離婚の際の金銭的保障が十分になされることによって，女性や子どもにとって金銭的保障以上に重要な権利の保護になることを認識し，改革されるよう努力すべきである。

(3) ドメスティック・バイオレンス（DV）

夫や恋人など親しい関係の男性から女性に対する暴力（ドメスティック・バイオレンス，略して「DV」）について，国連は，DVが女性に対する人権侵害ないし性差別であり，かつ全世界に共通する看過し得ない問題であるとの認識から，1993（平成元）年12月に「女性に対する暴力撤廃宣言」を採択し，1995（平成7）年の北京宣言では「女性及び少女に対するあらゆる形態の暴力を阻止し，撤廃する」と表明した。このような国際的なDVへの取組みの中，日本においては，2001（平成13）年4月，「配偶者からの暴力の防止及び被害者の保護に関する法律」が成立し，同年10月13日施行された（配偶者暴力相談支援センター等に関する規定については2002〔平成14〕年4月1日施行）。同法は，前文において，配偶者からの暴力は，犯罪となる行為であることを明記するとともに，個人の尊厳を害し，両性の平等の実現の妨げになっているとの基本的理念を示しており，刑事罰を付加した保護命令制度の創設，事実上被害女性の保護を行ってきた婦人相談所等に被害者受入れの法的根拠を与えるなどの点において，同法制定の意義は小さくない。し

かし，同法制定早々，学者や実務家から数多くの問題点も指摘されている（2001〔平成13〕年4月5日付読売新聞朝刊，長谷川京子弁護士「DV法案4つの問題点」，法律のひろば2001〔平成13〕年9月号，戒能民江「配偶者暴力防止法と諸外国のドメスティック・バイオレンス防止立法の現状」など）。こうして指摘された問題点を踏まえて，2004（平成16）年6月に同法が一部改正された。改正では，「配偶者からの暴力」の定義を拡大し，配偶者からの身体に対する暴力又はこれに準ずる心身に有害な影響を及ぼす言動をいうこととするとともに，離婚後に元配偶者から引き続き受けるこれらの暴力又は言動もこれに含めるとしたが，保護命令に関する規定等については身体に対する暴力のみを対象とするにとどまった。また，保護命令制度を拡充し，元配偶者に対する保護命令や被害者の子への接近禁止命令，被害者と共に生活の本拠としている住居付近の徘徊の禁止をすることができ，退去命令について期間を2月間に拡大し，再度の申立てを認めることとした。また，保護命令の再度の申立手続を改善した。さらに，2007（平成19）年7月の一部改正により，保護命令制度が拡充され，生命・身体に対する脅迫を受けた被害者も保護命令の申立てができることとされ，被害者に対する電話・電子メール等の禁止命令，被害者の親族等への接近禁止命令も認められることとなった。改正法の施行後3年を目途として，その施行状況等を勘案し，検討が加えられる予定である。

われわれとしては，DV事案については積極的に同法を活用し，警察等関係諸機関に厳正に対処してもらうよう協議をしていくべきである。そのうえで，同法の運用上の問題点や改正すべき点について引き続き議論し，積極的に提案していくべきである。

他方，そもそもDVに対する社会における意識の徹底が必要とされるものである。DVに関する研修を関係諸機関に対して徹底し，DVの早期発見に努め，被害女性の保護をはかるべく努力すべきである。

そのため，DVに対する弁護士側の対応，姿勢が十分であるかを見直し，DVの本質，実態について十分に認識し，被害女性の心情に配慮して，弁護士による二次被害を与えないようにしなければならない。そのためにも，弁護士に対するDVに関する研修，ガイドラインも今後検討していくべきである。

なお，2000（平成12）年5月，「ストーカー行為等の規制等に関する法律」が成立した。同法による規制の対象は，「つきまとい等」「ストーカー行為」一定の要件の下での警察本部長等による警告，公安委員会による禁止命令，罰則等が規定されている。DVの被害女性は，夫や恋人によるストーカー被害を受けやすい立場にあるため，「配偶者からの暴力の防止及び被害者の保護に関する法律」と併せて積極的な適用を考えていくべきである。

(4) その他の問題

従来から論じられている上記のような問題だけでなく，ポルノなどの性表現とメディア，女性の税金（配偶者控除），女性と健康・生殖の権利（リプロダクティブ・ヘルス／ライツ），従軍慰安婦の問題等，女性の権利と両性の平等に関する問題は山積している。われわれは，このような多種多様な問題提起がなされていることを認識し，両性の実質的平等が実現されるように努めなければならない。

3）女性の労働権

> - 女性の基本的人権としての労働権を確保すべく，あらゆる差別的取扱いを禁止し，差別を受けた女性を迅速かつ具体的に救済するための必要な措置を講じうる有効な法律を制定すべきである。現在の世帯単位の賃金や福利厚生，税制，社会保障は，性別役割分業の選択を促進する規定となっており，問題である。
> - 男女が職業生活と家庭生活を調和させ，平等で人間らしく生きていくために，1日の労働時間，時間外労働，深夜労働の短縮をはかるため，時間外・休日・深夜労働の規制を撤廃した近時の労働基準法改正について，その見直しなどを再検討すべきである。
> - 家族的責任をもつ男女がともに，差別されずに家族的責任と職業上の責任を調和させて働けるように，育児休業や看護・介護休業に関する実効性のある法制度・施策を完備すべきである。
> - パート労働者・派遣労働者などの非正規労働者と通常の労働者との均等待遇確保を目的とする法実現のため，「短時間労働者の雇用管理の改善等に関する法律」（パート労働法），「労働者派遣事業の適正な運営の確保及び派遣労働者の就業条件の整備等に関する法律」（労働者派遣法）を，改正すべきである。
> - 日弁連及び東京弁護士会は，弁護士会内における実質的な両性の平等・男女共同参画を実現すべく，女性会員の就労環境改善，仕事と家庭の両立支援等の施策を実施すべきである。

(1) 基本的視点

第1回世界女性会議の決議に基づき，国連は1979（昭和54）年国連総会で，社会に根強く残る性別役割分業意識の変革を中心理念とする女子差別撤廃条約を採択し，1985（昭和60）年に日本も批准した。条約は，女性に対する全ての差別を禁止する立法その他の措置をとることなどを締約国に義務づけ，また，雇用の分野における差別の撤廃について規定しているため，日本は批准のための条件整備として男女雇用機会均等法を制定した。

ILOも，男女労働者の職業生活と家庭生活の両立が真の男女平等のために必要であるとの認識の下に，1981（昭和56）年6月，家族的責任条約（156号）を採択し，1995（平成7）年6月にわが国も批准した。同年に北京で開催された第4回世界女性会議では，あらゆる政策や計画にジェンダー（当該社会で社会的，文化的に形成された性別や性差についての観念・知識）の視点を反映することを明確に打ち出した行動綱領が採択された。

わが国はこれを受けて，1996（平成8）年12月，「男女参画2000年プラン（2000年までの行動計画）」を策定し，1999（平成11）年6月，女子差別撤廃条約の要請する包括的な男女平等の実現に向けた基本となる法律として，男女共同参画社会基本法を成立・施行した。

北京宣言と行動綱領実施状況の検討と評価を行うために，2000（平成12）年ニューヨークで開催された第5回世界女性会議で，政治宣言と成果文書が採択され，この中で，グローバリゼーションが女性の生活にマイナスの影響を与え，男女の不平等が拡大されたことが指摘された。特に，女性の労働力率が上昇しているものの，多くの女性は不安定で安全衛生上の危険を抱える低賃金労働・パートタイム労働・契約労働に従事していると述べられている。このような障害を克服するため，北京行動綱領の完全かつさらなる実施の確保のための行動を取ることが誓約された。パートタイム労働者・有期雇用労働者とフルタイム労働者・常用労働者との均等待遇を実現するための法制化が実現されなければ，雇用の分野における真の差別の撤廃は実現されない。

(2) 男女雇用機会均等法の改正

男女雇用機会均等法も成立当時は，募集・採用，配

置・昇進などの差別について，事業主の努力規定を定めていたに過ぎなかった。

そのため，1997（平成9）年法改正があり，上記努力義務規定が禁止規定に改められ，制度上のみならず実質的な均等の実現を図るため，ポジティブアクションの規定が新設され，これらの実効性を確保するための措置として，禁止規定に違反する事業主が勧告に従わない場合の企業名の公表制度の創設，調停制度の改善等が図られた。また，事業主は，女性の労働権・人格権侵害となる職場におけるセクシュアル・ハラスメントを防止すべく雇用管理上必要な配慮をしなければならない旨の規定が新設された。

さらに，2006（平成18）年の法改正では，これまでの女性のみに適用される法律から，男女双方に適用される法律へと枠組みが変更されるとともに，差別禁止の範囲が拡大され，間接差別を禁止する規定が新設され，妊娠・出産等を理由とする不利益取扱いが禁止された。また，セクシュアル・ハラスメント防止に関しては，これまで事業主の配慮義務とされていたところ，事業主に必要な措置を講じることが義務づけられた。そして，これらの実効性を確保するための措置として，企業名公表の対象の拡大，調停の対象の拡大等が図られた。

しかし，均等法上違法とされる間接差別の対象は，❶募集又は採用における身長，体又は体力要件，❷コース別雇用管理制度における総合職の募集又は採用における全国転勤要件，❸昇進における転勤経験要件のみが厚生労働省令（施行規則）で限定列挙されており，その範囲は極めて限定されている。間接差別として想定されるケースは，指針で例示することによっても十分予測可能であるから，省令で限定列挙するのではなく，指針という形で間接差別の例を示すにとどめるべきである。また，直接差別について，指針は，同一の雇用管理区分における差別を禁止するにとどまるため，雇用管理区分が異なれば男女で異なる取扱いを行ってもよいことになり，差別の隠れ蓑として利用されるおそれがある。

1985（昭和60）年に男女雇用機会均等法が成立し，その後一定の改正が重ねられ，一見すると，男女の平等な雇用・就業への取組が進展してきているようにも思われる。しかし，現在の同法が生活を犠牲にして働く男性を基準としていることから，平等に扱われるのは男性並みに働くことのできる一部の女性だけで，家事や育児等によってそれができない多くの女性にとっては実質的な平等は実現されないのが実情である。男女ともに生き生きと働き生活していくためには，男女労働者双方の仕事と生活の調和（ワーク・ライフ・バランス）を実現することが不可欠であり，育児・介護支援のほか，労働時間の短縮や正規・非正規の均等待遇など，多角的な取組みが必要である。

国際人権（自由権）規約委員会による日本政府に対する2008（平成20）年10月「最終見解」も，女性の正規雇用を促進し，男女間の賃金格差を撤廃するため，ポジティブ・アクションの義務づけ，長時間労働の改善，児童保育施設の増設，パートタイム労働者の均等待遇の改善，セクシュアル・ハラスメントの犯罪化，間接差別の禁止事項の拡大などの措置をとるよう勧告している。

このような国際的見解もふまえ，雇用の分野における真の男女平等を実現すべく，男女雇用機会均等法その他の法制度の改正を積極的に提言していくべきである。

(3) 労働基準法の改正

1997（平成9）年の均等法の改正と併せてなされた労働基準法の一部改正として，女性の時間外及び休日労働並びに深夜業の規制が解消される一方，育児・介護休業法が一部改正され，育児又は家族介護を行う者に深夜業免除請求権が認められた。しかし，この請求権を行使したことにより，配置や昇進面で異なる扱いを受けることもあり得るし，昼間勤務への転換請求権もないうえ，所得保障も得られない。この点，無料健康診断の権利，健康上の理由からの同種業務への配転請求権，母性保護のための昼間労働への転換請求権，所得保障等を労働者に認めるILO第171号条約（日本は未批准）とはかなりの差がある。

現実に家族的責任の多くを女性が負担している現状での，深夜業，時間外労働規制の廃止は，女性に「家族的責任を取るか，深夜業，時間外労働を取るか」の選択を課すことになり，かえって雇用機会の均等を奪うことになる。過労死が社会問題化しているわが国の現状をふまえれば，男女共通の深夜業規制・労働時間規制がなされる必要がある。

1998（平成10）年の労働基準法改正では，深夜労働に関する法的規制が実現されず，同法附則におい

て労使間の自主的努力を行政が促進するといった，極めて微温的な規定がなされるにとどまった。使用者に対し義務付けをする旨の法改正を実現していく必要がある。また，同法改正では，時間外労働に関し3年間の激変緩和措置が定められ，家族的責任を有する女性労働者の時間外労働を年間150時間を超えないものとし，一定期間後は家族的責任を負担する労働者が時間外労働の免除を請求できる制度に関し検討を重ねることになった。しかし，年間1,800時間労働を実現するためには，全労働者の時間外労働を150時間以内にするよう使用者に義務づける法的規制を行うことが不可欠であり，上記改正では不足である。

(4) パートタイム労働法の改正

1994（平成6）年6月，ILOは，パート労働者の基本的人権を国際的に認める「パートタイム労働に関する条約」を採択し，パート労働を労働時間がフルタイムより短い労働と定め，パート労働者とフルタイム労働者の均等処遇の原則を明示し，パート労働者であることを理由に賃金を低く押さえることを禁止した。

これに対し，1993（平成5）年12月に施行されたわが国の「短時間労働者の雇用管理の改善等に関する法律」（パート労働法）は，均等処遇の原則が明示されていないなど，極めて不十分なものであった。

パート労働者は雇用者全体の2割強を占め，その約7割が女性であるが，その数は年々増加し，その働きぶりは多様化し，基幹化している。こうした状況を背景として，2007（平成19）年にパート労働法が改正され，2008（平成20）年4月1日より施行された。

同改正は，労働条件の文書交付義務，待遇決定についての説明義務を義務づけた点，「通常労働者と同視すべきパート労働者」に限定されているものの待遇差別を禁止した点，その他のパート労働者について均衡処遇の努力義務を規定した点，パート労働者の通常労働者への転換の機会提供を義務づけた点，苦情の自主的解決の努力義務や都道府県労働局長の紛争解決援助を規定した点で，以前より前進したと評価し得る。

しかしながら，差別禁止の対象となるパート労働者が極めて限定されている点，実効性の薄い努力義務が多い点，通常労働者への転換推進が機会提供にとどまり優先採用が義務づけられていない点，フルタイムパート・有期雇用パート・公務パートが適用除外されている点など，依然として改善すべき問題点も多い。

(5) 労働者派遣法の改正

「労働者派遣事業の適正な運営の確保及び派遣労働者の就業条件の整備等に関する法律」（労働者派遣法）は均等法と同じ1985（昭和60）年に成立したが，1999（平成11）年には，それまで26業務に限定されていた労働者派遣が原則自由化され，2004（平成16）年には，派遣期間の延長，製造業務への解禁等の法改正がなされたことに伴い，派遣労働者は著しく増加し，2007（平成19）年末の厚生労働省発表では全国321万人，対前年度比で26.1％増となっている（厚労省平成18年度労働者派遣事業報告）。

そして，派遣労働者全体の6割以上を占める女性は，一般事務，事務用機器操作，ファイリングの業務に集中して従事している。これらはもともと正社員の一般職女性がついていた業務であり，従来，総合職・一般職という形で現れていた性別役割分業が，現在では正社員・派遣労働者という形におきかえられたにすぎない。また，常用雇用型が多い男性に比し，女性はより不安定な登録型が多い（以上，厚労省「平成16年派遣労働者実態調査結果」）。さらに，女性派遣労働者の9割以上が月収30万円未満である（厚労省「平成15年就業形態の多様化に関する総合実態調査」）。

指揮命令権と雇用責任とが派遣先と派遣元に分化している間接雇用の構造のもと，派遣労働者は，他の労働者と分断され，労働条件，雇用の安定の交渉，労働組合加入等が著しく困難な状況にある。特に，労働者が派遣元会社に登録しておき，派遣先企業からの仕事があるときだけ派遣元会社に雇用されるという登録型派遣は，間接雇用と有期雇用が結合しているために一層雇用は不安定である。とりわけ，登録型派遣のうち，仕事がある度に日雇いで働く日雇い派遣は最も不安定な雇用形態である。

このような実情を反映して，男性一般労働者の1時間当たりの給与水準を100とした場合，女性一般労働者の給与水準は68.1，女性短時間労働者の給与水準は47.7と，低い水準にとどまっており（厚労省平成19年度賃金構造基本統計調査），男女の賃金格差は1985（昭和60）年の均等法成立から20年以上経過しても縮小していない。このような女性の貧困化は，特に母子家庭に顕著で，子どもの貧困の問題にもつながっている。

派遣労働者の実態をみると、多くの派遣労働者が不安定な労働条件におかれ、かつその多くが女性であることから、女性とくに母子家庭において貧困化という深刻な事態が生じている。このような状況を踏まえ、労働者派遣法は以下のように改正すべきである。
❶ 日雇い派遣は全面的に禁止すべきである。
❷ 登録型派遣は禁止すべきである。
❸ 派遣対象業務を真に専門的業務に限定するポジティブリストに戻すべきである。
❹ マージン率の上限規制を設けるべきである。
❺ 派遣先の同種の労働者との均等待遇原則を労働者派遣法に明記すべきである。
❻ 直接雇用申込義務に基づく雇用条件は、期間の定めのない正規雇用契約を原則とすべきである。
❼ 妊娠・出産を理由とする解雇・雇い止め、期間制限違反、適用除外業務への派遣などの違法行為があった場合には、派遣先での直接雇用関係を成立させ、派遣元だけでなく、派遣先の責任も問えるようにすべきである。
❽ 国は、違法行為を摘発し監督する体制を強化し、派遣先・派遣元ともに現行労働法規を遵守させるための実効ある措置をとるべきである。

(6) 男女共同参画社会への法制度等の整備充実

男女共同参画社会基本法は、女性と男性が、社会的・文化的に形成された性別（ジェンダー）に縛られず、各人の個性に基づいて共同参画する社会の実現を目指すための基本法として、1999（平成11）年に公布・施行された。

現状では、多くの場合、女性が育児・看護・介護を担っており、女性労働者のみに「職業生活と家庭生活の両立」という負担が負わされているといっても過言でない。この解消のためには育児・看護・介護に関する法制度を完備させ、男女が平等に家族的責任を分かち合えるようにしなければならない。

1992（平成4）年4月1日、「育児休業等に関する法律」が施行され、また、1995（平成7）年6月5日、同法を拡大改正する形で「育児休業、介護休業等育児又は家族介護を行う労働者の福祉に関する法律」が成立した。2005（平成17）年4月1日からは、❶一定の要件（1年以上継続して雇用され、引き続き雇用されることが見込まれること等）をみたす有期雇用労働者にも対象を拡大、❷一定の場合（保育所に入所できないなど）に育児休業期間を延長（通常1歳までから1歳6カ月まで）、❸未就学児の看護休暇（年5日）の創設、❹介護休業の取得回数制限の緩和（連続3カ月までから通算93日まで）を内容とする改正法が施行された。さらに、2009（平成21）年7月11日に公布された改正法では、❶3歳までの子をもつ労働者について短時間勤務制度・残業免除を義務化、❷子の看護休暇の拡充（子が2人以上であれば年10日）、❸父母ともに育児休業を取得する場合の期間延長（通常1歳までから1歳2カ月まで）、❹父親の育児休業再度取得（出産後8週間以内に育児休業を取得した場合）、❺配偶者が専業主婦（夫）の場合に育児休業の取得を不可にできる制度を廃止、❻介護短期休暇制度の創設など、仕事と育児・介護を両立しやすくし、父親が育児休業を取得しやすくするための改正がなされた（公布日より1年以内に施行）。しかし、「平成19年度雇用均等基本調査」（厚労省）によれば、2006（平成18）年度に配偶者が出産した男性のうち、育児休業をとったのは1.56％（ただし、前回平成17年度調査時より1.06ポイント上昇）にすぎない。今回の改正によって、現実に仕事と育児・介護の両立がしやすくなり、父親の育児休業取得が促進されていくかどうか、施行状況を検証していく必要があろう。育児休業中の賃金については、育児・介護休業法では特に規定されておらず、労使の話し合いに委ねられているが、雇用保険法の改正によって、2007（平成19）年4月からこれまで休業前賃金の40％だった育児休業給付金が50％に引き上げられた（2010〔平成22〕年までの時限措置）。これは最低基準であるので、労使交渉でこれに賃金を上乗せし、日弁連が1996（平成8）年9月19日「男女共同参画社会の形成促進に関する国内行動計画の策定についての意見書」で述べているように、育児・介護休業中の所得保障を賃金の6割とするなどの改善を図る必要がある。

1997（平成9）年12月、「介護保険法」が成立した。同法が有効に機能すれば、家族の介護負担が軽減でき、介護負担の男女間の均等な分担を促すことにもなろう。しかし、同法では、65歳未満の者は「加齢に伴って生ずる心身の変化に起因する疾病等による要介護状態」になければ介護サービスは受けられない。したがって、交通事故や、年齢と関係のない疾病により要介護状態になっている者の家族にとっては介護負担

は解消されず，この点は同法の大きな欠陥である。また介護保険制度ができ，そのための財源が整っても，これを実現するだけの人的物的設備が整っていない。これらの態勢が不備であれば同法も画に描いた餅となる。

われわれは，以上の諸問題に迅速かつ適切に対処し，社会のあらゆる分野に男女が平等に参画しうるよう，積極的な活動を展開していかなければならない。

4）法曹界における性差別

司法の分野においても，性別役割分業意識や性に基づく固定観念の存在は例外ではない。裁判官・検察官・弁護士・調停委員・調査官・書記官，そして警察官等の司法に携わる者が，ジェンダー・バイアス（性に基づく差別・偏見）を持っていることで，現実の裁判や調停の場でさまざまな性差別が起きていることが，日弁連の両性の平等に関する委員会の調査で明らかとなっている。司法の場におけるジェンダー・バイアスが特に深刻なのは，司法が人権の最後の砦であり，個々の人権に重大な影響をもたらす結果となる点である。

女性の権利などの人権に関する法曹関係者の研修の必要性については，国際的にも何度も指摘されているが（国際人権〔自由権〕規約委員会による日本政府に対する1998〔平成10〕年11月「最終見解」・2008〔平成20〕年10月「最終見解」），司法制度改革におけるジェンダーの視点は欠如している。1998（平成10）年11月の日弁連の「司法改革のビジョン」，1999（平成11）年11月の「司法改革実現に向けての基本的提言」にも，司法制度の中に内在する性差別意識改革のためのプログラムや，裁判官・検察官・弁護士等の法曹関係者に対する教育プログラムの必要性については全く触れられていない。さらに，2000（平成12）年6月に公表された「司法制度改革審議会意見書」にも，性差別を温存させるような法制度や法曹の意識改革の必要性の視点は全く欠けている。

法科大学院や法曹養成制度のカリキュラムの中で，ジェンダー・バイアスを除去する視点から，ジェンダー教育を全学生に必修とすべきである。2004年春に開校されたいくつかの法科大学院では，ジェンダー教育が行われている。

日弁連の両性の平等委員会は，2002（平成14）年3月，「司法における性差別─司法改革にジェンダーの視点を」のシンポジウムを開催し，その基調報告書を刊行したが，その中で，法曹界に存在する性差別として，1976（昭和51）年4月から7月にかけて，司法研修所で，現職の裁判官である教官及び事務局長が，女性修習生に対し「研修所を出ても裁判官や弁護士になることは考えないで，研修所にいる間はおとなしくしていて，家庭に入って良い妻になるほうがよい」等の差別的発言を行い，問題となったという事実を明らかにしている。他方，その後，女性の新任の判事補の数は増加し，その女性の比率も高まっていることは看過すべきではないし，後述するように，弁護士事務所の現在の採用実態が30年以上前の昭和51年当時の裁判所の姿勢をどこまで批判できるかも真摯に反省する必要がある。

また，検察官任官希望者に対する「女性枠」による採用差別も，女性に対する差別的な取扱いである。2000（平成12）年に，「検察任官における『女性枠』を考える53期修習生の会」から日弁連へ調査と是正措置についての申立てがあり，調査の結果，「司法研修所における検察官任用者を選考する課程において，女性修習生の任用を，原則として各クラス1名，例外的に2名とする」という「枠」が存在しており，女性の任用希望者の数を抑える結果になっていることが明らかになった。

さらに，日弁連が2000（平成12）年10月に弁護士登録をした者608名（男女とも）に対して行った就職問題に関するアンケート（回答率19.2％）でも，回答者の約3分の1が「女性は採用しないと言う方針の弁護士事務所があった」と回答している。

このような中，日弁連は，2002（平成14）年5月，「本来，弁護士会は，弁護士の強制加入団体として法曹界の重要な一翼を担うものであり，弁護士会における男女共同参画の実現なくして男女共同参画社会の実現はありえない。また，人権擁護と社会正義の実現を標榜する弁護士の集団である弁護士会こそ，両性の平等という憲法の理念を実現すべく，男女共同参画を積極的に推進し，社会のモデルとなるべきである。」として「ジェンダーの視点を盛り込んだ司法改革の実現をめざす決議」を採択し，その後，2007年（平成19年）4月，「男女共同参画施策基本大綱」を制定した。

東京弁護士会においても，男女共同参画基本法の基本理念を実現すべく，現在，男女共同参画本部を設置

して，男女共同参画基本計画を策定中である。これに先立ち，2008（平成20）年1月から2月にかけて，日弁連，関弁連及び東京三弁護士会が東京三弁護士会会員を対象に行った「男女共同参画推進のためのアンケート」では，男性会員に比して，女性会員の方が，仕事と私的生活の両立に困難を感じたり，就職や職場・業務において不利益な取扱いを受けたり，弁護士会会務等への参加に困難を感じるという会員が多いことが明らかとなった。今後，男女共同参画本部において同アンケート結果の分析を進め，その分析結果を踏まえて，効果的な男女共同参画基本計画を策定する必要がある。さらに，東京弁護士会全体として組織を設置して同基本計画を実施するなど総合的に男女共同参画に取り組んでいくことが重要である。

また，東京弁護士会では，1999（平成11）年10月に制定された「セクシュアル・ハラスメント防止等に関する規則」が，2004（平成16）年9月，より実効性のあるものに改正され，また，「セクシュアル・ハラスメントの防止に関する指針」および「セクシュアル・ハラスメント防止等に関する相談員の留意すべき事項に関する指針」が新設された。現在，同規則に基づき，倫理研修時にセクハラ研修が実施されている。また，同規則に基づく調査委員会が組織され，調査申立事案に関する調査が行われている。さらに，2009（平成21）年9月，上記規則が「性別を理由とする差別的取扱い及びセクシュアル・ハラスメント防止等に関する規則」へ改正された。これによって，東京弁護士会の活動又は職務に関連して行われるセクシュアル・ハラスメントのみならず，司法修習生又は弁護士資格を有する者の就業活動に関連して行われる性別を理由とする差別的取扱い及び言動も禁止され，被害者からの申立てがあった場合には，調査委員会による調査が行われ，加害者と認められる会員に対して東京弁護士会会長による助言・指導等の適切な措置がなされるほか，特に悪質な場合には懲戒請求が行われることとなる。

日弁連及び東京弁護士会は，弁護士会内における実質的な両性の平等・男女共同参画を実現すべく，女性会員の就労環境改善，仕事と家庭の両立支援等の施策を実施すべきである。

6 外国人の人権

1）入管行政の問題

> 弁護士会は，外国人の人権に関する諸問題を解決するため，次の取組みをすべきである。
> ・外国人のための相談，救済活動の一層の拡充を行うこと
> ・わが国の入管制度，難民認定制度について法制度上及び運用上の問題点を見直すための調査，研究活動を行うと共に，その成果に基づき日弁連として法改正や行政各省庁の取扱いの是正を求めるための活動をより積極的に行うこと
> ・国際人権規約の選択議定書をはじめとする外国人の権利保障に関連する諸条約の批准促進運動を展開すること

日本に在留している外国人の人権状況には大きな問題があることは，法友会の政策として繰り返し指摘したところである。従来指摘した問題点については，なお改善されないままのものが多いが，近時，次のような新たな問題点が生じてきている。

(1) 外国人の出入国・在留に関する管理・監視を強化する体制を構築する動き

現在政府等において，テロの未然防止等の名のもとに，外国人の出入国・在留に関する管理・監視を強化する新しい体制を構築する動きが急速にすすめられている。

2007（平成19）年11月，2006（平成18）年5月の入管法一部改正（以下「2006年改正法」）に基づき，日本に入国する全ての外国人（特別永住者，16歳未満の外国人などを除く）について，個人識別情報の提供（指紋の電磁的採取及び顔写真撮影）が義務化され

た。政府はこれまで，入国時に取得された個人識別情報について，犯罪捜査や在留管理に利用することを否定していない。また，これを契機に，予め提供された指紋情報などを利用して出入国審査の迅速化をはかる「自動化ゲート」も導入された。さらに，改正入管法は，公衆等脅迫目的の所定の犯罪行為，その予備行為又はその実行を容易にする行為を行うおそれがあると認めるに足りる相当な理由があると法務大臣が認定した者及び国際約束により日本への入国を防止すべきものとされている者を退去強制することができるとする退去強制事由を追加している。

また，2007（平成19）年改正雇用対策法により，すべての事業主などに対して，新たに雇い入れた外国人の氏名・在留資格・在留期間・国籍などの個人情報を厚生労働大臣に報告することが罰則をもって義務づけられ，当該情報が在留管理に関する事項の確認のために，厚生労働大臣から法務大臣に提供されることになった。

2009（平成21）年には，従来の外国人登録制度を廃止し，入国時の指紋採取，顔写真撮影と一体化したIC在留カードの常時携帯を義務づける法案が可決され，3年以内に施行予定である。

しかし，これら改正法等には，以下のような問題点がある。

すなわち，日本に入国する全ての外国人に対し個人識別情報として生体情報の提供を義務づけることは，外国人のプライバシー権を侵害し，国際人権自由権規約（以下，「自由権規約」という。）7条が定める品位を傷つける取扱いの禁止に違反するものである。さらに，日本人と生活実態が異ならない定住外国人からも生体情報を取得することは，自由権規約26条が禁止する外国人差別である。

また，入国時に取得した生体情報を全て保管し，犯罪捜査や在留管理に利用しようとすることは，外国人の自己情報コントロール権を侵害し，外国人全体が危険な集団であるかの偏見を生み出すおそれがあると指摘されている。

さらに，上記退去強制事由の追加，すなわち法務大臣がいわゆるテロ関係者と認定した者の退去強制を可能とした点については，日本に定住している外国人の生活の根拠を奪う重大な結果を生じさせるものであるにもかかわらず，認定要件がきわめて曖昧かつ広範であり，かつ，十分な不服申立の機会が制度的に担保されていない。退去強制手続における不服申立てとして口頭審理手続が存在するが，その審理の対象は，「テロリスト関係者であると法務大臣が認定した者であるか否か」であって，真実「テロリスト関係者」であるか否かは審理の対象とならないことになりかねない。自分がいかなる根拠で「テロリスト関係者」であると認定されたかを知る機会も争う機会も保障されないのである。とりわけ，難民の場合には，出身国と政治的に対立していることが少なくないところ，出身国において反政府活動をしている者やその支援者がテロリスト関係者として認定され，不服申立の機会が保障されないまま退去強制される可能性も否定できない。このような退去強制は，ノン・ルフールマンの原則（難民条約33条1項，拷問等禁止条約3条1項）に違反するおそれがあると言わざるを得ない。

さらに，自動ゲート化については，日本人や特別永住者も対象となるが，この仕組みによって提供された情報についても犯罪捜査その他に利用することは可能となることが法案審議の中で明らかになっている。情報提供者はそもそもこのような目的外の利用を想定していないし，今後，自動化ゲートの利用が事実上強制されることなどが危惧され，いわゆる「監視社会」の招来の危険が指摘されているところである。

この間の動きに対し，日弁連は，2005（平成17）年12月，「外国人の出入国・在留管理を強化する新しい体制の構築に対する意見書」を発表して，こうした動きにはプライバシー権や自己情報コントロール権，外国人に対する差別的取扱いの禁止等の観点から重大な問題があることを指摘した。さらに，2006（平成18）年5月には，改正法案の国会審議の中で新たに明らかになった点なども含めて法案の問題点を指摘し，市民生活に重大な影響を与えるとして成立に反対する会長声明を発表した。2007（平成19）年10月には，2006年改正法について，❶提供を義務づける個人識別情報として指紋情報を規定すべきではない，❷個人識別情報について，旅券上の情報や過去の退去強制歴などとの照合を完了した時点で直ちに消去し，外国人の入国後もこれを保管して犯罪捜査や在留管理の目的のために利用すべきではなく，そのことを省令に明記すべきである，との意見書を発表した。さらに，2007（平成19）年11月に開催された第50回人権擁護

大会において，「人権保障を通じて自由で安全な社会の実現を求める宣言」を採択し，「テロや犯罪の防止のために必要であるとする施策について，どのような法益が，どのような具体的蓋然性をもって危険にさらされているのかを客観的に分析して真に必要な施策であるかを判断し，必要があるとしても人権の制約が必要最小限かつ明確な基準によるものであるかなどを厳しく吟味すること」「国や地方自治体が，住民基本台帳ネットワークシステムや外国人の入国・在留管理などを通じて，また，国家間の情報の共有によって，あるいは市民や事業主からの報告を義務付けることにより個人情報を取得する制度が創設されつつあり，その情報を統合し，利用することが模索されている。憲法13条の個人の尊厳，幸福追求権の保障に含まれる自己情報コントロール権尊重の見地から，『改正』入管法などの制度の見直しを行うとともに，このような個人情報の統合，利用を厳格に規制し，特に警察などが市民の生活や思想を監視するために情報を利用することを防止すること」などを提言した。また，2007年改正雇用法による外国人雇用状況報告制度については，2007（平成19）年2月，雇用対策法の目的を逸脱し，健全な雇用関係の成立を阻害するおそれがあること，外国人のプライバシー権や自己情報権を侵害するものであること，人種差別撤廃条約に抵触するものであること理由として上記制度に反対する意見書を発表している。そして，IC在留カードについては，同様の理由により，繰り返し反対の意見を表明している。2009（平成21）年4月には，外国人の在留管理を国に一元化して強化する，出入国管理及び難民認定法（以下「入管法」という）などの改正法案に対しても反対する旨の日弁連会長声明を発表した。

おそらくテロの防止という目的そのものに反対はないが，テロの防止のためであっても人権や基本的自由の保障を侵害してはならないことは，2005（平成17）年8月の国連人権委員会決議などで採択されている。人種差別や人権侵害のない安定した社会こそが最大のテロ対策とも考えられる。今後も弁護士会としては，法改正や運用の実態を注視し，必要であれば新たな法改正に向けた運動に取り組んでいくことが必要である。

(2) 難民問題

2001（平成13）年10月にアフガニスタン人難民申請者が一斉に収容された事件や，2002（平成14）年5月に中国瀋陽の日本総領事館で起きた事件をきっかけに，「難民鎖国」と呼ばれるわが国の難民認定制度の在り方が問題となり，2004（平成16）年6月には大幅な法改正がされた。そこでは，従来から難民条約違反の疑いが強いと指摘されていた60日ルールが撤廃されるなど前進もあるが，まだまだ不十分なところも多い。日弁連では，改正法施行後1年の運用の状況を検証するため，全国で難民問題に携わっている弁護士，弁護団，NGOを対象にアンケートを実施し，また，2006（平成18）年11月に，「改正難民認定制度施行後1年を振り返って──「難民鎖国」は開かれたか──」というシンポジウムを開催した。こうした中で指摘された問題点は，次のとおりである。

① 参与員制度

2004（平成16）年6月改正法（以下「2004年改正法」という）により，難民認定手続の異議審査段階で参与員という第三者を関与させることとなったことは，一定の前進という評価はできる。しかし，本質的にはやはり，法務省入国管理局が所管する異議申立手続を改め，入国管理や外交政策を所管する省庁から独立した異議申立機関を設置すべきである。この点，国際人権（自由権）規約人権委員会（以下，「規約人権委員会」という）が2008（平成20）年10月31日に発表した，自由権規約の実施状況に関する第5回日本政府報告書に対する総括所見は，難民不認定処分に対する異議の申立ての審査が独立した機関によって行われていないことに懸念を表明し，法務大臣によって「テロリスト容疑者」と見なされた難民認定申請者も利用しうる完全に独立した不服申立機関の創設を勧告している。

そして，現行の参与員制度にも，次のような問題点がある。

ⅰ）人選

参与員制度を実りのあるものにするためには，その人選が最も重要である。

2003（平成15）年12月24日に出された第4次出入国管理懇談会（以下「懇談会」という）の意見書（以下「懇談会意見書」）では「事実認定を含む法律実務の経験豊富な法曹実務家」のほかに，「海外情勢を審査・判断に正確に反映させるという観点から，地域情勢や国際問題に明るい元外交官・商社等海外勤務経験者・海外特派員経験者・国際政治学者・国連関係機関勤務経

験者」「法律的知識・素養も求められることから、国際法・外国法・行政法等の分野の法律専門家等」の中から選任されることが望ましいとされている。

しかし、参与員の人選にあたっては、あくまで難民条約の定義を明確に理解しているかどうかという、能力面のみを重視すべきであり、その出自に安易に依拠したり、肩書きにとらわれることは絶対に避けるべきである。

法改正にあたって衆参両議院では、「参与員の人選にあたり専門性を十分に確保する観点から、国連難民高等弁務官事務所、日本弁護士連合会及びNGO等の難民支援団体からの推薦者から適切な者を選任するなど留意するとともに、難民審査参与員の調査手段が十分に確保されるよう体制の整備を図ること」という附帯決議がされているが、この趣旨を生かし、UNHCRや日弁連などからの推薦者を尊重するだけではなく、他の候補者が参与員として適任者かどうかにつき、UNHCR等の意見を聴取し、尊重する仕組みを作るべきである。

また、これまでの日本の難民認定制度が、入国管理政策や外交的配慮によって、本来のあり方から歪められている可能性が高いことをふまえ、入国管理局職員経験者を含む法務省関係者及び元外交官からの選任は避けるべきである。

ⅱ）研修

参与員は、法務大臣が行った一次審査について、専門性を有する第三者としてその適法性や妥当性をチェックする責務を負っているのであるから、UNHCRが示す難民認定基準や諸外国で蓄積された難民認定実務等の専門的知見を有することが必要である。しかしながら、日弁連が行った前述のアンケートの結果によれば、❶異議申立てを棄却する決定に付記された参与員の意見の要旨を見る限り、諸外国で確立されている難民該当性判断の手法に反していることが多いこと、❷難民申請者に対する面接についても、参与員による審尋の際、難民該当性を判断するに十分な質問がなされていないケースが多数報告されており、参与員が難民申請者に対する面接の手法等の専門的知見を有していないことをうかがわせること、❸参与員による審尋の際、参与員の適格性を疑われるような事情があったかという質問に対し、「有」という回答が44.74％という非常に高い割合を占めていたことなどからいって、

参与員は、必ずしも難民認定基準や難民認定実務に関する専門的知見を有していないおそれがあるといわざるを得ない。

このような参与員の現状からすれば、参与員がその専門性を高める機会を継続的かつ計画的に確保しなければならない。

具体的には、UNHCRや研究者などの難民認定実務に関する高度な知見を有している者の関与のもとに立案された継続的かつ系統的な研修が行われるべきである。

ⅲ）記録の開示

現在の異議申立手続では、異議申立人に対し、一次審査において難民調査官が収集した資料や、異議申立手続において難民調査官が追加して収集した資料、退去強制手続おける供述調書などの記録の開示が行われておらず、ただ情報公開制度を利用して一次審査手続における供述調書の開示が行われているだけである。そのため、異議申立人は、参与員に提供された記録の内容を把握することができず、異議申立人が的確な意見を述べたり、釈明をしたりする機会が十分に与えられない結果となっている。こうした実態は、難民認定手続の適正手続保障の観点から問題であり、2004年改正法の審議の際、衆参両議院において、難民認定手続における客観性及び透明性を確保するため、適切な措置を講ずることという内容の附帯決議がなされている趣旨にも反している。

したがって、異議申立手続においては、一次審査手続、異議申立手続、退去強制手続におけるすべての記録を開示し、異議申立人に釈明の機会を実質的に保障すべきである。

② 仮滞在許可制度

改正法により、難民認定申請者のうちで一定の要件を充たす者については、「仮滞在許可」が認められ、許可を受けた者は難民認定申請手続中（異議段階を含む）、収容や退去強制はされないこととなった。しかし、2008（平成20）年の法友会政策要綱でも指摘されたとおり、その要件や効果の点で極めて不透明、不適切な点が存在するなどの問題点が存在している。

ⅰ）仮滞在許可制度における除外事由の運用について

2004年改正法は、難民申請者の法的安定性のため、仮滞在許可制度を導入したが、仮滞在許可の除外要件

として、❶本邦に入った日から6月を経過した後に難民申請を行ったものであること（やむを得ない事情がある場合を除く）、❷迫害を受けるおそれがあった領域から直接本邦に入ったものではないとき、などを挙げている（法61条の2の4第1項各号）。こうした要件については、改正の時点から、合理性がないとして批判も強く、改正時の衆参両院の法務委員会において、「仮滞在許可に当たっては、本邦への直接入国、上陸後6ヶ月以内の申請、証拠資料の提出等の要件について、申請者の事情を十分に斟酌し、実情に即した運用が行われるよう留意すること」「第三国を短期間で経由した者や経由国で有効な保護を受けられない者を許可の対象から排除しないように、上陸後6ヶ月以降の申請の場合も申請者の事情を十分斟酌し実情に即して但し書きを適用するようにすること」という内容の附帯決議がなされているところである。

仮滞在許可制度の除外事由がどのように運用されているのか必ずしも明らかではないが、上記の運用の状況において来日の直接性を否定したものが多いことからすれば、除外条項が上記附帯決議の趣旨と合致しない形で広く解釈されているおそれがあると言わざるを得ない。したがって、実務上どのように運用されているかについて、第三者による検証が可能となるような資料が公にされるべきである。

ⅱ）仮滞在許可の審査期間について

近時、難民認定申請数の増加、とりわけ、空港における上陸審査の際の難民認定申請数の増加もあってか、仮滞在許可の審査期間が長期化しているとの指摘が、難民問題に関わる弁護士やNGOからなされている。とりわけ、後者のケースにおいて、上陸の許否の判断も仮滞在の許否の判断もされないまま、1カ月以上にわたり、ホテルの部屋から外出できない状態に置かれたケースや、仮滞在の不許可事由がないにもかかわらず、仮滞在の許否の判断がなされないまま収容令書によって収容されたケースが報告されている。

そもそも仮滞在許可制度は、在留資格のない者が難民認定申請を行った場合、収容されて退去強制手続が進められることのないようにするために創設された制度である。その制度趣旨からすれば、上陸前であっても、難民申請者に対し長期間に事実上の身柄拘束を行ったり、仮滞在許可の許否の判断をしないまま、収容令書によって収容されたりすることは、本末転倒である。

仮滞在許可の許否についての審査期間を短縮し、また、決定がされるまでの間、事実上の身体拘束や、在留資格を有しないことを理由として退去強制手続、刑事手続に付されることなどが行われないようにすべきである。

ⅲ）就労

自由権規約6条1項は、すべての者が自由に選択し又は承諾する労働によって生計を立てる権利を保障している。そして、仮滞在許可を受けた者が就労できないとする明文は存在しないのであるから、特に条件が付されない限りは、当然就労ができることになる。

仮滞在許可をうけた者全てに十分な生活援助がなされる保障があるのであれば格別、そうでなければ、原則として就労に関する条件は付すべきでない。この点、出入国管理及び難民認定法施行規則56条の2第3項3号では、就労を禁止しているが、全く実態を無視した規定であり、喫緊の改正が求められる。

日弁連が行った改正後1年を踏まえたシンポジウムにおいて、UNHCR駐日事務所のナタリー・カーセンティ主席法務官は、「難民申請者の生活は慈善事業ではなく人権問題だ。生活できなければ、意に反して帰国しなければならなくなる。これは間接的ルフルマンである」と述べた。まさに的確な指摘である。

③　このほか、2004年改正法では、難民と認定された者にも在留資格が自動的に認められない場合があること、難民認定された後の生活支援について何ら具体的な政策が採られなかったこと、不認定処分後の訴訟準備ないし係属中の退去強制手続の停止が法制度化されなかったなど、問題点は山積である。前述した規約人権委員会の2008（平成20）年10月の総括所見も、難民認定申請者に対する社会福祉や雇用の確保、難民認定に関する行政手続終了後訴訟提起までの間に難民認定申請者が退去強制されることの防止について勧告している。

（3）弁護士会の取組み

以上、最近の外国人の出入国・在留を強化する体制を構築する動きに関連した問題と難民問題について述べたが、外国人の人権に関連しては、このほかにも多くの課題がある。

弁護士会としては、これら外国人の人権に関する諸問題の解決に向けて、次のような取組みをすべきであ

る。

　第1は，外国人のための相談，救済活動の拡充である。この点について，1995（平成7）年8月以降，東京三会及び法律扶助協会が，平日は毎日交替で外国人のための法律相談を実施し，また1996（平成8）年には東弁の外国人人権救済センター運営委員会において，各国の在日大使館に上記法律相談案内のパンフレットを提供する等した結果，相談件数も増加するなど充実の方向にある。

　しかし，外国人相談や救済窓口を担っている弁護士の数はまだまだ限られており，現在の取組みをさらに進めるために，弁護士会は外国人事件に取り組む弁護士の増加と組織化をする必要がある。

　第2に，わが国の入管制度，難民認定制度について法制度上及び運用上の問題点を見直すための調査，研究活動を行うとともに，その成果に基づき，法改正や行政各省庁の取扱いの是正を求めるための窓口となるべき組織作りを進めるべきである。

　この点，難民問題に関しては，1997（平成9）年7月18日に，全国の難民事件を取り扱っている弁護士により，「全国難民弁護団連絡会議」の第一回会議が開催されて以来，メーリングリストを中心にして活発な情報交換が行われており，2002（平成14）年9月には同連絡会議名による難民法改正の提言が発表なされた。

　また，しばらく活動を休止していた日本弁護士連合会人権擁護委員会内の難民問題調査研究委員会が，2002（平成14）年7月から活動を再開している（現在は特別部会となっている）。しかし，分野は難民問題に限定されている。外国人の人権全般については，1999（平成11）年から日弁連人権擁護委員会の国際人権部会において調査・研究が再開され，2000（平成12）年から毎年法務省入管局との懇談会が実施されたこと，入管手続における弁護士代理問題で協議会が持たれ2004（平成16）年11月からは在留資格変更・在留期間更新の代理権が認められたこと，2004（平成16）年10月に第47回人権大会シンポジウム第1分科会で外国人の人権問題が取り上げられ「多民族・多文化の共生する社会の構築と外国人・民族的少数者の人権基本法の制定を求める宣言」がされたことなど一定の成果は見られるが，未だその活動は十分とは言い難い。一層の努力が求められている。

　規約人権委員会は，2008（平成20）年10月31日，自由権規約の実施状況に関する第5回政府報告書に対する総括所見において，❶拷問や虐待のおそれがある国への送還の明文による禁止，❷難民認定申請者が，弁護士，法律扶助，通訳及国家負担による十分な社会福祉又は雇用確保を受けられること，❸難民不認定処分に対する完全に独立した異議申立機関の設立などの立法の必要性を勧告している。弁護士会も，法改正に向けて，一層の取組みが必要である。

　第3は，外国人の権利保障に関連する諸条約の批准促進運動を展開することである。

　特に，規約人権委員会への個人による救済申立の途を開く，自由権規約や拷問等禁止条約の選択議定書の批准は，わが国の人権状況を国際的監視下に置き，特に遅れている外国人の人権問題について救済の途を拡大するために極めて重要である。1993（平成5）年の規約人権委員会は，わが国に対して同議定書の批准をするよう正式に勧告をしているにもかかわらず，国は批准については消極的なままである。前述した，1998（平成10）年の規約人権委員会においては，この点を含め，「委員会は第3回報告書の審査後に出された勧告の大部分が履行されていないことを遺憾に思う」と非難し，繰り返し第一選択議定書の批准を勧告した。さらに，前述の，2008（平成20）年10月31日に発表された，規約人権委員会総括所見においても，第一選択議定書の批准が強く求められている。日弁連は，1996（平成8）年10月25日，大分県別府市で開催された第39回人権擁護大会において，「国際人権規約の活用と個人申立制度の実現を求める宣言」を行い，また，2008（平成20）年10月31日，規約人権委員会の総括所見に対し，勧告の実現のために全力で努力していくとする会長声明を発表している。今後もなお，その批准に向けた積極的な運動が求められている。

2）外国人の刑事手続上の問題

> 外国人の被疑者・被告人の増加に伴い，刑事手続上の問題が多数顕在化している。保釈や公判への出頭などをめぐり，入管法上の収容手続との関係で権利保障がされていない現状の改革や，司法通訳人制度の整備などの課題に，弁護士会は積極的に取り組まなければならない。

(1) はじめに

大野正男裁判官は，退去強制されたタイ人参考人の検面調書の証拠能力が問われた1995（平成7）年6月20日最高裁判決の補足意見において，「今日のように外国人の出入国が日常化し，これに伴って外国人の関係する刑事裁判が増加することを刑訴法は予定しておらず，刑訴法と出入国管理及び難民認定法には，これらの問題について調整を図るような規定は置かれていない。このような法の不備は，基本的には速やかに立法により解決されるべきである」と述べた。

その5年後，いわゆる電力会社OL殺人事件の無罪後勾留にかかる2000（平成12）年6月27日最高裁決定においても，藤井正雄裁判官と遠藤光男裁判官が，それぞれ，「この問題は，退去強制手続と刑事手続の調整に関する規定の不備によるもの」「正に法の不備といわざるを得ないが，法の不備による責任を被告人に転嫁することは許されるべきことではない」と反対意見の中で述べた。

さらにその7年後，スイス人被告人の薬物事件の無罪後勾留にかかる2007（平成19）年12月13日最高裁決定においても，近藤崇晴裁判官の補足意見（田原睦夫裁判官も引用）は，「このような事態に対処するためには，退去強制手続と刑事訴訟手続との調整規定を設け，退去強制の一時停止を可能とするなどの法整備の必要があるのであるが，12年判例において遠藤裁判官の反対意見と藤井裁判官の反対意見がそれぞれこの点を強く指摘したにもかかわらず，いまだに何らの措置も講じられていない」と強い苛立ちを明らかにしている。

これら最高裁裁判官の度重なる意見に現れているように，現在の刑事手続は，今日のような外国人被疑者・被告人の増加に全く対応しておらず，入管手続との調整をはじめとして，様々な面で不備を露呈している。にもかかわらず，一向に立法の手当が行われる様子はなく，その不利益を当事者が被るという状況が放置されているものである。

(2) 身体拘束をめぐる問題点

外国人の刑事手続上の問題の中でも，近時大きな問題となっているのが，在留資格のない外国人の身体拘束をめぐる問題である。

前掲の電力会社OL殺人事件においては，2000（平成12）年5月8日，東京高裁が，一審で無罪判決を受けて東京入国管理局収容場に収容されていたネパール人被告人を職権再度勾留する決定を行い，その後，前掲の6月27日の最高裁判所の特別抗告棄却決定により，上記被告人は無罪判決を受けながらも引き続き勾留され続けるという事態に陥った。

これら一連の収容・勾留による同被告人の身体拘束の継続は，出国の自由（憲法22条，市民的及び政治的権利に関する国際規約〔以下，「自由権規約」という〕12条2項）及び人身の自由（憲法18条，自由権規約9条1項）を不当に奪い去るものであり，重大な人権侵害である[1]。

同被告人が日本人であれば，無罪判決によって勾留の効力が失われたまま控訴審の審理を行うのが通例であり，上記の事態は本件被告人が在留資格を有しない外国人だったことに起因するといわざるを得ない（前掲の遠藤光男裁判官の反対意見参照）。そうであるとすれば，これは，「裁判所その他の全ての裁判及び審判を行う機関の前での平等な取扱いについての権利」を保障した，あらゆる形態の人種差別の撤廃に関する国際条約5条(a)に明白に違反するというべきである。

すなわち，この件は，無罪判決を受けた被告人について，逆転有罪判決を視野に置いた「刑の執行確保」

---

1) 問題点の詳細は，『2005年度法友会政策要綱』84頁参照。

のため，勾留という方法を用いて退去強制（強制送還）を阻止しようとしたものと評価せざるを得ず，遡れば，刑事法制と入管法制の調整規定の不存在——すなわち前掲の大野正男裁判官の言う「法の不備」——の引き起こした副作用の最たるものと言うべきであろう。

しかも，「法の不備」という問題は，これだけに留まらない。たとえば，外国人被告人が在留資格を有しない場合には，保釈を許可されて，拘置所もしくは警察署の留置施設から解放されたとしても，即時その場で入国警備官により入管の収容場に収容されるのが通例であり，身体拘束は継続することになる（しかも，入管に収容されて自宅に戻れなかったことを理由に検察官が制限住居違反を理由に保釈取消を求めた事件まで発生している＝新潟地裁平成14年10月7日決定）現実の身体解放を得るためには，あらためて，入管からの仮放免の許可を得た上で，保証金を別途預けなければならない。つまり，日本人の被告人が解放される場合よりも，入管への保証金の分，過大な金銭的負担を強いられるという不平等な現象が生じることになるのである。

前掲の電力会社OL殺人事件の後にも，一審無罪判決後の外国人被告人が高裁により職権勾留される事例が数件報じられている。その中の一件である，前掲のスイス人被告人の薬物事件においては，一審で無罪判決を受けた同被告人の勾留を巡り，最高裁まで争われたが，最高裁第三小法廷は，前掲の2007（平成19）年12月13日決定において，一審無罪判決後の控訴裁判所による被告人勾留については，刑訴法60条1項にいう「被告人が罪を犯したことを疑うに足りる相当な理由」の有無の判断は，無罪判決の存在を十分に踏まえて慎重になされなければならず，嫌疑の程度としては一審段階におけるものよりも強いものが要求される，との一般論を述べながらも，当該スイス人被告人の無罪後再勾留自体は是認した。ところが，当該被告人は，その後の控訴審でも再び無罪判決を受け（東京高裁平成20年4月9日判決＝確定），まさに一審無罪判決後の勾留が極めて不合理であったことが明らかになったものである。

今後もこの種事例の発生は続くと思われ，抜本的な解決が急務である。

（3）通訳人をめぐる問題点

また，外国人被疑者・被告人に対する刑事手続のあらゆる段階において，公正かつ正確な通訳人を確保すべきことは，手続の適正を担保するための最低条件であるし，自由権規約14条3(a)も，かかる権利を保障している。

しかし，裁判所，弁護士会とも，通訳人名簿を作成して適宜通訳を依頼しているが，通訳人の採用にあたっての試験などは無く，継続的な研修を施すシステムも存在しない。このような通訳人の地位の不安定さは，法廷通訳人の通訳料を裁判所が一方的に引き下げるという不当な取扱いの大きな要因となっている。アメリカ，カナダ，オーストラリアなどでは，「法廷通訳人」という資格制度を設け，能力に応じた報酬を与えて公正な裁判を確保するための制度的な裏付けを与えているのであり，同様の制度の導入が急務である。

また，裁判員裁判においては，通訳を通したやりとりで，果たして裁判員が正確に心証を得ることができるかどうか，という新しい問題点が指摘されている。この点からも法廷通訳制度の改革は，極めて切迫した問題といわなければならない。

（4）取調べ過程の可視化の必要性

近時議論が活発な取調べ過程の可視化という要請は，外国人被疑者の場合にはより高まる。

外国人被疑者の供述調書の作成方法は，捜査官が作成した日本語の供述調書を読み上げ，それを通訳人が口頭で訳し，被疑者に内容を確認させた上で，日本語の供述調書に署名・指印をさせるというものである。

しかし，被疑者が，通訳人の口頭で述べたことには間違いが無いと理解したとしても，供述調書に記載されている内容と通訳人が読み上げた内容とが一致しているということを客観的に担保するものは実務上全く存在しない。通訳人の公正さに対する信頼という，極めて空疎なものが，唯一の同一性担保の拠り所なのである。

そのため，後日，被疑者が適切に通訳されなかったために，誤信して調書に署名・押印したと主張しようとしても，その事実を浮き彫りにすることは不可能に近い。法廷で調書作成時の通訳人が「適切に，忠実に通訳した」と証言すれば，これを覆すことは至難の業である。

このような事態を解決する手段として，取調べ過程の録画等は非常に有効であり，浦和地裁平成2年10月12日判決（判時743号69頁）もその必要性を指摘

している[2]。

(5) 今後の方針

外国人の刑事事件は，我が国の刑事司法の問題点や不備な点が象徴的に現れるところであり，(2)の事例などその典型的なものであろう。今後は，東弁のみならず日弁連全体の問題ととらえて，改善のための法改正・運用の改善や，制度の設立を早急に検討していくことが必要である。

7 死刑の存廃問題

> 弁護士ないし弁護士会は，「生命権」及び「個人の尊厳」を保障するため，以下の行動をするべきである。
> ・死刑制度の存廃問題について早急に検討を深め，国民に対して，的確な判断材料を提供していくこと
> ・政府及び国会に対して，一定の期間，死刑の執行を停止し，その間，国会内に死刑制度調査会を設置して死刑制度のあり方を全面的に見直すことを内容とする死刑執行停止法の制定を強く求めること
> ・法務大臣に対して，❶死刑制度の運用状況に関する情報の公開，❷死刑制度の存廃問題について議論の深化を図るための施策，❸死刑の執行を差し控えることなど強く求めること

1) 死刑の存廃について

死刑制度の是非をめぐっては，存置論と廃止論との激しい対立がある。前者は，応報刑主義の理論的帰結として，また，死刑には凶悪犯罪に対する抑止効果があるという刑事政策的観点から，被害者遺族の感情，世論調査の結果によれば国民一般が存続を望んでいることから，存置すべきであるという立場である。後者は，死刑は残虐で非人道的な刑罰であること，誤判があった場合死刑は回復不可能な結果をもたらすこと，死刑廃止はすでに国際的潮流であることから，廃止すべきであるというものである。

2) 死刑をめぐる内外の状況

わが国では，1983（昭和58）年から1989（平成元）年にかけて，4つの死刑確定事件（免田・財田川・松山・島田各事件）について再審無罪判決が確定し，死刑判決にも誤判がありうることが明らかになった。そして，この状況は，足利事件や飯塚事件と続いている。このように，誤判の危険性は人間の行う裁判においては避けられないものであり，死刑制度が存在する限り，かけがえのない生命を誤って奪う危険性は常に存在している。

また，国際的には，国連において，世界人権宣言3条（生命権条項）の完全保障のために死刑廃止を目指し，死刑のより制限的な適用のため，いわゆる「死刑廃止条約」が1989（平成元）年12月15日の国連総会で採択され，1991（平成3）年7月11日に発効した。2008（平成20）年9月29現在，同条約は，68カ国が批准し，35カ国が署名して後日批准を約束している。アムネスティ・インターナショナルの調べによると，毎年死刑廃止国が増えており，2009（平成21）年7月8日現在，死刑存置国が58カ国に対し，廃止国はヨーロッパを中心に139カ国（法律であらゆる犯罪〔通常及び戦時〕について・94カ国，法律で通常の犯罪について・10カ国，過去10年以上執行していない事実上の廃止・35カ国）となり，今や世界の3分の2の国々が死刑を廃止していて，死刑廃止が，世界の潮流となっていることは明らかである。

3) わが国の死刑判決及び死刑執行の状況

近年，殺人罪など凶悪犯罪の認知件数に有意な増加がないにもかかわらず，死刑判決は著しく増加し，死

---

2) 米軍関係者について取調べの録音等がされたことについて，『2005年度法友会政策要綱』85頁〜86頁参照。

刑執行も極端に増加している。

まず，死刑判決数については，1991（平成3）年から1997（平成9）年の7年間と，2001（平成13）年から2007（平成19）年までの各7年間の死刑判決言渡し数（死刑判決を維持したものを含む）を比較すると，地方裁判所では31件が95件に（約3.1倍），高等裁判所では22件が96件に（約4.4倍），最高裁判所では26件が63件に（約2.4倍），それぞれ激増している（司法統計年報）。

つぎに，死刑執行数については，先述の内外の状況のもとで，1989（平成元）年以降，3年4カ月にわたって死刑執行は事実上停止されていたが，1993（平成5）年3月26日，後藤田正晴法相により死刑の執行が再開され，それ以降，毎年原則として複数の死刑確定囚に対して死刑が執行されるようになり，その数は，2009（平成21）年7月28日現在，合計82名に達している。その上，最近の3年は，9名，15名，7名と激増している。

なお，死刑が執行されるたびに，日弁連や関弁連，各地の弁護士会（25の単位会）が法務大臣に対し，死刑制度の存廃の国民的議論が尽くされるまでは死刑の執行を差し控えるなど慎重な対応を求める会長（理事長）談話ないし声明を発表している。

4）わが国の死刑制度に対する国際的評価

国際的には，2007（平成19）年12月18日と2008（平成20）年11月20日と2年にわたって，国連総会が，すべての死刑存置国に対して死刑執行の停止を求める決議案を賛成多数で採択した。

2008（平成20）年10月30日，国際人権（自由権）規約委員会が，市民的及び政治的権利に関する国際規約（以下「規約」という）の実施状況に関する第5回日本政府報告書審査の結果である総括所見を発表した。その中で，日本政府に対して，規約6条，7条及び10条に関連してパラグラフ16（死刑執行）で，

❶ 政府は世論にかかわらず死刑廃止を前向きに検討し，必要に応じて国民に対し死刑廃止が望ましいことを知らせるべきである。当面の間，死刑は規約6条2項に従い，最も深刻な犯罪に限定されるべきである

❷ 死刑確定者の処遇及び高齢者・精神障害者への死刑執行に対し，より人道的なアプローチをとるよう考慮すべきである

❸ 死刑執行に備える機会がないことにより蒙る精神的苦痛を軽減するため，死刑確定者及びその家族が，予定されている死刑執行の日時を適切な余裕をもって告知されることを確実にすべきである

❹ 恩赦，減刑および執行の一時延期は，死刑確定者にとって真に利用可能なものとされるべきである

との勧告を行った。

また，規約6条及び14条に関連してパラグラフ17（死刑制度）では，

❶ 死刑事件においては，再審査を義務的とするシステム（必要的上訴制度）を導入し，再審請求や恩赦の出願による執行停止効を確実にすべきである

❷ 死刑確定者と再審に関する弁護士とのすべての面会の厳格な秘密性を確保すべきである。規約7条及び10条にパラグラフ21（独居拘禁）で，死刑確定者を単独室拘禁とする規則を緩和し，単独室拘禁は限定された期間の例外的措置にとどまることを確実にすべきである

との勧告をした。

2008（平成20）年5月の国連人権理事会の第2回普遍的定期的審査においても，我が国における死刑執行の継続に対する懸念が多数の国から表明され，政府に対し死刑執行の停止が勧告されている。

同年10月28日，死刑全廃に向け，その第一歩として世界規模で死刑執行の一時停止を呼び掛けている欧州連合（EU）の議長国フランスは，同日に行われた日本での死刑確定者2人に対する死刑の執行について，「深く憂慮している」との声明を発表し，日本に死刑執行を一時停止し，死刑の廃止を検討するよう求めた。

5）わが国の死刑制度に対する弁護士会の対応

このように死刑制度に関して，国内ばかりか国際社会の注目が集まっている現在，日弁連は，いわゆる「死刑廃止条約」に賛成するのか反対するのか，あるいは再開された死刑執行に対してどのように対処するのかなどについて，弁護士会としての態度表明を迫られている。

日弁連は，2004（平成16）年10月8日，人権擁護大会で，下記の内容を含む「死刑執行停止法の制定，

死刑制度に関する情報の公開及び死刑問題調査会の設置を求める決議」を賛成多数で採択した。

> 記
>
> 日弁連は，日本政府及び国会に対し，以下の施策を実行することを求める。
>
> 1　死刑確定者に対する死刑の執行を停止する旨の時限立法（死刑執行停止法）を制定すること。
>
> 2　死刑執行の基準，手続，方法など死刑制度に関する情報を広く公開すること。
>
> 3　死刑制度の問題点の改善と死刑制度の存廃について国民的な議論を行うため，検討機関として，衆参両院に死刑問題に関する調査会を設置すること。
>
> 日弁連は，国会議員，マスコミ，市民各層に働きかけ，死刑制度の存廃について広範な議論を行うことを提起する。また，日弁連は，過去の死刑確定事件についての実証的な検証を行い，死刑に直面している者が，手続のあらゆる段階において弁護士の適切にして十分な援助を受けることができるよう，死刑に直面する者の刑事弁護実務のあり方についての検討に直ちに取り組む決意である。

以上の第47回人権擁護大会における決議を受けて，従来の「死刑制度問題に関する提言実行委員会」を改組・拡大し，前記提言及び決議の実現のため，新たな態勢を構築して，死刑執行停止法の制定に向け，取組みを強めるため，「日弁連死刑執行停止法制定等提言・決議実現委員会」（略称：死刑執行停止法実現委員会）が設立された。死刑執行停止法実現委員会は，現在，❶死刑事件弁護経験交流会の開催（現在，6回），❷ライブ研修の実施（現在，2回），❸日弁連死刑執行停止法案の作成，❹「死刑執行停止に関する全国公聴会」の開催（現在，6回），❺終身刑の導入についての議論，❻海外調査，❼死刑執行停止要請，❽「死刑を考える日」の開催（現在，クレオで2回，全国で20カ所），❾裁判員裁判における死刑判決の裁判官・裁判員全員一致制の導入要請等各種の活動を積極的に行っている。

6）今後の取組み

今後，日弁連としては，さらに，上記第47回人権擁護大会決議を前提とした，以下のような具体的な取組みをすべきである。

❶　死刑執行停止法の制定に向けた取組み
❷　死刑に関する刑事司法制度の改善に向けた取組み
❸　死刑存廃論議についての会内論議の活性化と国民的論議の提起
❹　死刑に関する情報開示の実現に向けた取組み
❺　死刑に代わる最高刑についての提言の策定
❻　過去の死刑確定事件についての実証的な検証
❼　死刑に直面する者の刑事弁護実務のあり方についての検討

7）おわりに

基本的人権の擁護を使命とする弁護士ないし弁護士会は，基本的人権の中で一番尊重されるべき「生命権」及び「個人の尊厳」を保障するため，死刑制度の存廃問題を重要な課題として受けとめ，早急に検討を深め，国民に対して，死刑執行停止法案，死刑制度廃止法案並びに死刑制度改革法案を含めた的確な判断材料を提供していくべきである。そして，政府及び国会に対して，一定の期間，死刑の執行を停止し，その間，国会内に死刑制度調査会を設置して死刑制度の在り方を全面的に見直すことを内容とする死刑執行停止法の制定を，また，法務大臣に対して，❶死刑制度の運用状況に関する情報の公開，❷死刑廃止条約の批准の是非を含む死刑制度の存廃問題について国会をはじめ国民の間で議論の深化を図るための施策，❸それまでの間，死刑の執行を差し控えるべきことなどを，それぞれ強く求めていくべきである。

なお，死刑の存続問題についての歴史的経過等の重要な資料については，『2008（平成20）年度法友会政策要綱』200頁以下を参照されたい。

8 犯罪報道と人権

> 犯罪報道により，刑事被疑者・被告人やその親族関係者さらには被害者までもが名誉やプライバシーを侵害される深刻な被害を受けている。マスメディアは，報道の自由を守る意味でも，人権意識に裏打ちされた客観的かつ公正な報道を行うよう自主的努力を重ねるほか，適切な救済制度を早急に確立すべきである。また2009（平成21）年より裁判員裁判がスタートし，裁判報道のあり方についても数多くの議論が行われている状況にある。弁護士会は，これら諸問題を含め，積極的に報道関係者との懇談協議の場を設け，共通の認識を深めながら，基本的なルール作りを目指すべきである。

1）犯罪報道上の問題点

報道の自由は，民主主義の根幹をなす市民の知る権利に奉仕するものとして最大限尊重されるべきであるが，報道が市民の人権侵害に及ぶ場合には，報道の自由に対する制限が正当化されることも当然である。

近時，マスメディアの商業化・報道競争の激化から，報道により市民の名誉・プライバシー等が侵害され，深刻な被害を被る例が多くみられるようになった。

日弁連は第30回人権擁護大会において，報道による人権侵害の防止と被害の救済のために全力を尽くすことを宣言したが，依然報道被害は跡を断たない。また日弁連は1999（平成11）年の第42回人権擁護大会において，知る権利の確立と報道被害の防止・救済に向けた取組みを今後より一層強化し，基本的人権の擁護と民主主義の確立のために努力することを誓う旨の決議をした。この決議を受けて，日弁連は，2001（平成13）年6月，報道被害全国一斉相談を実施した。

われわれは，今後も，かかる決議の趣旨を踏まえ，早急に報道被害の防止と救済に向けた適切な方策を検討する努力を継続しなければならない。

2）犯罪報道被害の現状

犯罪報道による被害は，被疑者・被告人・弁護人などの言い分を取材せず，安易に捜査情報に依存した実名の犯人視報道，営利目的に流された興味本位のプライバシー侵害報道等によって生じている。これらの報道により，いったん犯人扱いされ，あるいはプライバシーを暴かれた被疑者・被告人・親族関係者らが被る被害の深刻さは計り知れず，完全な被害回復は不可能に近い。

また，過熱報道による被害は，被疑者・被告人ばかりか犯罪被害者の側にも及んでおり，事件と直接関係のない被害者の私生活を暴き立て，死者に鞭打つ上に被害者の死亡によって悲嘆にくれる親族関係者らに耐え難い苦痛を与えるという事件も起きている。

このような報道被害に対しては従来救済が十分でないとの批判が強くあり，近年は，従来よりも高額な賠償額を認めるケースが増えてきている。しかし，他方で，賠償の高額化は表現の自由に対する萎縮的効果を及ぼすものであり，特に私人よりも著名人に対する損害賠償について高額化の傾向が顕著であるとして，このような流れに反対する声も後を絶たない。現在も，賠償額の高額化については，賛否両論の議論が激しく展開されている状況にある。

3）マスメディアの自主的努力の必要性

日弁連は，2009（平成21）年の第52回人権大会において，「いま表現の自由と知る権利を考える――自由で民主的な社会を築くために――」とのテーマの下，シンポジウムを開催した。

民主主義社会においては，表現の自由は最重要の人権とされ，最大限に尊重されなければならない。しかし，現実には，自由な意見表明に対しては様々な規制・制限が加えられている実情にあり，表現の自由への重大な危機を迎えているとも言うべき状況にある。

他方で，他者の人権を顧みない報道が存在することも現実であり，これらは民主主義社会で尊重されるべき報道であるとは到底言えず，このような他者の人権を顧みない報道が続けば，現状よりも一層広く表現の自由に対する権力の介入を許す格好の理由を与えるこ

とにもなりかねず，それにより表現の自由への制約がより一層幅広く及ぶことが強く懸念される。

報道と人権の調和は，外部からの強制によるのではなく，マスメディア自身の自主的努力によって図られるべきものである。

マスメディアは，権力の監視という報道に課せられた重要な役割を自覚し，捜査情報への安易な依存をやめ，個々の事件についての報道の要否を慎重に検討し，人権意識に裏打ちされた客観的かつ公正な報道を行うとともに，原則匿名報道の実現へ向けて匿名の範囲をより一層拡大するなどの努力をすべきである。

4）弁護士・弁護士会の取組み

テレビ局についてはBPOが設立されて久しく，新聞各社についても自社の新聞記事に関する検証機関を設ける傾向が増大してきた。このこと自体は歓迎すべきであるが，雑誌を含めた横断的な報道評議会等の審査救済機関については，未だ導入されるには至っていない。

われわれは，報道に対する権力の介入や干渉の実例を調査し，権力の干渉を排除するための方策を検討するとともに，近時の賠償額の高額化といわれる傾向についても適切な評価・検討を加え，さらに，報道被害の実態を調査し，積極的に報道関係者との協議・懇談の場を設け，被害実態および犯罪報道改善の必要性についてメディアと認識を共通にした上で，適切な報道被害の防止・救済制度の実現，ひいては両者の間で取材・報道に関する基本的なルール作りを目指して努力すべきである。

9 警察活動と人権

> 近時，警察の活動は，市民生活の隅々にまで広く浸透している。それだけに警察活動の行き過ぎや不祥事，人権侵害に対し，人権救済申立事件の調査勧告活動を強化するなど，市民の立場から監視を行い，警察官による人権侵害事案に対して，外部の有識者等を入れた調査委員会を創設して徹底した調査を実施してその結果を公表する仕組みを創設すべきであり，さらに警察に対する民主的コントロールを確立するため，警察情報の公開，公安委員会の改革，市民による監視システムの創設に向けて努力しなければならない。

1）拡大する警察活動について

警察は，公共の安全と秩序の維持が本来の職務であるが，戦前の警察がこの本来の任務を逸脱して，国民生活に干渉したという反省に立って，戦後しばらくの間は，その任務の範囲を厳格に規制していた。ところが1970年代以降，警察庁は，個人の生命・身体・財産の保護といった本来の警察活動の範囲を超えて，市民生活の広い範囲にわたってその活動領域を拡大させてきた。

1994（平成6）年の警察法改正では，市民生活の安全と平穏を確保するとの理由で生活安全局が新設されたが，それ以後，警察と防犯協会が一体となって，全国の都道府県や区市町村で「生活安全条例」の制定が推進されてきた。これは，「防犯」を自治体と住民等の共同責任とした上で，警察主導の新たな防犯システムを作ろうとするもので，市民生活に対して警察活動を一層浸透させてきた。

警察庁は，2003（平成15）年8月，「緊急治安対策プログラム」を発表し，今後3年間で治安対策とテロ対策を強化し，警察官の大幅な増員を図ることを目標として掲げた。

2003（平成15）年12月，政府の犯罪対策閣僚会議が発表した「犯罪に強い社会の実現のための行動計画」は，今後5年間を目途に，国民の治安に対する不安感を解消し，犯罪の増勢に歯止めをかけ，治安の危機的状況を脱することを目標として行動計画を定め，警察官の増員や警察活動の拡大が盛り込まれている。

2004（平成16）年3月の警察法改正では，刑事局に「組織犯罪対策部」，警備局に「外事情報部」等を新設することを柱とする組織改正を行うとともに，警察の任務として，「国外において日本国民の生命，身体及び財産並びに日本国の重大な利益を害し，又は害するおそれのある事案」に対処することが追加され，有事立法の整備やイラクへの自衛隊派兵を前提として，有事体制の維持やテロ対策の領域にも警察権限を拡大しようとしている。

　2004（平成16）年12月10日，政府の国際組織犯罪等・国際テロ対策推進本部は，「テロの未然防止に関する行動計画」を決定しており，その中には，テロ対策を理由に，警察権限の拡大に繋がる行動計画が多数含まれている。

　2008（平成20）年12月22日，政府の犯罪対策閣僚会議は，2003（平成15）年12月の行動計画を改訂した「犯罪に強い社会の実現のための行動計画2008」を定めたが，そこでは，2003（平成15）年の行動計画策定後5年間で，警察官等治安の維持に当たる公務員が大幅に増員されたほか，地域における防犯意識の向上に伴い，防犯ボランティア団体構成員数は，2007（平成19）年には約234万人に増加したことなどが説明され，今後も，地方警察官や警察庁職員の増員など人的・物的基盤の強化が挙げられている。

2）警察活動に対する内部的な統制について

　2003（平成15）年末ころから，北海道，福岡，静岡などの警察署において組織的かつ大規模な裏金作りが次々と暴露され，警察官による各種犯罪の続発，取調べ時における暴行，調書のねつ造等の違法な取調べ等の人権侵害も相変わらず見受けられる。2007（平成19）年には，被疑者の取調べの在り方が根本的に問われるような無罪判決が相次いた（選挙違反事件，佐賀・北方事件，富山・氷見事件など）。

　このような事態を受けて，警察庁は，2007（平成19）年12月，「警察捜査における取調べの適正化に関する有識者懇談会」を立ち上げ，2008（平成20）年1月，「警察捜査における適正化指針」を策定し，管理部門による取調べ監督制度や苦情申出制度などの新設を決め（その内容は，平成20年4月3日国会公安委員会規則第4号「被疑者取調べ適正化のための監督に関する規則」として成文化されるとともに犯罪捜査規範も改正されている），2009（平成21）年4月1日から施行されている。

　2009（平成21）年8月の衆議院議員選挙において，民主党が308議席を獲得して第一党となり，政権交代がなされ，鳩山内閣が発足した。民主党は，選挙前に，警察改革について，「警察を監督する公安委員会の体制を強化するとともに，その事務を警察自身が行っているという矛盾を解消するため，国家公安委員会・都道府県公安委員会に独立した事務局を設置します。また都道府県知事や都道府県議会による監督の強化や，苦情処理制度を大幅に拡充し，市民の声を反映した警察行政を実現します」とマニフェストに掲げていた。中井洽国家公安委員長は，就任後，警察庁長官による記者会見を禁止したり，「国家公安委の委員は党が推薦して，国会で決めていきたい」「都道府県の公安委員会の事務局は県の職員がやればいい。警察官は入れるべきではない」などと述べ，新しい政権による警察改革がどの程度進むかが注目される。

3）警察活動に対する監視・是正のあり方

　警察活動に対する監視・是正については，まだ内部組織や公安委員会に多くを期待することができない現実のもとでは，警察活動に対する民主的コントロールを目指して，弁護士会，マスコミ，市民グループによる監視・是正の活動が不可欠であり，特に，弁護士会による人権救済申立事件の調査・勧告の活動の強化が重要である。

　また，警察官による人権侵害事案については，内部調査に委ねるのではなく，外部の有識者等を入れた調査委員会を設置し，徹底した調査を実施して，その結果を公表する仕組みを創設すべきである。

　今後の課題としては，新たな刑事立法を含む警察権限の無限定な拡大の動きに反対する運動を市民とともに組織するとともに，警察の閉鎖性や秘密体質を打破するために，情報公開制度を活用するなどして弁護士会が市民とともに警察活動を市民の側から監視し，チェックしていく活動を確立し，拡大していくことや，警察における内部告発者保護制度の導入に向けた働きかけが必要である。

10 民事介入暴力の根絶と被害者の救済

> ・暴力団等の不当要求行為は，その姿を潜在化・匿名化し，手口を多様化させているので，その対策を実効性のあるものにするためには，情報・対策等において弁護士（会）・警察・暴追センター等の連携が不可欠である。
> ・民暴被害の真の救済を図るためには，予防とともに犯罪被害給付金法の効果的な運用や組長使用者責任訴訟等の実践によって，その被害回復についても実現していかなければならない。

1）はじめに

暴力団等の反社会的勢力が，民事紛争に介入して不当な利益をあげる民事介入暴力に対する対策は，その不当な介入を事前に予防し，差し止め，事後に被害回復等を図る人権救済活動であり，まさに「法の支配」を社会のすみずみにまで貫徹させる実践の場といえよう。

2）民事介入暴力の現状

暴力団対策法の施行から17年が経ち，闇の社会で暗躍する暴力団は，ある時は「えせ右翼」「えせ同和」等の仮面をかぶり，ある時はヤミ金融，振り込め詐欺等に見られるように携帯電話等の情報通信ツールに隠れ，あるいは犯罪グループの背後で直接・間接に指揮する等というように自らの姿を隠すことにより潜在化・匿名化して，表社会で活動する企業・行政あるいは一般市民に対して不当な要求をしている。

そのことは深刻な社会問題化している，行政対象暴力や組織的なヤミ金融，振り込め詐欺，架空請求等をみれば明らかである。

3）民事介入暴力対策の整備

全国の弁護士会（民事介入暴力対策特別委員会）は，民事介入暴力の根絶と迅速な被害救済を行うために，次のような対策をさらに充実させてゆくべきである。

(1) 民事介入暴力被害者救済センター

被害者の救済及び被害の予防を目的とする「民事介入暴力被害者救済センター」をさらに充実・活性化し，相談のあった民暴被害の救済にあたるとともに，会員からの共同受任要請に対応していく。

(2) 研修会の実施

会員に向けて，民暴事件の手口やその対応方法に関する研修を行う。

(3) 他の諸機関との連携

民事介入暴力対策において，警察，暴追センター，法務局人権擁護部（えせ同和行為対策等につき）等との連携は不可欠である。具体的には民暴相談等で連携したり，民暴研究会を実施し，連携を図ってゆく必要がある。また，ヤミ金問題においては，法律相談や消費者等の委員会，行政対象暴力では各自治体等，協力できる（すべき）機関との間の意見交換も必要である。

4）今後の課題

民事介入暴力における被害の予防，差止め，回復といった対策を実効性あるものにするためには，民暴事件の主体，手口等の被害実態やこれに対する対応策等につき，弁護士（会）・警察・暴追センター等の連携が不可欠である。

行政対象暴力においては，❶えせ右翼・えせ同和等からの不当購読要求の一斉拒絶，❷公共工事からの暴力団排除，❸生活保護領域からの暴力団排除，❹公営住宅からの暴力団員等の排除，❺国有地等の一般競争入札からの暴力団排除，❻公共用地取得からの暴力団等の排除等の問題がある。犯罪対策閣僚会議では，公共工事からの暴力団排除について「公共工事からの排除対象の明確化と警察との連携強化」「暴力団員等による不当介入に対する通報報告制度の導入」について検討し，2つのモデル案を策定している。弁護士会は，これらも含め，行政とともに他の関連機関と連携してその対策を講じていかなければならない。

企業の経済活動からの反社会的勢力を排除するために，犯罪対策閣僚会議では「企業が反社会的勢力によ

る被害を防止するための指針」を策定し，取引関係を含めて，一切の関係をもたないよう求めており，企業の反社会的勢力との関係遮断を推進している。

弁護士会も，上記企業指針の周知と普及に協力し，企業に対し内部統制システムに暴力団排除を組入れる等サポートをしていくべきである。

犯罪被害財産等による被害回復給付金支給法が2006（平成18）年6月に成立したことを受け，ヤミ金被害者をはじめ，振り込め詐欺，架空請求等被害者の被害を適正に回復するために，その効果的な運用を図らなければならない。

民暴被害の回復として，2004（平成16）年11月12日，最高裁判所が五代目山口組組長の下部団体組員による殺傷行為について民法715条の使用者責任の適用を認めた（いわゆる「藤武事件」）。

この藤武事件最高裁判決に始まる組長使用者責任法理をその他の組長使用者責任訴訟に「量的に拡大する」とともに，みかじめ料・振り込め詐欺あるいは抗争以外の事件にも組長使用者責任法理を応用してその「質的拡大」を図り，広く民暴被害を受けた人々の被害を救済していかなければならない。

なお，暴力団対策法2008（平成20）年改正では，❶行政対象暴力を暴力的要求行為として規制し，❷国・地方公共団体の責務として暴力排除活動の促進を規定した。また❸威力利用資金獲得行為に関する代表者等の損害賠償責任を規定するとともに，❹損害賠償請求等に対する妨害行為を規制し，❺対立抗争等に関する賞揚等の規制も図っている。これらの暴力団対策法による規定も，民暴被害の救済に役立てなければならない。

11 患者の人権（医療と人権）

> われわれは，患者中心の医療を確立するとともに，医療事故の再発防止と医療被害の早期救済に努める責務がある。そのため，「患者の権利に関する法律」の制定，「医療事故調査制度」の整備，「無過失補償制度」の整備を目指すとともに，迅速かつ公正中立な医療過誤訴訟の実現にむけて提言を行っていかなければならない。
> 　会員研修を強化するなどして医療過誤訴訟の専門弁護士の育成に努めるとともに，人権擁護委員会の一部会から医療部会を独立の委員会活動に昇格させ，山積した医療問題に弁護士会として対応できる基盤を作らなければならない。

1）患者中心の医療の確立

医療と人権の問題を考えるにあたっては，患者中心の医療という視点が重要である。安全で質の高い医療を受けるためには，患者こそが医療の主体であり，患者の意思を尊重した医療を確立するという発想が重要である。

2）患者の権利法制定にむけて
(1) インフォームド・コンセント

患者は，医療を受ける際に，自己の病状，医療行為の目的・方法・危険性，代替的治療法などについて，正しい説明を受け理解した上で自主的に選択・同意・拒否できる。これがインフォームド・コンセントの原則である。インフォームド・コンセントは，自己決定権の一貫として保障されるものであり，適切な医療を受ける権利と並んで，医療において必要不可欠なものである。インフォームド・コンセントが実現されることで，患者と医療従事者との間の真の信頼関係を築いていくことが可能となる。また，医療の科学性・安全性・公開性が高まる。

我が国では，1999（平成11）年12月の第3次医療法改正において，「医師，歯科医師，薬剤師，看護師その他の医療の担い手は，医療を提供するに当たり，適切な説明を行い，医療を受ける者の理解を得るよう努めなければならない」（医療法1条の4第2項）という条文が設けられた。しかし，上記規定は，患者の

「同意」が必要であることまでは明示していないこと，努力規定の体裁を取っていることから，一定の限界がある。あるべきインフォームド・コンセントを実現するためには，患者の権利として保障する法整備を行う必要がある。

(2) 診療記録開示請求権

医療における患者の自己決定権を確立するためには，その前提として患者に診療記録が開示されることが欠かせない。診療記録は患者個人の情報が記載されたものであるから，当然に自己情報コントロール権の対象となる。

「カルテ等の診療情報の活用に関する検討会報告書」(1988〔昭和63〕年，厚生省)は，診療記録開示の法制化を提言したが，1999(平成11)年7月，医療審議会の中間報告において法制化は先送りされた。

しかし，診療記録開示に向けての動きは，徐々に広がりつつある。個人情報保護法，独立行政法人等の保有する個人情報保護に関する法律，各地方公共団体が定める条例等に基づき，カルテ開示が実施されるようになった。また，日本医師会，国立大学附属病院長会議，国立病院等診療情報提供推進検討会等の各種団体や，個別の医療機関において，カルテ開示のガイドラインが定められ，実施されている。また，2003(平成15)年9月12日には，厚生労働省「診療情報の提供等に関する指針」が公表され，個人情報保護法の趣旨の一層の徹底が呼びかけられている。

しかし，個人情報保護法等によるカルテ開示では，個人情報取扱事業者に該当しない小規模医療機関ではカルテ開示の法的義務がない，患者の遺族による開示請求権が保障されない等の限界がある。また，ガイドラインには，医療機関に対する法的拘束力がない等の問題点がある。診療記録の開示は，医療機関による単なるサービスではなく，患者の権利に基づいて行われるものである。診療記録開示請求権の権利性を曖昧にしないためには，これを法制化することが必要である。

(3) 患者の権利法制定に向けて

インフォームド・コンセント及び診療記録開示請求権を法制化するにあたっては，医療法などの既存の法律を改正するのでは充分ではない。患者の権利の保障を医療現場の隅々にまで行き渡らせ，患者の人権を真に確立するために，インフォームド・コンセントの原則，診療記録開示請求権のほか，適切な医療を受ける権利，医療におけるプライバシー権などの患者の諸権利を保障し，患者の権利擁護システムをも含む「患者の権利に関する法律(仮称)」(以下「患者の権利法」)を制定することが要請される。日弁連は，第35回人権擁護大会(1992〔平成4〕年)において「患者の権利の確立に関する宣言」を，また，第51回人権擁護大会(2008〔平成20〕年)においても「安全で質の高い医療を受ける権利の実現に関する宣言」を採択し，患者の権利の確立のために「患者の権利法」の制定が必要であるとしている。2009(平成21)年4月には「ハンセン病問題に関する検証会議の提言に基づく再発防止検討会(ロードマップ委員会)」が，患者の権利擁護を中心とした医療の基本法の制定を提言し，同年6月には，安心社会実現会議が，患者の自己決定権・最善の医療を受ける権利を規定する基本法の制定を2年を目途に推進すべきとの最終報告を総理大臣に提出している。

患者の権利を含む医療に関する基本法制定の機運は高まっており，われわれも，「患者の権利法」制定に向けて努力していかなければならない。

3) 医療事故の防止と医療被害救済のために

(1) 医療事故防止対策

1999(平成11)年以降，医療事故に関する報道が相次いでいる。医療事故が多発する背景としては，日本の医療制度に構造的欠陥があることが指摘されている(日弁連人権擁護委員会「医療事故被害者の人権と救済」〔2001年3月〕24頁)。

このような事態を受けて，医療界においても医療事故防止・安全対策が重視されるようになった。2002(平成14)年8月，医療法施行規則の一部改正により，医療機関の管理者に，医療機関の特性に応じた医療安全管理体制の確保を義務付けられた。2004(平成16)年9月，医療法施行規則の一部改正により，国立高度専門医療センター，特定機能病院等について，特に重大な医療事故の事例に関する報告が義務付けられた。2004(平成16)年10月からは，財団法人日本医療機能評価機構内に設置された医療事故防止センターが医療事故情報収集をはじめた。さらに，2005(平成17)年9月には「医療行為に関連した死亡の調査分析モデル事業」が開始された。

医療安全を実現するためには，起こった事故から学

ぶ姿勢が必要であり，医療事故の調査分析のための制度を整えることは医療安全の実現のために不可欠の前提である。日弁連第51回人権擁護大会（2008〔平成20〕年）「安全で質の高い医療を受ける権利の実現に関する宣言」においては，医療事故を調査し，当該事故に至った経緯や原因を明らかにして，当事者に説明するとともに再発防止や医療安全に生かすため，医療機関の内外に公正で客観的，中立的な医療事故調査制度の整備を求めている。

2007（平成19）年3月には，診療行為に関連した死亡に係る死因究明等の在り方に関する検討会が設置され，2008（平成20）年6月には，医療安全調査委員会設置法案の大綱案が公表された。

われわれとしても，医療安全対策が真に実効性があるものとなるよう，医療安全調査委員会設置の実現とともに事故調査制度の充実を求めていくべきである。

(2) 医療被害救済の現状と対策

現状では，医療被害においては，医療機関に法的責任がある場合の訴訟による被害救済のほかは，医薬品・生物由来製品による健康被害についての医薬品副作用被害救済制度，民間保険を利用した治験による健康被害の補償制度，2009（平成21年）年1月にスタートした産科医療の一部（脳性麻痺児の一部）についての民間保険を利用した無過失補償制度があるにすぎない。

日弁連人権擁護委員会は，2001（平成13）年3月に裁判制度とは別個の新しい医療被害防止・救済システムとして「医療被害防止・救済機構」構想を提言した（前記「医療事故被害者の人権と救済」137頁）。この機構は，医療機関の帰責原因の有無を問わず医療被害の救済を図るとともに，発生した医療事故から教訓を引き出して医療現場に再発防止策をフィードバックし，診療レベルの向上・医療制度の改善・患者の権利の確率等に役立つ活動を目的としている。

既存の救済システムには，いずれも限界があり，われわれとしては被害救済システムの確立にむけて努力していかなければならない。その際，単に被害者に対する金銭賠償のみではなく，事故の原因究明と分析，医療安全のためのフィードバックをあわせて実現することが必要であり，それによって真の被害者救済が実現できることを忘れてはならない。

4) 医療過誤訴訟改革
(1) 医療過誤訴訟改革の現状

司法改革制度審議会意見書（2001〔平成13〕年6月）は，医事関係訴訟の充実・迅速化を図ることを求めており，そのために専門委員制度の導入，鑑定制度の改革，法曹の専門化の強化を提言した。最高裁は，2001（平成13）年7月に医事関係訴訟委員会を設置し，医学界の協力を得て鑑定人候補者の選定を行っている。東京・大阪の各地裁は，2001（平成13）年4月から医療集中部による審理を開始した。その後，福岡・名古屋・千葉・札幌・さいたま・横浜・広島・仙台にも医療集中部が設置されている（2009〔平成21〕年4月現在）。また，医療関係者との間で医療訴訟連絡協議会を実施する動きも，全国的に行われている。

医療被害の早期解決のためには，迅速な裁判が必要とされることは当然である。しかし，医療被害者は拙速な裁判を望んでいるわけではない。訴訟の迅速化を求めるあまり，手続の公正中立が軽視されるようなことがあってはならない。

また，医療関係訴訟の充実・迅速化のために，専門的知見が必要であることは言うまでもないことであるが，医療慣行に流されず，患者の権利に対する司法の役割を踏まえた裁判所の適切な訴訟指揮や判断が期待される。

(2) 当事者主義の徹底

2003（平成15）年7月の民事訴訟法改正において専門委員制度が創設され，医療過誤訴訟でも，医師である専門委員が争点整理・証拠調べ・和解等に関与することが可能となった。

しかし，日本の医療界は，いまだに医師同士が相互批判することを避ける傾向にあることに鑑みると，医師である専門委員が公正中立な意見を述べるという保障はない。医師である専門委員の発言が実質的には口頭鑑定となり，証拠調べによらない手続によって裁判所の心証形成が行われるという危険性がある。

また，争点整理に必要な事実関係や基本的な医学的知識は，当事者双方が主張・提言するべきものであり，当事者が適切な主張立証活動を行えば，裁判所に専門的知識がなくとも争点整理を行うことは可能である。争点整理手続を安易に医師の手に委ねるべきではなく，当事者主導の下で争点整理を進めていくよう求めていく必要がある。

したがって、専門委員を指定する際には当事者の意見を最重視すべきであるし、専門委員の中立性・公平性が確保されるよう、今後とも注視していく必要がある。もとより、当事者主義により医療過誤訴訟を行うためには、弁護士自身が医師の協力を得て、医学的知識と訴訟技術の研鑽に努めるべきことは言うまでもない。

(3) 公正中立な鑑定のために

医療過誤訴訟が遅延する一つの要因として、鑑定人選任までに時間がかかることが指摘されていた。

最高裁の医事関係訴訟委員会の設置により、鑑定人確保のためのシステムができたこと自体は、評価できる。また、各地裁単位の医療訴訟連絡協議会においても、鑑定人確保のためのシステム構築に向けて努力がなされている。

しかし、鑑定人は、「数」が確保できれば内容的に公正中立な鑑定が行われるわけではない。前記のとおり、日本の医療界は医師同士が相互批判することを避ける傾向にある。鑑定書の中には、同業者を庇ったとしか思えないような内容のものも少なくない。

適正な鑑定が行われるために、❶鑑定には医学的根拠の明示を求める、❷鑑定書を公開し内容を事後的に評価できるような仕組みを作る、❸問題のある鑑定を行う医師は鑑定人に選任しない等、鑑定の「質」を確保するための施策が必要である。

また、鑑定結果が出されたとしても、その内容が明確・公正であるとは限らない。当事者には弾劾の機会を与えるべきであるし、当事者が納得の行く裁判を保障するためにも、鑑定人の証人尋問は、当然認められるべきである。

(4) 医療界と法曹界の相互理解の促進

福島県立大野病院の事件をきっかけに、医療界には医療事故への司法の介入について様々な意見が述べられた。医療界が自律的に事故原因の分析究明、被害救済、問題のある医師らへの処分や再教育を実施できているならばともかく、全体の医師の強制加入組織すらない現状では、医療事故への司法の介入は不可避である。他面、司法の場において、適切な事故の処理を実現するためには、専門的知見を有する医師らの協力が必要である。

医療界と法曹界は、患者の人権の実現と医療被害者の救済のために、相互に理解を深めていくべきである。

5) 弁護士・弁護士会としての取組み
(1) 専門弁護士の養成

東京地裁は、医療集中部を設けて、医療過誤訴訟の適切迅速な審理をめざす方向で改革を進めている。現実問題として、専門弁護士でない限り、医療集中部が目指す迅速な裁判の下で、適切な訴訟活動を行うのは困難ではないかという懸念もあるが、医療被害者の司法の場での適切な救済を実現するためには、弁護士会としては、医療過誤訴訟に関する会員研修を強化するなどして、専門弁護士の育成に努める必要がある。

(2) 医療部会の委員会化

医療と人権に関わる問題としては、公共政策としての医療の諸問題のほか、医原性肝炎問題、ハンセン病問題、触法精神障害者問題、障害新生児の治療中止、遺伝子治療など、広範な問題が山積している。これらの問題に弁護士会は対応できていないのが現状である。これらの問題を検討し、提言・集会・法整備に向けての運動などを行うためには、日弁連や東京弁護士会において、医療部会を人権擁護委員会の一部会ではなく独立の委員会活動に昇格させることを考える必要がある。

(3) 裁判外紛争処理手続のより一層の充実

東京三会は、2007（平成19）年9月、いわゆる医療ADRの制度を創設した。医療訴訟の経験が豊富な弁護士を仲裁委員とし、裁判外の手続によって、法的な因果関係や医療水準論による過失の議論にしばられない対話的な問題解決の仕組みとして社会の期待は高い。

弁護士会は、より一層充実したADRの実現のため、人的物的な体制を整えていくべきである。

6) 脳死・臓器移植
(1) 経緯

臓器移植法は、1997（平成9）年に制定され、1997（平成9）年10月16日から施行されている。1999（平成11）年2月28日高知赤十字病院における40歳代の女性が脳死判定され、同人の心臓・腎臓・角膜がそれぞれ移植を待つ患者に移植されたのを第1例として、2009（平成21）年2月9日までに81例の脳死臓器提供があり、345の臓器提供が行われている（http://www.jotnw.or.jp/datafile/offer_brain.

html)。

(2) 臓器移植法の改正

① 改正論議の発端

従来の臓器移植法では，15歳未満の者からの脳死・臓器摘出を禁止しているため，小児の臓器移植については国内で受けることができず臓器移植を要する小児患者は海外で移植を受けざるをえないという点，及び，本人の臓器提供カードによる明確な意思表示と遺族の同意が要件とされている点が厳格にすぎるため移植数が増加しないのではないかとの点が指摘されていた。また，臓器移植の場面に限り，脳死を人の死とするため死の概念が不明確であるとの指摘もあった。

② 改正法

今国会での審議を経て，2009(平成21)年7月13日，改正臓器移植法が成立し，1年後に施行される予定である。

改正臓器移植法は，❶脳死を一律に人の死とし，❷臓器提供に年齢制限を設けず，❸本人の生前の拒否の意思表示がない限り家族の同意で臓器提供できることとするものである。また，親族（配偶者と親子）への優先提供が認められる。

改正法の議論に際しては，❶から❸の各論点について，異なる意見の法案が4種類提出された。

特に小児の脳死については，❶こどもの自己決定がないがしろにされる，❷脳死宣告後の長期生存例があるなど小児の脳死判定基準に疑義がある，❸虐待の見逃しにつながる，といった反対論も多く，大きな争点となった。

日弁連は，2009（平成21）年5月7日付けで「現段階で，脳死を一律に人の死とする改正及び本人の自己決定を否定し，15歳未満の子どもの脳死につき家族の同意と倫理委員会等の判断をもって臓器摘出を認める改正を行なうことを到底認めることはできない」とする会長声明を発表している。

③ 改正法の問題点

改正法では一律に脳死を人の死と認めている。「死の概念」について，従前の心臓死をもって人の死とする概念から，転換がはかられたことになる。この点，衆議院法制局は，改正法は「臓器移植に関する医療行為にしか効力が及ばない」との見解であると報道されているが，死の概念についての混乱は避けられないと思われる。医療現場でも，患者が明確に臓器移植拒否の意思表示をしていたのかをどのように確認するのか，そのような意思表示がない場合に必ず家族の臓器提供の意思を確認しなければならないのか，そもそもどのような場合に法的脳死判定を行うべきかといった点について医療者から不安の声があがっている。

他方，患者の権利の観点からも，臓器提供を臨まない患者，あるいは，臨床的に脳死状態となった患者に最期（心臓死）まで十分な医療が施されるのかといった危惧がある。

2009（平成21）年5月には，世界保健機関（WHO）が「臓器移植は自国で完結させるべきだ」との指針を決定するとの報道がなされた。指針の決定は，1年間先送りされることとなったが，世界的に臓器の自国調達が目標とされる流れは明らかになっており，従前の渡航しての移植治療には限界があることは明らかである。移植を望む患者の人権に配慮することは必要なことであるが，ドナーとなる患者の意思の尊重，終末期における十分な医療の実現は適正な移植医療の前提である。

厚生労働省は，今後，小児の脳死判定の基準や臓器移植の意思表示の方法について，来年の改正法施行までに検討する予定と伝えられている。改正法の成立に際しては国会における本格的審議がわずか1カ月あまりであったこともあり，十分な社会的合意を形成していないのではないかといった批判もある。今後，改正法施行にむけて残された問題点について，弁護士会として積極的に発言していく必要がある。

7）人工生殖と法律問題

結婚して子に恵まれない夫婦は10組に1組の割合で存在するとも言われている。他方，人工生殖に関する医療技術の進歩はめざましい。もはや生殖医療は特殊なものではなく，少子化対策のひとつの課題ともされている。

人工生殖の親子関係において，法的あるいは生命倫理的に最も問題となる代理懐胎については，2003（平成15）年9月，日本産婦人科学会が「『代理懐胎』に関する見解」において，代理懐胎の実施を認めず，その斡旋もしてはならない旨を発表している。また，厚生科学審議会生殖補助医療部会の「精子・卵子・胚の提供等による生殖補助医療制度の整備に関する報告書」（2003〔平成15〕年4月28日）においても，「代

理懐胎は禁止する」との結論が出されている。

さらに、法制審議会生殖補助医療関連親子法制部会の「精子・卵子・胚の提供等による生殖補助医療により出生した子の親子関係に関する民法の特定に関する要綱中間報告案の補足説明」では、代理懐胎を禁止し、その有償斡旋等の行為を罰則を伴う法律で規制するといった方向性を示唆している。

しかしながら、現実には、代理懐胎が認められている海外に渡航して子をもうける日本人夫婦も少なくなく、法的に親子関係をいかに認めるかといった問題はさしせまった課題となっている。日本においても、代理懐胎を禁止するだけでよいのか、新たな生殖技術のもとで出生した子の福祉という観点からいかなる親子関係を構築すべきなのか、早急に法的な整備が求められていると言える。

8) その他の問題——医療体制の整備

近年、勤務医の不足や赤字経営による公立病院の閉鎖、総合周産期母子医療センターにおける救急受入れの拒否、医師や看護師の過労死など過酷な労働環境をめぐる問題、勤務医と開業医の格差など、医療をめぐる厳しい状況がマスコミで報道されている。医師、とりわけ勤務医の劣悪な労働環境はただちに患者が質の高い安全な医療を受ける権利をおびやかす原因となっている。その一因と指摘されているのは、1980（昭和55）年以降、国が実施してきた医療費抑制政策により、医療体制の整備に十分な予算措置がとられてこなかったことである。

個々の医療事故の背景にはこうしたシステム上の問題点がある。弁護士が関与する医療事故について、法的な責任原因や因果関係の問題のみにとらわれることなく、事故の原因の分析を通じて、医療の安全に資する提言を行っていくことが重要である。

12　高齢者の人権

- 介護や能力補完を必要とする高齢者の人権と福祉を考えるにあたっては、ノーマライゼーションの理念を基礎として、高齢者の自己決定権を十分に尊重し、その残された能力を最大限に活用して、生き生きとした生活を送ることができるように援助することが必要である。
- 介護保険制度も、介護サービスは契約形態をとることになり、認知症高齢者が契約上の不利益を被らないような成年後見制度の利用を促進するとともに、利用しやすい制度にしていくこと、家族が適切な後見人候補者を推薦できるよう人材を供給していくことが必要である。
- 高齢者が住み慣れた地域で安心して生活できるよう、自治体及び地域包括支援センターと連携して、高齢者虐待の早期発見・救済、独居高齢者の財産管理等の支援をすることが必要である。
- 認知症高齢者の医療をめぐる問題として、医療同意・終末期医療についての調査研究を進めるべきである。
- 高齢者の消費者被害等を救済するため、日本司法支援センター、地域包括支援センターや社会福祉協議会、その他高齢者の援助を行う団体との連携を図らなければならない。

1) 基本的視点

(1) 高齢者問題の現状

わが国は、医学の進歩による平均寿命の伸びと少子化により、諸外国に例を見ないほど急激な早さで高齢化社会を迎えている。65歳以上の高齢者の全人口に占める割合は、1970（昭和45）年に7.1％であっ

たが、2005（平成17）年には20.1％となり（国勢調査）、さらに2025年には、27.4％に達するものと推計されている。また、認知症率、要介護率が急速に増加する75歳以上の後期高齢者の全人口に占める割合も、2006（平成18）年で9.5％に達している（総務省統計局平成18年データ）。

高齢者世帯についてみると、核家族化、少子化による高齢者と子どもの同居率の低下を原因として高齢者世帯が著しく増加している。

平均寿命の伸びによる高齢者絶対数の増加によって、単に「高齢者」という、一括りにできない様々な人々が含まれることになり、高齢者問題も多岐にわたることになった。

比較的若年の高齢者の中には、就労を希望している者も多数存在するが、近年の雇用情勢の悪化は、高齢者により厳しい結果をもたらしている。介護期間の長期化で、在宅介護において、親族等の介護者の負担加重等から高齢者に対する虐待等の人権侵害が行われたり、他方、介護施設においても、プライバシーに対する配慮がなされていなかったり、老人病院において、認知症のある老人に対し、薬剤を使って「寝たきり」状態にしたり、ベッドや車椅子に縛っておく等の人権侵害が行われている事例が数多く見られる。また、判断能力の低下や孤独を抱える高齢者を狙った財産侵害や悪徳商法による消費者被害も多発している。

(2) 高齢者の権利擁護と基本的視点

上記の通り「高齢者」と言っても一括りにできない多様な人々が含まれる以上、一人一人が住み慣れた地域で自分らしく生き生きとした生活が送れるために必要とされる援助は異なっている。高齢者の人権と福祉を考えるにあたっては、すべての人が、同じ人として普通に生活を送る機会を与えられるべきであるというノーマライゼーションの理念を基礎として、高齢者の自己決定権を十分に尊重し、その残された能力を最大限に活用し、住み慣れた地域で、生き生きとして生活を送ることができるように援助することが必要である。

2) 成年後見制度の活用

2000（平成12）年4月から施行された介護保険制度は、介護サービスの利用は措置制度から契約関係に移行した。これに伴い、認知症等の判断能力の低下・喪失がみられる高齢者が契約上の不利益を被らないよう成年後見制度が導入された。この間、成年後見制度の利用は飛躍的に進み、2000（平成12）年度の成年後見審判制度が、後見・保佐・補助の3類型の合計で8,593件であったところ、2006（平成18）年度は36,626件と実に4.3倍に増加している（司法統計による）。今後、団塊の世代が高齢者になるに伴い、さらに成年後見制度の活用が見込まれる。

家庭裁判所も事件数の増加への対応に追われているが、さらに利用しやすい制度の構築、家庭裁判所の人的・物的拡充による審理の迅速・適確化が必要である。

また、成年後見制度の普及に伴い、後見人等による財産侵害等の権利侵害も現実化してきている。後見人・後見監督人等候補者に適切な人材を供給していくことは弁護士会としての責務である。東京家庭裁判所から後見人候補者選任事務の委託を受け、後見人候補者名簿の拡充を図るとともに、これを支える弁護士会の事務局体制を整備する必要がある。

3) 高齢者虐待

介護保険制度の普及、活用が進む中、一方では高齢者に対する身体的・心理的虐待、介護や世話の放棄・放任等が、家庭や介護施設などで表面化し、社会的な問題となっている。

2005（平成17）年6月、介護保健法が改正され、高齢者等に対する虐待の防止及びその早期発見その他権利擁護のため必要な援助等の事業が市町村の必須事業とされるようになった（介護保険法115条の38第1項4号）。この事業の内容として、成年後見制度を円滑に利用できるよう制度に関する情報提供を行うことが挙げられており、2006（平成18）年4月から発足した全国の市町村が設置する地域包括支援センターが、この事業を担うこととされている。また、2006（平成18）年4月から高齢者虐待防止法が施行された。

高齢者虐待防止法は、以下の行為を「虐待」と定義している。

❶ 身体的虐待：高齢者の身体に外傷が生じ、又は生じるおそれのある暴力を加えること。

❷ 介護・世話の放棄・放任：高齢者を衰弱させるような著しい減食、長時間の放置、養護者以外の同居人による虐待行為の放置など、養護を著しく怠ること。

❸ 心理的虐待：高齢者に対する著しい暴言又は著しく拒絶的な対応その他の高齢者に著しい心理的外傷を与える言動を行うこと。

❹ 性的虐待：高齢者にわいせつな行為をすること又は高齢者をしてわいせつな行為をさせること。

❺ 経済的虐待：養護者又は高齢者の親族が当該高齢者の財産を不当に処分することその他高齢者から不当に財産上の利益を得ること。

虐待者は，被虐待者と同居している者が88.6％と多数を占め，虐待されていることを自覚している高齢者は約半数にとどまっている。

高齢者虐待を覚知した自治体には，家族からの虐待から避難させなければならない場合等において老人福祉法上の措置により施設入所等を行うことや，財産上の不当取引等の被害を防止するため成人後見制度の申立等が義務づけられているが，法律上の専門的相談まで地域包括支援センターの職員が担当することが現実的でなく，弁護士等法律専門家とのネットワークの構築により，必要に応じて連携・役割分担して被虐待高齢者を救済していくことが求められている。このため，弁護士会としては，各自治体及び地域包括支援センター等からの要請に応じて臨機に専門的相談を提供できるネットワーク作りを位置づけなければならない。

4）認知症高齢者の医療をめぐる問題点

2006（平成18）年4月，介護報酬・指定基準等の見直しが行われた。その一つとして，指定介護老人福祉施設において，一定の看護・医療体制の確保を条件に，医師が一般に認められている医学的知見に基づき回復の見込みがないと診断した者に対する「看取り介護」への介護報酬加算が創設された。

しかし，本人の意思確認が困難となる終末期においては，従前の本人の意向と家族の意向とに相克が生じることも予想される。後見人等には医療同意権は付与されておらず，代諾権者が誰か判然としない状況下で，安易に家族の意向を優先させれば，生命の維持という最も根本的な人権が侵害されかねない。「看取り介護」の実施状況を調査するとともに，適正な実施のための提言，実施状況の監視が必要である。

5）消費者被害

判断能力の低下や孤独感などから，高齢者を狙った財産侵害や悪徳商法による消費者被害が多発している。これらの被害の再発防止は成年後見制度の活用によるとして，被害の回復には弁護士による法的助力が不可欠である。2004（平成16）年6月に施行された総合法律支援法は，7条において「総合法律支援の実施及び体制の整備に当たっては，国，地方公共団体，弁護士会，日本弁護士連合会及び隣接法律専門職者団体，弁護士，弁護士法人及び隣接法律専門職者，裁判外における法による紛争の解決を行う者，被害者等の援助を行う団体その他並びに高齢者又は障害者の援助を行う団体その他の関係する者の間における連携の確保及び強化が図られなければならない」と規定する。この趣旨に則って，弁護士会は，高齢者又は障害者の援助を行う地域包括支援センターや社会福祉協議会，その他援助団体との連携関係を築き，関係を強化していかなければならない。

13　障害者の人権

> 　障害者が地域で自立して，安心して暮らせる社会の実現のため，以下の法整備が必要である。
> ・雇用，教育，情報，公共施設の利用，参政権の行使，司法の利用などについて障害者の権利を保障し，その差別を禁止する障害者差別禁止法を制定する。
> ・「障害」の範囲を見直し，障害者基本法を改正し，障害者福祉法を制定する。
> ・障害者虐待防止法を制定する。
> ・免許・資格における障害を理由とする欠格条項を撤廃する。
> ・介護保険制度，支援費制度の利用料を応能負担とし，保険給付限度額，支給量，障害程度区分を適切に定めるなど，障害者が必要なサービスを受けられるような配慮をする。
> ・弁護士，医療職，福祉職などが協同して相談，支援を行う障害者総合相談を整備する。
> ・支援センターを設置するなど，障害者に対する権利擁護システムを確立する。
> ・介護サービス・福祉サービスの適切な運営を確保するため，オンブズマンを導入し事業者がコンプライアンスルールを確立するように努める。
> ・介護サービス，福祉サービスや地域福祉権利擁護事業の利用料の減免措置や成年後見人等の報酬に対する国庫補助を拡充する。

1）障害者差別禁止法の制定

　2001（平成13）年11月に奈良市で開催された日弁連第44回人権擁護大会では，以下の内容を有する障害者差別禁止法の制定を求める宣言がなされた。われわれは，このような内容を有する差別禁止法の制定に向けた具体的な運動に直ちに着手しなければならない。

❶　障害者は，差別なく採用され働く権利を有すること。

❷　障害者は，統合された環境の中で，特別のニーズにもとづいた教育を受け，教育の場を選択する権利を有すること。

❸　障害者は，地域で自立した生活を営む権利を有し，交通機関・情報・公共的施設などをバリアなく利用する権利を有すること。

❹　障害者は，参政権の行使を実質的に保障され，手話通訳など司法手続における適正手続のために必要な援助を受ける権利を有すること。

2）谷間の障害の解消

　現在の障害者施策は，障害者基本法を基礎とし，身体障害者福祉法，知的障害者福祉法，精神保健及び精神障害者福祉に関する法律に基づいてなされている。しかしながら，このような身体，知的，精神という，いわゆる三大カテゴリーによる障害者施策は，発達障害，高次脳機能障害，希少難病などの「谷間障害者」を造りだすという欠陥を有する。すべての障害者が，必要な福祉サービスを受けられるよう「障害」の範囲を見直し，障害者基本法を改正し，全ての「障害」を網羅する障害者福祉法を制定すべきである。

3）障害者虐待防止法の制定

　児童虐待防止法，高齢者虐待防止法の制定により，児童及び高齢者に対する虐待は，従来，「しつけ」の隠れ蓑の下に行われてきた虐待が定義づけられ，相談窓口が設置され，通報義務の制定により社会的関心も高まった。

　同様に，障害者に対しても施設・家庭などで「しつけ」の名の下に虐待が横行しており，障害者虐待防止法を制定し，虐待の定義づけ，相談窓口の設置，通報義務と守秘義務免除，虐待防止ネットワークの形成など，虐待防止体制を整備することが急務である。

4) 欠格条項の撤廃

各種免許・資格における障害を理由とする欠格条項は，障害者の職業選択の自由を侵害し，違憲である疑いが強いものである。政府の障害者施策推進本部は「障害者に係る欠格条項の見直しについて」を策定し，2002（平成14）年度をめどに関係省庁による見直しの方針を打ち出し，これを受けて政府は，医療関係の免許や自動車運転免許などについて，障害を理由とする欠格条項の見直しや廃止をする法改正を数次にわたり行ってきている。

しかしながら，政府の見直し作業は政省令や条例等による欠格条項が見直しの対象となっていないなど，未だ不十分である。のみならず，道路交通法など見直しがなされたとされる法律においても，法律に委任された省令等において，実質的に障害者の免許取得を改正前よりも制限する方向が打ち出されるなど，障害者の社会参加を阻むことがより強化される傾向も窺える。

政府は，障害を理由とする欠格条項を，直ちに全面的に廃止するとともに，免許・資格を取得する際に障害者に配慮した試験を行う（点字受験や振り仮名を付した試験問題など），あるいは免許・資格の拒否に対する簡易な不服申立制度の創設などをすべきである。

5) 介護保険制度・支援費制度と障害者

40歳以上の特定疾患罹患者は，障害者であっても介護保険の第2号被保険者として介護保険給付を受けることとなる。介護保険においては，要介護度によって保険給付額の上限が定められ，また介護サービス利用者に一律1割の自己負担が求められる。その結果，その経済的負担のために，必要な介護サービスを受けられない障害者が現に存在している。

2006（平成18）年4月に障害者自立支援法が施行され，障害者の福祉サービスも措置から契約制度へ，サービス利用料（支援費）が利用者の1割負担とされた。一定程度減免制度が置かれているものの，立法当初から懸念されていたとおり，障害者の経済的自立策が十分に取れないまま，多くの低所得の障害者が福祉サービスを利用できない事態が生じている。

国は，障害者のサービス利用料の負担を，介護保険制度，支援費制度のいずれにおいても応能負担とするとともに，介護保険給付の支給限度額を見直し，支援費制度における支給量や障害程度区分を定めるに当たっては，障害者が必要なサービスを十分に受けられるような配慮をすべきである。

6) 権利擁護システムの確立

2000（平成12）年4月より新しい成年後見制度が施行され，1999（平成11）年10月から地域福祉権利擁護事業（社会福祉法上は福祉サービス利用援助事業）が実施され，さらには，2000（平成12）年6月の社会福祉法等の改正により，福祉サービスに関して事業者段階における苦情解決制度，都道府県段階における苦情解決事業としての運営適正化委員会制度が導入されている。

また，東京弁護士会における高齢者・障害者総合支援センター「オアシス」をはじめとして，各単位弁護士会において障害者を対象とする専門相談窓口が次々と設置されるなど，障害者の権利擁護システムは，広がりつつあると言うことができる。

しかしながら，成年後見制度については，成年後見人等の候補者やその質をどのように確保するかなどの課題が残されている。地域福祉権利擁護事業においても，専門員や生活支援員の質をどのように確保するかという課題が残されている。苦情解決事業においても，事業そのものが周知されておらず，第三者委員の選任が進まない，運営適正化委員会の権限が曖昧で十分な事情調査，苦情の解決を行い得ないといった問題がある。「オアシス」についても，相談担当者の質の確保や受任弁護士に対する支援体制の整備，予算の問題など，課題は山積している。われわれは，障害者に対する権利擁護システムを確立するために，これらの課題の解決に積極的に取り組む必要がある。同時に，弁護士と福祉職，医療職などの他の専門職が協同して障害者に対する総合的な相談，支援を行うセンターの設立に向けた努力をしていかなければならない。

7) オンブズマン制度・コンプライアンスルールの確立

事業者段階における苦情解決制度においては，厚生労働省の定める要綱上，事業者（事業所）ごとに「第三者委員」を選任し，苦情解決に当たるものとされている。しかしながら，この第三者委員は利用者と事業者との間の中立的な存在とされており，いわゆるオン

ブズマンとしての位置付けではない。第三者委員制度を単に苦情を受け付け中立的立場で苦情解決に当たるのみならず，広く利用者の声を汲み上げ利用者に代わって事業者にサービス改善などを申し入れることまでをも行うオンブズマン制度に再構築する必要がある。

また，社会福祉法上，事業者はサービスの自己評価を行う努力義務が課せられ，厚生労働省はサービスの第三者評価事業を実施しようとしている。しかしながら，サービスを提供すべき基準が策定されておらず，自己評価，第三者評価のいずれにおいても，その十分な成果は期待できるものではない。事業者がサービス提供のコンプライアンスルールを確立するようにしなければならない。われわれは，オンブズマン制度の確立，コンプライアンスルールの導入に向けた努力をしていかなければならない。

8）低所得者に対する支援

新しい成年後見制度が導入され，地域福祉権利擁護事業が実施されても，低所得のため成年後見人等の報酬が支払えず，地域福祉権利擁護事業の利用料が支払えないために，これらを利用できない障害者が多く存在している。

日弁連は，2003（平成15）年8月，「成年後見制度の市町村長申立の活性化と成年後見人等報酬助成の速やかな実施を求める意見書」を理事会で承認し，市町村に対し「資力のない人への審判開始申立費用と後見人報酬の助成制度の創設」を求め，今後その進捗が期待される。国は，成年後見制度利用支援事業を実施しているが，十分なものではない。また，介護保険・支援費制度においても，原則1割の自己負担が支払えないために，十分なサービスを受けられない障害者がいる。国は，これらの利用料の応能負担化や減免措置，成年後見人等の報酬に対する国庫補助の措置などを行うべきである。

9）刑事弁護分野における権利擁護

知的障害者や発達障害者等を持つ人の刑事弁護分野において，刑事弁護人が知的障害，発達障害に関する基本知識を持ち，訴訟手続において不利益を受けないようにするとともに，有罪事案でも，福祉関係者らとの連携を図ることで社会復帰を視野に入れた弁護活動をすることが必要である。政府は，2009年度より全国の刑務所に社会福祉士を配置し，累犯障害者・高齢者の社会復帰を支援する体制の整備に着手した。弁護士にも，刑事弁護人を対象とした研修や，福祉関係機関，支援機関等の情報提供の充実が必要である。

14　貧困と人権

> わが国で近時拡大する貧困の現状は憲法25条が保障する生存権を侵害していることに鑑み，全ての人々が健康で文化的な最低限度の生活を維持し，貧困に陥らないために国・地方自治体に対し，貧困や経済的格差を是正する実効ある諸施策を求めていくべきである。
>
> 国・地方公共団体に対して，生活保護制度の申請権の侵害や保護基準の切り下げをさせず，その積極的活用を図るとともに，更に充実した生存権保障法制を構築することを求める。
>
> 貧困拡大の原因となっている非正規雇用について規制するなど労働法制および労働行政の抜本的見直しを求める。
>
> 弁護士は様々な事件（多重債務事件・離婚事件・労働事件など）を通じて相談者の貧困を覚知する立場にあることに鑑み，単に事件処理だけでなく相談者の生活再建にまで関わるべきであり，そのために行政とのネットワークの強化や弁護士会による社会保障制度に関する研修の充実などが実現されるべきである。
>
> 「貧困ビジネス」と言われる取引に対して貧困者の権利を守るべく行動すべきである。

1）わが国における「貧困」の拡大の現状

国内総生産（GDP）世界2位の自他共に認める経済大国であるわが国で，近時，貧困や経済的格差が急速に拡大している。憲法25条は「健康で文化的な最低限度の生活を営む権利」を保障しているが，この最低限度の生活を維持できない人の数がここ数年の間に急増している。

貧困の拡大は，統計上，1990年代後半からの貯蓄なし世帯の急増（2人以上世帯の約2割，単身世帯の約3割を占めている），2000年以降の国民健康保険の保険料滞納世帯の拡大や滞納による「無保険者」の急増などから顕著である。生活保護制度の利用状況を見ても，最近10年間で5割以上も増加した結果，2008年末時点の生活保護利用世帯は約115万世帯，生活保護利用者は約160万人にも達しており（厚生労働省発表），貧困層の拡大は明らかである。

さらに，これらの経済的苦境の中，わが国の自殺者数は1998年から10年連続で3万人を超え，2008年1年間の自殺者数約32,000人のうち7,400人が経済苦を理由としている（警察庁2009年5月発表）。

これらの貧困は，後記のとおり，主に不安定な雇用や低収入に起因しており，働いても人間らしい生活を営むに足る収入を得られない「ワーキングプア」が急増し，すでに年収200万円以下で働く民間企業の労働者は1000万人を超えていると言われている。また，低収入や失業から生活困窮に陥り，やむなく高利の貸金業者から融資を受けて多重債務状況に陥った人も200万人以上にのぼると言われている。

そして，派遣切りなどによって，仕事を失うだけでなく，住居も奪われ，家族も崩壊するという深刻な事態が生じている。貧困者は社会的に排除され，精神的にも追い詰められて，自殺をしたり，犯罪を引き起こすなど，さまざまな社会問題を引き起こしている実情にある。

さらに，いったん貧困状態に陥るとそこから抜け出すことは困難であり，貧困が固定され，結局子供たちの世代にも引き継がれてしまい，貧困が拡大再生産される「貧困の連鎖」が生じていることも指摘されている。

2）わが国の「貧困」の背景と原因

(1)「貧困」拡大の要因

上記のような貧困の拡大及び深刻化の主な要因は，近時わが国政府が推進してきた構造改革政策，とくに市場中心主義および規制緩和政策や，「官から民へ」に象徴されるような「小さな政府」の政策にあると指摘されている。

規制緩和は労働分野にも及び，雇用を正規雇用から非正規雇用に置き換えることができるようになったため，厳しい競争に晒されている企業は非正規雇用を大幅に採用することとなり，それが不安定就労・低賃金労働の増大をもたらした。また，「不良債権処理」の名の下に多くの企業が金融機関からの資金の引上げ圧力に遭い，経営的に厳しくなって生き残りを賭けた「リストラ」策に走らざるを得なくなり，大量の失業者が発生した。

また，この構造改革は，規制を緩和し，市場競争を激化させる政策であるため，企業間の業績の差を拡大させ，それが，一部の富裕者と生活困窮者との間における経済的格差を一層大きくさせることに繋がっている。

(2) 各種社会保障制度の実情

一方，各種社会保障制度は，このような貧困層の増大局面でこそ本来の機能を発揮すべきであるが，実情は全く不十分であり，このことが貧困問題を一層深刻化させている。

まず，社会保障の最後のセーフティネットである生活保護制度の運用が，「真に保護に値する者の保護」という名目の下，利用者を極めて限定する方向にあることが指摘される。生活保護を利用できる人のうち現実に生活保護を受けている人の割合（捕捉率）は2割程度にとどまっていると推計されており，これは，行政が制度利用権者に対して適切な相談活動や助言をしておらず，また，十分な広報や情報提供などにより制度の周知徹底を行っていないことにも起因している。

また，多くの地方自治体において，生活保護制度を広めるどころか，生活保護申請の窓口において，様々な理由で申請すら受け付けないといういわゆる「水際作戦」を展開していることも指摘されている。財政的に厳しい地方公共団体は，生活保護受給者数を増やさないために，稼働能力や扶養義務者の存在，現住居の家賃が高いなどを理由として申請さえ受け付けない，あるいはいったん受給した市民に就労指導を通じて辞退届を提出させるという方針をとっており，受給を断

念させられた市民が孤独に「おにぎりが食べたい」という日記を残して餓死するなど，これが先進国かと耳を疑うような事態が発生している。

さらに，最近では，生活保護における老齢加算や母子加算が廃止された上，さらなる基準額の切下げの動きもある。基準額の引下げの必要性は，労働者の低所得者層の収入水準が生活保護受給額よりも低いという逆転現象の解消を理由として主張されるが，逆転現象は要するに本来生活保護を受給すべき人々が受給していないことを示すものであり，上記の生活保護の捕捉率が低いことこそ問題とされるべきである。

この他，外国人に対しては生活保護法を適用することなく一部のみ準用するという扱いも罷り通っている実情がある。

上記のような状況でわが国では社会保障制度がセーフティネットの役割を果たしておらず，いったん失業や病気などをすると生存権すら保障されない生活へ一気に滑落して這い上がれない「すべり台」社会となっている。

3） 貧困問題の解決への施策と弁護士の関与

(1) 基本的人権の侵害

憲法25条は「健康で文化的な最低限度の生活を営む」生存権を保障し，憲法13条は個人の尊厳原理に立って幸福追求権を保障している。また，「経済的，社会的及び文化的権利に関する国際規約」11条は「自己及びその家族のための相当な食糧，衣類及び住居を内容とする相当な生活水準」を維持する権利の実現を求めている。

わが国で現在まさに起こっている「貧困」が，これらの憲法上の権利や国際条約上の権利を侵害するものであることは明らかである。

我々弁護士は，基本的人権を擁護する使命からして，このような人権侵害状態を放置することはできず，貧困撲滅のための諸活動を行うことが今まさに求められている。

(2) 国や地方公共団体に対する働きかけ

これについては，まず，国や地方公共団体に対して，貧困が拡大しているという現実を認識し，貧困問題を解決する諸施策の実施を求める活動が行われるべきである。

具体的には，貧困拡大の大きな原因となっている非正規雇用の増大に歯止めをかけるべく，正規雇用が原則であるという観点から労働者派遣法改正なども含めて労働政策が見直されるよう強く訴えていくべきである。

また，社会保障制度が十分に機能するように，生活保護制度について保護基準の切下げを止めさせるとともに，受給権者に対する制度の積極的な周知徹底を行うべきである。そして，申請についての「水際作戦」などが行われないように，申請窓口において申請権を侵害するような運用を直ちに改めることを求めていくなど，セーフティネットの整備・充実に務めるべきである。

さらに，貧困者については消費者金融などから借入れを行っている多重債務者も多いが，貧困者が利用しやすい低所得者向けの無利息・無保証の公的融資制度の整備充実も求めていくべき課題である。

(3) 個別事案の救済

一方，個別の相談事例において，相談者を貧困状態から救済することも弁護士の重要な業務とされるべきである。

弁護士は，多重債務事件のみならず，離婚事件，労働事件，刑事事件，DV事件など様々な事件を通じて相談者の貧困を覚知する立場にあるが，単に事件を処理するだけでなく相談者の生活再建まで支援し，相談者の生存権の保障を実現するべく弁護士業務を行うべきである。

具体的には，弁護士が相談者に生活再建についてアドバイスを行い，必要な社会保障を受けるために行政窓口の紹介や手続の代理を行ったり，生活プランの構築を支援することなどが考えられる。

そして，このような生活再建への助力業務が円滑に行われるよう，弁護士会は行政担当者とのネットワークの充実を図るとともに，各弁護士が社会保障制度に精通するよう充実した研修が行われるべきである。

(4) 生活保護申請

なお，生活保護申請については，実際に困窮者から多重債務問題などの相談を受けた際に弁護士が代理人として本人とともに行うことが増えてきている。弁護士が代理人としてともに行動する場合は，行政側が不正に申請を受け付けないという事態は避けられるところから，そのメリットが大きい。

ところで，厚生労働省は，生活保護申請について代

理人申請になじまないという見解を示しているが, これは正当な弁護士活動に対する制約であり, 決して認められないものであって厳重に抗議すべきである。

(5)「貧困ビジネス」への対応

貧困問題をめぐってはいわゆる「貧困ビジネス」への対応も急務である。

生活保護受給者に融資をして生活保護費から弁済金を巻き上げるという金融業者の横行も見られるが, 多重債務処理の中で対応すべきである。

また, いわゆる「ゼロゼロ物件」などと称される敷金ゼロ・礼金ゼロの貸室では, 1回でも家賃が遅滞すると直ちに鍵を変えられ, 家財道具は外に出されてしまうという契約になっているが, 同契約の不当性を争い, 相談者の人権を守るべきである。

15　環境と人権

1) 法制度の立ち後れと環境悪化

前世紀の日本の環境裁判を総括すると, いくつかの貴重な前進はあるものの, 全体として見た場合, 環境裁判は困難な現状にあり, それを生み出す「法の壁」がある。1990年代に入って最終処分場差止裁判など廃棄物問題関連の分野で勝訴事例の積み重ねが見られるようになり, 確実に前進していることは間違いないのだが, それでも例えば開発利益に比べて保護されるべき環境の価値が低いかもしくは不明であると評価されることが少なくない。さらには, 特に公共事業の許可を争うような行政訴訟の場合,「原告適格」がないと判断され門前払いの却下判決を受けることも多い。法律は環境を十分保護していないと言わざるを得ない。

しかし, 法制度の立ち後れや環境裁判の担い手の不足の背後で, 自然環境や都市環境の悪化は確実に進行している。

さらに, 現在, 地球規模では, 地球温暖化問題がいまやきわめて深刻な問題となっており, 全世界で取り組む重要課題である。気候変動に関する政府間パネル（IPCC）が2007（平成19）年に発表した第4次報告書では, 地球温暖化はもはや疑う余地がなく, 気温上昇を2度程度に抑えるには, 温暖化ガスの排出量を2050年までに2000年比で半減させる必要があるとされ, 多くの地域での洪水, 干ばつ, 氷河の崩壊といった, 生態系への重大な影響が報告されている。

1997（平成9）年にはCOP3において京都議定書が採択され, 同議定書は日本を含めた先進国について, 削減についての数値目標を設定した。

それを受け, 日本においても, 1998（平成10）年に「地球温暖化対策の推進に関する法律」が成立し, 2005（平成17）年には京都議定書目標達成計画が閣議決定された。このような動きの中で, 日弁連は, 2006（平成18）年に「地球温暖化防止対策の強化に向けて」の提言を発表し, さらに2008（平成20）年9月18日には, 国内排出量取引の試行にあたって, 産業・電力・大口業務・運輸部門の排出総量を規制し, それを各事業所に割振り各事業所の排出量を厳格に規制した上での排出量取引制度（義務参加型キャップアンドトレード型）の導入を求めた。また, 日弁連は, 2009（平成21）年5月8日には気候変動／地球温暖化対策法の制定及び基本的内容について提言し, そこで再度, 直接排出でわが国のCO_2総排出量の70％近くを占める発電所等の大規模排出源に対し, 排出上限枠を設定して行う排出量取引制度の早期本格導入を求め, またその排出量取引制度の概要を明らかにした。

弁護士会, 弁護士事務所, 個々の弁護士も地球の構成員, 日本の構成員として例外ではなく, 社会正義の実現の為に地球温暖化防止に向け積極的に取り組むべきである。

以上の事実認識を踏まえ, 21世紀を「環境の世紀」とするために, 次の事項を提言する。

❶ 国や地方公共団体の政策において, 環境優位原則を徹底させる

日本では「自分の土地に何をしようと勝手」という所有権絶対性神話が開発優先の思想的背景となっている。しかし, 所有者ならば, 責任を持ってその土地の環境を守るべき義務があると考えるのが, 本来の「ものの考え方」ではないだろうか。環境基本法19条の環境配慮条項の根底にある「環境優先原則」を確認し, その実現を具体化する諸規定を開発法の中におくべきである。

❷ 生態的視点（生物の多様性）の導入

「環境保全」という場合，その内容が一義的に明確でないことが，しばしば問題点として指摘される。しかし，環境理論の発展は，前世紀の到達点として「生物多様性」を，環境保全の指標として提唱するに至っている。生物の多様性とは，「遺伝子の多様性」「種の多様性」「生態系の多様性」であり，これに生活環境保全の立場から「景観の多様性」を加えるべきであると指摘されている。

❸ 早期救済（計画段階からの司法関与）
❹ 環境を守るための市民の権利の拡充
　ⅰ）環境権及び自然享有権の明文化

具体的な権利としての「環境権」及び「自然享有権」を確立する。

　ⅱ）手続的権利の保障

環境に関連する行政意思決定過程において市民参加をさらに推進する。環境アセスメント制度や住民訴訟制度の充実などが求められる。

　ⅲ）原告適格の拡大

環境保全訴訟で環境NGOに当事者適格を付与するための立法措置を実現する。

　ⅳ）原告の立証負担の軽減

「一応の立証」で立証責任を転換し，事業者に環境の汚染・損傷・破壊や重大な悪影響がないこと，代替手段の不存在を立証する責任を課すことが求められる。

❺ 地球温暖化問題への取組み

弁護士会，弁護士事務所も自ら環境マネジメント（EMS：Environmental Management System）を導入するとともに，積極的に温暖化防止に向けた役割を果たすべき必要がある。

2）環境保護の具体的施策

(1) 地域のまちづくりにおける法律家の役割

① まちづくりの重要性

わが国は，これまで高度経済成長を背景に経済活動最優先の思想の下，無秩序な開発を行ってきた。その結果，里山，農地などの緑地や，水辺空間は減少し，まちなみは破壊され，まちの没個性，都市の無秩序な拡大，コミュニティの崩壊といった都市の危機を招いてきた。このような危機的状況への反省から，各地でまちづくりが見直されている。

総論で述べた，「景観の多様性」の維持や実現・早期救済（計画段階からの司法関与）・手続的権利の保障を，具体的な現場である地域のまちづくりにおいて実現するには，何が必要とされるであろうか。

② 自治体と条例

地域のまちづくりでは，住民及び住民が組織する様々な団体，NGOや会が重要な役割を果たすのに加え，都道府県，市町村といった自治体もまた，重要な役割を果たしている。

自治体がまちづくりにおいて果たす重要な役割の一つが，条例の制定である。各地域の実情や固有の自治方針に適合した法規の整備を可能にする条例は，まちづくりにおいてもその特質を発揮する。実際に数多くの自治体が様々なまちづくり条例を制定しており，天守閣の高さを建築物の高さ制限の基準にしているユニークな地域も存在する。

まちづくりにおいて自治体が条例を制定する場合に，大きな制限となるのが法律の存在である。土地の利用の規制は法律によるとするのが政府の採用している原則であり，土地などの所有権の大きな制限をともなうまちづくり条例の制定においては，規制の範囲の確定に当たって法律が強力な制限となっているのが現状である。

地方分権改革にともない，機関委任事務は廃止され，自治体の独自の権限は既にかつての機関委任事務以外の限定された事務だけではないはずである。しかし，現行法制度は大半が機関委任事務を前提として制定されているため，なお自治体が独自の方針を実現しようとする場合の大きな制限となっている。

このような現状において，自治体が地方分権の趣旨に則り独自のまちづくり条例を制定しようとする場合，自治体関係者は関係現行諸法規を単に理解して機械的に執行するだけではなく，その趣旨目的を把握しながらそれらと矛盾抵触しないことに留意しつつ，自治体独自の方針を実現しなければならない。

そして，その場合問題となる土地利用法規や都市計画法規などは，複雑であるうえに膨大である。これらの諸法規を把握する労力と時間の多さに加えて，本来政府と自治体は対等の関係にあるにもかかわらず，法律と，法律に根拠をもつ政省令の条例に抵触しないことに，時には必要以上に細心の注意を払わなければならない自治体の現状は，自治体関係者が強制力によって方針の実行の担保を可能にする条例によって独自の

方針を実現することを躊躇させる状態を生み出していると考えられる。

このような場合，必要とされるのは，上記のような制限のあるまちづくり条例の制定に必要な専門的知識を有する法律家が常に自治体関係者を支え，その疑問や質問に迅速に回答できる体制であると考えられる。既存の法規の解釈と運用に必ずしもとらわれず，自治体関係者の様々なアイデアに気軽に相談にのり，その発想の段階から現実的なアドバイスが与えられる法律家は，自治体関係者が独自のまちづくりを実現しようとするに当たって重要な役割を果たすと考えられる。

③ 住民の役割

そして，このことは，地域の住民や各種の団体，NGO，会にとっても同様である。住民が独自のまちづくり活動を行う場合に加えて，自分たちのアイデアに地域行政を巻き込んでさらに恒常的で規模の大きなまちづくり活動を行おうとするときに，関係する複雑で膨大な関係諸法規について詳しく，行政との折衝にも慣れた法律家が常駐しており，手軽に相談できる体制が整えられていることは，住民主導のまちづくりの実現にとって重要であると考えられる。

さらには，条例や各種要綱などを自主的に制定することを住民の方から自治体に求める場合などには，計画段階からの行政への関与を現実的に可能にするために，そのような法律家は重要な存在となると考えられる。

④ 結論

このような，自治体と住民にとっての，まちづくりについてのいわば法律顧問のような法律家が常駐できる体制を作り上げることが，「景観の多様性」の維持や実現・早期救済（計画段階からの司法関与）・手続的権利の保障を，具体的な現場である地域のまちづくりにおいて実現するためには必要であるといえよう。

景観の保護に関しては，広島県福山市の瀬戸内海国立公園の景勝地鞆の浦の埋め立て・架橋計画に反対する住民が，広島県を被告として公有水面埋め立て免許の差止めを求めた「鞆の浦景観訴訟」において，2009（平成21）年10月1日，広島地裁が，住民の訴えを認めて免許の差止めを命じる判決を下したことは注目に値する。この判決では，公有水面埋立法において，景観利益が法律上の保護に値する利益であるとして，住民の原告適格を認め，鞆の浦の歴史的，文化的価値を有する景観が瀬戸内海環境保全特別措置法等が保護しようとしている国民の財産というべき公益であり，事業完成後の復元がまず不可能な性質のものであるとした。その上で，事業の必要性・公共性の根拠について調査，検討が不充分であるとし，埋め立てを認めることが裁量権を逸脱したものとして，埋め立て免許の差し止めを命じた。この判決は，初めて景観利益を理由に公共事業に関する処分の事前差止めを認めた画期的な判決といえ，2004（平成16）年の改正行政事件訴訟法により認められた差止訴訟の制度の趣旨を踏まえたものであって，今後の景観訴訟に与える影響は大きなものといえよう。

(2) 地球温暖化防止への弁護士会，弁護士の取組み

① 環境宣言

総論でも述べたが，弁護士会，弁護士それぞれが積極的にこの問題に取り組んでいくためには，環境マネジメントについて明確な理念を持ち環境宣言として具体化することがまず必要である。

環境マネジメントとは，各事業者が活動する過程で生み出す環境への影響を考慮して組織の運営を行うことを言う。弁護士会，各弁護士事務所が一体となって取り組むためには，弁護士全体が共有できる理念を持ち，環境宣言として具体化することが必要である。

この場合の理念とは，弁護士会，弁護士の諸活動の過程で生じるエネルギーの減少，廃棄物の抑制，リサイクルといったいわゆる省エネルギー政策に加え，環境問題についての社会貢献といったいわゆる環境CSRとも言うべき内容を含む必要がある。環境マネジメントの実施へ動機が持続されるためには，自らの行動が地球環境の改善に役立っているという自覚が不可欠である。

参考例としては，京都弁護士会では，「地球環境の保全が人類共通の最重要課題の一つであることを認識し，全会をもって，持続可能な社会に向けて，環境負荷の少ない弁護士会づくりに取組む」という基本理念を掲げている。東京弁護士会や各弁護士事務所もこのような基本理念制定に早急に取り組むべきであろう。

② 環境マネジメントシステム導入への環境方針

環境マネジメントシステムについてはISO14001規格が世界的な標準となっており，環境方針はISO14001を参考に作成するのが妥当である。この環境方針に沿って環境に影響を与える諸活動が検討さ

れ，その諸活動の環境に与える影響が調査され，著しい環境影響を与える行動が抽出され，環境計画が作成され，計画を実行に移されるという流れになる。

環境方針としては以下の項目が検討されよう。

❶ 温室効果ガスその他の環境負荷の低減

各種環境法規などを遵守することはもちろん，弁護士の諸活動が「地球温暖化対策の推進に関する法律」に基づいた諸政策に適合するよう努力する。また，活動に伴って発生するエネルギー消費，自動車等の使用によって増加する二酸化炭素や窒素酸化物，その他の汚染物質の負荷量を削減していく。コピー用紙，電気，ガスなど環境に及ぼすと思われる項目について，弁護士会や弁護士がどのような使用実態にあるかをまずは把握する必要があるといえる。

❷ 資源の消費量の削減を含む3Rの取組みの推進

循環型社会形成推進基本法等の趣旨を尊重し，物品の使用を合理化して，リデュース，リユース，リサイクル（いわゆる3R）を進める必要がある。また，資源の消費量を減らすと同時に廃棄物になる物を積極的に削減していく必要がある。

❸ グリーン調達の推進

購入する物品やサービスについては，「国等による環境物品等の調達の推進等に関する法律」を参考にし，環境負荷の少ない製品等を積極的に選択するようにする。

③ 環境マネジメント導入への啓発活動

今後，環境マネジメントを弁護士会，弁護士が一体となって取り組むものとするためには，各事業所の長である，弁護士会長，法律事務所長が環境マネジメントに取り組む強い決意表明を持続的に行う必要がある。意思の表明とは，宣言的に意図を表すだけではなく，行動をもって表明されるべきである。地球温暖化問題に対する積極的な啓発活動，提言活動などを行うことが考えられる。

全弁護士会，全弁護士の課題として，環境マネジメントシステムの導入を図るためには系統だった啓発活動が必要である。弁護士会で環境マネジメント担当委員を選任し，委員会では多様な広報活動，モデル事例の紹介，シンポジウムの開催，教育研修などを検討することも有効である。

④ 専門家によるアドバイス

環境理念，環境方針，環境計画，環境マネジメントの体制を作り上げるためには専門家によるアドバイスが不可欠である（京都弁護士会ではKES環境機構の協力を得ながら環境マネジメントマニュアルを作成したとのことである）。また，中小企業など小規模事業者の環境マネジメントシステムとして地球環境戦略研究機関からはエコアクション21が提案されている。

弁護士会，弁護士が環境マネジメントシステムを導入するに当たってその専門機関から適宜アドバイスを受けることができるような体制を作り上げていくことが必要である。

⑤ まとめ

以上のように，地球温暖化防止へ向けた取り組みは，もはや漠然としたものでは不十分で，具体化，明確化され，持続されなければならない段階となっているのである。弁護士会，弁護士事務所でも積極的に取り組んでいくべき課題である。また，シンポジウムを行うなど，社会に対して啓蒙活動を行い積極的に温暖化対策をリードしていくことが望まれる。

16 情報公開法

> 情報公開法は，2005（平成17）年春までに見直されることになっていたため，政府設置の検討会が見直し作業を行ってきた。同検討会は，2005（平成17）年3月に報告書を発表したが，同報告は，運用上の改善を求める指摘のみで，法改正を求める改善措置についての指摘はなかった。弁護士会は，従前から主張してきた，知る権利の明記，裁判管轄の見直し，ヴォーン・インデックス手続，インカメラ審理の導入等が改正法に盛り込まれるよう積極的に運動を展開していく必要がある。

1）情報公開法の成立[1]

1999（平成11）年5月，「行政機関の保有する情報の公開に関する法律」（情報公開法）が可決成立し，2001（平成13）年4月1日から施行されている[2]。また，2001（平成13）年11月，特殊法人，独立行政機関等を対象機関として定めた「独立行政法人等の保有する情報の公開に関する法律」が可決成立し，2002（平成14）年10月1日から施行されている。これらの法律は国民に行政機関が保有する情報について開示を請求する権利を認めたもので，行政運営の民主化に大いに貢献するものと期待されている。

2）情報公開の実施状況

総務省のホームページに公表されている2002（平成14）年度から2007（平成19）年度までの政府全体の情報公開についての実施状況によれば，開示請求件数は，行政機関に対する請求が，2002（平成14）年度59,887件，2003（平成15）年度73,348件，2004（平成16）年度87,123件と，2005（平成16）年度までは年々増加していたが，2006（平成17）年度は78,639件，2007（平成18）年度は49,930件となって減少し，2007（平成19）年度は61,089件となり，再び増加している。独立行政法人等に対する請求は，2002（平成14）年度5,567件，2003（平成15年）度5,821件と横ばい状態であった後，2004（平成16）年度6,594件と顕著に増加し，2006（平成17）年度4,487件，2007（平成18）年度4,316件と減少したものの，2007（平成19）年度は5,794件と再び急激に増加している。

また，2007（平成19）年度の行政機関に対する請求への開示決定等は49,750件，うち全部または一部を開示する決定が4,7497件（95.5％），不開示の決定2,253件（4.5％）であった。全部または一部を開示する決定の全決定に対する割合は，，2004（平成16）年度の95.7％，2003（平成15年）度96.2％，，2004（平成16）年度96.6％，2007（平成19）年度は95.1％と一定水準を維持しており，2007（平成18）年度は88.8％と低下したものの，2007（平成19）年度は再び以前の水準に戻っている。2007（平成19）年度の独立行政機関等に対する請求への開示決定等は，5,568件，うち全部または一部を開示する決定が5,053件（90.8％），不開示の決定515件（9.2％）となっている。

そして，2007（平成19）年度の不服申立件数は，行政機関に対する申立てが1,018件，訴訟提起が13件であり，同年度の独立行政機関等に対する異議申立ては206件，訴訟提起は4件となっている。

3）情報公開法の問題点

(1)「知る権利」の保障について

「知る権利」の保障を情報公開法に明文で規定することについては，制定時に議論されたものの，最終的には規定されなかった。前記報告書においても，「『知る権利』の文言の有無は，解釈の原理や立証責任の配分等との関係で必ずしも問題とはなっていないように見られる」として，法改正を求めないこととされている。

しかし，情報公開訴訟や不開示決定を違法であるとする国家賠償請求訴訟において，行政機関は，情報公開法には知る権利が規定されておらず，情報公開法に基づく情報公開請求権は憲法に基づく権利ではないことを理由に損害賠償請求を負わないと主張している。

情報公開請求権の権利性の重要性を明確にするため，情報公開法に憲法上の権利である「知る権利」を明記することは必要である。

(2) ヴォーン・インデックス手続及びインカメラ審理の導入

ヴォーン・インデックス手続とは，不開示処分取消訴訟において，不開示とされた情報について，行政機関に対し当該不開示部分の内容及び不開示の理由を詳細に説明することを求める手続をいう。

情報公開請求をした者が，不開示処分となったため不開示処分の違法性を争う場合，不開示処分の対象となった部分にどのような情報が記録されているのか，不開示処分が情報公開法の規定する不開示事由に当てはまるのかがわからないため，被告が不開示部分ごとに不開示事由への当てはめ状況と理由を主張することになるが，被告の主張が真実なのか否かが不明のまま裁判所は判決を下さなくてはならないことになる。

そこで，不開示処分取消訴訟の実効性を確保するた

---

1) 情報公開法成立に至るまでの経緯については，『法友会政策要綱1997年度版』205頁以下，同1999年度版214頁以下参照。
2) 情報公開法の問題点と今後の課題については，『法友会政策要綱2000年度版』196頁以下参照。

めに，ヴォーン・インデックス手続の導入が必要である。また，ヴォーン・インデックス手続によって不開示部分ごとに不開示事由が明らかにされても，その説明内容が真実であるか否かの判断はできないから，裁判所にヴォーン・インデックス手続の内容が正しいかを確認する手段を与えるためにインカメラ手続の導入が必要である。

4）情報公開法見直しの経緯

政府機関についての情報公開法の附則には，「政府は，この法律の施行後4年を目途として，この法律の施行状況及び情報公開訴訟の管轄の在り方について検討を加え，その結果に基づいて必要な措置を講ずるものとする」と規定されているため，総務省は法の見直しを検討するため，「情報公開法の制度運営に関する検討会」を立ち上げ，2004（平成16）年4月から活動を開始した。

日弁連は，同検討会でのヒヤリング手続において，改正意見を述べ，意見書を提出するなどして，知る権利の明記，裁判管轄の見直し，インカメラ審理[3]の導入等を訴えたものの，同検討会がまとめた報告は，日弁連が改正を求めた前記諸点を含めて，法改正は一切認めず，手続遅延の防止などの運用の改善のみを求めるというものであった。

弁護士会による情報公開法の制定に向けての諸活動は今般の情報公開法の制定に大きな影響を与えてきた[4]。上記附則や附帯決議は，行政改革委員会行政情報公開部会[5]が纏めた要綱案の作成，法案審議の過程で，日弁連が強く主張していたところを取り入れたものである。検討会の見直し作業は極めて不十分なものであり，今後も上記諸点が改正案に盛り込まれるよう積極的に運動を展開していく必要がある。

17　個人情報保護法（自己情報コントロール権の確立）

> 憲法13条が定める個人の尊厳の確保，幸福追求権の保障の中に自己情報コントロール権が含まれることを再認識し，住基ネットの稼働の停止，実効性を伴った個人情報保護法制の確立，統一的なセキュリティ基本法の制定など，自己情報コントロール権を情報主権として確立すべきことを提言し，これを実現させるために，あらゆる努力を尽くすべきである。

1）自己情報コントロール権とは

情報化社会の進展にともない，憲法13条の定める個人の尊厳の確保・幸福追求権の保障としては，「ひとりで放っておいてもらう権利」というプライバシーの権利の自由権的側面の保障のみならず，自己情報コントロール権（情報プライバシー権）の保障も重要である。

自己情報コントロール権とは，自己の情報が予期しない形で，あるいは無限定に収集・管理・利用・提供されることを防止し，自己の情報がどこにどのような内容で管理され，誰に利用・提供されているかを知り，これら管理された情報について誤りがあれば，これの訂正を，また不当に収集された情報については，その抹消を求めることができる権利を意味する。

コンピュータの機能の進展とインターネットの発達により，個人に関する情報（個人情報）が行政機関などによって集中的に管理されつつある今日においては，この自己情報コントロール権を権利として保障する意義はひときわ大きいと言わざるを得ない。

2）個人情報保護関連法の問題点

個人情報の保護に関する法律（個人情報保護法），

3）アメリカでは，その説明が十分でない場合に裁判所が当事者の立ち会いなしに当該情報を閲覧するインカメラ審理を行っている。日弁連は2004（平成16）年8月，「情報公開法の見直しにあっての裁判手続におけるヴォーン・インデックス手続及びインカメラ審理の導入の提言」を発表した。
4）情報公開法の制定に向けての弁護士会の取り組みについては，前記政策要綱1999年度版218頁以下参照。
5）1994（平成6）年12月に設置され，1996（平成8）年4月に「情報公開法要綱案（中間報告）」を，同年12月に「情報公開法要綱案」（最終報告）をまとめて内閣総理大臣に意見具申した。

行政機関の保有する個人情報の保護に関する法律（行政機関個人情報保護法）など，行政，民間を広く規制の対象とした個人情報保護関連5法が成立し，2003（平成15）年5月30日から施行された。

しかし，自己情報コントロール権の確立，表現の自由の尊重という観点からは，官への厳格な規制と民間への柔軟な規制がなされるべきであるにもかかわらず，あたかも逆の規制がなされている感があり，問題があると言わざるを得ない。

まず，個人情報保護法については，個人の権利として訂正請求権や利用中止請求権を新たに盛り込んだことなどは，個人の自己情報コントロール権の確保という点から一定の評価ができ，適用除外がやや拡大されたことも評価しうる。しかしながら，民間事業者一般に対し具体的義務を課した上，個人情報保護のための独立した機関を置かずに，主務大臣が助言，勧告，命令等の権限を持っており，また，命令違反には罰則を設けていることから，事業者に対する広範な介入を招くおそれがあり，個人情報保護の名の下に民間の情報を国家がコントロールする民間規制法ともいうべき，表現の自由を規制する危険性の高い法律であることは否定できないものである。

また，行政機関個人情報保護法についても，日弁連が提案した，第三者機関による適正なコントロールという制度は採用されず，行政機関の判断による利用目的の変更，目的外利用・外部提供を広く認めており，個人情報を保護するというより，行政機関が効率的に個人情報を利用するための法律になってしまうおそれがある。さらに，裁判管轄が全国の地方裁判所に認められないことから，個人の司法救済を求める権利が著しく制約されており，司法制度改革に逆行するものであると言える。

3）住民基本台帳ネットワークシステム（住基ネット）の問題点

住民基本台帳ネットワークシステム（以下「住基ネット」という）は，国民すべてに11桁の番号を付し，しかも，全国的なコンピュータネットワークによって「本人確認情報」を流通させるものである。このようなシステムは，確かに，行政効率の観点からは有益であるかもしれないが，確実なセキュリティを全国一律に確保することがほとんど不可能な現状において，個人情報が十分保護されず，プライバシー侵害の危険性が極めて高いものである。

また，行政機関に蓄積された個人情報を住基ネットで流通する本人確認情報と結合させることによって，国民ひとりひとりの情報を住民票コードで分類整理する意味を持つことになり，技術的に容易に「名寄せ」することが可能となる。個人情報保護の法制が十分に整備されることなく，住基ネットが稼働されることは，まさに「番号による人間の管理」の危険性が現実のものとなると言わざるをえない。

しかしながら，日弁連その他の団体等からの反対にもかかわらず，政府は，個人情報保護法案などが成立していない状況の中で，政令で定めた2002（平成14）年8月5日に住民基本台帳法改正法を施行し，住基ネットの稼働を開始した。

そのため，住基ネットをめぐって各地で憲法訴訟が提起されたが，2008年3月6日，最高裁は，「個人の私生活上の自由の一つとして，何人も，個人に関する情報をみだりに第三者に開示又は公表されない自由を有するものである」としながら，「行政機関が住基ネットにより住民である被上告人らの本人確認情報を管理，利用等する行為は，個人に関する情報をみだりに第三者に開示又は公表するものということはできず，当該個人がこれに同意していないとしても，憲法13条により保障された上記の自由を侵害するものではない」などと判示し，「住民基本台帳ネットワークは憲法に違反しない」と初の合憲判断を下した。

この間に，個人情報保護法や行政機関個人情報保護法などが成立したものの，前記のとおり，これらは個人情報の保護法制としてはまだまだ不十分なものである。特に住民票コードによって多くの個人情報が名寄せされる危険性が高まり，そのチェックシステムすら欠いたままであるため，国民のプライバシーが侵害される危険性は高い。また，膨大な端末をもつ住民基本台帳の巨大なネットワークシステムのセキュリティも依然として不十分であるとの指摘がなされている。

4）自己情報コントロール権の確立に向けて

憲法13条が定める個人の尊厳の確保，幸福追求権の保障のためには，デジタル化されたネットワーク社会においてこそ，自己情報コントロール権が欠かせないものであることを再確認し，あらためて住民基本台

帳ネットワークシステムの稼働の停止を求めるとともに，真に自己情報コントロール権を確立するための法整備，統一的なセキュリティ基本法の制定がなされることを求めるべきである。

第2 人権保障制度の提言

1 国内人権機関の設置

> 公権力及び私人による差別を含む人権侵害に対する効果的な人権救済のために、人権救済の権限を有する政府から独立した国内人権機関の設置が必要である。日本政府は、国連人権諸機関から繰り返し国内人権機関の早急な設置を勧告されており、国際的にも、新しく設置された国連人権理事会の下で、国内人権機関の役割の重要性が高まっている。そのため、弁護士会は、近時の国連人権諸機関からの勧告を梃子とし、「国家機関（国内人権機関）の地位に関する原則」（1993年国連総会決議、通称「パリ原則」、以下「パリ原則」という）に合致した国内人権機関の早期の設置実現に向け、積極的な運動を展開するべきである。

1) 国内人権機関設置に向けた国内における動きと国際情勢

政府は、2002（平成14）年3月、「人権委員会」設置のための「人権擁護法案」（以下「法案」という）を国会に上程した。しかしながら、同法案は、「人権委員会」が法務省の所轄とされ、政府からの独立性という重要な点でパリ原則に適合しておらず、報道の自由、市民の知る権利を侵害する恐れが指摘されるとともに、公権力による人権侵害の多くが救済の対象とはされないなど、種々の問題点があった。そのため、同法案は日弁連をはじめとする多くの市民団体やメディア等から強い反対を受け、2003（平成15）年10月に衆議院の解散により廃案となった。その後も、政府が一部手直しをした人権擁護法案を提出しようとする動きが報じられたことがあったが、従来から見られた、パリ原則に合致した国内人権機関の設置を求める市民団体や、メディアに対する規制を理由とするメディアからの法案に対する反対論に加え、国会議員や市民団体の中に国内人権機関の設置自体に強く反対する意見があり、国内では国内人権機関の設置に向けた動きは進まなかった。

国際的には、2006（平成18）年3月15日に国連総会決議により従来の人権委員会に替えて新たに設置された国連人権理事会の下で、国内人権機関国際調整委員会からパリ原則に合致しているとの認証を受けた国内人権機関は、人権理事会に参加し、全ての議題について書面・口頭発言が認められるようになるなど制度化が進み、その役割の重要性はさらに高まっている。また、2008（平成20）年5月、国連人権理事会による新しい人権審査制度である普遍的定期的審査が日本について行われ、日本政府に対し、パリ原則に合致した国内人権機関の設置が勧告され、日本政府は6月に開かれた人権理事会において、この勧告を受け容れることを表明した。さらに、同年11月に採択された自由権規約についての第5回日本政府報告書審査の総括所見においても、自由権規約委員会は、前回1998（平成10）年の総括所見において政府から独立した人権救済機関の設置を勧告したのに引き続き、重ねてパリ原則に基づく独立人権機関の設置を日本政府に勧告した。2009（平成21）年8月には、女性差別撤廃条約についての第6回日本政府報告書審査の総括所見が採択されたが、女性差別撤廃委員会も日本政府に対し、人権理事会で示した回答も踏まえ、パリ原則に合致した独立の国内人権機関を明確な期限を定めて設置するよう改めて勧告した。

2) 日弁連のこれまでの取組みと今後の課題
(1) 反対の理事会決議

日弁連は、2002（平成14）年3月15日、以下の理由により、法案に反対し、すべての出発点になる独立性が確保されるよう、仕組みを改めた上、出し直すべきであるとの理事会決議をした。

(2) 最低条件の提示

　日弁連は，さらに，2003（平成15）年2月21日，法案について，人権委員会の位置付け，人権委員の選任方法，職員人事，事務局，地方人権委員会，業務・権限について，最低どうしても確保すべき条件を提示し，法案の出し直しを求める意見を公表した。

(3) 制度要綱の公表，法務大臣への提出

　日弁連は，政府から独立した国内人権機関の設置を求める国内外の声に応え，2008（平成20）年11月18日，早急に実現されるべき国内人権機関の組織と活動の原則を，制度要綱の形で取りまとめ，公表すると共に，12月3日，法務大臣に提出した。同要綱でまとめられた国内人権機関の基本設計の骨子は次のとおりである。

❶　政府からの独立性
❷　国内法における人権に限定せず，広く国際人権法により認められた人権を取り扱う権限
❸　公権力による人権侵害についての調査・勧告権限
❹　私人間や行政との間で生起する人権侵害事例についての調停あっせんによる解決を図る機能
❺　人権教育の企画・実施
❻　立法・行政に対する政策提言能力
❼　国際人権条約の批准促進と国内で発効している人権諸条約の実施の促進
❽　構成の多様性と市民・NGOと交流・意見の取り込み
❾　人権の専門家の参加
❿　人権擁護に情熱を持つ職員を多数擁する事務局体制の確立
⓫　活動を行うに必要十分な人員と予算の確保
⓬　案件の渋滞を起こさない事件の合理的な仕分けと迅速な手続の採用
⓭　市民が気軽に駆け込める，利用しやすい組織

(4) 政権交代と民主党法案

　2009（平成21）年の衆議院議員の結果，民主党を中心とする連立政権が誕生したが，民主党はマニフェストに「人権侵害救済機関」の創設が盛り込まれており，千葉景子法務大臣も就任後の記者会見において取組むべき課題の一つに「人権侵害救済機関」の創設を掲げたことから，民主党政権の下で国内人権機関の設立に向けた本格的な取組みの開始が期待される。

(5) 今後の活動

　民主党は，国内人権機関の設立について，2002（平成14）年に当時の与党法案に対する対案を発表している。日弁連は，民主党の2002年法案を早急に検討し，真にパリ原則に合致し国際的な基準を満たす国内人権機関の設立が早期に実現するよう，日弁連の制度要綱について，政府，国会議員，各政党，日本における国内人権機関の設立に関心を有する各関連団体・NGO等との意見交換や協議を重ねる等して広く理解を求め，また，国内人権機関に関する国連その他の専門家に支援・助言を求める等し，積極的な運動を展開するべきである。

2　国際人権条約の活用と個人通報制度の実現に向けて

・弁護士は，法廷その他の弁護士活動において，国際人権条約の積極的活用を図り，国内における人権保障の向上に努めるべきである。
・弁護士会は，各弁護士が国際人権条約の積極的活用を図るため，国際人権条約に関する研修会，勉強会等を積極的に行うべきである。また，同様の内容の講義を，司法修習生に対する弁護実務修習の合同講義の一環として行うべきである。さらに，国際人権に関する講義が，多くの法科大学院において行われるよう，法科大学院に対し働きかけるべきである。
・弁護士会は，わが国が，国際人権条約上の人権の国際的保障制度である条約機関に対する個人通報制度に関する自由権規約第一選択議定書の批准を含むすべての個人通報制度を受け入れるよう，積極的な運動を展開すべきである。

1) 国際人権条約を積極的に活用することの意義

わが国では，1979（昭和54）年，市民的及び政治的権利に関する国際規約（以下「自由権規約」という）及び社会的，経済的及び文化的権利に関する国際規約（以下「社会権規約」という）を批准し，両規約は国内法的効力を有するに至った。その後，様々な分野での人権条約が制定され，日本もこれに批准・加入している（難民の地位に関する条約〔1981（昭和56）年加入〕，女性差別撤廃条約〔1985（昭和60）年批准〕，子どもの権利条約〔1994（平成6）年批准〕，人種差別撤廃条約〔1996（平成8）年加入〕，拷問等禁止条約〔1999（平成11）年加入〕）。これらの国際人権条約は，憲法よりも権利の保障に厚い面があり，また，憲法による保障と重なる人権条項についても，憲法解釈を，国際社会における解釈により補充し，現在の司法による解釈をあるべき憲法解釈や国際水準に近付けるのに役立つものである。

自由権規約をはじめとする国際人権条約も，わが国の場合，批准されれば，特別の国内法を制定することなく，条約が公布されることによって国内法的効力を持つに至る。日本国の行政府，立法府はもとより，司法府も同規約に拘束され，同規約の実施する義務を負う。

具体的には，訴状，準備書面，弁論要旨などで，同規約の条項を直接の根拠として，または，関連する国内法の規定の解釈の補強や指針として援用することにより，主張を法的に根拠付け，または，強化するのに役立つ。特に有効なのは，憲法や国内法の解釈論を展開するだけでは，限界があるような事例においてである。そのような例としては，外国人・少数民族，刑事被疑者・被告人，被拘禁者・精神障害者，死刑囚，女性，子ども等の人権侵害事例などの場合が挙げられる。これらの事件に対処するにあたり，憲法や国内法の解釈だけでは行き詰まってしまうような場面でも，自由権規約等の活用により，新しい視点を加味したり，具体的な人権基準を主張の根拠とすることができる場合もある。

刑事裁判において外国人に通訳費用を負担させることは，同規約14条3項・違反であるとした東京高裁平成5年2月3日判決（外国人犯罪裁判例集55頁）などは，その典型例であろう。また，1997（平成9）年10月28日に名古屋地裁で言い渡されたアフガニスタン難民の難民不認定処分取消請求訴訟判決では，難民条約に言及して，不認定処分を取り消している。1999（平成11）年10月12日に静岡地裁浜松支部で言い渡されたブラジル人の宝石店への入店拒否をめぐる損害賠償請求訴訟の認容判決でも，人種差別撤廃条約に言及がされている。

受刑者の刑務所における訴訟代理人との自由な面会を制限した事案につき，徳島地裁及び控訴審の高松高裁は，いずれも自由権規約14条1項に違反するとの判断を示している。特に，高松高裁の判決は，国際人権条約に対する深い理解を示したものとして，高く評価されている。

さらに，東京地裁平成13年11月6日決定（公刊物未登載）は，アフガニスタン人難民申請者に対する収容令書発付処分を難民条約31条2項違反であると断じ，東京高裁平成14年3月1日決定も同様の判断を示している（判例時報1774号25頁）。

2002（平成14）年6月20日には広島地裁でも，不法入国の罪に問われたアフガニスタン人難民申請者に対して，難民条約31条1項を国内法化した出入国管理及び難民認定法70条の2によって，刑の免除を言い渡す判決が出されている（季刊刑事弁護32号90頁）。

2003（平成15）年12月24日に訴訟上の和解が成立したいわゆる住友電工事件では，女子労働者に対し採用区分が異なることを理由として長年にわたり差別を行っていた案件につき，女子差別撤廃条約に基づき女子差別撤廃委員会の日本政府報告書に対する見解（2003〔平成15〕年7月8日）がいわゆるコース別雇用管理制度への懸念を示したことを考慮して，裁判所は雇用主及び国に対し，雇用管理区分が実質的な性差別にならないような施策の推進を求める和解案を提示し，同内容の和解が成立した。

このように下級審レベルでは，積極的に国際人権条約を援用した判決や和解が見られる中，2008（平成20）年6月4日，最高裁大法廷が，日本人の父と外国人の母の間に生まれた後，父親から認知を受けた子どもに日本国籍があることの確認を求めた2件の訴訟について，日本国籍を認めなかった東京高裁の判決を破棄し，いずれの子どもたちにも日本国籍があることを確認した判決の理由中において，その根拠として，憲法14条の法の下の平等だけでなく，自由権規約及

び子どもの権利条約に言及したことは画期的であると言えよう。

また、弁護士による国際人権条約の活用は法廷だけに限られない。国会、行政への要請や対話活動、弁護士会への人権救済申立や委員会の意見書等においても、国際人権条約を積極的に主張の根拠付けや強化のために用いることが有意義であり、奨励される。

近年では、人権擁護大会の宣言・決議においても、国際人権条約が援用されることが多く、人権保障を通じて自由な安全な社会の実現を求める宣言（2007〔平成19〕年）、貧困の連鎖を断ち切り、すべての人の尊厳に値する生存を実現することを求める決議（2006〔平成18〕年）、高齢者・障がいのある人の地域で暮らす権利の確立された地域社会の実現を求める決議（2005〔平成17〕年）、多民族・多文化の共生する社会の構築と外国人・民族的少数者の人権基本法の制定を求める宣言（2004〔平成16〕年）、死刑執行停止法の制定、死刑制度に関する情報の公開及び死刑問題調査会の設置を求める決議（2004〔平成16〕年）、子どもの権利条約批准10周年にあたり、同条約の原則及び規定に基づく立法・施策を求める決議（2004〔平成16〕年）、被疑者取調べ全過程の録画・録音による取調べ可視化を求める決議（2003〔平成15〕年）など、枚挙にいとまがない。

2）第一選択議定書の批准

(1) 第一選択議定書の意義

第一選択議定書は、自由権規約に規定する権利が侵害されたとの個人からの申立を、自由権規約人権委員会が審査するという個人通報制度を定める。同委員会が、審査の結果、申立を相当と判断した場合には、申立に基づいて見解を示すものである。

この第一選択議定書を批准し、個人通報制度を取り入れることにより、国内の法秩序を、自由権規約等の要求する水準に近づけることが、一層期待できる。現にオランダやフランスでは、規約人権委員会が具体的事件において、規約違反である旨の認定をしたことを受け、問題となっていた国内法を改正したという実例も存在する。

この点、2000（平成12）年2月、最高裁判所小法廷は、接見妨害の国賠訴訟において、刑事訴訟法39条3項の規定が自由権規約に反するとした上告理由を、「独自の見解」と一蹴したが（最高裁第三小法廷平成12年2月22日判決〔上田国賠〕、同第一小法廷同月24日判決〔第一次内田国賠〕）、同条項が自由権規約に違反する疑いがあることは、自由権規約委員会が指摘しているところである（1998〔平成10〕年11月日本に対する総括所見22項）。

第一選択議定書の批准により、このような場合に当事者は、自由権規約違反の有無について、条約の監視を任務とする条約機関に、その判断を求めることが可能となる。個人通報制度における条約機関の見解には法的な拘束力はないが、国内裁判所の条約解釈と異なる解釈が条約機関により示され、条約違反が認定された場合には、条約の締結国として条約実施義務の内容として、条約機関の判断を尊重すべきという意味で、裁判所を含む国家機関による条約の実施に一定の影響を及ぼすことが期待される。

なお、個人通報制度の締約国が条約機関の見解を受けた場合の義務について、自由権規約委員会が2008（平成20）年11月5日、第一選択議定書の締約国の義務に関する一般的意見33を採択し、詳細に論じている。

(2) 各国及び日本の批准状況

自由権規約第一選択議定書は、全世界で113カ国が批准している（2009〔平成21〕年10月現在）。ところが、日本では、1979（昭和54）年に自由権規約を批准するにあたり、国会で「選択議定書の締結については、その運用状況を見守り、積極的に検討すること」等を要望する附帯決議をしながら、現在まで批准されるに至っていない。

未だ批准がなされていないことの理由として、日本政府は、司法の独立を侵すおそれがあることなどを挙げるが、自由権規約委員会による個人通報申立事件の審理は準司法的な機能ではあるが、見解と呼ばれる。その判断には法的拘束力はないのであるから、これを司法判断と言うことはできない。いわんや、自由人権委員会の見解は裁判官が職務を行うにあたって、その判断を拘束するものではないから、司法権の独立を犯すものではない。現に、諸外国で、第一選択議定書を批准するにあたって、司法権の独立に対する懸念が問題となった例は見当たらないと言ってよい。

日本は、1993（平成5）年、1998（平成10）年、さらに2008（平成20）年と3回にわたり、日本政府

は自由権規約委員会より，第一選択議定書を批准するよう勧告を受けており，日本政府は，もはや批准についての「検討」という従来の説明を繰り返していたのでは，国際社会からの理解や納得は到底得られない。日本が第一選択議定書を批准するについて具体的な障害があるのであれば明らかにし，その解決に向けて関係諸機関が協議・協力を進める等，批准に向けての具体的な動きを始めるべきである。

(3) 他の条約についての個人通報制度

第一選択議定書が定める個人通報制度は，女性差別撤廃条約，人種差別禁止条約，拷問等禁止条約についても同様の制度がある。また，2008（平成20）年には国連総会において社会権規約について個人通報制度を定める選択議定書が新たに採択された（2009〔平成21〕年10月現在，条約の発効に必要な批准国数に達しておらず未発効）。日本政府は，これらの個人通報制度のいずれについても，受諾宣言・批准をしていない。

このうち，特に，女性差別撤廃条約についての個人通報制度及び通報制度を定めた女性差別撤廃条約選択議定書については，1999年に国連総会で採択された後，日本の早期批准を求める請願が参議院で11回も採択されている。2009（平成21）年には，自民党政調調査会女性に関する特別委員会が政府及びNGOからヒアリングを重ね，女性差別撤廃条約選択議定書の批准を求める意見を取りまとめ，総理大臣宛に要望を申し入れる等，批准に向けて積極的な動きが見られ，また，女性差別撤廃条約の第6回日本政府報告書の審査についての総括所見において，女性差別撤廃委員会が改めて日本政府に対し，同議定書の批准を促した。

3) 弁護士・弁護士会の取組み

日弁連では，1996（平成8）年10月25日，別府市で開催された第39回人権擁護大会において，「国際人権規約の活用と個人申立制度の実現を求める宣言」を行った。この宣言は「われわれは，国際人権（自由権）規約の積極的活用を図るとともに，第一選択議定書の批准を促進するために積極的な運動を展開していくことを決意するものである」と締められているが，弁護士・弁護士会はかかる決意を実現すべく，積極的な活動を行うべきである。

2007（平成19）年には，日弁連において，自由権規約第一選択議定書その他の人権機関に対する個人通報制度を定めた国際人権条約の批准に向けての活動を目的とする特別委員会として，自由権規約個人通報制度等実現委員会が新たに設置され，すでに，第一選択議定書についての広報のためのリーフレットの作成や，国会議員との意見交換会の実施等，精力的に活動を展開している。

2008（平成20）年5月に国連人権理事会の新しい人権審査制度である普遍的定期的審査が日本について行われ，日本政府に対し第一選択議定書の締結が勧告され，これを受けて日本政府が同年6月に国連人権理事会において第一選択議定書の締結を検討すると述べたこと，同年10月に行われた自由権規約の第5回日本政府報告書審査についての総括所見が同年11月に採択され，自由権規約委員会が日本政府に対し第一選択議定書を批准するよう3回目となる勧告を行ったこと，2009（平成21）年7月に行われた女性差別撤廃条約の第6回日本政府報告書審査についての総括所見が同年8月に採択され，女性差別撤廃委員会が日本政府に対し女性差別撤廃条約選択議定書を批准するよう2回目（前回は2003年）の勧告を行ったことを受け，これら国連人権諸機関からの勧告を日本政府が履行するよう，弁護士会も活動をさらに強化していくことが求められる。

とりわけ，2009（平成21）年の衆議院選挙を受け誕生した民主党を中心とする連立政権の下で，民主党も社会民主党もマニフェストに個人通報制度の受入れを盛り込み，千葉景子法務大臣も就任後の記者会見において，個人通報制度の受入れを取組むべき優先課題の一つに掲げていることから，弁護士会はこの好機を逃すことなく，自由権規約第一選択議定書，女性差別撤廃条約選択議定書の批准，及び，その他の個人通報制度の受入れを早急にかつ確実に実現するよう，政府関係各府省との協議を積極的に進め，全力で取組むべきである。

他方，個人通報制度の受入れが実現した暁には，弁護士自身も，裁判実務の中で，国際人権条約に基づく主張の可否を意識し，適切な主張を行う必要が出てくる。また，個人通報制度の受入れに向けた政府の対応体制の一環として，弁護士の中から，日本政府に対する個人通報の申立に対応する政府内部局に任期付公務員として勤務する国際人権法の専門知識を備えた人材

を輩出することも求められる可能性がある。そのため，弁護士自身が国際人権に関するいっそうの認識を高め，最新の知識を習得するために，弁護士会は，国際人権規約に関する研修会・勉強会等を積極的に開催するとともに，司法修習生に対する合同講義において同規約の問題を取り上げたり，法科大学院の講義科目に取り入れる等して，同規約に対する若手法曹の理解を深めるような取り組みを，一層，積極的に行うべきである。

この点に関連して，2004（平成16）年に国連人権高等弁務官事務所が，法曹のための国連人権マニュアルを発刊し，2006（平成18）年その日本語訳が書籍として発行された（『裁判官・検察官・弁護士のための国連人権マニュアル——司法運営における人権——』〔現代人文社〕）。同マニュアルは国際人権法に関する包括的な概説書であるとともに，法曹に対する国際人権法の研修に用いやすいように，例題等が設けられている。2007（平成19）年，日弁連と大阪弁護士会は，同マニュアルを国連とともに作成した国際法曹協会（IBA）から専門家を招いて，IBAとの共催で，同マニュアルの活用のためのセミナーを開催した。また，2008（平成20）年6月には，日弁連のライブ研修として，国際人権法の特別研修が実施された。東弁においても，弁護士会における研修会等でこのマニュアルの積極的な活用を図るべきである。

第6部
憲法と平和をめぐる現状と課題

1 はじめに

> 　われわれは，日本国憲法をめぐる改憲論やその他の諸問題に対し，「個人の基本的人権を保障するために権力を制限する」という立憲主義の理念が堅持され，国民主権・基本的人権の尊重・恒久平和主義など日本国憲法の基本原理が尊重されること，特に先の戦争による惨禍の反省に立って「戦争を放棄し，戦力を保持せず，交戦権を否認した」日本国憲法第9条の徹底した恒久平和主義は，まさに平和への指針として世界に誇りうる先駆的な意義を有し，かつ，今日の世界において現実的意義を有していることを意識し，それを前提とした議論及び活動をしていくべきである。
> 　憲法改正手続法については，同法施行までの間に，憲法改正権者は国民であるという視点にたち，あらためて国民投票に真に国民の意思を反映することができるような法律にするべく同法の抜本的な見直しがなされることを強く求めていかなければならない。

　国民主権・基本的人権の尊重・平和主義を基本原理とする日本国憲法が制定されてから60年を経過した2007（平成19）年5月14日に，日本国憲法の改正手続に関する法律（憲法改正手続法）が可決成立し，同月18日に公布された。

　近時の，政党，財界，新聞社など各界からの憲法改正に向けた改正案や改憲に向けた意見が公表される動きに対して，手続的な法整備をしたものである。

　この憲法改正手続法は，公布の日から起算して3年を経過する2010（平成22）年5月18日から施行されることとなっているが，憲法に関する国会の審議機関である憲法審査会の設置に関する規定については既に施行されており，衆参両院に憲法審査会を設置することは法的に可能な状況にある。現に，衆議院においては，2009（平成21）年6月11日に，憲法審査会の委員数などを定める憲法審査会規程が可決され，憲法審査会始動のための準備は進められている。

　政権交代もあり，現在の政局においては，景気回復，年金問題など国民の生活に直結した問題が焦点となっており，以前ほどには，憲法改正問題が声高に議論されることはない。しかし，2009（平成21）年8月30日の衆議院選挙に向けた各政党のマニフェストにおいても，日本共産党（以下「共産党」と略する），社会民主党（以下「社民党」と略する）は憲法改正に消極的な意見を述べているが，自由民主党（以下「自民党」と略する）は，自主憲法の制定を掲げ，「衆参両院に設置された『憲法審査会』を早期に始動させ，『新しい国のかたち』をつくるための精力的な憲法論議を進め，立党50年記念党大会で公表した『自民党新憲法草案』に基づき，早期の憲法改正を実現する」と述べ，民主党も「現行憲法に足らざる点があれば補い，改めるべき点があれば改めることを国民の皆さんに責任を持って提案していきます。民主党は2005年秋にまとめた『憲法提言』をもとに，今後も国民の皆さんとの自由闊達な憲法論議を各地で行ない，国民の多くの皆さんが改正を求め，かつ，国会内の広範かつ円満な合意形成ができる事項があるかどうか，慎重かつ積極的に検討していきます」と述べており，また，公明党も加憲に向けて現行憲法の点検を提案しているなど，政界においては，必ずしも憲法改正に向けた意識が減退している訳ではない。憲法改正問題は予断を許さない緊迫かつ重要な政治課題である。

　また，ここ約10年の間に，周辺事態法（略称），テロ対策特措法（略称）とそれに代わる給油新法（略称），イラク特措法（略称），武力攻撃事態法（略称）などの有事法制3法，国民保護法（略称）などの有事関連7法の制定，度重なる自衛隊法の改正や防衛庁設置法の改正に基づく自衛隊の海外派遣の拡大や本来任務化，防衛庁の防衛省への格上げなど，平和についてのわが国のあり方を大きく左右する立法や動きが続い

ている。2009（平成21）年においても，3月に海賊対策のために自衛隊がソマリア沖に派遣され，4月には，「海賊行為への処罰及び海賊行為への対処に関する法律」（海賊対処法）が可決成立した。

これらの諸立法などの動向に対しては，憲法に抵触するものではないか，特に憲法が認めていない集団的自衛権の行使を認めるものではないか，憲法改正を先取りするものではないかということが議論されている。

また，2006（平成18）年には，慎重審議を求める日弁連会長声明等が顧みられることもなきまま準憲法とも呼ばれる「教育基本法」が改正されたが，「わが国と郷土を愛する」態度や「伝統と文化を継承する」態度を養うと定める新教育基本法は，改憲論での議論を先取りしたものであるとの指摘もなされている。

なお，わが国の現状をみるに，公立の学校現場における国旗・国歌の不利益処分を伴う強制，内閣総理大臣の靖国神社への公式参拝，自衛隊による市民監視，政治的意見に関するビラの投函等に対する逮捕や起訴，思想の段階で刑罰をもってのぞむ共謀罪の新設の国会審議，放送事業者による報道の自由への公権力の介入など，民主主義が機能するための不可欠の権利であるとされる精神的自由が危機に瀕しているのではないかと懸念される事態を生じている。

2　憲法改正問題

1）各界の動き

(1) 衆参両院の憲法調査会の動き

衆参両院に「日本国憲法について広範かつ総合的な調査を行う」ことを目的として設置され，2000（平成12）年1月から調査を開始した憲法調査会は，5年の調査期間を経て，2005（平成17）年4月に，それぞれ最終報告書をとりまとめた。

衆議院憲法調査会の最終報告書は，集団的自衛権の行使や改正手続の要件緩和については意見が分かれたとするものの，多数意見とされるものの中には，憲法改正に関する事項も多い。

これに対し，参議院憲法調査会の最終報告書においては，「共通もしくはおおむね共通の認識が得られたもの」とされたのは，現憲法を維持する事項のみであり，プライバシーの権利・環境権の追加が「すう勢である意見」とされたものの，改憲事項にわたるものについては，ほとんどが意見が分かれたとされている。

(2) 政党の動き（護憲・改憲・創憲・加憲）

① 総論

憲法改正について，政党においては，共産党，社民党は護憲の立場をとっているのに対し，自民党は改憲，民主党は新しい憲法を創るという創憲，公明党は新しい人権などを加える加憲の考え方をとっている。

② 自民党

まず，自民党は，同党の立党50年にあたる2005（平成17）年11月22日の党大会で「新憲法草案」を承認し，公表した。そこにおいては，❶自衛のためのみならず国際社会の平和と安全を確保するための活動や緊急事態における秩序維持活動も行えるとする自衛軍の保持，❷自由及び権利には責任及び義務が伴うとする，❸「公益及び公の秩序」による人権制限，❹政教分離の原則の緩和，❺政党に関する規定の新設，❻内閣総理大臣の権限強化，❼軍事裁判所の設置，❽国と地方自治体の相互協力義務，❾憲法改正要件の緩和など，多くの，また憲法の根幹に関わる改正提案がなされている。

③ 民主党

民主党は，2005（平成17）年10月31日に，❶自立と共生を基礎とする国民が，みずから参画し責任を負う新たな国民主権社会を構築すること，❷世界人権宣言及び国際人権規約をはじめとする普遍的な人権保障を確立し，併せて，環境権，知る権利，生命倫理などの「新しい権利」を確立すること，❸日本からの世界に対するメッセージとしての「環境国家」への道を示すとともに，国際社会と協働する「平和創造国家」日本を再構築すること，❹活気に満ち主体性を持った国の統治機構の確立と，民の自立力と共同の力に基礎を置いた「分権国家」を創出すること，❺日本の伝統と文化の尊重とその可能性を追求し，併せて個人，家族，コミュニティ，地方自治体，国家，国際社会の適切な関係の樹立，すなわち重層的な共同体的価値意識の形成を促進することを，新しい憲法がめざす5つの基本

目標とする,「民主党『憲法提言』」を公表した。

④　公明党

公明党は，2004（平成16）年6月に同党憲法調査会「論点整理」を公表しているが，基本的には現憲法を維持しつつ新しい人権などを加える「加憲」の立場をとっている。もっとも，同年10月の党大会運動方針「憲法問題への視点」においては，9条について，1項・2項の規定を堅持しつつも，「自衛隊の存在の明記や国際貢献のあり方をも『加憲』論議の対象」とするとしている。

⑤　共産党

共産党は，かねてから護憲の立場を堅持し，2004（平成16）年1月の党大会において採択された同党綱領においても，現行憲法の前文をふくむ全条項をまもり，とくに平和民主的諸条項の完全実施を目指すとしている。

⑥　社民党

社民党も，かねてから護憲の立場を堅持し，同党全国連合会常任幹事会が2005（平成17）年3月に公表した「憲法をめぐる議論についての論点整理」においても，現在の改憲の流れにはくみせず，憲法を護り，社会・政治・暮らしの隅々に活かし，憲法の理念を21世紀の国際社会の規範として広げていく立場に立ち，とりわけ，前文と9条を変えて，戦争を否定した国から「戦争を肯定する国」へと変質させていくことに対し，党の総力を挙げて反対すると主張している。

(3) 財界の動き

財界も，きわめて改憲に積極的であり，経済同友会は2003（平成15）年4月に同会憲法調査会報告書「自立した個人，自立した国たるために」を，商工会議所は2005（平成17）年6月に「憲法問題に関する懇談会意見書——憲法改正についての意見——」を，日本経済団体連合会は2005（平成17）年1月に（社）日本経済団体連合会「わが国の基本問題を考える——これからの日本を展望して——」を公表し，改憲に向けた意見を述べている。

特に，経団連が，当面，最も求められる改正は，現実との乖離が大きい9条2項（戦力の不保持）ならびに，今後の適切な改正のために必要な96条（憲法改正要件）の2点と考えるとしているのは，象徴的である。

もっとも，経済界においても，憲法特に9条を堅持すべきことを強調している者もいるし，損保9条の会のように護憲のための活動をしている団体もあるのであり，必ずしも改憲に向けた意見のみが主張されているわけではない。

(4) 新聞社

読売新聞社は，1994（平成6）年に第1次改正試案，2000（平成12）年に第2次改正試案を公表し，2004（平成16）年5月には読売新聞憲法改正2004年試案を公表している。その内容は，全面改正論であり，自民党の憲法調査会や新憲法起草委員会の議論にも影響を与えていると言われている。

なお，日本経済新聞が，2000（平成12）年5月に公表した「次代へ活きる憲法に　自律型社会に対応を」において，「福祉国家」を根拠づけた25条の見直し，経済活動に対する国家の規制を根拠づける22条，29条の「公共の福祉」条項の削除を主張しているのが印象的である。

(5) 市民の動き

市民，文化人の間においても，21世紀の「国のすがた」はいかにあるべきかについて意見交換をし，改憲への道筋を明らかにしていきたいとする，「『21世紀の日本と憲法』有識者懇談会」（民間憲法臨調）のような改憲の動きと，日本と世界の平和な未来のために，日本国憲法を守るという一点で手をつなぎ，「改憲」の企てを阻むため，一人ひとりができる，あらゆる努力を，いますぐ始めることを訴える「九条の会」のような護憲の動きがある。

2）憲法改正論に対する対応

(1) 憲法の基本原理と改憲論

①　改憲論の特徴

現在，主張されている改憲論の多くは，「当面，最も求められる改正は，現実との乖離が大きい第9条第2項（戦力の不保持）ならびに，今後の適切な改正のために必要な第96条（憲法改正要件）の二点と考える」という経団連の意見に象徴されるように，9条2項の改正と96条の改正を強く求めている。しかし，現在の改憲論の主張の特徴は，これにとどまらず，全面改正論であり，しかも，憲法の基本原理やその根底にある理念をも変容させるのではないかが危惧されるものである。

すなわち，改憲論のほとんどは，現憲法の基本原理

はこれを維持すると主張しているものの，その具体的な改正に向けた意見や改正草案をみると，本当に日本国憲法の基本原理やそれを支える理念は維持されるのであろうか，変容されてしまうのではないかという疑問を持たざるをえない。

② 憲法の基本原理とその根本理念

ここで，日本国憲法の基本原理とそれを支える理念を確認したい。日本国憲法は，国民主権，基本的人権の尊重，平和主義を基本原理とする。そして，これらの基本原理を支えているのは「個人の尊重」と「法の支配」であるとされる。

「個人の尊重」とは，人間社会における価値の根源が個人にあるとし，何にもまさって個人を尊重しようとする考え方であり，一方では利己主義を否定し，他方では全体主義を否定することで，すべての人間を自由・平等な人権を保有する人格として尊重しようとするものである。

また，「法の支配」とは，専断的な国家権力の支配（人による支配）を排斥し，権力を法で拘束することによって，国民の自由・平等・権利を擁護することを目的とする理念である。

そして，このような原理，理念に基づく憲法は，人権保障のために権力を制限する制限規範であることを本質とする立憲主義的憲法であるべきであるとされる。

また，日本国憲法は，先の戦争の惨禍を教訓として，平和のうちに安全に生きる権利を確認し，一切の戦争と武力の行使および武力による威嚇の放棄，戦力の不保持，交戦権の否認という徹底した平和主義の原則を定めている。

③ 立憲主義と改憲論

これに対し，たとえば，2004（平16）年6月の自民党憲法調査会憲法改正ＰＴの論点整理は，「憲法とは，権力制限規範にとどまるものではなく，『国民の利益ひいては国益を守り，増進させるために公私の役割分担を定め，国家と国民が協力し合いながら共生社会をつくることを定めたルール』としての側面を持つものであるとし，さらに，「憲法が国民の精神に与える影響についても考慮に入れながら，議論を続けていく必要がある」としており，この基本的な考え方は「新憲法草案」を起草した同党新憲法起草委員会にも引き継がれており，そこでは国民の責務が強調されている。

ここで述べられているのは，憲法は権力制限規範にとどまらず，国民を拘束するものであるという考え方である。

2004（平成16）年6月の民主党憲法調査会の中間提言が憲法を「国民と国家の強い規範として，国民一人ひとりがどのような価値を基本に行動をとるべきなのかを示すものであることが望ましい」と述べているのも同様の思考であろう。民主党の憲法提言が，「憲法は，日本国民の『精神』あるいは『意志』を謳った部分と，人間の自立を支え，社会の安全を確保する国（中央政府及び地方政府）の活動を律する『枠組み』あるいは『ルール』を謳った部分の二つから構成される」としているのも，同様の思考に基づくものである。

このような考え方は，現憲法99条の公務員の憲法尊重擁護義務の規定を削除し，前文で「国民は憲法を遵守しなければならない」とする読売新聞社の改憲試案においてより顕著に具体化されている。

もっとも，民主党は，2009（平成21）年8月30日の衆議院選挙に向けたマニフェストにおいては，「『憲法とは公権力の行使を制限するために主権者が定める根本規範である』というのが近代立憲主義における憲法の定義です。決して一時の内閣が，その目指すべき社会像やみずからの重視する伝統・価値をうたったり，国民に道徳や義務を課すための規範ではありません」と述べ，より立憲主義を尊重する意見を述べている。

④ 基本原理と改憲論

現在，主張されている改憲論のほとんどが，国民主権，基本的人権の尊重，平和主義という現憲法の基本原理を維持するとしていることは繰り返し述べたところである。

しかしながら，国民主権を維持するとしつつ，現憲法において国民が直接自らの意思を反映する機会である，最高裁判所裁判官の国民審査，憲法改正の国民投票，地方自治特別法の住民投票について，改憲論の中には，いずれも廃止ないし制限しようとする見解が存するのは，本当に国民主権を重視しているのであろうかとの疑問を抱かせるものである。

基本的人権の尊重についても，改憲論の中には，個人主義と利己主義を同視して個人の人権を制限しようとしたり，公益や公の秩序という全体的利益のために人権を制限しようとするのみならず，そもそも「自由及び権利は責任及び義務を伴う」とまで主張するもの

も存する。基本的人権尊重の原理も変容せしめられるのではないかとの危惧をおぼえるものである。

平和主義についても、改憲論の多くの述べる平和主義は、いわゆる武力の行使や集団的自衛権の行使を肯定する平和主義であり、軍隊の設置を明記すべきであるとの意見も存する。この点、戦争の教訓に基づき徹底した平和主義を規定した現憲法の趣旨を考え、平和構築に向けて憲法はどうあるべきかを真摯に検討する必要があるのではあるまいか。

また、改憲論の多くが、憲法の基本原理を維持するとする一方、わが国の歴史・伝統・文化や愛国心を憲法に明記しようとしている点も特徴的であるが、この改憲論の述べている「わが国の歴史・伝統・文化や愛国心」の中身が問われなければならないとともに、このような歴史・伝統・文化や愛国心といったものは、そもそも、それぞれの個人の意思に委ねるべきものであって、憲法という規範に定めるべき性質のものではない。

(2) 鳥取人権大会宣言

日弁連は、2005（平成17）年11月10日、11日に鳥取市で開催した第48回人権擁護大会において、10日に「憲法は、何のために、誰のためにあるのか——憲法改正論議を検証する——」をテーマとするシンポジウムを行い、11日の大会では「立憲主義の堅持と日本国憲法の基本原理の尊重を求める宣言」を採択した。この宣言は、日弁連は「憲法改正をめぐる議論において、立憲主義の理念が堅持され、国民主権・基本的人権の尊重・恒久平和主義など日本国憲法の基本原理が尊重されることを求めるものであり、21世紀を、日本国憲法前文が謳う「全世界の国民が、ひとしく恐怖と欠乏から免かれ、平和のうちに生存する権利」が保障される輝かしい人権の世紀とするため、世界の人々と協調して人権擁護の諸活動に取り組む決意である」ことを宣言したものである。日弁連が、このような宣言をしたのは、これらの日本国憲法の理念や基本原理に照らすと、現在進められている改憲論議には重大な問題があり、これらの問題点は、日本国憲法の理念や基本原理を大きく変容させるものと危惧せざるを得なかったからである。

ただし、この宣言をするに際しては、大会当日、会員間において、特に憲法9条2項に対する改憲論の是非をめぐって議論が闘わされた。議論の争点は、この宣言においては、例えば自民党の新憲法草案のような憲法9条2項を改正して自衛軍を保持することについての明確な意見が述べられていないのではないかという点にある。

また、この宣言は、まだ十分な会内合意がはかられていない段階での会内合意の到達点を示すものであり、いずれにしてもまだ不十分なものであるので、この宣言を再出発点と考え、改憲論についての検討を続け、議論を深化させていくことこそが重要であるとの指摘がなされた。

(3) 富山人権大会宣言

その後、現在までに、日弁連の憲法委員会が全弁護士会から委員を選任するなどして拡充されている他、北海道弁護士会連合会に憲法委員会、関東弁護士会連合会に憲法問題に関する連絡協議会、九州弁護士会連合会に憲法問題に関する連絡協議会が設置され、また、41の弁護士会に憲法委員会、憲法問題プロジェクトチームなど名称は異なるものの、憲法問題に関する組織が設置され、各地で憲法特に憲法改正問題についての議論が深められつつある。その他の弁護士会においても、人権擁護委員会などにおいて、憲法問題についての議論がなされている。東京弁護士会においても、総会における2007（平成19）年度の会務執行方針の冒頭においてまず憲法問題がとりあげられ、「当会は、憲法問題についてより全会的な取組みを強化するとともに、強制加入団体である弁護士会の立場を十分に踏まえつつ、平和主義・自衛権・国際貢献等の重大かつ困難な問題を含む今後の憲法改正問題に対してどのように対処していくのかについての会内合意のあり方等を検討し、追及していかなければならない。」と述べられ、かつ、その具体化として、2007（平成19）年10月に、従前の憲法問題等特別委員会を発展的に解消し、新たに「憲法問題対策センター」が設置された。

その後、日弁連は、鳥取の人権擁護大会では議論が不十分であった憲法9条改正論の背景と問題点についてさらに研究と議論をなすべく、2008（平成20）年10月2日、3日に富山市で開催した第49回人権擁護大会において、2日に「憲法改正問題と人権・平和のゆくえ」をテーマとするシンポジウムを行い、3日の大会では「平和的生存権および日本国憲法9条の今日的意義を確認する宣言」を採択した。この宣言は、平和的生存権および憲法9条について、❶平和的生存権

は，すべての基本的人権保障の基礎となる人権であり，戦争や暴力の応酬が絶えることのない今日の国際社会において，全世界の人々の平和に生きる権利を実現するための具体的規範とされるべき重要性を有すること，❷憲法9条は，一切の戦争と武力の行使・武力による威嚇を放棄し，他国に先駆けて戦力の不保持，交戦権の否認を規定し，国際社会の中で積極的に軍縮・軍備撤廃を推進することを憲法上の責務としてわが国に課したこと，❸憲法9条は，現実政治との間で深刻な緊張関係を強いられながらも，自衛隊の組織・装備・活動等に対し大きな制約を及ぼし，海外における武力行使および集団的自衛権行使を禁止するなど，憲法規範として有効に機能していることという今日的意義を有することを確認し，日弁連は，平和的生存権および憲法9条の意義について広く国内外の市民の共通の理解が得られるよう努力するとともに，憲法改正の是非を判断するための必要かつ的確な情報を引き続き提供しつつ，責任ある提言を行い，21世紀を輝かしい人権の世紀とするため，世界の人々と協調して基本的人権の擁護と世界平和の実現に向けて取り組むことを決意した宣言である。

(4) まとめ

弁護士及び弁護士会は，今後とも，立憲主義や憲法の基本原理の重要性を訴えていく必要がある。

戦争は最大の人権侵害行為であり，イラクなど世界の現状からも明らかなとおり，どのように強大な軍事力をもってしても永続的な平和を築くことはできない。先の戦争による惨禍の反省に立って「戦争を放棄し戦力を保持しない」とした日本国憲法第9条の徹底した恒久平和主義は，まさに平和への指針として世界に誇りうる先駆的な意義を有し，また，現に憲法規範として自衛隊の活動などを律する機能を果たしていると思われる。われわれは，このことを確認した富山の人権擁護大会における宣言に基づき，国内外の市民と深く議論し，広く共通の理解を得ることこそが，「平和を愛する諸国民の公正と信義に信頼して，われらの平和と安全を保持」し，わが国が「国際社会において名誉ある地位を占める」ことにつながることを自覚するものである。

弁護士及び弁護士会は，社会正義と人権を擁護する使命を負っており，全世界の人々の平和的生存権が保障される輝かしい人権の21世紀をめざし，日本国憲法の理念及び基本原理を実現するための活動に邁進するとともに，憲法改正問題について，会内における検討をより一層深め，広く市民とともに議論し，責任ある提言を行う使命を負っている。われわれは，このような使命を果たしうるよう，今後とも努力していかなければならない。

3 憲法改正手続法（国民投票法）の問題点

1) 審議経過の問題点

前記のとおり，2007（平成19）年5月14日に，日本国憲法の改正手続に関する法律（憲法改正手続法）が可決成立し，同月18日に公布された。

しかしながら，日弁連，各弁護士会は，国民主権主義などの憲法の基本原理を尊重する見地から，また硬性憲法の趣旨からも，憲法改正手続法案に対し，最低投票率の定めがないことをはじめ，本来自由な国民の議論がなされるべき国民投票運動に萎縮効果を与えるような多くの制約が課されること，資金の多寡により影響を受けないテレビ・ラジオ・新聞利用のルール作りが不十分であること等多くの問題があることを指摘してきた。

しかしながら，このような慎重な議論を要する問題が山積しているにもかかわらず，これらの重大な問題点が解消されないまま，修正された法案が2007（平成19）年3月27日に公表されてから，きわめて短期間に，広く国民的論議が尽くされることなく可決成立したことについては拙速と言わざるを得ない。同法が十分な審議を経ていないものであることは，参議院日本国憲法に関する調査特別委員会において，最低投票率制度の意義・是非について検討することを含む18項目にもわたる附帯決議がなされたことからも明らかである。

日弁連は，同法が成立した5月14日に，同法が全面施行されるまでの3年の間に，附帯決議がなされた事項にとどまらず，憲法改正権者は国民であるという視点にたち，あらためて国民投票に真に国民の意思を

反映することができるような法律にするべく同法の抜本的な見直しがなされることを国会に強く要請する会長声明をした。また，東京弁護士会をはじめ，多くの弁護士会において同様の会長声明がなされている。

2）内容の問題点

日弁連，弁護士会が指摘した同法の問題点は，

❶ 最低投票率の規定がないため，少数の投票者の意思により憲法改正が行われるおそれがある

❷ 改正案の発議について，「内容において関連する事項ごと」に区分して行うとされているが，どのような場合に内容において関連するのかの基準が曖昧であり，国民の意思が正確に反映される投票方法となっていない

❸ 公務員及び教育者の地位利用に対する規制について，罰則の定めはないものの運動自体を禁止しており，国民が広く憲法改正の議論をすることについて萎縮効果を与える

❹ 不明確な要件の下に国民投票運動を規制しようとする組織的多数人買収・利害誘導罪は，萎縮効果を与えるとともに，罪刑法定主義にも反する

❺ 賛成意見・反対意見が公平に周知・広報されるために，国会に設置される広報協議会の委員の構成も平等にするとともに，議員以外の外部委員の選任も検討されるべきである

❻ 資金力のある者が有利にラジオ・テレビ・新聞等を利用しうるのは不当であり，また，ラジオ・テレビ・新聞を無料で利用しうるのを政党等に限定するのも問題である

❼ 改正案の発議から投票まで60日以上180日以内とされているが，憲法改正という重大な問題について国民が十分に情報を得て議論を尽くすには短かすぎ，少なくとも1年以上とすべきである

❽ 国民投票無効訴訟の提訴期間を30日とするのは短かすぎ，管轄裁判所を東京高等裁判所のみに限定するのも問題である。無効訴訟を提起できる場合，国民投票結果の確定時期についても，より慎重な検討が必要である

等，きわめて多岐にわたる。

3）国会法改正部分の問題点

憲法改正手続法は，国民投票に関する手続を定めるのみならず，憲法改正についての国会の審議手続についての国会法の改正も含んでいるが，この点についても問題があり，特に両院協議会，合同審査会の設置は問題である。

そもそも，基本的人権を保障するために権力を制限するという立憲主義の理念，日本国憲法が硬性憲法であること，国会議員も含めた公務員の憲法尊重擁護義務からすれば，各議院の中に憲法改正原案を提出するための「憲法審査会」という常設の機関を設置することが，憲法の予定するところであるかについても疑問を呈さざるを得ない。

また，同法は，両議院の意見が異なった場合の両院協議会の規定を設けているが，憲法96条は，憲法の改正は「各議院」の議員の3分の2以上の賛成で発議するとされており，法律案ではなく憲法改正の審議については，憲法上，両院協議会を開くことを認める規定を欠くのに，この設置を認めるのは憲法の趣旨に反するものと考えられる。

このように，憲法審査会の設置自体疑問があること，憲法改正については各議院の自主性に委ねるべきであることを考えると，同法が「各議院の憲法審査会は，憲法改正原案に関し，他の議院の憲法審査会と協議して合同審査会を開くことができるものとする。合同審査会は，憲法改正原案に関し，各議院の憲法審査会に勧告することができる」としていることは，二重の意味で，より一層憲法の趣旨に反するとの疑念を払拭できないものである。

4）今後の対応

このように，憲法改正手続法は，成立経緯においても，その内容においても，きわめて問題である。

われわれは，同法についての抜本的な見直しがなされることを強く要請するとともに，その抜本的改正がなされるまでは，憲法審査会は改憲案の提出，審査は行わないことを求め，そのための活動をしていかなければならない。

4 平和主義の理念から問題となる諸立法について

1) 憲法上，問題となる諸立法

(1) 周辺事態法など新ガイドライン関連法

1997（平成9）年に策定された「日米防衛協力の指針（新ガイドライン）」を国内法上も実施可能とするための立法措置として，1999（平成11）年に，周辺事態法，自衛隊法108条の改正，日米物品役務相互協定（ACSA）の改定など，いわゆる新ガイドライン関連法が成立し施行された。また，立法が先送りされていた周辺事態に対する対応措置としての船舶検査活動に関しては，2000（平成12）年に「周辺事態における船舶検査法（略称）」が成立施行された。

(2) テロ対策特措法から給油新法へ

さらに，2001（平成13）年9月11日にアメリカで発生した同時多発テロに対し，アメリカ及びイギリスがアフガニスタンに対する空爆等の軍事行動を開始するという情勢を契機として，米軍等の諸外国の軍事行動を支援することを主たる目的とする「テロ対策特措法」及び関連する「自衛隊法改正法」が同年に成立し施行された。

なお，テロ対策特措法は時限法であり延長が繰り返されていたものの，2007（平成19）年11月に延長法案が可決されず期限切れとなったが，これに代わる給油新法（略称）が参議院で否決されたものの2008（平成20）年1月に衆議院における再議決により成立し，米軍に対する自衛隊による給油活動は継続されることとなったが，この給油新法も2010（平成22）年1月までの時限法であることから，その延長の可否について議論がなされている。

(3) イラク特措法

2003（平成15）年には，イラク特措法も成立施行され，2004（平成16）年1月には，同法に基づき自衛隊がイラクに派遣され，しかもイラクに派遣された自衛隊は連合国暫定当局下での活動に参加するという事態となっている。

(4) 有事関連立法

2003（平成15）年には，「武力攻撃事態法（略称）」「安全保障会議設置法の一部を改正する法律」「自衛隊法及び防衛庁の職員の給与等に関する法律の一部を改正する法律」の有事法制3法も成立し施行された。

さらに，2004（平成16）年6月には，有事法制を具体化するための，国民保護法・米軍支援法（略称）・特定公共施設利用法（略称）・自衛隊法改正法・海上輸送規制法（略称）・国際人道法違反処罰法（略称）・捕虜取扱い法（略称）・改定日米物品役務相互協定（ACSA）・ジュネーヴ諸条約第一追加議定書・第二追加議定書など，有事法制関連7法案・3条約承認案件が可決された。

(5) 防衛省設置等

2006（平成18）12月に，防衛庁を防衛省に格上げする防衛省設置法が公布され，防衛庁が防衛省に格上げされるとともに，同法と一体のものとして「国際連合を中心とした国際平和のための取組への寄与その他の国際協力の推進を通じてわが国を含む国際社会の平和及び安全の維持に資する活動」をも自衛隊の本来任務とする自衛隊法の改正がなされた。

(6) 海賊対処法

政府は，2009（平成20）年1月に，ソマリア沖海賊対策のために自衛隊法82条に基づく海上警備行動として，海上自衛隊をソマリア沖に派遣する方針を決定し，これに基づき，同年3月から，海上自衛隊がソマリア沖に派遣されている。さらに，2009（平成20）年4月には，海賊対処法が可決成立した。

2) 諸立法に対する対応

(1) 諸立法に対する日弁連，弁護士会の対応

これらの諸立法について，日弁連，東京弁護士会などの各弁護士会は，その都度，これらの立法が憲法の基本原理である基本的人権尊重主義，国民主権，平和主義の原則に抵触する疑いが強いものであるとして，その成立につき，あるいは廃案を求め，あるいは慎重な審議を求めてきた。

これらの周辺事態法からイラク特措法，有事法制3法などへの動きについては，まず，自衛隊の活動領域がわが国の周辺のみならずイラクに至るまで地理的限定がなくなってきていること，自衛隊のアメリカなど諸外国の軍隊への支援活動はこれらの軍隊の武力行使と一体不可分な活動と考えられること，武器の使用要件も緩和されてきていることなど，専守防衛の枠を超

えて集団的自衛権の行使に該当するおそれや，憲法9条が禁止する「武力の行使」に該当するおそれが一層強まり，憲法前文及び9条の規定する平和主義の原則に抵触する疑いをますます払拭しえなくなったことが指摘される。のみならず，これらの立法においては，「周辺事態」「武力攻撃事態，武力攻撃予測事態」という曖昧な概念の下に，首相の権限が強化され，地方自治体やメディアを含む民間団体さらには国民に対して協力義務や協力努力義務が課される，対応措置やそのための基本計画について国会の事前承認を要するという立場から事後承認で足りるとするようになってきて国会の監督機能が弱体化している等，国民の思想良心の自由を侵害し，立憲主義そのものの前提をゆるがすこととなる可能性も指摘せざるを得ない。

(2) テロ対策特措法，イラク特措法に基づく自衛隊の海外派遣について

また，テロ対策特措法やそれに代わる給油新法，イラク特措法に基づく自衛隊の海外派遣については，わが国の憲法に抵触するおそれが存するのみならず，国連の決議なしに武力攻撃をした諸外国に対する支援をするという意味において，国連憲章などの国際法規にも抵触するおそれも否定できず，自衛隊の多国籍軍参加に至って，そのおそれは極めて強いと言わざるを得ない。

特に，自衛隊をイラクへ派遣することを目的とするイラク特措法については，日弁連は，2004（平成16）年2月3日理事会決議，同年4月17日会長声明などで，国際紛争を解決するための武力行使および他国領土における武力行使を禁じた憲法に違反するおそれが極めて大きいものであることにより反対であることを明らかにし，そのうえで，自衛隊の派遣先がイラク特措法が禁じる「戦闘地域」であることも指摘し，繰り返しイラクからの撤退を求めてきた。

名古屋高裁は，2008（平成20）年4月17日，いわゆる自衛隊イラク派遣差止訴訟判決において，航空自衛隊がアメリカからの要請によりクウェートからイラクのバグダッドへ武装した多国籍軍の兵員輸送を行っていることについて，バグダッドはイラク特措法にいう「戦闘地域」に該当し，この兵員輸送は他国による武力行使と一体化した行動であって，自らも武力の行使を行ったとの評価を受けざるを得ない行動であると判断した。そして，憲法9条についての政府解釈を前提とし，イラク特措法を合憲とした場合であっても，この兵員輸送は，武力行使を禁じたイラク特措法2条2項，活動地域を非戦闘地域に限定した同法同条3項に違反し，かつ憲法9条1項に違反するとの判断を示した。そのうえで判決は，原告個人が訴えの根拠とした憲法前文の平和的生存権について，現代において憲法の保障する基本的人権が平和の基盤なしには存立し得ないことからして，全ての基本的人権の基礎にあってその享有を可能ならしめる基底的権利であり，単に憲法の基本的精神や理念を表明したにとどまるものではなく，局面に応じて自由権的，社会権的，又は参政権的な態様をもって表われる複合的な憲法上の法的な権利として，その侵害に対しては裁判所に対して保護・救済を求め法的強制措置の発動を請求できるという意味において，具体的な権利性が肯定される場合もあり，憲法9条に違反する戦争への遂行等への加担・協力を強制される場合には平和的生存権の主として自由権的な態様の表れとして司法救済を求めることができる場合がある，と判示した。

日弁連は，名古屋高等裁判所の判決がなされた翌18日，同判決は当連合会のかねてからの主張の正しさを裏付けるものであるとともに，憲法前文の平和的生存権について具体的権利性を認めた画期的な判決として高く評価し，あらためて政府に対し，判決の趣旨を十分に考慮して自衛隊のイラクへの派遣を直ちに中止し，全面撤退を行うことを強く求める会長声明を発表した。

(3) 有事法制等について

また，有事法制関連7法案・3条約承認案件に対しては，日弁連は，これらの法案が，徹底した審議が尽くされないまま可決されたことについて誠に遺憾であるとするとともに，平時においても有事法制の名の下に憲法が保障する人権が規制され，国民主権がないがしろにされたりすることのないように，有事法制のあり方や運用について，憲法の視点から今後も引き続き厳しく検証していく決意である旨の会長声明をしている。

(4) 海賊対処法等について

自衛隊法82条に基づく海上警備行動としての海上自衛隊のソマリア沖への派遣については，日弁連及びいくつかの弁護士会から，❶海賊行為等に対しては，本来警察権により対処されるべきものであり，自衛隊

による対処には疑問があること，❷「自衛のため」の範囲を遙かに超えてソマリア沖まで海上自衛隊を派遣するものであり，その点において憲法9条に抵触するおそれがあること，❸自衛隊が武力による威嚇，さらには武力行使に至る危険性があり，この点においても武力行使を禁止した憲法9条に反することとなるおそれがあること，❹ソマリア沖の海賊行為等に対しては，日本国憲法が宣言する恒久平和主義の精神にのっとり，問題の根源的な解決に寄与すべく，関係国のニーズに配慮しながら人道・経済支援や沿岸諸国の警備力向上のための援助などの非軍事アプローチを行うべきであることが指摘され，ソマリア沖に自衛隊を派遣することに反対する旨の会長声明がなされている。

さらに，海賊対処法及びこれに基づく自衛隊の海外派遣については，日弁連及びいくつかの弁護士会から，上記の問題点に加え，❺対象行為を日本船舶だけでなく外国船舶を含む全ての船舶に対する海賊行為にまで拡大し，しかも，恒久的に自衛隊海外派遣を容認するものであり，自衛隊の海外派遣の途を拡大し，海外活動における制約をなし崩しにしていくものであり，憲法9条に抵触するおそれがあること，❻自衛隊の海賊対処行動は，防衛大臣と内閣総理大臣の判断のみでなされ，国会へは事後報告で足りるとされるのであり，国会を通じた民主的コントロール上も大きな問題があることが指摘され，同法の制定に反対する旨の会長声明がなされている。

(5) 今後の立法の動きについて

さらに，自民党の防衛政策検討小委員会は，2006（平成18）年8月30日，個別の特別立法によるのではなく，また，国連決議がある場合だけにかぎらず，自衛隊等が主体的かつ積極的に国際平和協力活動に寄与することができるようにすることを目的とする一般法である「国際平和協力法案」の原案を了承した。これらの動きは，自衛のためのみならず国際社会の平和と安全を確保するための活動等をも行える自衛軍を創設しようとする自民党の新憲法草案の内容を先取りするものである。

また，2008年（平成20）5月に，当時の与党（自民党・公明党の連立政権）は，特別措置法形式ではなく，自衛隊を憲法の枠内でいつでも海外派遣できる自衛隊派遣恒久法についてのプロジェクトチームを立ち上げ，その検討を始めていた。

政権交代がなされ，民主党を中心とする連立政権となった今，今後の立法の動向が問題であるが，われわれは，今後とも，国民保護法制など有事法制を具体化していく諸立法への動きや，自衛隊の海外派遣や米軍への協力などにつき，これ以上憲法に違反する事態が生じることのないよう，注視し，国民に提言していく必要がある。

5　首相の靖国神社参拝について

小泉首相は2001（平成13）年に靖国神社に参拝したが，このような現に内閣総理大臣の地位にある者が，宗教法人である靖国神社に参拝することは，憲法上，政教分離の原則に反する疑いがあるとともに，恒久平和主義に反し，戦争への反省を忘れかねない行為である。日弁連は，このような憲法違反の疑いのある行為を繰り返すことのないように強く求める趣旨の会長談話を公表しているが，小泉首相は，その後も靖国神社参拝を繰り返した。

小泉首相の靖国神社参拝については，大阪地裁，松山地裁，福岡地裁などで判決がなされ，いずれも訴えが却下ないし請求棄却となっているが，福岡地裁は，理由中において，「本件参拝は，宗教とかかわり合いを持つものであり，その行為が一般人から宗教的意義をもつものと捉えられ，憲法上の問題のあり得ることを承知しつつされたものであって，その効果は，神道の教義を広める宗教施設である靖国神社を援助，助長，促進するものというべきであるから，憲法20条3項によって禁止されている宗教的活動に当たると認めるのが相当である。従って，本件参拝は憲法20条3項に反するものというべきである」として憲法違反の判断を示している（福岡地裁平成16年4月7日判決・判時1859号76頁）。

その後，小泉首相の靖国神社参拝については，2005（平成17）年9月29日に東京高裁が合憲判決をしたものの，同月30日には，大阪高裁が，小泉首相

の靖国神社参拝は、「動機ないし目的は政治的であり、内閣総理大臣としての職務を行うについてなされた」公的なものと認定し、「参拝を実行し継続していることにより、一般人に対して、国が靖国神社を特別に支援しており、他の宗教団体とは異なり特別のものであるとの印象を与え、特定の宗教への関心を呼び起こした」との効果も指摘し、「憲法が国およびその機関に禁じた宗教的活動にあたる」として違憲判決をした。また、合憲判決をした東京高裁も、小泉首相の参拝が職務行為でなく私的行為であるという事実認定においては結論を異にするが、一般論として、仮に内閣総理大臣の職務行為として行われたものであるとすれば、「国およびその機関が行うことを禁止されている宗教的活動にあたる」ことは認めている。

このような批判にもかかわらず、小泉首相は、2006（平成18）年8月15日に靖国神社に参拝した。これに対し、日弁連は、同日、「国政の最高責任者である内閣総理大臣が、その地位にあるものとして一宗教法人である靖国神社に公式参拝することは、同神社を援助、助長、促進する効果をもたらすものとして、国の宗教活動の禁止を定めた憲法20条3項の精神に悖ることは明らかである」とし、「内閣総理大臣は、憲法尊重擁護義務（憲法99条）を負い、政教分離等の原則をうたう日本国憲法を遵守し、さらにその実現に力を尽くすべき義務がある。しかるに、国政の最高責任者である内閣総理大臣が、政教分離原則に反して靖国神社に公式参拝することは、このような憲法上の各義務にも違背するものである」ので、このような憲法違反が問責される行為を、今後繰り返すことのないよう強く要請するとの会長談話を公表した。

このような宗教の自由、政教分離の原則に反する首相の靖国神社参拝には強く反対するべきである。

なお、最高裁は、2006（平成18）年6月23日と28日、前記大阪高裁判決等の上告審において、「被侵害利益として直ちに損害賠償を求めることはできない」として、憲法判断を回避して、もっぱら被侵害利益が存しないことを理由として原告の請求を否定する判断をしたが、これは憲法の番人として違憲立法審査権を行使すべき裁判所の役割を果たさないものとして批判されるべきである。

6 日の丸・君が代について

1999（平成11）年に施行された、国旗・国歌法については、国である以上、国旗や国歌が定められるのは当然であり、日の丸を国旗とし君が代を国歌とすることは国民の間に慣行として定着しているという肯定的意見がある一方、❶政府は君が代の「君」は象徴天皇を指すとしており、これは国民主権主義と相入れない、❷日の丸や君が代はかつての軍国主義の象徴であり、アジア諸国の反発を招いている、❸日の丸・君が代の法制化は、学習指導要領や通達によって進められている学校における国旗掲揚や国歌斉唱を事実上強制することの法的基盤を与えるものであり、児童、生徒、親、教師らの思想・良心の自由を侵害するものであるといった批判も述べられている。

国旗・国歌の法制化の是非については、議論が分かれるところであろうが、少なくとも、基本的人権の擁護を使命とするわれわれとしては、たとえ事実上であれ、それが強制力をともなって国民の思想・良心の自由を侵害するような運用がなされないように注視し提言していくべきである。

ところで、今日の公立学校の入学式、卒業式等の学校行事においては、国歌斉唱時に国旗に向かって起立しなかったこと、ピアノ伴奏をしなかったこと等を理由として、教職員に懲戒処分がされるという事態が多発している。

弁護士会は、公立の学校現場において、不利益処分を伴う国旗・国歌の強制がされている現状に鑑み、思想・良心の自由等の観点から、教育委員会に対し、不利益処分ないし不利益取扱いをもって、教職員や児童・生徒に対し、国旗に向かっての起立等を強制しないよう提言してきた。

この点に関し、国旗に向かって起立等を行うこと、ピアノ伴奏を行うことは、一般的には、歴史観ないし世界観と不可分に結び付くものではなく、また、公務員には法令及び上司の職務命令に従う義務があるとし

て，校長が，教職員に対し，これらの行為を行うよう命令したとしても，思想・良心の自由を侵すものとはいえないという考え方も述べられている。

しかし，個人の内心領域の精神活動は，外部に表れる行為と密接に関係しているものであり，これらの行為を精神活動と切り離して考えることは困難かつ不自然であり，このような理由に基づき，命令を当然に受忍すべきものとすることは，思想・良心の自由の保障の意義を没却するものとも考えられる。また，この問題は，教職員に対する懲戒処分を通して，子どもの心の自由にも影響を及ぼしているのではないかという，より深刻な問題にも直面する。

内心の自由というもっとも基本的な人権が侵害されないような解釈，運用がなされるよう提言していくべきである。

7　表現の自由に対する抑圧について

近時，表現の自由特に言論の自由を抑圧し，萎縮させるような事件が発生しており，これは表現の自由が基本的人権の中でも優越的地位をしめる民主主義の根幹をなすものであることに鑑み，きわめて憂慮される事態であり，われわれはこのような事態が引き続き発生しないように提言，運動していくべきである。

たとえば，防衛庁立川宿舎に政府の自衛隊イラク派遣政策を批判したビラを投函した事件について，東京地方裁判所八王子支部は，2004（平成16）年12月16日，「ビラの投函自体は，憲法21条１項の保障する政治的表現活動の一態様であり，民主主義社会の根幹を成すもの」であるとして政治的表現活動の自由の優越的地位にも言及し，被告人らの行動は住居侵入罪の構成要件に該当するが，動機・態様・生じた法益侵害の要素にてらし可罰的違法性がない」と判示して被告人３名を無罪としたのに対し，東京高裁は，2005（平成17）年12月9日，東京地裁八王子支部判決を破棄し，被告人ら３名に対し，「正当な理由なく人の看守する邸宅に侵入したものである」として罰金刑の言渡しを行った（その後，2008〔平成20〕年4月11日に最高裁で確定）。

これに対し，東京弁護士会は，2006（平成17）年12月26日，ビラ投函に関連しては，本件以後も起訴される事案が続いていること，こうした高裁判決が民主主義社会の根幹をなす表現の自由を萎縮させる結果をもたらすことを憂慮し，「民主主義社会において表現の自由とりわけ政治的表現の自由は，大きな意義を有するものであり，高裁判決は政治的表現活動の自由の意義をふまえた被害法益保護などとの比較考量に乏しいと言わざるを得ない。」との会長声明をした。

ビラ投函行為は，マスメディアのような意思伝達手段を持たない市民にとって表現の自由に基づいて自己の意見を他に伝達する重要な手段となっているのであり，このような表現手段を萎縮させるような公権力の発動に対しては反対していかなければならない。

8　教育基本法改正問題

> 「教育は不当な支配に服することなく」の原則が堅持されるよう，また，憲法13条，23条，26条等に示される憲法の教育条項に抵触して教育現場での思想信条の自由，教育を受ける権利・学習権が侵害されることのないよう，引き続き不断の取組みを行っていく必要がある。

1）教育基本法「改正」問題への取組みと成果

改正教育基本法は，第165回臨時国会において，2006（平成18）年12月15日，与党などの賛成多数で可決・成立した。

日弁連は，教育基本法改正問題について，「国会内に教育基本法調査会の設置を求める提言」(2006〔平成18〕年2月3日)，「教育基本法改正法案の今国会上程について慎重な取扱いを求める会長声明」(同年4月25日)，「教育基本法改正法案についての意見」(同年9月15日)，「教育基本法案の与党による単独採決に対する会長談話」を公表した。

　また，全国50の単位弁護士会からは，改正に反対または慎重な取扱いを求める意見が表明されてもいた。

　このような日弁連が表明した提言，意見，そして声明，談話，さらには全国の単位会が表明した様々な意見を踏まえ，法案が成立したこの時点で改めて検証すると，法案についての衆参両院での審議及びその結果として成立した改正教育基本法については，看過できない幾つかの問題を指摘せざるを得ない。❶国民に開かれた議論がなく，政府・与党内での合意のみで法案上程に至ったこと，❷改正の必要性が，結局のところ，明らかにされないまま，審議が終わってしまったこと，❸審議の在り方，そして❹成立した法律の内容である。

　この内容について，日弁連は，改正前の教育基本法10条が果たしてきた立憲主義的性格が損なわれるのではないかということを最大の問題として指摘してきた。教育基本法は，憲法の精神にのっとり，憲法の理想を実現することを目的として制定された教育に関する根本法規であって，国家に対して，すべきこと，またはしてはならないことを義務づける権力拘束的な規範と解されている点で，立憲主義的性格を有している。この立憲主義的性格が最も端的に表れているのが，教育に対する不当な支配を禁じ，教育行政の目標として教育に関する諸条件の教育行政の目標として定める改正前の10条であった。

　この10条は，「教育は，不当な支配に服することなく」の後に，「国民全体に対し直接に責任を負って行われる」と続く。ところが，改正法では「教育は，不当な支配に服することなく」は残ったが，その後の文言は「この法律及び他の法律の定めるところにより行われる」と変わっている。このような文言の変更により，「教育は，不当な支配に服することなく」の部分についての解釈も変わってくるのではないかということが，立憲主義の観点から，一番危惧されていた。

　しかし，この最も危惧された問題については，法律に基づく教育行政といえども「不当な支配」に当たり許されない場合があるという点においては，1976(昭和51)年5月21日の旭川学力テスト訴訟における大法廷判決(刑集30巻5号615頁)の立場と変わっていないことが政府答弁によって明らかにされているところであって(例えば，11月24日参議院教育基本法特別委員会)，この点が明確になったことは，国会審議における一つの成果といえるものである。

2)「改正」後の課題と取組み
(1) 教育三法改正問題

　教育基本法の全面「改正」を受けて2007(平成19)年6月，教育関係3法「改正」法(学校教育法，地方教育行政法及び教育職員免許法の改正)が成立するに至った。日弁連は，「教育関係3法『改正』法案に関する意見書」において，同「改正」が国家による教育内容統制をもたらし，国・都道府県教育委員会による市区町村教育委員会と私立学校への監督・統制を強化し，教員免許更新制により教員の自主性・自律性に萎縮効果をもたらすなど，憲法の定める子どもの教育を受ける権利・学習権に対応してこの充足を図るべき立場にある国の責務に違背する形で国の教育内容統制を進行させることになるおそれが極めて高いことを指摘するとともに，成立に当たっても，「教育関係3法『改正』法の成立にあたっての日弁連コメント」をもって，「教育は不当な支配に服することなく」の原則が堅持されるよう，また，憲法13条，，23条，，26条等に示される憲法の教育条項に抵触して教育現場での思想信条の自由，教育を受ける権利・学習権が侵害されることのないよう，強く求めるとともに，引き続き不断の取組みを行うことを表明した。

(2) 全国学力調査に関する問題

　文部科学省が実施する全国学力調査(小学校第6学年，中学校第3学年の全児童生徒を対象)，学校教育現場にテスト成績重視の風潮,過度の競争をもたらし，教師の自由で創造的な教育活動を妨げ，文部科学大臣の教育に対する「不当な支配」(教育基本法16条1項)に該当する違法の疑いが強い。

　そこで，日弁連は，全国学力調査に関する意見書を公表し(2008〔平成20〕年2月15日)，学力調査の方法につき，調査対象とする学校及び児童生徒を抽出する方法によるいわゆるサンプル調査とするなど，

上記のような問題が解消されるような方法に改められるよう求めている。

(3) 今後の課題

2009（平成21）年8月の政権交代を受けて，教員免許更新制や学力調査が悉皆調査として行われることについては，見直しの方向が打ち出されているが，引き続き，「教育は不当な支配に服することなく」の原則が堅持されるよう，また，憲法13条，23条，26条等に示される憲法の教育条項に抵触して教育現場での思想信条の自由，教育を受ける権利・学習権が侵害されることのないよう，不断の取組みを行っていく必要がある。

9 核兵器廃絶に向けて

核兵器の使用や実験は，人類にとって最大の人権侵害であり，国際法に違反することは明らかである。わが国は，原子爆弾の投下による被害を受けた唯一の被爆国であり，国民の核兵器廃絶に対する希求は大なるものがある。国際社会は，1995（平成7）年に核拡散防止条約（NPT）の無期限延長を決め，1996（平成8）年に包括的核実験禁止条約（CTBT）を成立させている。

さらに，2009（平成21）年4月5日に，アメリカのオバマ大統領は，プラハで行った演説で，アメリカの大統領としては初めて，核兵器を使用した唯一の国としての道義的責任に言及し，核兵器のない世界へ向けての具体的行動をとることを宣言した。このオバマ演説は，これまで国連総会での核兵器廃絶決議に反対し続けてきたアメリカの核政策の転換として世界の注目を集めた。

また，国連安全保障理事会が，2009（平成21）年9月24日に全会一致で採択した安保理決議第1887号は，核軍縮，核不拡散，原子力平和利用，核セキュリティといった主要分野を広くカバーした包括的決議で，オバマ大統領が発表した「核兵器のない世界」構想実現に向けた条件を構築することの決意を表明するとともに，核不拡散条約（NPT）体制の強化（NPT非締約国に対する非核兵器国としての加入要請，市民社会がNPTの目的を推進する上で行っている貢献に留意，2010年（平成22年）NPT運用検討会議におけるNPT体制強化への協力の呼びかけ等），米露核軍縮（STARTⅡ）の後継条約の推進，非核地帯構想推進への歓迎と支持の表明，包括的核実験禁止条約（CTBT）の早期発効の要請，核兵器の材料をなくす兵器用核分裂性物質生産禁止条約（カットオフ条約）締結に向けた条約交渉の推進，保障措置強化のための国際原子力機関（IAEA）追加議定書への署名・批准の要請，北朝鮮及びイランに関する安保理決議の再確認，原子力平和利用の推進等，きわめて多い項目にわたり，今後の国際社会の核分野における具体的行動目標を策定した。

このように，核兵器の廃絶を求める動きは，今まさに世界の潮流となりつつある。

国内においても，衆議院では2009（平成21）年6月16日に，参議院では同月17日に，わが国は，唯一の被爆国として，世界の核兵器廃絶に向けて先頭に立って行動する責務があり，核廃絶・核軍縮・核不拡散に向けた努力を一層強化すべきであるとする「核廃絶に向けた取り組みの強化を求める決議」がなされた。

日弁連は，このような日本国民の核廃絶を求める願いと国際世論を背景として，「核兵器を作らず，持たず，持ち込ませず」の非核三原則を堅持することを政府に求めるとともに，わが国が核兵器の廃絶に向けて世界の先頭に立って指導的役割を果たすことを求め，これまでに，核兵器の廃絶に向けて宣言や決議を重ねるとともに，諸国の核実験の実施に対しては，強く抗議を行ってきた。

人権擁護を社会的使命とする弁護士，弁護士会は，最大の人権侵害を引き起こす要因となる核兵器が廃絶される日が早期に実現するよう，今後とも一層の努力を行っていかなければならない。

第7部
弁護士会の機構と運営をめぐる現状と課題

第1 政策実現のための機構と運営

1 司法改革の推進と弁護士改革実現のための方策

> 司法改革がいよいよ具体化するに伴い、弁護士会が、司法制度、弁護士制度、人権課題、法制度等につき、積極的かつ迅速・的確に提言し、実践しなければならない課題が飛躍的に増加している。
> 弁護士会はその社会的役割の増大にともない、❶中・長期的な展望に立った総合的司法政策の形成、❷政策実現のための具体的で有効な運動論の構築と実践、❸政策形成と運動推進を担うためのスタッフや財政を含めた実務的・継続的な体制の確立、そして、❹情勢の変化に迅速に対応できる適切な会内合意のあり方の確立が必要であり、その観点から会の機構運営のあり方を見直すべきである。

1）司法改革の取組みと弁護士会のあり方

法曹人口増員や裁判員裁判の実施など、司法改革が具体的に実施されるなか、日弁連の司法改革運動はまさに正念場を迎えている。司法制度改革審議会意見書の提言を後退させないことはもちろん、それを足がかりに市民とともに司法の抜本的改革をはかっていくためには弁護士会が果たすべき役割が決定的に重要である。司法制度改革推進法に日弁連の「責務」が謳われたことは、司法改革実現のための弁護士会の役割の重要性が社会的にも明確に認知されたことを端的に示しており、その役割を担うに足りる弁護士会のあり方の抜本的改革が求められている。

また、2002（平成14）年3月19日に閣議決定された司法制度改革推進計画においても、「日弁連に対し、司法制度改革の実現のため必要な取組を行うことを期待する」と明記され、弁護士会への期待感が表明されている。

このような観点からみた場合、弁護士会に求められている主な課題は、以下の4点に集約される。
❶ 中・長期的展望に基づいた総合的司法政策の形成。
❷ ❶の政策を実現するための具体的運動論の策定。
❸ ❶❷の作業と具体的運動を行うための実務的な継続的取組みの実施。
❹ ❶〜❸の取組みの基盤となる適切な会内合意の形成。

以下で、これらの課題についての具体的内容と実現のための体制づくりを提言する（なお、以下の各論点は、相互に密接な関連性を有するものであり、各論点についての提言には、一部重複するものもある）。

2）中・長期的展望をもった総合的司法政策の形成

（1）総合的司法政策の必要

従来の弁護士会の司法制度問題をめぐる活動は、厳しい言い方をするならば、問題に直面するまでは取組みを先送りし、直面したら当面の対応に追われ、当面の問題が落ち着いたら取組みが急速に停滞するという弱点を構造的に抱えてきた。これは、27,152人（2009〔平成21〕年10月1日）の弁護士が民主的手続を経て会内合意をはかる必要があるということや、日々の事件活動に従事しつつ弁護士会活動に取り組まなくてはならないという弁護士の宿命による面とともに、弁護士会において、未だ中・長期的展望に基づいた総合的な司法政策が確立されていないことがその大きな原因になっていた。

しかし、司法制度改革審議会への対応という課題に取り組むなかで、弁護士会においても、各個別課題を司法全体のあり方との有機的関連のなかに自覚的に位置づけながら、総合的な司法政策の形成をはかる努力がなされている。2002（平成14）年3月19日、前記閣議決定と日を同じくして日弁連が公表した「日本弁護士連合会司法制度改革推進計画――さらに身近で信

頼される弁護士をめざして——」は，あくまで司法制度改革推進本部の立法作業を射程に置いたものと言わざるを得ないが，弁護士会としての総合的な司法政策の形成への取組等の内容を明らかにしている。2008（平成20）年には，日弁連内に立法対策センターと立法対策室が設置され，立法企画，情報収集，立法のための運動などを行う体制ができた。

(2) 継続的な調査研究

委員会活動を基盤としてきたこれまでの弁護士会活動のあり方は，多くの弁護士を弁護士会活動に吸収し，幅広い活動を展開するために積極的な意義を有してきた。しかし，1年間を区切りとしたその活動形態と任期制は，継続的な調査研究に不向きな一面を有していることも否定できない。

中・長期的展望に立った政策と運動論の形成のためには，継続的な調査研究活動を支える体制づくりが重要である。そのためには以下のような点が検討，実施される必要がある。

❶ 日弁連は2001（平成13）年8月，司法制度改革担当嘱託の制度を発展させる形で，常勤の弁護士と若手研究者等によって構成される司法改革調査室を創設し，同調査室が司法制度改革の制度作りに果たした役割は大きい。今後，日弁連の弁護士嘱託制度を充実し，委員会活動との役割分担と連携のあり方，執行部との関係をはじめ，日弁連組織内での位置付けと役割について整理していく必要がある。また，日弁連のみならず，東弁をはじめとした各単位会においても同様の形での調査研究部門の強化を検討する必要がある。

❷ 複数年にわたる活動計画を前提とした委員会活動を実施するとともに，委員会のもとでの研究会活動を活性化させるなどの方法によって委員会の自主的な調査研究活動を充実させること。

❸ 法務研究財団における調査研究活動を活性化させ，その成果を弁護士会活動に活かしていくというスタイルを確立すること。とりわけ，日弁連・弁護士会からの委託研究の方式を有効に活用すること。

❹ 司法制度の検討に際して比較の対象となる諸外国（米英独仏等）について，日弁連国際室または司法改革調査室を軸に現地在住あるいは留学中の弁護士に対して嘱託弁護士の形式で協力を得るなどして，当該国の司法制度等についての資料収集，調査，調査団派遣の際の諸手配等を迅速かつ継続的に実施するシステムを確立すること。

(3) 政策スタッフの充実強化

中・長期を展望しつつ現下の情勢に対応できる政策と運動論を，現在の社会情勢のなかで適切に形成し，実行に移していくためには，委員会（推進本部，センター等を含む）活動を基本としつつも，政策立案部門の充実強化を体制的にもはかっていく必要がある。そのためには以下のような点が検討，実施される必要がある。

❶ 司法改革調査室の創設をモデルとしつつ，政策立案及び執行部門についても同様に，常勤嘱託を軸とした組織の創設を検討すること。また，日弁連のみならず，東弁においても同様の形での政策立案部門の強化を検討すること。

❷ 日弁連の常務理事制度を活用し，常務理事を担当副会長とともに当該問題に関する日弁連執行部の一員として明確に位置づけること。

❸ 法務研究財団の研究活動と弁護士会の政策形成とが結びつくよう，同財団との連携を緊密にとっていくこと。

❹ 司法改革調査室における協力研究者方式，法科大学院センターカリキュラム部会における協力研究者方式の実績等を参考にしつつ，司法改革に関心の深い学者，有識者との関係を幅広く，継続的なものとして位置付け，日弁連及び各単位会において弁護士会活動を支える緩やかなシンクタンクの形成を展望すること。また，このような取り組みをより円滑に進めるという観点からも，弁護士改革の課題との連携を意識しつつ，学者の弁護士登録のあり方を緩和すること。

3）政策実現のためのプログラムの必要性

継続的な調査研究活動に裏付けられた総合的な政策形成を具体化するためには，政策実現のための適切なプログラムの作成が必要である。弁護士会サイドにおいても，前記日弁連推進計画に対応し，これをさらに具体化した弁護士会としてのプログラムを早急に策定し，これに基づき諸政策の実現をはかっていく必要がある。とりわけ，弁護士改革の課題，弁護士任官の推進，日本司法支援センターのスタッフ弁護士の充実，法科大学院における実務家教員の充実等，今次司法改革の

課題には，弁護士・弁護士会の主体的な努力によって進められるべき課題が少なくない。これらの課題においては同プログラムの作成・公表は事実上，社会に対する公約になるものであり，その重要性は一層大きいものといえる。

4）組織の充実と強化

(1) 財政基盤の確立

財政基盤の確立は，司法改革運動を支える体制づくりの大前提になる。そのためには，財政の圧倒的部分を会員の会費に依存している現状を改革するとともに，とりわけ日弁連について，財政支出のあり方についての検討をしていく必要がある。具体的には以下の点を検討する必要がある。

❶ 弁護士会の法律相談等，弁護士会の事業活動に関する担当弁護士の協力金（寄付）納付の履行確保をシステム化すること。

❷ 日弁連，各弁護士会に対する寄付金の受入れ制度を整備すること。

❸ 委員会開催のための交通費等に相当程度の予算が割かれている日弁連の財政支出のあり方に改革の余地がないかについて再検討すること。

(2) 執行体制の強化

社会における弁護士会の役割がますます重要かつ幅広いものとなるなかで，形成された政策と運動論を具体的に実践するための執行体制の強化が求められている。具体的には以下の点が検討される必要がある。

❶ 政策立案及び執行部門についても同様に，弁護士嘱託を軸とした組織の創設を検討すること。また，日弁連のみならず，東弁においても同様の形での執行部門の強化を検討すること。

❷ 日弁連事務次長の充実，事務総長室付嘱託制度の創設等を通じて日弁連総次長室の体制強化をはかること。

❸ 日弁連の常務理事制度を活用し，常務理事を担当副会長とともに当該問題に関する日弁連執行部の一員として明確に位置づけること。

❹ 日弁連正副会長会議の制度化。

❺ 東弁においても政策立案・執行スタッフとして理事者室付嘱託弁護士を配置すること。

(3) 大規模会と中小規模会

司法改革運動の実践に際し，大規模会と中小規模会とでは財政面においても人的側面においても大きく条件が異なる。政策立案は各単位会が独立して行うものとしつつ，運動を全国的に展開するという側面においては，日弁連による全国的な調整と単位会の枠を超えた協力関係が必要である。そのためには次の点が検討される必要がある。

❶ 各弁護士会，連合会内の人的協力関係の一層の推進

❷ 各弁護士会，連合会単位での活動の活性化

❸ 日弁連の調整による各単位会の財政負担の均質化

❹ 関東10県と東京三会，関弁連との関係の再検討

5）適切な会内合意のあり方の検討

情勢の進行テンポがますます速くなるなかで，会員への迅速かつ正確な情報の提供と，これに基づいた迅速・適切な会内合意形成の要請がますます強まっている。そのためには，一方で迅速な双方向的情報伝達システムの確立が必要であるが，それだけでなく，最も正確な情報を最も迅速に入手する立場にある日弁連執行部が，情報を会員に適切に提供することが不可欠である。執行部主導の会内合意形成の必要性は今後ますます増えてくると思われるが，その会内合意が真に力を持つためには，会員の広範な支持が具体的に存在することが不可欠である。このような観点から次の課題が検討される必要がある。

❶ 日弁連執行部から会員に対する適切な情報の提供。なお，その際には，情報の正確性，情報伝達の迅速性とともに，当該情報の重要性，必要とされる会内合意形成の緊急性，会内合意に向けての具体的プロセスに対する正確な情報の提供が不可欠である。

❷ 日弁連内印刷所の創設。

❸ 弁護士会から各会員への情報伝達と会員から弁護士会への意見具申のためのホームページ，Ｅメールの積極的活用。

❹ いわゆるキャラバン方式の積極的な活用によって，全国各地への最先端の情報の伝達と，これに基づく意見交換の場を各地で頻繁に持っていくこと。従来の市民への広報という主要な位置づけのみならず，ホームページには適切な会内合意を形成するという趣旨から会員との双方向的な情報伝達機能を持たせることが必要である。そのために必要であれば，

会員のみがアクセスできる会員専用ページのさらなる充実がはかられてよいだろう。

❺ また、2000（平成12）年11月の法曹人口、法科大学院等に関する日弁連臨時総会の状況は、司法改革の非常に速い流れへの適時適切な対応と、民主的な会内合意形成との間に深刻な緊張関係が存在することを改めて意識させた。この問題の解決のためには、日弁連会員数の大幅増加の現象の下で、現在の会内合意のあり方と政策立案・執行のあり方を抜本的に再検討する必要があると思われる。

この点については、日弁連総会のあり方について検討を加えることのほか、基本的政策の部分についてはこれまでの直接民主主義的会内合意方式で充分な議論を尽くして決定し、個別課題への対応については理事会、執行部等に委ねていくこと、委員会の機能について再検討し、適時適切な政策立案・執行の部分については執行部、嘱託を軸とした常駐スタッフを適切に活用することなどを含めた幅広く、本質的な検討が行われる必要があるものと思われる。

6）市民との連携と世論の形成

(1) 市民的基盤の強化

法曹人口増加、裁判員、司法支援センターなど、司法改革課題の多くは市民生活に密接に関わるものであり、市民の理解と協力なくしてはその成果を上げることはできない。また、弁護士会の活動の公益性にかんがみ、弁護士会運営の透明性を確保し、市民に対する説明責任を実行することも重要である。

そこで、東京弁護士会では、従来より「東京弁護士会市民会議」「市民交流会（旧市民モニター制度）」など、弁護士・弁護士会のあり方について市民の意見を取り入れる場を設けているほか、司法改革に取り組む市民団体との交流を継続的に行っている。

このように、弁護士・弁護士会の側から、積極的に市民の意見を求め市民感覚の共有に努めることは、弁護士・弁護士会が市民的基盤を強化するうえでも重要となる。そのためには、従来の活動に加え、以下の点が検討されるべきである。

❶ 各種課題に取り組む市民団体と定期的な懇談の場を持つこと等を通じて継続的な連携を持つこと。

❷ 日弁連、各単位会に市民団体との連携のための「市民団体課」といった担当部署を設け、市民団体との連携強化を組織的にも明確にすること。

(2) 市民向け広報の充実

弁護士・弁護士会の主張・活動を市民に「理解・共感」してもらうためには、テレビ・新聞・インターネットその他多様な媒体を活用した市民向け広報を継続的に実施していくことが不可欠である。具体的には、以下の点が検討、実施されるべきである。

❶ マスコミ等からの取材窓口を一本化し、迅速な対応を可能とするための「広報官」ポストを設置すること。

❷ 意見書発表の際にコンパクトな説明要旨をつけるなど、分かりやすいプレスリリースを心がけること。

❸ 市民向けの重要な広報ツールであるホームページを、「市民が求める情報は何か」という視点からさらに充実させること。

(3) 世論形成のための迅速・的確な行動

司法改革の課題を具体的に実現するためには、弁護士会の政策を支持する世論を形成することが不可欠である。そのためには市民及び市民団体のみならず、マスコミ関係者、学識経験者、国会議員等に対する効果的な働きかけが必要であり、具体的には以下の点が検討、実施されるべきである。

❶ 市民・市民団体に対する働きかけについては、上記「市民的基盤の強化」であげた方策を通じ、弁護士会の政策に対する理解を得ていくこと。とりわけ、問題となっている課題に関係している市民団体に対する働きかけを当該課題との関係では重視すること。また、裁判傍聴運動に取り組む市民団体への働きかけを重視すること。

❷ マスコミ関係者については、日弁連のみならず各単位会において定期的な懇談会を実施し、その時々の弁護士会が取り組む課題について理解を得ていくこと。また、懇談会の成果について日弁連に迅速に情報を集約するシステムを確立すること。

❸ 司法改革調査室における協力研究者方式、法科大学院センターカリキュラム部会における協力研究者方式の実績等を参考にしつつ、司法改革に関心の深い学者、有識者との関係を幅広く、継続的なものとして位置付け、日弁連及び各単位会において弁護士会活動を支える緩やかなシンクタンクの形成を展望すること。そのうえで、具体的な課題についてはこれらのメンバーを中心に理解をはかっていくこと。

❹ これらの市民・市民団体，マスコミ関係者及び学識経験者に対し，インターネットや各種刊行物によって，弁護士会の情報が迅速かつ継続的に伝達されるシステムを確立すること。

7）立法，行政機関等への働きかけ

　日弁連は，司法制度改革の立法作業に主体的に関わる中で，制度改革の実現にとって重要なことは，意見の正しさだけではないことを多くの場面で経験してきた。「検討会の場でのプレゼンテーションに全力をあげるだけでなく，検討会委員との個別意見交換，顧問会議メンバーへの要請，各政党・国会議員・関係官庁などへの働きかけ，国民運動を同時並行的にかつ強力に進めることがきわめて重要であり，成果をかちとる力となることを実感」（日弁連新聞第344号）した。

　国会審議の場において，廃案となった弁護士報酬敗訴者負担法案と維持できなかった司法修習生への給費制の帰趨を分けたのが，マスコミ論調の共感を得られたか，国民を説得する理と言葉を持っていたかにあったこと（日弁連新聞第371号）を思い起こすと，これらの活動が功を奏するためには，世論，とりわけマスコミ関係者（記者，論説・解説委員等）の理解が不可欠であり，そのための活動がいかに大切であるかは論を俟たない。

　日弁連が得たものは，これらの経験に留まらない。日弁連は，司法制度改革に主体的に関わる中で，国民，市民の中で，国会，政党，各省庁との関係でも，存在感を有する団体としての確固たる地位を占めるに至った。これは，緊張感を持った協同作業をともに担ってきた実績に基づいたものである。

　この実績に裏打ちされた存在感を，国民から真に期待され信頼を寄せられるものとすることが，司法制度改革が実行の時代，さらには，皆で改革を担える持続可能な新しい時代に移った現在における日弁連の大きな課題である。1つは，司法制度改革の成果を国民が実感できるよう，日弁連がその責務を果たすことであることは言うまでもないが，もう1つは，国民が司法制度改革の成果を実感する中で益々期待と存在感が高まるであろう日弁連が，それに相応しい取組みをすることである。

そのためには，これまで取り組んでいることも含めて，以下のような施策の実行が求められる。

❶ 国の施策全般に及ぶ日弁連の活動に的確に対応するために，法務省・最高裁にとどまることなく，内閣，省庁，政党，経済団体，労働組合，消費者団体，市民団体，隣接法律専門職者等の公開情報（ホームページ，機関誌等）をサーチし必要な情報を整理分析の上，関係セクションに適宜提供するには，長期的総合的な戦略的対応を可能とする組織が必要である。これら機能を期待し，2008（平成20）年，立法対策センター及び立法対策室が設置されたが，未だ，その組織の任務役割が確立していないのが現状である。日弁連の情報統計室と立法対策室を統合し，「総合企画室」という枠組みでさらなる機能強化を図ることも検討されてよい。

❷ 政策形成過程に的確に日弁連意見を反映させるため，適宜に会内の意見形成が出来る体制を構築するとともに，必要な人材を責任を持って送り込めるよう，緊張感を持った協同作業のパートナーとしての位置づけを獲得すべきである。

❸ 政策形成過程に関与する経済団体，労働組合，消費者団体，市民団体，隣接法律専門職者等，世論形成の中心を担うマスコミ関係者（記者，論説・解説委員等）との日常的な交流，意見交換を積極的に推進すべきである。

❹ 創立50周年を迎え存在感を増している日本弁護士政治連盟の活動をより強固なものとするため，支部の全国設置，組織率のより一層の強化をはかるべきである。

2　弁護士会運営の透明化

> ・弁護士会自治は，弁護士の使命が人権擁護と社会正義の実現にあることに照らして認められたものであることに鑑み，弁護士会は，その使命の根幹を維持しながら，有識者の意見や一般市民の声を反映するシステムを構築することが求められている。東京弁護士会が設置している市民会議や市民モニター制度は，この観点から重要である。不定期に開催されるマスコミとの懇談会についてもより充実させることが必要である。
> ・自治団体としての実質維持の観点からも，会員にとっての会運営の透明化は重要である。特に，日弁連の会運営の在り方は，弁護士人口増大の中にあっては，弁護士自治を守る観点からも，とりわけ重要である。

1）司法制度改革審議会の求めるところ

　司法制度改革審議会意見書には，「弁護士会運営の透明化」の例示として「会務運営について弁護士以外のものの関与を拡大するなど広く国民の声を聴取し反映させることが可能となるような仕組みの整備」があげられている。弁護士会は人権擁護の砦として活動し，国による権力の濫用をチェックする役割を担っている。その弁護士会の活動が国民の意識から乖離するようでは人権擁護を図ることはできず，権力の濫用のチェックが国民の支持を得ることはできない。国民の支持に基盤を持つ弁護士会となるためには，会運営について国民の目に見えるものであることが求められる。会運営の透明化に限らず，国民の意見が会に反映されるシステムの工夫を求める声も当然である。しかし，人権の擁護は少数者の人権の擁護に核心がある。時の多数派の国民意識に迎合するような透明化であってはならない。

　弁護士会は，特に自治を認められた人権擁護と社会正義の実現を図る団体として，その根幹を維持しながら，有識者の意見や一般市民の声を反映するシステムを構築することが求められている。

2）弁護士自治との関係

　弁護士会は専門集団として人権の擁護を図れば足りるとの考えから，会務運営に弁護士以外の者の関与を必要としないという考えや，会務運営に弁護士以外の者の関与を許すことは弁護士自治の崩壊につながるとの批判がある。しかし，人権擁護や社会正義の実現は独り善がりのものであってはならず，自治団体として組織決定の自治，人事の自治が厳守される限り，弁護士以外の者の関与を認めたからといって自治が崩壊するものではない。会運営を国民の目に見えるものとして国民の支持を拡大することは弁護士会の役割の増大につながる。会務に弁護士以外の者が関与するシステムを構築し，同時に，会務を国民に広報して，国民の支持を受ける弁護士会，透明感のある弁護士会を築くことが重要である。

　上場会社に社外取締役や社外監査役の制度があるように弁護士会も弁護士以外の者が会運営に関与する制度，国政における審議会や公聴会の制度に類した制度の採用が考えられる。また，現状以上の広報活動が求められる。

3）東京弁護士会の制度

　東京弁護士会には2004（平成16）年度から市民会議が設けられた。1991（平成3）年度から設けられた市民モニターの制度も存在する。前者は有識者や都内各界代表から成るものであり，弁護士会，弁護士の制度・活動について理解を求め，課題について忌憚のない意見を反映させようというものである。年4回程度開催されている。後者は市民の応募者のなかから毎年30名の方にモニターとして，弁護士会や司法制度についての見学や意見交換会，簡単な模擬裁判を実施し，会務や司法制度について理解を深めてもらい，庶民の意見を会務に反映させようとするものである。

　理事者や個別の委員会とマスメディアとの懇談会が

不定期に開催され，意見交換を行い，同時に，広報に努めている。

4）会員にとっての透明化

会の会員にとっては，所属する単位会の運営は比較的に透明である。しかし，上部団体の運営は透明とは言い切れるものではない。日弁連においては重要事項の決定が正副会長会や，理事者会によってなされているが，各理事による各単位会の会員への周知活動が十分になさることが求められる。また，日弁連でかかえる課題についての地域による受け取り方の温度差は著しい。日弁連ではファクスやメルマガにより課題の提示と報告を行って会員に周知を図る努力をしている。会運営が増大する会員から離れることなく，足腰のしっかりした弁護士会にすることが従来以上に求められている。

3 日弁連の機構改革と運営改善

> 日弁連会長選挙については，金のかからない政策中心の選挙を実施するよう努力し，他方弁護士大増員時代を見据えての間接選挙制など選挙制度のあり方についても検討に着手すべきである。
> また，複雑・多様化する業務に対応するため，副会長の常勤化や増員，あるいは弁護士スタッフの増強などを図るべきである。

1）会長選挙のあり方の検討

日弁連会長の直接選挙制は，日弁連の民主的な改革の素地を作ったものであるが，弁護士大増員の時を迎え，今後ともこれを維持することは難しくなると考えられる。ことに通信費が過大となることに加え，若い期の票の動向が結果に決定的影響をもたらすことの是非が問われよう。選挙のあり方（間接選挙）について検討すべき時期にきている。

当面の間の直接選挙制については，極力金のかからない政策中心の直接選挙が実施される工夫が必要である。そのためには，候補者側の自主的な努力に期待するだけではなく，直接選挙制を前提としながら，候補者側の金銭的負担を軽減できるような会長選挙のあり方も検討すべきである。例えば，❶選挙公示前の立候補準備活動に一定のルールを設けること，❷選挙事務所として弁護士会館の使用を認めること，❸日弁連が保有している会員への伝達ツールを選挙活動に必要な範囲で候補者に無償で提供すること，❹IT時代を迎え，ネットワークによる電子情報を利用した選挙運動，ことにFAXによる認証された広報を認めること，❺公聴会の実施の簡素化とテレビ・ビデオの利用を図ることなどを早急に検討すべきである。

なお，3万人ないし5万人に増員された場合の直接選挙のコストのシミュレーションを行い，制度論とともに間接選挙との実証的な比較検討に着手すべきである。

日弁連の動きを促すために，法友会がこの問題に先鞭をつけ問題提起することも検討すべきである。

2）総会，理事会等のあり方と執行体制の整備

日弁連が司法改革推進のための主体的かつ適切な活動を推進するには，総会・理事会等を通じ，迅速かつ民主的な会内合意形成を図ることが必要である。そのためには，総会や理事会における議事運営のあり方が適切，妥当なものでなければならない。しかし，現行の日弁連会則や議事規程には，見直すべき点が多いと指摘されており[1]，早急に問題点を洗い出し，積極的な提言をすべきである。

また，時代が複雑・多様化し，司法改革推進に向け日弁連業務も飛躍的に増大していることから，副会長の常勤化，副会長の増員[2]，正副会長会議の制度化，

---

[1] 理事に理事会に付する議案を提出することを認めることや，臨時総会招集請求者の数を見直すことなどが指摘されている。

弁護士スタッフの補強[3]等を検討するとともに，テレビ会議の多用など[4]経費節減を図った効率的で充実した委員会運営が図られるよう工夫するなど，日弁連の執行体制を一層強化していく必要がある。なお，単位会でそれぞれ異なる代議員の選出のあり方及び理事の選出方法についても間接選挙を視野に入れながら法整備を行い，混乱のないようにしなければならない。

法的サービス企画推進センター（2008〔平成20〕年6月，旧弁護士業務総合推進センターを引き継いだ）は，【本部会（理事会）→運営委員会→PT】からなり，本部長（会長）直属の実践強化部隊として組織され，採用問題，偏在解消の為の経済的支援など焦眉の課題に迅速に対応し，成果を挙げた。「業改委員会などの各委員会の実績・成果を踏まえて」という大前提を据えて，執行力の迅速・強化の手法の一パターンを示したものと評価できる。

3）日弁連と単位会の関係

司法改革が掲げる「大きな司法」を目指すことがすなわち「大きな日弁連ないし弁護士会（単位会）」を意味するところでは必ずしもない。世界的にもまた他業種にも例を見ないといわれる高額な弁護士会費ことに単位会の会費の高額化は，若い層を中心とする強制加入団体性への異議申立，弁護士自治の懐疑に連なる不安要因である。

他方，日弁連の業務量は拡大の一途をたどり，ことに事業そのものの活動費より人件費や委員会費が増大しており，このことは日弁連が単位会の会務領域と重複してないし肩代わって会務運営コストを負担しているのであって，弁護士増員に伴う財源増を有効に活かしきれないジレンマに陥っている。

大きな弁護士会か小さな弁護士会かは，永遠のテーマではあるが，流れは小さな弁護士会であるべきであり，個々の弁護士の自律と業務努力を支え，後押しするのが弁護士会の本来の姿である。しかし，今次の司法改革による弁護士人口の大幅増員とそれに伴う弁護士業務基盤の拡充に向けての活動など，今や日弁連そして単位会はかつてない程の重要な役割を果たさなければならない状況にあり，期待されてもいる。

したがって，日弁連はこの負託に応えるべく当面は大胆な実行力をもって会務を運営すべきではあるが，中長期的には，日弁連は可能な限り，単位会ないしブロック会に権限委譲しその業務増大を抑制するとともに，単位会の予算規模や会費格差を再配分により調整する機能が志向されるべきである。

4　日弁連の財務問題について

1）総論

日弁連は，1990（平成2）年定期総会での「小さな司法から大きな司法」・「市民の司法」の実現を目指す決議に基づいてその実現に取り組んできた。

そして1999（平成11）年に内閣に設置された司法制度改革審議会における議論を受けて，2000（平成12）年11月の臨時総会において，質を維持しながら国民が必要とする弁護士の数を確保するよう努めることを決議し，弁護士が社会の基盤的勢力として真の司法制度改革の担い手となる決意をした。

その後，2001（平成13）年11月に成立した司法制度改革推進法において「司法制度改革の実現のため必要な取組を行うように努める」ことが日弁連の責務として定められ，日弁連は，2002（平成14）年3月に政府の司法制度改革推進計画に対応して，「日本弁護士連合会司法制度改革推進計画」を立案公表し，その確実な実現に向け，積極的にこれに取り組んでいる。

法科大学院の開校，新司法試験の実施，日本司法支

2）2001（平成13）年5月の第52回定期総会において，会則が改正され，副会長が1名増員された。
3）例えば，司法改革に関する調査，研究等を行う常設機関の司法改革調査室には，10名の常勤嘱託弁護士と5名の非常勤嘱託弁護士が配属され，弁護士スタッフの補強が図られた。また，弁護士業務総合推進センターの創設に伴い，2名の非常勤嘱託弁護士が配属され，充実した活動が行われた。
4）現在105カ所が日弁連のテレビ会議に登録され，同時接続は最大5地点である。同時映像表示は最大5地点である。会議のための通信費は全額日弁連負担。基本機材は会の希望により日弁連がセットアップして提供する。一定の補助金（1時間@1,000円）を支給し，利用の促進を図っており，その利用頻度も上がっている。ただし，事前の事務局負担が大きいとの指摘もある。

援センターの業務開始，裁判員裁判の実施，被疑者国選制度の本格実施等の司法制度改革による諸施策が実施される中での諸課題についても，日弁連は積極的に対応している。

2008（平成20）年度においては，財務に関連する課題として，被疑者国選弁護人制度の対象外の被疑者弁護援助や少年保護事件付添人援助制度の財源確保のための少年・刑事財政基金の設置，特別会費徴収が臨時総会で決定された。

2009（平成21）年は，ひまわり基金の特別会費の延長問題が議論された。さらには，犯罪被害者，難民，子ども，外国人，精神障害者・心神喪失者等，高齢者・ホームレス（生活保護）に関する援助事業の財源確保問題が大きな問題としてクローズアップされてきている。

日弁連の財政は，司法制度改革を実行するための施策を実現するためのものでなければならない。日弁連の活動が予算上の制約を受けて司法制度改革の取り組みに影響を受けるとしたら，日弁連は自ら司法制度改革を担うと宣言した責任を果たせなくなり，国民の信頼を失い，司法制度改革の目指した大きな司法の実現が困難になることは明らかである。

2）各論

以下，問題とすべき論点を挙げる。

(1) 法曹人口増と財務

法曹人口増員問題については，日弁連はペースダウンを求める意見書をまとめ，現状としても2008（平成20）年，2009（平成21）年と合格者数は2,000名程度となっている。

その中においても，当面，毎年2,000名程度の会員が入会してくることを前提として，財務上の問題を明確にする必要がある。

① 会費収入額

2008（平成20）年度の会費収入決算額は，約43億5,695万円である。ただし，2008（平成20）年度については，現金主義から発生主義への決算方法の見直しにより13カ月分が計上されており，実質的にはその13分の12に相当する約40億2,180万円である。そして，2009（平成21）年度の会費収入予算額は約40億8,984万円となっている。

このように会費収入額が増加しているのは新入会員の増加によるものである。仮に死亡・退会等（約500名）を除いた純増会員数が毎年1,500名であったとしても，2008（平成20）年1月1日以降新入会員の会費は入会後2年間は月額7,000円であるから，初年度は4カ月程度であるので2年目以降とはなるが，7,000円×1,500名×12カ月分＝1億2,600万円の自然増が見込まれる。さらに入会後2年経過後は一般会員と同じ月額1万4,000円となるから，2011（平成23）年以降はこの分も加えると会費収入は毎年約2億5,000万円の自然増が見込まれる。

このような会費の増加分については，当面，司法制度改革に向けた取組み，その他日弁連の施策の実行のための事業費に配分して，より積極的な活動を行うべきである。そのうえで，将来的には，会費の値下げも検討すべき課題である。

日弁連が対応すべき課題は増加しており，その事務を扱う人員も必要と考えられるが，事務の効率化を一層図って職員の増加を必要最小限度に抑えるなど事業費に多く配分ができるような努力が必要である。

なお，ここ数年の支出傾向を参考のために掲げておく。

ア 日弁連の様々な政策を実現するための過去3年間の事業費の支出は以下のとおりである。
・2006（平成18）年度は約5億9,900万円
・2007（平成19）年度は約6億1,900万円
・2008（平成20）年度は約7億9,100万円

イ 次に職員，事務次長，嘱託弁護士などの人件費及び各種事務部門の経費に充てる事務費は以下のとおりである。
・2006（平成18）年度は約18億3,800万円（前年比1億5,600万円増）
・2007（平成19）年度は約19億2,100万円（前年比8,300万円増）
・2008（平成20）年度は約20億2,100万円（前年比1億円増）

② 委員会費の支出に関する問題

委員会費は各委員会の活動費であるが，支出の内訳は委員の旅費，調査費及び全国各地で開催されるキャラバン又は協議会に参加する旅費・宿泊費と開催費である。

2008（平成20）年度の委員会費は約7億6,200万円となっており，ほぼ事業費に匹敵する予算が配分さ

れており，それ以前は事業費を超えるものであった。

日弁連では2008（平成20）年度からキャラバンや協議会に参加する者のうち日弁連が費用を負担する参加者人数の制限の基準を明確にして費用の削減を図る努力をしており，その効果が現れつつあるが不断に経費削減の努力が必要である。

日弁連のテレビ会議システムも，全国の弁護士会から利用可能なように整備されて積極的な活用が見られるが，より一層の活用が望まれる。

(2) 弁護士過疎・偏在対策と財務

法曹人口の増員（人的基盤の強化）を実施する中で，司法の基盤を担うに必要な弁護士数を確保して弁護士偏在を解消することは日弁連の課題である。

日弁連は，1993（平成5）年にゼロワンマップを作成し，1996（平成8）年定期総会で「弁護士過疎地域における法律相談体制の確立に関する宣言」（名古屋宣言）をするとともに弁護士過疎地域の解消に取り組んできた。

日弁連は，2000（平成12）年には弁護士過疎解消を目指して日弁連ひまわり基金を設置し，弁護士過疎地域に「ひまわり法律事務所（公設事務所）」の設置を推進してきた。そして2006（平成18）年には，法テラスが設立されたことにより，日弁連は，法テラスによる司法過疎地域の解消のための「法テラス法律事務所」に対し，スタッフ弁護士の養成と供給を積極的に行っている。

この日弁連の取組みにより，1993（平成5）年当時50カ所存在した地方裁判所支部単位での「弁護士ゼロ地域」が2008（平成20）年6月にいったん解消し，現在は2カ所となっている。

さらに，日弁連は2008（平成20）年から，弁護士偏在解消のための経済的支援策として，弁護士の偏在を解消すべき地域に法律事務所を設置する弁護士に対する援助などを行う制度を導入した。これにより，5年間で弁護士1人当たり人口3万人超の地区の解消を目指している。

日弁連は引き続きこれら施策を積極的に推進する必要があるが，ひまわり基金法律事務所や弁護士過疎地域の法律相談センターを支えるひまわり基金のための特別会費の徴収期間は2010（平成22）年3月までとなっている。

ひまわり特別基金設置後10年を経過し，2009（平成21）年現在で300余りの法律相談センターが設置されているが，そのうち過疎地の143カ所については援助がなければ運営できない状況になっている。また，ひまわり基金の法律事務所は2009（平成21）年現在94カ所で，2010（平成22）年3月末には100カ所になる予定である。そして，弁護士登録の有無による形式ゼロワン基準でのゼロ地域は2カ所，ワン地域が13カ所になっているが，2010（平成22）年4月には，国選，扶助の実働弁護士の数による実質ゼロワン基準でのゼロ地域が1カ所，ワン地域が19カ所になる予想もされている。

このような過疎地域解消のためには，法律相談センター，ひまわり公設事務所を維持運営するためにひまわり基金の特別会費の延長をすべきである。

日弁連では臨時総会を2009（平成21）年12月に開催し，月額1,400円から700円に減額した上で3年間延長することとしているが，積極的にこれを支援すべきである。

(3) 法律援助基金特別会計

① 現状

2007（平成19）年4月から，日弁連の事業として被疑者援助，少年保護付添援助，犯罪被害者援助などの法律援助事業を開始し，同年10月から法テラスにこれら事業を委託している。これらのうち，被疑者援助，少年保護付添援助以外の犯罪被害者援助などの法律援助事業（以下「その他援助事業」）の事業費等の収支を管理する特別会計である。

この基金は法律扶助協会からの引継金（寄付）をいわば基本財産とし，贖罪寄付を主な収入源としている。贖罪寄付については，弁護士会に寄せられた贖罪寄付を弁護士会と日弁連とで2分の1ずつとする取り決めになっている。

法律扶助協会から合計8億円の寄付を受けているが，このうち2億7,500万円を刑事被疑者援助及び少年保護付添援助の費用に充てるため当番基金に繰り入れていることから5億2,500万円がその他の援助事業の基礎財産となっている。

贖罪寄付による収入（日弁連分＝法律援助事業分）は，2007（平成19）年度が約2億3,500万円，2008（平成20）年度が約1億3,270万円であり，2009（平成21）年度は7月までの集計（4カ月分）で約2,700万円にとどまっており，単純にこれを3倍すると8,100

万円と年間でも1億円を下回る可能性がある。

他方，その他援助事業の事業費は，2007（平成19）年度が約1億500万円，2008（平成20）年度が約1億3,965万円であり，2009（平成21）年度は8月末現在でも利用件数が大幅に伸びており，事業費は4億円に迫る可能性もある。

② 法律援助基金特別会計の財源の確保

経済状況の悪化による高齢者・障害者等援助（生活保護申請援助）や難民申請者の増加による難民申請援助の増加などにより，援助額は大幅に増加している。

他方で，大型経済事犯の減少等により，贖罪寄付は大幅に減少している。

財団法人日本法律扶助協会からの寄付金（引継金）もすでに少なく，このままでは2010（平成22）年度の実施も危ぶまれている。

このように法律援助事業にとって財源問題は喫緊の課題となっている。

まずは2010（平成22）年度の事業実施のために必要な費用を一般会計から法律援助事業会計に繰り入れを行うべきである。そして，2011（平成23）年度からの財源を確保するため，特別会費の徴収に向けた検討が必要である。

もちろん，これら法律援助事業は，本来は国の負担により行われるべきものと考えられるのであって，日弁連はこれら事業を法テラスの本来事業化することを目指している。民主党政権誕生は本来事業化の絶好の機会と捉え，積極的な取組みが必要である。

5　日弁連法務研究財団

1）設立10周年を迎える日弁連法務研究財団

財団法人日弁連法務研究財団（以下「財団」と言う）[1]は，法及び司法制度の総合的研究・法律実務研究・法情報の収集と提供を目的とする財団法人であり，1998（平成10）年4月に設立され，2008（平成20）年に設立10周年を迎えた。21世紀のわが国において，国民への法サービスの充実が重要な課題とされているが，他方，サービスを提供する弁護士の側も法の高度化・国際化に対応すべく，研究・研鑽を積んでいくべきであり，財団の重要性は益々高まっている。法学検定試験や，法科大学院統一適性試験などの試験事業をはじめ，「法曹の質」の研究や法科大学院の認証評価事業などがマスコミに注目されているが，これらに限らず，財団の目的に合致する事業を広く展開し，弁護士の研究・研鑽に寄与してきている。

2008（平成20）年は設立10周年の記念事業として，金沢・大阪（2回）・名古屋・東京・札幌・福岡・広島各地で各種シンポジウムが開催され，延べ数百名の参加者を得た。

2）財団の組織

財団では，一般会員（個人）・特別会員（法人）・名誉会員の会員制度を設け[2]，弁護士に限らず，司法書士，税理士，公認会計士，弁理士などの法律実務家や研究者を会員に迎えている。財団の運営は，理事会・評議員会によるが，業務に関する企画運営については，常務運営委員会[3]でその実質的な運営・執行を行っており，それを弁護士，司法書士，税理士などで構成する事務局が補佐している。また，財団の活動を支援するために，日弁連内組織として，財団法人日弁連法務研究財団推進委員会が設置されている。

一般会員は1万円の入会金と年1万円の会費を負担する。現在（2009〔平成21〕年9月）の一般会員数は4,518名であり，そのうち弁護士会員は4,314名，組織率は16％程度に過ぎない。2008（平成20）年の1月より3年間，入会金・年会費無料のキャンペーンで会員増を図っている。

---

1) 1993（平成5）年に日弁連理事者会内に調査研究を行うワーキンググループが設置され，1994（平成6）年に設立準備委員会，1997（平成9）年5月に設立実行委員会が設置。1998（平成10）年5月に，弁護士に限定せず，広く法律実務に携わる者，研究者のための研究・研修・情報収集提供の目的で，財団法人法務研究財団が設立された。
2) 会員数は，2008（平成20）年11月7日現在で，個人会員4,032名（弁護士3,888名・一般144名）法人会員35団体である。
3) 理事長，専務・常務理事，理事，部会長，事務局弁護士で構成される。

3）財団の活動

(1) 研究事業

　財団はこれまで68のテーマについて研究に取り組み，その成果物の多くを7冊の紀要（「法と実務」）15冊の叢書（「JLF叢書」）にて，出版公表している。研究活動は，財団研究（財団に，自ら研究会を組織して研究の申入れを行う），研究助成（財団に研究の助成を申し入れる），研究委託，共同研究にわかれ，1テーマ50万円（追加50万円）程度の予算枠を得られることもあり，多くの会員，研究者，行政庁（最近は総務省「地方行政において期待される法曹の役割に関する研究」）からの申し入れがあり，充実した活動が展開されている。大規模な研究としては，「ハンセン氏病事実検証調査研究」[4]，「日本の民事裁判制度についての意識調査」，日弁連からの委託研究で現在も継続している「法曹の質の研究」などがあり，社会的にも注目を浴びている[5]。

(2) 法科大学院適性試験事業[6]

　2000（平成12）年12月から「LSATに関する第一次調査研究」，2001（平成13）年6月から「LSATに関する第二次調査研究」が実施され，これらの調査研究の成果をふまえ，2003（平成15）年6月に，適性試験委員会が発足し，同年に第1回統一適性試験が実施され，すでに7回にわたって実施されている。実受験者数は第1回がもっとも多く1万8,000名で，その後徐々に減少（志願者数の減少）し，1万名をやや下回るようになった。試験問題は，論理的判断力を試す問題・分析的判断力を試す問題・長文読解力を試す問題・表現力を試す問題の4部構成となっており，各40分で解答する。

　現在，財団の統一適性試験の他に，独立行政法人大学入試センターによる適性試験があり，両者共存している状況であるが，大学入試センターが事業から撤退し，2011（平成23）年度から財団と商事法務財団を中心とした新しい組織で一本化した試験が実施される予定である。法科大学院の受験生のためにも，より安定的・継続的な試験運営を目指していくべきある。また，弁護士会は，財団の法科大学院適性試験事業に積極的に協力し，法曹に適した人材がロースクールに採用されるように協力していく必要がある。

(3) 法科大学院の認証評価事業[7]

　2003（平成15）年11月より当財団の実施する認証評価事業に関する評価体制，評価基準案を検討してきた認証評価検討委員会では，2004（平成16）年3月に評価基準案を初めとする認証評価事業の骨格を検討し，「法科大学院認証評価事業基本規則」「法科大学院認証評価手続規則」及び「法科大学院評価基準（及び同解説）」を取りまとめた。その後，同年8月31日付で財団は，法科大学院の認証評価機関として認証を受け，当面はトライアル評価を実施してきた。2006（平成18）年秋学期以降に本評価の事業を開始した。すでに実施された大学院を含め，28校と契約しており，順次評価を行っている。

　法曹人口増員問題の最重要課題が「法曹の質」の維持であり，法科大学院を中核とする法曹養成制度の未成熟さが法曹の質の低下を招来しているのではないかと指摘されている。その未成熟さの中味として，法科大学院の予備校化，卒業認定の甘さ，教授・講師など人的体制の不備などが指摘され，その一方で財団を含め3つの認証評価機関の評価基準や評価のあり方についても議論を呼んでいる。

　認証評価事業は，適性試験制度とともに弁護士会の法曹養成制度への参加の証として財団が担うことになったのであり，財団の責任は重大である。そしてかかる事業の費用は，日弁連がその多くを寄付という形で負担している。独立した中立・公平な認証評価機関に対し，日弁連が多大な費用負担しながらどうコミットしていくか，そのあり方によっては会員の（費用負担について）賛同を得られないことにもなりかねない。

(4) 法学検定試験・法科大学院既修者試験[8]

　法学検定試験は，財団と社団法人商事法務研究会が主催し，4・3級を2000（平成12）年から，2級試験を2001（平成13）年から開始した（1級は未実施）。同試験は法学に関する学力水準を客観的に評価する唯一の全国試験であり，大学の単位認定，企業の入社・配属時等の参考資料など様々に利用されている。受

---

4) 厚生労働省からの研究委託により実施されたハンセン病事実検証調査事業の概要は，http://www.jlf.or.jp/work/hansen.shtml を参照のこと。
5) 財団の研究事業の概要は，財団ウエブサイトを参照されたい（http://www.jlf.or.jp/work/kenkyu.shtml）。
6) 法科大学院統一適性試験事業の概要は，http://www.jlf.or.jp/tekisei/index.shtml を参照のこと。
7) 法科大学院の認証評価事業の概要は，http://www.jlf.or.jp/work/dai3sha.shtml を参照のこと。
8) 財団の法学検定試験事業の概要は，http://www.jlf.or.jp/hogaku/index.shtml を参照のこと。

験者数は4級・3級でそれぞれ4,500名程度，2級で1,500名強であり，合格率は4級・3級で50％強，2級で15％程度となっている。

(5) 情報収集提供事業

2001（平成13）年5月より，毎月1回，前月に裁判所ホームページを含む公刊物に掲載された重要判例，最新成立法令，新刊図書案内を中心とした「法務速報」を編集・発行しており，希望者にはメーリングリストを通じて配信している。会員専用ホームページでは，これらのバックナンバーを閲覧することも可能である。

上記法務速報掲載判例について，会員専用ホームページ上で，キーワード・判決年月日等による「判例検索」が可能であり，利用は無料。

会員間の情報交換ツールとして会員間メーリングリストを提供している。

3カ月に1度会誌「JLF NEWS」を発刊し，団の活動の紹介，法律問題に関する情報などを掲載して，全会員に届けている。

財団ホームページ（http://www.jlf.or.jp/）の更新，デザイン変更等，各関係者からの要請もふまえて，随時作業を行った。

今後，ページの構成やコンテンツ・システム等の再構築を進めていく。

(6) 研修事業[9]

財団の当初からの事業の柱の一つが研修事業である。近時は，各弁護士会や日弁連（ことに新人向けのe-ラーニング）の研修事業が充実しており，財団独自の研修事業のあり方が問われている。各地での高名な講師による研修の開催が主軸であり，ことに専門家養成研修，特別研修など専門性の高い研修に特化している。また隣接業種等への研修実施も重要な活動である。なお，民法改正後に1,000万円の予算規模で，全国10カ所程度の大規模な研修事業を予定している。

(7) 隣接業種向けの研修・弁護士法5条研修

2002（平成14）年度より，各種関連団体から，研修を実施する際の教材作成・教授方法の検討といった研修支援事業に関する依頼が寄せられた。当財団では，司法研修所の教官経験者や，所付経験者を中心に検討委員会を設け対応している。日本司法書士会連合会の依頼により，司法書士の簡裁代理権付与のための能力担保研修となる特別研修の教材作成を行っている。

日本弁護士連合会の依頼による「弁護士法5条に基づく研修」における教材作成や，日本土地家屋調査士会連合会及び全国社会保険労務士会連合会の依頼によるADR代理権付与にあたっての能力担保のための特別研修用の教材作成（土地家屋調査士研修ではその考査問題作成も含む）も行っている。

弁護士会が広い意味での国民の裁判を受ける権利を拡充するための活動としては，単に弁護士活動のみを念頭におけば良い時代は過ぎ去りつつある。弁護士会は，これら周辺業種の資格者の能力向上のための活動や非司法研修所出身者の弁護士登録における研修にも積極的に関与すべきである。

(8) 紀要・叢書の発行

2008（平成20）年度までには，紀要7号と叢書14号が発刊された。なお，紀要は会員に1冊無償で配布される。

4）公益法人化と課題

2008年（平成20年）12月に，公益法人制度改革関連三法が施行され，5年以内に一般法人とするか，公益認定を受けて公益財団法人とするかの選択が迫られている。財団は，公益性の強い団体としての社会的認知を受け，また日弁連をはじめ多くの寄付を集められる団体として存続するため，目下公益認定を受けるべく準備している。

公益財団では，財務の透明性，健全性が強く求められ，必要以上の内部留保は公益性に沿うものではないから公益目的財産として公益事業に計画的に支出することが義務付けられている。

財団は，創立当初以来の寄付（会費）と日弁連の支援により財政的に余裕があったが，この数年来認証評価事業を初めとする公益事業の飛躍的拡大に伴い事業費が膨らみ，単年度収支では慢性的に赤字となり，その都度内部留保を取り崩してきた。そして，上記のとおり公益財産支出により内部留保も少なくなると，いよいよ財団の存立の基盤が揺らいでいくことになる。

日弁連がシンクタンクとして財団を創設した原点に返って，財団の存在の意義を問い直し，その存在価値

9）法務研修については，http://www.jlf.or.jp/work/kenshu.shtml を参照のこと。

（ことに認証評価事業維持のための日弁連の人的物的負担は事業費の6割以上にのぼる）が認められることを前提に，持続安定的な日弁連との関係の構築を図ることが急務である。

6 関東弁護士会連合会の現状と課題

1）関弁連の現状

(1) 関弁連の組織

関弁連は，東京高裁管内の13の弁護士会の連合体であり，理事長，副理事長の他，東京三会を除く弁護士会の会長と東京三会の担当副会長ら20名の常務理事，各単位会より選出された理事，17の委員会により活動を行っている。

関弁連の基本的運営方針は，毎月定例の常務理事会の他，拡大理事会で懸案を討議，決定し，人権，環境，民暴，弁護士偏在，その他各委員会が地域の問題について積極的に活動している。

正副理事長は，管内各弁護士会を巡り協議を行うなどし，管内13弁護士会の協調体制を築くことに尽力している。

(2) 2009（平成21）年度の関弁連大会，シンポジウムについて

関弁連の定期大会・シンポジウムについては，長野県弁護士会が担当し，長野市内において「ケータイ世代の子どもたち――子どもとインターネットの関わりの適正化をめざして――」をテーマとするシンポジウムを開催し，引き続く定期大会でシンポジウムのテーマを内容とする宣言および「労働と貧困」――今日の働き方と社会保障――と題する決議を採択した。

2）関弁連の課題

(1) 関弁連の位置づけについて

関弁連は，弁護士法第44条により設置され，高等裁判所に対置する弁護士会の団体として存在するものではあるが，他のブロック会と同様に任意団体であり，公的な法人格がないため活動にも制約がある。

2008（平成20）年度スタートした司法支援センターに関しても，何らの位置づけもなされておらず，ブロック会がこのようなままで存続するとすれば，支援センターのみならず，今後の司法の問題に対するブロック全体の意見の反映が難しくなり，またブロック内の単位会間の意見の交流も難しくなる。

そこで現在，日弁連や各ブロックで，関弁連，その他のブロックの法人化の検討開始を準備中であるが，三層構造の弊害や単位会同士の力関係など諸問題があるので，しっかりとした位置づけを検討すべきである。

(2) 弁護士過疎・偏在の解消の施策について

関弁連では，1994（平成6）年の定期大会において「弁護士過疎対策に関する決議」を行って以来，新規登録者に対する管内各単位会の情報提供および斡旋の機会を講ずるなど種々の取組みを行い，また，日弁連においても，1996（平成8）年のいわゆる名古屋宣言以降，各地にひまわり基金法律事務所を開設し，また，2007（平成19）年度司法シンポジウムにおいて，弁護士過疎・偏在解消をテーマとして取り上げるとともに，そのための経済的支援制度を立ち上げるなど，過疎・偏在解消のための施策を講じてきた。

その結果，2008（平成20）年6月，いわゆる弁護士ゼロ地域は解消したが，なお，その当時，いわゆるワン地域はなお全国に24箇所（2008〔平成20〕年7月1日現在）も存在した。

そして，当時，2009（平成21）年から実施される被疑者国選の拡充および裁判員裁判制度の実施を控えていたため，弁護士過疎・偏在の解消は，これまで以上に喫緊の課題と認識され，関弁連においては，この問題を2008（平成20）年度のシンポジウムのテーマとし，大会宣言において，裁判所・検察庁の支部機能の充実を求めるとともに，管内の各弁護士会に都市型公設事務所設置の検討を促すなど，司法基盤の整備と弁護士過疎・偏在解消に向けた具体的提言を行った。

なお，2009（平成21）年5月より被疑者国選の拡充および裁判員裁判制度が実施されているが，管内各弁護士会および各支部における現状と対応については，2010（平成22）年1月23日開催予定の第5回支部交流会において情報収集と情報交換を行うことになっている。

(3) 日弁連と関弁連との連携の強化

2002（平成14）年には，関弁連選出の日弁連副会

長が1名増員されて2名となり，日弁連における関弁連の役割も大変重要なものになっている。もっとも，関弁連は16,265名（2009〔平成21〕年10月1日現在）の弁護士を擁する大ブロック会でありながら，関弁連の意思を日弁連執行部に十分反映しているとは言い難く，今後は日弁連副会長には関弁連理事長をあて，関弁連の意思を日弁連執行部に反映できる人材を選出する案なども検討するべきである。

弁護士人口の増加に伴い，数年のうちに他ブロックにおいても同じ問題が起きると思われるので，他ブロックとも十分協議の上で運動を進めるべきである。

(4) 関弁連および各種委員会の活性化と広報活動の充実

関弁連は，全国の弁護士の60％程度の会員を擁する最大のブロック会であるにもかかわらず，これまで日弁連や所属単位会に対し，十分な機能を果たしてきたとはいえない。管内13弁護士会および16,000人を超える会員相互の交流，日弁連や所属単位会との有機的な協力体制の確立，会報・広報の充実，各種委員会・協議会の活性化，定期大会およびシンポジウムの在り方の再検討，財政基盤の確立など，さらに活動の活性化を推進すべきである。また，これまで不十分であった東京三会（関弁連会員の80％を超える会員を擁する）の関弁連の活動への積極的参加や，その他の単位会との協力関係が期待されるところである。

さらに大人数の関弁連において民主的に会内合意を形成するには，地道に種々の方法を積み重ねていくことが望まれる。

そのためには，「関弁連だより」と「関弁連会報」等の機関誌の発行回数を増やしたり，2003（平成15）年度から開催されている「首都圏弁護士会支部サミット」や2005（平成17）年度から開催されている「小規模支部交流会」などのさらなる充実を図り，管内13会の交流と情報交換を一層充実させるべきである。

また，各種交流会・協議会の活動も一層の活性化に努めなければならない。

各種委員会では，中小規模の単位会から各1～2名ずつの熱心な会員が参加して活動しているが，各単位会の情報交換の場以上の機能を果たすためには，東京三会が更に多数の委員を送り，関弁連の活動を積極的に支えていくことが望まれ，法友会としても，これにコミットしていくことが肝要である。

(5) 隣接都県との協力

現在，少人数の単位会では，当番弁護士，国選弁護，自治体の法律相談，破産管財人等のいわゆるプロボノ活動についての会員の負担はきわめて大きい。

関弁連は1994（平成6）年9月の定期大会において「刑事当番弁護士制度等の運用に際し，他会登録の弁護士の協力が得られるよう所要の施策を講ずる」との決議をしているが，司法支援センターの業務が開始した以降も法律相談や破産管財人等の民事事件について，隣接都県登録の弁護士にも協力を求める等，当該地弁護士会の監督を認めつつ，県境を低くして相互に弁護士の活動範囲の拡充を図るべきである。

(6) 財政基盤の確立

関弁連の現在の会費は，会員一人あたり月額金542円（年間約金6,500円）であり，その1年度の一般会計は決算ベースで金1億円程度に過ぎない。

近年，活動が活発化し，また，偏在問題対策基金の充実も期待されるところであり，今後，事務局強化特別会計を再検討するほか，会費を値上げを検討するなどして，財政基盤を強固にすべきである。

第2 東京弁護士会の会運営上の諸問題

1 役員問題

> 会務の量の増大に伴う過重な負担を回避し，一方で内容の濃い職務遂行の確保を図るため，東弁の副会長の人数（現在6人）増減問題について引き続いて検討する必要がある。また，執行力を増すために任期を検討する必要がある。さらに，辞任等の事態に備えることが求められる。

1）副会長の人数

東弁の副会長は現在6人であり，これまで毎年優秀な人材をそろえ，他会にも誇りうる実績を上げてきた。しかし，会務の量が増大するなかで，副会長の負担はあまりにも大きく，副会長の人数が6人でよいのか否か議論する必要がある。以下，増員論と減員論の主な論拠を紹介する。

(1) 増員論

理由の第1は，会内事務量が年々増加しているうえ，会長が日弁連副会長を兼務するため，副会長の負担が大きくなっていること，第2に，若手会員にも役員となる機会を与えることなどが挙げられる。副会長を増員しても，過去の経験に照らして，理事者会での集中的かつ密度の濃い討論により理事者間の信頼関係と共通認識の形成は比較的容易であり，理事者間の一層の努力により迅速な執行力は確保できる。

東弁全体の機構改革のなかで増員の可否を考えるべきであるとの意見があるが，それは副会長の負担の軽減という現状の問題を先送りするものである。会務執行の適正迅速化，執行力強化に資するものであるから，増員の実現を図るべきである。

(2) 減員論

人数が多くても決して負担の軽減にはならず，また，執行力の強化にもならない。むしろ，減員すべきである。

理由の第1は，副会長が増えれば，決して負担軽減とならないことは過去の増員の歴史からも明らかである。第2は，比較的少数の理事者による濃密な議論により，充実した結論が得られる。また，少数理事者の徹底した議論による固い結びつきと一体感があって初めて強力な執行力が生まれる。

第3は，東弁会務について執行の責任を負う会長・副会長は，理解力が高く豊かな識見と指導性を備えた者でなければ，質の高い会務活動はできない。これらの資質を備えた副会長を毎年選任することは会員の会務離れが進んでいる昨今極めて難しくなっている。増員は実質的に困難である。

第4は，仮に，副会長の人数が多いとそのうちの一人が若手会員から選任されたとしても発言力は弱く，東弁の会務に影響力を持ち得ない。むしろ，東弁各派の協議により副会長のうち一人は例えば登録15年未満の会員から選任することにすれば，少人数の副会長のうちの一人であるがゆえに，発言は格段に重くなり影響力も大きくなる。

(3) 執行力の強化

副会長の増減にかかわらず，次の点の改革を検討すべきである。

❶ 委員会・協議会について，役員の出席に代わる意思疎通の工夫をする。

❷ 有能な嘱託弁護士が多数在籍しているが，その能力を生かすために室長等2名位を会長・副会長の補佐とする。

2）役員の有給制

東弁の会長・副会長について2004（平成16）年度から有給制が実現した。常勤に近い勤務状況であること，種々の個人出費を要する事情を考え，妥当な制度である。監事についても2009（平成21）年度から有給制となった。

3）役員の任期

現在任期は1年である。かねてから1年では仕事の有り様を覚えた頃に役員を終えることになり，1年任期制の当否が話題となっていた。充実した施策を実施するには1年以上の任期とすることが望ましく2年任期の採用を検討すべきである。常勤に近い勤務状態という点で日弁連会長，事務総長，事務次長の任期が2年であることが参考となる。同時に有給制による経済的支援を充実することが求められる。これに対し，再任も可能な現行制度で十分との考えもある。

会財政の負担や役員の負担を総合的に検討する必要がある。充実した会務の実現を図るという理念と，役員候補が確保困難となっている現実とを勘案し検討を進めることが求められる。

4）辞任等の緊急事態への備え

会長・副会長において，任期中に健康上の理由などで任務をまっとうすることができない事態が発生する。会務の停滞や会に対する信頼を損なうことがあってはならない。現職役員においては緊急事態に備えておくことが求められ，東弁各派にあってはかかる事態に備え役員候補を考えておくことが求められる。

2　委員会活動の充実強化

> 東弁の活動の中枢部分は，各種の委員会が担っている。その活性化なくしては，人権擁護をはじめとする弁護士会本来の使命を果たすことはできない。また，社会経済情勢がめまぐるしく変化する今日の状況の中で，我々は，未だかつてない弁護士大増員時代に突入している。このような情勢下において，個々の弁護士や弁護士会は，弁護士自治を堅持しつつ，社会においてより大きな役割を果たすことを求められており，我々は，こうした社会情勢を的確に把握し，柔軟に対応しつつ，その役割を果たしていくことが必要である。そのために我々は，弁護士会の既存の委員会活動をより一層活性化していくとともに，従来の枠に縛られることなく，現代社会のニーズ・情勢に適応した新たな委員会を設置するなど，新たな試みを推進していく必要がある。特に，近時は，法曹人口増大により，年々，若手会員数が大幅に増大してきている中，若手会員の活発な委員会参加・活動を促進していくことが肝要である。

東弁は，弁護士自治を堅持し，その社会的使命を果たすため，従来から，多種多様な委員会，協議会，対策本部等を設け，活発な活動を続けてきた。これらの委員会等の組織は，現在50を超える数に達しており，多くの会員が献身的に活動・運営にあたっている。

また，2004（平成16）年4月，公益活動等に関する会規が改正され，委員会活動も義務的公益活動の一つに含まれることとなった。その結果，2009（平成21）年度に至り，委員会所属者数は1,919名，全委員会の所属者延べ人数は2,476名となっている。このうち，若手会員が占める割合も増大しているということは，もはや言うまでもないだろう。

これらの委員会活動を今後一層充実強化し，専門性・継続性を確保し，的確な意見・行動を発信していくためには，

❶ 委員の選任にあたり，ベテランと若手とのバランスに配慮し，殊に新規登録から5年目程度の若手会員が，所属するだけではなく活動に参加しやすいようにすること，また，若手会員に委員会の活動を理解してもらうために，既存の委員会運営を工夫すること

❷ 若手会員が活動に参加しやすく，かつ，時代のニーズに合った新たな委員会を必要に応じて柔軟に設置していく一方で，既存の委員会についても統廃合などの合理化を図ること

❸ 小委員会，部会，プロジェクトチーム，主査制度などを活用し，全員参加を図り，また活動・運営の効率化を図ること

❹ 協議会方式などを活用し，関係委員会間また適宜他の単位会間の横の連携を密にし，適切かつ効果的な合意形成を図ること
❺ 日弁連の各種委員会と対応関係にある委員会の委員については可能な限り兼任するなどして，日弁連・他の単位会との情報の流れを円滑にすること

などが重要である。

このような趣旨から，2005（平成17）年度には，法教育センター運営委員会が，そして2006（平成18）年度には，労働法制特別委員会，ゲートキーパー立法阻止特別対策本部等の新委員会等が設置された。さらに，若手大増員時代における若手の意見の重要性に鑑み，特に登録5年目までの新人・若手会員の声を吸い上げ広く発信すべく，登録5年目までを参加資格とする新進会員活動委員会が2006（平成18）年度に新たに設置された。また，2008（平成20）年度においては，今般の民法大改正に向けた大きな動きに的確に対応すべく，法制委員会の構成人数を大幅に増員するなど，各種委員会の活発な活動が多く見られるところである。

今後も，東弁の活動を支える各種委員会等は，その役割を十分認識した上で，時代に応じた使命を全うすべく，必要に応じて統廃合を図ったり，新委員会等を設置したり，委員会運営を工夫したりなどしながら，活動の効率化，活性化に務めていかなければならない。

3 事務局体制

1）事務局体制の現状とコンピュータ化

東弁の事務局にとって現在欠かせないものは，コンピュータシステムである。現在，専用のサーバシステムを中心として，原則として職員1人あたり1台の割合でクライアントPCが稼動している。現状のシステムは，次の3種類から構成されている。
❶ データベース・システム
❷ 文書管理グループウェア・システム
❸ 会議室予約などのリソース管理・システム

またこのコンピュータシステムを管理する部署として，従来，事務局サイドでは東弁OAセンターが置かれており，弁護士サイドではコンピュータ運用協議会が設置されていた。しかし，コンピュータシステム自体が，新会館建設当時の10年前の技術水準によるものであり，当時としては画期的なものではあったが，昨今のITネットワーク普及に対しては想定外の部分も多く，十分対応できなくなってきていた。特に情報保護に十分対応したセキュリティシステムの構築は急務となった。

このため2004（平成16）年度より，システムの全面刷新を視野に入れて，コンピュータシステムの管理体制自体をまず抜本的に改革することになった。

具体的には，コンピュータシステムの統括責任者であるCIO（Chief Information Officer；情報執行役員）を会員の中から1名選任した。従前情報関連の場面で弁護士が関与するものとしては，コンピュータ運用協議会という会議体しかなかったため，とかく事務局サイドで適宜運用管理させることになってしまっており，事務局の負担も大きく，結局のところ保守業者に依存して，システム全体がブラックボックス化してしまっていた。これに対する反省から，情報について詳しい弁護士が専属で全般を統括することが最適とされ，現在は，システム監査技術者の資格と実務経験を有する会員がCIOとして選任され，コンピュータ運用協議会は解散された。このCIOのもと，システムの全面刷新を念頭に置いて，東弁OA刷新PTと東弁OA刷新WGが新設され，集中的に協議検討を開始した。

2005（平成17）年度は，現在の東弁の業務分析を行っていかにして効率的な刷新OAシステムを構築するか，外部のシステムコンサルタント[1]に発注してその前提データ等の採集にあたった。コンピュータシステムは，本来は業務全般の効率化を図るものであるため，コンピュータシステムのみならず，東弁の運用体制そのものに対する分析や問題点が検討されるべきであり，この10年間のシステムのブラックボックス部

---

1) 社団法人日本経営協会。

分が明らかになる成果を上げた。

2005（平成17）年度の業務基本計画の作成及び2006（平成18）年度のシステム基本化計画とセキュリティポリシーの作成を経て，2007（平成19）年3月12日東弁臨時総会において「OAシステム開発に関する件」が承認され，東弁は上限を5億6100万円とするシステム開発に着手した。2008（平成20）年度を「早期対応が必要な改善（第1フェーズ）」，2009（平成21）年度を「全体的に効果の大きい改善（第2フェーズ）」，2010（平成22）年を「さらなる品質向上を目指す改善（第3フェーズ）」と位置づけ，順次，システム開発が継続中である。システム開発費の増大の問題については，後述の「5　会財政の現状と課題」参照のこと。

2）今後の課題

(1) 基本的な視点

前述のとおり，現在のITネットワークに完全に対応した情報セキュリティを実現するためには，システムの全面刷新は避けて通れない。ただシステムの全面刷新には高額の初期構築費がかかることも免れない。

弁護士会として高度な情報セキュリティを維持するためには，企業並みのインフラの整備が必要であり，このためには10年先を見据えたシステム構築がなされなければならず，初期構築費をかけるべきことは当然だからである。かように初期構築費がかかっても，効率的なシステムが構築されれば，事務処理の効率化・省力化がなされるわけであり，今後の会員数の圧倒的増加を考えると，人件費等の経費は初期構築費に見合う以上に抑えられるはずである。

(2) 窓口業務のオンライン化

現在東京弁護士会の窓口業務は主に会館6階の各課受付カウンターで，人手を介して直接行っている。しかしこれをオンライン上（インターネット）で受け付けられるようにすれば，わざわざ会員が会館に赴く必要がなくなり極めて会員の便益に資すること，また，オンライン窓口を活用すれば，人的窓口業務が可及的に少なくなり，事務局の事務処理負担が低減してゆくことといったメリットがある。したがって，早期に窓口業務のオンライン化を進めてゆくべきである。

この際，オンライン窓口のUI（User Interface）として具体的に想定されるのが，現在既に運用されている東弁ホームページの会員専用ページ（マイページ）である。

なお，窓口業務の中には，綱紀懲戒関係のように直ちにオンライン化に馴染まないものもあるが，そうでないものについては，会員の便宜を考慮して極力多くのものを当初からオンライン化すべきである。会員情報はもとより，23条照会申請についても，オンライン化を積極的に検討すべきであろう。

この点，窓口業務とオンライン窓口の併存によって，当初の事務局負担増になるのではないかとの意見もあるが，オンライン窓口によって窓口業務が漸減することは間違いなく，むしろオンライン窓口の受付範囲拡大と活用継続によって終局的には人的事務処理負担が減るという長期的観点を考慮する必要がある。目先の負担増の可能性を回避するために，長期的な会及び会員の便益を犠牲にしてはならない。

(3) サーバーの有効利用

会務文書の電子データ化の推進は，最も重要な課題の一つである。委員会等の過去の文書がせっかくパソコン上で作成されても，これが各職員のクライアントPCの中だけに保存され適宜処分されてしまうのでは，過去のデータが統合蓄積されることにはならない。このため，2001（平成13）年度秋に，サーバー1台を入れ替え，各種データはこのサーバーに保存できるようなシステムが導入された。

これによって電子データの蓄積は可能になってゆくものと期待されるが，どのようなデータを蓄積してゆくか，また，どのような形で検索・再利用ができるようにするか，今後の運用上のガイドラインの策定と適宜改訂を施してゆく必要があろう。

(4) 会員のPC利用への啓蒙

現在，弁護士から事務局宛に提出される書類の中には，手書きのものがあったり，フロッピーディスクにデータが入れられたりしているものがある。しかしながら，手書き原稿をそのまま提出したのでは事務局においてワープロで打ち直す手間がかかり，事務局業務の効率化を妨げる。裁判所に手書き書類を提出しないのと同様に，弁護士会に提出する書類も，最初から各弁護士において電子データ化して提出するようにすべきである。そして，この電子データは，フロッピーディスクで提出するよりも，担当事務局宛に電子メールの添付ファイルとして直接送信するのが弁護士，事務

局双方にとって便宜である。フロッピーディスクでの提出は，弁護士会へ提出する時間と手間がかかるからである。

このような意味において，弁護士がパソコン利用をするにあたって，ワープロや電子メールといった基幹ソフトを，ファックス利用と同じくらい当然に利用できるように，弁護士会としても研修制度等を充実させて[2] 啓蒙活動を行ってゆくべきである。

(5) グループウェアの完全導入

従来，職員や理事者間で共有すべきデータや共同して行うべき作業は，「ロータス・ノーツ」というグループウェアを利用し，専用のサーバーを1台設置して行われてきた。しかし，ロータス・ノーツは，大企業における全社的共同作業にも対応できるような大掛かりなソフトウェアであり，可能性は十分具有しているものの，この性能を十分発揮させるようにするためには，職員の充実と習熟だけでは対応は困難であり，また，外部業者に対するソフトウェア設計の発注が必要になってくる場面が生ずる。さらに，事務局や理事者のスケジュール管理と委員会管理，会議室管理など，全般にわたって本来であればグループウェアによって把握すべきところ，これが統一的になされていないという問題点があった。

そこで，2008年（平成20年）秋に，新たに「サイボーズ・ガルーン」というグループウェアを導入した。今後，職員の充実と習熟を図り，このグループウェアの機能を十分に発揮するように努力すべきである。

4 弁護士会館の今後の課題

1）現状と課題

弁護士会館は，竣工後満14年を経過した。この間，司法改革をはじめ，日弁連・東京三会の弁護士会活動は拡大の一途をたどっている。

また，弁護士数も飛躍的に増加している。

全国

1995（平成7）年（会館竣工時）	約15,100人
2000（平成12）年（4月現在）	約17,100人
2009（平成21）年（4月現在）	約27,000人

東京三会

	東弁	一弁	二弁	計
1995年	約3,350人	約1,740人	約1,860人	約7,150人
2000年	約4,040人	約2,020人	約2,200人	約8,230人
2009年（4月現在）	約5,830人	約3,580人	約3,630人	約13,040人

ここ14年間で，弁護士数は，全国で約12,000人弱の増，東京三会約6,000人弱の増となっている。

日弁連と東京三会の会務活動の活発化と拡大化および弁護士数の増加は，必然的に弁護士会職員の増加をもたらす結果となる。

弁護士会館内で働く職員数（嘱託・派遣等を含む）

	日弁連	東弁	一弁	二弁	計
1995年	80人	58人	25人	27人	190人
2000年	116人	65人	30人	36人	247人
2009年	234人	100人	43人	63人	440人

（2009〔平成21〕年内訳）

日弁連：正職員139人，派遣26人，研究員・看護師8人，弁護士嘱託61人

東　弁：正職員64人，嘱託17人，派遣5人，パート14人

一　弁：正職員40人，派遣3人

二　弁：正職員50人，嘱託3人，派遣3人，パート6人，アルバイト1人

日弁連と東京三会を合計すると，ここ14年間で約2.5倍の250人も増加している。

弁護士会活動の活発化・拡大化・弁護士数の増加・職員数の増加が弁護士会館にとって，❶「会議室不足」・「事務局スペース不足」，❷「エレベーターの混雑・待ち時間の長さ」，❸「会館全体のOA機器の統合化・合理化による効率的運用の必要性」等が昨年からの課題として挙げられるが，その他に本年度の重要課題と

---

[2] 弁護士に対する啓蒙だけでなく，各弁護士の事務職員に対する啓蒙・研修も大いに期待される（本書別項参照）。

して新たに浮かび上がってきたのは，❹一般会計から会館特別会計への繰入額の減額の必要性の有無，❺八王子旧弁護士会館の存置の必要性，❻4階の和室を会員の一時保育用に使用することの可否といった諸点である。

2）対策

前記課題を解決するための対策であるが，

❶「会議室不足」・「事務局スペース不足」については，日弁連及び東京三会は，場当たり的に使用することなく，場合によっては，関連業務の活動拠点を別に設けることも含め，弁護士会館内で行うべき事業の優先順序を長期的展望に立って検討すべきである。

この点で，近時浮かびあがってきたのは，会館業務の一部を別の拠点で行えないか，という観点からのいわゆる第2弁護士会館構想である。

本年度より，この点の検討が始まろうとしており，今後どのような検討結果が示されるか注目される。

❷ エレベーターの混雑の待ち時間の緩和については，昨年，エレベーター5基全てを一括して管理するソフトに変更し，10％程の混雑・待ち時間の改善結果が出ている。今後は，利用時間が集中する正時前後10分間をずらす形で会議開始時間を設定する等の対策も併せて行なう必要がある。

❸ OA機器の改善については，昨年東弁総会において，OA化を促進し，コンピューター管理の徹底による「会員サービスの効率化を目指す決議」が可決された。これとともに，光ファイバーケーブルの会館全体への導入等，OA機能のよりアップトゥデートな改善が望まれる。この点，東弁での取り組みは，コストの問題もあり，二弁等の取り組みに比べて，やや遅れている印象は否めない。早急な対応を促進するよう求めたい。

❹ 会員が納付する一般会費から会館特別会計への繰入額については，2004（平成16）年7月28日の東京弁護士会臨時総会決議により，同年4月1日以降，一般会費のうち，1人当たり月額3,500円を会館特別会計に繰り入れることとなっている（ただし，司法修習終了後4年目までの会員については，2年目までは繰り入れず，その後3年目と4年目は月額1,500円の繰入額とするとなっている）。

この繰入がこれまで継続されてきた結果，会館維持管理会計の次期繰越収支差額は，2008（平成20）年度決算の段階で732,637,885円となっており，同会計の年間支出額2億円弱の3倍以上となっている。

会館維持管理会計の目的からすると，同会計の収入は，基本的に当該年度の会館維持に必要な支出に見合うものでなければならないが，2008（平成20）年度の決算の実績において，32,744,523円の黒字であり，2009（平成21）年度から多摩支部の賃料3200万円が追加支出となるとしても，さほど大幅な赤字となるとは考えられず，今後会員数の増加による会費収入増も見込めることから前記したような7億円を超える巨額の繰越金を蓄積し続ける意義を見出し得るのか議論が必要である。

❺ 東弁及び二弁多摩支部は，八王子旧弁護士会館の存続を強く望んでいる。

東弁は，一弁，二弁との間で2008（平成20）年2月20日付「多摩支部新弁護士会館に関する覚書」において，「八王子の現会館（現在の旧会館）は，（立川の）新会館開設後速やかに売却処分する」こと，「八王子相談センターはJR又は京王八王子駅近辺に移転のうえ継続させる」ことを合意している。

東弁は旧八王子弁護士会館の隣接地を含む敷地と建物について，2分の1の共有持分を有しており，上記覚書を一方的に撤回できる立場ではない。

しかし，八王子における東弁多摩支部の活動の実情を踏まえ，八王子における多摩支部会員の今後の活動に著しい支障が生ずることのないよう考えていく必要がある。

❻ 4階の和室を会員の一時保育用に使用することについては，子供を持つ会員が充分な会務活動が出来るよう東弁としてバックアップすることは，当然の要請と言える。子供の安全確保を図ることを前提に，開放に向けて動き出すことが望まれる。又，この他にも開かれた弁護士会館の見地から，会員の利便に資する形での会館の利用について，積極的に検討していくべきであり，法友会としても常に新たなアイディアを提案すべきである。

3）維持管理に関する今後の課題

会館竣工以来，数多くの補修・改修を行ってきており，また，現在10年ごとに行われる予定の大改修工事は完了した。いつ、どこを、どのように補修改修を

行い，現在どのようになっているかを記録に残し，さらに今後の補修改修についても，その都度記録しておくことが必要である。

これらを整理し，電子的に保存し，常に最新のデータにしておくことが，今後数十年にわたり，会館の維持管理を十全に行うために是非必要なことである。

また，将来の大改修のための資金を確保しておくことも極めて重要である。

近時の問題としては，会館来館者への案内サインの全面的見直しが必要との見地より，四会会館運営委員会では各単位会に見積書を作成し，その意思を問うたが，各単位会ともその必要性について，消極的な意見となった。市民に開かれた弁護士会館の見地からも，利用の便を図ることは必要ではないであろうか。この点，今後の各単位会の見直しを求めたい。

その他，会議室の利用と関連して5階の喫煙室の廃止が問題となっている。今や少数者となりつつある煙草愛好者にとって，喫煙室の確保による分煙の徹底は理想であるが，喫煙室の存在による隣接会議室の煙害クレームが多数寄せられている現状とそれに対処する工事費の見積金額が450万円を超えていることからすると，5階の喫煙室を存続させるためには，よほどの根拠が必要となろう。

5　会財政の現状と諸問題

1）会財政のさらなる透明化の必要性

会財政の透明化やわかりやすさは，会財政への会員の関心の喚起及び会員による監視体制強化を図る上で重要な意味を持つ。ここ数年，特別会計の改廃や新公益法人会計の導入などの重要な改善が行われ，会財政の透明化に資するものとなっている。ここでは，会財政の更なる透明化のために必要と思われるいくつかの課題に言及することとする。

(1) 退職給付引当資産

公益法人会計基準では，退職給付会計が導入され，期末時点における従業員全員が自己都合退職した場合の要支給額を積み立てるなどの措置が要求されている。この規定は，当会会計規則で単に「毎年相当額」とされている退職給付引当資産について（35条(2)ア），一定の指針を示すものということができるが（2008〔平成20〕年度監事意見書），当会における具体的な要積立額の基準は必ずしも明らかでない。実際，当会事務局においては2010（平成22）年度以後の4年間で10名の定年退職者が予定され，多額の退職金（約3億5000万円（！））の支払が予定されているため年間4000万円の積立てが必要であると見込まれるところ，2009（平成21）年度予算では1250万円の積立てを計上したに止まっている状況である。事務局職員が安心して就労できるようにするとともに，当会の一般会計の財政状況を明らかにするため，速やかに適切な積立ての基準を明らかにし，これを適時に適切に執行していくことが必要である。

(2) OA刷新事業関連支出

現在，OA刷新事業が進行しているが，2008（平成20）年11月25日に稼動した第1フェーズシステムに対する改修要望が多発したこと等により，2009（平成21）年度システム改修費として5000万円（！）を予算計上する事態に至った。これは，当初予測していなかった経費である。当会執行部は，常議委員会及び総会で会員にこの事態を率直に開示し，議論を求めたが，意外にも議論が交わされることは少なかった。OA開発その他の弁護士に理解が困難な技術的な事項について会員が議論を尽くすことができるよう，情報提供を工夫することが必要である。

(3) 事業関連費

「事業関連費」は，当初の予算に計上されなかったが，委員会の活動として必要性・相当性が認められる事業費支出，日弁連，一弁，二弁ら他会と共催の諸行事，合同の活動のため必要性・相当性が認められる事業関連費用の支出用として計上されるものである。事業関連費は，委員会等の事業活動支出（予算）の厳格な見積り・査定（予算策定段階での水増しの排除）と，委員会活動の萎縮防止（実際の必要の充足）の両立を図る上で重要な調整弁の役割を果たしているが，予算説明書にその趣旨が示されるのみで，法規上，執行の手続を含め，何らの位置づけもされていない。支出に厳格な手続を要する「予備費」との役割分担を明確化

するためにも，会計規則に規定することを検討すべきである。

2）財源確保その他の問題

当面の巨大な二つの課題について提示することとしたい。

(1) 一般会計から会館特別会計への繰入額の減額の可否の問題

会員が納付する一般会費から会館特別会計への繰入額（1人当たり月額3,500円）は，会館維持管理会計に繰入金収入として計上されているが，2008（平成20）年度決算によれば，同会計の次期繰越収支差額は7億3200万円余で同会計の年支出額（多摩新会館開設を迎えた2009（平成21）年度予算では2億5000万円余の支出予算）の約3倍に及んでいる。

同会計の目的からすれば，同会計の収入は当該年度の会館維持に必要な支出に見合うもので十分と考えられ，これだけの巨大な資金を蓄積する必要の存否が問われる。会員増加に伴う「第2会館」問題が仮に生ずるとすれば「会館」の維持管理の経費が増大しようが，現時点でそれを考慮してこの規模の資金を蓄積することとするのかどうか。

他方，前記の退職給付引当資産の積立額の不足その他一般会計における逼迫のおそれがあることを踏まえると，上記の繰入額を減額することを検討することが必要である。

(2) 八王子旧弁護士会館の存置の可否

東京三会は，2008（平成20）年2月20日，立川市に多摩支部弁護士会館を開設することに伴い，八王子弁護士会館は新会館開設後速やかに売却処分し，八王子相談センターはJR駅前又は京王八王子駅近辺に移転の上（賃借），継続させる旨を合意している。

ところが，当会多摩支部及び二弁多摩支部は，2009（平成21）年7月，当該合意を白紙撤回し，八王子旧弁護士会館の存置を求める旨の要請を三会に対し行った。これは，旧会館を所有し同所で法律相談を継続することの優位性（市民にとっての利便性，ランニングコストの低廉性等）等を理由とするものである。従来の経緯，新会館に加え旧会館を維持することの合理性の存否（その経済的負担を含め），今後の潜在的な使用価値，支部が主張する「優位性」の存否，その希望の趣旨を踏まえ，検討すべきである。

6 選挙会規の問題点

1）東弁選挙会規の改正

2007（平成19）年11月30日の東弁臨時総会において，懸案とされていた事項について，次のような東弁選挙会規の改正がなされた。

❶ 不在者投票の期間と時間の変更

日弁連選挙の不在者投票に一致させるため，「投票日直前4日間，12時～13時」に変更された。

❷ 推薦候補の廃止

従前の選挙会規にあった推薦候補制度（自薦でなく他薦による候補）は，廃止された。

❸ 納付金の廃止

役員候補については納付金を廃止して預託金制度（没収は，会長候補は有効投票の10分の1未満，副会長60分の1未満，監事20分の1未満）となり，常議員・代議員候補については立候補にあたり金銭は何も徴収しないこととなった。

❹ 文書制限の緩和

役員候補者またはその承認を受けた会員について，従前の葉書だけでなく，FAX文書送付による選挙運動も可とされた。

ただし，FAXで送ることのできる文書は，役員候補者1人につき，A4サイズ1枚のものを3種類まで，送信回数は1種類につき1回，送信枚数は選挙権者の数とされる。

また，葉書の枚数については，役員候補者は1人につき選挙権者数の10倍（これは従前と同じ），常議員・代議員候補者はそれぞれ200枚とされる。

なお，葉書・FAXとも事前の承認手続が必要とされている。

2）今後の課題

(1) 選挙に関する事項の規約化

東弁の場合，「選挙会規」以外に選挙の事柄について詳しく定めた規約はなく，候補者に配布される「選

挙の手引き」が事実上その役割を果たしてきたが，やはり必要な事項について，いま少し詳しく会規もしくは規則で規約化する必要がある。

(2) 同姓同名の場合

東弁の会員の中で同姓同名の者が何組も存在するが，現状では，同姓同名の候補者が出た場合の差異化の方法が何も規定されていない。今後，会員数が急増した場合には混乱が予想されるので，対応を検討しておく必要がある。

(3) 多摩支部会館での投票の実施について

多摩支部において要望する声もあるが，本会と支部の会員資格が厳格に分けられていない以上，複数の投票所を認めることは困難であり（日弁連選挙の投票も多摩支部会館では認められていない），実施にはさらなる工夫が必要である。

(4) 公聴会の立候補者参加義務と，東弁ホームページによる公表

立候補者は，選挙公報においてその政策を発表するが，会員が，立候補者の生の声を聞き，直接質疑をできるのは，公聴会の場である。従って，立候補者は，会員に対し，公聴会の場で質疑に応じるべきである。

ところが，現在，公聴会への候補者の参加を義務付ける根拠がないため，2009（平成21）年度役員選挙においては，公聴会に参加しない立候補者も出ている。そこで，役員選挙においては，立候補者には公聴会への参加を，会規または規則により義務付けるべきである。

また，公聴会は平日の昼間のため，出たくても仕事等で出られない会員も大勢いると思われる。そこで，公聴会の映像を，東弁のHPでいつでも見られるようなシステムも，必要と思われる。

(5) 候補者のホームページやメールを使った選挙運動の検討

東弁の選挙においては，文書制限が2007（平成19）年度に緩和化され，今日まで特段の弊害は認められておらず，インターネットによる選挙運動についても，インターネットはもはやアクセス手段としては一般的なものとなっており，候補者が自らのホームページやメールを使った選挙運動をすることも，その弊害を十分研究したうえで，実現に向けて検討するべき時期に来ていると思われる。

7　広報の充実

1）弁護士のイメージ戦略

(1) 現在，市民がもっている弁護士に対するイメージとは

2009（平成21）年1月に「法曹の質」研究会が全国2,000名に対してインターネットを用いて「弁護士イメージ調査」を実施した（実施責任者：太田勝造・東大教授）。「法曹の質」研究会とは，日弁連から「法曹の質」の検証方法について研究委託されたことを受けて，財団法人日弁連法務研究財団が設立した財団の研究組織である。

上記調査によれば，市民の弁護士に対するイメージは，「弁護士にはできるだけかかわらない生活を送りたい」，「弁護士に頼むとどのくらいお金がかかるかわからないので不安だ」，「弁護士は大企業・金持ちの味方だ」，「弁護士は偉そうにしている」等あまり良くないものであったという（もちろん，他方で，「弁護士は正義の味方だ」，「弁護士は何かと頼りになる」という肯定的な評価も受けている）。

(2) 弁護士に対するイメージを変えるべきか

従来のイメージを維持するのもひとつの選択肢である。

しかし，ここで今次の司法改革の理念に立ち帰り，また司法改革の現状を踏まえて方向性を決めなくてはならない。

弁護士会が目指してきたものは，「市民の司法」，「市民のための司法」である。これを弁護士の側から見れば，弁護士が希望をもって業務に取り組むことができる司法である。弁護士の古いイメージを払拭し，市民に共感をもってもらえるイメージを確立する必要がある。

(3) 弁護士に対するイメージをどう変えていくか

弁護士会は，弁護士に対する市民のイメージをどのように変えていけばよいのだろうか。

そもそも弁護士の役割は，「国民生活上の医師」（司

法制度改革審議会意見書）たる法曹の一員として基本的人権を擁護し，社会正義を実現するという使命（弁護士法1条1項）を果たすことである。弁護士は，市民にとって，「頼もしい権利の護り手」，「信頼しうる正義の担い手」である。したがって，「弁護士は大企業・金持ちの味方だ」等のイメージはあまりに一面的な見方にすぎない。この誤解をとく作業が，弁護士会による広報と法教育である。

「広報の強化」が叫ばれて久しいが，まず，弁護士会によるところの「一般的な広報活動」と「業務広告」との違いをはっきり認識するべきである。すなわち，弁護士会による「一般的な広報活動」とは，長期的なスパンに立脚して，弁護士がさまざまな分野で熱心に活動している具体例を取り上げることによって，市民に弁護士の一般的なイメージをもってもらうものである。市民に，弁護士に対する素朴な信頼感を今以上にもってもらう必要がある。これに対し，弁護士会による「業務広告」とは，すぐに出る効果を期待して，弁護士が対応することができるメニューを市民に示すことによって，市民が弁護士に依頼することができる内容を具体的に認識してもらうものである。市民に，困ったときには弁護士に相談するという行動を誘因する必要がある。

つぎに，対応策であるが，あらゆるチャンネルを使って，弁護士の仕事ぶりを具体的に知ってもらうことである。司法過疎地域で活躍する弁護士，薬害に悩む人々のために弁護団を組む弁護士，貧困と戦う弁護士，先例の多くはない分野に積極的にチャレンジする弁護士などである。また，法教育の重要性も看過し得ない。ただし，ここでいう法教育には，行政機関による学校教育に法的素養を涵養するカリキュラムを用意するというだけでなく，弁護士自身が教育の現場に積極的に出ていくことや，市民が司法の現場に触れることを積極的にサポートしていくことも含まれる。

弁護士会は，積極的に広報活動（法教育も含む）に人材と予算を投入すべきである。もちろん，現在もその取組みが行われているのであるが，既存の組織の横の連携が不十分であったり，予算が少額であったりするきらいがある。

本稿が弁護士のイメージ刷新の出発点となることを期待する。

2）会員への情報提供

(1) 提供の重要性

昨今の高度情報化社会において，組織による情報提供の重要性は言を待たない。東弁においても，一般市民に対する情報発信と会員に対する情報発信を現に行っている。

むしろ重要なのは，情報提供を行うことは当然のこととして，いかなる内容の情報を，いかなる手段で提供するかという点にあろう。これに対しては，正確かつ多くの情報を，迅速かつ効率的（予算的に合理的）な手段で，提供すべきことが重要であるといえよう。

(2) 情報提供の現状（会報，ホームページ，メールマガジン，メーリングリスト等）

現在，東弁が会員に対して提供している情報は多岐にわたるが，概ね次のごとくに分類されると思われる。

❶ 会内情報（委員会，理事者意見等）
❷ 外部情報（裁判所，民間団体等）
❸ 会員情報（会員名簿，物故情報等）
❹ 研修・採用情報（各種研修，弁護士・事務職員採用等）

そして，これらの情報を提供する手段であるが，概ね次のとおりである。

ⓐ 紙媒体による発送・配布物（会報，いわゆる全会員発送等）
ⓑ ファックス
ⓒ 電話（個別の問い合わせに対する応答）
ⓓ インターネット（電子メール，メールマガジン，ホームページ）

このうちⓐからⓒは従前より用いられてきた方法であるが，昨今，充実してきているのがⓓインターネットを利用した情報提供である。東弁はすでにホームページを開設し，主に一般市民に対する広報を中心として，会員向けの情報提供を併せて行っている。このホームページを拡充してより一層会員向けの情報提供を行ってゆくべく，2001（平成13）年度には会員専用ホームページを新設した[1]。2005（平成17）年度は，この会員専用ホームページ上で，ストリーミング放送としてクレサラ研修を放映し，好評を得た。ま

---

1) パスワードによって保護された一般非公開のホームページであり，会則・会規や会員名簿の検索や，委員会情報，採用情報，意見交換等をコンテンツとしている。

た，メールアドレスを登録した会員に対して一斉送付されるメールマガジンを利用して，電子メールの方法で適宜会内情報等を提供している。さらに，2008（平成20）年には会員専用ホームページ内にマイページを設け，東弁が把握している会員の個人情報等を会員自身が確認できるようになった。

(3) 情報提供の方策（電子メール，ホームページの利用）

情報提供の方策は，前述の❶ないし❹でほぼ網羅されていると思われるが，とりわけ今後重要性を帯びてくるものは，❹インターネットを利用した情報提供であろう。

インターネットを利用した情報提供は，紙幅の制限がなく添付ファイルやイメージファイルを利用すれば相当豊富な情報を盛り込めるという点で，充実した情報提供が可能となる。また，紙媒体と異なって，印刷や配布の手間と費用が比較的少なく，迅速かつ効率的な情報提供手段として特筆すべきものがある。かような利点からすると，インターネットを利用した情報提供を充実させようとしている態度は極めて評価でき，今後も一層の充実利用が期待されるところである。

このインターネットを利用した情報提供をさらに細分化すれば，次のような手段がある。
- ㋐　ホームページ
- ㋑　メールマガジン[2]
- ㋒　メーリングリスト[3]
- ㋓　個別の電子メール対応

このうち，現に会として公式に行われているものは，㋐ホームページ，㋑メールマガジン及び㋒メーリングリストである。今後期待されるのは，㋑メールマガジンである。メールマガジンは，広報室が会長声明や意見書，各種イベントの案内等の情報を掲載して毎月2，3回ほど，会にメールアドレスを登録している会員に対して発行している。メールマガジンは会からの迅速かつ効率的な情報提供手段として有用であるが，会にメールアドレスを登録している会員は全会員の約4割にとどまっている。会からは会員に対してメールアドレスの登録を呼びかけているが，今後も会員にメールアドレスの登録をしてもらうためにはどうすればよいかを引き続き検討していく必要がある。

また，会内情報のIT流通化として2002年度以降，目を見張る進化を遂げたのが，相次ぐメーリングリストの実用化である。例えば，クレサラ情報に関して，法律相談センターが主催するメーリングリストが開設され活発な議論がなされるようになっている。ここでの議論は多分に実務的情報に富み，会員相互の情報の共有化に大きく資している。ほかにも委員会ごとに任意にメーリングリストを開設し，月1回程度の定例会合の下準備がメールによって交換できるようになり，充実した会務活動ができるようになりつつある。もとより，面談の会合の重要性は否定できるものではないが，事務所にいながらにして瞬時に情報交換のできるIT活用は今後益々情報流通の中心になってゆくであろうし，これによってこれまで会務に余り参加してこなかった会員が積極的に情報流通に参画するようになった意義は極めて大きい。

今後は，ホームページとメールマガジン，メーリングリストをそれぞれ使い分けて有効な利用方法を考えてゆくことが急務である。その前提として，ホームページに対する予算枠を十分与えて執行していくべきである。

8　福利厚生

1) 補償制度の廃止

2005（平成17）年4月の保険業法の改正により，東京弁護士会の補償制度は，いわゆる根拠法のない共済とされることとなったことから，様々な議論の末，東京三会及び日弁連ともに同様の補償に関する制度が廃止されることになった。現在は，会員の福祉の観点

---

[2] あらかじめ登録された複数の電子メールアドレスに対して，電子メールを同報一斉送信する仕組みである。
[3] あらかじめ登録された電子メールアドレスの会員（メーリングリスト参加者）が，特定のアドレス（メーリングリストアドレス）に電子メールを送信することによって，メーリングリスト参加者全員に対して一斉転送される仕組みである。メールマガジンが仕組み的には単なる同報送信であり，送信者側の一方通行のメール送信になるのに対して，メーリングリストは，同報転送を可能としているため，参加者相互が電子メールを利用して相互に情報をやり取りできる。このため，電子メール上の議事会議が可能となる。

から，保険業法に反しないよう留意しながら，一般会計の中から社会的儀礼の範囲で弔慰金が支払われている。

補償制度の廃止により，会員の福利厚生が大きく後退することのないように，現状に対応した弔慰金制度・年金制度・弁護士退職金制度等の総合ライフプランニングを実現すべく研究を開始すべきである。

2）各種保険，協同組合の充実

各種保険・共済・互助年金制度の整備と拡充の問題がある。東京弁護士会の団体定期保険は一般の定期保険に比べ有利なものであるが，現在の保険内容を維持するためには35％以上の加入率が必要であるにもかかわらず，会員数が増加にくらべ保険の加入が少ないため，2011（平成23）年6月1日以降最高保険金額が4000万円から2800万円となってしまい，さらに加入率が減少した場合には制度の維持自体が困難となる。会員および家族等を対象とした保険・年金等の説明会（勉強会）を定期的に開催するなどして，弁護士の安定した生活基盤の確立に寄与すべきである。

東京都弁護士協同組合は，1968（昭和43）年に設立されて以来，組合員数は2008（平成21）年7月28日現在，11,880名（うち東弁は5,390名）であり，また全国弁護士協同組合連合会も結成されているが，組合員の拡大，全国連合会との連携強化を進め，より一層の内容の充実を図るとともに，協同組合の事業内容を組合員のみならず非組合員にもPRすべきである。また，協同組合は，中小企業事業団との提携で退職金共済制度を行っているが，より会員に周知徹底すべきである。

3）国民健康保険組合

国民健康保険組合については，未加入会員への積極的な加入勧誘により，組合の資金的・人的拡充を図り，会員家族の健康維持増進を図るべきである。

4）健康診断の実施

健康診断は，春は国民健康保険組合，秋は東京三会主催で行われている。

早期発見・早期治療は病気を治療する上での基本であり，健康診断は治療のきっかけとして重要なことはいうまでもない。さらに，普段の生活（過労，飲酒，喫煙等）を見つめ直す機会ともなり，健康な生活を心がけるという生活習慣病の予防的効果も大きい。

今後も健康診断の運営事務を合理化し，安価で充実した健康管理を目指すべきである。

5）メンタル相談

近年，傷病給与金や退会給与金の申請の理由として，いわゆる心の病を挙げるケースが珍しくなく，東京弁護士会の厚生委員会最重要の検討課題となっていた。

うつ病その他の病気や症状の場合は，症状によっては，いったん速やかに「現在の仕事や人間関係」から遠ざかるほうが早期に回復するものもあり，当人の治療に留意しつつ，事件処理の継続が困難であれば，他の弁護士に補助ないし事件の引取りを依頼するなどの処置が必要となる。弁護士という職業は，こうした心の病の重要な原因の一つであるストレスに晒されていること，弁護士という仕事に，これまで以上に不安を抱える会員が増大している可能性があることから，これまで実施されてきた健康診断だけではなく，新たに専門家によるメンタル相談窓口の設置が実現した。

現在，メンタル窓口には相当数の相談が寄せられており，今後も会員の心のケアのために制度を維持すべきである。

6）国民年金基金

国民年金基金は，老齢基礎年金の上乗せの年金を支給することにより，国民年金の第1号被保険者の老後生活に対する多様なニーズに応えることを目的とする公的制度である。日本弁護士国民年金基金は，弁護士・専従配偶者及び事務職員のための，職能型（全国単位）の国民年金基金である。年金基金の掛金は，全額が社会保険料控除の対象となり，所得税・住民税が軽減される。充実した老後を送るためにも，多くの会員が加入することが望まれる。

9 出産・育児支援について

1）出産や育児の負担を抱える弁護士の現状

近年，わが国においても，女性の社会への参画が進むにつれて，多様な観点から，出産及び育児支援を充実させる必要性が認識され，多くの民間企業や官公庁では育児支援策が講じられている。

法曹三者をみても，裁判官や検察官は，子どもが3歳に達するまで育児休業を取得することができるとされており，出産や育児が業務復帰に支障を生じさせない保障がなされ，経済的にも保障がなされている。

これに比較して，弁護士は自営業であり，また，その多くが小規模事務所であるため，出産・育児支援策はないか，あっても不十分であり，出産及び育児といった問題は，当該弁護士がその多くを配偶者とともに自らの責任で解決するしかないのが現状である。

本来，育児は男女が共同して担うべきであるが，女性が主に担うことが多く，出産した女性弁護士の多くは，家族や保育機関の助けを得ながら，いわば綱渡りで育児と業務を両立させるか，弁護士としてのキャリア形成を一時中断して子育てに専念するかのどちらかを選択することとなっているのが実情である。

その結果，すでに受任している事件を他の弁護士に引き継いだり，新規の受任事件数や勤務時間を調整したり，自宅を事務所として業務を行うこととなり，必然的に収入は激減する。にもかかわらず，弁護士会費や公益活動の負担は未だ十分には軽減されず，これに耐えきれなければ登録抹消を選択せざるを得ない場合もある。

女性弁護士の多くが，妊娠・出産にあたって，このような負担を覚悟しなければならないのである。

2）日弁連の取組み

日弁連は，2007（平成19）年5月の定期総会において「日本弁護士連合会における男女共同参画の実現をめざす決議」を採択し，同年6月には男女共同参画推進本部を設置した。さらに2008（平成20）年3月には「日本弁護士連合会男女共同参画推進基本計画」を承認し，このなかで2012（平成24）年までに取り組むべき基本的目標として，仕事と家庭の両立支援など12の項目を掲げ，妊娠・出産・育児の負担を負う会員に対する経済的支援のほか，研修等に参加する際の保育サービスの提供，妊娠・出産期間の業務サポート等，会員のニーズに応じた各種の施策を策定する必要があるとして，検討を開始している。

3）弁護士会の取組み

東京弁護士会も日弁連の取組みを受けて，2008（平成20）年3月には「東京弁護士会男女共同参画推進要綱」を定めた。また，同年6月には東京弁護士会男女共同参画推進本部を設置し，弁護士会における男女共同参画の実情及び背景・原因等の調査・分析をふまえ，具体的な施策を検討することとしている。

4）出産・育児支援の意義

出産及び育児は単なる一個人の自己実現あるいは一家族だけの問題ではなく，次世代を担う子どもたちが誕生し，健やかに育成される環境を整えることは社会全体の課題であるので，弁護士会としても，積極的な取組みが期待されるところである。

また，妊娠・出産といった女性特有の事情によりキャリア形成を中断せざるを得ない女性弁護士を支援することにより，女性弁護士にも男性弁護士と同様に活躍する場が提供されることとなり，弁護士の多様性の確保が可能となる。その結果，当該弁護士の自己実現が図られるのみならず，市民の相談先が増大することとなり，法的サービスへのアクセスも容易となることから，弁護士会や司法に対する国民の信頼を高めることにも繋がる。また同時に，当該弁護士を雇用する事務所の安定化に資するし，より多くの女性弁護士が会務活動に参加することにより，会内における多様な意見の確保，さらには，弁護士会全体の活性化も期待される。

さらに，男女にかかわりなく育児中の弁護士を支援することにより，男性弁護士も育児に積極的に参加できるようになれば，ジェンダーに基づく性別役割分業意識・固定観念・偏見の排除にも役立つことから，社会全体としてみても男女共同参画社会の形成に寄与することとなる。

人権擁護と社会正義の実現を目的とする弁護士会こ

そ，社会の範として，両性の平等という憲法の理念を実現すべく，男女共同参画を積極的に推進すべきである。

5）具体的な提言

次のとおり具体的な出産・育児支援策の検討を提言する。

(1) 実態及び需要の調査・研究

具体的な育児支援策の実施にあたっては，実際に出産・育児を経験した弁護士の実態や，想定される育児支援策についての需要の有無などを調査し，いかなる支援策がより実効的であるか研究すべきである。また，これらの調査研究結果を踏まえ，運営主体や費用について検討することはもちろんのこと，出産や育児とは直接関わりのない弁護士が出産・育児支援の必要性について理解を深めるための広報活動を行うべきである。

(2) 育児期間中の会費負担の軽減・登録番号の維持

現在，弁護士会では，出産予定日が属する月の前月から翌々月までの4カ月間（多胎妊娠でも6カ月間）は会費が免除となっている。

しかし，多くの場合，出産前後に少なくとも3カ月～半年は休業し，業務復帰後も収入は回復しないという実態がある。また，休業中の会費負担を回避するために弁護士登録を抹消した場合，再度登録する際には新規登録と同様に扱われ，登録費用が必要となるばかりか，登録番号も新規の番号となる。形式的とはいえ弁護士としてのキャリアがいったんリセットされることとなるため，多くの弁護士は，妊娠中も無理をしてでも妊娠前と同様に勤務し，産後も十分な育児休暇をとることなく早期に業務復帰をせざるをえないのである。

2008（平成20）年3月に日弁連，関弁連及び東京三弁護士会の共催で開催された「日弁連男女共同参画推進本部全国キャラバン」においても，現在の免除期間が短すぎるという意見が多く寄せられている。

現在の会費免除期間の延長や，再登録時に以前使用していた登録番号を使用できるような制度の創設により，妊娠・出産・育児の負担を負う会員の会費負担の軽減策を検討すべきである。

(3) 研修等の際の弁護士会館での一時保育の実施

育児中の弁護士は，会議や研修等に出席することが難しいのが現状である。弁護士会館内での一時保育を実施し，育児中の弁護士の業務復帰やスキルアップを支援すべきである。

また，一時保育に限らず，既存の保育施設が慢性的に不足しているという現状において，保育施設の確保は子どもを持つ親にとって切迫した問題であり，多くの民間企業でも社内保育所を設置している実例がある。恒常的な保育施設の確保については，弁護士会としても，会員の需要が見込める場合には，設置費用，設置場所，運営主体など様々な問題点について考慮したうえで，検討していくべきであろう。

(4) 保育費用の助成

会務活動に参加するために特別に保育費用が必要となった場合に，その費用の一部を助成することを検討すべきである。その際には，助成の必要性はもちろんのこと，いかなる場合に助成をすべきか，といった点について慎重に検討し，公平かつ会員の理解が得られるような制度を検討すべきである。

(5) インターネット配信による研修のさらなる充実

「東弁ネット研修」の運用がスタートしたが，今後も受講可能講座を増やし，利用料金を低額化するなど，より利用しやすい制度にすべきである。

6）求められる育児支援の充実

今後，若手会員の増加に伴い出産・育児の負担を抱える弁護士も増加し，出産・育児支援を求める要請はさらに広範なものとなることが予想される。

したがって，弁護士会は，出産や育児の負担を負う会員にも弁護士としての能力を発揮する機会が十分に確保されるよう，早期に支援の制度をさらに充実させ，男女共同参画社会の実現に寄与するべきである。

10 合同図書館の現状と問題点

1）合同図書館職員の専門性について

　従来，「現代図書館の優劣は，蔵書の量や質よりもその職員の専門的能力に依存している。図書館の質は，図書館職員の質によって定まると言っても良いのである」として，図書館職員の質の向上を求めてきた。この趣旨は，専門家集団である弁護士が，依頼者に法的サービスを提供するには，課題の解決に必要な情報を，早く，的確に入手できることが必要であり，そのために，合同図書館職員がその求めに応じたレファレンスを行えなければならないという弁護士業務にとっての必要性から導かれるものである。この点を踏まえて従来の政策要綱において，東弁・二弁に対して合同図書館職員のスキルアップのためには異動を予定しない専門職制の導入を提言していた。

　その一つの回答として，2009（平成21）年4月には，合同図書館職員は他の部門への異動を予定していない東弁が雇用する嘱託職員となり，レファレンスのスキルをアップすることができることになった。ただし，従来の職員から引き継ぎが十分であったかというと，極めて短期間で職務の引き継ぎをしなければならなかったことから図書の受入業務・カウンター業務等が中心となり，今まで蓄積してきたノウハウを確実に新しい職員に伝承することができたかを検証しなければならない。例えば東弁で行ってきた東弁人権賞についての認識がないとか，弁護士会の行事についての理解ができているかなどの問題が見受けられる。

　その他，嘱託職員の数は，合計で6人であり，この体制で弁護士・弁護士会が求めるニーズに応えられるかという問題がある。今までの職員は図書の受入れ業務を中心としているという業務の偏りが指摘されてきたが，この受入作業を現状の職員体制で如何に効率的に行うかということも一つのテーマとなる。この点については，キーワード等の図書検索に必要な情報を短期間に入力して，書架に並べるという処理の迅速性のためのソフト導入等の対応が求められる。

　また，新たに採用された職員のうち，今まで法律専門図書館での経験が不足している者に対しては合同図書館職員として最低限度必要な法律知識習得のための研修や，弁護士業務自体について理解をするために弁護士の日常業務についての説明等も必要な事項である。

　そして，職員が新しくなることで今まで合同図書館が構築してきた他の図書館との情報交換等の相互協力体制に支障が生じないように新しい職員が専門図書館協議会等に積極的に参加して，人的関係を含めて従前の関係を維持し，発展させるための方策を検討しなければならない。

　合同図書館の職員が専門職制導入と同一の体制を備えたことで，会員に対してどのような新たなサービスを提供していくかということも検討されなければならない。現在，新規図書については入り口付近にコーナーを設けて閲覧ができるようになり，利用者からは好評を得ている。今後は例えば，現在郵便での図書返却を受け入れているが，郵便での図書貸出を行うとか，インターネットでのレファレンスの受付，回答等のサービス，開館時間の延長，土日休日の開館等会員の様々なニーズを的確に把握して，対応しなければならない。

2）蔵書スペースと図書の別置等について

　図書の受入は，選書基準に基づいて合同図書館委員会の審議を経て行われている。例えば，基本法の研究論文等は原則購入とし，教科書としての発刊であっても著名な学者が著したものや新しい主張のあるものを選定している。また，最近ではノウハウ物等も購入している。それは，初めて事件受任をした比較的期の若い会員の業務遂行上役立つと考えられるからである。このような選書作業等によって毎年合同図書館で購入される図書は約3,000冊強である。また，会員や他会の弁護士から合同図書館に寄贈される図書も約800冊である。

　ところで，合同図書館の書架に収蔵可能な図書数は，約16万5000冊である。これに対して，2008（平成20）年4月1日現在の蔵書数は，図書が約8万冊，その他に法律専門雑誌・判例集・加除式の法令集判例集等が1,000タイプあり，毎年，約4,000冊の図書を受け入れていることからすれば，近い将来図書の受け入れが不可能となる。そのため，現在合同図書館では一定期間利用がない図書は開架式書庫から閉架式書庫

に移動してその後，利用がなければ廃棄する作業を行っている。ただし，図書は一度廃棄すると二度と入手できないということから，廃棄するには相当程度慎重な判断が必要である。2007（平成19）年度から合同図書館委員会では，蔵書管理チームで別置・廃棄基準の検討を始め，新たな図書受入のため，毎年夏に8階の書架に移動されている図書について別置すべきものと，廃棄してよいものについて個別図書毎に検討を始めた。しかし，廃棄されるということを考えると，その選択に慎重になり目に見えた効果を生じることはなかった。

この別置・廃棄の問題はこれからの合同図書館の目指すべき方向性と密接に関連している。端的にいえば，資料収集的な図書館を目指すのか，それとも弁護士の日常的な業務のサポートを目的とするのかという方向性によって，どのような基準で別置・廃棄するかという点に大きな差が生じる。

近時の図書の増加を考えると，この図書館の性質論に決着を見る前に，合同図書館の収納能力の限界に達することになる。その場合には一時図書を倉庫等で保管する必要が生じることも有り得る。したがって，今後の方向性を検討するとともに，緊急事態に備えてどのように対応するかも含めて今後早急に検討し，結論を出す必要がある。

書架スペース確保のため2010（平成22）年度には，外部倉庫等への預け入れを行う予定である。

11　多摩地域における司法サービス

1）多摩地域・島嶼地域の現状

（1）多摩地域の現状と裁判所

東京都の多摩地域には，26市3町1村があり，その面積は東京23区の1.8倍，人口は約405万人に及び（東京都の総人口の32％），裁判所の管轄人口的には横浜地裁の488万人に次ぐ大きさである。産業経済活動も，事業所数は全国12位，小売業の年間販売額も全国11位等，非常に活発である。

2009（平成21）年4月現在，多摩地域に事務所のある弁護士の数は東京三会で合計414人であるが，弁護士会多摩支部に登録している会員（会員資格に制限無し）は，東弁448人・一弁298人・二弁203人の合計949人（多摩地域に事務所のある弁護士は304人）に達している。

多摩地域の裁判所としては，2009（平成21）年4月にそれまでの地裁・家裁の八王子支部が立川に移転して地裁・家裁立川支部となり，それ以外に八王子簡裁，立川簡裁，武蔵野簡裁，町田簡裁，青梅簡裁がある。

地家裁立川支部の取扱裁判件数は，全国の本庁・支部別統計において横浜地家裁本庁やさいたま地家裁本庁に肩を並べるほど多いが，法廷の数や裁判官・職員の数は不足しており，物的設備や人的規模を本庁並みとすることが，かねてより弁護士会から要望されていた。

（2）島嶼地域の現状と裁判所

また，島嶼地域は広大な地域に伊豆諸島，小笠原諸島が点在しており，伊豆大島家裁出張所・簡裁，新島簡裁，八丈島家裁出張所・簡裁があるのみであり，他の離島等の過疎地同様に，司法サービスもまた，その充実が求められている。

2）多摩地域における今後の司法及び弁護士会の課題

（1）多摩地域の司法拠点の複数化

立川に従前より規模の大きい支部裁判所ができたことは結構なことであるが，多摩地域の面積の広大さ，生活圏の分散化（北多摩，西多摩，南多摩），交通網の不便さ等を考慮する時，それだけで多摩地域の裁判事件をすべてカバーできるかについては疑問がある。そもそも，人口も取扱裁判件数も多い多摩地域において，支部裁判所が1つしか存在しないということ自体が問題であり，本来，八王子以西地域や町田地域からのアクセスを考慮するならば，支部裁判所も八王子支部と立川支部がそれぞれ並存する方が，より合理性があり多摩地域の住民のニーズにも合致するものである。

残念ながら，支部裁判所の立川移転により，八王子には簡易裁判所しか残されなかったが，弁護士会としては，八王子にも少しでも多くの司法機能が残るよう，財政問題の解決も含め，多摩地域の自治体，議会，市

民と連携して今後も運動していく必要がある。

(2) 立川新庁舎の物的設備・人的規模

立川の新裁判所支部（立川簡裁も移転）の庁舎は，敷地面積15,000㎡（旧八王子支部が8,500㎡），床面積26,000㎡（旧八王子支部が12,600㎡）である。しかしながら，これらを有効に活用し司法機能を充実させていくためには，単に広さだけではなく，諸設備の充実を図り，裁判官・職員の人数等の人的規模を拡大して，利用者にとって利用しやすい裁判所にしていく必要がある。

弁護士会としては，新裁判所の諸設備の充実について，裁判所に様々な要望を出し，少しでも弁護士会の意向が反映されるよう，これからも注意深く見守る必要がある。

(3) 八王子の旧弁護士会館の処分・利用問題

支部裁判所の八王子から立川への移転に伴い，それまで八王子の裁判所前に位置していた三会の多摩支部会館も立川への移転が必要となり，紆余曲折の経緯の結果，2009（平成21）年4月に，裁判所近くの多摩都市モノレール高松駅前のアーバス立川高松駅前ビルの2階に，賃借物件として移転した。三会の新会館の面積は約207坪であり，隣接して東弁が単独で賃借した東弁会議室約50坪が設置されている。

この弁護士多摩支部会館の移転に当たっては，旧会館の土地・建物が東京三会の共同所有物であり，多摩支部の運営自体が三会の共同運営・共同費用負担（東弁・一弁・二弁が2：1：1）であったことから，2007（平成19）年度に三会でかなりの折衝・議論がなされ，その結果，2008（平成20）年2月20日付で「多摩支部新弁護士会館に関する覚書」が締結されて，立川新会館設立の条件として，「八王子の会館は，新会館開設後速やかに売却処分する」「八王子相談センターは，JRまたは京王八王子駅近辺に移転のうえ継続させる」と三会で合意されている（当時の一弁の強い要望であり，二弁も同調）。

しかしながら，2009（平成21）年7月，東弁多摩支部及び二弁多摩支部の連名で，2009（平成21）年度の三会会長宛に，あらためて，上記2008（平成20）年2月20日付三会覚書を白紙撤回し，八王子の旧弁護士会館を存置し，同会館内での法律相談センターを継続するよう求める，要請書が出される事態に至っている。その理由は，❶旧弁護士会館における法律相談センターの継続は，他の賃貸ビルに移設する場合と比較して，市民の利便の観点からも経済性の観点からも優位であること，❷八王子市からの会館存続の要望があること，❸多摩の地域司法において旧会館建物はいろいろな利用価値があること，等が述べられている。

2008（平成20）年2月の三会覚書は，立川に多摩支部新会館を設立するに当たり，三会がそれぞれその合意を前提に総会決議を行なっているものであり，あらためて三会で別の合意をしない限り，簡単に白紙撤回できるものではない。

他方，東弁は，2007（平成19）年11月30日の臨時総会において，三会合意の中の「旧八王子会館売却処分」について，当時の会長が「……その必要性の程度如何によっては一弁・二弁の旧八王子弁護士会館の持分を東弁が買い取るということも視野に入れつつ，次年度以降に引き継ぐ」と答弁した経緯もあり，東弁が一弁・二弁の持分を買い取ることで旧会館及びそこでの八王子法律相談センターを存続させるという途も，選択肢としては検討されなければならない。

現在，東弁から関連各委員会（総務，財務，会館，司法改革総合センター）に対応について諮問が出されているところであり，法友会としても検討が必要であるが，いずれにしても，財政的観点と多摩地域の現状（必要性・利便性の正確な検証も含めて）を考慮しながら，慎重に検討すべきである。

(4) 被疑者全件国選制度への対応

2009（平成21）年4月から，多摩地域においても被疑者全件国選制度が始まった。しかし，多摩地域に事務所がある実働弁護士の数が三会合わせて約300名程度の状況では，多摩地域の弁護士だけでは到底，今後の多摩地域における被疑者全件国選の刑事弁護体制に十分対応できるとは思われない。

東弁は，2008（平成20）年3月に東弁4番目の公設事務所（刑事事件対応型）として立川市に多摩パブリック法律事務所を設立したが，それだけで問題が解決するものではなく，23区内に事務所がある弁護士が今後いかにして協力できるか，全弁護士会的な対応策を今後も検討する必要がある。

(5) 多摩地域における弁護実務修習問題

2009（平成21）年4月に裁判所立川支部がスタートしたことに付随し，これまで行なわれていなかった多摩地域における司法修習生の実務修習も開始される

こととなった（当面24名）。弁護士会多摩支部の方で、弁護実務修習の担当者の確保については鋭意準備し努力しているようであるが、東弁本会としても、多摩支部に協力して人材を確保し、合同修習のあり方等も検討していく必要がある。

3）島嶼部偏在対策

島嶼部には弁護士がおらず、かつ、法律相談も弁護士による相談は年1回程度のものであった。しかし、東京三会は、小笠原について2004（平成16）年度から月1回の法律相談制度を始め、大島についても月1回の相談制度を始めている。八丈島については法友全期会が定期的な相談会を実施し島民の期待に応えている。定期的に相談会を実施することにより島民の必要性に応える努力を継続していかなければならない。

法友会政策要綱執筆・見直し担当者（50音順）

青木　耕彦
赤羽　宏美
秋山　知文
荒木　理二
伊井　和史
五十嵐　裕廣
伯母　治之
池田　一成
泉原　雅幸
生田　康介
臼井　一廣
江奈　淳美
大神　宗之
大橋　君平
大澤　成
大角　孝行
大谷　美紀子
太田　文典
嘉村　信久子
春日　浩介
神谷　宗之
川村　百合
菊地　裕太
木下　一光
金子　正志
倉田　大介
木原　信久
児玉　晃
榊原　光孝
西浄　聖子
坂本　正幸
笹浪　雅義
澤田　和也
佐瀬　正俊
佐藤　光善
菅沼　一徹
篠塚　力
下谷　収
正田　光和
杉村　亜紀子
須田　徹
関　聡介
鈴木　大祐
鈴木　善順
高谷　原誠
瀧澤　秀俊
高岡　信男
高田　千草
高橋　伴子
寺町　東治郎
竹之内　明
中島　美砂子
中村　秀一
中村　治郎
中川　明子
西尾　則貴
中西　彦己
野村　吉太郎
中村　博
早野　孝之
本間　克佳
平澤　慎一
濱口　博史
藤原　浩之
武藤　元和
溝口　敬人
廣瀬　健一郎
宮岡　孝幸
由岐　広
矢吹　公敏
湊　信明
山下　幸夫
若旅　一夫
山口　三惠子
渡部　典子

● 編集後記

　当初のお約束どおり，2009（平成21）年12月に，2010（平成22）年法友政策要綱を発刊することができました。

　本政策要綱は，東京弁護士会内で2,300名を超える会員を擁する任意団体である法友会が，次年度に向けての政策を掲げたものであり，1年を通じた政策委員会における議論，10月に行われた政策合宿での討議をふまえ，各執筆者が弁護士及び弁護士会を取りまく政策課題について，現時点における最高水準の成果を発表したものです。

　法友会政策要綱は，この5年間だけを見ても，B5判からA4判へと紙面も大きくなり，頁数も確実に増えています。弁護士及び弁護士を取りまく政策課題が多面化・複雑化している現れだと思います。

　私が，政策要綱策定部会長をお受けしたとき，法友会会員，東弁会員，法曹関係者さらには一般の読者が政策要綱をどのようにお使いになるかを考えました。おそらく，最初から最後まで通して読まれるよりは，自分に必要な箇所をさがして読まれることが多いでしょうし，現時点で弁護士及び弁護士会が抱える問題は何かと考えて読まれることが多いのだろうと想像しました。そうであれば，現時点で大きな問題になっている政策課題だけでなく，弁護士及び弁護士会を取りまく身近な問題についても網羅的に取り上げ，これに対する政策提言が記載された，時期に適った「政策の百科事典」を作らなければならないだろうと思いました。そして，実際に，本政策要綱には，現在，喫緊の問題となっている法曹人口や債権法改正等の問題から，非常に身近な福利厚生や出産・育児支援の問題に至るまで，多種多様な課題が盛り込まれ，いろいろな使われ方に対応できるようになっております。

　ところで，申し上げるまでもないことですが，司法の主役は市民です。司法改革は市民のためのものですし，市民の存在を抜きにしては語れません。本政策要綱で掲げている私どもの政策提言は，直接・間接に，市民の存在を前提とし，市民の視線で，市民とともに歩んでいくことが必要なものばかりです。本政策要綱が，弁護士をはじめとした法曹関係者にとどまらず，必ずや，広く市民に対する情報提供となり，市民に身近で使いやすい司法の実現に役立つことを願っております

　最後になりましたが，本政策要綱は，多忙を極める法友会会員の方々にお願いし，短期間のうちに執筆していただいたものです。私どもの無理なお願いに応えていただいた執筆者の方々には心より感謝申し上げます。

　また，頂戴した原稿に基づく編集作業においては，篠塚力政策委員長はじめ谷原誠・田中千草担当副幹事長，荒木理江・杉村亜紀子・川野浩典・正田光孝・泉原智史の各事務次長，そして「原稿督促隊（？）」の先生方の献身的な協力があっての発刊であり，改めて深く感謝する次第です。

2009（平成21）年12月10日

東京弁護士会法友会
政策要綱策定部会　部会長　金子　正志

人権の時代へ
――あらたな司法改革の展開に向けて
【2010（平成22）年度法友会政策要綱】

2009年12月11日　第1版第1刷発行

著　者：東京弁護士会法友会
　　　　Web：www.hoyukai.jp
発行人：成澤壽信
発行所：株式会社 現代人文社
　　　　〒160-0004 東京都新宿区四谷2-10 八ッ橋ビル7階
　　　　電話：03-5379-0307（代表）　FAX：03-5379-5388
　　　　Eメール：henshu@genjin.jp（編集部）
　　　　　　　　hanbai@genjin.jp（販売部）
　　　　Web：www.genjin.jp
　　　　振替：00130-3-52366

発売所：株式会社 大学図書
印刷所：株式会社 平河工業社
装　丁：黒瀬章夫（Malpu Design）

検印省略　PRINTED IN JAPAN
ISBN978-4-87798-437-3 C3032
©2009　TOKYO-BENGOSHIKAI HOYUKAI

本書の一部あるいは全部を無断で複写・転載・転訳載などをすること，または磁気媒体等に入力することは，法律で認められた場合を除き，著作者および出版者の権利の侵害となりますので，これらの行為をする場合には，あらかじめ小社また編集者宛に承諾を求めてください。